셀프경매 투자자에게 꼭 필요한 기본서

부동산경매 10-10
ten   ten

표 찬 지음

채움과 사람들

셀프경매 투자자에게 꼭 필요한 기본서
부동산경매 10-10

개정2판 1쇄 | 2023년 07월 24일
개 정 판 1쇄 | 2020년 07월 17일
　　　 2쇄 | 2022년 12월 15일
초　 판 1쇄 | 2017년 02월 03일

지은이 | 표 찬
펴낸곳 | (주)채움과 사람들

판매처 (주)채움과 사람들 Chaeum and People, Inc.

출판등록 | 2016년 8월 8일 (제 2016-000170호)
주　　소 | 서울시 서초구 사평대로 52길 1, 3층(서초동)
전화번호 | 02-534-4112~3
팩스번호 | 02-534-4117

이 책의 저작권은 저자와 출판사에 있습니다.
서면에 의한 저자와 출판사의 허락없이
책의 전부 또는 일부 내용을 사용할 수 없습니다.

ISBN : 979-11-88541-41-6-13320

저자와 협의에 의해 인지는 붙이지 않습니다.
잘못 만들어진 책은 구입처나 본사에서 교환해 드립니다.

머 리 말

부동산경매 개인투자자에게 도움이 된 책으로 기억되고 싶다.

　부동산 경매 책은 시중에 많이 나와 있다. 경매 책만 100여권 이상 사서 읽어 보면서 좋은 책도 많이 보았지만 형식적이거나 과장된 내용으로 가득한 책도 많았다. 이에 이 분야에 나름의 경험자로써 부동산경매를 공부해 보려는 개인투자자에게 조금이나마 보탬이 되었으면 하는 바램을 가져보며 책을 준비했다. 부동산경매와 관련하여 대학원에서 논문을 쓰고 나서, 인터넷 카페나 블로그에서 쓰는 글과는 다른 차원의 고생을 경험했다. 논문을 마치고 조만간 책을 하나 내야지 했는데 벌써 1년이라는 시간이 흘러갔다. 논문보다는 제약도 덜 하고 별도의 심사과정도 없기 때문에 마음만 먹으면 금방 쓸 수 있을 줄 알았지만 이 또한 고통의 연속이었다. 지난 5년간의 자료를 약 4개월의 집필과정을 거치며 하나씩 정리한 자료로써 이왕이면 편하게 볼 수 있도록 글보다는 다양한 양식에 예를 보여주며 이해가 되도록 준비하였다.

　원론적인 글은 재미없고, 소설같이 경험담을 쓰자니 재미는 있겠지만 개인투자자에게 별 도움이 안될 것 같고 개인적으로 투자한 사례만으로 쓰자니 한계가 있고 법무법인에서 컨설팅한 내용과 다수의 개인투자자의 내용을 담자니 개인정보 노출로 나중에 문제가 생길 것 같아서 이런저런 고민 끝에 처음 내는 책이니 다소 원론적인 내용을 담되 보기에 지루하지 않고 개인투자자에게 도움이 되도록 하자라는 결론을 내리게 되었다. 비록 투자자에겐 경매신청과정이 중요하지 않을 수 있으나, 지속적으로 접하다 보면 궁금증이 생기는 부분이라 경매신청과정에서부터 입찰, 소유권이전, 인도 등을 비롯한 전 과정을 두루 담는 한 권의 책을 만들자고 생각하여 이름 하여 '부동산경매 10-10'가 세상에 나오게 되었다. 일부

법률이나 규정이 바뀌면서 적용시키지 못했거나 문맥이 맞지 않을 수 있고 주관적인 견해로 의견이 다를 수 있다고 생각하지만, 차후에 하나씩 수정하기로 결심하면서 출판을 결심하게 되었다.

'부동산경매 10-10'의 의미를 보면 앞의 10의 의미는 일반적인 경매물건이 지속되는 기간이 평균 10개월 전후로 이때 모든 운명이 결정된다. 뒤의 10은 경매 진행과정을 여러 단계별로 구분되어 지는데, 개인적으로 강의할 때 늘 10단계로 구분하여 설명하곤 했다. 채권자의 경매신청부터 인도까지 이어지는 단계마다 중점적으로 검토할 점이 있고 알아야 할 것도 있기에 이를 구분하여 '10-10'이라고 책명을 정하게 되었다. 또한 부동산경매로 10년 안에 10억을 벌 수 있다는 의미도 담겨 있는데, 이는 충분히 실현 가능한 목표라고 생각된다. 책의 내용을 보면 10여개의 사건을 다소 재미있게 재구성하여 내용을 담았다. 다른 책과의 차별성이 있다면 법원에서의 통지문을 최대한 많이 살렸고, 순차적으로 진행되는 과정을 담아두었다는데 의미를 두고 싶다. 조만간 역세권과 토지보상과 관련해서도 출판할 예정이다.

부동산경매로 제2의 인생을 준비하기 시작하다!

개인적으로 1997년 IMF 경제위기 때 아버지의 사업이 큰 타격을 받아 폐업을 하게 되었고, 여러 부채로 인해 2000년 대지면적 60평의 2층 단독주택도 경매로 넘어가게 되었다. 몇 년 후 집안에서 인쇄사업을 하면서 대표 명의를 내 이름으로 하게 되었는데 이 또한 2년 안에 접게 되면서 대학교 4학년 때 채무만 2억원에 달하였고 신용등급은 제일 바닥이었다. 이 때 만든 신용카드만 100개에 달했다.(개인적으로 직접 관여하지는 않았고, 동일한 카드사에서 중복해서 카드를 발급했던 시절이었다) 8개월 가량 자신을 돌아보며 자격증을 취득하고 사회생활을 위한 준비를 하였다. 이후 국내 굴지의 엔지니어링 회사에 취직이 되었고, 재작년까지 12년간 근무하였다.(2억원의 채무 중 원금과 이자 중 상당액이 감면되었고, 어머니가 6천만원 가량 변제해주고, 개인적으로 직장 4년간 6천만원을 변제하였다) 채무를 전액 변제하고 이제는 내 세상이다 싶어 월급 받으면 펑펑 쓰면서 주식에 손을 대기 시작하였다. 강의도 듣고 책도 여러권 사서 공부도 했고, 흔히 말하는 족집게 전문가에게 비싼 돈도 내 보았지만 결과적으로 수년간 8천만원 이상을 날리게 되었다. 처음에는 작게 시작했고, 중간중간 재미도 본 적이 있었지만 결론적으로 보면 정보시장은 비공개이고, 흔히 말하는 우량주도 대량 손실이 나고 여러 포트폴리오도 짜 보았지만 결국은 손해였다. 소액투자가 가능하다는 점과 쉽게 넣고 뺄 수 있다는 점에서 젊은 남자들이라면 한 번씩은 소용돌이를 경험해 보았으리라 생각되지만 깊이 빠지면 많은 것을 잃게 될 수 있다는 점을 당부한다.

이후 2009년 부동산경매를 공부하기 시작했다. 회비가 저렴한 재태크 카페와 정보사이트에서 진행하는 단기 특강 중심으로 배우기 시작했고 2010년 처음으로 머리를 올리게 되었다. 투자금액을 마련하기 위해 3년간 매월 200만원 가량의 적금과 곗돈을 부어 6천만원 정도를 준비하였다. 이후 수년간 개인적으로 매년 10여 차례 이상 입찰에 참여하였고 매년 2~3건 정도 낙찰을 받게 되었다. 2011년 다음카페 텐인텐에서 경매스터디를 처음 진행하였고 100여 차례 이상 진행하기도 하였다. 2013년 건국대학교 부동산대학원에 입학하여 부동산에 대한 다양한 지식을 함양하고 많은 인맥을 형성하여 여러 사업에 관여해 보면서 많은 스킬을 배우게 되었다. 대학원 4학기 때 원우회 사무총장을 맡게 되면서 직장과의 병행이 힘들어 과감히 퇴사하였고, 퇴사 후 법무법인에서 경매팀장으로 법인 투자와 개인투자 컨설팅으로 여러 사건을 접하게 되었다. 직장생활하면서 12년간 국내 철도계획과 설계, 업무협 등을 하면서 쌓아 온 철도와 역세권 정보를 바탕으로 부동산 개발과 관련하여 필요한 내용을 접목시켜서 다양하게 컨설팅도 해주고 있다. 이를 위해 별도의 법인도 설립하였고 향후 시행까지 이어가는 꿈을 꾸며 한 발씩 나아가고 있다.

"사는 데로 생각하지 말고, 생각하는 데로 살아가라!"

부동산과 관련하여 다양한 사건을 경험하고 법무법인과 여러 모임에서 나름의 역할을 맡아 그 자리를 지켜나가면서 개인적으로 늘 새로움에 도전하고 있다. 모임에서 리더의 역할을 할 때마다 자주 하는 말 중에 하나가 "변화를 읽자"라는 말이다. 세상은 끊임없이 변화고 있는데, 자꾸 현재 일에만 충실하면 조금씩 뒤로 밀리기 때문이다. 현재도 늘 변화되는 시장을 고민하면서 작지만 하나씩 실천하려고 부단히 노력하고 있다. "사는 데로 생각하지 말고, 생각하는 데로 살아가라!"는 말이 있는 것처럼 배우고 느낀 많은 경험을 토대로 긍정적인 마인드로 모든 일을 준비하고 새로운 계획을 세우고 있다. 세상에 작지만 도움이 되고 싶고 나로 인해 주위에 있는 모든 분들이 즐겁고 행복해 질 수 있다면 나름의 의미는 있지 않나 생각하고 있기에, 오늘 하루도 열심히 살아갈 계획이다.

끝으로 이글을 지도해 주신 이서복 교수님을 비롯하여 많은 힘을 실어주고 있는 법무법인 하우의 정양현 대표변호사님과 김덕기 실장님, 출간을 위해 힘써 주신 김동희 소장님께 먼저 감사드린다. 아울러 경험을 바탕으로 여러 조언을 아끼지 않으신 강은현 교수님, 설춘환 교수님과 법무법인 대지 이건욱 대표변호사님께도 감사함을 전하고 싶다. 건국대학교 부동산대학원 선후배님들과 코르타스회원 분들께도 감사함을 표하고 싶다. 책 표지와 모든 디자인 작업을 해준 박정회 디자이너에게 감사드리고 법무법인 하우의 모든 변호사와 직원들에게 애정을 전하고 싶다. 마지막으로 늘 격려해주시는 부모님과 아이들 보시느라 애쓰시는 장모님께도 감사드리며, 언제나 믿고 지원해주는 아내 문혜경과 의랑, 하랑 두 아들에게도 사랑의 마음을 나누고 싶다. 많이 부족하지만 뜨거운 격려와 응원, 지속적인 관심과 애정도 부탁드린다.

2023. 07. 24.
저자 표찬

* 저자가 받는 책의 수익금 중 5%는 저소득 장애인을 위해 쓰도록 하겠습니다.

표찬의 "부동산경매 텐텐"

대형서점의 재테크 분야 서가에 넘쳐나는 책들이 부동산 법원경매에 관한 것들이다.

백가쟁명! 서로 자기가 제일이라고 자랑하고 있으나, 내 눈에는 고만고만하기만 하다.

경매에 관심 있는 일반인에게 단번에 추천해주기에는 무언가 허전함이 있다.

건국대 부동산대학원에서 교수와 학생으로 만나 경매론을 강의한 인연에, 석사학위 논문 작성 때 거들은 것 말고도 크고 작은 것들로 스승과 제자 이상으로 가까워졌다. 철도 설계 전문가에 경매전문가까지 겸해 법무법인에서 부동산 관련 업무 책임자로 맹활약하는 모습에서 각별한 인연의 보람을 만끽하고 있었다.

얼마 전 부동산경매 저작물을 불쑥 내밀어 고만고만한 시중 책 중의 하나려니 여겼다. 페이지를 넘기면서 그렇지 않음을 느끼면서 몸을 잡아당겨 그 내용에 몰입하게 되었다. 철저히 경매 수요자의 입장에서, 초보자부터 전문가까지 항상 곁에 두고 볼만한 것이었다.

셀프 경매에 필요한 서식들과 최신 인터넷 정보까지 어느 것 하나 버릴 것이 없다. 탄탄한 이론 근거와 법률적 지식에 바탕을 둔 부동산과 부동산 경매에 관한 내용들은 그간 갈고 닦은 지식과 경험의 깊이와 폭을 잘 웅변해주고 있다. 그렇다! 법원 경매에 관심을 가지고 있는 그 누구에게도 이 한 권으로 충분하리라.

이 한 권이 더욱 원숙한 경지에 이르는 시금석이 되게 하기를 당부한다. 더 많은 사람들에게, 더 알찬 지식과 지혜를 일깨워주는 큰 사람으로 성장하기를 성원한다.

이서복(건국대 부동산대학원 부동산경매론 담당교수)

개정판을 출간하며

부동산경매 10-10을 출간하고 6년이라는 시간이 흘렀다.
6년 동안 많은 변화가 있었다. 6년 동안 무엇을 했는지 돌아 보았다.

대학원 도시대학원 박사과정을 진학하였다. 현재 수료한 상태로, 논문을 준비하고 있다.
도시에 대한 다양한 학습과 사례 검토 등을 통해 좀더 폭넓은 시각을 갖게 되었다.

도시재생이라는 공공영역에 도전해 보았다. 개발과 재생이라는 서로 다른 과제 속에서 '마을만들기'라는 작은 사업부터 공공사업의 과정까지 참여해 보며 주민과 공공행정 사이에서 서로의 니즈를 경험해 보았다.

'역세권이 답이다' 도서를 출간하였다. 다양한 역세권 정보와 사례, 경험을 부동산과 접목하여 집필한 책이다. 계획 중인 노선을 바탕으로 독자의 눈에서 보기 쉽게 설명하려고 노력하였다.

'부동산경매10-10(10개월-10단계)'이 네이버 지식백과에 등재되었다. 우연한 기회에 경매와 관련된 콘텐츠를 지식백과에 올려보자는 제의를 받고, 흔쾌히 응하게 되었다.

'역세권이 답이다' 네이버 블로그를 시작하였다. 블로그를 시작한지 10개월 동안 약 7천 여명이 이웃으로 추가해 주었고, 매일 1천 여명 이상 방문할 정도로 자리를 잡아가고 있다.

네이버 카페 '싸부'를 리뉴얼하여 다시 시작하였다. 기존에는 카페명 '부테크'에서 역세권 정보를 바탕으로 한 부동산 플랫폼으로 상호 간의 정보교환의 장이 되기 위해 노력하고 있다.

부동산 강의를 다시 시작하였다. 역세권 전문강의 '역답1호차'와 부동산경매 전문강의 '텐텐1기' 등을 모집하여 실전에서 필요한 내용들을 바탕으로 교육하고 있다. 호응이 좋다.

카카오톡 단톡방 '역답97호차'를 운영하고 있다. 당초 1~2백 여명의 멤버들이 있었지만, 서로에게 시너지를 줄 수 있는 멤버들로만 재구성하여 현재 운영 중이다. 들어오기 쉽지 않다.

부동산 관련 도서를 다시 집필하고 있다. '앞으로 10년, 역세권이 답이다', '부동산DB사용법' 등 전문성과 관련된 내용으로, 부린이를 위한 내용으로 새롭게 다시 도전하고 있다.

유튜브를 준비하고 있다. 블로그를 시작하며, 이웃수가 1만명이 넘으면 온라인 세계에 도전한다고 약속한 바 있다. 변화된 시장에 대응하고 시각적 효과를 극대화한 채널을 준비중에 있다.

이렇듯 6년간 변화된 삶 중 10가지만 추려서 정리해 보았다.
아직 갈 길이 멀다. 누군가에게 부동산에 관한 올바른 방향을 제시하고, 전문 분야만큼은 통찰력을 가지고 예측해 보며, 투자에서 성공하는 것도 중요하지만 '참, 사람 괜찮다'라는 기억이 남도록 살아가고 싶다. 부동산 코칭 전문가로써, 컨설턴트로써 당당히 앞장서고 싶다.

2023. 07. 20.

저자 밴더빌트(표찬)

 차 례

PART 1
부동산 경매 바로알기

Chapter 1 부동산경매로 10년 안에 10억원 벌려면 이렇게 해라!

- 01 이제 경매 투자는 부동산 재테크에서 가장 각광을 받고 있다 ... 22
- 02 부동산경매 10-10(10년 안에 10억원 벌기 프로젝트) ... 23
- 03 안정 지향형 : 단계별로 투자 물건의 수를 높여가라! ... 25
- 04 단계별 진행형 : 단계별로 다양한 물건에 도전하다! ... 27
- 05 하이리스크형 : 고위험 고수익에 도전하다! ... 28

Chapter 2 경매 진행절차와 경매 용어 이해하기

- 01 경매신청 방법 ... 30
  - ✤ 부동산 강제경매신청서 ... 33
  - ✤ 부동산 임의경매신청서 ... 35
  - ✤ 공유물분할을 위한 부동산경매 신청서 ... 37
  - ✤ 부동산 일괄매각 신청 ... 39
- 02 경매 신청비용 ... 40
  - ✤ 경매 신청비용 계산 방법 ... 41

| 03 | 부동산경매 Keyword와 부동산경매 진행절차 | 45 |

- 부동산경매 Keyword — 46
- 부동산경매 진행절차 — 47

| 04 | 경매 주요 용어 50개 | 48 |

| 05 | 경매 관련 법 | 58 |

- 민사집행법 — 59
- 주택임대차보호법 — 73
- 주택임대차보호법 시행령 — 76
- 상가건물 임대차보호법 — 78
- 상가건물 임대차보호법 시행령 — 81
- 민법 — 82

Chapter 3 경매개시결정과 기본적인 권리분석 방법

| 01 | 경매개시결정 | 90 |

| 02 | 공적장부 열람 | 97 |

- 등기사항증명서 — 97
- 토지대장 · 건축물대장 — 99
- 주민등록표, 전입세대열람내역 — 101

| 03 | 경매정보사이트 | 103 |

- 법원경매정보 · 온비드 — 104
- 경매 유료정보사이트 — 106
- 무료정보사이트 — 108

| 04 | 권리분석 기초 | 110 |

- 말소기준권리 — 111
- 대항력 — 112
- 우선변제권 — 115
- 최우선변제권 — 117

05 기본적인 권리분석과 채권 상호 간에 배당 방법 … 120
- 기본적으로 권리를 분석하는 방법 … 120
- 이제 근저당권, 가압류 등의 권리에 임차인이 있는 경우를 보자! … 123
- 끝으로 근저당권 등의 권리와 임차인, 소액임차인이 있는 경우를 보자! … 126

Chapter 4 현황조사와 경매 관할법원

01 현황조사서 … 136
02 매각물건명세서 … 140
03 문건 처리 내역 … 144
04 경매 진행기간 … 146
05 경매 관할법원 … 148
- 서울 … 148
- 경기도(인천) … 150
- 강원도 … 153
- 충청도(대전) … 154
- 경상북도(대구) … 157
- 경상남도(부산, 울산) … 160
- 전라도(광주) … 162
- 제주도 … 165

Chapter 5 감정평가와 우량한 경매물건 선정방법

01 감정평가서 … 176
02 경매물건 선별요령 … 183
- 아파트 … 184

- 다가구(단독) 185
- 다세대 186
- 오피스텔 187
- 토지 188
- 상가 189
- 공장 190

03 지목 192

04 용도지역 · 지구 · 구역 194

05 도시계획 200

Chapter 6 배당요구종기와 입찰하기 전에 알고 있어야 할 내용

01 배당요구 신청 210

02 임차권등기명령 218

03 권리분석 사례 220
- 확정일자의 이해 220
- 배당요구종기 의미 221
- 배당요구를 철회하는 경우 222
- 소유자가 임차인이 되는 경우 223
- 종전경매 선순위임차인이 있는 경우 224
- 등기사항증명서와 건축물대장의 주소가 상이한 경우 225
- 선순위전세권이 있는 경우 226
- 대지권없음, 선순위가등기의 경우 227
- 토지별도등기가 있는 경우 229
- 제시외 건물이 있는 경우 230
- 위반건축물이 있는 경우 231
- 기타 232

04 권리분석 종합 233

05 입찰가 산정 236

Chapter 7 매각기일(입찰)과 입찰표 작성, 제출 방법

01	매각기일 공고	242
02	우선매수 신고	248
03	입찰표 작성	251
	✥ 기일입찰표와 위임장 등의 작성 방법	**251**
	✥ 입찰봉투 및 매수신청보증금봉투 작성 방법	**255**
04	공동입찰 시 입찰표를 작성하는 방법	257
05	입찰 당일 주의사항	261
06	매수신청 대리	266

Chapter 8 매각결정과 그 이후의 대응방법

01	매각결정기일	272
02	농지취득자격증명	273
03	채권 상계(차액 지급) 신청 방법	282
04	매각불허가(매각허가에 대한 이의)	287
05	즉시항고	292
06	경매 취소	294

Chapter 9 소유권이전과 세금 절세 전략

01	경락자금 대출	302

02	소유권이전등기 촉탁신청	305
03	부동산 세금 계산	323
04	인테리어 공사	329

Chapter 10 배당기일과 배당금 수령방법

01	배당의 원칙과 순서	340
02	배당 예시	343
03	배당기일 지정	356
04	배당금 수령 방법	366

Chapter 11 건물인도와 강제집행 절차는 이렇게 해라!

01	합의서 작성	378
02	인도명령 신청	386
03	매수 부동산 강제 집행	401
04	동산경매 신청	415

PART 2
부동산경매 Upgrade

Chapter 1 내 집 마련과 10년 안에 10억 버는 실전투자 비법

01 경매로 다세대 주택을 낙찰 받아 부족한 연봉을 채워라! 422
- 경매 입찰대상 물건정보내역과 매각결과 422
- 다세대주택에 대한 물건분석은 이렇게 해라! 423
- 이 물건에 대한 권리의 하자 여부와 배당을 분석해 보자 424
- 현재 점유하고 임차인의 명도에 대해서 살펴보면 426
- 입찰에 참여하기 전 예상수익분석 후 입찰가를 결정해 보자 427

02 다가구주택에서 선순위임차인을 활용해 임대수익 올리기 429
- 기존 주택에서 임차인을 활용해 임대수익과 투자수익을 높여라! 429
- 경매 입찰대상 물건정보내역과 매각결과 430
- 경매물건에 대한 물건분석 및 권리분석 431
- 투자대비 임대수익율은 어떻게 되겠는가? 432
- 분양자격과 주택에 대한 리모델링 후 재임대 방법 433

03 토지만 낙찰받고 지상의 무허가 건물까지 소유권취득하기 434
- 정 수철이 계양농협 근저당권을 매입했다 434
- 정 수철이 경매를 신청한 물건정보내역과 매각결과 435
- 경매물건에 대한 물건분석과 권리분석 436
- 낙찰 받고 나서 다음과 같이 탈출하는 방법으로 성공할 수 있었다 436

Chapter 2 특수물건 경매

01 법정지상권 경매 438

02	유치권 경매	442
03	공유물의 지분 경매	447
04	NPL 경매	451

Chapter 3 역세권 경매

01	철도 및 역세권에 대한 이해	462
02	역세권 투자 핵심사항	466
03	역세권 경매 검색	481
04	역세권 투자 유망노선 Best 5	484
	✥ 수도권 서남부의 등불, 신안산선 돛을 달다!	484
	✥ 경기와 강원을 잇는 최초의 동서철도, 경강선(월곶~판교)	486
	✥ GTX-A노선만 삼성역 가지 않는다. 이제는 GTX-C 봐야한다!	488
	✥ 강일, 미사, 다산, 왕숙까지 이어지는 지하철 9호선	490
	✥ 부산, 강릉, 거제 가는 서울역 대항마, 수서~광주선	492

Chapter 4 토지보상 경매

01	토지의 종류	495
	✥ 대지	495
	✥ 농지	496
	✥ 임야	498
	✥ 잡종지	500
	✥ 도로	501
02	토지보상 절차	503

| 03 | 토지보상 경매 | 507 |
| 04 | 재개발 사업 | 509 |

Chapter 5 경매와 공매가 동시에 진행되는 경우

01	공매의 이해	512
02	경매와 공매의 차이점은?	523
	✣ 경매와 공매는 이런 차이가 있다!	523
	✣ 경매물건을 낙찰 받고 잔금납부 및 배당까지 마무리되는 과정	523
	✣ 공매물건 낙찰 받고 경매와 같이 배분까지 마무리되는 과정	524
03	법원경매와 압류재산 공매가 동시에 진행되는 경우	525
	✣ 압류재산 공매와 법원경매가 동시에 경합 시 우선권은?	525
	✣ 국세징수법상 공매절차와 민사집행법상 경매절차가 동시에 진행되면?	525
	✣ 경매기입등기 ⇨ 임차인 전입 ⇨ 공매공고등기 순에서 소액임차인 판단기준은?	525
	✣ 공매와 경매가 동시에 진행될 때 배당요구 방법과 누가 소유권을 취득하나?	527
04	농지가 경매와 공매로 동시에 매각되는 사례에서 대응방법	527
	✣ 농지의 의의와 농지취득자격증명이란?	527
	✣ 농지 공매절차에서 대응하는 방법은?	530
	✣ 농지 경매절차에서 대응 방법은?	533

PART 1 부동산 경매 바로알기

Chapter 1   부동산경매로 10년 안에 10억원 벌려면 이렇게 해라!

Chapter 2   경매 진행절차와 경매 용어 이해하기

Chapter 3   경매개시결정과 기본적인 권리분석 방법

Chapter 4   현황조사와 경매관할 법원

Chapter 5   감정평가와 우량한 경매물건 선정방법

Chapter 6   배당요구종기와 입찰하기 전에 알고 있어야 할 내용

Chapter 7   매각기일(입찰)과 입찰표작성 제출 방법

Chapter 8   매각결정과 그 이후의 대응방법

Chapter 9   소유권이전과 세금 절세 전략

Chapter 10 배당기일과 배당금 수령방법

Chapter 11 건물인도와 강제집행 절차는 이렇게 해라!

PART 1 부동산 경매 바로알기

Chapter 1

부동산경매로 10년 안에 10억원 벌려면 이렇게 해라!

01   이제 경매 투자는 부동산 재테크에서 가장 각광을 받고 있다
02   부동산경매 10-10(10년 안에 10억원 벌기 프로젝트)
03   안정 지향형 : 단계별로 투자 물건의 수를 높여가라!
04   단계별 진행형 : 단계별로 다양한 물건에 도전하다!
05   하이리스크형 : 고위험 고수익에 도전하다!

01 이제 경매 투자는 부동산 재테크에서 가장 각광을 받고 있다

　과거에는 특정한 사람만이 경매를 했다면 요즘은 누구나 쉽게 배워서 할 수 있는 대중화 시대를 맞고 있다. 이런 폭발적인 관심은 아마도 투자하는 그 순간부터 이익을 확보할 수 있는 안정적인 경매의 매력 때문일 것이다.

　부동산중개업소에서 일반 매매로 구입하는 것보다 싼 가격으로 부동산을 취득할 수 있는 것이다. 시장이 좋으면 좋은 대로 나쁘면 나쁜 대로 그 시세보다 싸게 살 수 있어서 투자하는 그 순간부터 이익을 확보할 수 있다. 경매로 시세보다 싸게 내 집을 마련하는 사람이 있는가 하면, 직장인들이 부족한 연봉을 채운다거나, 아무도 거들떠보지 않았던 정년 퇴직자들이 스스로 노후연금 채우기에 도전하는 모습은 누구보다 자기계발과 미래를 위한 재테크라 할 수 있다. 이런 시장을 알고 있다는 것은 분명 행운이다. 그러나 알고 있다고 해서 누구나 투자에 성공하는 것은 아니다. 제대로 알고 투자하는 습관이 필요하다. 그러기 위해서는 다음과 같이 기본에 충실하면서 심도 있는 투자를 해야 한다.

02 부동산경매 10-10
(10년 안에 10억원 벌기 프로젝트)

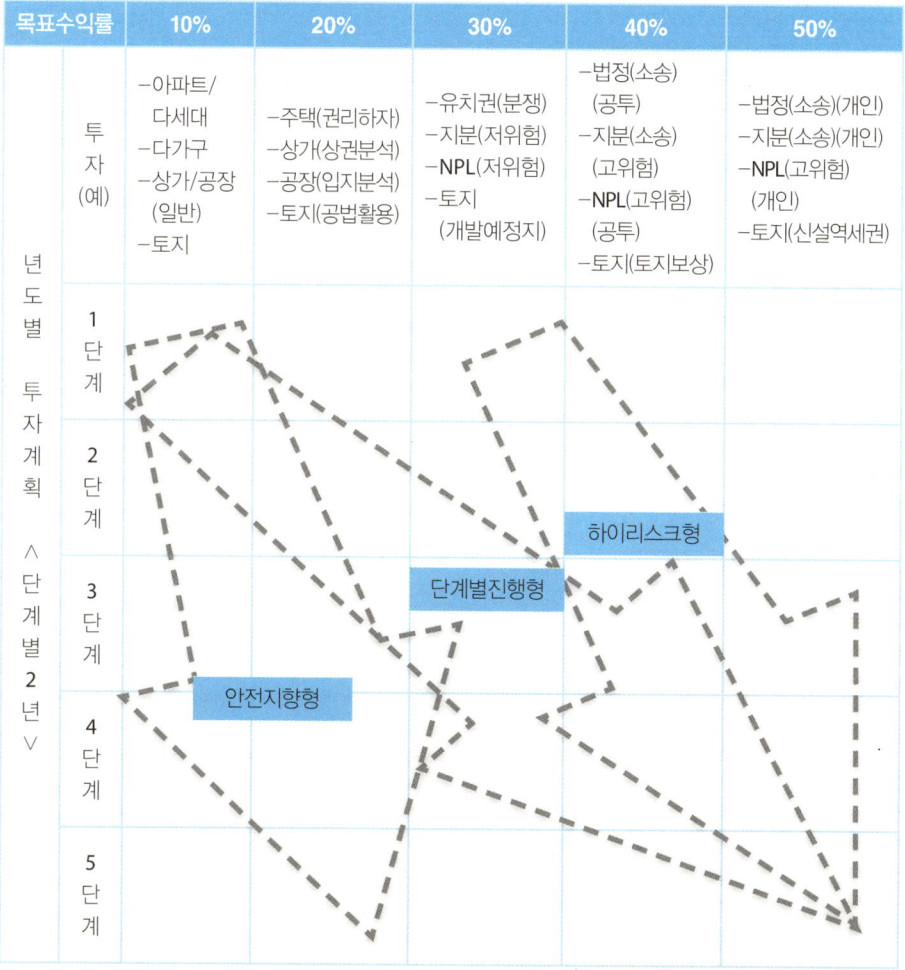

1. 안정지향형 : 수익률은 적지만 단계별로 투자 물건의 수를 높여가며 투자하는 방법
2. 단계별진행형 : 단계별로 목표수익률을 높여가며 투자하는 방법
3. 하이리스크형 : 시간이 걸리더라도 일반 물건보다는 위험부담 물건에 투자하는 방법

《부동산경매 투자의 현실》

부동산경매로 실제로 투자해서 큰 돈을 벌었다는 사람은 극히 드물다. 이는 부동산 경기가 좋았거나 특정한 상황에서 수익이 난 것으로 순수하게 경매 자체만으로 투자수익을 올릴 수 있었다고 보기 어렵다. 자신을 알리기 위해 여러 투자 형태를 내세우며 100억원을 벌었다는 얘기에 맹신하지 말기를 바란다. 필자도 직·간접적으로 수십 건을 낙찰 받아 보았지만 현실은 노력한 만큼의 이익만 안겨주었다. 그만큼 경매는 아는 만큼 돈을 버는 정직한 분야이지 운에 따라 돈을 벌 수는 없었다.

이제 경매 대중화 시대를 맞고 있다. 그래서 투자 방법도 아파트 위주에서 환금성은 조금 떨어지지만 수익성이 높은 다세대주택, 단독주택 등으로 전환해야 한다. 그리고 경매투자에 자신감을 얻었다면 지분경매나 법정지상권, 유치권 등으로 다른 사람들이 꺼리는 특수물건에 도전해야 한다. 이러한 투자는 하루 아침에 만들어지지 않는다.

좋은 멘토를 찾아 지속적인 관계를 유지하면서 배우고, 어느 정도 자신감이 생기면 별도의 모임을 만들어 함께 풀어가면 좋겠다. 혼자서 해결할 수 없는 특수물건은 좋은 멘토의 자문을 받아 투자하면 성공할 수 있다.

《투자 전제 조건》

1. 부동산경기는 동일하다. 매매가에 영향을 주지 않는다. (감정가≒시세)
2. 자본금은 1억원을 기준으로 한다.
   (초기자본금 5천만원~7천만원. 이후 매년 1천만원씩 추가 투자한다)
3. 대출은 주택의 경우 매각가의 70% 내외로 잡는다.
   (상가, 지식산업센터 70%, 토지 40%, 특수물건 대출 불가)
4. 매각가의 10% 정도의 단기(3개월 내) 유동자금이 가능하면 더 좋다.
   (투자금액의 범위가 넓어진다. 잔금납부 후 월세보증금(3천5백만원)으로 반환)
5. 10년 기간설정은 첫 낙찰일을 기준으로 한다.

03 안정 지향형 : 단계별로 투자 물건의 수를 높여가라!

목표 : 2&1 (매년 주거용 2건, 소액 or 공투 1건)

《세부사항》

- 두근두근 첫 번째 물건 도전
    통장잔액 : 6천만원, (-)통장(또는 가족친지 활용)
    감정가 아파트 3억원, 90% 낙찰 2억7천만원, 대출 2억원,
    부족한 1천만원 (-)통장 활용, 매각(1년 후) 2억9천만원
    (-)통장 임차인 보증금(3천5백만원) 제공시 즉시 반환
∴ 결산 : 취득세(1.1%), 법무비, 이사비, 양도세(6%), 단기임대수익(1년) 감안
    약 1,500만원 순수익
- 첫 물건 결산과 상관없이 첫 입찰 후 3개월 두 번째 물건 도전
    통장잔액 : 3천만원(5백만원 추가 입금), (-)통장
    감정가 다세대 1억5천만원, 85% 낙찰 1억2천7백만원, 대출 9천만원
    부족한 7백만원 (-)통장 활용, 매각(1년 후) 1억4천만원
    (-)통장 임차인 보증금(2천만원) 제공시 즉시 반환
∴ 결산 : 취득세(1.1%), 법무비, 이사비, 양도세(6%), 단기임대수익(1년) 감안
    약 1,000만원 순수익
- 경매 2건 낙찰 성공, 통장잔액 : 1천5백만원
    소액으로 토지(전, 답, 임야)나 공동투자로 특수물건 입찰 (장기, 고수익)
- 첫 물건 매도 후, 세 번째 물건 도전 (5년 후, 3채로 확대)
    투자금액 상승, 경험치 상승 → 투자수익 상승

《10억원 만들기 도전그래프》 단위 : [개월] [만원]

매도	0	15	30	45	60	75	90	105	120
매수	6,000	1,000	1,000	1,000	1,000			투자금	1억원
0	⟨1⟩	1,500							
3	⟨2⟩	1,000							
15	⟨3⟩		2,000						
18	⟨4⟩		1,500						
30	⟨5⟩			2,500					
33	⟨6⟩			2,000					
45	⟨7⟩				3,000				
48	⟨8⟩				2,500				
60	⟨9⟩					3,500			
63	⟨10⟩					3,000			
66	⟨11⟩					2,500			
75	⟨12⟩						4,000		
78	⟨13⟩						3,500		
81	⟨14⟩						3,000		
90	⟨15⟩							4,500	
93	⟨16⟩							4,000	
96	⟨17⟩							3,500	
105	⟨18⟩								5,000
108	⟨19⟩								4,500
111	⟨20⟩								4,000
120 보유 토지 or 공투 | 매년 1천만원 투자	L-1								4,000
	L-2								3,700
	L-3								3,400
	L-4								3,100
	L-5								2,800
	L-6								2,500
	L-7								2,200
	L-8								1,900
	L-9								1,600
	L-10								1,300
소 계		3,500	4,500	5,500	6,500	9,000	10,500	12,000	40,000
누 계		9,500	14,000	19,500	26,000	35,000	45,500	57,500	97,500

04 단계별 진행형 : 단계별로 다양한 물건에 도전하다!

목표 : 2y2 (2년마다 2건 이상 낙찰)

《세부사항》

⑴ 처음 2년 차까지는 [안전지향형]과 유사하여 기본을 다진다. (3~4건 낙찰)
⑵ 이후 2년 차는 대항력 유무, 우선변제권 유무, 배당 유무 등에 따른 권리변동 및 투자수익성 높은 물건에 입찰하거나, 토지, 상가, 공장 등 다양한 용도의 물건에 입찰한다.
⑶ 다음 2년 차는 특수물건 중 다소 위험도 낮은 물건에 공동투자 하거나, 개발 예정지의 토지를 중심으로 입찰에 참가한다.
⑷ 다음 2년 차는 특수물건 중 소송을 염두해 둔 물건에 공동투자 하거나, 보상이나 적극적인 개발을 목표로 토지 중심으로 입찰에 참가한다.
⑸ 마지막 2년은 본인 직접 소송을 염두해 둔 특수물건에 입찰하거나, 신설역세권 중심의 토지를 중심으로 입찰에 참가한다.

《10억원 만들기》

- 여러 변수들이 있지만, 단계별로 10%, 20%, 30%, 40%, 50% [년수익률]
- 통장잔액 6천만원 + 신용대출 2천만원 + 2천만원 추가 투자 합 1억원 8천만원 ⇨ [2년] 1억3천만원 ⇨ [2년] 2억원 ⇨ [2년] 3억5천만원 ⇨ [2년] 6억원 ⇨ [2년] 10억원
∴ 결과적으로 10억원을 만들기 위한 단계별로 목표금액을 설정하여 다소 무리수는 있으나, 현실적으로 불가능한 것은 아니다.
   (※부동산은 주식처럼 상장폐지 되는 일은 없으니, 너무 걱정하지 말자!)

05 하이리스크형 : 고위험 고수익에 도전하다!

목표 : 2y1 (2년마다 1건 낙찰)

《세부사항》
- [단계별진행형] ⑶, ⑷, ⑸ 항 순으로 진행하되 다소 위험한 물건에 입찰한다.

《10억원 만들기》
- 통장잔액 6천만원 + 신용대출 2천만원 + 2천만원 추가 투자 합 1억원
- 년 목표수익률 30%에 도전한다. (특수물건 원리 + 소송 절차 이해 필요)
- 초기에는 공동투자 중심으로 배워가면서 하되, 전체적인 맥락을 알게 되면 본인이 직접 팀을 결성하여 공동투자를 이끌어 가는 것도 방법이다.
  (공동투자는 모두의 책임이며, 이익달성시 수익의 일부를 보전 받는 형식)

PART 1 부동산 경매 바로알기

Chapter 2

경매 진행절차와 경매 용어 이해하기

01 경매 신청방법
02 경매 신청비용
03 부동산경매 Keyword와 부동산경매 진행절차
04 경매 주요 용어 50개
05 경매 관련법

01 경매 신청방법

　채권자의 신청이 있으면 법원은 절차상 경매개시결정을 하여 목적부동산을 압류하고 관할 등기소에 경매개시결정의 기입등기를 촉탁하여 등기관으로 하여금 등기부에 기입등기를 하도록 하고 있으며 경매개시결정 정본은 채무자에게 송달한다. 다음으로 배당요구종기를 결정하여 공고하고 부동산의 현재 점유관계와 차임 또는 보증금의 액수, 그 밖의 현황에 관하여 조사를 명하고 감정인에게 부동산을 평가하게 하여 그 평가액을 참작하여 최저매각가격을 정하게 된다.

　경매를 신청하려면 경매신청서에 경매신청 소정의 사항을 적시하고 서류를 첨부하여야 하며 집행권원 1개당 인지(5,000원) 등의 경매비용을 납부한 후 부동산소재지 관할 법원 경매계에 접수하면 된다. 법원경매신청서 작성시 채무자와 소유자의 현주소를 기재해야 된다. 등기부상의 주소가 다른 때에는 양자 모두 표기해야 한다. 부동산의 표시는 실제와 완전히 부합하여야 되는 것은 아니고 객관적으로 보아 부동산의 동일성을 인식할 수 있는 정도가 되면 된다. 여러 개의 부동산에 대하여도 집행법원이 동일하면 동시에 경매신청을 할 수 있다. 미등기의 부속건물이 있거나 건물이 증개축되어 실제 건평이나 구조가 등기부의 표시와 일치하지 아니할 때에는 미등기 부속건물 또는 실제 건물의 구조와 건평을 아울러 표시해야 한다. 미등기의 경우에는 집행법원의 경매개시결정등기의 촉탁이 있으면 등기관은 직권으로 그 부동산의 소유권보존등기를 하여야 하므로 경매신청서 중 부동산 표시의 항에 미등기라는 취지를 부기해야 한다.

　강제경매는 집행권원을 받아서 경매를 신청하는 것이고, 임의경매는 담보권실행을 위해 별도의 권원 없이 직접 경매신청을 하면 된다. 강제경매는 판결문이나 공정증서, 지급명령결정문, 이행권고결정문, 화해조서 등의 집행권원이 필요한 반면 임의경매는 근저당권자, 저당권자, 전세권자 등 민법에서 규정한 담보권을 가지고 채무자가 변제기가 도래했음에도 불구하고 이를 갚지 않을 경우 채권자의 경매신청만으로 경매가 진행된다.

강제경매와 임의경매는 매각결정방법, 대금납부, 소유권이전, 인도명령, 배당 등의 절차는 동일하지만 채무자의 경매 취소 방법이 다르다. 임의경매의 경우 채무자가 채권자에게 대여금을 변제한 사실에 대한 입증자료를 가지고 해당 경매계에 찾아가서 채권자의 동의여부와 무관하게 이의신청을 통해 취소시킬 수가 있지만, 강제경매의 경우 채무자가 채권자에게 돈을 변제했다는 입증자료 가지고 경매개시결정에 대한 이의신청을 한다 해도 채권자의 동의가 없으면 취소하기가 어렵다는 것이다. 다만 당사자의 불일치나 부동산 현황 등이 다른 경우에도 이를 근거가 취소는 가능하지만, 그 외에는 별도의 청구소송을 통해 경매를 취소해야 한다.

강제경매 중 근로복지공단에서 신청한 경매는 주의할 필요가 있다. 근로복지공단은 근로자에게 체불임금을 먼저 지급하고 대위변제금의 구상권으로 채무자 부동산에 압류 후 채권변제를 요구하기 때문이다. 즉 근로복지공단에서 경매를 진행했다는 것은 체당금(밀린 급여를 공단에서 대신 지급)이 있다는 것인데, 이러한 부동산이 경매로 진행되면 대위변제금 전액이 배당되는 것은 아니지만 근로자의 퇴직전 3개월의 급여와 3년간의 퇴직금이 소액임차인의 최우선변제권과 같은 순위로 경매비용을 제외하고 가장 우선적으로 배당되기 때문에 입찰시 각별한 주의가 필요하다.

강제경매를 신청하는 경우에는 반드시 집행권원인이 필요하다. 그 집행권원에는 판결, 결정, 명령, 화해조서, 인낙조서, 조정조서, 기타의 권원(어떠한 행위를 법률적으로 정당화하는 근거. 실정법에서는 권원이라는 표현함)이 있다. 그 중 판결정본에 경우, 해당법원에 판결정본을 제출하여 집행문부여(강제집행을 허락한다는 주문을 부여)를 받아야 하고 송달증명원, 확정증명원(가집행선고에 기한 경우에는 불필요)이 첨부하여야 한다. 화해조서, 조정조서 등 조서정본에 의한 경우는 확정증명원은 필요 없으며 송달증명원만 첨부하면 된다. 화해권고결정, 조정결정의 경우에는 송달, 확정증명원이 필요하다. 이행권고결정문, 지급명령결정문 등은 결정문상에 송달·확정일자가 기재되어 있으므로 별도로 발급받을 필요가 없다. 단, 변제기 도래한 공정증서의 경우 공정증서를 작성한 공증사무소에 내방하여 직접 집행문부여를 받아야한다. 이 경우 송달증명, 확정증명은 필요 없다. 부동산강제경매

신청시 반드시 집행권원정본을 첨부하여 해당 법원에 제출하게 되는데, 만일 채무자의 또 다른 재산에 강제집행을 해야 할 경우가 발생할 수 있기 때문에 강제경매 신청시 혹은 그 신청 이후 언제든 집행권원 '사용증명원'을 발급받는 것이 좋다. 그 사용증명원으로 하여금 해당 법원에 집행문재도부여(집행권원의 재발급)를 신청하여 재교부 받아 또 다른 재산에 강제집행을 할 수 있기 때문이다.

임의경매신청을 함에 있어서는 담보권의 존재를 증명하는 서류를 첨부해야 한다. 담보권을 증명하는 서류는 통상 권리증이나 부동산등기사항증명서를 제출하게 하고 있으며, 법원은 피담보채권의 존재에 관한 판단을 하지 않고 일단 경매개시결정을 하고 이해관계인이 개시결정에 대한 이의나 매각허가결정에 대하여 항고로 다툴 때 그 존부에 대한 판단한다. 청구금액의 표시는 원금만을 표기하는 경우 나중에 경매법원이 배당할 수 있는 채권의 범위는 비록 담보권실행을 위한 경매로서 채권최고액의 범위내일지라도 경매신청시 청구금액을 일부만을 청구한 것으로 보아 청구금액을 확장할 수 없게 된다. 원금 및 경매신청시까지 발행한 이자의 합계액을 표시한 경우 채권자는 배당요구종기까지 채권계산서를 제출하여 채권금액을 확장시킬 수 있지만 배당요구종기 이후에는 채권금액을 확장할 수 없다. 원금만을 금액으로 명기하고 이자에 관하여는 그 발생일과 이율만을 명기하고 완제시까지라고 표시하는 경우 언제든지 채권금액을 확장시킬 수 있으며, 만일 배당기일까지도 채권계산서를 제출하지 아니하면 법원은 경매신청서 등 집행기록에 있는 서류와 증빙에 의하여 채권을 계산하여 배당하게 된다.

강제경매와 임의경매는 채권자가 자기 채권의 만족을 얻기 위해하는 경매로 보통 실질적 경매라고 하는 것에 반해 특정 재산의 가격보존을 위해 실시하는 경매를 형식적 경매라 하며, 특정재산만의 하는 협의의 형식적 경매와 유치권에 따른 경매처럼 광의의 형식적 경매로 나누기도 한다. 형식적 경매는 현금화의 공정을 위해 국가기관이 경매의 형식을 빌어 현금화하도록 하는 것인데, 실무적 내용을 보면 임의경매에 가깝다. 형식적 경매를 구분하면 유치권에 기한 경매, 공유물분할을 위한 경매, 청산을 위한 경매, 타인의 권리상실에 의한 경매 등이 있는데 여기서는 공유물분할을 위한 경매만을 다루고자 한다. 형식적 경매절차는 담보권 실행경매에 따라 실시하는데 담보권 실행경매의 모든 규정을 그대로 적용하는 것은 아니다. 형식적 경매도 서면으로 해야 하므로, 목적물 소재지를 관할하는 법원에 경매신청서를 제출해야 한다.

　공유물분할을 위한 형식적 경매에는 반드시 그 전제로써 판결 또는 심판이 있어야 하는데, 경매신청권의 존재를 증명하는 서류로써 경매의 방법으로 현금화하라는 판결의 정본을 첨부해야 한다. 조정 또는 화해의 조서도 포함되는데 공유물분할의 소는 비록 형식적 형성의 소지만 조정 또는 화해가 가능하기 때문이다. 형식적 경매에 첨부되는 판결은 집행권원이 아니라 경매신청권의 증거서류에 불과하므로, 강제경매의 경우와 달리 송달증명원은 필요 없다. 또한 집행력이 없으므로 집행문이 필요 없다. 가집행선고가 있을 수 없고 확정되어야 효력이 발생하므로, 반드시 판결확정증명서가 필요하다.

❖ 부동산 강제경매신청서

부동산강제경매신청서

수입인지 5000원

채 권 자　공룡 주식회사(대표자 : 다이노)
　　　　　　서울시 서초구 서초대로 1234(서초동, 한국빌딩 5층)

채 무 자　주식회사 개구리(대표자 : 구루기)
　　　　　　서울시 강남구 강남대로 4321(논현동, 중국빌딩 5층)

청구금액　원금 20,000,000원 및 이에 대한 2015년 1월 1일부터
　　　　　　다 갚을 때까지 연 12% 비율에 의한 금원

　　　　　　경매할 부동산의 표시 : 별지 목록 기재와 같음

경매의 원인된 채권과 집행할 수 있는 채무명의

채무자는 채권자에게 서울중앙지방법원 2015나369369 부당이득반환 청구사건의 2016년 1월 3일 선고한 판결의 집행력 있는 정본에 기하여 위 청구금액을 변제하여야 할 것이나 이를 이행하지 아니하므로 위 부동산에 대한 강제경매 절차를 개시하여 주시기 바랍니다.

첨부서류

1. 집행력있는 정본   1통
2. 송달증명서   1통
3. 등기사항증명서   1통

2016년 4월 11일

위 채권자   공룡 주식회사 대표이사 다이노 (인)
연락처(☎)   010-0123-4567

✓ **유의사항**

1) 이 신청서를 접수할 때에는(신청서상의 이해관계인 +3) × 10회분에 해당하는 송달료를 송달료 수납 은행에 현금으로 납부하여야 합니다.
2) 집행력있는 정본이 수개이면 그에 상응하는 인지를 붙여야 합니다.

붙임【목록 양식】

부동산 목록

1. 토지
   강남구 강남대로 4321 (논현동 중국빌딩 5층)
   대 234 평방미터(㎡)

2. 건물
   강남구 강남대로 4321
   철콘크리트 조 샌드위치 판넬 지붕 5층 1, 2종 근린생활시설

   (1층) 1종 근린생활시설 141㎡
   (2층) 1종 그린생활시설 141㎡
   (3층) 2종 근린생활시설 141㎡
   (4층) 2종 근린생활시설 141㎡
   (5층) 2종 근린생활시설 141㎡

❖ 부동산 임의경매신청서

부동산 임의경매 신청서

수입인지
5000원

채 권 자   공룡 주식회사 대표자 다이노(법인번호 : 012345-0123456)
            서울시 서초구 서초대로 1234(서초동, 한국빌딩 5층)

채 무 자   주식회사 개구리 대표자 구루기(법인번호 : 001234-1234444)
            서울시 강남구 강남대로 4321(논현동, 중국빌딩 5층)

청구금액 : 원금 500,000,000원 및 이에 대한 2015년 1월 1일부터 다 갚을 때까지 연 12% 비율에 의한 금원

경매할 부동산의 표시 : 별지 목록 기재와 같음

담보권과 피담보채권의 표시

채무자는 채권자에게 2015년 1월 1일 금 500,000,000원을, 이자는 연 12%, 변제기 2015년 12월 31로 정하여 대여하였고, 위 채무의 담보로 별지목록기재 부동산에 대하여 서울중부지방법원 등기과 접수 제1004호로서 근저당권설정등기를 마쳤는데, 채무자는 변제기가 경과하여도 아직까지 변제하지 아니하므로 위 청구금액의 변제에 충당하기 위하여 위 부동산에 대하여 담보권실행을 위한 경매절차를 개시하여 주시기 바랍니다.

첨부서류

1. 부동산등기부등본   1통
2. 근저당권설정계약서(채권증서 또는 원인증서 포함)사본   1통

2016년 4월 11일

위 채권자   공룡 주식회사 대표자 다이노 (인)

연락처(☎)   010-0123-4567

서울중부지방법원 귀중

✔ **유의사항**

1) 이 신청서를 접수할 때에는(신청서상의 이해관계인+3) × 10회분에 해당하는 송달료를 송달료수납은행에 현금으로 납부하여야 합니다.
2) 채권원인서면이란 차용증, 약속어음등 채권의 존재와 금액을 확인할 수 있는 서면을 말합니다.

부동산임의경매신청서

수입인지
5,000원

채 권 자	공룡 주식회사(대표자 : 다이노) 서울시 서초구 서초대로 1234(서초동, 한국빌딩 5층)
채 무 자	주식회사 개구리(대표자 : 구루기) 서울시 강남구 강남대로 4321(논현동, 중국빌딩 4층)
청구금액	원금 500,000,000원 및 이에 대한 2015년 1월 1일부터 다 갚을때까지 연 12% 비율에 의한 금원

신청취지

별지 목록 기재 부동산에 대하여 경매절차를 개시하고 채권자를 위하여 이를 압류한다
라는 재판을 구합니다.

신청이유

채권자는 채무자에게 2015년 1월 1일 금 500,000,000원을, 이자는 연 12%, 변제기는 2015년 12월 31일로 정하여 대여하였고, 위 채무의 담보로 채무자 소유의 별지 기재 부동산에 대하여 중부지방법원 2015년 1월 4일 접수 제 1004호로 근저당권설정등기를 마쳤는데, 채무자는 변제기가 경과하여도 변제하지 아니하므로, 위 청구금액의 변제에 충당하기 위하여 위 부동산에 대하여 담보권실행을 위한 경매절차를 개시하여 주시기 바랍니다.

첨부서류

1. 부동산등기사항전부증명서   1통
2. 부동산 목록   10통

2016년 4월 11일

채권자 공룡 주식회사 대표자 다이노

서울중부지방법원 귀중

✓ 유의사항

1. 채권자는 연락처란에 언제든지 연락 가능한 전화번호나 휴대전화번호(팩스번호, 이메일 주소 등도 포함)를 기재하기 바랍니다.
2. **부동산 소유자가 개인이면 주민등록번호를, 법인이면 사업자등록번호를 기재하시기 바랍니다.**
3. 이 신청서를 접수할 때에는 (신청서상의 이해관계인의 수 + 3) × 10회분의 송달료와 집행비용 (구체적인 액수는 접수담당자에게 확인바람)을 현금으로 예납하여야 합니다.
4. 경매신청인은 채권금액의 1000분의2에 해당하는 등록세와 그 등록세의 100분의20에 해당하는 지방교육세를 납부하여야 하고, 부동산 1필지당 2,000원 상당의 등기수입증지를 제출하여야 합니다.

❖ 공유물분할을 위한 부동산경매 신청서

공유물분할을 위한 부동산경매 신청서

신 청 인　1. 작은손(760907-1234567)
　　　　　　주소 : 서울특별시 성동구 둘레길 1004

　　　　　　위 신청인의 대리인 : 법무법인 니즈
　　　　　　담당변호사 : 양조위
　　　　　　서울 서초구 서초대로 7373 아이비빌딩 13층

상 대 방　1. 김○○
　　　　　　서울 영등포구 영중로 ○길 ○-○
　　　　　2. 이○○
　　　　　　서울 영등포구 양평로○길 ○-○
　　　　　3. 이○○
　　　　　　군포시 용호로 ○○, ○동 ○○○호
　　　　　4. 박○○
　　　　　　수원시 장안구 경수대로 ○번길 ○○, ○동 ○○○호

경매신청권의 표시
서울중부지방법원 2014가합369369호 판결정본에 의한 공유물 분할

경매할 부동산의 표시 : 별지 목록 기재와 같음

신청취지

　　신청인들은 귀원 2014가합369369호 공유물분할 사건에 대한 배당을 위하여 별지목록 기재 부동산에 대한 경매 개시 결정을 한다.
라는 재판을 구합니다.

신청이유

신청인들은 2014. 7. 9. 상대방들과 별지목록기재 부동산에 대하여 서울중부지방법원 2014가합369369호 공유물분할의 소를 제기하였습니다.

이에 대하여 서울중부지방법원은 2015. 4. 11. "별지부동산 목록 중, 가. 제1항 기재 토지를 경매에 부쳐 그 대금에서 경매비용을 공제한 나머지 금액을 별지 공유지분표 순번 제1번 기재 각 공유지분율에 따라 원고(선정당사자) 작은손, 피고 김○○, 이○○, 이○○, 박○○에게 분배하고, 나. 제2항 기재 토지를 경매에 부쳐 그 대금에서 경매비용을 공제한 나머지 금액을 별지 공유지분표 순번 제2번 기재 각 공유지분율에 따라 원고(선정당사자)작은손, 피고 김○○, 이○○, 이○○, 박○○에게 각 분배한다." 라는 내용의 판결을 선고하였습니다.

이후 위 판결은 상대방들에게 확정되었으므로 신청인들은 판결에 의한 경매 개시의 절차를 구하기 위하여 본 신청에 이른 것입니다.

첨부서류

1. 판결정본   각 1통
1. 동 송달 확정증명원   각 1통
1. 등기사항전부증명서(부동산)   각 1통
1. 토지대장   각 1통
1. 개별공시지가   각 1통
1. 주민등록표초본   각 1통
1. 납부서 및 영수증   각 1통
1. 위임장 및 담당변호사지정서 각 1통
1. 부동산목록   10통

2015. 6. 4.
신청인의 대리인
법무법인 니즈
담당변호사 양조위

서울중부지방법원 귀중

❖ 부동산 일괄매각 신청

부동산 일괄매각 신청

사건번호   2016타경 123456
채 권 자   공룡 주식회사(대표자 : 다이노)
채 무 자   주식회사 개구리(대표자 : 구루기)

　위 사건에 관하여 매각 목적 부동산들은 모두가 일단을 이루고 있는 부동산으로서 이들을 모두 동일인에게 매수시키는 것이 경제적 효용가치가 높을 뿐 아니라, 이들이 분할매각 됨으로써 장차 복잡한 법률관계의 야기를 사전에 예방하기 위하여 이를 일괄 매각하여 주시기 바랍니다.

2016년 4월 11일

채권자(매수인) 공룡 주식회사 대표자 다이노
연락처(☎) 010-0123-4567

서울중부지방법원 귀중

✔ 유의사항
────────────────────────────────────
수개의 부동산에 관하여 동시에 경매신청이 있는 경우에는 부동산별로 최저 입찰가격을 정하여 매각하는 개별매각이 원칙이나, 법원은 이해관계인의 합의에 구애되지 않고 일괄매각을 결정할 수도 있습니다.

02 경매신청 비용

　경매를 신청하려면 부동산 소재지 관할 법원에 찾아가 사전에 준비된 경매신청서 및 원인증서, 등기사항증명서, 부동산목록과 함께 청구채권금액에 해당하는 등록면허세와 지방교육세의 납부 영수증, 등기수입증지(등기신청수수료), 송달료 영수증, 법원보관금영수필통지서(경매예납금/집행비용)를 첨부해야 한다. 경매 신청 비용은 대법원 법원경매정보 홈페이지(http://www.courtauction.go.kr)에서 부동산가격을 입력하면 예납비용 산출이 가능하다. 경매예납금은 경매신청비용 내역을 참조하여 납부하되, 경매진행 중 예납금이 부족하면 추가 보정으로 납부할 수 있으니 대략적인 금액만 납부해도 된다. 납부방법은 관할법원의 취급은행이 어디인지 확인하여 동일한 은행에 다른 지점에서도 납부가 가능하다. 등기사항증명서에 경매개시결정등기기입과 관련하여 등기신청수수료(목적물마다 3,000원)를 납부하고, 신청서상의 이해관계인을 고려하되 추가적으로 3인을 더한 모두의 인원에 대하여 10회분에 해당되는 송달료(1회분 4,800원)를 예납한 후, 영수를 받으면 된다. 또한 집행비용에 필요한 경매예납금으로 은행에 비치된 법원보관금납부서를 통해 비용을 내면 법원보관금영수필통지서를 발행해 주는데, 이를 경매신청서에 첨부하면 되는 것이다. 경매예납금에는 감정료, 현황조사수수료, 신문공고료, 매각수수료 등이 포함되며, 송달료 이외의 집행비용과 관련된 비용 처리방법은 법원보관금취급규칙에 의해 진행된다.

　경매신청비용은 배당이 진행될 시 제일 먼저 배당되는 우선변제권이 있기 때문에 크게 걱정하지 않아도 되지만, 이중경매 신청의 경우 후행 경매신청자에게는 우선변제권이 없다. 이는 경매가 신청이 되어 있어, 채권신고나 배당요구로 이익을 대변할 수 있음에도 불구하고 별도로 경매를 신청하여 비용이 발생된 것으로써 공익적비용에 해당되지 않으므로 보호가치가 없다는 의미이다. 경매신청채권자가 경매를 신청했다가 취하는 경우에는 예납한 비용 중 취하 때까지 사용한 금액을 제외하고 돌려주며, 무잉여로 인해 경매절차가 취소되는 경우에도 지출된 집행비용은 받을 수 없고 남는 비용만 환급이 가능하다. 따라서 채무자가 빌린 돈을 변제하지 않는다고 서둘러 경매를 진행시키는 방법은 다소 많은 비용만 발생하고 소득이 없을 수 있으므로, 경매를 통해 변제받고자 할 때는 본인이 받을 수 있는 예상배당액을 고려하여 실익이 있는지를 따져 봐야 한다.

❖ 경매 신청비용 계산 방법

경매비용 납부

1. 등록면허세, 지방교육세 납부
- 부동산
  등록면허세 : 채권금액의 1,000분의 2, 지방교육세 : 등록면허세의 100분의 20

2. 등기신청수수료 납부
경매개시결정등기기입과 말소등기 시 매 목적물 마다 3,000원

※ 부동산 가격정보
- 개별공시지가, 시가표준액, 기준시가 등 부동산 관련 시가 현황 조회, 적용방법 등 상세한 가격 정보를 아래 사이트를 통해 확인하실 수 있습니다.
- 부동산을 제외한 선박 등에 대한 시가표준액은 서울특별시 사이트(분야별정보-세금·재정-세금-세금자료실)를 통해 확인하거나, 경매목적물 소재지 시·군·구청에 문의하시기 바랍니다.
  - 온나라부동산정보 www.onnara.go.kr
  - 국세청 www.nts.go.kr
  - 서울특별시 www.seoul.go.kr/main/index.html

- 송달료 납부
  (신청서상 이해관계인 수 + 3)×10회분(1회분 5,200원)
  이해관계인수 5명 : (5+3)×10 = 80
  예상송달료 : 5,200원×80 = 416,000원

- 경매예납금 납부
  - 적용대상 : 부동산, 선박, 광업권, 어업권, 소유권보존된 입목
  - 경매신청 채권자는 민사집행법 제18조에 따라 경매신청에 필요한 비용으로서 법원이 정하는 금액을 미리 내야합니다.

※ 납부할 예납금
- 일반 감정
  기준금액(개별공시지가, 시가표준액 등) : _____ 원
  납부할 예납금 : _____ 원

- 아파트 감정

  기준금액(공동주택가격) : _____ 원

  납부할 예납금 : _____ 원

  ※ 납부할 예납금은 부동산등 경매예납금 납부 기준표의 (가)+(나)+(다)+(라)를 합산한 금액이며, 실제 비용과는 차이가 날 수 있음을 알려드립니다.

기준 금액 입력 방법
- 기준금액은 감정평가수수료 및 매각수수료 예납금 계산을 위해 기준으로 삼는 금액을 말합니다.
- 기준금액은 토지, 일반건물, 선박 등 일반감정의 경우와 아파트 감정의 경우를 구분하여 입력하시기 바랍니다. 토지, 일반주택의 경우 개별공시지가 또는 개별주택공시가격, 아파트의 경우 공동주택공시가격, 상업용 건물이나 오피스텔의 경우 기준시가, 선박, 광업권, 어업권 등의 경우 시가표준액을 기준금액으로 각 입력하시기 바랍니다.

부동산 등 경매예납금 납부 기준표

구분	수수료				
감정료 (가)	토지, 일반 건물(아파트 제외), 선박(광업권, 어업권 등) 등 일반감정의 경우				
	기준금액 (개별공시지가, 시가표준액 등)	감정평가수수료(A)	실비(B)	부가가치세 10%(C)	감정료 (A+B+C)
	197,727,272원까지	290,000원	48,000원	(A+B)×0.1	
	197,727,272원 초과 2억 원까지	(200,000원+5천만원 초과액의 11/10,000)×0.8	48,000원	(A+B)×0.1	
	2억 원 초과 5억 원까지	(200,000원+5천만원 초과액의 11/10,000)×0.8	88,000원	(A+B)×0.1	
	5억 원 초과 10억 원까지	(695,000원+5억원 초과액의 9/10,000)×0.8	88,000원	(A+B)×0.1	
	10억 원 초과 50억 원까지	(1,145,000원+10억원 초과액의 8/10,000)×0.8	88,000원	(A+B)×0.1	
	50억원 초과 100억 원까지	(4,345,000원+50억원 초과액의 7/10,000)×0.8	88,000원	(A+B)×0.1	
	100억원 초과 11,925,000,000원까지	(7,845,000원+100억원 초과액의 6/10,000)×0.8	88,000원	(A+B)×0.1	
	11,925,000,000원 초과	7,200,000원	88,000원	(A+B)×0.1	
	다만, 감정인 등 선정과 감정료 산정기준 등에 관한 예규(재일 2008-1) 제21조 2호에 해당하는 물건에 대해서는 추가 감정료가 발생될 수 있습니다. 경매목적물이 다수인 경우 기준금액은 각 목적물에 해당하는 개별공시지가, 개별주택공시가격 등을 합산하시기 바랍니다.				
	아파트 감정의 경우				
	기준금액 (시가표준액)	감정평가수수료(A)	실비(B)	부가가치세 10%(C)	감정료 (A+B+C)
	2억원까지	290,000원	48,000원	(A+B)×0.1	
	2억 원 초과 244,804,545원까지	290,000원	48,000원	(A+B)×0.1	
	244,804,545원 초과 5억 원까지	(200,000원+5천만원 초과액의 11/10,000)×0.7	88,000원	(A+B)×0.1	
	5억 원 초과 10억 원까지	(695,000원+5억원 초과액의 9/10,000)×0.7	88,000원	(A+B)×0.1	
	10억 원 초과 50억 원까지	(1,145,000원+10억원 초과액의 8/10,000)×0.7	88,000원	(A+B)×0.1	
	50억 원 초과 100억 원까지	(4,345,000원+50억원 초과액의 7/10,000)×0.7	88,000원	(A+B)×0.1	
	100억 원 초과 14,067,856,666원까지	(7,845,000원+100억원 초과액의 6/10,000)×0.7	88,000원	(A+B)×0.1	
	14,067,856,666원 초과	7,200,000원	88,000원	(A+B)×0.1	
현황조사수수료(나)	70,000원 (※ 도서지역 등 특수한 경우에는 현황조사수수료가 추가 발생될 수 있습니다)				
신문공고료(다)	220,000원 (※ 경매목적물이 다수인 경우 신문공고료가 추가 발생될 수 있습니다)				

매각 수수료 (라)	기준금액 10만 원 이하 : 5,000원 기준금액 10만 원 초과 1,000만 원 이하 : (기준금액-10만원)×0.02+5,000원 기준금액 1,000만 원 초과 5,000만 원 이하 : (기준금액-1천만원)×0.015+203,000원 기준금액 5,000만 원 초과 1억 원 이하 : (기준금액-5천만원)×0.01+803,000원 기준금액 1억 원 초과 3억 원 이하 : (기준금액-1억원)×0.005+1,303,000원 기준금액 3억 원 초과 5억 원 이하 : (기준금액-3억원)×0.003+2,303,000원 기준금액 5억 원 초과 10억 원 이하 : (기준금액-5억원)×0.002+2,903,000원 기준금액 10억원 초과 : 3,903,000원

표 교수의

"주택임대차보호법 쉽게 이해하기"

주택임대차보호법은 서민주거안정이라는 좋은 취지로 만든 법이다. 이 법은 실제로 임대인과 임차인의 계약관계에서 기간을 정하여 갱신여부에 대한 근거를 마련함으로써 주거안정에 큰 역할을 하고 있지만, 대항력과 우선변제권, 임차권등기명령 등과 관련된 규정에 따라 경매입찰자의 입장에서는 추가적인 인수금액에 따라 큰 손실이 나는 경우도 있다. 현재 주택임대차보호법의 우선변제권 미신고로 인한 배당과 관련된 정보가 부족하고, 주택임대차보호법의 최우선변제권 행사로 인한 선순위 임차인에 대한 추가비용 발생 가능성 있으며, 민사집행법의 공유자우선매수행사로 인해 부동산 감정에 대한 적절한 평가를 받지 못하고 있는 실정이다. 이법의 적용으로 임차권의 권리가 강화되기는 했으나 한계가 있어, 이를 악용하는 사례가 늘어나고 있다는 점이다. 이 법이 '보호'라는 측면에 있다 보니, 임차인의 '의무'에 대한 부분이 소월하다는 생각이다.

예로 임치인의 입장에서는 짐유와 전입신고만 하면 대항력이 부여되고, 주민센터에서 확정일자만 받으면 우선변제권이 생기는 것까지는 좋지만, 이 주택이 경매가 진행된다고 했을 때, 임차인의 입장에서는 대항력이 존재하기 때문에 굳이 법원에 배당요구 신청을 하지 않는다는 점이다. 배당요구를 신청해 전액 배당이 예상되는 임차인의 경우도 입찰자의 대금납부를 통해 보증금 받을 수 있음에도 불구하고 신고의무가 없기 때문에 이를 이행하고 있지 않는 것이다. 입찰예정자의 입장에서 보면 배당요구를 신청하기 전까지는 이러한 정보를 전혀 알 수가 없기 때문에, 이로 인해 임차인과 관계된 특정관계인에게만 한정되어 경매 입찰가 산성에 어려움을 겪는다. 또 하나의 문제로 최우선변제와 관련된 부분으로 2016년 3월 31일 현재 근저당권과 같은 담보물권 설정일을 기준으로 소액보증금이 1억 원 이하이면 최우선적으로 3,400만원을 받을 수 있다는 것이다. 그러나 소액보증금의 상한선 제한으로 인해 서울시의 경우 보증금 1억 원 받으면 3,400만 원을 받고, 그 금액을 조금만 초과하게 되면 단 한 푼의 우선변제도 받지 못한다는 것은 문제가 있다.

금액산정도 계약당시일자보다 주택상의 근저당설정일이 언제인지가 중요해서 예로 근저당 설정일은 2008년 6월 1일인데, 본인이 계약하고 전입한 날짜가 2014년 6월 1일이고 임차인이 5,000만 원에 계약했다면, 근저당권의 담보설정일이 2001월 9월 15일 ~ 2008년 8월 20일에 해당되기 때문에 소액보증금 4,000만원을 초과하여 최우선변제 금액을 전혀 받을 수 없게 된다는 사실이다. 물론 계약당사자 사이에 공인중개사가 이러한 설명을 잘 해주고는 있지만, 간혹 이해를 잘 못하는 공인중개사들도 있고 보증금이 소액의 경우 당사 간 직접 계약하는 경우도 있기 때문에 주의가 필요하다.

최우선변제의 취지 목적은 어려운 사람들을 위해 최소한의 사회적 영위를 하기 위해서 비록 후순위 권리자라 하더라도 전입신고와 배당요구종기까지 배당요구만 해도 이를 보존해 주는 것이다. 그러나 이런 법적 취지와는 별개로 이법을 악용하는 사례가 적지 않으며, 급전세를 지칭하며 전문브로커가 있을 정도로 사회적으로 문제가 되기도 하였다. 2014년 하반기 인천 중구의 한 아파트 복도에서 장애를 가진 사람이 자살한 사건인데, 전세 시세가 1억원 정도였던 것에 반해 2,500만원에 전세가 입주가 가능하다는 부동산 중개인의 말을 듣고, 거주하여 살고 있었다. 그러나 이후 채무변제 불이행으로 인해 경매가 진행되면서 최우선변제를 신청하였으나, 채권자가 경매 배당이의 신청을 하여 승소한 후, 집행관을 통해 퇴거조치 명령이 내려지자 이러한 일이 생기게 된 것이다. 2015년 한 해에만 배당이의 소송 건은 천여 건에 달하기 때문에 이러한 분쟁은 계속 될 것으로 보인다.

주택임대차보호법 제3조 제1항을 보면 임차권의 대항요건으로 주택의 인도와 주민등록을 요구하고 있다. 점유와 전입신고를 통해 획득한 임차권은 사실 소유자와 임차인과의 채권적 관계에 불과하기 때문에, 민법상의 용익물권에 해당하는 전세권보다는 약하다. 다만 주택임대차보호법에 이를 통해 대항력을 부여했기 때문에 큰 힘이 생기게 되었고, 여기에 확정일자를 통해 우선변제권을 획득하면서 전세권과 대등한 권리로 인정받고 있다. 그런데 서민주거안정을 위해 만들어진 이법으로 대항력이란 큰 힘이 있다 보니, 굳이 내세우지 않아도 나중에 문제가 될 때 이와 관련된 자료를 제출하면 된다. 경매입찰자에서 보면 배당요구를 하지 않는다면 추후 얼마나 금액을 돌려줘야 하는지를 알 길이 없는데, 이미 대항력이란 큰 힘이 생긴 마당에 임차권을 등기하는데 소유자나 임차인 모두 마다할 이유가 없어 보인다. 주택의 임차권을 임차인이 단독으로 등기하도록 의무화하고, 확정일자 신고까지 같이 하게 한다면 주거안정에 큰 도움이 될 것이다.

또 다른 문제로 대항력과 별개로 확정일자를 받았는지 유무에 따라 우선변제권에 영향을 주기 때문에 일단 경매가 진행되면 배당요구종기까지 배당을 받을 의사가 있는지 없는

지에 대한 신고를 의무화 할 필요가 있다. 예로 임차인이 대항력은 있지만, 확정일자가 없거나 늦는 경우에 배당요구를 하는 경우 우선변제권이 없기 때문에 배당순위에 밀리게 된다. 강북구 미아동 아파트(2013-5***사건)를 보면 전입일자는 2006년 7월 5일, 확정일자는 2011년 9월 9일, 최초근저당권자는 2010년 3월 10일에 설정되어 있는 상황인데, 매수인은 임차인이 배당신청을 했기 때문에 배당이 되리라 예상했으나 확정일자가 늦어 보증금을 상당수 인수해야 되는 상황에 처해져 결국 잔금을 미납하게 되었다. 강남구 수서동 아파트(2013-2****사건)에서도 임차인이 배당요구종기 이후에 배당신청을 해서 배당 자체가 안 됨에도 불구하고 법원에서는 별도로 언급하지 않았고, 입찰자는 입찰보증금을 손해 보았다. 구로구 구로동 아파트(2013-1****사건)을 보면 현황조사서상에 "소유자가 전부 점유하여 사용여부 미상. 임대차관계 미상"이라고 적어놓고, 임차인 현황에는 정OO 전입이라고 표시해 놓았다. 현황조사서상의 소유자가 전부 점유한다는 것처럼 충분히 오해할 만한 문구를 기재해 놓아서인지 1회 유찰 후 전OO이 응찰하였다가 낙찰대금을 포기하였고 재매각사건 후 이OO이 낙찰 받았다. 이후 선순위금액 2억3,000만원을 인수해야 한다는 사실을 알고 변호사까지 동원하여 이의신청하였지만 법원에서는 받아들이지 않았고, 결국 2명의 매수인의 보증금액 8,000만원은 소유자까지 배당되었다.

　이렇듯 배당신고와 관련해서 선순위임차인이 배당 받기를 원하지 않더라도 권리신고를 의무화하는 법 제정이 필요하며, 더 나아가 임차권 자체도 임차권등기명령 같이 등기사항증명서 상에 등기의무를 법제화하여 임차인의 보호와 의무를 동시에 지니게 할 필요가 있다. 또한 보증금이 최대 1억원을 초과하더라도 전혀 받지 못하는 부분에 대해서 일정부분은 동일하게 보장해 주는 것이 형평성에 맞다. 이는 현행 소액보증금 상한선은 순수 보증금액만을 말하는 것으로 월세 부분은 고려하지 않기 때문으로 이분법적으로 나눌 것이 아니라, 월세 전환율을 감안한 소액보증금의 상한선을 제한하거나 아예 소액보증금 상한선을 폐지하여 이에 대한 피해가 없었으면 좋겠다.

03 부동산경매 Keyword와 부동산경매 진행절차

❖ 부동산경매 Keyword

부동산 경매 Keyword

「채권자의 경매신청」
경매주요·용어, 관련법, 경매신청, 경매 비용

↓

「경매개시결정등기」
권리분석 대항력, 우선변제권(전입/확정), 말소기준권리
※각종 공부 : 등기부등본, 토지대장, 건축물대장, 전입세대열람내역

↓

「현황조사」
현황조사, 물건명세서, 문건내역, 경매진행기간, 경매법원

↓

「감정평가」
물건분석, 감정평가서, 경매물건 선별, 용도지역, 토지이용계획

↓

「배당요구 종기」
선순위임차인, 전세권자, 임차권등기명령, 권리분석 종합

↓

「매각기일(입찰)」
공유자우선매수, 입찰가산정, 입찰표작성, 입찰당일 주의사항

↓

「매각결정기일」
농지취득자격증명, 상계, 매각불허가신청, 즉시항고, 경매취소

↓

「확정(잔금납부)」
소유권이전촉탁, 경락자극대출, 부동산관련 세금, 인테리어 공사

↓

「배당(법원)」
배당의 원칙, 배당의 순서, 배당표, 배당금 수령 절차

↓

「인도(매수인)」
합의서 작성, 인도명령신청, 강제집행, 동산경매신청

❖ 부동산경매 진행절차

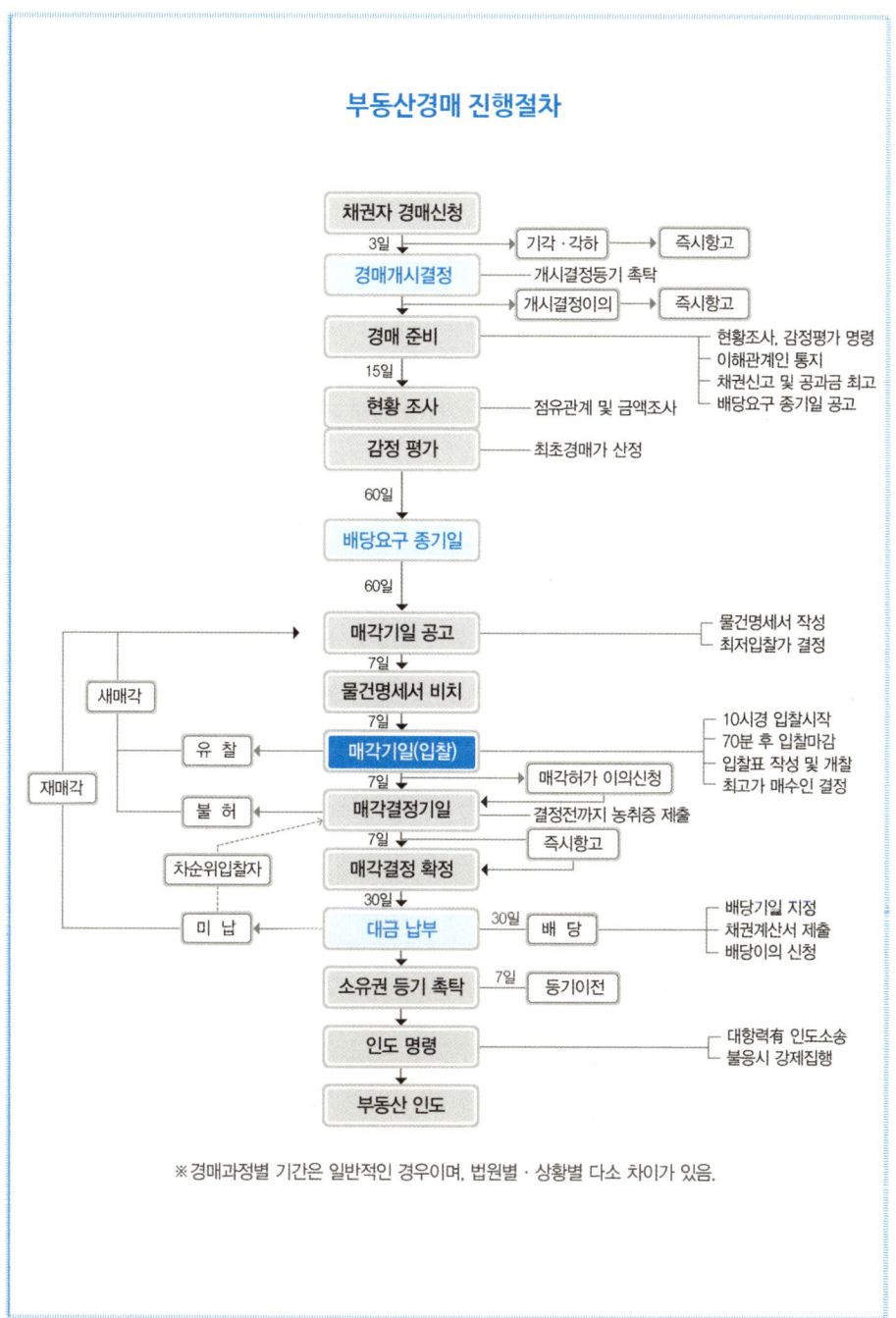

04 경매 주요 용어 50개

 부동산경매를 이해하기 위해서는 법률용어, 특히 경매와 관련하여 많이 쓰이는 용어들에 대한 의미를 알아야 한다. 대부분 법률용어가 많지만 최대한 이해하기 쉽게 풀어 보았으며, 그 중 50개만 우선 선별하였다.

(1) 임의경매(담보권의 실행 등을 위한 경매) - 저당권, 전세권, 유치권 등의 담보물권이 가지고 있는 경매권에 의하여 실행되는 경매로 이는 담보권자 자신이 스스로의 의사로 담보물을 취하여 환가하고 그 대금으로부터 피담보채권의 변제를 받는 제도이다.

(2) 강제경매 - 채무자 소유의 부동산을 압류, 환가하여 그 매각대금을 가지고 채권자의 금전채권의 만족을 얻기 위해 집행하는 절차이다. 확정된 이행판결, 확정된 지급명령, 화해조서, 조정조서, 공증된 금전채권문서 등의 집행권원을 가지고 있는 채권자가 표시된 이행 청구권의 실현을 위해서 채무자 소유의 부동산이나 동산을 압류한 후 경매를 진행하여 변제받는 제도이다.

(3) 재경매 - 입찰자가 결정된 후에 매수인이 대금 지급 의무를 이행하지 않은 부동산의 경우 담당 판사는 직권에 의해 입찰 일자를 재공고 후 재경매 명령을 하고 다시 입찰하는 제도이다.

(4) 일괄매각 - 법원은 경매의 대상이 되는 여러 개의 부동산의 위치, 형태, 이용관계 등을 고려하여 이를 하나의 집단으로 묶어 매각하는 것이 알맞다고 인정하는 경우 직권이나 이해관계인의 요구에 따라 일괄하여 매각하도록 결정할 수 있다.

(5) **공매** – 국세징수법에 의해서 국가기관에 체납된 세금을 징수하기 위하여 한국자산관리공사라는 공공기관에 의뢰하여 강제 매각하는 절차로, 압류재산 처분과 비업무용 부동산의 처분이 주가 되며 한국자산관리공사가 밀린 세금을 대신 받아주는 대리인이 되어 대상 부동산을 처분하는 제도이다.

(6) **소제주의** – 낙찰인이 낙찰 받은 후 부동산 위에 존재하는 모든 부담이 소멸되고 완전한 소유권을 취득한다.

(7) **인수주의** – 낙찰에 의하여 모든 부담이 소멸되지 않고 매수인이 부담해야 하는 것으로 민사소송법은 소제주의를 원칙으로 있지만 예외적으로 인수주의를 취한다. 저당권, 담보가등기, 가압류는 순위에 관계없이 모두 말소되고 그 이후의 후순위의 모든 권리는 소멸한다. 그러나 1순위 저당권, 담보가등기, 가압류보다 앞선 지상권, 지역권, 전세권 등의 권리와 대항력 있는 임차권도 소멸되지 않아 매수인이 부담해야 하며, 별개로 법정지상권, 유치권 인정여부에 따라 인수될 수 있다.

(8) **잉여주의** – 집행법원은 법원이 정한 최저경매가격으로 압류채권자의 채권에 우선하는 부동산 상의 모든 부담과 경매비용을 변제하면 남는 것이 없다고 인정한 때에는 이러한 사실을 압류채권자에게 통지하고, 압류채권자 스스로 매수할 것인지를 확인한 후, 충분한 보증을 제공하지 않는 한 경매절차를 법원이 직권으로 취소하게 된다.

(9) **대항력** – 주택임차인이 임차주택을 인도받고 주민등록을 마치면 그 다음날부터 그 주택의 소유자가 다른 사람으로 변경되더라도 임차권을 가지고서 대항할 수 있는데, 이 힘을 주택임차인의 대항력이라 부른다. 임차보증금 전액을 반환받을 때까지 주택임차인이 새로운 매수인에 대하여 집을 비워 줄 필요가 없다는 것이지만, 대항요건을 갖추기 전에 선순위 권리가 있었다면 대항력이 인정되지 않는다.

(10) 우선변제 – 대항요건(주택인도, 주민등록)과 주택임대차 계약서상에 확정일자를 갖춘 임차인은 임차주택이 경매되거나 공매될 경우 임차주택의 환가 대금에서 후순위 담보권자나 기타 채권자에 우선하여 보증금을 변제 받는다.

(11) 확정일자 – 법원의 등기소 또는 공증인 사무실, 구청이나 동사무소에 주택임대차 계약서에 현재 날짜를 증명하기 위하여 확정일자의 번호와 도장을 찍는 것을 말한다. 임차주택을 인도받고 주민등록 전입신고와 함께 확정일자를 받으면 된다.

(12) 말소기준권리 – 최고가매수인은 낙찰대금을 완납하게 되면 등기여부와 관계없이 사실상 낙찰 부동산의 소유권을 취득하게 되는데, 소유권이전등기를 하면서 등기사항증명서 상의 권리 중 어떤 권리들은 말소촉탁등기 대상이 되어 소멸하게 되고, 또 어떤 권리들은 말소촉탁의 대상이 되지 않아 매수인이 인수해야 하는데, 이때 말소와 인수의 기준이 되는 권리를 말소기준권리라고 한다. 말소기준권리가 될 수 있는 권리들은 근저당권, 저당권, 압류, 가압류, 담보가등기, 강제경매개시결정등기와 경우에 따라 전세권도 인정되는데, 이 권리 중 등기사항증명서 상에서 등기일자가 가장 빠른 권리로 보면 된다. 통상 말소기준권리보다 빠르면 선순위 권리로 인수해야 되며, 말소기준권리보다 늦으면 후순위 권리로 소멸된다.

(13) 압류 – 확정판결이나 기타 집행권원에 의해 강제집행을 하기 위한 보전수단으로 가압류처럼 소송 후 경매를 실행하는 것과 달리, 소송하지 않고 바로 경매에 들어 갈 수 있다.

(14) 가압류 – 금전 채권이나 금전채권으로 바꿀 수 있는 청구권을 위하여 소송을 제기하고 강제집행을 실행하고자 할 때 소송기간 동안 채무자가 재산을 도피, 은닉하지 못하도록 묶어두는 보전 수단이다.

(15) 가처분 – 소유물 반환청구권, 임차물 인도 청구권 등과 같이 특정물에 대한

각종 청구권을 가지는 채권자가 장차 집행보전을 위하여 현재의 상태대로 현상을 고정할 필요가 있을 때 제3자에게 양도 등의 처분을 금지시키고 그 보관에 필요한 조치를 해두는 처분이다.

(16) 가등기 – 절차적으로 종국등기를 할 수 있을 요건을 구비하지 못한 경우나 권리의 설정, 이전, 변경, 소멸의 청구권을 보전하려고 할 때 본등기를 위하여 그 순위를 보존하게 하려고 미리 해두는 행위이다. 원활하게 소유권 이전을 하기 위하여 등기순위를 확보하는 제도로 가등기에 기하여 본등기를 하게 되면 본등기의 순위는 가등기의 순위로 올라가게 된다.

(17) 변경 – 경매진행 절차상의 중요한 새로운 사항이 추가되거나 권리가 변동하여 지정된 경매기일에 경매를 진행시킬 수 없을 때 담당재판부가 직권으로 경매기일을 변경하는 것으로 경매진행 기일이 변경되었음을 뜻하며, 채무자가 채무를 갚겠다는 노력이나 의사를 보이면 채권자가 경매기일 연기신청을 하면 법원에서 받아들일 수 있다.

(18) 연기 – 채무자, 소유자, 또는 이해관계인에 의하여 경매신청 채권자의 동의 하에 일자를 지정한다.

(19) 취소 – 채무의 변제 또는 경매원의 소멸으로 경매개시 결정 자체를 취소하는 것이다.

(20) 취하 – 경매신청 채권자가 경매신청 행위를 철회하는 것으로 취하되면 더 이상 경매가 진행되지 않고 종결된다. 이러한 철회는 경매개시 결정에서부터 경락인이 대금을 납부할 때까지 가능하며 최고의 매수신고인이 결정된 후에는 최고가 매수인의 동의가 필요하다.

(21) 유찰 – 입찰불능 즉, 경매 입찰에 있어서 응찰자가 없어 낙찰되지 못하고 무효가 선언되어 다음 경매에 넘어가게 되는 것으로 통상 다음 입찰 때는

20%~30%의 저감이 있다.

(22) 정지 – 이미 실행된 부분 외에 장래의 절차만을 일시적으로 정지하는 것이다.

(23) 종국 – 경매를 개시하여 배당완료 후 배당이의 등 모든 것이 종결되었다는 뜻이다. 통상 배당이 완료되면 '종국'이라고 표시하고 배당이의 등으로 인하여 미해결된 사안이 있으면 '미종국'이라고 표시한다.

(24) 기각 – 민사소송법상 신청의 내용을 종국재판에서 이유가 없다고 하여 배척하는 것을 말하며, 기각의 재판은 본안판결이며 형식재판인 각하와 구별된다. 각하는 국가기관에 대한 행정상 또는 사법상의 신청을 배척하는 처분, 특히 소송상 법원이 당사자 그 밖의 관계인의 소송에 관한 신청을 배척하는 재판을 말한다.

(25) 감정평가서 – 토지 등의 경제적 가치를 가액으로 표시하는 것으로, 국가에서 시험을 통해 선출한 감정평가사가 공시지가 및 각종 공공사업 및 세금, 관리처분, 경매, 소송 등을 위해 금액을 산정하게 된다. 경매에서는 이를 통해 최초매각가격을 정하는 기준이 되는데, 보통 평가가격은 표준지의 공시지가에 시점요인, 지역요인, 개별요인, 기타요인을 감안하여 산정하게 되며, 그 내용은 누구든지 볼 수 있도록 하고 있다.

(26) 현황조사보고서 – 법원은 경매개시결정을 한 후 지체 없이 집행관에게 부동산의 현상, 점유관계, 차임, 또는 임대차 보증금의 수액 기타 현황에 관하여 조사할 것을 명하는데, 통상 집행관이 이를 작성하며 그 조사내용을 법원에 제출하게 되고, 누구든지 볼 수 있도록 하고 있다.

(27) 매각물건명세서 – 법원은 부동산의 표시, 점유자의 권원, 점유할 수 있는 기간, 차임 또는 보증금에 관한 관계인의 진술 등을 작성해 놓은 서류이다. 여기에 등기된 부동산에 대한 권리나 가처분 등 매각으로 효력을 잃지 않는 것과 지상권의 개요, 토지별도등기, 특별매각조건 등의 내용이 작성되며 매각기일 1주일 전

까지 법원에 비치하여 누구든지 볼 수 있도록 하고 있다.

(28) **특별매각조건** – 부동산경매에서 입찰보증금은 보통 최저가의 10%이나, 어떤사정으로 보증금을 미납하는 경우 다음 차수에서는 최저가의 20%로 정하여 입찰보증금으로 납부하는 조건을 말한다.

(29) **이해관계인** – 경매절차에서 이해관계를 가진 자 중에 법이 특별히 보호할필요가 있는 것으로 보아 이해관계인으로 법에 규정한 자를 말하며, 그들에 대해서는 경매절차 전반에 관여할 권리가 있다고 본다.

(30) **대위변제** – 채무자가 아닌 제3자(공동채무자 등)이 채무자 대신 변제를 해주고 변제를 해준 사람은 구상을 취득하게 되므로 채권자의 범위 내에서 권리를 행사하게 되는 것을 말한다. 통상 후순위임차인이 소액의 선순위채권이 있는 경우, 이를 대신 변제하여 선순위임차인의 지위로 향상 시켜 대항력을 유지하여 보증금액을 온전히 보존받기 위해 하는 경우가 많다. 최근에는 저금리로 인해 일부 금융권에서 채무자의 동의하에 1순위 근저당 채권을 그대로 승계 받으면서대신 변제하고 경매를 취하시켜 일정기간 시간을 버는 경우도 있다.

(31) **토지별도등기** – 토지에 건물과 다른 등기가 있다는 것으로 집합건물은 토지와 건물이 일체가 되어 거래되도록 되어 있는 바, 토지에는 대지권이라는 표시만있고 모든 권리관계는 전유부분의 등기기록에만 기재하게 되어 있는데, 건물을짓기 전에 토지에 저당권 등 제한물권이 있는 경우 토지와 건물의 권리관계가 일차하지 않으므로 건물등기 기록에 "토지에 별도의 등기가 있다"는 표시를하기위한 내용을 말하는 것이다.

(32) **대지권미등기** – 원래 대지사용권이 없으면 낙찰 후 대지권을 취득할 수 없지만, 미등기 집합건물에 대하여 경매신청 있는 경우 대지사용권을 매각목적물에 포함되는 것으로 보고 그에 대한 감정평가액을 최저매각가격에 포함시켰다면일반적으로 문제가 없는 것으로 본다. 대지사용권은 원칙적으로 전유부분 건물의

종된 권리로, 단순한 절차 미비로 대지지분이 미등기 되어 있는 경우라면 대금을 납부하면 대지지분의 소유권 이전이 가능하기 때문이다. 다만 신도시지역의 대지권미등기의 경우 분양대금 미납분에 따라 추가적으로 금액을 부담해야 경우도 있으니, 주의가 필요하다.

(33) 토지근저당권 인수 – 아파트, 다세대 등의 집합건물이 아니고 건물, 토지 각각 있는 다가구주택에서 건물이 아닌 토지 부분에 근저당권이 있으므로 해당 근저당 채권액을 매수인이 책임져야 된다는 것을 말한다.

(34) 제시외 건물 – 포함, 미포함이 있는데 해당 경매물건이 소개(지번 ***, 물건 **)되고, 물건 이외에 소개되는 물건(제시외 건물)이다. 일반 주택에 별도의 화장실, 창고, 옥탑방 등이 해당될 수 있다.

(35) 배당요구 – 강제집행에 있어서 압류채권자 이외의 채권자가 집행에 참가하여 변제를 받는 방법으로 민법, 상법 등에 의하여 우선변제청구권이 있는 채권자나 집행력 있는 정본을 가진 채권자, 경매개시결정등기 후에 가압류를 한 채권자가 법원에 대하여 배당요구를 신청할 수 있다. 배당요구종기까지 배당요구를 해야 하며, 이때까지 요구하지 않으면 매각대금으로부터 배당받을 수 없고, 그 후 배당을 받은 후순위 채권자를 상대로 부당이득반환청구를 할 수도 없다.

(36) 채권계산서 – 채권자는 배당요구의 종기까지 법원에 그 채권의 원금, 이자, 비용 기타 부대채권의 계산서를 제출해야 한다. 채권자가 계산서를 제출하지 아니한 경우 법원은 배당요구서 기타 기록에 첨부된 증빙서류에 의하여 채권액을 계산하게 되며, 배당요구의 종기 이후에는 채권액을 보충 할 수 없게 된다.

(37) 기일입찰 – 경매매각방법의 하나로 정해진 매각기일에 출석하여 입찰표와 매수신청보증을 제출하는 방식으로 진행하는 경매방식을 말한다. 매수희망자로 하여금 입찰가격을 기재한 입찰표를 제출하게 하고 개찰을 하여 최고액의 입찰가격을 기재한 입찰자를 최고가매수신고인을 정하게 된다. 또한 기간입찰은 기일입

찰과 달리 1주일 이상 1개월 이하의 범위 안에서 입찰기간을 정하여 원거리에 거주자도 등기우편의 방법을 통해 입찰에 참여할 수 있도록 하는 방법도 있지만, 대부분의 법원에서는 기일입찰만 진행하고 있다.

(38) 매각기일 – 경매법원이 목적부동산에 대하여 실제 매각을 실행하는 날로 매각할 시각, 장소 등을 매각기일 14일 전에 법원게시판에 게시함과 동시에 일간신문에 공고할 수 있다. 매각기일이 잡히면 법원은 매각기일과 매각결정기일을 이해관계인에게 통지하여 불이익이 없도록 하고 있다.

(39) 차순위매수신고 – 최고가 입찰자 이외의 입찰자 중 최고가 입찰액에서 보증금을 공제한 액수보다 높은 가격으로 응찰한 사람은 차순위 입찰신고를 할 수 있다. 차순위 입찰 신고를 하게 되면 매수인이 낙찰대금을 납부하기 전까지 보증금을 반환받지 못한다. 최고가 입찰자에 국한된 사유로 낙찰이 불허되거나 낙찰이 허가되더라도 그가 낙찰대금을 납부하지 아니할 경우 다시 입찰을 실시하지 않고 바로 차순위입찰 신고인에게 낙찰을 허가하므로 유리할 수도 있지만, 실무에서는 많이 하지 않는다.

(40) 매각결정기일 – 입찰을 한 법정에서 최고가 입찰자에 대하여 낙찰허가 여부를 결정 하는 날로 입찰법정에서 선고한 후 법원 게시판에 공고만 할 뿐 매수인 채권자 채무자 기타 이해관계인에게 개별적 통고는 하지 않으며 통상 경매기일로부터 7일 이내에 결정한다. 낙찰허가 결정이 선고된 후 1주일 내에 이해관계인(매수인, 채무자, 소유자, 임차인, 근저당권자 등)이 항고하지 않으면 낙찰허가 결정이 확정된다. 이후 매수인은 법원이 통지하는 대금납부기일에 낙찰대금을 납부해야 하고 대금납부기일은 통상 낙찰허가 결정이 확정된 날로부터 1개월 이내로 지정한다.

(41) 농지취득자격증명(농취증) – 농지를 취득하고자 하는 자가 필수로 발급 받아야 하는 서류로, 경매의 경우 농지를 취득한 자가 법원에서 발급해준 '최고가매수인' 증명서를 가지고 농지 소재지의 읍면동 주민센터에 가서 신청하면 된다. 처리기

간은 접수일로부터 4일이내지만 경우에 따라서는 당일 발급도 가능하다. 경매에서는 매각결정을 위한 필수 제출서류이므로, 발급받지 못할 경우 입찰보증금을 몰수될 수도 있기 때문에 입찰 전 확인이 필요하다. 1,000㎡ 미만 농지의 경우 농지취득자격증명신청서만 작성하면 되고, 1,000㎡ 이상 농지의 경우 추가적으로 농업경영계획서도 작성해야 한다.

(42) 즉시항고 - 법원의 결정이나 명령에 대한 불복, 부동산 경매 절차에 있어서 경락허가 결정에 대한 항고를 하면 집행정지의 효력을 가지며 결정이 확정될 때까지는 대금의 지급이나 배당기일 또는 신경매 기일이 중지된다. 채무자나 소유자가 한 항고가 기각된 때는 보증으로 제공한 금전이나 유가증권을 전액 몰수하여 배당할 금액에 포함하게 되고, 그 외의 사람이 제기한 항고가 기각된 때에는 보증으로 제공된 금원의 범위 내에서 항고기각결정이 확정된 날까지의 매각대금에 법정이자를 물게 되고, 나머지는 돌려받게 된다.

(43) 소유권이전등기촉탁 - 소유권이전등기는 매매, 상속, 증여 등에 의하여 유상 또는 무상으로 부동산의 소유권이 이전되는 것으로 부동산 등기사항증명서상에 이 내용을 기입하는 것이다. 촉탁이란 어떤 일을 남에게 부탁하여 대신 처리하게 하는 것으로 최고가매수인이 되어 잔금을 납부하게 되면, 해당 담당 경매계에서 소유권 이전등기를 직권으로 등기소에 촉탁해 준다. 경매에서는 매수인이 대금을 완납하면 매각부동산의 소유권을 취득하게 되는 것이므로, 집행법원은 매수인이 등기비용을 부담하고 등기촉탁 신청을 하면 매수인을 위하여 소유권이전등기를 대신 해주게 되고, 각종 말소등기 내역을 작성하면 매수인에게 인수되지 않는 권리를 등기관에게 말소하도록 촉탁하는 절차이다.

(44) 배당 - 매각대금으로 각 채권자를 만족시킬 수 없는 경우에 권리의 우선순위에 따라 매각대금을 나누어주는 절차이며 법에 명시된 순서에 대해 배당 받게 된다. 이를 위하여 집행법원은 배당기일 전에 배당표를 미리 작성하여 이해관계인과 배당요구한 채권자에게 열람시켜 의견을 듣고, 정정할 것이 있으면 수정하여 배당표를 완성한 후, 배당기일에 확정하게 된다.

(45) 상계 - 채권자와 채무자가 서로 같은 종류의 채권 채무를 가지고 있을 경우에 그 채권과 채무의 같은 액수를 서로 없애 버리기 위한 한쪽의 의사 표시이다. 경매에서는 채권자가 동시에 매수인이 되는 경우가 있는데, 채권자는 매각대금을 상계 방식으로 지급하고 싶으면 매각결정기일이 끝날 때까지 법원에 위와 같은 상계를 하겠음을 신고해야 하고 배당기일에 매각대금에서 배당받아야 할 금액을 제외한 금액을 납부하면 된다. 그러나 채권자가 배당받을 금액에 대하여 다른 이해관계인으로부터 이의가 있는 경우 매수인은 배당기일이 끝날 때까지 이에 해당하는 대금을 납부해야만 한다.

(46) 배당이의 - 배당기일에 출석한 채권자는 자기의 이해에 관계되는 범위 안에서 다른 채권자를 상대로 그의 채권 또는 채권의 순위에 대하여 이의를 할 수 있다. 이의를 제기한 채권자가 배당이의의 소를 제기하고 배당기일로부터 1주일 내에 집행법원에 대하여 소제기증명을 제출하면 그 금원에 대하여는 지급을 보류하고 공탁을 하게 된다. 이의제기 채권자가 그 증명 없이 기간을 도과하면 이의에도 불구하고 배당금을 지급되게 된다.

(47) 명도 - 점유인을 퇴거시키고 거기에 있는 동산을 철거한 후에 인도하는 것으로 명도는 인도의 한 형태이다.

(48) 부동산인도명령 - 부동산인도명령을 신청할 수 있는 자는 낙찰인과 낙찰인의 상속인 등 일반 승계인에 한하며 경락대금이 완납되었으면 소유권 이전등기가 되지 않았어도 인도명령을 신청할 수 있다. 인도명령신청은 경락대금을 완납한 경락인에게 부여된 집행법상의 권리이므로 경락인의 경락 부동산을 제3자에게 양도하였다하더라도 경락인만이 인도명령을 구할 수 있는 권리가 있다. 종전 소유자가 인도명령에 기한 인도를 거부하는 경우에는 경락인은 법원으로 부터 송달받은 인도명령 정본과 송달증명서를 집행관에게 제출하여 집행을 위임하여 처리할 수 있다.

(49) 강제집행 - 강제집행은 채권자의 신청에 의하여, 집행권원에 표시된 사법상

의 이행청구권을 국가권력에 의하여 강제적으로 실현하는 법적절차이다. 강제집행을 하기 위해서는 집행권원이 있어야 하며, 이를 위해서는 집행사실을 기재한 공증을 받거나 지급명령, 조정, 화해 등을 통해 판결이나 동일한 효력을 받아야 한다. 경매에서는 인도명령을 통해 그 효력을 인정받으며, 인도가 용이하지 않을 시 집행까지 진행하는 경우가 있다.

(50) **유체동산경매** – 유체동산의 집행은 채권자가 집행관에게 서면으로 신청함으로써 개시가 되는데, 집행을 하려면 집행력 있는 정본이 필요하다. 집행관이 압류를 실시한 후 압류물을 경매의 방법으로 현금화하는 절차로, 호가경매가 일반적이다. 호가경매는 미리 정한 장소에서 집행관이 매각조건을 정하여 이를 고지하고, 매각할 압류물에 대하여 매수의 신청을 알린 후, 입찰자가 있으면 매각대금과 맞바꾸어 매각물을 매수인에게 인도함으로써 종결하는 것이다. 호가경매기일에서 매수가 허가된 때에는 그 기일이 마감되기 전에 매각대금을 지급해야 하고, 지급이 완료되면 매각물을 매수인에게 인도하게 된다.

05
경매 관련 법

부동산경매와 관련하여 제일 중요한 법은 민사집행법이다. 민사집행법은 경매에 관한 집행절차부터 경매신청, 매각기일, 배당, 소유권이전촉탁 등과 같은 중요한 내용을 담고 있다. 강제집행, 담보권 실행을 위한 경매, 민법 등에 의한 경매 및 보전처분의 절차를 규정하기 위해 제정된 이법은 2002년부터 시행되었는데, 소유자나 채무자 등이 제도남용에 의한 민사집행절차의 지연을 방지하고 불량채무자를 적극 조사하여 효율적이고 신속한 권리구제방안을 마련하게 되었다. 민사소송법에서 집행 부분을 분리하여 만들어 이 법은 매각부동산의 인도명령 대상을 권원이 없는 모든 점유자로 확대하여 매각허가결정이 확정되면 즉시 대금을 지급하고 쉽게 부동산을 인도받을 수 있도록 하였다. 항고이유서 제출 강제제도를 도입하고, 매각허가결정에 대한 항고시 모두에게 보증금을 공탁하게 하여 항고의 남발이나 항고심의 심리지연을 방지함으로써 집행절차가 신속하게 진행되도록 하였다. 또한 배당요구 종기를 첫 매각기일 이전으로 앞당기는 등 매각조건이 확정된 상태에서 입찰예정자들이 경매에 참여할 수 있게 하였고, 매각대금 지급기한 제도를 도입하여 매수인에게 매각허가결정이 확정되면 법원은 대금지급기한을 정하고 통지하여 소유권을 취득하도록 하였다.

다음으로 서민주거안정을 목적으로 주거용 건물의 임대차에 대하여 민법에 대한 특례를 규정한 주택임대차보호법을 알아야 한다. 이 중 대항력과 우선변제권, 최우선변제권, 임차권등기명령 등에 관한 내용을 중심으로 권리분석에 기초가 되는 내용이 담겨져 있기 때문에 이를 이해해야 한다. 이와 더불어 국민 경제생활의 안정을 보장하기 위해 제정된 상가건물임대차보호법도 알면 좋다. 부동산 업자나 건물주들의 횡포로부터 영세 임차인들의 권리를 보호하고 과도한 임대료 인상을 막기 위해 제정된 이법은 주택임대차보호법과 유사하지만, 법 적용 대상 금액이나 환산보증금, 우선변제금액이 다른 점을 살펴보면 된다.

끝으로 민법이다. 사람이 사회생활을 영위함에 있어서 지켜야 할 일반사법으로 권리의무의 발생이나 소멸, 법률관계의 판단기준을 정하는 실체법이기도 하다. 경매에서 근저당권, 전세권, 유치권, 법정지상권 등과 같은 주요 권리에 대한 내용들이 주택임대차보호법과 연계되어 권리분석에 있어서 제일 기본이 된다.

❖ 민사집행법

제1조(목적) 이 법은 강제집행, 담보권 실행을 위한 경매, 민법·상법, 그 밖의 법률의 규정에 의한 경매 및 보전처분의 절차를 규정함을 목적으로 한다.

제2조(집행실시자) 민사집행은 특별한 규정이 없으면 집행관이 실시한다.

제3조(집행법원) ①이 법에서 규정한 집행행위에 관한 법원의 처분이나 그 행위에 관한 법원의 협력사항을 관할하는 집행법원은 법률에 특별히 지정되어 있지 아니하면 집행절차를 실시할 곳이나 실시한 곳을 관할하는 지방법원이 된다. ②집행법원의 재판은 변론 없이 할 수 있다.

제4조(집행신청의 방식) 민사집행의 신청은 서면으로 하여야 한다.

제5조(집행관의 강제력 사용) ①집행관은 집행을 하기 위하여 필요한 경우에는 채무자의 주거·창고 그 밖의 장소를 수색하고, 잠근 문과 기구를 여는 등 적절한 조치를 할 수 있다. ②저항을 받으면 집행관은 경찰 또는 국군의 원조를 요청할 수 있다.

제15조(즉시항고) ①집행절차에 관한 집행법원의 재판에 대하여는 특별한 규정이 있어야만 즉시항고를 할 수 있다. ②항고인은 재판을 고지 받은 날부터 1주의 불변기간 이내에 항고장을 원심법원에 제출하여야 한다. ③항고장에 항고이유를 적지 아니한 때에는 항고인은 항고장을 제출한 날부터 10일 이내에 항고이유서를 원심법원에 제출하여야 한다.

제18조(집행비용의 예납 등) ①민사집행의 신청을 하는 때에는 채권자는 민사집행에 필요한 비용으로서 법원이 정하는 금액을 미리 내야 한다. 법원이 부족한 비용을 미리 내라고 명하는 때에도 또한 같다. ②채권자가 비용을 미리 내지 아니한 때에는 법원은 결정으로 신청을 각하하거나 집행절차를 취소할 수 있다.

제28조(집행력 있는 정본) ①강제집행은 집행문이 있는 판결정본이 있어야 할 수 있다. ②집행문은 신청에 따라 제1심 법원의 법원서기관·법원사무관·법원주사 또는 법원주사보가 내어 주며, 소송기록이 상급심에 있는 때에는 그 법

원의 법원사무관 등이 내어 준다.

제29조(집행문) ①집행문은 판결정본의 끝에 덧붙여 적는다. ②집행문에는 "이 정본은 피고 아무개 또는 원고 아무개에 대한 강제집행을 실시하기 위하여 원고 아무개 또는 피고 아무개에게 준다."라고 적고 법원사무관 등이 기명날인 하여야 한다.

제30조(집행문부여) ①집행문은 판결이 확정되거나 가집행의 선고가 있는 때에만 내어 준다. ②판결을 집행하는 데에 조건이 붙어 있어 그 조건이 성취되었음을 채권자가 증명하여야 하는 때에는 이를 증명하는 서류를 제출하여야만 집행문을 내어 준다.

제31조(승계집행문) ①집행문은 판결에 표시된 채권자의 승계인을 위하여 내어 주거나 판결에 표시된 채무자의 승계인에 대한 집행을 위하여 내어 줄 수 있다.

제39조(집행개시의 요건) ①강제집행은 이를 신청한 사람과 집행을 받을 사람의 성명이 판결이나 이에 덧붙여 적은 집행문에 표시되어 있고 판결을 이미 송달하였거나 동시에 송달한 때에만 개시할 수 있다. ②판결의 집행이 취지에 따라 채권자가 증명할 사실에 매인 때 또는 판결에 표시된 채권자의 승계인을 위하여 하는 것이거나 판결에 표시된 채무자의 승계인에 대하여 하는 것일 때에는 집행할 판결 외에, 이에 덧붙여 적은 집행문을 강제집행을 개시하기 전에 채무자의 승계인에게 송달하여야 한다.

제43조(집행관의 권한) ①집행관은 집행력 있는 정본을 가지고 있으면 채무자와 제3자에 대하여 강제집행을 하고 규정된 행위를 할 수 있는 권한을 가지며, 채권자는 그에 대하여 위임의 흠이나 제한을 주장하지 못한다. ②집행관은 집행력 있는 정본을 가지고 있다가 관계인이 요청할 때에는 그 자격을 증명하기 위하여 이를 내보여야 한다.

제53조(집행비용의 부담) ①강제집행에 필요한 비용은 채무자가 부담하고 그 집행에 의하여 우선적으로 변상을 받는다. ②강제집행의 기초가 된 판결이 파기된 때에는 채권자는 채무자에게 변상하여야 한다.

제79조(집행법원) ①부동산에 대한 강제집행은 부동산이 있는 곳의 지방법원이 관할한다. ②부동산이 여러 지방법원의 관할구역에 있는 때에는 각 지방법원에 관할권이 있다. 사건을 다른 관할 지방법원으로 이송할 수 있다.

제80조(강제경매신청서) 강제경매신청서에는 다음 각 호의 사항을 적어야 한다. 1.채권자·채무자와 법원의 표시 2.부동산의 표시 3.경매의 이유가 된 일정한 채권과 집행할 수 있는 일정한 집행권원

제83조(경매개시결정 등) ①경매절차를 개시하는 결정에는 동시에 그 부동산의 압류를 명하여야 한다. ②압류는 부동산에 대한 채무자의 관리·이용에 영향을 미치지 아니한다. ③경매절차를 개시하는 결정을 한 뒤에는 법원은 직권으로 또는 이해관계인의 신청에 따라 부동산에 대한 침해행위를 방지하기 위하여 필요한 조치를 할 수 있다. ④압류는 채무자에게 그 결정이 송달된 때 또는 등기가 된 때에 효력이 생긴다. ⑤강제경매신청을 기각하거나 각하하는 재판에 대하여는 즉시항고를 할 수 있다.

제84조(배당요구의 종기결정 및 공고) ①경매개시결정에 따른 압류의 효력이 생긴 때에는 집행법원은 절차에 필요한 기간을 감안하여 배당요구를 할 수 있는 종기를 첫 매각기일 이전으로 정한다. ②배당요구의 종기가 정하여진 때에는 법원은 경매개시결정을 한 취지 및 배당요구의 종기를 공고하고, 전세권자 및 법원에 알려진 채권자에게 이를 고지하여야 한다. ③배당요구의 종기결정 및 공고는 경매개시결정에 따른 압류의 효력이 생긴 때부터 1주 이내에 하여야 한다. ④법원사무관등은 채권자 및 조세, 그 밖의 공과금을 주관하는 공공기관에 대하여 채권의 유무, 그 원인 및 액수를 배당요구의 종기까지 법원에 신고하도록 최고하여야 한다. ⑤채권자가 최고에 대한 신고를 하지 아니한

때에는 그 채권자의 채권액은 등기사항증명서 등 집행기록에 있는 서류와 증빙에 따라 계산한다. 이 경우 다시 채권액을 추가하지 못한다. ⑥법원은 특별히 필요하다고 인정하는 경우에는 배당요구의 종기를 연기할 수 있다.

제85조(현황조사) ①법원은 경매개시결정을 한 뒤에 바로 집행관에게 부동산의 현상, 점유관계, 차임 또는 보증금의 액수, 그 밖의 현황에 관하여 조사하도록 명하여야 한다.

제86조(경매개시결정에 대한 이의신청) ①이해관계인은 매각대금이 모두 지급될 때까지 법원에 경매개시결정에 대한 이의신청을 할 수 있다.

제87조(압류의 경합) ①강제경매절차 또는 담보권 실행을 위한 경매절차를 개시하는 결정을 한 부동산에 대하여 다른 강제경매의 신청이 있는 때에는 법원은 다시 경매개시결정을 하고, 먼저 경매개시결정을 한 집행절차에 따라 경매한다. ②먼저 경매개시결정을 한 경매신청이 취하되거나 그 절차가 취소된 때에는 뒤의 경매개시결정에 따라 절차를 계속 진행하여야 한다. ③제2항의 경우에 뒤의 경매개시결정이 배당요구의 종기 이후의 신청에 의한 것인 때에는 집행법원은 새로이 배당요구를 할 수 있는 종기를 정하여야 한다. ④먼저 경매개시결정을 한 경매절차가 정지된 때에는 법원은 신청에 따라 결정으로 뒤의 경매개시결정에 기초하여 절차를 계속하여 진행할 수 있다.

제88조(배당요구) ①집행력 있는 정본을 가진 채권자, 경매개시결정이 등기된 뒤에 가압류를 한 채권자, 민법·상법, 그 밖의 법률에 의하여 우선변제청구권이 있는 채권자는 배당요구를 할 수 있다. ②배당요구에 따라 매수인이 인수하여야 할 부담이 바뀌는 경우 배당요구를 한 채권자는 배당요구의 종기가 지난 뒤에 이를 철회하지 못한다.

제90조(경매절차의 이해관계인) 경매절차의 이해관계인은 다음 각 호의 사람으로 한다. 1.압류채권자와 집행력 있는 정본에 의하여 배당을 요구한 채권자

2.채무자 및 소유자 3.등기부에 기입된 부동산 위의 권리자 4.부동산 위의 권리자로서 권리를 증명한 사람

제91조(인수주의와 잉여주의의 선택 등) ①압류채권자의 채권에 우선하는 채권에 관한 부동산의 부담을 매수인에게 인수하게 하거나, 매각대금으로 그 부담을 변제하는 데 부족하지 아니하다는 것이 인정된 경우가 아니면 그 부동산을 매각하지 못한다. ②매각부동산 위의 모든 저당권은 매각으로 소멸된다. ③지상권·지역권·전세권 및 등기된 임차권은 저당권·압류채권·가압류채권에 대항할 수 없는 경우에는 매각으로 소멸된다. ④제3항의 경우 외의 지상권·지역권·전세권 및 등기된 임차권은 매수인이 인수한다. 다만, 그 중 전세권의 경우에는 전세권자가 배당요구를 하면 매각으로 소멸된다. ⑤매수인은 유치권자에게 그 유치권으로 담보하는 채권을 변제할 책임이 있다.

제93조(경매신청의 취하) ①경매신청이 취하되면 압류의 효력은 소멸된다. ②매수신고가 있은 뒤 경매신청을 취하하는 경우에는 최고가매수신고인 또는 매수인과 차순위매수신고인의 동의를 받아야 그 효력이 생긴다.

제94조(경매개시결정의 등기) ①법원이 경매개시결정을 하면 법원사무관등은 즉시 그 사유를 등기부에 기입하도록 등기관에게 촉탁하여야 한다. ②등기관은 촉탁에 따라 경매개시결정사유를 기입하여야 한다.

제97조(부동산의 평가와 최저매각가격의 결정) ①법원은 감정인에게 부동산을 평가하게 하고 평가액을 참작하여 최저매각가격을 정하여야 한다.

제98조(일괄매각결정) ①법원은 여러 개의 부동산의 위치·형태·이용관계 등을 고려하여 이를 일괄매수하게 하는 것이 알맞다고 인정하는 경우에는 직권으로 또는 이해관계인의 신청에 따라 일괄매각하도록 결정할 수 있다. ②법원은 부동산을 매각할 경우에 그 위치·형태·이용관계 등을 고려하여 다른 종류의 재산을 그 부동산과 함께 일괄매수하게 하는 것이 알맞다고 인정하는 때에

는 직권으로 또는 이해관계인의 신청에 따라 일괄매각하도록 결정할 수 있다.

제102조(남을 가망이 없을 경우의 경매취소) ①법원은 최저매각가격으로 압류채권자의 채권에 우선하는 부동산의 모든 부담과 절차비용을 변제하면 남을 것이 없겠다고 인정한 때에는 압류채권자에게 이를 통지하여야 한다. ②압류채권자가 제1항의 통지를 받은 날부터 1주 이내에 제1항의 부담과 비용을 변제하고 남을 만한 가격을 정하여 그 가격에 맞는 매수신고가 없을 때에는 자기가 그 가격으로 매수하겠다고 신청하면서 충분한 보증을 제공하지 아니하면, 법원은 경매절차를 취소하여야 한다.

제103조(강제경매의 매각방법) ①부동산의 매각은 집행법원이 정한 매각방법에 따른다. ②부동산의 매각은 매각기일에 하는 호가경매, 매각기일에 입찰 및 개찰하게 하는 기일입찰 또는 입찰기간 이내에 입찰하게 하여 매각기일에 개찰하는 기간입찰의 세 가지 방법으로 한다.

제104조(매각기일과 매각결정기일 등의 지정) ①법원은 최저매각가격으로 제102조제1항의 부담과 비용을 변제하고도 남을 것이 있다고 인정하거나 압류채권자가 제102조제2항의 신청을 하고 충분한 보증을 제공한 때에는 직권으로 매각기일과 매각결정기일을 정하여 대법원규칙이 정하는 방법으로 공고한다. ②법원은 매각기일과 매각결정기일을 이해관계인에게 통지하여야 한다.

제105조(매각물건명세서 등) ①법원은 다음 사항을 매각물건명세서를 작성하여야 한다. 1.부동산의 표시 2.부동산의 점유자와 점유의 권원, 점유할 수 있는 기간, 차임 또는 보증금에 관한 관계인의 진술 3.등기된 부동산에 대한 권리 또는 가처분으로서 매각으로 효력을 잃지 아니하는 것 4.매각에 따라 설정된 것으로 보게 되는 지상권의 개요 ②법원은 매각물건명세서·현황조사보고서 및 평가서의 사본을 법원에 비치하여 누구든지 볼 수 있도록 하여야 한다.

제106조(매각기일의 공고내용) 매각기일의 공고내용에는 다음 각 호의 사항을 적

어야 한다. 1.부동산의 표시 2.강제집행으로 매각한다는 취지 3.부동산의 점유자 차임 4.매각기일의 일시·장소 5.최저매각가격 〈생략〉

제107조(매각장소) 매각기일은 법원 안에서 진행하여야 한다. 다만, 집행관은 법원의 허가를 얻어 다른 장소에서 매각기일을 진행할 수 있다.

제109조(매각결정기일) ①매각결정기일은 매각기일부터 1주 이내로 정하여야 한다. ②매각결정절차는 법원 안에서 진행하여야 한다.

제112조(매각기일의 진행) 집행관은 기일입찰 또는 호가경매의 방법에 의한 매각기일에는 매각물건명세서·현황조사보고서 및 평가서의 사본을 볼 수 있게 하고, 특별한 매각조건이 있는 때에는 이를 고지하며, 법원이 정한 매각방법에 따라 매수가격을 신고하도록 최고하여야 한다.

제113조(매수신청의 보증) 매수신청인은 대법원규칙이 정하는 바에 따라 집행법원이 정하는 금액과 방법에 맞는 보증을 집행관에게 제공하여야 한다.

제114조(차순위매수신고) ①최고가매수신고인 외의 매수신고인은 매각기일을 마칠 때까지 집행관에게 최고가매수신고인이 대금지급기한까지 의무를 이행하지 아니하면 자기의 매수신고에 대하여 매각을 허가하여 달라는 취지의 신고를 할 수 있다. ②차순위매수신고는 신고액이 최고가매수신고액에서 그 보증액을 뺀 금액을 넘는 때에만 할 수 있다.

제115조(매각기일의 종결) ①집행관은 최고가매수신고인의 성명과 그 가격을 부르고 차순위매수신고를 최고한 뒤, 적법한 차순위매수신고가 있으면 차순위매수신고인을 정하여 그 성명과 가격을 부른 다음 매각기일을 종결한다고 고지하여야 한다. ②차순위매수신고를 한 사람이 둘 이상인 때에는 신고한 매수가격이 높은 사람을 차순위매수신고인으로 정한다. 신고한 매수가격이 같은 때에는 추첨으로 차순위매수신고인을 정한다. ③최고가매수신고인과 차

순위매수신고인을 제외한 다른 매수신고인은 제1항의 고지에 따라 매수의 책임을 벗게 되고, 즉시 매수신청의 보증을 돌려 줄 것을 신청할 수 있다.

제116조(매각기일조서) ②최고가매수신고인 및 차순위매수신고인과 출석한 이해관계인은 조서에 서명 날인하여야 한다. 그들이 서명 날인할 수 없을 때에는 집행관이 그 사유를 적어야 한다. ③집행관이 매수신청의 보증을 돌려 준 때에는 영수증을 받아 조서에 붙여야 한다.

제119조(새 매각기일) 허가할 매수가격의 신고가 없이 매각기일이 최종적으로 마감된 때에는 법원은 최저매각가격을 상당히 낮추고 새 매각기일을 정하여야 한다. 그 기일에 허가할 매수가격의 신고가 없는 때에도 또한 같다.

제120조(매각결정기일에서의 진술) ①법원은 매각결정기일에 출석한 이해관계인에게 매각허가에 관한 의견을 진술하게 하여야 한다. ②매각허가에 관한 이의는 매각허가가 있을 때까지 신청하여야 한다. 이미 신청한 이의에 대한 진술도 또한 같다.

제121조(매각허가에 대한 이의신청사유) 매각허가에 관한 이의는 다음 각 호 가운데 어느 하나에 해당하는 이유가 있어야 신청할 수 있다. 1.강제집행을 허가할 수 없거나 집행을 계속 진행할 수 없을 때 2.최고가매수신고인이 부동산을 매수할 능력이나 자격이 없는 때 3.부동산을 매수할 자격이 없는 사람이 최고가매수신고인을 내세워 매수신고를 한 때 5.최저매각가격의 결정, 일괄매각의 결정 또는 매각물건명세서의 작성에 중대한 흠이 있는 때 6.천재지변, 그 밖에 자기가 책임을 질 수 없는 사유로 부동산이 현저하게 훼손된 사실 또는 부동산에 관한 중대한 권리관계가 변동된 사실이 경매절차의 진행 중에 밝혀진 때 7.경매절차에 그 밖의 중대한 잘못이 있는 때

제123조(매각의 불허) ①법원은 이의신청이 정당하다고 인정한 때에는 매각을 허가하지 아니한다. ②제121조에 규정한 사유가 있는 때에는 직권으로 매각을

허가하지 아니한다.

제124조(과잉매각되는 경우의 매각불허가) ①여러 개의 부동산을 매각하는 경우에 한 개의 부동산의 매각대금으로 모든 채권자의 채권액과 강제집행비용을 변제하기에 충분하면 다른 부동산의 매각을 허가하지 아니한다.

제128조(매각허가결정) ①매각허가결정에는 매각한 부동산, 매수인과 매각가격을 적고 특별한 매각조건으로 매각한 때에는 그 조건을 적어야 한다.

제129조(이해관계인 등의 즉시항고) ①이해관계인은 매각허가여부의 결정에 따라 손해를 볼 경우에만 그 결정에 대하여 즉시항고를 할 수 있다. ②매각허가에 정당한 이유가 없거나 결정에 적은 것 외의 조건으로 허가하여야 한다고 주장하는 매수인 또는 매각허가를 주장하는 매수신고인도 즉시항고를 할 수 있다.

제130조(매각허가여부에 대한 항고) ①매각허가결정에 대한 항고는 이 법에 규정한 매각허가에 대한 이의신청사유가 있다거나, 그 결정절차에 중대한 잘못이 있다는 것을 이유에만 할 수 있다. ③매각허가결정에 대하여 항고를 하고자 하는 사람은 보증으로 매각대금의 10분의 1에 해당하는 금전 또는 법원이 인정한 유가증권을 공탁하여야 한다.

제136조(부동산의 인도명령 등) ①법원은 매수인이 대금을 낸 뒤 6월 이내에 신청하면 채무자·소유자 또는 부동산 점유자에 대하여 부동산을 매수인에게 인도하도록 명할 수 있다.

제138조(재매각) ①매수인이 대금지급기한까지 그 의무를 완전히 이행하지 아니하였고, 차순위매수신고인이 없는 때에는 법원은 직권으로 부동산의 재매각을 명하여야 한다. ②재매각절차에도 종전에 정한 최저매각가격, 그 밖의 매각조건을 적용한다. ③매수인이 재매각기일의 3일 이전까지 대금, 그 지급기한이 지난 뒤부터 지급일까지의 대금에 대한 대법원규칙이 정하는 이율에 따른 지

연이자와 절차비용을 지급한 때에는 재매각절차를 취소하여야 한다. 이 경우 차순위매수신고인이 매각허가결정을 받았던 때에는 위 금액을 먼저 지급한 매수인이 매매목적물의 권리를 취득한다. ④재매각절차에서는 전의 매수인은 매수신청을 할 수 없으며 매수신청의 보증을 돌려 줄 것을 요구하지 못한다.

제139조(공유물지분에 대한 경매) ① 공유물지분을 경매하는 경우에는 채권자의 채권을 위하여 채무자의 지분에 대한 경매개시결정이 있음을 등기부에 기입하고 다른 공유자에게 그 경매개시결정이 있다는 것을 통지하여야 한다. ② 최저매각가격은 공유물 전부의 평가액을 기본으로 채무자의 지분에 관하여 정하여야 한다.

제140조(공유자의 우선매수권) ①공유자는 매각기일까지 보증을 제공하고 최고매수신고가격과 같은 가격으로 채무자의 지분을 우선매수하겠다는 신고를 할 수 있다. ②법원은 최고가매수신고가 있더라도 그 공유자에게 매각을 허가하여야 한다. ③여러 사람의 공유자가 우선매수하겠다는 신고를 하고 특별한 협의가 없으면 공유지분의 비율에 따라 채무자의 지분을 매수하게 한다. ④ 공유자가 우선매수신고를 한 경우에는 최고가매수신고인을 차순위매수신고인으로 본다.

제142조(대금의 지급) ①매각허가결정이 확정되면 법원은 대금의 지급기한을 정하고, 이를 매수인과 차순위매수신고인에게 통지하여야 한다. ②매수인은 대금지급기한까지 매각대금을 지급하여야 한다. ③매수신청의 보증으로 금전이 제공된 경우에 그 금전은 매각대금에 넣는다. ④매수신청의 보증으로 금전 외의 것이 제공된 경우로서 매수인이 매각대금 중 보증액을 뺀 나머지 금액만을 낸 때에는, 법원은 보증을 현금화하여 그 비용을 뺀 금액을 보증액에 해당하는 매각대금 및 이에 대한 지연이자에 충당하고, 모자라는 금액이 있으면 다시 대금지급기한을 정하여 매수인으로 하여금 내게 한다. ⑥차순위매수신고인은 매수인이 대금을 모두 지급한 때 매수의 책임을 벗게 되고 즉시 매수신청의 보증을 돌려 줄 것을 요구할 수 있다.

제143조(특별한 지급방법) ①매수인은 매각조건에 따라 부동산의 부담을 인수하는 외에 배당표의 실시에 관하여 매각대금의 한도에서 관계채권자의 승낙이 있으면 대금의 지급에 갈음하여 채무를 인수할 수 있다. ②채권자가 매수인인 경우에는 매각결정기일이 끝날 때까지 법원에 신고하고 배당받아야 할 금액을 제외한 대금을 배당기일에 낼 수 있다. ③매수인이 인수한 채무나 배당받아야 할 금액에 대하여 이의가 제기된 때에는 매수인은 배당기일이 끝날 때까지 이에 해당하는 대금을 내야 한다.

제144조(매각대금 지급 뒤의 조치) ①매각대금이 지급되면 법원사무관 등은 매각허가결정의 등본을 붙여 다음 각 호의 등기를 촉탁하여야 한다. 1.매수인 앞으로 소유권을 이전하는 등기 2.매수인이 인수하지 아니한 부동산의 부담에 관한 기입을 말소하는 등기 3.경매개시결정등기를 말소하는 등기

제145조(매각대금의 배당) ①매각대금이 지급되면 법원은 배당절차를 밟아야 한다. ②매각대금으로 배당에 참가한 모든 채권자를 만족하게 할 수 없는 때에는 법원은 민법·상법, 그 밖의 법률에 의한 우선순위에 따라 배당하여야 한다.

제146조(배당기일) 매수인이 매각대금을 지급하면 법원은 배당에 관한 진술 및 배당을 실시할 기일을 정하고 이해관계인과 배당을 요구한 채권자에게 이를 통지하여야 한다.

제147조(배당할 금액 등) ①배당할 금액은 다음 각 호에 규정한 금액으로 한다. 1.대금 2.대금지급기한이 지난 뒤부터 대금의 지급·충당까지의 지연이자 4.항고인이 돌려 줄 것을 요구하지 못하는 금액 5.매수인이 돌려줄 것을 요구할 수 없는 보증

제148조(배당받을 채권자의 범위) 1.배당요구의 종기까지 경매신청을 한 압류채권자 2.배당요구의 종기까지 배당요구를 한 채권자 3.첫 경매개시결정등기 전에 등기된 가압류채권자 4.저당권·전세권, 그 밖의 우선변제청구권으로서

첫 경매개시결정등기 전에 등기되었고 매각으로 소멸하는 것을 가진 채권자

제149조(배당표의 확정) ①법원은 채권자와 채무자에게 보여 주기 위하여 배당기일의 3일전에 배당표원안을 작성하여 법원에 비치하여야 한다. ②법원은 출석한 이해관계인과 배당을 요구한 채권자를 심문하여 배당표를 확정하여야 한다.

제150조(배당표의 기재 등) ①배당표에는 매각대금, 채권자의 채권의 원금, 이자, 비용, 배당의 순위와 비율을 적어야 한다.

제151조(배당표에 대한 이의) ①기일에 출석한 채무자는 채권자의 채권 또는 채권의 순위에 대하여 이의할 수 있다. ②채무자는 법원에 배당표원안이 비치된 이후 배당기일이 끝날 때까지 채권자의 채권 또는 그 채권의 순위에 대하여 서면으로 이의할 수 있다. ③기일에 출석한 채권자는 자기의 이해에 관계되는 범위 안에서는 다른 채권자를 상대로 그의 채권 또는 채권의 순위에 대하여 이의할 수 있다.

제153조(불출석한 채권자) ①기일에 출석하지 아니한 채권자는 배당표와 같이 배당을 실시하는 데에 동의한 것으로 본다. ②기일에 출석하지 아니한 채권자가 다른 채권자가 제기한 이의에 관계된 때에는 채권자는 이의를 정당하다고 인정하지 아니한 것으로 본다.

제154조(배당이의의 소 등) ①집행력 있는 집행권원의 정본을 가지지 아니한 채권자에 대하여 이의한 채무자와 다른 채권자에 대하여 이의한 채권자는 배당이의의 소를 제기하여야 한다. ②집행력 있는 집행권원의 정본을 가진 채권자에 대하여 이의한 채무자는 청구이의의 소를 제기하여야 한다.

제159조(배당실시절차·배당조서) ①법원은 배당표에 따라 절차에 의하여 배당을 실시하여야 한다. ②채권 전부의 배당을 받을 채권자에게는 배당액 지급증을 교부하는 동시에 그가 가진 집행력 있는 정본 또는 채권증서를 받아 채

무자에게 교부하여야 한다. ③채권 일부의 배당을 받을 채권자에게는 집행력 있는 정본 또는 채권증서를 제출하게 한 뒤 배당액을 적어서 돌려주고 배당액지급증을 교부하는 동시에 영수증을 받아 채무자에게 교부하여야 한다.

제160조(배당금액의 공탁) ①배당을 받아야 할 채권자의 채권에 대하여 사유가 있으면 배당액을 공탁하여야 한다. 1.채권에 정지조건 또는 불확정기한이 붙어 있는 때 2.가압류채권자의 채권인 때 4.저당권설정의 가등기가 마쳐져 있는 때 5.배당이의의 소가 제기된 때 ②채권자가 배당기일에 출석하지 아니한 때에는 그에 대한 배당액을 공탁하여야 한다.

제264조(부동산에 대한 경매신청) ①부동산을 목적으로 하는 담보권을 실행하기 위한 경매신청을 함에는 담보권이 있다는 것을 증명하는 서류를 내야 한다. ②담보권을 승계한 경우에는 승계를 증명하는 서류를 내야 한다.

제266조(경매절차의 정지) ①해당하는 문서가 경매법원에 제출되면 경매절차를 정지하여야 한다. 1.담보권의 등기가 말소된 등기사항증명서 2.담보권 등기를 말소하도록 명한 확정판결의 정본 3.담보권이 없거나 소멸되었다는 취지의 확정판결의 정본 4.채권자가 담보권을 실행하지 아니하기로 하거나 경매신청을 취하하겠다는 취지 또는 피담보채권을 변제받았거나 그 변제를 미루도록 승낙한다는 취지를 적은 서류 5.담보권 실행을 일시정지 하도록 명한 재판의 정본

제271조(유체동산에 대한 경매) 유체동산을 목적으로 하는 담보권 실행을 위한 경매는 채권자가 그 목적물을 제출하거나, 그 목적물의 점유자가 압류를 승낙한 때에 개시한다.

제274조(유치권 등에 의한 경매) ①유치권에 의한 경매와 민법·상법, 그 밖의 법률이 규정하는 바에 따른 경매는 담보권 실행을 위한 경매의 예에 따라 실시한다. ②유치권 등에 의한 경매절차는 목적물에 대하여 강제경매 또는 담

보권 실행을 위한 경매절차가 개시된 경우에는 이를 정지하고, 채권자 또는 담보권자를 위하여 그 절차를 계속하여 진행한다.

❖ 주택임대차보호법

제1조(목적) 이 법은 주거용 건물의 임대차에 관하여 민법에 대한 특례를 규정함으로써 국민 주거생활의 안정을 보장함을 목적으로 한다.

제2조(적용 범위) 이 법은 주거용 건물의 전부 또는 일부의 임대차에 관하여 적용한다. 그 임차주택의 일부가 주거 외의 목적으로 사용되는 경우에도 또한 같다.

제3조(대항력 등) ①임대차는 그 등기가 없는 경우에도 임차인이 주택의 인도와 주민등록을 마친 때에는 그 다음 날부터 제삼자에 대하여 효력이 생긴다. 이 경우 전입신고를 한 때에 주민등록이 된 것으로 본다. ②주택도시기금을 재원으로 하여 저소득층 무주택자에게 주거생활 안정을 목적으로 전세임대주택을 지원하는 법인이 주택을 임차한 후 지방자치단체의 장 또는 그 법인이 선정한 입주자가 그 주택을 인도받고 주민등록을 마쳤을 때에는 제1항을 준용한다. 이 경우 대항력이 인정되는 법인은 대통령령으로 정한다. ③중소기업기본법에 따른 중소기업에 해당하는 법인이 소속 직원의 주거용으로 주택을 임차한 후 그 법인이 선정한 직원이 해당 주택을 인도받고 주민등록을 마쳤을 때에는 제1항을 준용한다. 임대차가 끝나기 전에 그 직원이 변경된 경우에는 그 법인이 선정한 새로운 직원이 주택을 인도받고 주민등록을 마친 다음 날부터 제삼자에 대하여 효력이 생긴다. ④임차주택의 양수인은 임대인의 지위를 승계한 것으로 본다.

제3조의2(보증금의 회수) ① 임차인이 임차주택에 대하여 보증금반환청구소송의 확정판결이나 그 밖에 이에 준하는 집행권원에 따라서 경매를 신청하는 경우에는 집행개시 요건에 관한 민사집행법에도 불구하고 반대의무의 이행이나

이행의 제공을 집행개시의 요건으로 하지 아니한다. ② 대항요건과 임대차계약증서상의 확정일자를 갖춘 임차인은 민사집행법에 따른 경매 또는 국세징수법에 따른 공매를 할 때에 임차주택의 환가대금에서 후순위권리자나 그 밖의 채권자보다 우선하여 보증금을 변제받을 권리가 있다. ③ 임차인은 임차주택을 양수인에게 인도하지 아니하면 제2항에 따른 보증금을 받을 수 없다.

제3조의3(임차권등기명령) ①임대차가 끝난 후 보증금이 반환되지 아니한 경우 임차인은 임차주택의 소재지를 관할하는 지방법원·지방법원지원 또는 시·군 법원에 임차권등기명령을 신청할 수 있다. ②임차권등기명령의 신청서에는 다음 각 호의 사항을 적어야 하며, 신청의 이유와 임차권등기의 원인이 된 사실을 소명하여야 한다. 1.신청의 취지 및 이유 2.임대차의 목적인 주택 3.임차권등기의 원인이 된 사실 4.그 밖에 대법원규칙으로 정하는 사항 ④임차권등기명령의 신청을 기각하는 결정에 대하여 임차인은 항고할 수 있다. ⑤임차인은 임차권등기명령의 집행에 따른 임차권등기를 마치면 대항력과 우선변제권을 취득한다. 다만, 임차인이 임차권등기 이전에 이미 대항력이나 우선변제권을 취득한 경우에는 그 대항력이나 우선변제권은 그대로 유지되며, 임차권등기 이후에는 대항요건을 상실하더라도 이미 취득한 대항력이나 우선변제권을 상실하지 아니한다. ⑥임차권등기명령의 집행에 따른 임차권등기가 끝난 주택을 그 이후에 임차한 임차인은 우선변제를 받을 권리가 없다. ⑧임차인은 임차권등기명령의 신청과 그에 따른 임차권등기와 관련하여 든 비용을 임대인에게 청구할 수 있다.

제3조의5(경매에 의한 임차권의 소멸) 임차권은 임차주택에 대하여 민사집행법에 따른 경매가 행하여진 경우에는 그 임차주택의 경락에 따라 소멸한다. 다만, 보증금이 모두 변제되지 아니한, 대항력이 있는 임차권은 그러하지 아니하다.

제3조의6(확정일자 부여 및 임대차 정보제공 등) ①확정일자는 주택 소재지의 읍·면사무소, 동 주민센터 또는 시의 출장소, 지방법원 및 그 지원과 등기소 또는 공증인법에 따른 공증인이 부여한다. ②확정일자부여기관은 해당 주택의

소재지, 확정일자 부여일, 차임 및 보증금 등을 기재한 확정일자부를 작성하여야 한다. 이 경우 전산처리정보조직을 이용할 수 있다. ③주택의 임대차에 이해관계가 있는 자는 확정일자부여기관에 해당 주택의 확정일자 부여일, 차임 및 보증금 등 정보의 제공을 요청할 수 있다. 이 경우 요청을 받은 확정일자부여기관은 정당한 사유 없이 이를 거부할 수 없다. ④임대차계약을 체결하려는 자는 임대인의 동의를 받아 확정일자부여기관에 정보제공을 요청할 수 있다.

제4조(임대차기간 등) ①기간을 정하지 아니하거나 2년 미만으로 정한 임대차는 그 기간을 2년으로 본다. 다만, 임차인은 2년 미만으로 정한 기간이 유효함을 주장할 수 있다. ②임대차기간이 끝난 경우에도 임차인이 보증금을 반환받을 때까지는 임대차관계가 존속되는 것으로 본다.

제6조(계약의 갱신) ①임대인이 임대차기간이 끝나기 6개월 전부터 2개월 전까지의 기간에 임차인에게 갱신거절의 통지를 하지 아니하거나 계약조건을 변경하지 아니하면 갱신하지 아니한다는 뜻의 통지를 하지 아니한 경우에는 그 기간이 끝난 때에 전 임대차와 동일한 조건으로 다시 임대차한 것으로 본다. 임차인이 임대차기간이 끝나기 2개월 전까지 통지하지 아니한 경우에도 또한 같다. ②제1항의 경우 임대차의 존속기간은 2년으로 본다. ③2기의 차임액에 달하도록 연체하거나 임차인으로서의 의무를 현저히 위반한 임차인에 대하여는 제1항을 적용하지 아니한다.

제6조의2(묵시적 갱신의 경우 계약의 해지) ①계약이 갱신된 경우 임차인은 언제든지 임대인에게 계약해지를 통지할 수 있다. ②제1항에 따른 해지는 임대인이 그 통지를 받은 날부터 3개월이 지나면 그 효력이 발생한다.

제7조(차임 등의 증감청구권) 당사자는 약정한 차임이나 보증금이 임차주택에 관한 조세, 공과금, 그 밖의 부담의 증감이나 경제사정의 변동으로 인하여 적절하지 아니하게 된 때에는 장래에 대하여 그 증감을 청구할 수 있다. 다만, 증액의 경우에는 대통령령으로 정하는 기준에 따른 비율을 초과하지 못한다.

제7조의2(월차임 전환 시 산정률의 제한) 보증금의 전부 또는 일부를 월 단위의 차임으로 전환하는 경우에는 그 전환되는 금액에 다음 각 호 중 낮은 비율을 곱한 월차임의 범위를 초과할 수 없다.

제8조(보증금 중 일정액의 보호) ①임차인은 보증금 중 일정액을 다른 담보물권자보다 우선하여 변제받을 권리가 있다. 이 경우 임차인은 주택에 대한 경매신청의 등기 전에 제3조 제1항의 요건을 갖추어야 한다. ③제1항에 따라 우선변제를 받을 임차인 및 보증금 중 일정액의 범위와 기준은 제8조의2에 따른 주택임대차위원회의 심의를 거쳐 대통령령으로 정한다. 다만, 보증금 중 일정액의 범위와 기준은 주택가액(대지의 가액을 포함한다)의 2분의 1을 넘지 못한다.

제9조(주택 임차권의 승계) ①임차인이 상속인 없이 사망한 경우에는 그 주택에서 가정공동생활을 하던 사실상의 혼인 관계에 있는 자가 임차인의 권리와 의무를 승계한다. ②임차인이 사망한 때에 사망 당시 상속인이 그 주택에서 가정공동생활을 하고 있지 아니한 경우에는 그 주택에서 가정공동생활을 하던 사실상의 혼인 관계에 있는 자와 2촌 이내의 친족이 공동으로 임차인의 권리와 의무를 승계한다. ③임차인이 사망한 후 1개월 이내에 임대인에게 승계 대상자가 반대의사를 표시한 경우에는 그러하지 아니하다. ④임대차 관계에서 생긴 채권·채무는 임차인의 권리의무를 승계한 자에게 귀속된다.

제10조(강행규정) 이 법에 위반된 약정으로서 임차인에게 불리한 것은 그 효력이 없다.

⁜ 주택임대차보호법 시행령

제2조(대항력이 인정되는 법인) 대항력이 인정되는 법인이란 다음 각 호의 법인을 말한다. 1. 한국토지주택공사법에 따른 한국토지주택공사 2. 지방공기업법

에 따라 주택사업을 목적으로 설립된 지방공사

제4조(확정일자부 기재사항 등) ①확정일자부여기관이 작성하는 확정일자부에 기재하여야 할 사항은 다음 각 호와 같다. 1.확정일자번호 2.확정일자 부여일 3.임대인·임차인의 인적사항 〈생략〉

제5조(주택의 임대차에 이해관계자) 정보제공을 요청할 수 있는 주택의 임대차에 이해관계가 있는 자는 다음 각 호의 어느 하나에 해당하는 자로 한다. 1.해당 주택의 임대인·임차인 2.해당 주택의 소유자 3.해당 주택 또는 그 대지의 등기기록에 기록된 권리자 중 법무부령으로 정하는 자 4.우선변제권을 승계한 금융기관

제8조(차임 등 증액청구의 기준 등) ① 차임이나 보증금의 증액청구는 약정한 차임 등의 20분의 1의 금액을 초과하지 못한다. ② 증액청구는 임대차계약 또는 약정한 차임 등의 증액이 있은 후 1년 이내에는 하지 못한다.

제10조(보증금 중 일정액의 범위 등) ①우선변제를 받을 보증금 중 일정액의 범위는 다음 금액 이하로 한다. 1. 서울특별시 : 5,500만원까지(2023.02.21.~현재), 2. 수도권정비계획법에 따른 과밀억제권역(서울특별시는 제외한다), 세종특별자치시, 용인시 및 화성시, 김포시 : 4,800만원까지(2023.02.21.~현재), 3. 광역시(수도권 정비계획법에 따른 과밀억제권역에 포함된 지역과 군지역은 제외), 안산시, 광주시, 파주시, 이천시, 평택시 : 2,800만원까지(2023.02.21.~현재), 4. 그 밖의 지역 : : 2,500만원까지(2023.02.21.~현재), ② 임차인의 보증금 중 일정액이 주택가액의 2분의 1을 초과하는 경우에는 주택가액의 2분의 1에 해당하는 금액까지만 우선변제권이 있다. ③ 하나의 주택에 임차인이 2명 이상이고, 각 보증금 중 일정액을 모두 합한 금액이 주택가액의 2분의 1을 초과하는 경우에는 각 보증금 중 일정액을 모두 합한 금액에 대한 각 임차인의 보증금 중 일정액의 비율로 주택가액의 2분의 1에 해당하는 금액을 분할한 금액을 각 임차인의 보증금 중 일정액으로 본다. ④하나의 주택에 임차인이 2명 이상이고 이들이 그 주택에서 가정공동생활을 하는 경우에는 이들을 1명의 임차인으로 보아 보증금을 합산한다.

제11조(우선변제를 받을 임차인의 범위) 우선변제를 받을 임차인은 보증금이 금액 이하인 임차인으로 한다. 1. 서울특별시 : 1억6,500만원 이하(2023.02.21.~현재), 2. 수도권정비 계획법에 따른 과밀억제권역, 세종특별자치시, 용인시 및 화성시, 김포시 : 1억4,500만원 이하(2023.02.21.~현재), 3. 광역시, 안산시, 광주시, 파주시, 이천시, 평택시 : 8,500만원 이하(2023.02.21.~현재), 4. 그 밖의 지역 : 7,500만원 이하(2023.02.21.~현재).

❖ 상가건물 임대차보호법

제1조(목적) 이 법은 상가건물 임대차에 관하여 「민법」에 대한 특례를 규정하여 국민 경제생활의 안정을 보장함을 목적으로 한다.

제2조(적용범위) ①이 법은 상가건물의 임대차에 대하여 적용한다. ②보증금액을 정할 때에는 해당 지역의 경제 여건 및 임대차 목적물의 규모 등을 고려하여 지역별로 구분하여 규정하되, 보증금 외에 차임이 있는 경우에는 그 차임액에 은행의 대출금리 등을 고려하여 대통령령으로 정하는 비율을 곱하여 환산한 금액을 포함하여야 한다.

제3조(대항력 등) ①임대차는 그 등기가 없는 경우에도 임차인이 건물의 인도와 부가가치세법에 따른 사업자등록을 신청하면 그 다음 날부터 제3자에 대하여 효력이 생긴다. ②임차건물의 양수인은 임대인의 지위를 승계한 것으로 본다.

제4조(확정일자 부여 및 임대차정보의 제공 등) ①확정일자는 상가건물의 소재지 관할 세무서장이 부여한다. ②관할 세무서장은 해당 상가건물의 소재지, 확정일자 부여일, 차임 및 보증금 등을 기재한 확정일자부를 작성하여야 한다.
이 경우 전산정보처리조직을 이용할 수 있다. ③상가건물의 임대차에 이해관계가 있는 자는 관할 세무서장에게 해당 상가건물의 확정일자 부여일, 차임및 보증금 등 정보의 제공을 요청할 수 있다.

제5조(보증금의 회수) ① 임차인이 임차건물에 대하여 보증금반환청구소송의 확

정판결, 그 밖에 이에 준하는 집행권원에 의하여 경매를 신청하는 경우에는 반대의무의 이행이나 이행의 제공을 집행개시의 요건으로 하지 아니한다. ② 대항요건을 갖추고 관할 세무서장으로부터 임대차계약서상의 확정일자를 받은 임차인은 민사집행법에 따른 경매 또는 국세징수법에 따른 공매 시 임차건물의 환가대금에서 후순위권리자나 그 밖의 채권자보다 우선하여 보증금을 변제받을 권리가 있다. ③임차인은 임차건물을 양수인에게 인도하지 아니하면 제2항에 따른 보증금을 받을 수 없다.

제9조(임대차기간 등) ①기간을 정하지 아니하거나 기간을 1년 미만으로 정한 임대차는 그 기간을 1년으로 본다. 다만, 임차인은 1년 미만으로 정한 기간이 유효함을 주장할 수 있다. ②임대차가 종료한 경우에도 임차인이 보증금을 돌려받을 때까지는 임대차 관계는 존속하는 것으로 본다.

제10조(계약갱신 요구 등) ①임대인은 임차인이 임대차기간이 만료되기 6개월 전부터 1개월 전까지 사이에 계약갱신을 요구할 경우 정당한 사유 없이 거절하지 못한다. 다음의 경우에는 그러하지 아니하다. 1.임차인이 3기의 차임액에 해당하는 금액에 이르도록 차임을 연체한 사실이 있는 경우 2.임차인이 거짓이나 그 밖의 부정한 방법으로 임차한 경우 3.서로 합의하여 임대인이 임차인에게 상당한 보상을 제공한 경우 〈생략〉 ② 임차인의 계약갱신요구권은 최초의 임대차기간을 포함한 전체 임대차기간이 5년을 초과하지 아니하는 범위에서만 행사할 수 있다. ③ 갱신되는 임대차는 전 임대차와 동일한 조건으로 다시 계약된 것으로 본다.

제10조의3(권리금) ①권리금이란 임대차 목적물인 상가건물에서 영업을 하는 자 또는 영업을 하려는 자가 영업시설·비품, 거래처, 신용, 영업상의 노하우, 상가건물의 위치에 따른 영업상의 이점 등 유형·무형의 재산적 가치의 양도 또는 이용대가로서 임대인, 임차인에게 보증금과 차임 이외에 지급하는 금전 등의 대가를 말한다. ②권리금 계약이란 신규임차인이 되려는 자가 임차인에게 권리금을 지급하기로 하는 계약을 말한다.

제10조의4(권리금 회수기회 보호 등) ①임대인은 임대차기간이 끝나기 3개월 전부터 임대차 종료 시까지 다음 각 호의 어느 하나에 해당하는 행위를 함으로써 권리금 계약에 따라 임차인이 주선한 신규임차인이 되려는 자로부터 권리금을 지급받는 것을 방해하여서는 아니 된다. ③임대인이 제1항을 위반하여 임차인에게 손해를 발생하게 한 때에는 그 손해를 배상할 책임이 있다. 이 경우 그 손해배상액은 신규임차인이 임차인에게 지급하기로 한 권리금과 임대차 종료 당시의 권리금 중 낮은 금액을 넘지 못한다. ④임대인에게 손해배상을 청구할 권리는 임대차가 종료한 날부터 3년 이내에 행사하지 아니하면 시효의 완성으로 소멸한다.

제11조(차임 등의 증감청구권) ①차임 또는 보증금이 임차건물에 관한 조세, 공과금, 그 밖의 부담의 증감이나 경제 사정의 변동으로 인하여 상당하지 아니하게 된 경우에는 당사자는 장래의 차임 또는 보증금에 대하여 증감을 청구할 수 있다. 그러나 증액의 경우에는 대통령령으로 정하는 기준에 따른 비율을 초과하지 못한다. ②증액 청구는 임대차계약 또는 약정한 차임 등의 증액이 있은 후 1년 이내에는 하지 못한다.

제13조(전대차관계에 대한 적용 등) ②임대인의 동의를 받고 전대차계약을 체결한 전차인은 임차인의 계약갱신요구권 행사기간 이내에 임차인을 대위하여 임대인에게 계약갱신요구권을 행사할 수 있다.

제14조(보증금 중 일정액의 보호) ①임차인은 보증금 중 일정액을 다른 담보물권자보다 우선하여 변제받을 권리가 있다. ③우선변제를 받을 임차인 및 보증금 중 일정액의 범위와 기준은 임대건물가액의 2분의 1 범위에서 해당 지역의 경제 여건, 보증금 및 차임 등을 고려하여 대통령령으로 정한다.

제15조(강행규정) 법의 규정에 위반된 약정으로서 임차인에게 불리한 것은 효력이 없다. 제16조(일시사용을 위한 임대차) 이 법은 일시사용을 위한 임대차임이 명백한 경우에는 적용하지 아니한다.

제17조(미등기전세에의 준용) 목적건물을 등기하지 아니한 전세계약에 관하여 이 법을 준용한다. "전세금"은 "임대차의 보증금"으로 본다.

❖ 상가건물 임대차보호법 시행령

제2조(적용범위) ①상가건물 임대차보호법 제2조 제1항 단서에서 '대통령령으로 정하는 보증금액'이라 함은 다음 각호의 구분에 의한 금액을 말한다. 1.서울특별시 : 9억원, 2.수도권정비계획법에 따른 과밀억제권역(서울특별시는 제외한다) 및 부산광역시 : 6억9천만원, 3.광역시(수도권정비계획법에 따른 과밀억제권역에 포함된 지역과 군지역, 부산광역시는 제외한다), 세종특별자치시, 파주시, 화성시, 안산시, 용인시, 김포시 및 광주시 : 5억4천만원, 4.그 밖의 지역 : 3억7천만원, ② '보증금 외에 차임이 있는 경우의 차임액'은 월 단위의 차임액으로 한다. ③ '대통령령으로 정하는 비율'이라 함은 1분의 100을 말한다.

제6조(우선변제를 받을 임차인의 범위) 법 제14조의 규정에 의하여 우선변제를 받을 임차인은 보증금과 차임이 있는 경우 법 제2조 제2항의 규정에 의하여 환산한 금액의 합계가 다음 각호의 구분에 의한 금액 이하인 임차인으로 한다. 1.서울특별시 : 6천5백만원, 2.수도권정비계획법에 따른 과밀억제권역 : 5천5백만원, 3.광역시, 안산시, 용인시, 김포시 및 광주시 : 3천8백만원, 4.그 밖의 지역 : 3천만원.

제7조(우선변제를 받을 보증금의 범위 등) ①우선변제를 받을 보증금 중 일정액의 범위는 다음 각호의 구분에 의한 금액 이하로 한다. 1.서울특별시 : 2천2백만원, 2.수도권정비계획법에 따른 과밀억제권역 : 1천9백만원, 3.광역시, 안산시, 용인시, 김포시 및 광주시 : 1천3백만원, 4.그 밖의 지역 : 1천만원, ② 임차인의 보증금 중 일정액이 상가건물의 가액의 2분의 1을 초과하는 경우에는 상가건물의 가액의 2분의 1에 해당하는 금액에 한하여 우선변제권이 있다.

❖ 민법

제185조(물권) 물권은 법률 또는 관습법에 의하는 외에는 임의로 창설하지 못한다.

제186조(부동산물권변동의 효력) 부동산에 관한 법률행위로 인한 물권의 득실변경은 등기하여야 그 효력이 생긴다.

제187조(등기를 요하지 아니하는 부동산물권취득) 상속, 공용징수, 판결, 경매 기타 법률의 규정에 의한 부동산에 관한 물권의 취득은 등기를 요하지 아니한다. 그러나 등기를 하지 아니하면 이를 처분하지 못한다.

제192조(점유권의 취득과 소멸) ①물건을 사실상 지배하는 자는 점유권이 있다. ②점유자가 물건에 대한 사실상의 지배를 상실한 때에는 점유권이 소멸한다.

제194조(간접점유) 지상권, 전세권, 질권, 사용대차, 임대차, 임치 기타의 관계로 타인으로 하여금 물건을 점유하게 한 자는 간접으로 점유권이 있다.

제195조(점유보조자) 가사상, 영업상 기타 유사한 관계에 의하여 타인의 지시를 받아 물건에 대한 사실상의 지배를 하는 때에는 그 타인만을 점유자로 한다.

제196조(점유권의 양도) 점유권의 양도는 점유물의 인도로 효력이 생긴다.

제211조(소유권) 소유자는 법률 내에서 그 소유물을 사용, 수익, 처분할 권리가 있다.

제212조(범위) 토지의 소유권은 정당한 이익 있는 범위 내에서 토지의 상하에 미친다.

제213조(소유물반환청구권) 소유자는 그 소유에 속한 물건을 점유한 자에 대하여

반환을 청구할 수 있다. 점유자가 그 물건을 점유할 권리가 있는 때에는 거부 할 수 있다.

제214조(소유물방해제거) 소유자는 소유권을 방해하는 자에 대하여 방해의 제거를 청구할 수 있고 소유권을 방해할 염려 있는 행위를 하는 자에 대하여 그 예방이나 손해배상의 담보를 청구할 수 있다.

제215조(건물의 구분소유) ①수인이 한 채의 건물을 구분하여 각각 그 일부분을 소유한 때에는 건물과 그 부속물중 공용하는 부분은 그의 공유로 추정한다.
②공용부분의 보존에 관한 비용 기타의 부담은 각자의 소유부분의 가액에 비례하여 분담한다.

제245조(점유로 인한 부동산소유권의 취득기간) ① 20년간 소유의 의사로 평온, 공연하게 부동산을 점유하는 자는 등기함으로써 그 소유권을 취득한다. ② 부동산의 소유자로 등기한 자가 10년간 소유의 의사로 평온, 공연하게 선의이며 과실없이 그 부동산을 점유한 때에는 소유권을 취득한다.

제262조(물건의 공유) ①물건이 지분에 의하여 수인의 소유로 된 때에는 공유로 한다. ②공유자의 지분은 균등한 것으로 추정한다.

제263조(공유지분의 처분과 공유물의 사용, 수익) 공유자는 그 지분을 처분할 수 있고 공유물 전부를 지분의 비율로 사용, 수익할 수 있다.

제264조(공유물의 처분, 변경) 공유자는 다른 공유자의 동의 없이 공유물을 처분하거나 변경하지 못한다.

제265조(공유물의 관리, 보존) 공유물의 관리에 관한 사항은 공유자의 지분의 과반수로써 결정한다. 그러나 보존행위는 각자가 할 수 있다.

제279조(지상권의 내용) 지상권자는 타인의 토지에 건물 기타 공작물이나 수목을 소유하기 위하여 그 토지를 사용하는 권리가 있다.

제280조(존속기간을 약정한 지상권) ①계약으로 지상권의 존속기간을 정하는 경우에는 그 기간은 다음 연한보다 단축하지 못한다. 1.석조, 석회조, 연와조 또는 견고한 건물이나 수목의 소유를 목적으로 하는 때에는 30년 2.전호이외의 건물의 소유를 목적으로 하는 때에는 15년 3.건물이외의 공작물의 소유를 목적으로 하는 때에는 5년 ②전항의 기간보다 단축한 기간을 정한 때에는 전항의 기간까지 연장한다.

제281조(존속기간을 약정하지 아니한 지상권) ①계약으로 지상권의 존속기간을 정하지 아니한 때에는 그 기간은 전조의 최단존속기간으로 한다. ②지상권설정 당시에 공작물의 종류와 구조를 정하지 아니한 때에는 지상권은 건물의 소유를 목적으로 한 것으로 본다.

제286조(지료증감청구권) 지료가 토지에 관한 조세 기타 부담의 증감이나 지가의 변동으로 인하여 상당하지 아니하게 된 때에는 당사자는 그 증감을 청구할 수 있다.

제287조(지상권소멸청구권) 지상권자가 2년 이상의 지료를 지급하지 아니한 때에는 지상권설정자는 지상권의 소멸을 청구할 수 있다.

제303조(전세권) ①전세권자는 전세금을 지급하고 타인의 부동산을 점유하여 그 부동산의 용도에 좇아 사용·수익하며, 그 부동산 전부에 대하여 후순위권리자 기타 채권자보다 전세금의 우선변제를 받을 권리가 있다. ②농경지는 전세권의 목적으로 하지 못한다.

제304조(건물의 전세권, 지상권, 임차권에 대한 효력) ①타인의 토지에 있는 건물에 전세권을 설정한 때에는 전세권의 효력은 그 건물의 소유를 목적으로 한 지

상권 또는 임차권에 미친다. ②전항의 경우에 전세권설정자는 전세권자의 동의 없이 지상권 또는 임차권을 소멸하게 하는 행위를 하지 못한다.

제305조(건물의 전세권과 법정지상권) ①대지와 건물이 동일한 소유자에 속한 경우에 건물에 전세권을 설정한 때에는 그 대지소유권의 특별승계인은 전세권 설정자에 대하여 지상권을 설정한 것으로 본다. 그러나 지료는 당사자의 청구에 의하여 법원이 이를 정한다. ②전항의 경우에 대지소유자는 타인에게 그 대지를 임대하거나 이를 목적으로 한 지상권 또는 전세권을 설정하지 못한다.

제306조(전세권의 양도, 임대 등) 전세권자는 전세권을 타인에게 양도 또는 담보로 제공할 수 있고 그 존속기간 내에서 그 목적물을 타인에게 전전세 또는 임대할 수 있다. 그러나 설정행위로 이를 금지한 때에는 그러하지 아니하다.

제312조(전세권의 존속기간) ①전세권의 존속기간은 10년을 넘지 못한다. 당사자의 약정기간이 10년을 넘는 때에는 이를 10년으로 단축한다. ②건물에 대한 전세권의 존속기간을 1년 미만으로 정한 때에는 이를 1년으로 한다. ③전세권의 설정은 이를 갱신할 수 있다. 그 기간은 갱신한 날로부터 10년을 넘지 못한다. ④건물의 전세권설정자가 전세권의 존속기간 만료 전 6월부터 1월까지 사이에 전세권자에 대하여 갱신거절의 통지 또는 조건을 변경하지 아니하면 갱신하지 아니한다는 뜻의 통지를 하지 아니한 경우에는 그 기간이 만료된 때에 전 전세권과 동일한 조건으로 다시 전세권을 설정한 것으로 본다. 이 경우 전세권의 존속기간은 그 정함이 없는 것으로 본다.

제320조(유치권의 내용) ①타인의 물건 또는 유가증권을 점유한 자는 그 물건이나 유가증권에 관하여 생긴 채권이 변제기에 있는 경우에는 변제를 받을 때까지 그 물건 또는 유가증권을 유치할 권리가 있다. ②전항의 규정은 그 점유가불법행위로 인한 경우에 적용하지 아니한다.

제321조(유치권의 불가분성) 유치권자는 채권전부의 변제를 받을 때까지 유치물

전부에 대하여 그 권리를 행사할 수 있다.

제322조(경매, 간이변제충당) ①유치권자는 채권의 변제를 받기 위하여 유치물을 경매할 수 있다. ②정당한 이유 있는 때에는 유치권자는 감정인의 평가에 의하여 유치물로 직접 변제에 충당할 것을 법원에 청구할 수 있다. 이 경우에는 유치권자는 미리 채무자에게 통지하여야 한다.

제323조(과실수취권) ①유치권자는 유치물의 과실을 수취하여 다른 채권보다 먼저 그 채권의 변제에 충당할 수 있다. 그러나 과실이 금전이 아닌 때에는 경매하여야 한다. ②과실은 먼저 채권의 이자에 충당하고 그 잉여가 있으면 원본에 충당한다.

제324조(유치권자의 선관의무) ①유치권자는 선량한 관리자의 주의로 유치물을 점유하여야 한다. ②유치권자는 채무자의 승낙 없이 유치물의 사용, 대여 또는 담보제공을 하지 못한다. 그러나 유치물의 보존에 필요한 사용은 그러하지 아니하다.

제356조(저당권) 저당권자는 채무자 또는 제삼자가 점유를 이전하지 아니하고 채무의 담보로 제공한 부동산에 대하여 다른 채권자보다 자기채권의 우선변제를 받을 수 있다.

제357조(근저당) ①저당권은 그 담보할 채무의 최고액만을 정하고 채무의 확정을 장래에 보류하여 이를 설정할 수 있다. 이 경우에는 그 확정될 때까지의 채무의 소멸 또는 이전은 저당권에 영향을 미치지 아니한다. ②전항의 경우에는 채무의 이자는 최고액 중에 산입한 것으로 본다.

제358조(효력의 범위) 저당권의 효력은 저당부동산에 부합된 물건과 종물에 미친다. 그러나 법률에 특별한 규정 또는 설정행위에 다른 약정이 있으면 그러하지 아니하다.

제359조(과실에 대한 효력) 저당권의 효력은 저당부동산에 대한 압류가 있은 후에 저당권설정자가 그 부동산으로부터 수취한 과실 또는 수취할 수 있는 과실에 미친다. 그러나 저당권자가 그 부동산에 대한 소유권, 지상권 또는 전세권을 취득한 제삼자에 대하여는 압류한 사실을 통지한 후가 아니면 이로써 대항하지 못한다.

제360조(피담보채권의 범위) 저당권은 원본, 이자, 위약금, 채무불이행으로 인한 손해배상 및 저당권의 실행비용을 담보한다. 그러나 지연배상에 대하여는 원본의 이행기일을 경과한 후의 1년분에 한하여 저당권을 행사할 수 있다.

제366조(법정지상권) 저당물의 경매로 인하여 토지와 그 지상건물이 다른 소유자에 속한 경우에는 토지소유자는 건물소유자에 대하여 지상권을 설정한 것으로 본다. 그러나 지료는 당사자의 청구에 의하여 법원이 이를 정한다.

제492조(상계의 요건) ①쌍방이 서로 같은 종류를 목적으로 한 채무를 부담한 경우에 그 쌍방의 채무의 이행기가 도래한 때에는 채무자는 대등액에 관하여 상계할 수 있다. 그러나 채무의 성질이 상계를 허용하지 아니할 때에는 그러하지 아니하다.

제618조(임대차) 임대차는 당사자 일방이 상대방에게 목적물을 사용, 수익하게할 것을 약정하고 상대방이 이에 대하여 차임을 지급할 것을 약정함으로써 그 효력이 생긴다.

제622조(건물등기 있는 차지권의 대항력) ①건물의 소유를 목적으로 한 토지임대차는 이를 등기하지 아니한 경우에도 임차인이 그 지상건물을 등기한 때에는 제삼자에 대하여 임대차의 효력이 생긴다. ②건물이 임대차기간 만료 전에 멸실 또는 후폐한 때에는 전항의 효력을 잃는다.

PART **1** 부동산 경매 바로알기

Chapter **3**

경매개시결정과 기본적인 권리분석 방법

01 경매개시 결정
02 공부 열람
03 경매정보사이트
04 권리분석 기초
05 권리분석 예시

01 경매개시결정

　경매 신청 접수가 완료되고, 경매를 집행하는데 문제가 없다고 판단되면 이를 법률적으로 진행하기 위한 사전조치로 경매개시결정을 내린 후, 등기관을 통해 해당 부동산 등기사항증명서 서류상에 부동산을 압류한다는 기록을 기입하도록 한다. 이때부터는 부동산을 타인에게 양도하거나 담보권을 설정하는 등의 행위는 제한되는데, 부동산과 관련된 이해관계인이라면 경매개시결정에 따른 이의신청을 통해 불복의 의사를 표현할 수 있다. 경매개시결정문에는 "별지 기재 부동산에 대하여 경매절차를 개시하고 채권자를 위하여 이를 압류한다"라는 주문과 함께 경매신청자가 요구한 청구액의 표시, 경매를 결정한 이유 등이 표기되어 있다. 이를 바탕으로 법원실무자는 해당사건의 민사집행사건기록 편철을 하게 되는데, 이 기록 표지에는 개시결정, 현황조사, 배당요구종기 등의 각종 일자 표기와 채권자, 채무자, 소유자 등의 관계자 등이 표기되어 있다. 이 편철 안에는 해당 경매사건에 관한 일체가 시간순서별로 취합되게 되는데, 경매에 필요한 모든 자료가 있다고 생각하면 된다.

　편철된 사건기록지 전체는 이해관계인은 열람 또는 복사도 가능하지만, 입찰예정자에게는 매각물건명세서, 현황조사서 등의 제한된 내용만 볼 수 있다. 최초 입찰일 1주일 전에 법원사무실 책상 위에 비치해 두지만, 인터넷으로도 검색이 가능하기 때문에 보러 가는 입찰예정자들은 드물다. 경매개시결정이 난 후 각종 기일을 잡게 되고 현황조사, 감정평가 등의 명령을 내린 후 부동산이 경매로 진행되고 있음을 알리기 위해 일간신문에 공고하게 된다. 수개의 부동산에 담보를 설정한 채권자가 채무를 변제받기 위해 경매를 신청할 때에는 각각의 부동산에 경매를 신청하기보다는 통합적으로 하나의 사건을 진행시키는 경우가 많다. 이를 일괄경매라고 표현하는데, 개별적으로 진행하는 것보다 수개의 부동산이 같이 매매될 때 가치가 높아져 그 만큼 높은 가격을 받을 수 있기 때문으로, 법원에서는 일괄경매를 신청한 경우 내용이 인정되면 일괄매각 결정을 하게 된다. 경매가 개시되었다고 무조건 진행하는 것은 아니고, 경매개시의 흠결요건이 있거나, 회생에 대한 포괄금지명령 등으로 인한 채무관계가 달라지는 경우 법원에서는 이를 심리하여 경매를 일시 정지시키거나 취소하게 된다. 당사자는 이를 위해서 경매개시결정에 대한 이의신청이나 경매절차정지신청을 해야 한다.

(1) 서울중부지방법원 경매개시 결정문

서울중부지방법원
결 정

사 건	2016타경123456 부동산임의경매
채 권 자	공룡 주식회사 (012345-0123456) 서울시 서초구 서초대로 1234 한국빌딩5층 대표이사 다이노
채 무 자	주식회사 개구리 (001234-1234444) 서울시 서초구 강남대로 4321 중국빌딩4층 대표이사 구루기
소 유 자	채무자와 같음

주 문

별지 기재 부동산에 대하여 경매절차를 개시하고 채권자를 위하여 이를 압류한다.

청구금액

금 777,654,000원 및 이에 대하여 2016.4.11.부터 완제일 까지 연 15%의 비율에 의한 금원

이 유

위 채권에 대한 담보권의 실행을 위하여 2016.9.15. 채권자가 한 신청은 이유 있으므로 주문과 같이 결정한다.

2016. 4. 13.

사법보좌관 홍 길 동

※ 각 법원 민원실에 설치된 사건검색 컴퓨터의 발급번호조회 메뉴를 이용하거나, 담당 재판부에 대한 문의를 통하여 이 문서 하단에 표시된 발급번호를 조회하시면, 문서의 위·변조 여부를 확인하실 수 있습니다.

2016-00598436526-A13CN

(2) 민사집행사건기록

						선순위 채권	500,000,000
	2011년	제 질 제 호				최초설정일자	2007. 7. 7.
예정통지		**서울중부지방법원**		배당요구	결정일	2016. 4. 20.
필증도착		**민사집행사건기록**			종기일	2016. 6. 29.
개시결정					연기된 종기일	
감정평가 2016.4.26.	사건번호	2016타경123456		담임	경매1계
현황조사 2016.4.27.					

	사건명	부동산임의경매
등기필일자 2016. 4. 13.	채권자	공룡 주식회사
입찰기일 2016. 9. 7.		
대금납부기한	채무자	주식회사 개구리
배당기일		
매수신고인	소유자	채무자와 같음

년 월 일( )	완결공람	담임	과장	재판장
보존종기 년				

(3) 경매 신문공고 내역

義朗日報

게재일자 : 2016년 8월 2일

2016타경 123456	1	서초구 강남대로 4321 234㎡	대	5,234,000,000	일괄매각, 제시외, 건물포함
		서초구 강남대로 4321	근린시설		

**공고료 청구서
(배당)**

청구금액 : 70,400원
(줄수4줄, 1줄단가 17,600원)

위와 같이 신문공고료를
청구합니다.

2016. 8. 2.

한국언론진흥재단 이사장

※주의사항
취하, 기각, 배당시 상기 청구금액이 지급되었는지 확인하고 미지급 되었을 경우 공고료를 지급해 주시기 바랍니다.

입찰기일		낙찰기일	
경매1계	2016.9.7.[수] 10:00	경매1계	

서울중부지방법원 사법보좌관 홍길동

(4) 일괄매각 결정

서울중부지방법원
결 정

사　　건　　2016타경123456 부동산임의경매
채 권 자　　공룡 주식회사
채 무 자　　주식회사 개구리
소 유 자　　채무자와 같음

주　문

별지 기재 부동산을 일괄하여 매각한다.

이　유

이 사건에 관하여는 별지 기재 부동산을 일괄하여 매각하는 것이 상당하다고 인정하여 주문과 같이 결정한다.

2016. 4. 13.

사법보좌관　홍 길 동

(5) 강제경매개시결정에 대한 이의신청

강제경매개시결정에 대한 이의신청

사 건 번 호	2016타경123456
신 청 인(채무자)	주식회사 개구리(대표자 : 구루기) 서울시 강남구 강남대로 4321(논현동, 중국빌딩4층)
피신청인(채권자)	공룡 주식회사(대표자 : 다이노) 서울시 서초구 서초대로 1234(서초동, 한국빌딩5층)

신청취지

　위 사건에 관하여 2016년 4월 20일 귀원이 행한 강제경매개시결정은 이를 취소한다. 피신청인의 본건 강제경매신청은 이를 기각한다.
라는 재판을 구함.

신청이유

1. 채권자인 피신청인은 채무자인 신청인과의 사이의 서울중부지방법원 13호 부당이득 반환 청구사건의 집행력 있는 판결정본에 기하여 2016년 4월 11일 귀원에 강제경매신청을 하여, 2016년 4월 13일 위 개시결정이 되어, 이 결정이 2016년 4월 20일 채무자인 신청인에게 송달되었습니다.
2. 그런데 위 강제집행의 전제인 위 채무명의는 신청인에게 송달되지 않은 것으로서 그 송달 전에 위 개시결정을 한 것은 집행개시 요건의 흠결이 있음에도 불구하고 행한 위법한 것이므로 본건 이의를 신청하는 바입니다.

2016년 4월 27일

위 신청인(채무자)　주식회사 개구리 (인)
연락처(☎)　010-0123-4444

서울중부지방법원 귀중

✔ **유의사항**

1) 이해관계인은 매각대금을 완납할 때까지 법원에 개시결정에 대한 이의신청을 할 수 있고 이의사유는 집행법원이 준수하여야 할 경매절차상의 형식적 하자로서 개시결정전의 것이어야 함이 원칙이나, 채무명의 존재는 집행 속행요건이기도 하므로, 그 실효와 같은 사유는 그 후에 발생한 것이라도 무방합니다.
2) 신청서에는 1,000원의 인지를 붙여 1통을 집행법원에 제출하고, 이의재판정본 송달료를(2회분) 납부하여야 합니다.

(6) 경매절차정지신청

경매절차정지신청서

사 건	2016타경123456 부동산임의경매
채 권 자	공룡 주식회사
채 무 자	주식회사 개구리
소 유 자	채무자와 같음

　위 당사자 간 귀원 2016타경123456호 부동산 임의경매 사건에 관하여 채무자 겸 소유자인 주식회사 개구리는 2016. 8. 1. 일자로 서울중부지방법원으로부터 2016회합 0123 회생에 대한 포괄금지명령에 의한 결정을 받았으므로 동 결정정본을 첨부하오니 위 사건에 대한 경매절차를 정지하여 주시기 바랍니다.

첨부서류

1. 포괄금지명령에 의한 결정문 1통

2016. 8. 8.

위 채무자 주식회사　개구리 (인)
　　　　　　대표이사　구루기 (인)

서울중부지방법원 귀중

02 공적장부 열람

❖ 등기사항증명서

　부동산의 권리관계를 알려주는 등기사항증명서에는 표제부와 갑구, 을구로 되어 있는데, 표제부에는 부동산의 지번과 면적, 소재지, 용도, 구조 등이 기재된다. 갑구에는 소유권에 관한 사항으로 접수된 날짜순으로 기록되며 소유권, 가등기, 가처분, 가압류, 압류, 경매신청 등이 기재되고, 을구에는 소유권 이외의 권리에 관한 사항으로 접수된 날짜순으로 기록되며 저당권, 지상권, 지역권, 전세권 등이 기재된다. 등기사항증명서는 소유자가 아니더라도 누구나 열람과 복사가 가능한데 부동산 거래의 모든 과정에 있어 필요한 중요한 공적자료이다. 매매나 전세계약에 있어서도 잔금내기 전에 다시금 발급받아 봐야 한다. 경매에 있어서도 권리에 대한 이해가 필요한데, 경매물건의 등기부를 펴놓고 갑구와 을구에 기재된 권리를 순위대로 확인해 보면 근저당권이나 가압류, 경매개시등기 등의 말소기준권리가 보인다. 이 권리를 기준으로 접수한 날짜가 빠르면 선순위권리, 늦으면 후순위권리가 이해하면 된다. 선순위권리는 기본적으로 인수, 후순위권리는 소멸로 이해하되, 예외적인 부분만 신경 쓰면 된다.
　가등기는 소유권이전청구권가등기와 소유권이전담보가등기가 있는데, 소유권이전청구권가등기의 경우 매매 대금을 지불했으나 본등기를 할 수 없는 경우에 이중매매 등을 방지하기 위해 설정한 권리이기 때문에, 낙찰을 빋아 대금납부를 해도 소유권을 잃을 수 있다. 그에 반해 소유권이전담보가등기는 채무변제의 담보를 위한 등기로 가등기담보법을 적용받지만 저당권과 동일한 효력으로 말소되기 때문에 투자자에게 큰 문제가 되지 않는다. 선순위가처분이 있다면 소유권이 다른 권리자에게 넘겨질 수도 있고, 후순위가처분이라도 하더라도 진정한 소유권에 대한 다툼에 기한 것이라면 대금을 납부해도 문제가 될 수 있다. 선순위지상권이 있다면 토지의 사용이 어렵지만, 근저당권의 재산보호를 위해 동시에 설정한 권리라면 잔금납부와 함께 소멸시킬 수 있다. 선순위전세권의 경우 전세권자가 경매를 신청했거나 전세권에 의한 배당요구를 했다면 말소기준권리로 보아 소멸될 수 있지만, 그렇지 않다면 매수인이 전세보증금을 추가로 부담해야 되기 때문에 주의가 필요하다.

등기사항전부증명서

[집합건물] 서울특별시 ■■구 ■■동 ■-■외 1필지 제1층 제101호				고유번호 2643-2009-000003	
【 을 구 】			(소유권 이외의 권리에 관한 사항)		
순위번호	등 기 목 적	접 수	등 기 원 인	권리자 및 기타사항	
1	근저당권설정	2009년1월12일 제2006호	2009년1월12일 설정계약	채권최고액 금138,000,000원 채무자 서울특별시 ■■구 ■■동 근저당권자 중앙농업협동조합 111136-0000166 서울특별시 ■■구 ■■동 (■■■)	
2	근저당권설정	2010년2월2일 제5589호	2010년2월2일 설정계약	채권최고액 금182,000,000원 채무자 서울특별시 ■■구 ■■동 근저당권자 보성물알신용협동조합 205041-0001071 ■■군 ■■읍	

❖ 토지대장 · 건축물대장

    토지대장은 토지의 사실상의 상황을 보여주기 위한 공적장부이다. 토지대장에는 고유번호와 토지소재, 축척, 지목, 면적, 사유, 변동일자, 토지등급, 개별공시지가 등이 기록되어 있다. 현재 토지등급은 큰 의미가 없고, 토지대장의 소유자 현황이 다른 경우 등기사항증명서 소유자가 우선한다. 건축물대장은 건축물의 위치, 면적, 용도 등의 건축물의 표시에 관한 사항과 건축물의 소유자 현황에 관한 사항을 등록하여 관리하는 공적장부이다. 건축물대장에는 일반건축물대장과 집합건축물대장으로 나뉘며, 건축물 한 동을 기준으로 하여 작성하되 부속건축물인 경우 일반건축물 대장에 포함시킨다. 위반건축물의 경우 건축물대장 우측 상단에 빨간색으로 표기되어 있는데, 위반사항이 무엇인지 시,군,구청 담당부서에서 확인해야 한다. 건축물대장에는 건축물과 관련되어 대지면적과 건축면적, 연면적 외에 이 건물에 적용된 건폐율과 용적률이 표기가 있다. 또한 조경면적과 공개공간 면적, 건축선, 지하수위, 기초형식 등의 세부내용도 표기되어 있고, 건축물의 구조형태와 용도, 설계자, 공사시공사, 주차장, 에너지 등급 등 표기된다. 건축물 허가일, 착공일, 사용승인일도 기록되는데, 사용승인일의 경우 법정지상권 성립여부와 관련해서 중요한 자료로 쓰이기 때문에 의미가 있다.

    경매에서 대항력이나 우선변제권과 관련하여 문제가 되는데, 예로 계약서상의 집주소의 호수나 출입문에 표기된 호수가 건축물대장의 호수가 다른 상태에서 전입신고를 하게 되면 대항력을 인정받지 못하는데, 건축물대장에 표기된 호수가

신고를 해야 한다. 최근에 건축된 건물에는 거의 없지만, 오래된 다세대 건물의 경우 반지하부터 올려 건축하는 경우가 많았다. 이 때 출입문 문패에는 '101호, 201호, 301호, 401호'로 표기해 놓았지만, 실제 건축물대장에는 'B101호, 101호, 201호, 301호'로 신고가 되었기 때문에 각별한 주의가 필요하다. 4층을 'F'로 표기했거나 4층을 건너뛰고 5층으로 표기한 경우에도 문제가 될 수 있다. 토지대장과 건축물대장은 인터넷 정부24(www.gov.kr) 사이트에서 무료로 발급받을 수 있다. 이에 앞서 홈페이지에 가입해야 하고, 공인인증서와 출력이 가능한 프린터가 연결되어 있어야 한다. 시, 군, 구청이나 주민센터에 가서 발급받거나 우편, 팩스 등으로 신청도 가능하나 열람시 건당 300원, 발급시 건당 500원의 수수료를 내야 한다.

토지대장과 건축물대장

❖ **주민등록표, 전입세대열람내역**

　주민등록표에는 크게 등본과 초본으로 구분된다. 주민등록등본은 세대주를 포함한 세대원, 동거인 등 하나의 가족 전부의 주민번호와 이름이 표기되고, 전입일자와 세대구성사유 및 구성일자 등이 기재된다. 초본은 세대주와 신청자 본인만 기재되고, 주소변동사항이나 세대주 변경사항, 개명이력사항 등이 확인된다. 주민등록등본이나 초본을 발급받으려면 토지대장, 건축물대장 발급 때처럼 인터넷 정부24를 활용하면 된다. 발급을 위해서는 회원가입을 가입 후 공인인증 절차가 필요하며 출력이 가능한 프린터가 있어야 한다. 비회원도 복합인증을 통해 신청은 가능하다. 신청시에는 개인인적사항의 변경내역, 과거의 주소변동사항 중 세대주 성명 및 관계, 과거의 주소변동사항, 병역사항 등의 포함여부를 선택할 수 있기 때문에 제출할 서류라면 개인정보를 위해 모두 포함할 필요는 없다.
　주민등록표를 대리로 발급받기 위해서는 인터넷으로는 원칙적으로는 불가하고 주민센터에 비치된 위임장을 작성해야 한다. 예전에는 주민등록표를 발급받기 위해서 위임자의 신분증 확인만으로도 가능했으나, 시행규칙이 강화되면서 대리인의 신분증 제출과 위임자의 신분증, 도장, 위임장이 필요하다. 만약 소송 등을 위해 필요한 경우라면 정당한 이해관계가 있는 사람만 증명자료가 있는 경우에 한해 발행해 준다. 이때도 개인정보가 노출되지 않도록 주민번호 뒷자리와 세대주의 성명 등이 생략된다. 전입세대열람내역을 신청하려면 가까운 주민센터에 가서 비치된 주민등록 전입세대 열람 신청서를 작성하고 신분증, 경매정보지를 보여주면서 수수료 300원을 내면 된다. 신청서에는 신청인의 이름, 주민등록번호, 주소를 기입해야 하고 열람대상 물건 소재지의 주소를 정확하게 적고, 용도 및 목적은 경매로 표기하면 발급해 준다. 전입세대열람내역에는 동거인을 포함하여 그 지번에 주민등록을 등재한 세대주 모두가 나타나게 되는데, 서로 성씨가 다르다고 하더라도 같은 순번에 동일하게 나와 있다면 동일 세대이고, 형제 사이라고 하더라도 순번이 1번, 2번으로 구분되어 있다면 별개 세대로 봐야 한다. 현재 세대주와 최초전입자가 다른 경우가 있는데, 세대원 중 일부가 먼저 신고를 하고 추후에 다른 세대원이 합쳐(세대합가)지면서 세대주를 변경한 경우이다. 이런 경우 최초전입일자의 날짜를 기준으로 대항력 유무를 판단해야 하기 때문에 주의가 필요하다.

주민등록표와 전입세대열람 내역

주 민 등 록 표 (초 본) 이 용지는 위조식별 표시가 되어있음.	이 초본은 개인별 주민등록표의 원본내용과 틀림없음을 증명합니다. 용도 및 목적 : 소송사건 2016년 6월 18일 **서울특별시 서초구 서초3동장**	

성명(한자)		주민등록번호	
번호	인 적 사 항 변 경 내 용		
	== 공 란 ==		
	"주민등록번호 정정내역 없음"		
번호	주　　소	전입일 / 변동일 변 동 사 유	세대주및관계 등 록 상 태
1	충청남도 당진군 당진읍 금토리 123	1987-06-30　1987-06-30 전입	

순번	주소	전입일자	최초전입일자
2	충청남도 당진군 당진읍 금토리 123-1	1997-07-04	1991-07-03 전입
3	충청남도 당진군 당진읍 금토리 234-1	1991-10-09	1991-10-09 전입
4	충청남도 당진군 당진읍 금토리 334-1	1992-01-30	1992-01-29 전입
5	충청남도 당진군 당진읍 월화리 13-1	1989-06-30	1989-03-28 전입
6	충청남도 홍성군 홍성읍 수목리 18	1997-02-08	1997-02-08 전입

전입세대열람 내역(동거인포함)

행정기관 : 서울특별시 강북구 인수동
주　　소 : 서울특별시 강북구 인수봉로 ○○길 (일반+지하)
　　　　　서울특별시 강북구 (일반+산) 101호

작업일시 : 2016년 8월 18일 15:03
페 이 지 : 1

순번	세대주 성명	전입일자	등록구분	최초전입자	전입일자	등록구분	동거인 수	동거인사항 순번성명 전입일자 등록구분
1	김○○ 서울특별시 강북구 인수봉로58길 15 101호	2014-09-28	거주자	이○○	2012. 9. 8.	거주자		
2	박○○ 서울특별시 강북구 인수봉로58길 101호	2015-09-19	거주자	박○○	2015. 9. 19.	거주자		

－이하 여백－

※ 도로명주소로 변경되지 않은 주민등록 세대가 물건지에 전입되어 있을 수 있으므로 지번주소로 된 전입세대 열람은 별도로 확인해야 합니다.

03 경매정보사이트

　부동산경매에 대한 기본정보는 우리나라 법원에서 제공하는 법원경매정보 사이트가 기본적으로 공식적인 내용이 나와 있다. 온비드는 한국자산관리공사(캠코)가 전국 공공기관의 다양한 정보를 통합하여 인터넷으로 관리하는 정보사이트이다. 이들 사이트를 바탕으로 부동산 경매(공매)에 대한 좀 더 자세한 정보를 제공하고 있는 지지옥션, 옥션원(구 굿옥션 상호변경) 등과 같은 정보가 중심이 되는 유료사이트와 정보보다는 컨설팅이 중심이 되는 두리옥션, 체스터옥션 등의 무료사이트 등이 운영되고 있다. 그럼 이들 사이트를 중심으로 좀 더 자세히 알아보자.

법원경매정보 · 온비드

법원경매정보(https://www.courtauction.go.kr)는 사이트에는 경매공고, 경매물건, 매각통계, 경매지식, 나의경매 등이 주게시판에 있으며, 빠른물건검색, 용도별물건정보, 다수관심물건, 경매절차 등의 정보를 제공하고 있다. 기본적인 내용은 별도의 가입 없이도 가능하지만, 관심사건 등을 이용하거나 자세히 보려면 회원을 가입해야 한다. 법원경매정보는 법원에서 제공하는 공식사이트이기 때문에 현재 경매 입찰예정자라면 진행되는 과정을 여기서 살펴봐야 한다. 경매가 변경, 중지 등이 되는 절차상의 내용과 문건접수내역, 송달내역 등의 확인되기 때문에 경매 진행과정을 확인해야 한다. 또한 매각통계 게시판에는 연도별, 법원별 등 매각통계 자료가 있기 때문에 데이터를 알고 싶다면 활용해도 좋다. 경매에 대한 기본지식이 없다면 경매절차, 경매용어, 경매서식, 입찰안내, 경매비용 등의 내용이나 주택임대차, 상가임대차, 종합법률정보 등의 내용도 확인이 가능하다. 또한 전국에는 경매를 집행하는 59개 법원이 있는데, 이에 대한 정보와 위치, 장소 등도 나와 있으며, 집행관사무소의 위치와 등기소의 위치도 나와 있다.

온비드(https://www.onbid.co.kr)사이트에는 부동산, 동산/기타자산, 정부재산정보공개, 입찰안내 등이 주게시판에 있으며, 용도별, 지역별 검색과 국유재산, 압류재산, 수탁자산 등의 정보를 제공하고 있다. 온비드는 매수희망자에게 공매정보 조회 및 전자입찰 서비스를 제공하고, 자산처분기관에게 공매물건 홍보 및 인터넷 입찰장 서비스를 제공한다. 사이트의 전자 카탈로그를 통해 다양한 물건정보 조회가 가능하고 각종 통계정보와 입찰에 필요한 부가정보를 확인할 수 있다.

법원경매 정보와 온비드 공매

❖ 경매 유료정보사이트

　　부동산경매정보와 관련하여 유료사이트에는 법원경매정보 사이트에 없는 자료들이 많이 있다. 법원경매정보에는 기본적으로 매각물건명세서, 현황조사서, 감정평가서만 제공해 준다. 이에 반해 유·무료 사이트에서는 등기사항증명서, 토지대장, 건축물대장, 전입세대열람내역 등은 기본적으로 제공해 준다. 여기에 권리분석, 수익률분석, 예상배당표, 낙찰통계분석, 소유권이전비용, 예상인도비용 등의 추가적인 기능이 있는데, 사이트만의 차별화된 정보나 질적 우위에 따라 사이트의 가치를 판단할 수 있다. 유료정보사이트의 경우 대표적으로 지지옥션, 옥션원(구 굿옥션), 부동산태인 등을 둘 수 있다. 기본적인 정보 제공은 유사하지만 사이트 마다 차별화된 전략이 있다. 우선 정보이용 요금은 대표적인 사이트의 경우 1년 전국에 대한 경매정보를 이용하는 비용으로 50만원에서 115만원 정도를 지불해야 한다. 거주용이든 투자용이든 경매를 통해 부동산을 매입한다는 것 자체가 다양한 정보와 사건에 따라 세부적인 정보를 알아내야 한다는 것이다. 특정 부동산만을 매입하기 위해서는 굳이 유료정보사이트를 볼 필요는 없겠지만, 꾸준히 배우고 싶다거나 경매에 대해 자세히 알고 싶다면 유료사이트 가입을 추천하고 싶다. 경매정보 사이트의 1년 이용요금은 다음과 같다. (2020년 6월 30일 기준)

　　o 지지옥션(www.ggi.co.kr) : 전국 1,147,000원 | 수도권 744,000원

　　o 옥션원(www.auction1.co.kr) : 전국 926,000원 | 수도권 523,000원

　　o 부동산 태인(www.taein.co.kr) : 전국 740,000원 | 수도권 300,000원

　　o 스피드옥션(www.soeedauction.co.kr) : 전국 650,000원 | 수도권 360,000원

　　o 탱크옥션(www.tankauction.co.kr) : 전국 650,000원 | 수도권 300,000원

　　지지옥션은 가장 오래된 경매정보 회사로 상당수 정보에 있어 선도하고 있으며, 특수사건에 대한 풀이나 현장탐방 등을 통해 서비스를 업그레이드하고 있다. 옥션원(구 굿옥션)은 많은 회원수를 바탕으로 경매토론방 참여, 상담 등의 활용도가 높다. 부동산태인은 저렴한 비용으로 경매칼럼과 뉴스레터 등에 강점이 있으며, 스피드옥션은 초특급공매서비스, 유체동산경매 등을 추가로 차별화시켰다. 탱크옥션은 트랜드에 맞게 홈페이지를 구축하고 전문강사진을 전면에 배치하였다. 사이트에 대한 평가는 개인마다 차이가 있기 때문에 본인에게 맞는 사이트를 찾아가되, 인터넷 동호회에서 공동으로 쓰는 경우도 많기에 때문에 비교해서 쓰는 게 좋다.

경매 유료정보사이트 정보내역

❖ 무료정보사이트

　무료정보사이트에서도 기본적으로 등기사항증명서, 토지대장, 건축물대장, 전입세대열람내역 등은 제공해 준다. 다만 유료정보사이트와 같이 세분화된 정보는 제한적으로만 제공해 주고 경매와 관련된 컨설팅을 주된 사업으로 하고 있다. 경매에 대한 다양한 지식이 없거나, 특정사건, 특정부동산과 관련된 경매만을 알고 싶다면 컨설팅 업체를 활용하는 것도 방안이다. 최근에는 컨설팅 비용도 저렴해서 무리하게 본인이 입찰하는 것보다 전문가의 조언을 듣거나 위임을 맡기는 게 낳을 수도 있다. 경매컨설팅이란 고객이 의뢰한 경매사건에 대한 권리분석, 현장조사를 비롯하여 다양한 정보를 바탕으로 예상입찰가를 산정하여 직접 입찰까지 참여하고, 낙찰시 점유자에 대한 인도와 소유권이전촉탁, 대출 등의 역할을 해주는 것이다. 컨설팅의 내용은 경매물건의 기본적인 권리분석과 시세조사, 임대차현황 등을 위한 현장조사, 낙찰 이후에 매각불허가신청, 취하, 경락자금 대출과 점유자 인도, 인도명령신청, 강제집행 등을 대행해 주는 역할이다.

　경매컨설팅업체는 일반적으로 인터넷으로 경매정보를 무료로 제공해 주며 회원가입을 유도하고 있으며, 별도로 유료회원을 모집하여 20만원~50만원의 가입비(Vip회원의 경우 100만원~300만원)를 받고 권리분석, 인도상담 등을 해주고 있다. 이와는 별개로 특정 사건과 관련하여 컨설팅을 의뢰하면 아파트, 다세대, 오피스텔, 주상복합 등의 주거용으로 쓰이는 물건에는 감정가의 1%(또는 낙찰가의 1.5%, 최저 200만원), 주거용 외에는 감정가의 2%(또는 낙찰가의 3%, 최저 200만원), 유치권, 법정지상권, NPL 등의 특수물건에는 별도로 협의하여 비용을 받고 있다. 매수대리 신청만 하는 경우, 50만원의 범위(경매법정이 원거리의 경우 30만원 범위 실비 추가) 안에서 비용을 청구한다. 무료정보사이트의 대표적인 업체는 두인경매, 마이옥션, 체스터옥션, 리더스옥션 등이 있다. 두인경매는 강남의 사옥을 바탕으로 다수의 컨설턴트를 배치하여 경매의 모든 업종에 관여하며 다양한 추천물건 소개해 주고 있고, 리더스옥션은 대표가 각종 방송매체에 출연하여 인지도가 높고, 전국의 온라인화상회의를 바탕으로 다수의 투자자들이 소액으로 공동투자하는 모임이 활성화 되어 있다. 마이옥션은 원스톱대행과 나홀로두배수익 등의 차별화된 서비스를 제공하고 있으며, 체스터옥션은 상가, 공장 등의 주거용 외 부동산에도 업계최저수수료(1%)로 다양한 물건을 추천하고 있다.

경매 무료정보사이트 정보내역

04 권리분석 기초

　권리분석을 함에 있어 우선해야 할 일은 말소기준권리를 찾아내어 등기부상 먼저 등기되어 있는 것이 무엇인지를 찾아내는 것이다. 이 말소기준권리보다 먼저 등기부에 등재되어 있는 전세권, 지상권, 선순위 임차인 등의 권리는 인수 대상이 되고, 이 권리가 말소기준권리보다 뒤에 있으면 낙찰로 인하여 말소된다. 선순위 근저당권 등이 없는 주택에 임차인이 입주하고 전입신고를 마치면 그 다음날부터 임차주택이 다른 사람에게 양도되거나 매각되더라도 새로운 소유자에게 임차권을 주장하여 임대기간이 끝날 때까지 거주할 수 있고 또 임대기간이 만료되더라도 임대보증금 전액을 반환받을 때까지는 집을 비워 주지 않을 수 있다. 다만 대항력이 있어도 확정일자를 갖추지 않거나 소액임차인에 해당하지 않는 경우에는 경매절차에 참가하여 보증금을 우선 배당받을 수 없다. 대항요건과 임대차계약서에 확정일자를 갖춘 임차인은 임차주택이 경매되어도 부동산의 환가대금에서 일반채권자에 우선하여 보증금을 변제받을 수 있다. 보증금이 소액인 경우 임차주택이 매각되더라도 임차주택 가액의 1/2 범위 안에서 일정 금액까지 선순위 담보권자보다 우선하여 변제받을 수도 있다.

　예로 9월 1일 임차인 전입, 10월 1일 근저당권 설정된 경우, 임차인은 대항요건을 갖춘 후에 등재된 후순위 저당권에 대항할 수 있기 때문에 후순위저당권의 실행으로 경매매수인에게 임대보증금의 반환을 요구할 수 있다. 이 경우 매수인의 실제 낙찰가격은 법정에서 써넣을 금액에 임대보증금을 더한 금액이다. 다른 예로 9월 1일 근저당권 설정, 10월 1일 임차인이 전입한 경우, 임차인이 대항요건을 갖추기 전에 이미 저당권이 설정되어 임차인은 선순위 저당권의 실행으로 경매매수인에게 임대보증금의 반환을 요구할 수 없고 매각허가에 의해 후순위의 임차권은 대항력을 인정받을 수 없다. 만약 9월 1일 임차인 전입, 9월 1일 근저당 설정된 경우에도 임차인의 대항력은 9월 2일 0시부로 생기기 때문에 매수인이 임차인의 보증금을 인수하지 않아도 된다. 이러한 예처럼 말소기준권리를 찾아 권리상의 인수여부를 찾아내는 것이 권리분석이 기초이다. 여기에 세부적으로 추가적인 인수비용을 검토하고, 권리상의 다툼이나 허위로 전입한 임차인을 찾아내는 일 등의 분석이 필요하다. 이에 권리분석에 필요한 말소기준권리, 대항력, 우선변제권, 최우선변제권에 대해 자세히 살펴보고자 한다.

❖ 말소기준권리

말소기준권리란 매수인이 대금납부를 하면 말소기준등기를 포함한 모든 권리가 소멸되는 것을 뜻하며, 대표적으로 저당권, 근저당권, 압류, 가압류, 담보가등기, 경매기입등기 등의 6가지 권리 중에 가장 빠른 권리가 말소기준권리이다. 추가적으로 집합건물 또는 토지와 건물 전체에 대하여 전세권을 설정한 경우 전세권에 의한 경매를 신청하거나 전세권에 의한 배당요구를 하는 경우 말소기준권리로 인정된다. 등기부상에 나타나는 모든 권리들의 말소와 인수 여부를 판단하는 기준이 되기 때문에, 꼭 하나의 권리는 있다. 부동산경매의 상당수가 근저당권에 의한 임의경매가 많은데, 이때는 순위가 빠른 근저당권이 말소기준권리가 된다. 또한 채무관계에서 사전에 가압류를 걸어 놓고 본안소송에서 승소판결을 받은 경우에는 가압류가 말소기준이 될 것이고, 가압류를 걸지 않았다면 강제경매개시결정등기가 말소기준이 되기 때문에 한 가지의 권리는 정해진다. 다만 임차인과의 관계나 세법과의 관계, 법률 상호간의 다툼으로 인해 배당의 순위가 달라질 수 있고, 권리의 진위여부에 대한 결과 등에 따라 입찰자의 추가적인 비용이 발생하기 때문에 이에 대한 정확한 이해가 필요할 것이다. 이러한 소멸과 인수되는 권리를 파악하는 일을 권리분석이라고 표현하는데, 투자자는 이러한 권리분석을 통해 부동산의 권리관계의 하자가 없는지를 조사하고, 예상 배당액과 추가적인 인수금액을 고려하여 입찰예정기와 수익성을 잘 판단해야 한다.

말소기준권리를 기준으로 가처분, 전세권, 지상권, 소유권이전청구권가등기, 환매등기, 대항력 갖는 임차인, 임차권등기명령 등의 날짜가 빠르면 선순위권리, 날짜가 늦으면 후순위권리로 이해하면 된다. 선순위권리라면 기본적으로 매수인이 인수해야 되는 권리이고, 후순위권리라면 낙찰대금을 납부하면 말소시킬 수 있다. 다만 유치권 등은 말소기준등기와 관계없이 성질상 인수되는 권리이므로 주의가 필요하다. 보통 근저당권은 은행에서 돈을 대출해주면서 부동산을 담보로 저당 잡을 때 설정하게 되며, 가압류는 개인에게 돈을 빌려 주었는데 이를 변제하지 않자 부동산을 임의로 매각하지 못하도록 설정해 놓게 된다. 담보가등기는 근저당권과 담보적 성격은 비슷하지만 적용받는 법률과 집행에 있어서도 차이가 있는데, 예로 근저당권은 별도의 배당요구를 하지 않아도 자동배당이 되지만, 담보가등기권자의 경우 배당요구종기까지 채권계산서를 제출해야 배당이 된다.

❖ 대항력

다음의 경우에는 주택임대차보호법에 의해 보호를 받을 수 있다.

① 동거가족만 전입신고 했거나, 점유보조자가 점유한 경우 → 보호 받는다!
② 상가나 공장의 내부구조를 변경하여 주거로 사용한 경우 → 보호 받는다!
③ 미등기 건물이나 주택 일부의 점포로 개조한 경우 → 보호 받는다!
④ 두 필지 다가구 중 하나의 지번에만 신고한 경우 → 보호 받는다!
⑤ 다가구주택에 층·호수를 기재하지 않고 신고한 경우 → 보호 받는다!
⑥ 임대인의 동의를 얻고 임차권을 양도받은 경우 → 보호 받는다!
⑦ 주택임차인이 외국인인 경우 → 보호 받는다!
⑧ 공무원이 실수한 경우 → 보호 받는다!

동거가족만 전입신고를 한 경우로 임차인 본인과 공동생활을 영위하는 가족만이 주민등록 전입신고를 하여도 주택임대차보호법상의 대항요건인 주민등록을 마친 것으로 본다. 미성년자인 자녀가 있는 경우, 부모가 대신 계약을 하고 자녀 명의로 전입신고를 했다하더라도 점유보조자로 인정받아 점유와 주민등록이라는 대항요건을 갖춘 이상 대항력이 인정받게 된다. 건축물대장상의 용도는 상가나 공장으로 되어 있지만 내부구조를 변경하여 주거로 사용하고 있는 건물에 임차하여 입주와 전입신고를 마쳤다면 주택임대차보호법을 적용 받을 수 있다. 이는 공부상 표시만을 기준으로 하는 것이 아니고 사실상 주거로 사용하는지 여부가 중요하기 때문에 공부상 용도가 상가나 공장으로 되어 있어도 이미 건물의 내부구조 및 형태가 주거용으로 용도 변경되어 사실상 주거로 사용하고 있다면 주택임대차보호법이 적용된다. 옥탑방을 만들었거나 방을 쪼개서 나눈 경우에도 실제로 주거용으로 사용하고 있으면 주택임대차보호법을 적용받을 수 있다. 또한 점포용 건물을 임차인이 임의로 주거용으로 개조한 경우 보호 받을 수 없지만, 임대인의 승낙을 얻어 주거용으로 개조한 경우 법의 적용을 받을 수 있다.

두 필지 위에 축조된 다가구 주택의 경우 주택소재지의 위 양 지번 중 하나만 기재되어 있어도 주택임대차보호법의 보호를 받을 수 있다. 건축법에는 한 채의 건물이 두 필지 이상에 걸쳐 건축된 경우에도 하나의 대지로 보도록 규정하고 있고, 행정관서에서도 주민등록상에 한 필지의 지번만을 기재하고 있으므로 주택의 대지인 여러 필지 중 하나만 기재해도 주민등록은 유효하게 본다. 공동주택이 아닌 다가구용 단독주택의 층·호수는 편의상 구분하여 놓은 데 불과하고 주민등록법 시행령에 기재하도록 규정되어 있지 않기 때문에 임차인이 전입신고를 하면서 주택소재지의 지번만 기재하여도 주택임대차보호법을 적용 받을 수 있다. 외국인인 경우 주택을 임차하여 입주하였으나 주민등록법상의 전입신고를 할 수 없기 때문에 주택소재지를 체류지로 하는 전입신고를 하였다면 임차인으로써 보호 받을 수 있다. 출입국관리법에는 90일을 초과하여 국내에 체류하는 외국인은 체류지를 관할하는 출입국관리사무소에 외국인등록을 해야 하고, 등록을 한 외국인이 체류지를 변경한 때에는 전입한 날부터 14일 이내에 전입신고를 하여야 한다. 주민등록의 확인을 요하는 경우에도 외국인등록증으로 이에 갈음한다고 규정하고 있기 때문에 대항요건인 주민등록을 갖추었다고 볼 수 있다.

임대인의 동의를 얻어 대항력을 갖춘 임차인으로부터 적법하게 임차권을 양도받은 경우 임차인의 주민등록 퇴거 일부터 주민등록법상의 전입신고기간인 14일 이내에 전입신고를 마치고 주택에 입주하였다면 원래의 임치인이 갖고 있던 대항력을 주장할 수 있다. 임차권을 양도받기 전에 근저당권이 설정되었어도 그 실행을 위한 경매절차에서 매수한 자에 대하여 임대보증금을 반환받을 때까지 임차주택을 비워주지 않아도 된다. 주택임차인이 대항요건을 갖춘 후 주택이 양도되면 양수인은 임대인의 지위를 승계하는 것으로 보기 때문이다. 임차인의 착오로 임차주택의 소재지 지번을 잘못 기재하여 주민등록표에 다른 지번이 기재하였다면 주택임대자보호법을 적용받지 못하지만, 임차인이 전입신고를 올바르게 하였는데 담당공무원의 착오로 주민등록표에 지번이 틀리게 등재되었는데, 이를 정정하여 주택임대차보호법의 적용이 가능하다.

다음의 경우에는 주택임대차보호법을 적용받지 못한다.

① 전입 전 근저당권이나 가압류 등기된 경우 → 보호 받을 수 없다!
② 비주거용 일부에 주거한 경우 → 보호 받을 수 없다!
③ 전입신고를 잘못했거나, 동, 호수 표시가 다른 경우 → 보호 받을 수 없다!
④ 동이나 호수 표시를 미기재한 경우 → 보호 받을 수 없다!
⑤ 일시적으로 주민등록 이전한 경우 → 보호 받을 수 없다!
⑥ 주택임차인이 법인인 경우 → 보호 받을 수 없다!

근저당권 설정등기나 가압류 설정등기 전에 점유와 주민등록을 모두 갖추어야만 임차인은 대항력을 취득한다. 만약 가압류등기가 된 집을 임차하여 입주한 후 주민등록을 마쳤는데 가압류권자가 소송에서 승소판결을 받아 임차주택에 관한 경매신청을 하였다면 경매 매수인에게 대항할 수 없다. 말소기준 등기보다 나중에 대항요건을 갖춘다고 하여도 매수인에게 대항할 수 없기 때문이다. 주택과 점포의 구조와 점유면적, 건물의 주된 용도 등을 참작할 때 오히려 비주거용건물의 일부를 주거로 사용하고 있는 경우라고 판단되면 주택임대차보호법이 적용 받을 수 없다. 임대기간 중에 비주거용건물을 주거용으로 내부를 개조하여 거주하고 있다면 원칙적으로 적용을 받을 수 없는데, 주택임대차보호법을 적용받으려면 계약시 임대건물이 주거용으로 사용되어야 하기 때문이다. 임차인이 전입신고를 잘못하여 다른 지번에 주민등록을 한 경우 실제 지번과 일치하지 아니하여 유효한 공시방법을 갖추었다고 볼 수 없어, 주택임대차보호법을 적용 받을 수 없다. 또한 건물의 실제 동이나 호수 표시가 공부와 다른 경우, 예로 임차인이 다세대주택 현관문에 201호라고 표기되어 주민등록전입신고도 201호로 마쳤는데 나중에 건축물대장을 확인해 보았더니, 101호 등재되어 있었다면 주민등록이 공부상의 표시가 불일치하여 대항력을 인정받지 못한다.

　다세대주택을 임차하여 거주하고 있는데 주민등록상에 주택소재지의 지번만 기재되어 있고 동호수 표시는 기재되어 있지 않았다면 주택임대차보호법의 보호를 받을 수 없다. 공동주택의 경우 지번 다음에 공동주택의 명칭과 동·호수를 기재하도록 규정하고 있다. 주택을 임차하여 전입신고까지 마치고 거주하던 중 가족 모두가 주민등록을 다른 곳으로 잠시 이전하였다가 다시 전입 하였는데, 중간에 은행에서 근저당권이 설정되었다면 대항력은 인정되지 않는다. 임대기간 중에 주민등록을 옮기면 그 집에서 계속 거주하고 있었어도 대항력을 잃게 되고, 다시 전입신고를 하더라도 그 때부터 새로운 대항력이 생기는 것이다. 가족의 주민등록은 그대로 둔 채 본인의 주민등록만을 일시적으로 옮겼다면 대항력은 그대로 유지된다. 법인이 사원용 주택의 마련을 위하여 주택을 임차하고 사원을 입주시킨 후 입주한 사원 명의로 주민등록을 마쳤다고 해도 주택임차인으로써 보호받을 수 없다. 주택임대차보호법은 서민의 주거안정을 목적으로 하는데 직원 명의로 주민등록을 마쳤다고 하더라도 실소유자를 법인으로 보기 때문이다.

❖ 우선변제권

　우선변제권이란 임차인이 전입신고를 하고 확정일자를 득한 경우, 채권적 지위에 불과했던 임차권이 물권화 되는 권리로써, 물권과 동등하게 권리효력 발생일의 전후를 따져 경매낙찰대금에서 우선적으로 배당을 받을 수 있다. 주택을 임차하여 주민등록을 마치고 확정일자를 받았다면, 소유자가 주택에 근저당권을 설정하고 대출금을 변제하지 못하여 경매가 진행되더라도 대항력과 우선변제권을 갖추었기에 근저당권보다 우선 권리가 생긴다. 이로 인해 매수인에게 대항하여 보증금의 반환 받을 때까지 주택의 반환을 거부할 수도 있거나, 배당을 요구하여 우선적으로 변제 받을 수도 있다는 것이다. 그러나 주택을 임차하여 전입신고를 마치고 확정일자를 받았으나 임대기간 중에 개인사정으로 임시로 다른 곳으로 주민등록을 이전하였다가 다시 전입신고를 하였다면 처음에 받았던 우선변제권 효력은 없어지고, 전입신고한 날에 다시 우선변제권이 생긴다. 그 사이에 다른 근저당권이 설정되었다면 임차인의 순위는 밀리게 된다. 경매가 진행되어 배당요구를 한 후 배당요구종기 전에 다른 이유로 다른 곳으로 주민등록을 이전할 때에도 우선변제권의 효력은 사라지고, 대항력도 없게 된다. 주택임대차보호법상으로 우선변제를 받기 위해서는 배당요구종기까지 점유하고 있어야 한다.

　대항력은 경매 매수인에게 보증금을 받을 때까지 버틸 수 있는 힘이고, 우선변제권은 다른 채권자보다 배당금에 관해 돈을 먼저 받을 수 있는 권리이다. 대항력은 전입신고를 하고 다음날 0시 부로 생기기 때문에, 전입신고와 확정일자를 동시에 받았는데, 그 날 은행에서도 근저당권을 설정했다면 임차인은 대항력도 없게 되고 우선변제권의 순위도 밀리게 된다. 전입신고는 오늘하고 확정일자는 다음날 받았는데, 다음날 은행에서 근저당권을 설정했다면 이때는 보증금액과 근저당권의 금액에 따라 안분하여 배당받게 된다. 확정일자란 그 날짜 현재 그 문서가 존재하고 있었다는 사실을 증명하기 위하여 임대차계약서의 여백에 번호를 기입하고 확정일자인을 찍어 주는 것이다. 임대차계약서에 주민센터 등에서 확정일자인을 찍어 주는데, 임대인의 동의 없이 계약서 원본만 제시하면 된다. 확정일자를 받은 계약서를 분실하였다면 현재 시점에서 다시 받아야 하는데, 우선변제권도 밀리게 된다. 업무처리지침에 의해 단순히 계약서에 확정일자를 찍어 주는 것에 불과해 분실의 책임은 본인에게 있기 때문에 잘 보관해야 한다.

온라인 확정일자 신청 및 부여 절차

온라인 확정일자 신청 및 부여 서비스

- 국민의 재산권 강화와 주거생활의 안정을 도모하기 위하여 확정일자 부여기관을 직접 방문하지 않고, 인터넷을 통해 신속하고 간편하게 주택임대차계약증서에 대한 확정일자를 부여받을 수 있는 온라인 확정일자 부여신청 및 발급서비스(이하 "온라인 확정일자 서비스")를 2015. 9. 14.부터 제공

- 온라인 확정일자 서비스를 이용하면 공휴일 포함 24시간 부여신청이 가능. 단, 18:00 이후나 공휴일 접수건은 다음 근무일 부여

- 인터넷등기소를 이용한 온라인 확정일자 서비스는 주택임대차계약증서를 대상으로 함.
  상가임대차계약증서와 일반 사문서는 온라인 신청을 불가

- 확정일자 부여등기소를 이용한 온라인 확정일자 서비스는 전자이미지가 표시된 주택임대차 계약증서를 출력하여 보관할 수 있고, 계약당사자(임대인, 임차인)의 경우 추후 온라인 확정일자 서비스를 통하여 인터넷등기소에 보관괸 계약증서 추가 발급이 가능

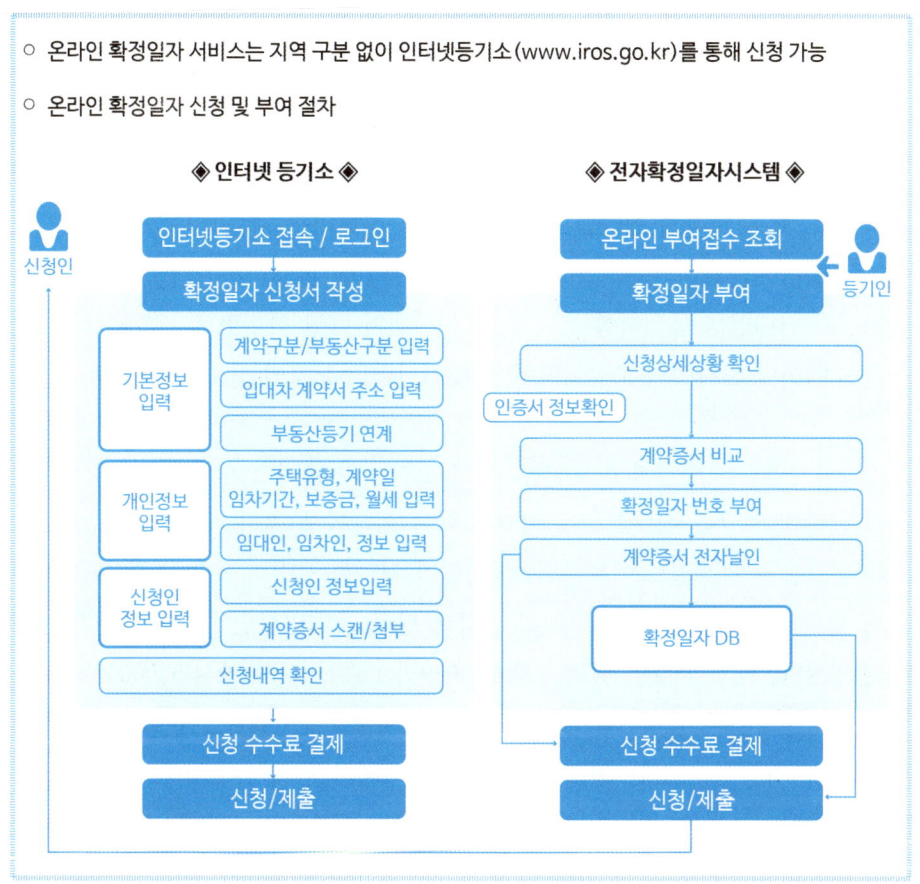

❖ 최우선변제권

    소액임차인이 경매절차에서 최우선변제를 받으려면 경매개시결정등기 전에 전입신고가 되어야 하고, 배당요구종기 전에 배당요구를 신청해야 한다. 이때 임대차계약서 사본, 주민등록등본을 제출해야 하고, 연체된 차임이 있으면 이를 공제하고 보증금 잔액과 관련한 계산서를 첨부해야 한다. 소액임차인이라도 할지라도 배당금이 적은 경우 소액보증금 중 매각대금의 1/2의 범위 내에서만 배당을 받을 수 있다. 만약 소액임차인이 여러 명이 있는 경우 금액을 안분해서 배당받게 된다. 근로기준법 제37조에 의한 임금채권과 같은 순위로 배당을 받게 되는데, 소액임차인과 경합되어도 매각대금의 1/2 범위 안에서만 배당받는다. 다른 예로 최초 임대차계약을 맺었을 때는 보증금이 최우선변제 상한액을 넘었지만 계약 갱신과정에서 보증금의 일부를 돌려받고 월세로 전환하였다고 하더라도, 경매개시결정등기 전이라면 우선변제권을 행사할 수 있다. 원룸에 임차인 두 명이 같이 사는 경우 각각의 계약을 맺어 살고 있다 하더라도, 한 명의 임차인으로 보아 보증금을 합산한 금액을 기준으로 소액임차인에 해당하는지 판단한다. 또한 임차인이 임대인의 동의하에 전대차 계약을 맺어 다고 하더라도, 전차인의 보증금은 소액이나 임차인의 보증금이 소액이 아니라면 보호받을 수 없게 된다.

소액임차인의 보증금과 최우선변제금액 표에서와 같이 소재지역과 기준시기에 따라 배당액이 달라지는데, 기준시기에 대한 이해를 분명히 해야 한다. 기준 시기는 담보물권 설정일로 이해하되, 임차인이 계약한 시점이 중요한 게 아니라 최초로 설정된 담보물권(예:근저당권)의 일자에 따라 소액임차인에 해당되는지 여부가 결정된다. 예로 서울에 있는 주택에 2009년 1월 1일 은행에서 5,000만원의 근저당권이 설정되어 있었는데 임차인이 2016년 6월 1일 7,000만원에 임차했다 하더라도, 임차인이 전입한 2016년 6월 1일을 기준으로 서울의 보증금상한액인 1억원을 판단하는 것이 아니라, 은행에서 설정한 근저당권의 2009년 1월 1일을 기준으로 6,000만원을 초과하였기 때문에 소액임차인에 해당되지 않는다. 소액임차인이라도 매수인이 인도를 청구하는 경우에는 집을 비워 주어야 한다. 임차인이 배당금을 수령하기 위해서는 임차주택을 인도 받았다는 매수인의 인감이 찍힌 인도확인서를 법원에 제출해야 하기 때문이다. 다만 소액임차인이라도 대항력이 있다면 보증금 전액을 반환받을 때까지 비워주지 않아도 된다.

소액임차인의 보증금과 최우선변제금액 변천사

담보물권설정일	지역	보증금 범위	최우선변제액
생략 :	생략 :	생략 :	생략 :
1990.02.19.~ 1995.10.18.	① 특별시, 광역시, 군지역 제외	2,000만원 이하	700만원까지
	② 그 밖의 지역	1,500만원 이하	500만원까지
1995.10.19.~ 2001.09.14.	① 특별시, 광역시, 군지역 제외	3,000만원 이하	1,200만원까지
	② 그 밖의 지역	2,000만원 이하	800만원까지
2001.09.15.~ 2008.08.20.	① 수도권 과밀억제권역	4,000만원 이하	1,600만원까지
	② 광역시(인천광역시, 군지역 제외)	3,500만원 이하	1,400만원까지
	③ 그 밖의 지역	3,000만원 이하	1,200만원까지
2008.08.21.~ 2010.07.25.	① 수도권 과밀억제권역	6,000만원 이하	2,000만원까지
	② 광역시(인천광역시, 군지역 제외)	5,000만원 이하	1,700만원까지
	③ 그 밖의 지역	4,000만원 이하	1,400만원까지
2010.07.26.~ 2013.12.31.	① 서울특별시	7,500만원 이하	2,500만원까지
	② 수도권 과밀억제권역(서울시 제외)	6,500만원 이하	2,200만원까지
	③ 광역시(과밀억제권역, 군지역은 제외), 안산시, 용인시, 김포시, 광주시(경기)	5,500만원 이하	1,900만원까지
	④ 그 밖의 지역	4,000만원 이하	1,400만원까지
2014.01.01.~ 2016.03.30.	① 서울특별시	9,500만원 이하	3,200만원까지
	② 수도권 과밀억제권역(서울시 제외)	8,000만원 이하	2,700만원까지
	③ 광역시(과밀억제권역, 군지역은 제외), 안산시, 용인시, 김포시, 광주시(경기)	6,000만원 이하	2,000만원까지
	④ 그 밖의 지역	4,500만원 이하	1,500만원까지
2016.03.31.~ 2018.09.17.	① 서울특별시	1억원 이하	3,400만원까지
	② 수도권 과밀억제권역(서울시 제외)	8,000만원 이하	2,700만원까지
	③ 광역시(과밀억제권역, 군지역은 제외), 세종, 안산시, 용인시, 김포시, 광주시(경기)	6,000만원 이하	2,000만원까지
	④ 그 밖의 지역	5,000만원 이하	1,700만원까지
2018.09.18.~ 2021.05.10.	① 서울특별시	1억1,000만원 이하	3,700만원까지
	② 수도권 과밀억제권역(서울시 제외), 세종시, 용인시, 화성시	1억원 이하	3,400만원까지
	③ 광역시(과밀억제권역, 군지역은 제외), 안산시, 김포시, 광주시(경기), 파주시	6,000만원 이하	2,000만원까지
	④ 그 밖의 지역	5,000만원 이하	1,700만원까지
2021.05.11.~ 2023.02.20.	① 서울특별시	1억5,000만원 이하	5,000만원까지
	② 수도권 과밀억제권역(서울시 제외), 세종시, 용인시, 화성시	1억3,000만원 이하	4,300만원까지
	③ 광역시(과밀억제권역, 군지역은 제외), 안산시, 김포시, 광주시(경기), 파주시	7,000만원 이하	2,300만원까지
	④ 그 밖의 지역	6,000만원 이하	2,000만원까지
2023.02.21.~ 현재	① 서울특별시	1억6,500만원 이하	5,500만원까지
	② 수도권과밀억제권역(서울시 제외) 세종시, 용인시, 화성시, 김포시	1억4,500만원 이하	4,800만원까지
	③ 광억시(과밀억제권역, 군지역 제외), 안산시, 광주시, 파주시, 이천시, 평택시	8,500만원 이하	2,800만원까지
	④ 그 밖의 지역	7,500만원 이하	2,500만원까지

〈법 개정 전에 설정된 담보물권과 법 개정 후 소액임차인〉
소액임차인의 보증금 범위와 최우선변제금은 계속적으로 개정되어 왔다. 이때 개정된 법률은 존속 중인 임대차계약에도 적용하되, 개정법령 시행 전 존재하는 담보물권이 있는 경우 종전의 규정에 따르도록 부칙에 규정함으로써 기존 담보물권자의 재산권 침해를 보호하고 있다.

05 기본적인 권리분석과 채권 상호 간에 배당 방법

❖ 기본적으로 권리를 분석하는 방법

권리분석을 한다는 것은 기본적으로 권리분석에 필요한 법에 대한 기본적인 지식이 필요하며, 대항력과 우선변제권, 최우선변제권에 필요한 전입일자, 확정일자, 배당요구종기 등의 의미를 이해하여 법원에서 작성하는 배당표를 어느 정도 예상하여 인수해야 하는 권리와 추가적으로 책임져야 하는 비용이 얼마인지를 따져 보는 일이라 할 수 있다. 이에 여기서는 각 상황별로 권리분석에 필요한 기초적인 부분을 예시로 들어 배당이 어떻게 되는지, 인수해야 되는 권리와 금액은 무엇인지 등을 알아보고자 한다.

기본적으로 대항력의 발생요건은 주택의 인도와 전입신고를 한다면 다음날 0시에 생긴다는 것으로 임차주택 양도, 후순위 권리자 경매 등 소유권 변동시 존속기간 보장 및 보증금을 보호받는 권리를 말한다. 또한 우선변제권이란 경매나 공매시 후순위 권리보다 먼저 임차보증금을 변제 받을 수 있는 권리로써 요건은 대항력 요건을 갖추고 확정일자를 받으면 둘 중 늦은 날에 생기는 것으로 이는 채권의 물권화로 이해하면 좋다. 최우선변제권은 소액보증금 일정액은 선순위 권리자보다 우선하여 변제 받는 권리로써 요건은 보증금이 소액이고 첫 경매개시결정 등기 전 대항력요건을 구비하여 배당요구 종기까지 배당요구를 해야 되는 것이다. 말소기준권리는 저당권, 근저당권, 압류, 가압류, 담보가등기, 경매기입등기 중 가장 선순위에 올라 있는 등기로써 매수인이 대금납부를 하면 말소기준등기를 포함한 모든 권리가 소멸되는 것을 말하는 것이다.

배당의 기본적인 원칙은 시간순서가 빠르면 우선적으로 배당을 받게 된다. 다만 저당권, 근저당권, 확정일자 임차인 등의 물권은 전액배당(흡수배당)을 받게 된다. 그러나 가압류, 압류 등의 채권은 시간이 빨라도 전체 채권금액에 따라 안분배당 받게 된다. 배당의 순서는 말소기준권리를 중심으로 이보다 앞서서 배당받는 권리가 있다. 대표적으로 경매비용, 소액임차인, 임금채권자, 당해세, 법정일자가 빠른 조세채권 등이 있다. 이러한 권리는 대부분 사건에서 배당에서 차지 비중이 크지 않지만 경우에 따라서는 배당의 큰 영향을 미칠 수도 있기 때문에 각별한 주의가 필요하다.

그 밖에 특수한 경우로 대지권미등기, 대지권없음, 토지별도등기, 선순위지상권, 선순위전세권, 선순위가처분, 종전경매 임차인, 전세권, 대위변제, 유치권, 법정지상권 등의 권리가 있는 경우 관련법과 판례 등을 기초로 다양하게 분석해야 경매 입찰에 따른 손해를 보지 않게 된다.

그럼 이제 여러 예로 배당의 순위를 알아보자!

(1) 등기부 을구에 등기된 담보물권 상호간의 우선순위

권리자	권리일자	권리내용	비 고
갑	1월 1일	근저당권 1억원	
을	1월 2일	근저당권 2억원	
병	1월 3일	근저당권 3억원	

〈배당액 2억원(경매기입등기일 3월 2일)일 때 배당순위〉

1순위 갑 근저당권(물권) 1억원

2순위 을 근저당권(물권) 1억원

3순위 병 근저당권(물권) 0원

※ 근저당권은 물권으로 우선변제권이 있다. 시간순서에 따라 배당받는다.

(2) 등기부 갑구에 등기된 채권 상호간의 우선순위

권리자	권리일자	권리내용	비 고
갑	1월 1일	가압류 1억원	
을	1월 2일	가압류 2억원	
병	1월 3일	가압류 3억원	
정	1월 4일	가압류 4억원	

〈배당액 5억원(경매기입등기일 3월 2일)일 때 배당순위〉

1순위 갑 가압류(채권) 5천만원   1순위 을 가압류(채권) 1억원

1순위 병 가압류(채권) 1억5천만원   1순위 정 가압류(채권) 2억원

※ 가압류는 일반채권으로 우선변제권이 없다. 시간순서에 상관없이 동순위로 채권액에 따라 배당 받게 된다.

(3) 등기부 갑구와 을구에 등기된 채권 상호간의 우선순위

권리자	권리일자	권리내용	비 고
갑	1월 1일	근저당권 1억원	
을	1월 2일	가압류 1억원	
병	1월 3일	근저당권 1억원	

〈배당액 2억원(경매기입등기일 3월 2일)일 때 배당순위〉

1순위 갑 근저당권(물권) 1억원

2순위 을 가압류(채권) 5천만원 (남은 배당액×채권액/총채권액 = 1억원×1억원/2억원)

2순위 병 근저당권(물권) 5천만원 (남은 배당액×채권액/총채권액 = 1억원×1억원/2억원)

※ 을과 병은 배당잔여금을 가지고 동순위로 안분배당한다.

(4) 배당액 5억원(경매등기일 3월 2일)

권리자	권리일자	권리내용	비 고
갑	1월 1일	근저당권 1억원	
을	1월 2일	전세권 1억원	
병	1월 3일	가압류 2억원	
정	1월 4일	가압류 4억원	

〈배당순위〉

1순위 갑 근저당권(물권) 1억원   2순위 을 전세권(물권) 1억원

3순위 병 가압류(채권) 1억원 (남은 배당액×채권액/총채권액 = 3억원×2억원/6억원)

3순위 정 가압류(채권) 2억원 (남은 배당액×채권액/총채권액 = 3억원×4억원/6억원)

※ 병과 정은 배당잔여금을 가지고 동순위로 안분배당한다.

(5) 배당액 3억원(경매등기일 3월 2일)

권리자	권리일자	권리내용	비 고
갑	1월 1일	가압류 3억원	
을	1월 2일	근저당권 3억원	
병	1월 3일	가압류 3억원	

〈배당순위〉

1순위 갑 가압류(채권) 1억원 (3억원×3억원/9억원)

1순위 을 근저당권(물권) 2억원   1순위 병 가압류(채권) 0원
※ 갑=을이고, 갑=병인 관계로 1차로 안분배당하고 2차로 을이 후순위 병을 흡수한다.

(6) 배당액 4억원(경매등기일 3월 2일)

권리자	권리일자	권리내용	비 고
갑	1월 1일	전세권 1억원	
을	1월 2일	담보가등기 1억원	배당 요구
병	1월 3일	가압류 2억원	
정	1월 4일	가압류 4억원	
무	1월 5일	근저당권 4억원	

〈배당순위〉

1순위 갑 전세권(물권) 1억원   2순위 을 담보가등기 1억원

3순위 병 가압류(채권) 4천만원 (남은 배당액×채권액/총채권액 = 2억원×2억원/10억원)

3순위 정 가압류(채권) 8천만원 (남은 배당액×채권액/총채권액 = 2억원×4억원/10억원)

3순위 무 근저당권(물권) 8천만원 (남은 배당액×채권액/총채권액 = 2억원×4억원/10억원)

❖ 이제 근저당권, 가압류 등의 권리에 임차인이 있는 경우를 보자!

(1) **배당액 2억원**(경매등기일 3월 2일) 권리일자 연도는 2022년이고, 경매배당 기일은 2022년 12월 20일)

권리자	권리일자	권리내용	전입일자	확정일자	배당요구
갑	1월 1일	근저당권 1억원			
A		임차인 1억원	1월2일	1월2일	○
을	1월 3일	가압류 1억원			

〈배당순위〉

1순위 A 임차인 5,000만원(최우선변제금), 2순위 갑 근저당권 1억원

3순위 A 임차인 5,000만원   ※ 임차인은 대항력은 없지만, 우선변제권(확정일자)이 인정되므로 순위에 따라 배당이 가능하다.

4순위 을 가압류(채권) 0원

(2) 배당액 2억원(경매등기일 3월 2일) 권리일자 연도는 2020년이고, 경매배당 기일은 2020년 12월 20일)

권리자	권리일자	권리내용	전입일자	확정일자	배당요구
갑	1월 1일	근저당권 1억원			
A		임차인 1억원	1월 2일	1월 4일	○
을	1월 3일	가압류 1억원			

〈배당순위〉

1순위 A 임차인 3,700만원(최우선변제금), 2순위 갑 근저당권 1억원

3순위 을 가압류 38,650,307원, 3순위 A 임차인 확정일자 24,349,693원

※ A임차인은 확정일자가 늦어 우선변제권도 밀리게 되므로 가압류와 안분배당 받게 된다.

(3) 배당액 2억원 (경매등기일 1월 2일) (권리일자 연도는 2017년)

권리자	권리일자	권리내용	전입일자	확정일자	배당요구
갑	1월 1일	근저당권 1억원			
A		임차인 1억원	1월 3일	1월 3일	○
을	1월 3일	가압류 1억원			

〈배당순위〉

1순위 갑 근저당권 1억원, 2순위 ① 을 가압류 5,000만원+② A 확정일자 5,000만원

※ 후순위임차인으로써 경매등기 전에 대항력이 없기 때문에 최우선변제금을 배당 받지 못하고, 확정일자부 우선변제권만 있으므로, 선순위 가압류(1월3일)와 후순위 확정일자(1월4일오전 0시)로 동순위로 안분 배당받는다.

(4) 배당액 2억원 (경매등기일 3월 2일) (권리일자 연도는 2017년)

권리자	권리일자	권리내용	전입일자	확정일자	배당요구
A		임차인 1억원	1월1일	1월1일	×
갑	1월 2일	근저당권 1억원			
을	1월 3일	가압류 1억원			

〈배당순위〉

1순위 갑 근저당권 1억원, 1순위 을 가압류 1억원

※ 임차인은 선순위임차인으로 배당요구를 하면 최우선변제금과 확정일자부 우선변제금으로 1순위로 전액 배당 받게 되므로 매수인(=낙찰자)이 인수할 금액이 없지만, 선순위 임차인이 배당요구를 하지 않고 대항력을 주장해서 매수인이 1억원을 인수해야 한다.

(5) **배당액 2억원** (경매등기일 3월 2일) (권리일자 연도는 2017년)

권리자	권리일자	권리내용	전입일자	확정일자	배당요구
A		임차인 2억원	1월1일	1월2일	○
갑	1월 2일	근저당권 2억원			
을	1월 3일	가압류 2억원			

〈배당순위〉

1순위 A 임차인 1억원, 1순위 갑 근저당권 1억원, 2순위 을 가압류 0원

- ※ A 임차인의 대항력은 1월 2일 0시에 생긴다. 0시의 의미는 갑 근저당권의 권리보다는 앞선다는 의미이다. ("대항력이 있다"는 의미)
- ※ 확정일자는 대항력이 있어야 가능하고, 확정일자를 신고하면 즉시 생기나 이를 별도의 순위를 매길 수 없기 때문에 동일한 날에 다른 권리가 있다면 이는 금액에 따른 안분배당을 하게 된다. 즉 A 임차인은 보증금 2억원 전액을 받을 수 없고, 갑 근저당권 2억원과 안분하여 1억원씩 나눠 배당받게 된다.
- ※ A 임차인은 대항력이 있기 때문에, 배당을 받지 못하는 1억원은 매수인이 부담해야 한다.

(6) **배당액 2억원** (경매등기일 3월 2일) (권리일자 연도는 2017년)

권리자	권리일자	권리내용	전입일자	확정일자	배당요구
A		임차인 2억원	1월2일	1월1일	○
갑	1월 2일	근저당권 2억원			
을	1월 3일	가압류 2억원			

〈배당순위〉

1순위 갑 근저당권 2억원, 2순위 A 임차인 0원, 3순위 을 가압류 0원

- ※ A 임차인의 대항력은 1월 3일 0시에 생긴다. 이는 대항력이 없다는 것이다.
- ※ A 임차인이 확정일자를 미리 받아도 대항력이 없으면 의미가 없다. 우선변제권도 대항력이 생기는 1월 3일 0시에 생기기 때문이다.
- ※ 매수인의 입장에서 보면 인수할 금액이 없는 것이다.

(7) **배당액 2억원**(경매등기일 3월 2일) (권리일자 연도는 2017년)

권리자	권리일자	권리내용	전입일자	확정일자	배당요구
A		임차인 2억원	1월1일	-	○
갑	1월 2일	근저당권 2억원			
을	1월 3일	가압류 2억원			

〈배당순위〉

1순위 갑 근저당권 2억원, 2순위 을 가압류 0원

※ A 임차인의 대항력은 1월 2일 0시에 생긴다. 이는 대항력이 있다는 것이다.
※ 그러나 A 임차인이 확정일자를 받아두지 않았기 때문에 배당요구를 했다고 하더라도 우선변제권이 없으므로 배당 받을 수 없다.
※ 매수인의 입장에서 보면 임차인이 대항력이 있어서 보증금 미배당금 2억원을 인수해야 한다.
※ 임차인의 보증금이 소액이면 확정일자가 없어도 최우선변제는 받을 수 있다.

(8) 배당액 2억원(경매등기일 3월 2일) 권리일자 연도는 2017년이고, 경매 배당기일은 2018년 5월 20일)

권리자	권리일자	권리내용	전입일자	확정일자	배당요구
A		임차인 1억원	1월1일	1월1일	×
갑	1월 2일	근저당권 1억원			
B		임차인 1억원	1월2일	1월2일	○
을	1월 3일	가압류 1억원			

〈배당순위〉

1순위 B 임차인이 최우선변제금 3,400만원, 2순위 갑 근저당권 1억원,

3순위 B 임차인 6,600만원, 4순위 을 가압류 0원

※ A 임차인의 대항력은 1월 2일 0시에 생긴다. 배당요구는 하지 않았다.
※ 말소기준권리는 1월 2일에 설정된 갑 근저당권으로, B 임차인은 후순위권리자로써 대항력을 주장할 수 없다. 그러나 확정일자에 의한 우선변제권은 인정(1월3일 0시)되고 배당요구를 했으므로, 1순위 최우선변제금과 3순위 확정일자부 우선변제금으로 1억원을 배당 받게 된다.
※ 매수인의 입장에서는 A 임차인의 보증금 1억원을 인수해야 한다.

❖ 끝으로 근저당권 등의 권리와 임차인, 소액임차인이 있는 경우를 보자!

서울의 경우 시행일자를 기준으로 소액임차인의 보증금 범위와 최우선변제액은

2010년 7월 25일 이전 : 보증금 6,000만원, 최우선변제 2,000만원

2010년 7월 26일 이후 : 보증금 7,500만원, 최우선변제 2,500만원

2014년 1월 1일 이후 : 보증금 9,500만원, 최우선변제 3,200만원

2016년 3월 31일 이후 : 보증금 10,000만원, 최우선변제 3,400만원

2018년 9월 18일 이후 : 보증금 11,000만원, 최우선변제 3,700만원

2021년 5월 11일 이후 : 보증금 15,000만원, 최우선변제 5,000만원

2023년 2월 21일 이후 : 보증금 16,500만원, 최우선변제 5,500만원

※ 시행일자 기준일은 근저당권과 같은 담보물권의 권리일자가 대표적이다.
※ 지방은 보증금과 변제액이 작음, 2010년 7월 이전 금액도 세분화 되어 있음.
※ PART1-Chapter3(경매개시결정) 소액임차인의 보증금 119쪽 참조.

(1) 배당액 2억원 (지역 서울) (경매등기일 15년9월7일)

권리자	권리일자	권리내용	전입일자	확정일자	배당
갑	11년1월1일	근저당권 2억원			
A		임차인 8,000만원	11년1월11일	11년1월12일	○
을	11년2월11일	가압류 1억원			

1순위 갑 근저당권 2억원, 2순위 A 임차인 0원(대항력 없음), 3순위 을 가압류 0원

※ 갑 근저당권 권리일자가 11년1월1일이므로 보증금 7,500만원을 초과하므로 소액임차인에 의한 최우선변제금을 받을 수 없다.

(2) 배당액 2억원 (지역 서울) (경매등기일 15년9월7일)

권리자	권리일자	권리내용	전입일자	확정일자	배당
A		임차인 7,000만원	11년1월11일	11년1월12일	○
갑	11년2월1일	근저당권 1억원			
B		임차인 7,000만원	11년3월11일	11년3월12일	○
을	11년4월11일	가압류 1억원			

1순위 A 임차인 2,500만원, B 임차인 : 2,500만원 최우선변제 합 5,000만원
2순위 A 임차인 4,500만원(7,000만원-2,500만원), 3순위 갑 근저당권 1억원
4순위 B 임차인 500만원(나머지 배당액)

※ B임차인은 대항력이 없으므로, 매수인의 인수액은 없다.

(3) 배당액 2억원(지역 서울) (경매등기일 15년9월7일)

권리자	권리일자	권리내용	전입일자	확정일자	배당
A		임차인 8,000만원	11년1월11일	11년1월12일	○
갑	11년2월1일	근저당권 1억원			
B		임차인 7,000만원	11년3월11일	11년3월12일	○
C		임차인 3,000만원	11년4월11일	11년4월12일	○

1순위 B 임차인 2,500만원, C 임차인 : 2,500만원 최우선변제 합 5,000만원
(A 임차인은 7,500만원을 초과하므로 최우선변제를 받을 수 없음)
2순위 A 임차인 8,000만원, 3순위 갑 근저당권 7,000원(나머지 배당액)

※ B, C 임차인은 대항력이 없으므로, 매수인의 인수액은 없다.

(4) 배당액 2억원(지역 서울) (경매등기일 15년9월7일)

권리자	권리일자	권리내용	전입일자	확정일자	배당
A		임차인 8,000만원	11년1월11일	11년2월12일	○
갑	11년2월1일	근저당권 1억원			
B		임차인 3,000만원	11년3월11일	11년3월12일	○
C		임차인 3,000만원	11년4월11일	11년4월12일	○

1순위 B 임차인 2,500만원, C 임차인 : 2,500만원 최우선변제 합 5,000만원
(A 임차인은 7,500만원을 초과하므로 최우선변제를 받을 수 없음)

2순위 갑 근저당권 1억원, 3순위 A 임차인 5,000만원(나머지 배당액)

※ A 임차인은 확정일자가 근저당권자보다 늦기 때문에 순위가 밀리게 된다. 그러나 대항력이 있으므로, 미배당액 3,000만원은 매수인이 인수해야 한다.

(5) 배당액 2억원 (지역 서울) (경매등기일 15년9월7일)

권리자	권리일자	권리내용	전입일자	확정일자	배당
A		임차인 8,000만원	11년1월11일	11년2월12일	×
갑	11년2월1일	근저당권 1억원			
B		임차인 3,000만원	11년3월11일	11년3월12일	○

1순위 B 임차인(소액) 2,500만원, 2순위 갑 근저당권 1억원,

3순위 B 임차인 500만원

※ 잉여금은 소유자에게 귀속된다. (매수인은 A 임차인 8,000만원 보증금 인수)

(6) 배당액 2억원 (지역 서울) (경매등기일 15년9월7일)

권리자	권리일자	권리내용	전입일자	확정일자	배당
갑	12년2월1일	가압류 1억원			
을	14년2월2일	근저당권 1억원			
A		임차인 8,000만원	14년1월11일	14년1월12일	○

1순위 A 임차인(소액) 3,200만원, 2순위로 나머지 배당금을 가지고 갑 가압류와 을 근저당, A 임차인이 동순위로 1차 안분배당하고, 2차로 을 근저당이 A 임차인의 1차 안분액을 흡수하는 절차를 진행하면 된다.

※ 가압류는 최우선변제의 기준권리에 해당되지 않으므로, 14년 2월 2일 설정한 근저당권이 최우선변제의 기준권리가 된다. (매수인은 별도로 인수할 금액은 없다)

(7) 배당액 2억원(지역 서울) (경매등기일 15년9월7일)

권리자	권리일자	권리내용	전입일자	확정일자	배당
A		임차인 7,000만원	14년2월1일	14년2월1일	○
갑	14년2월2일	근저당권 1억원			
B		임차인 6,000만원	14년2월2일	14년2월2일	○
C		임차인 5,000만원	14년2월3일	14년2월3일	○
D		임차인 4,000만원	14년2월4일	×	○

〈배당순위〉 말소기준권리 : 갑 근저당권(대항력은 전입일 다음날 0시에 발생)

1순위로 A, B, C, D 임차인 각 3,200만원 최우선변제 합 12,800만원인데, 소액임차인의 최우선변제는 배당액의 1/2을 초과할 수 없으므로 A, B, C, D 임차인 각 2,500만원 최우선변제 합 10,000만원 만 배당받게 된다.

2순위 A 임차인 4,500만원(7,000만원-2,500만원), 3순위 갑 근저당권 5,500만원

(8) 배당액 2억원(지역 서울) (경매등기일 15년9월7일)

권리자	권리일자	권리내용	전입일자	확정일자	배당
A		임차인 7,000만원	14년2월1일	14년2월2일	○
갑	14년2월2일	근저당권 1억원			
B		임차인 6,000만원	14년2월2일	14년2월2일	○
C		임차인 5,000만원	14년2월3일	14년2월3일	○
D		임차인 4,000만원	14년2월4일	×	○

〈배당순위〉 말소기준권리 : 갑 근저당권(우선변제권은 확정일자 신고시 발생)

1순위 A, B, C, D 임차인 각 2,500만원 합 10,000만원

(주택가액의 1/2만 배당 가능해서 남은 배당액 : 10,000만원)

2순위 A 임차인 우선변제권 = 갑 근저당권 (동일 순위) 4,500만원 VS 1억원,
- A 임차인 = 10,000만원×4,500만원/14,500만원 ≒ 3,103만원
- 갑 근저당권 = 10,000만원×10,000만원/14,500만원 = 6,897만원

※ A 임차인은 2,500만원 + 3,103만원 = 5,603만원을 배당받게 된다. 배당 받지 못한 1,397만원은 대항력이 있으므로, 매수인이 인수해야 한다.

(9) 배당액 4억원(지역 서울) (경매등기일 15년9월7일)

권리자	권리일자	권리내용	전입일자	확정일자	배당
갑	13년12월2일	근저당권 1억원			
을	14년2월12일	근저당권 1억원			
A		임차인 7,000만원	14년3월2일	14년3월2일	○
B		임차인 6,000만원	14년4월2일	×	○
C		임차인 7,000만원	14년5월3일	14년5월3일	○
D		임차인 4,000만원	14년6월4일	×	○

〈배당순위〉 말소기준권리 : 갑 근저당권(13년12월2일)

1순위 A, B, C, D 임차인 각 2,500만원 합 10,000만원(남은 배당액 : 30,000만원)

2순위 갑 근저당권 = 10,000만원(남은 배당액 : 20,000만원)

※ 갑 근저당권이 전액 배당받게 되어, 최우선변제기준일 14년2월12일로 적용

3순위 A, B, C, D 임차인 각 700만원 합 2,800만원(남은 배당액 : 17,200만원)

4순위 을 근저당권 = 10,000만원(남은 배당액 : 7,200만원)

5순위 A 임차인 = 3,800만원(확정일자부 우선변제금) (남은 배당액 : 3,400만원)

6순위 C 임차인 = 3,400만원(확정일자부 우선변제금) (400만원 미배당)

(10) 배당액 4억원(지역 서울) (경매등기일 15년9월7일)

권리자	권리일자	권리내용	전입일자	확정일자	배당
A		임차인 7,000만원	13년11월2일	×	○
갑	13년12월2일	근저당권 1억원			
B		임차인 1억원	14년4월2일	14년4월2일	○
을	14년2월12일	근저당권 1억원			
C		임차인 7,000만원	14년5월3일	14년5월3일	○
[법원]	15년9월7일	경매등기 1억원			
D		임차인 4,000만원	15년9월9일	×	○

〈배당순위〉 말소기준권리 : 갑 근저당권(13년12월2일)

1순위 A, C 임차인 각 2,500만원(최우선변제 기준일 13년12월2일 적용)

2순위 갑 근저당권 = 10,000만원(우선변제권으로 인해 전액 배당)

3순위 A, C 임차인 각 700만원 추가 배당 (최우선변제 기준일 14년2월12일 적용)

4순위 B 임차인 = 10,000만원(확정일자부 우선변제권으로 인해 전액 배당)

5순위 을 근저당권 = 10,000만원(우선변제권으로 인해 전액 배당)

6순위 C 임차인 = 3,600만원(정일자부 우선변제권으로 인해 전액 배당) (200만원 미배당)

※ 경매등기 후 전입한 D임차인, 최우선변제권이 없으므로 배당받지 못함
※ 매수인 배당받지 못한 A임차인 보증금 3,800만원 인수

참고   전자소송

전자소송(ecfs.scourt.go.kr)을 통해 직접 경매를 신청할 수도 있다. 먼저 전자소송 사이트에 회원 가입 후 로그인하여 서류제출 게시판에 민사집행으로 들어가면 부동산 등 집행 신청서류를 찾으면 된다. 강제경매, 임의경매, 공유물분할을 위한 경매 등을 신청하고 청구금액, 집행권원의 표시, 제출법원 등을 선택한다. 다음으로 등록면허세와 관련하여 시도코드, 등록세납부번호, 등록면허세, 교육세, 납부자명, 등기물건, 등기원인 등을 작성하고 저장하면 된다. 또한 등기촉탁수수료를 납부해야 하는데 금융기관에 납부한 경우 현금영수필통지서를 첨부서류로 제출하고, 인터넷등기소에서 전자납부한 경우에는 첨부하지 않아도 된다.

※ 위택스(www.wetax.go.kr), 인터넷등기소(www.iros.go.kr) 참조

이제 경매사건과 관련하여 당사자를 입력해야 한다. 당사자의 기본사항으로 당사자 구분, 인격 구분, 주민등록번호, 당사자명, 주소, 송달장소, 국적, 연락처, 이메일, 등기부상주소 등을 입력하고 저장한다. 집행권원과 관련하여 당사자, 집행권원 성격구분, 사건번호, 집행권원 식별번호, 서류명 등을 입력하고 저장한다. 여기서 식별번호가 미발급이라면 파일을 첨부하여 제출하고, 문서고유번호가 없는 집행권원은 집행법원에 원본을 제출해야 한다. 소송 신청취지 및 이유로 "위 당사자 간 **** 사건에 대한 경매개시결정을 한다 라는 재판을 구합니다" 등으로 그 내용을 적고, 신청취지문을 PDF, HWP, DOC 등의 첨부가능한 파일형식으로 첨부하면 된다. 또한 추가적으로 신청이유와 관련하여 그 내용을 적으면 신청취지를 뒷받침하는 주장 사실만을 기재하여 작성하되, 신청이유와 다른 기재내용은 첨부되지 않도록 주의해야 한다.

그 밖에 부동산목록과 관련하여 부동산의 종류, 소재지, 지목, 면적, 지분관계 등을 입력하고, 이해관계인목록과 관련하여 등기사항증명서를 확인 후, 채권자, 채무자, 소유자, 근저당권자, 압류권자 등 기입된 내용이 있으면 입력한다. 첨부서류와 관련하여 집행력있는판결정본, 송달확정증명원, 등기사항증명서 등을 등록하면 하고 최종적으로 확인 후 입력을 완료하면 된다. 소송과 관련하여 인지액, 송달료 등으로 소송비용(사이트에 산정기준 있음, 자동생성)을 가상계좌, 계좌이체, 신용카드 등으로 납부하면 신청 접수가 완료된다.

전자소송 홈페이지

Chapter 3 경매개시결정과 기본적인 권리분석 방법

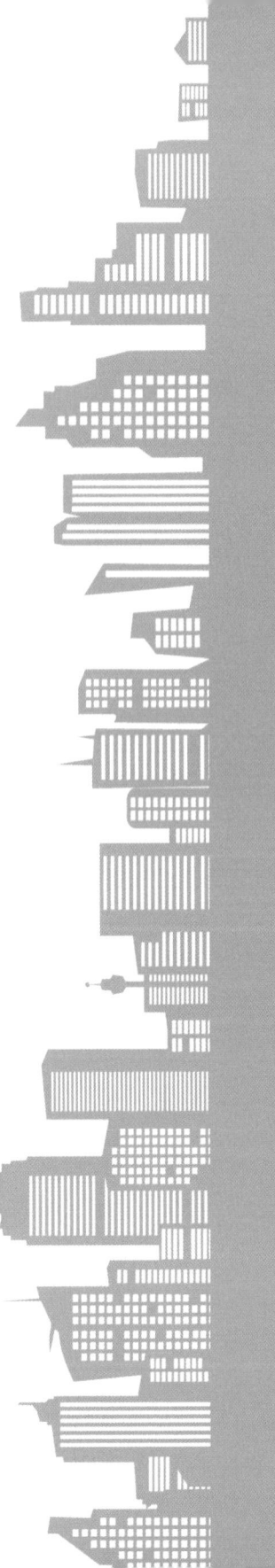

PART 1 부동산 경매 바로알기

Chapter 4

현황조사와 경매 관할법원

01 현황조사서
02 매각물건명세서
03 문건 처리 내역
04 경매 진행기간
05 경매 관할법원

01 현황조사서

　법원은 경매대상 부동산에서 현재 누가 살고 있는지, 임대차현황은 어떤지 등에 관해 집행관에게 조사하라고 지시한다. 이에 집행관은 경매부동산에 찾아가서 실제로 누가 사는지, 몇 가구가 사는지, 소유자와의 관계가 어떤지 등을 확인한다. 사진을 몇 장을 찍어두고, 사람이 없는 경우 대문에 안내장을 붙이고 주민센터에 가서 전입세대열람내역 등을 확인하게 되며 필요한 경우 다시금 방문하여 확인한다. 이런 경우 현황조사서 상에는 "폐문부재로 안내문을 남겨두고 왔으나 아무 연락이 없어 점유관계 미상이나, 본건 목적물 상에 주민등록 전입세대가 소유자 세대뿐이므로 그 주민등록표등본을 첨부함"이라고 표기한다. 집행관은 현장답사 후 부동산현황조사보고서를 작성하게 되는데, 보고서에는 부동산의 표시와 조사일시, 조사장소, 조상방법 등이 기입되며, 부동산의 현황 및 점유관계 조사서, 임대차관계 조사서, 구조도, 주민등록표등본 등을 첨부하게 된다.

　임대차관계 조사서는 임차인 통지를 하기 위해 작성한 것으로 차임관계 등을 확인하고, 건물 구조도를 통해 임차인의 점유상태를 표기한다. 현황조사서의 내용이 기본적인 신뢰는 필요하지만 전적으로 의존해서도 안된다. 집행관은 집안에 사람이 있음에도 문을 안 열어줄 시 강제적으로 점유관계를 파헤칠 권한이 없기 때문에 점유자가 임대차 관계나 보증금액 등을 달리 말해도 받아 적어가는 정도이다. 대법원 판례에서도 "집행관이 작성한 현황조사보고서는 경매목적물의 점유관계를 파악하는 데 유력한 자료이나 우월한 증명력이 있다고 할 수는 없다"고 하였다. 입찰예정자가 현황조사서에서 주로 보는 것은 집행관이 현황조사 때 임차인의 조사내역과 배당요구종기 때 권리신고한 내역이 다른 경우 가장 임차인의 가능성도 있을 수 있기 때문에 대항력 유무나 소액임차인에 관해 자세히 확인해 볼 필요가 있다. 또한 유치권자의 권리 성립요건 중 점유와 관련하여 경매개시결정등기 전에 경매부동산을 직간접적으로 점유하고 있어야 하는데, 현황조사

때 아무런 표식이 없다면 이는 유치권 배제와 관련한 소송 진행시 중요한 증거자료로 활용될 수도 있다. 현황조사서와 더불어 부동산표시목록을 제공하는데, 부동산의 소재 지번과 부동산용도, 구조, 면적 등이 나타나며, 건물의 표시와 전유부분과 대지권 등이 기입되어 있다. 부동산목록은 낙찰 후, 소유권이전촉탁 신청이나 불허가신청, 인도관련 신청 등에 같이 제출할 때 쓰이기도 한다.

(1) 부동산 현황조사 보고서

[서울중부지방법원]

[2016타경123456]　　　　　　　　　　　　　　　　　　　　　　[경매1계]

부동산현황조사보고서

서울중부지방법원 사법보좌관 홍길동 귀하

2016타경123456 부동산 경매 사건에 관하여 다음과 같이 부동산의 현황을 조사 보고 합니다.

1. 부동산의 표시 : 별지 참조
2. 조사의 일시 : 2016년 4월 27일 13시 00분
　　　　　　　　2016년 5월 4일 14시 00분
3. 조사의 장소 : 부동산 소재지 현장
4. 조사의 방법 : 임차인 오만원에게 문의
5. 야간·공휴일에 실시한 경우 그 사유 : 없음

첨부서류

1. 부동산의 현황 및 점유관계 조사서
2. 임대차관계 조사서
3. 전경도 / 구조도
4. 주민등록표등본 3통, 등록사항 등의 현황서 1부

2016. 5. 4.

집행관 옥중화 (인)

(현황조사비 760,000원)

(2) 부동산의 현황 및 점유관계 조사서

[서울중부지방법원]

[2016타경123456]

부동산의 현황 및 점유관계 조사서

1. 부동산의 점유관계

소 재 지	서울시 강남구 강남대로 4321 (논현동 중국빌딩)
점 유 관 계	임차인(별지) 점유
기 타	ⓐ 일부 폐문으로 해당 관청에 전입세대를 확인 한 바, 파악된 자 외, 1층에 ○○협동조합(2014.2.11) 전입 ⓑ 폐문으로 해당 세무서에 등록사항 등의 현황서를 확인한 바, 파악된 자 외, 주식회사 개구리(대표자 구루기) (2001. 1. 3.) 등재

2. 부동산의 현황

덧붙임 사진 및 구조도와 같음

(3) 임대차관계 조사서

[서울중부지방법원]

[2016타경123456]

임 대 차 관 계 조 사 서

1. 임차 목적물의 용도 및 임대차 계약 등의 내용

[소 재 지] 서울시 강남구 강남대로 4321

1	점 유 인	오만원	당사자 구분	임차인
	점유부분	구조도(가) 부분	용 도	점포
	점유기간	2012. 1. 28. ~ 현재		
	보증(전세)금	70,000,000	차 임	8,500,000
	전입일자	2012.1.28.	확정일자	2012.1.28.
2	점 유 인	○○협동조합	당사자 구분	임차인
	점유부분	구조도(나) 부분	용 도	사무실
	점유기간	2014 2. 10. ~ 2014. 12. 31.		
	보증(전세)금	미상	차 임	미상
	전입일자	2014. 2. 11.	확정일자	
3	점 유 인	조○○	당사자 구분	임차인
	점유부분	구조도(다) 부분	용 도	사무실
	점유기간	2012. 9. 20 ~ 2018. 9. 16.		
	보증(전세)금	미상	차 임	미상
	사업자등록신청일	2013. 6. 27.	확정일자	

2. 기 타

가. 위 사항은 임차인 통지를 하기 위해 작성된 것임.
나. 임차인은 차임 관계에 대해 답변하지 아니하였으나, 임대차관계조사서에 등록된 내용은 등록사항 등의 현황서를 참고하여 작성된 것임.
다. 일부는 임차인을 직접 조사하지 못하였으므로, 점유관계 등은 별도 확인 요망.

02 매각물건명세서

　매각물건명세서는 법원에서 부동산의 표시, 부동산의 점유자와 점유의 권원, 점유할 수 있는 기간, 차임 또는 보증금에 관한 관계인의 진술, 등기된 부동산에 관한 권리 또는 가처분으로서 매각으로 효력을 잃지 아니하는 것, 매각에 따라 설정된 것으로 보게 되는 지상권의 개요 등을 기재된 공적 서류로써, 법원은 이를 매각기일의 1주일 전까지 법원에 비치하여 누구든지 볼 수 있도록 하였다. 매각물건명세서 검색해보려면 대법원 법원경매정보에서 경매사건 검색을 통해 물건기본정보를 확인해 보며 된다. 법원경매정보(https://www.courtauction.go.kr) 매각물건명세서의 부동산의 표시는 등기부상의 부동산 표시를 그대로 기재하되, 표시와 현황이 다른 경우에는 그 현황도 병기하고, 현황조사보고서 또는 감정평가서 등에 의하여 목적부동산의 점유자와 점유권원, 점유기간, 차임·보증금에 관한 관계인의 진술, 임차인의 배당요구 여부와 그 일자, 전입신고일자 및 확정일자의 유무와 그 일자를 기재해야 한다. 매각물건명세서는 경매대상 물건을 표시하고 그 현황과 권리관계를 공시하여 매수희망자가 경매 대상 물건에 필요한 정보를 쉽게 얻을 수 있도록 하여 예측하지 못한 손해를 입는 것을 방지하고자 하는 것이다. 이중경매에서 선행사건이 정지된 경우 후행사건의 매각절차에 따라 속행할 수 있는가의 표준이 되는데, 선행사건이 정지된 때에 그 선행절차가 취소되면 매각물건 명세서상의 기재사항이 바뀔 때에는 후행사건으로 속행 할 수 없다.

　매각물건명세서에는 담보권·압류채권·가압류 채권의 기입은 물론 대항할 수 있는 지상권·전세권·등기된 임차권 또는 가처분을 기재해야 하고, 매수인에게 대항할 수 있는 임차권등기명령의 경우 등기가 말소될 것인지 여부가 불투명하므로 그와 같은 취지를 기재해야 한다. 매각에 따라 설정된 것으로 보게 되는 지상권의 개요를 기재하므로 "이 사건 건물을 위하여 그 대지에 법정지상권이 성립함", "지상건물을 위하여 이 사건 토지의 대지 부분에 법정지상권이 성립함" 등을 간결하게 기재해야 하며 임차인의 매수인에 대한 대항력 여부는 최선순위 저당권설정일자를 기준으로 결정되므로 일자를 기재한다. 토지와 건물의 등기일자가 다른 경우에는 모두를 기재해야 한다. 매각물건명세서 등의 사본이 비치된다는 사실은 매각기일공고내용 중에도 포함시켜야 한다. 매각물건명세서는 법원의 인식을 기재한 서면에 불과하고 그 작성은 사실행위에 속하고 그에 의하여 매각조건이 결정되거나 실체법상의 권리관계에 영향을 미치는 것이 아니며 공신적 효력도 인정되지 않는다. 매각목적물의 권리관계 등 소정사항을 기재하여 매각기일마다 1주일 전까지 작성하여 그 원본을 경매기록에 가철하여야 하고, 다른 문서의 내용을 인용하는 방법으로 작성하여서는 아니 된다. 집행법원이나 담당 공무원이 직무상 의무를 위반하여 매각물건명세서에 부동산 현황과 권리관계에 관한 사항을 제출된 자료와 다르게 작성하거나 불분명한 사항에 관하여 잘못된 정보를 제공함으로써 가격 결정에 영향을 미쳐 매수인에게 불측의 손해를 입게 하였다면 국가는 이에 대한 매수인의 손해에 대한 배상 책임을 져야 하지만, 현실적으로 쉽지는 않다. 매각물건명세서가 잘못 기재되더라도 자료의 확인에 대한 책임도 대부분 매수신청인에게 있으니 현실적으로는 중대한 하자로 인한 매각불허가 신청 정도로 마무리 된다.

매각물건명세서의 작성에 중대한 하자가 있는 때에는 매각허가에 대한 이의 및 매각허가 결정에 대한 즉시항고의 사유가 된다. 중대한 하자의 경우 법원에서는 매각결정 허가시 불허가 결정을 내린다. 선순위 임차인의 주민등록에 대한 기재를 주민센터에서 확인 안된다고 기재한 경우, 선순위 근저당권설정일자보다 앞선 전입일자를 기재하고 보증금란은 공란으로 하여 작성한 경우, 경매대상인 주택의 임차인의 전입신고일자가 저당권 설정일보다 앞선 일자로 잘못 기재된 경우, 토지와 건물의 최선순위 근저당권 설정일자가 다름에도 구분하지 아니한 경우 등이다. 반대로 중대한 하자에 해당하지 않는 경우는 선순위 임차인의 배당요구 사실을 기재하지 않는 경우, 대항력을 갖추었으나 확정일자를 부여받지 않아 매각대금에 배당받지 못하는 경우, 임차인과 소유자가 부자관계에 있다는 사실을 기재하지 않는 경우 등이다. 예로 2013년 서울의 다세대 경우 임차인 박○○의 전입일이 2012년 12월로 표기되어 있어야 했는데, 2010년 12월로 표기되어 있게 되어, 대항력 여부에 중대한 영향을 미쳤음으로 중대한 하자로 불허가 사유에 해당되어 법원에서 불허가 결정하였다. 2011년 용인의 오피스텔의 경우 선순위가등기에 대한 인수 여부에 대한 내용 미개재로 불허가를 결정하였다. 매각물건명세서와 관련하여 법원에서는 민사집행법에서 기재된 법조문과 관련하여 일반적인 문구 이외에는 "성립여지 알 수 없음" 등과 같이 애매한 표현을 쓰기도 하며, 매각물건명세서의 말소기준권리보다 빠른 전입일자가 있고 권리신고를 하지 않는 경우, 대항력에 대해 "대항력 유무 알 수 없음"으로 표기해 버린다.

(1) 법원경매정보 물건기본정보

서울중부지방법원

2016타경123456

매각물건명세서

사건	2016타경123456 부동산임의경매	매각물건번호	1	작성일자	2016. 4. 30.	담임법관 (사법보좌관)	홍길동
부동산 및 감정평가액 최저매각가격의 표시	별지기재와 같음	최선순위 설정		2007. 7. 7.근저당권.		배당요구종기	2016. 9. 7.

부동산의 점유자와 점유의 권원, 점유할 수 있는 기간, 차임 또는 보증금에 관한 관계인의 진술 및 임차인이 있는 경우 배당요구 여부와 그 일자, 전입신고일자 또는 사업자등록신청일자와 확정일자의 유무와 그 일자

점유자 성명	점유부분	정보출처 구분	점유의 권원	임대차기간 (점유기간)	보증금	차임	전입신고일자, 사업자등록 신청일자	확정일자	배당요구여부 (배당요구일자)
(임차인) 오만원	구조도(가) 부분	현황조사	점포 임차인	미상	미상		해당사항 없음	미상	
	1층일부, 2층전부	권리신고	점포 임차인		70,000,000	8,500,000			2015.5.22.
(임차인) 조○○	구조도(다) 부분	현황조사	점포 점유자	미상	미상		2012.09.06 (전입일자: 2013.6.27)	미상	
	3층,4층 전부	권리신고	점포 점유자	2012.09.20.~ 2018.09.16.	100,000,000	5,500,000			2015.5.22.
김○○		현황조사	-임차인				2014.08.26		
○○협동 조합	구조도(나) 1층일부	현황조사	-임차인	2014/02/10~ 2014/12/31			2014.02.11		

(비고)

※ 최선순위 설정일자보다 대항요건을 먼저 갖춘 주택·상가건물 임차인의 임차보증금은 매수인에게 인수되는 경우가 발생 할 수 있고, 대항력과 우선변제권이 있는 주택·상가건물 임차인이 배당요구를 하였으나 보증금 전액에 관하여 배당을 받지 아니한 경우에는 배당받지 못한 잔액이 매수인에게 인수되게 됨을 주의하시기 바랍니다.

등기된 부동산에 관한 권리 또는 가처분으로 매각으로 그 효력이 소멸되지 아니하는 것

매각에 따라 설정된 것으로 보는 지상권의 개요

(2) 매각물건 명세서

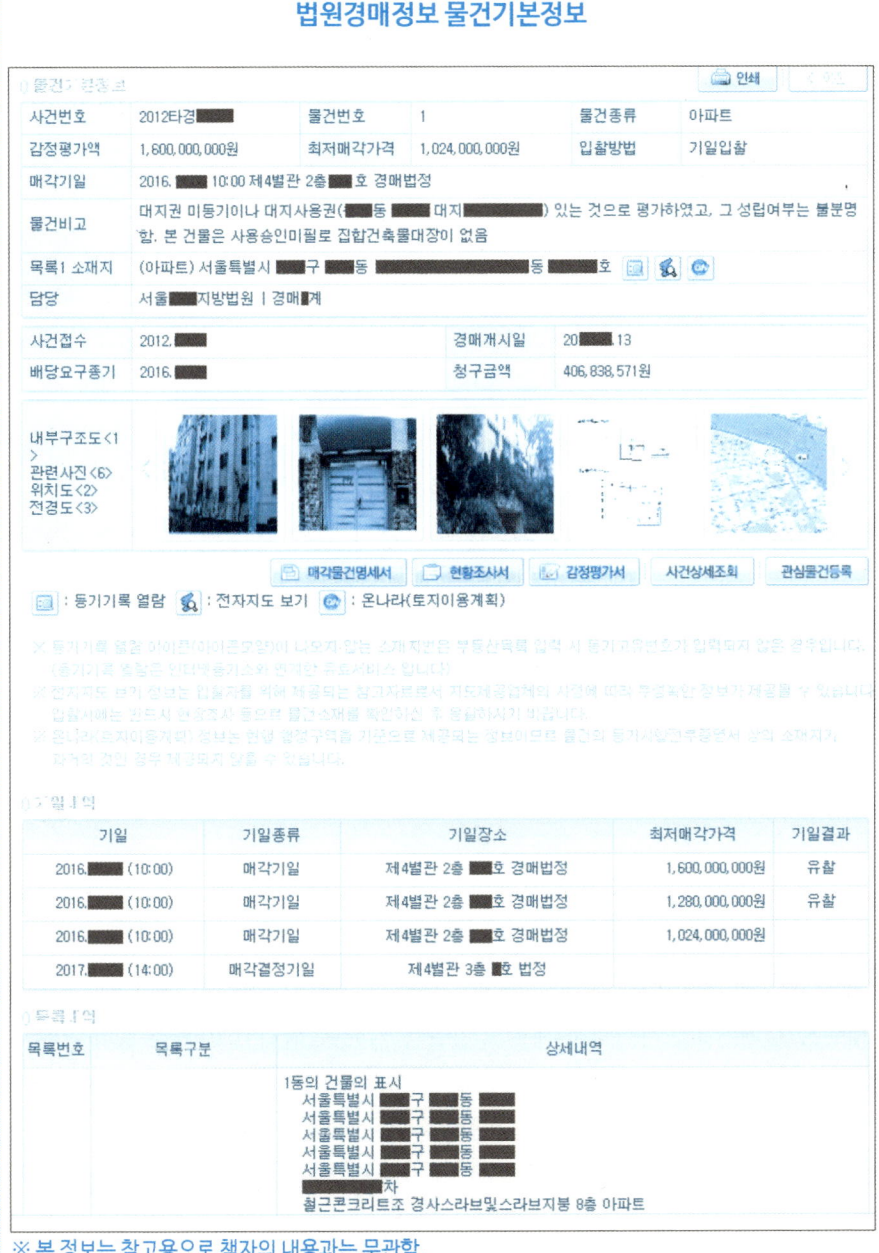

Chapter 4 현황조사와 경매 관할법원

03 문건 처리 내역

　대법원 법원경매정보 사이트에 가면 부동산경매사건과 관련하여 경매물건 게시판에 물건상세검색이 나온다. 법원에서는 제공하는 경매사건과 관련하여 가장 기본이 되는 정보들이 있는데, 사건내역, 기일내역, 문건처리/송달내역을 찾아볼 수 있다. 문건처리내역과 문건송달내역으로 구분되어 있는데, 접수일, 접수내역, 결과 등으로 나누어 표기해 두었다. 문건송달내역은 채권자, 채무자, 소유자, 임차인 등과 같은 경매사건과 관련된 이해관계인의 문서가 접수되거나 처리된 내용, 법원에서 진행과정상의 내용을 알리는 고지서 발송이 기록된다. 경매사건의 변경, 정지, 기각 등의 내용들도 담겨져 있기 때문에, 입찰 전날까지도 확인해 봐야 한다. 문건처리내역은 이해관계인이 법원에 제출한 서류와 관련한 내용이고, 문건송달내역은 법원이 이해관계인에게 진행되는 과정을 알리는 내용으로 경매절차상 이해관계인에게 송달되지 않으면 중대한 하자로 추후에 매각허가가 되지 않을 수도 있기 때문에 이 과정을 기록에 남겨두어 관리하고 있다. 입찰예정자에게 문건처리내역은 중요한 정보자료로 활용이 가능하다.

　채권자 보정서 제출 : 경매신청 내용의 보완 또는 주소, 인적사항 등 수정
　채권자 사용증명원 제출 : 처음 교부받은 판결문이 사용 중에 있어 재교부 받음
　채권자 경매신청취하서 제출 : 신청한 경매사건을 취하하겠다는 뜻(사건 종료)
　채권자 경매기일연기신청서 제출 : 입찰 날짜를 일정기간 미루어 달라는 요청
　근저당권자 임차인 배당배제신청서 제출 : 임차인배당에 문제가 있어 배제 요청
　근저당권자 임대차계약의견서 제출 : 임차인 임대차계약과 관련하여 정보 알림
　근저당권자 채권계산서 제출 : 근저당권자로써, 우선변제권에 의한 배당 요청
　유치권 신고서 제출 : 공사대금 등의 이유로 점유하고 있음과 그 금액을 신고
　임차인의 권리신고 및 배당요구서 제출 : 우선/최우선변제에 의한 배당 요청

주택임차권자 채권계산서 제출 : 임차권등기명령에 의한 배당 요청
최고가매수신고인 낙찰불허가신청서 제출 : 매각허가결정시 불허가를 요청
최고가매수신고인 탄원서 제출 : 불허가신청 할 때, 다시금 봐달라는 의미
공탁계 전언통신문 제출 : 상급기관에서 하급기관에 공적인 일을 알리는 내용
교부권자 교부청구서 제출 : 구청 또는 세무서에서 세금 미납에 의한 배당 요청
가처분권자 경매절차정지신고서 제출 : 소송사건 판결까지 사건진행 정지 요청

(1) 법원경매정보 문건처리 내역

04 경매 진행기간

　부동산경매와 관련해서 법원에서는 기본적으로 민사집행법에 의해 전체적인 진행을 실시하고 이에 대한 세부사항으로 각종 지침과 예규 등을 지정하여 관리를 하고 있다. 그 중에 부동산경매사건의 진행기간 등에 관한 예규를 통해 경매신청서 접수부터 매각기일 지정, 배당기일 지정, 소유권이전등기 촉탁 등과 관련하여 그 기간을 명시해 두었다. 통상의 경매물건은 경매개시일로부터 최초매각기일까지는 5~6개월 정도 소요되고 유찰될 때마다 1개월 정도의 추가적인 시간이 소요되는데, 재매각사건의 경우 소요일수가 2~3개월 정도 더 걸리게 된다. 경매 진행과정상 최초 경매개시일부터 경매종결일까지 통상은 10개월~12개월 내외로 마무리 되나, 채권자의 변경 신청, 선순위임차인이 존재로 인한 거듭된 유찰, 유치권 신고나 기타 이해관계인 요청으로 이의신청, 낙찰불허가 신청, 배당에 관한 이의신청 등이 진행되면 경우에 따라 20개월 이상 소요가 되기도 한다.

　이중 감정평가액 산정일을 보면 임의경매의 경우 개시결정 후 2주 안에 하게 되는데, 실제 매각기일까지 6개월에서 1년 이상 걸리는 만큼 기일이 많이 소요된다. 매년 몇 차례씩 발표하는 정부의 부동산정책에 따라 부동산가격에 큰 영향을 주고 있는 현실을 감안해 볼 때 감정평가일에서 낙찰일까지의 소요기간을 최소화할 필요는 있어 보인다. 부동산경기변동이 급격하게 변할 때에는 아직 입찰전이라면 금액에 대한 보정명령을 내리거나 다른 이유로 1년 이상 경매가 지체되면 이에 대한 재감정평가도 검토해 봐야 한다.

　보통의 입찰예정자들은 최초 매각기일 전후로 경매사건에 대해 검토가 들어가기 때문에 경매 준비기간이 길어지는 것보다는 매각기일에서 재매각기일까지 기간이나 매각기일 이후 매각결정, 대금납부, 배당 등과 관련하여 시일을 단축할 필요가 있다. 이에 대해 조정안이 검토되긴 하였으나 아직까지는 현행대로 진행하고 있다. 예규지정 당시 조정안으로 배당요구종기의 경우 '2월 후, 3월 안'에서

'2월 안'으로, 매각기일통지의 경우 '1월 안'에서 '3주 안'으로, 입찰기간의 경우 '1주 이상, 1월 이하'에서 '매 주'로, 잔금 대금 지급기한의 경우 '1월 안'에서 '2주 안'으로, 배당기일의 경우 '4주 안'에서 '3주 안' 등으로 최소 6주에서 수개월까지 단축이 가능한 것으로 검토되기도 하였다.

(1) 부동산경매사건의 진행기간 등에 관한 예규

법원경매 진행기간
(부동산경매사건의 진행기간 등에 관한 예규)

종 류	기 산 일	기 간
경매신청서 접수		접수당일
미등기건물조사명령	신청일	3일안(조사기간은 2주안)
개시결정 및 등기촉탁	접수일	2일안
채무자에 대한 개시결정 송달	임의: 개시결정일/강제: 등기필증 접수	3일안
현황조사명령	임의: 개시결정일/강제: 등기필증 접수	3일안(조사기간은 2주안)
감정평가명령	임의: 개시결정일/강제: 등기필증 접수	3일안(평가기간은 2주안)
배당요구종기결정 배당요구종기 등의 공고·고지	등기필증 접수일	3일안
배당요구종기	배당요구종기결정일	2월 후 3월안
채권신고의 최고	배당요구종기결정일	3일 안
최초매각기일·매각 결정기일의 지정·공고(신문공고의뢰) 이해관계인에 대한 통지	배당요구종기	1월 안
매각물건명세서의 작성, 그 사본 및 현황조사보고서·평가서 사본의 비치		매각기일 1주전까지
최초매각기일	공고일	2주 후 20일 안
새매각기일·새매각결정기일 또는 재매각기일·재매각결정기일의 지정·공고 이해관계인에 대한 통지	사유발생일	1주 안
새매각 또는 재매각기일	공고일	2주 후 20일 안
배당요구의 통지	배당요일	3일 안
매각실시		매각기일
매각기일조서 및 보증금 등의 인도	매각기일	1일 안
매각결정기일	매각기일	1주 안
매각허부결정의 선고		매각결정기일
차순위매수신고인에 대해 매각결정기일의 지정, 이해관계인에의 통지	최초의 대금지급기한	3일 안
차순위매수신고인에 대한 매각결정 기일	최초의 대금지급기한	2주 안
매각부동산관리명령	신청일	2일 안
대금지급기한의 지정 및 통지	매각허가결정확정	3일 안
대금지급기한	매각허가결정확정	1월 안
매각부동산 인도명령	신청일	3일 안
배당기일의 지정·통지 계산서 제출의 최고	대금납부	3일 안
배당기일	대금납부	4주 안
배당표원안의 작성 및 비치		배당기일 3일전까지

배당표의 확정 및 배당실시		배당기일
배당기일조서의 작성	배당기일	3일 안
배당액의 공탁 또는 계좌입금	배당기일	10일 안
매수인 앞으로 소유권이전등기 등 촉탁	서류제출일	3일 안
기록인계	배당액의 출금, 공탁 또는 계좌입금 완료	5일 안

05 경매 관할법원

　전국에 경매를 직접 관할하는 진행하는 법원은 서울 5개, 경기도 10개 등을 비롯하여 59개이다. 각 법원마다 입찰시작시간과 마감시간이 다르고, 사건이 많을 경우 오후에도 진행하는 법원이 있기도 하기 때문에 입찰하는 법원의 특징을 알아둘 필요가 있다. 여기서는 주소, 전화, 지역, 입찰시간, 농취증 발급, 법원은행, 진행방법 등을 중심으로 간단하게 설명하고자 한다.

본 법원별 내용은 언제든지 변경될 수 있으므로, 입찰시 다시 확인해야 한다.

❖ 서울

① **중앙지방법원 본원**(강남구, 관악구, 동작구, 서초구, 종로구, 중구)
　　주소 : 서초구 서초중앙로 157(서초동), 지하철 2호선 교대역 11번 출구(도보5분)
　　전화 : 02)530-1114(안내), 02)530-1813(경매1계), 2~10계, 21계
　　입찰 : 시작시간 10:00 / 마감시간 11:10 (저감률 20%)
　　농취증 : 최고가매수인확인서는 입찰종료 후 14시 이후에 발급
　　은행 : 신한은행 법조타운 지점(02-530-1388, 법원코드:210), 우체국(서관)

진행 : 입찰·유찰사건 호명 / 계별 사건번호 진행 / 6명 이상 3위까지 발표

② **동부지방법원 본원** (강동구, 광진구, 성동구, 송파구)
　　주소 : 송파구 법원로 101, 지하철 8호선 문정역 8번 출구(도보5분)
　　전화 : 02)2204-2114(안내), 02)2204-2405(경매1계), 2~5계
　　입찰 : 시작시간 10:10 / 마감시간 11:20 (저감률 20%)
　　농취증 : 최고가매수인확인서는 입찰종료 후 14시 이후에 발급
　　은행 : 신한은행 동부법원지점(02-447-2514, 법원코드:211), (신관1층)
　　진행 : 입찰·유찰사건 호명 / 사건번호 순서 진행 / 최고가매수인만 발표

③ **서부지방법원 본원** (마포구, 서대문구, 용산구, 은평구)
　　주소 : 마포구 마포대로 174(공덕동), 지하철 5,6호선 공덕역 4번 출구(도보10분)
　　전화 : 02)3271-1114(안내), 02)3271-1321(경매1계), 3~7계
　　입찰 : 시작시간 10:10 / 마감시간 11:20 (저감률 20%)
　　농취증 : 최고가매수인확인서는 입찰종료 후 14시 이후에 발급
　　은행 : 신한은행 서부법원지점(02-3271-1755, 법원코드:215, 본관), 우체국(본관)진
　　행 : 입찰·유찰사건 호명 / 사건번호 순서 진행 / 6명 이상 3위까지 발표

④ **남부지방법원 본원** (강서구, 구로구, 금천구, 양천구, 영등포구)
　　주소 : 양천구 신월로 386(신정동), 지하철 5호선 목동역 7번 출구(도보8분)전
　　화 : 02)2192-1114(안내), 02)2192-1331(경매1계), 3계~11계
　　입찰 : 시작시간 10:00 / 마감시간 11:10 (저감률 20%)
　　농취증 : 최고가매수인확인서는 입찰종료 후 14시 이후에 발급
　　은행 : 신한은행 남부법원지점(02-2649-4721, 법원코드:212, 1층), 우체국(1층)진
　　행 : 입찰·유찰사건 호명 / 사건번호 순서 진행(20명 이상 우선) / 전원 발표

⑤ **북부지방법원 본원** (강북구, 노원구, 도봉구, 동대문구, 성북구, 중랑구)
　　주소 : 도봉구 마들로749 (도봉2동), 지하철 1호선 도봉역 3번 출구(도보5분)전
　　화 : 02)910-3114(안내), 02)910-3671(경매1계), 2계~9계

입찰 : 시작시간 10:10 / 마감시간 11:10 (저감률 20%)
농취증 : 최고가매수인확인서는 입찰종료 후 14시 이후에 발급
은행 : 농협중앙회 북부출장소(02-976-2191, 법원코드:213, 민원동), 우체국
진행 : 입찰·유찰사건 호명 / 계별 사건번호 순서 진행 / 상위 3위까지 발표

❖ 경기도(인천)

① **의정부지방법원 본원** (가평,구리,남양주,동두천,양주,연천,의정부,철원,포천)
　주소 : 경기 의정부시 녹양로34번길 23, 지하철 1호선 녹양역(도보15분)
　전화 : 031)828-0114(안내), 031)828-0321(경매1계), 2계~17계
　입찰 : 시작시간 10:30 / 마감시간 11:50 (저감률 30%)
　농취증 : 최고가매수인확인서는 입찰종료 후 14시 이후에 발급
　은행 : 신한은행 의정부법원지점(031-828-0173, 법원코드:214), (제2신관 2층)
　진행 : 입찰·유찰사건 호명 / 사건번호 순서 진행 / 최고가매수인만 발표

② **의정부지방법원 고양지원** (고양시 덕양구/일산동구/일산서구, 파주시)
　주소 : 고양시 일산동구 장백로 209, 지하철 3호선 마두역 4번 출구(도보5분)
　전화 : 031)920-6114(안내), 031)920-6311(경매1계), 2계~13계
　입찰 : 시작시간 10:00 / 마감시간 11:20 (저감률 30%)
　농취증 : 최고가매수인확인서는 입찰종료 후 14시 이후에 발급
　은행 : 신한은행 고양법원지점(031-907-1389, 법원코드:65535, 1층), 우체국(1층)
　진행 : 입찰·유찰사건 호명 / 사건번호 순서 진행 / 상위 3위까지 발표

③ **인천지방법원 본원** (강화, 계양, 남, 남동, 동, 부평, 서, 연수, 옹진, 중구)
　주소 : 인천 남구 소성로 163번길 17(학익동), 1호선 주안역 하차 → 버스 이동
　전화 : 032)860-1113(안내), 032)860-1601(경매1계), 2계~26계, 30계
　입찰 : 시작시간 10:00 / 마감시간 11:20 (저감률 30%)
　농취증 : 최고가매수인확인서는 입찰종료 후 발급

은행 : 신한은행 인천법원지점(032-876-7951, 법원코드:240, 1층), 우체국(2층)

진행 : 입찰 · 유찰사건 호명 / 사건번호 순서 진행 / 입찰자 전원 발표

④ **인천지방법원 부천지원** (김포시, 부천시 소사구/오정구/원미구)

주소 : 경기 부천시 상일로 129(상동), 지하철 1호선 송내역(도보10분)

전화 : 032)320-1114(안내), 032)320-1131(경매1계), 2계~8계

입찰 : 시작시간 10:00 / 마감시간 11:10 (저감률 30%)

농취증 : 최고가매수인확인서는 입찰종료 후 발급

은행 : 신한은행 부천법원지점(032-321-4152, 법원코드:241, 1층), 우체국(1층)진

행 : 입찰 · 유찰사건 호명 / 사건번호 순서 진행 / 입찰자 전원 발표

⑤ **수원지방법원 본원** (수원시, 오산시, 용인시, 화성시)

주소 : 경기 수원시 영통구 월드컵로 120(원천동), 1호선 수원역 하차 → 버스

전화 : 031)210-1114(안내), 031)210-1261(경매1계), 2계~18계

입찰 : 시작시간 10:30 / 마감시간 11:40 (저감률 30%)

농취증 : 최고가매수인확인서는 최고가 발표 후 바로 발급

은행 : 신한은행 수원법원지점(031-211-1997, 법원코드:250, 1별관 1층), 우체국진

행 : 입찰 · 유찰사건 호명 / 사건번호 순서 진행(10명 이상 우선) / 전원 발표

⑥ **수원지방법원 성남지원** (광주시, 성남시 분당구/수정구/중원구, 하남시)

주소 : 성남시 수정구 산성대로 451(단대동), 8호선 남한산성입구역 4번 출구

전화 : 031)737-1114(안내), 031)737-1321(경매1계), 2계~8계

입찰 : 시작시간 10:00 / 마감시간 11:10 (저감률 30%)

농취증 : 최고가매수인확인서는 최고가 발표 후 바로 발급

은행 : 우리은행 성남지원지점(031-749-2833, 법원코드 : 251, 3별관 1층)

진행 : 입찰 · 유찰시건 호명 / 사건번호 순서 진행 / 상위 3위까지 발표

⑦ **수원지방법원 여주지원** (양평군, 여주시, 이천시)

주소 : 경기 여주군 여주읍 현암로 21-12(현암동), 여주터미널 하차(도보5분)

전화 : 031)880-7441(안내), 031)880-7445(경매1계), 2계~6계
입찰 : 시작시간 10:00 / 마감시간 11:10 (저감률 30%)
농취증 : 최고가매수인확인서는 최고가 발표 후 바로 발급
은행 : 농협중앙회 여주군지부(031-883-7502, 법원코드:252, 별관 1층)
진행 : 입찰·유찰사건 호명 / 사건번호 순서 진행(10명 이상 우선) / 입찰자 전원 발표

⑧ **수원지방법원 평택지원** (안성시, 평택시)
주소 : 경기 평택시 평남로 1036(동삭동), 평택역 하차 → 버스 이동
전화 : 031)650-3114(안내), 031)650-3164(경매1계), 2계~6계
입찰 : 시작시간 10:10 / 마감시간 11:20 (저감률 30%)
농취증 : 최고가매수인확인서는 최고가 발표 후 바로 발급
은행 : 신한은행 평택지점(031-656-9140, 법원코드:253, 1층), 우체국(1층)
진행 : 입찰·유찰사건 호명 / 사건번호 순서 진행 / 6명 이상 3위까지 발표

⑨ **수원지방법원 안산지원** (광명시, 시흥시, 안산시 단원구/상록구)
주소 : 경기 안산시 단원구 광덕서로 75(고잔동), 4호선 고잔역(도보 10분)
전화 : 031)481-1114(안내), 031)481-1193(경매1계), 2계~11계
입찰 : 시작시간 10:30 / 마감시간 11:40 (저감률 30%)
농취증 : 최고가매수인확인서는 최고가 발표 후 바로 발급
은행 : 신한은행 안산법원지점(031-401-0895, 법원코드:65535, 1층), 우체국(1층)
진행 : 입찰·유찰사건 호명 / 계별 사건번호 순서 진행 / 입찰자 전원 발표

⑩ **수원지방법원 안양지원** (과천시, 군포시, 안양시 동안구/만안구, 의왕시)
주소 : 안양시 동안구 관평로 212번길70(관양동), 4호선 평촌역 2번출구(도보5분)
전화 : 031)8086-1114(안내), 031)8086-1281(경매1계), 2계~4계
입찰 : 시작시간 10:30 / 마감시간 11:40 (저감률 20%)
농취증 : 최고가매수인확인서는 최고가 발표 후 바로 발급
은행 : 신한은행 안양법원지점(031-382-7766, 법원코드:254, 1층), 우체국(2층)
진행 : 입찰·유찰사건 호명 / 사건번호 순서 진행 / 입찰자 전원 발표

❖ 강원도

① **춘천지방법원 본원** (양구군, 인제군, 춘천시, 홍천군, 화천군)
   주소 : 강원 춘천시 공지로 284 (효자2동 356), 경춘선 남춘천역(도보15분)
   전화 : 033)259-9000(안내), 033)259-9706(경매1계), 2계~4계
   입찰 : 시작시간 10:00 / 마감시간 11:00 (저감률 30%)
   농취증 : 최고가매수인확인서는 입찰종료 후 14시 이후에 발급
   은행 : SC제일은행 춘천지점(033-255-0351, 법원코드:260, 별관 1층 102호)
   진행 : 입찰·유찰사건 호명 / 사건번호 순서 진행 / 최고가매수인만 발표

② **춘천지방법원 강릉지원** (강릉시, 동해시, 삼척시)
   주소 : 강원 강릉시 동해대로 3288-18 (난곡동), 강릉터미널 하차 → 버스 이동
   전화 : 033)640-1000(안내), 033)640-1131(경매1계), 2계~4계
   입찰 : 시작시간 10:00 / 마감시간 11:15 (저감률 30%)
   농취증 : 최고가매수인확인서는 입찰종료 후 14시 이후에 발급
   은행 : SC제일은행 강릉지점(033-640-1193, 법원코드:261, 지원 1층)
   진행 : 입찰·유찰사건 호명 / 사건번호 순서 진행 / 상위 2위까지 발표

③ **춘천지방법원 원주지원** (원주시, 횡성군)
   주소 : 강원 원주시 시청로149 (무실동), 중앙선 원주역 하차 → 버스 이동
   전화 : 033)738-1000(안내), 033)738-1120(경매1계), 2계~4계
   입찰 : 시작시간 10:00 / 마감시간 11:20 (저감률 30%)
   농취증 : 최고가매수인확인서는 입찰종료 후 14시 이후에 발급
   은행 : SC제일은행 원주지점(033-744-2841, 법원코드:262, 별관 1층)
   진행 : 입찰·유찰사건 호명 / 사건번호 순서 진행 / 상위 2위까지 발표

④ **춘천지방법원 속초지원** (고성군, 속초시, 양양군)
   주소 : 강원 속초시 법대로 15 (동명동), 속초시외버스터미널(도보3분)
   전화 : 033)639-7600(1계, 2계)

입찰 : 시작시간 10:00 / 마감시간 11:10 (저감률 30%)
농취증 : 최고가매수인확인서는 입찰종료 후 14시 이후에 발급
은행 : 우리은행 속초지점(033-635-2488, 법원코드:263, 지원 옆 건물)
진행 : 입찰·유찰사건 호명 / 사건번호 순서 진행 / 상위 2위까지 발표

⑤ **춘천지방법원 영월지원** (영월군, 정선군, 태백시, 평창군)
주소 : 강원 영월읍 영월향교1길 53(영흥리 876), 태백선 영월역(도보15분)
전화 : 033)371-1114(안내), 033)371-1106(경매1계), 2계~4계
입찰 : 시작시간 10:00 / 마감시간 11:10 (저감률 30%)
농취증 : 최고가매수인확인서는 최고가 발표 후 바로 발급
은행 : 신한은행 영월지점(033-372-8442, 법원코드 : 264, 지원 1층)
진행 : 입찰·유찰사건 호명 / 사건번호 순서 진행 / 상위 2위까지 발표

❖ 충청도(대전)

① **청주지방법원 본원** (괴산군, 보은군, 증평군, 진천군, 청주시)
주소 : 충북 청주시 서원구 산남로 62번길 51, 청주버스터미널 하차 → 버스
전화 : 043)249-7114(안내), 043)249-7301(경매1계), 2계~7계
입찰 : 시작시간 10:00 / 마감시간 11:30 (저감률 20%)
농취증 : 최고가매수인확인서는 최고가 발표 후 바로 발급
은행 : 신한은행 청주법원지점(043-283-9541, 법원코드:270, 민원동 1층 109호)
은행 : 우체국(민원동 1층 110호)
진행 : 입찰·유찰사건 호명 / 사건번호 순서 진행 / 입찰자 전원 발표

② **청주지방법원 충주지원** (음성군, 충주시)
주소 : 충북 충주시 계명대로 103(교현2동 720-2), 충주시외버스터미널(도보10분)
전화 : 043)841-9114(안내), 043)841-9121(경매1계), 2계, 3계
입찰 : 시작시간 10:00 / 마감시간 11:30 (저감률 20%)

농취증 : 최고가매수인확인서는 최고가 발표 후 바로 발급

은행 : 우리은행 충주지점(043-842-7198, 법원코드:271, 별관 2층)

진행 : 입찰 · 유찰사건 호명 / 사건번호 순서 진행 / 최고가매수인만 발표

③ **청주지방법원 제천지원** (단양군, 제천시)

주소 : 충북 제천시 칠성로 53(중앙로2가 16-2), 제천시외버스터미널(도보5분)전화 : 043)640-2070(안내), 043)640-2040(경매1계), 043)640-2042(경매2계)입찰 : 시작시간 10:00 / 마감시간 11:30 (저감률 20%)

농취증 : 최고가매수인확인서는 최고가 발표 후 바로 발급

은행 : 신한은행 제천지점(043-644-4115, 법원코드:272, 지원 뒤 건물)

진행 : 입찰 · 유찰사건 호명 / 사건번호 순서 진행 / 최고가매수인만 발표

④ **청주지방법원 영동지원** (영동군, 옥천군)

주소 : 충북 영동군 영동읍 영동황간로 99, 영동시외버스터미널(도보15분)전화 : 043)740-4000(안내), 043)740-4040(경매1계, 2계)

입찰 : 시작시간 10:00 / 마감시간 11:20 (저감률 20%)

농취증 : 최고가매수인확인서는 최고가 발표 후 바로 발급

은행 : 농협중앙회 영동군지부(043-742-1841, 법원코드:273, 지원 1층)

진행 : 입찰 · 유찰사건 호명 / 사건번호 순서 진행 / 최고가매수인만 발표

⑤ **대전지방법원 본원** (금산군, 대덕구, 동구, 서구, 유성구, 중구, 세종시)

주소 : 대전 서구 둔산중로 78번길 45(둔산동), 지하철 시청역 6번 출구(도보5분)

전화 : 042)470-1114(안내), 042)470-1801(경매1계), 2계~8계

입찰 : 시작시간 10:00 / 마감시간 11:30. (시작 14:00/마감 15:10) (저감률 30%)농취증 : 최고가매수인확인서는 최고가 발표 후 바로 발급

은행 : 신한은행 대전법원지점(042-482-8944, 법원코드:280, 1층), 우체국(1층)진행 : 입찰 · 유찰사건 호명 / 사건번호 순서 진행(20명 이상 우선) / 최고가매수인만 발표

⑥ **대전지방법원 홍성지원** (보령시, 서천군, 예산군, 홍성군)

주소 : 충남 홍성군 홍성읍 법원로 38, 홍성역/시외버스터미널(도보20분)

전화 : 041)640-3100(안내), 041)640-3233(경매2계), 3계~5계

입찰 : 시작시간 10:00 / 마감시간 11:30, (시작 12:00/마감 12:30) (저감률 30%)

농취증 : 최고가매수인확인서는 최고가 발표 후 바로 발급

은행 : SC제일은행 홍성지점(041-633-5480, 법원코드:281, 지원 1층)

진행 : 입찰·유찰사건 호명 / 사건번호 순서 진행(단상 양쪽에서 진행) / 최고가매수인만 발표

⑦ **대전지방법원 논산지원** (계룡시, 논산시, 부여군)

주소 : 충남 논산시 강경읍 계백로 99, 강경역/시외버스터미널(도보5분)

전화 : 041)745-2035(안내), 041)746-2781(경매1계), 2계, 3계

입찰 : 시작시간 10:00 / 마감시간 11:30, (시작 14:00/마감 15:10) (저감률 20%)

농취증 : 최고가매수인확인서는 최고가 발표 후 바로 발급

은행 : 하나은행 논산지점(041-751-1111, 법원코드:282, 별관 청사 뒤)

진행 : 입찰·유찰사건 호명 / 사건번호 순서 진행 / 최고가매수인만 발표

⑧ **대전지방법원 천안지원** (아산시, 천안시 동남구, 천안시 서북구)

주소 : 충남 천안시 동남구 신부7길 17 (신부동), 천안시외버스터미널(도보5분)

전화 : 041)620-3000(안내), 041)620-3072(경매2계), 3계~8계

입찰 : 시작시간 10:00 / 마감시간 11:10, (시작 14:00/마감 14:30) (저감률 30%)

농취증 : 최고가매수인확인서 13시30분 이후 집행관실 앞 휴게실에서 일괄 지급

은행 : 신한은행 천안법원지점(041-569-6014, 법원코드:283, 제3별관 1층)

진행 : 입찰·유찰사건 호명 / 사건번호 순서 진행 / 최고가매수인만 발표

⑨ **대전지방법원 공주지원** (공주시, 청양군)

주소 : 충남 공주시 한적2길 34-15(금흥동 610-1), 공주시외버스터미널(도보20분)

전화 : 041)840-5700(안내), 041)840-5742(경매1계), 2계, 3계

입찰 : 시작시간 10:00 / 마감시간 11:30 (저감률 30%)

농취증 : 최고가매수인확인서는 최고가 발표 후 바로 발급
은행 : SC제일은행 공주지점(041-854-5821, 법원코드:284, 지원 1층)
진행 : 입찰·유찰사건 호명 / 사건번호 순서 진행 / 입찰자 전원 발표

⑩ **대전지방법원 서산지원** (당진시, 서산시, 태안군)
주소 : 충남 서산시 공림4로 24 (예천동 600)
전화 : 041)660-0600(안내), 041)660-0691(경매1계), 2계~6계
입찰 : 시작시간 10:00 / 마감시간 11:30 (저감률 30%)
농취증 : 최고가매수인확인서는 최고가 발표 후 바로 발급
은행 : 하나은행 서산지점(041-664-1111, 법원코드:285, 지원 1층)
진행 : 입찰·유찰사건 호명 / 사건번호 순서 진행 / 최고가매수인만 발표

❖ 경상북도(대구)

① **대구지방법원 본원** (남구, 동구, 북구, 수성구, 중구, 경산, 영천, 청도, 칠곡)
주소 : 대구 수성구 동대구로 364 (범어동), 대구지하철 2호선 범어역 4번 출구
전화 : 053)757-6600(안내), 053)757-6771(경매1계), 2계~9계
입찰 : 시작시간 10:00 / 마감시간 11:10 (저감률 30%)
농취증 : 최고가매수인확인서는 입찰종료 후 14시 이후에 발급
은행 : 신한은행 대구법원지점(053-742-2145, 법원코드:310, 신관 지하2층),
대구은행(신관 지하2층), 우체국(본관 1층)
진행 : 입찰·유찰사건 호명 / 사건번호 순서 진행(10명 이상 우선) / 최고가매수
인만 발표

② **대구지방법원 서부지원** (고령군, 달서구, 달성군, 서구, 성주군)
주소 : 대구 달서구 장산남로 30 (용산동), 대구지하철 2호선 용산역(도보10분)
전화 : 053)570-2114(안내), 053)570-2301(경매1계), 2계~5계
입찰 : 시작시간 10:00 / 마감시간 11:10 (저감률 30%)

농취증 : 최고가매수인확인서는 입찰종료 후 14시 이후에 발급

    은행 : 대구은행 서부지원지점(053-522-3641, 법원코드:320, 1층), 우체국(103호)

    진행 : 입찰·유찰사건 호명 / 사건번호 순서 진행(10명 이상 우선) / 최고가매수
        인만 발표

③ **대구지방법원 안동지원** (봉화군, 안동시, 영주시, 영풍군)

    주소 : 경북 안동시 강남로 304 (정하동), 안동시외버스터미널 하차 → 버스

    전화 : 054)850-5090(안내), 054)850-5051(경매1계), 054)850-5052(2계)입

    찰 : 시작시간 10:00 / 마감시간 11:10 (저감률 30%)

    농취증 : 최고가매수인확인서는 최고가 발표 후 바로 발급

    은행 : 신한은행 안동지점(054-857-6696, 법원코드:311, 지원 1층)

    진행 : 입찰·유찰사건 호명 / 사건번호 순서 진행 / 최고가매수인만 발표

④ **대구지방법원 경주지원** (경주시)

    주소 : 경북 경주시 화랑로 89 (동부동 203), 경주시외버스터미널(도보15분)전

    화 : 054)770-4300(안내), 054)770-4361(경매1계), 2계, 3계

    입찰 : 시작시간 10:00 / 마감시간 11:10 (저감률 30%)

    농취증 : 최고가매수인확인서는 입찰종료 후 14시 이후에 발급

    은행 : 신한은행 경주지점(054-772-3721, 법원코드:312, 지원 1층)

    진행 : 입찰·유찰사건 호명 / 사건번호 순서 진행 / 최고가매수인만 발표

⑤ **대구지방법원 김천지원** (구미시, 김천시)

    주소 : 경북 김천시 물망골길 39 (삼락동), 김천시외버스터미널 하차 → 버스

    전화 : 054)420-2114(안내), 054)420-2091(경매1계), 2계, 3계

    입찰 : 시작시간 10:00 / 마감시간 11:20 (저감률 30%)

    농취증 : 최고가매수인확인서는 입찰종료 후 14시 이후에 발급

    은행 : 신한은행 김천지점(054-433-0944, 법원코드:313, 지원 1층)

    진행 : 입찰·유찰사건 호명 / 사건번호 순서 진행 / 상위 2순위까지 발표

⑥ 대구지방법원 상주지원 (문경시, 상주시, 예천군)

주소 : 경북 상주시 북천로 17-9 (만산동 652-2), 상주시외버스터미널(도보10분)

전화 : 054)530-5500(안내), 054)530-5550(경매1계, 2계)

입찰 : 시작시간 10:00 / 마감시간 11:30 (저감률 30%)

농취증 : 최고가매수인확인서는 13시30분 이후 집행관실 앞 휴게실에서 지급

은행 : SC제일은행 상주지점(054-535-3218, 법원코드:314, 지원 1층)

진행 : 입찰·유찰사건 호명 / 사건번호 순서 진행 / 최고가매수인만 발표

⑦ 대구지방법원 의성지원 (군위군, 의성군, 청송군)

주소 : 경북 의성군 의성읍 군청길 67 (중리리), 의성시외버스터미널(도보10분)

전화 : 054)830-8030(안내), 054)830-8063(경매1계, 2계)

입찰 : 시작시간 10:00 / 마감시간 11:10 (저감률 30%)

농취증 : 최고가매수인확인서는 입찰종료 후 발급

은행 : 농협중앙회 의성군지부(054-834-6131, 법원코드:315, 도보10분)

진행 : 입찰·유찰사건 호명 / 사건번호 순서 진행 / 최고가매수인만 발표

⑧ 대구지방법원 영덕지원 (영덕군, 영양군, 울진군)

주소 : 경북 영덕군 영덕읍 경동로 8337 (화개리), 영덕시외버스터미널(도보8분)

전화 : 054)730-3000(안내), 054)730-3024(경매1계), 054)730-3025(2계)입찰 :

시작시간 10:00 / 마감시간 11:00 (저감률 30%)

농취증 : 최고가매수인확인서는 입찰종료 후 14시 이후에 발급

은행 : 농협중앙회 영덕군지부(054-733-7795, 법원코드:316, 지원 1층)

진행 : 입찰·유찰사건 호명 / 사건번호 순서 진행 / 최고가매수인만 발표

⑨ 대구지방법원 포항지원 (울릉군, 포항시 남구, 포항시 북구)

주소 : 경북 포항시 북구 법원로 181 (양덕동), KTX포항역 하차 → 버스 이동

전화 : 054)250-3050(안내), 054)250-3217(경매1계), 2계-5계

입찰 : 시작시간 10:00 / 마감시간 11:10 (저감률 30%)

농취증 : 최고가매수인확인서는 입찰종료 후 2시 이후에 발급

은행 : 신한은행(054-252-3011, 법원코드:317, 1층), 우리은행(1층), 우체국(1층)
진행 : 입찰 · 유찰사건 호명 / 사건번호 순서 진행 / 최고가매수인만 발표

❖ 경상남도(부산, 울산)

① **부산지방법원 본원** (금정구, 동구, 동래구, 부산진구, 연제구, 영도구, 중구)
　　주소 : 부산 연제구 법원로 31, 부산지하철 3호선 거제역 6번/8번 출구(도보5분)
　　전화 : 051)590-1114(안내), 051)590-1812(경매1계), 2계, 4계~7계, 9계~12계
　　입찰 : 시작시간 10:00 / 마감시간 11:20(저감률 30%)
　　농취증 : 최고가매수확인서는 최고가 발표 후 바로 발급
　　은행 : 부산은행(051-503-2750, 법원코드:410, 1층), 신한은행(1층), 우체국(1층)
　　진행 : 입찰 · 유찰사건 호명 / 사건번호 순서 진행(10명 이상 우선) / 상위 2위까지만
　　　　　발표

② **부산지방법원 동부지원** (기장군, 남구, 수영구, 해운대구)
　　주소 : 부산 해운대구 재반로 112번길 20번, 부산1호선 동래역 하차 → 버스
　　전화 : 051)780-1114(안내), 051)780-1421(경매1계), 2계~5계
　　입찰 : 시작시간 10:00 / 마감시간 11:20(저감률 20%)
　　농취증 : 최고가매수인확인서는 발표 후 바로 발급
　　은행 : 신한은행 법조타운지점(051-781-1944, 법원코드:412, 청사동), 우체국(1층)
　　진행 : 입찰 · 유찰사건 호명 / 사건번호 순서 진행 / 최고가매수인만 발표

③ **부산지방법원 서부지원** (강서구, 북구, 사상구, 사하구, 서구)
　　주소 : 부산 강서구 명지국제7로 77
　　전화 : 051)812-1114(안내), 051)812-1261(경매1계), 2계~6계
　　입찰 : 시작시간 10:00 / 마감시간 11:20 (저감률 20%)
　　농취증 : 최고가매수인확인서는 발표 후 바로 발급
　　은행 : 부산은행
　　진행 : 입찰 · 유찰사건 호명 / 사건번호 순서 진행 / 최고가매수인만 발표

④ **울산지방법원 본원** (남구, 동구, 북구, 양산시, 울주군, 중구)
　주소 : 울산 남구 법대로 55, KTX울산역 하차 → 버스 이동
　전화 : 052)228-8000(안내), 052)216-8261(경매1계), 2계~10계
　입찰 : 시작시간 10:00 / 마감시간 11:30 (저감률 20%)
　농취증 : 최고가매수인확인서는 발표 후 바로 발급
　은행 : 신한은행 울산법원지점(052-272-8193, 법원코드:411, 별관), 우체국(별관)
　진행 : 입찰·유찰사건 호명 / 사건번호 순서 진행 / 상위 2위까지만 발표

⑤ **창원지방법원 본원** (창원시 성산구, 창원시 의창구, 창원시 진해구, 김해시)
　주소 : 경남 창원시 성산구 창이대로 681(사파동), 창원중앙역(도보20분)
　전화 : 055)239-2000(안내), 055)239-2111(경매1계), 2계~9계
　입찰 : 시작시간 10:00 / 마감시간 11:10 (저감률 20%)
　농취증 : 최고가매수인확인서는 입찰종료 후 발급
　은행 : SC제일은행(055-266-2296, 법원코드:420), 경남은행(별관), 우체국(본관)
　진행 : 입찰·유찰사건 호명 / 사건번호 순서 진행 / 입찰자 전원 발표

⑥ **창원지방법원 마산지원** (의령군, 창원시 마산합포구/마산회원구, 함안군)
　주소 : 경남 창원시 마산합포구 완월동 7길 16
　전화 : 055)240-9300(안내), 055)240-9413(경매1계), 2계~4계
　입찰 : 시작시간 10:00 / 마감시간 11:10 (저감률 20%)
　농취증 : 최고가매수인확인서는 낙찰 받고 집행관사무실에서 바로 발급
　은행 : 경남은행마산지원출장소(055-247-8790, 1층 104호)
　진행 : 입찰·유찰사건 호명 / 사건번호 순서 진행 / 입찰자 전원 발표

⑦ **창원지방법원 진주지원** (남해군, 사천시, 산청군, 진주시, 하동군)
　주소 : 경남 진주시 진양호로 303, 진주고속버스터미널 하차 → 버스 이동
　전화 : 055)760-3300(안내), 055)760-3251(경매1계), 2계~5계
　입찰 : 시작시간 10:00 / 마감시간 11:30 (저감률 20%)
　농취증 : 최고가매수인확인서는 입찰종료 후 발급
　은행 : 농협중앙회 동진주지점(055-752-4660, 법원코드:421, 별관 1층)
　진행 : 입찰·유찰사건 호명 / 사건번호 순서 진행 / 최고가매수인만 발표

⑧ **창원지방법원 통영지원** (거제시, 고성군, 통영시)
　주소 : 경남 통영시 용남면 동달안길 67, 통영시외버스터미널 하차 → 버스 이동
　전화 : 055)640-8500(안내), 055)640-8501(경매1계), 2계~7계
　입찰 : 시작시간 10:00 / 마감시간 11:20 (저감률 20%)
　농취증 : 최고가매수인확인서는 입찰종료 후 발급
　은행 : SC제일은행 통영지점(055-649-1424, 법원코드:422, 지원 1층)
　진행 : 입찰·유찰사건 호명 / 사건번호 순서 진행 / 입찰자 전원 발표

⑨ **창원지방법원 밀양지원** (밀양시, 창녕군)
　주소 : 경남 밀양시 밀양대로 1993-20, 밀양시외버스터미널 하차 → 버스
　전화 : 055)350-2500(안내), 055)350-2531(경매1계), 055)350-2533(2계)
　입찰 : 시작시간 10:00 / 마감시간 11:20 (저감률 20%)
　농취증 : 최고가매수인확인서는 입찰종료 후 발급
　은행 : 농협중앙회 삼문동지점(055-355-1698, 법원코드:423, 지원 1층)
　진행 : 입찰·유찰사건 호명 / 사건번호 순서 진행 / 최고가매수인만 발표

⑩ **창원지방법원 거창지원** (거창군, 함양군, 합천군)
　주소 : 경남 거창군 거창읍 죽전1길 31, 거창시외버스터미널 하차 → 버스 이동
　전화 : 055)940-7170(안내), 055)940-7141(경매1계), 055)940-7142(경매2계)
　입찰 : 시작시간 10:00 / 마감시간 11:30 (저감률 20%)
　농취증 : 최고가매수인확인서는 입찰종료 후 발급
　은행 : 농협중앙회 거창군지부(055-942-7260, 법원코드:424, 본관 1층)
　진행 : 입찰·유찰사건 호명 / 사건번호 순서 진행 / 최고가매수인만 발표

❖ 전라도(광주)

① **광주지방법원 본원** (광산, 남, 동, 북, 서, 곡성, 나주, 담양, 영광, 장성, 화순)
　주소 : 광주 동구 준법로 7-12(지산동), 광주역 하차 → 버스 이동
　전화 : 062)239-1114(안내), 062)239-1611(경매1계), 2계~10계
　입찰 : 시작시간 10:00 / 마감시간 11:10 (저감률 30%)

농취증 : 최고가매수인확인서는 최고가 발표 후 바로 발급

은행 : 신한은행(062-222-2706, 법원코드:510, 1층), 광주은행(1층), 우체국(1층)

진행 : 입찰·유찰사건 호명 / 계별 사건번호 순서 진행 / 최고가매수인만 발표

② **광주지방법원 목포지원** (목포시, 무안군, 신안군, 영암군, 함평군)

주소 : 전남 목포시 정의로 29(옥암동 1201번지)

전화 : 061)270-6600(안내), 061)270-6691(경매1계), 2계~6계

입찰 : 시작시간 10:00 / 마감시간 11:20 (저감률 30%)

농취증 : 최고가매수인확인서는 최고가 발표 후 바로 발급

은행 : 신한은행 목포지점(061-272-7535, 법원코드:511, 지원 1층)

진행 : 입찰·유찰사건 호명 / 사건번호 순서 진행 / 최고가매수인만 발표

③ **광주지방법원 장흥지원** (강진군, 장흥군)

주소 : 전남 장흥군 장흥읍 읍성로 121-1, 장흥시외버스터미널(도보20분)

전화 : 061)860-1500(안내), 061)860-1541(경매1계), 061)860-1542(경매2계)

입찰 : 시작시간 10:00 / 마감시간 11:30 (저감률 20%)

농취증 : 최고가매수인확인서는 최고가 발표 후 바로 발급

은행 : 광주은행 장흥지점(061-863-8117, 법원코드:512, 지원 2층)

진행 : 입찰·유찰사건 호명 / 사건번호 순서 진행 / 최고가매수인만 발표

④ **광주지방법원 순천지원** (고흥군, 광양시, 구례군, 보성군, 순천시, 여수시)

주소 : 전남 순천시 왕지로 21 (왕지동 777-1)

전화 : 061)729-5114(안내), 061)729-5321(경매1계), 2계, 4계, 7계~9계

입찰 : 시작시간 10:00 / 마감시간 11:30 (저감률 30%)

농취증 : 최고가매수인확인서는 최고가 발표 후 바로 발급

은행 : 신한은행 순천법원지점(061-725-0348, 법원코드:513, 지원 1층)

진행 : 입찰·유찰사건 호명 / 사건번호 순서 진행 / 최고가매수인만 발표

⑤ **광주지방법원 해남지원** (완도군, 진도군, 해남군)

주소 : 전남 해남군 해남읍 중앙1로 330 (구교리), 해남시외버스터미널(도보15분)

전화 : 061)534-9151(안내), 061)530-9111(경매1계), 2계~4계

입찰 : 시작시간 10:00 / 마감시간 11:30 (저감률 30%)

농취증 : 최고가매수인확인서는 최고가 발표 후 바로 발급

은행 : 광주은행 해남지원(061-536-5213, 법원코드:514, 지원 별관)

진행 : 입찰·유찰사건 호명 / 사건번호 순서 진행 / 최고가매수인만 발표

⑥ **전주지방법원 본원** (전주시 덕진구/완산구, 김제시, 무주, 완주, 임실, 진안)

주소 : 전북 전주시 덕진구 사평로 25(덕진동1가 1416-1), 전주역 하차 → 버스

전화 : 063)259-5400(안내), 063)259-5531(경매1계), 2계, 4계~7계

입찰 : 시작시간 10:30 / 마감시간 11:30 (저감률 30%)

농취증 : 최고가매수인확인서는 입찰종료 후 발급

은행 : SC제일은행 전주법원(063-253-5570, 법원코드:520, 별관), 우체국(신관)

진행 : 입찰·유찰사건 호명 / 사건번호 순서 진행 / 최고가매수인만 발표

⑦ **전주지방법원 군산지원** (군산시, 익산시)

주소 : 전북 군산시 법원로 68(조촌동 880), 군산시외버스터미널 하차 → 버스

전화 : 063)450-5080(안내), 063)450-5161(경매1계), 2계~5계

입찰 : 시작시간 10:00 / 마감시간 11:40 (저감률 30%)

농취증 : 최고가매수인확인서는 입찰종료 후 발급

은행 : 신한은행 군산지점(063-452-3148, 법원코드:521, 1층), 우체국(1층)

진행 : 입찰·유찰사건 호명 / 사건번호 순서 진행 / 최고가매수인만 발표

⑧ **전주지방법원 정읍지원** (고창군, 부안군, 정읍시)

주소 : 전북 정읍시 수성6로 29(수성동 990-5)

전화 : 063)570-1000(경매1계~4계)

입찰 : 시작시간 10:00 / 마감시간 11:30 (저감률 30%)

농취증 : 최고가매수인확인서는 최고가 발표 후 바로 발급

은행 : SC제일은행 정읍지점(063-535-5130, 법원코드:522, 지원 1층)

진행 : 입찰·유찰사건 호명 / 사건번호 순서 진행 / 최고가매수인만 발표

⑨ **전주지방법원 남원지원** (남원시, 순창군, 장수군)

    주소 : 전북 남원시 용성로 59(동충동 141), 남원시외버스터미널(도보5분)
    전화 : 063)620-2700(안내), 063)620-2731(경매1계), 063)620-2735(2계)
    입찰 : 시작시간 10:00 / 마감시간 11:10(저감률 30%)
    농취증 : 최고가매수인확인서는 입찰종료 후 발급
    은행 : SC제일은행 남원지점(063-626-0079, 법원코드:523, 지원 1층)
    진행 : 입찰·유찰사건 호명 / 사건번호 순서 진행 / 최고가매수인만 발표

❖ 제주도

제주지방법원 본원 (서귀포시, 제주시)

주소 : 제주 제주시 남광북5길 3(이도2동 950-1),
전화 : 064)729-2000(안내), 064)729-2151(경매1계), 2계~6계
입찰 : 시작시간 10:00 / 마감시간 11:30(저감률 30%)
농취증 : 최고가매수인확인서는 최고가 발표 후 바로 발급
은행 : SC제일은행 제주지점(064-753-2851, 법원코드:530, 1층), 우체국(1층)
진행 : 입찰·유찰사건 호명 / 용도별 순서 진행 / 입찰자 전원 발표

> 참고   **나의 사건 검색**

　진행하고 있는 소송사건이 있다면 나의사건 검색을 통해 그 내용을 알 수 있다. 대한민국 법원사이트(https://www.scourt.go.kr)에서는 대법원, 각급법원, 사법부 소개와 더불어 대국민서비스 게시판이 있다. 대국민서비스 게시판에 보면 [사건검색] 게시판이 있는데, 이를 클릭하면 나의 사건 검색으로 연결된다. 나의 사건 검색 방법은 사건번호로 검색하는 방법과 공인인증서로 검색하는 방법이다. 사건번호에 대법원, 고등법원, 지방법원을 선택한 후, 해당년도와 부호, 사건번호와 당사자명을 입력한 후 자동입력 방지를 위한 문자를 입력하면 진행되는 내용을 알 수 있다. 공인인증서로 검색하려면 주민등록번호와 사용가능한 공인인증서가 필요하다. 부동산 및 동산 경매사건 검색은 [법원경매정보 홈페이지]에서 이용해야 하고, 본인이 소송에 필요한 비용 납부내역은 [신한은행 송달료 조회]에서 확인이 가능하다. 사건일반내용에는 사건번호와 사건명, 재판부, 접수일, 종국결과, 항고접수일, 항고결과, 결정문송달일, 확정일 등이 기록되며 최근기일내용과 제출서류 접수내용, 관련사건내용, 당사자내용 등도 기록된다. 사건진행내용에는 일자별로 신청서접수, 종국결과, 송달결과 등을 알 수 있으며, 결정정본송달과 관련하여 도달, 폐문부재, 수취인불명, 공시송달 신청에 따른송달간주 등의 결과를 알 수 있다. 사건번호에는 예로 [2016타인0123]처럼 '타인'이라는 부호가 보이는데, 어떤 사건으로 진행되는지를 알 수 있다.

- 타경 : 부동산 등 경매사건 타인 : 부동산인도명령사건
- 본 : 부동산 집행, 동산경매(검색은 법원경매정보사이트 [나의경매]에서 가능)
- 가 : 부동산 점유이전 가처분, 처분금지 가처분 등(검색은 법원경매정보사이트)
- 가합 : 민사1심합의사건 가단 : 민사1심단독사건 가소 : 민사소액사건
- 나 : 민사항소사건 다 : 민사상고사건 라 : 민사항고사건
- 머 : 민사조정사건 자 : 화해사건 차 : 독촉사건
- 카합 : 민사가압류, 가처분 등 합의사건 카단 : 민사가압류, 가처분 등 단독사건
- 카담 : 담보취소 등 사건 카조 : 재산조회사건 카명 : 재산명시 등 사건
- 카정 : 강제집행정지사건 카경 : 판결경정사건 카소 : 제소명령사건
- 회합 : 회생합의사건 회단 : 회생단독사건 간회합 : 간이회생합의사건
- 개회 : 개인회생사건 하합 : 파산합의사건 고단 : 형사1심단독사건

나의 사건 검색

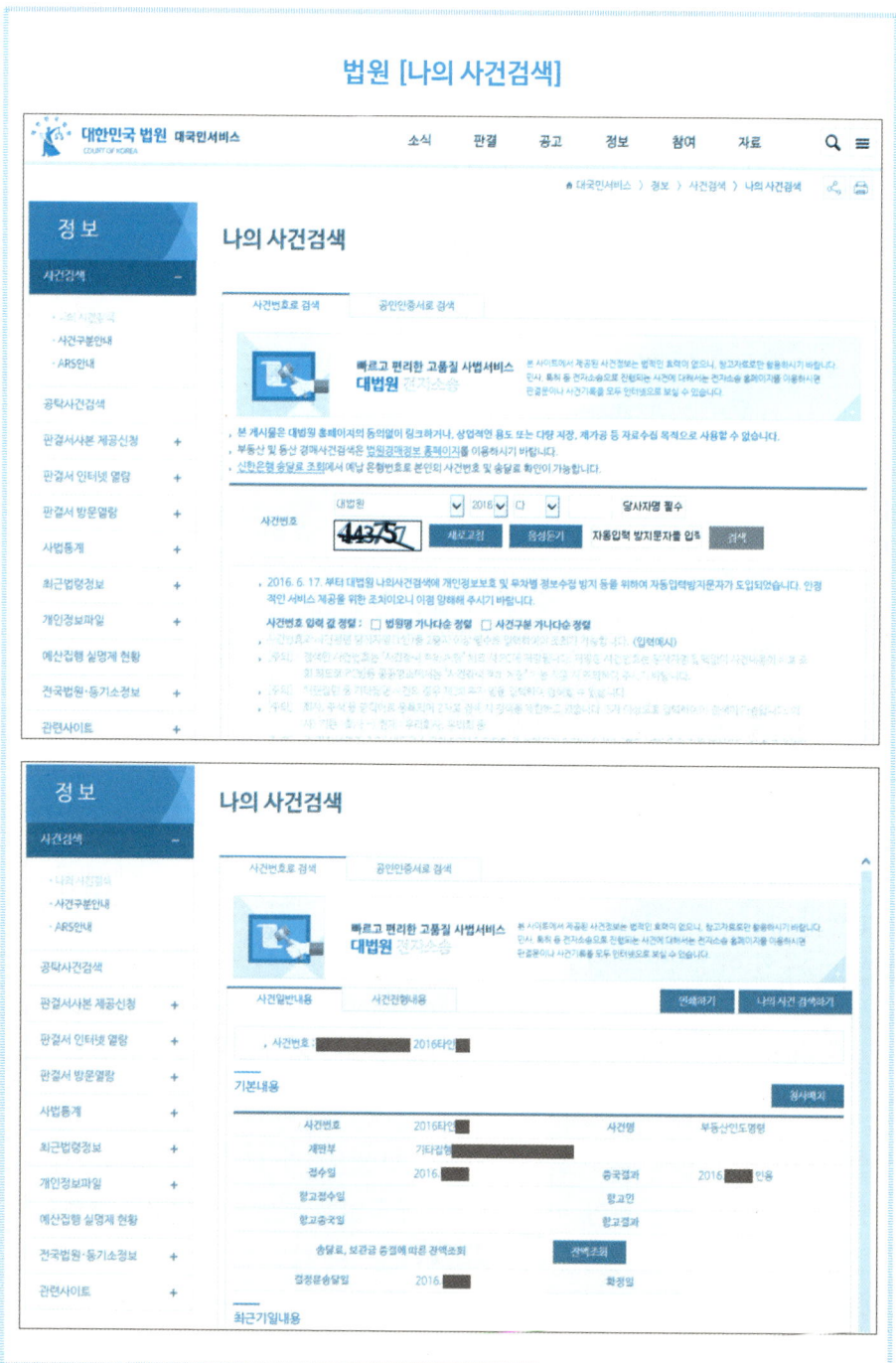

참고 | 지급명령

　지급명령이란 법원이 채권자의 신청을 받아 채무자에게 빚을 변제하라고 독촉하는 제도로, 소송절차보다 간단하고 적은 비용으로 분쟁을 해결하고자 하기 위함이 목적이다. 지급명령은 금전, 유가증권 등의 지급을 청구하기 위할 때만 신청할 수 있다. 금전이라 함은 물품대금청구, 대여금청구 등을 말하며, 유가증권은 약속어음청구, 수표청구 등을 말한다. 지급명령을 신청하는 경우는 변제받을 돈이 있는데, 별도의 공증을 받지도 않았고 재판하기에는 소액이라 부담스러울 때 많이 신청한다. 서면심리만으로 가능하기 때문에, 별도로 법정에 출석할 필요가 없고 1~2개월 안에 결정이 나기 때문에 신속하게 진행시킬 수 있다. 지급명령을 신청하려면 일반적으로 채무자 주소지 관할 지방법원에 신청하면 되는데, 법원 전자소송 사이트를 이용한 신청도 가능하다. 신청서에는 당사자 표시(인적사항, 주소, 연락처 등)와 청구금액, 청구취지, 청구원인, 첨부서류 등을 정확히 기재해야 한다. 청구취지는 채권자가 채무자에 대해 어떤 결론을구하는지 적고, 청구원인은 사실관계에 입각하여 간결하게 정리하면 된다. 첨부서류에는 인지액와 송달료가 있는데, 인지액은 금액에 따라 청구액의 0.05% 이고, 송달료는 1회송달 × 명수 × 4회분으로 소송에 비하면 상당히 저렴하다.

　접수가 되면 법원에서는 검토 후, 채무자에게 채무변제액을 지급하라는 명령서를 내보낸다. 내용에는 "채무자는 채권자에게 별지 청구취지 기재의 금액을 지급하라. 별치 독촉절차비용은 채무자가 부담한다. 채무자는 이 명령이 송달된 날부터 2주일 이내에 이의신청을 할 수 있다."라는 내용이 기록된다. 지급명령이 확정되면 채무자가 재산을 다른 곳으로 옮기기 전에 채무자 주거래 은행을 알아내어 통장을 압류한다거나, 부동산이 있다면 우선 가압류를 걸어 놓고 경매를 통한 강제집행 신청을 하면 된다. 만약 채무자라면 지급명령이 송달된 날로 부터 2주일 이내에 이의신청서를 제출하지 않으면 확정판결과 같은 효력을 발생시키기 때문에 꼭 이의신청을 해야 한다. 이의신청만 하게 되면 지급명령의 효력은 상실하게 되고, 이후에는 소송절차로 진행해야 한다. 채무자가 의도적으로 시간을 끌기 위해 간단하게 한 줄로 "독촉사건에 대해 이의 신청한다"라는 신청서만 제출하고, 구체적인 진술의 답변서는 30일 이내에만 제출하면 되기 때문에 악용하기도 한다.

서울중부지방법원 지급명령 결정문과 지급명령 신청서

채권자 서울 서초구 서초대로 1234
        (서초동, 한국빌딩 5층)
        공룡 주식회사 대표이사 다이노

|||||||||||||||||||||| 06601

(민사집행과 경매4계)
2016-001-00001111-001

서울중부지방법원
지 급 명 령

사   건   2016차 12345 물품대금
채 권 자   공룡 주식회사
           서울시 서초구 서초대로 1234 (서초동, 한국빌딩5층)
           대표이사 다이노   2016. 3. 14. 송달, 2016. 3. 28. 확정   (인)
채 무 자   주식회사 개구리
           서울시 강남구 강남대로 4321 (서초동, 중국빌딩 5층)
           대표이사 구루기

청구취지와 원인 별지 기재와 같다.

채무자는 채권자에게 별지 청구취지 기재의 금액을 지급하라.
별지 독촉절차비용은 채무자가 부담한다.
채무자는 이 명령이 송달된 날부터 2주일 이내에 이의신청을 할 수 있다.

                2016. 3. 7.
            사 법 보 좌 관   홍 길 동

위 정본임(채무자 주식회사 개구리에 대한
  강제집행을 실시하기 위한 것임)
              2016. 3. 30.
        법원주사 손오공

※ 1. 채무자가 이 명령이 송달된 날로부터 2주일 이내에 이의신청서를 제출하지 않으면 이 지급 명령은
     확정판결과 같은 효력을 가집니다. (우편에 의한 이의신청서는 위 기간 내에 법원에 도착하여야 합니다)
  2. 채무자가 이의신청을 하는 경우에는 이의신청서와 별도로 지급명령의 청구원인에 대한 구체적인
     진술을 적은 답변서를 제출하여야 합니다. (자세한 내용은 '독촉안내절차서' 참조)
  3. 지급명령이 확정되어 채권자가 지급명령정본을 송달받은 경우네는 지급명령에 조건을 붙인 경우,
     당사자의 승계인을 위하여 또는 당사자의 승계인에 대하여 강제집행을 하는 경우를 제외하고는 집행문을
     부여받을 필요 없이 이 정본에 의하여 강제집행을 할 수 있습니다.

당사자 표시

사　건　　2016차 12345 물품대금
채 권 자　　공룡 주식회사 (대표이사 다이노)
　　　　　　서울시 서초구 서초대로 1234 (서초동, 한국빌딩5층)
채 무 자　　주식회사 개구리 (대표이사 구루기)
　　　　　　서울시 강남구 강남대로 4321 (논현동, 중국빌딩4층)

물품대금 청구 지급명령

청구 취지

채무자는 채권자에게 금 123,456,000원 및 이에 대하여 2015. 9. 7.부터 이 지급명령 존본 송달일까지는 연 6%의, 그 다음날부터 완제일까지는 연 20%의 비율에 의한 지연손해금 및 아래 독촉절차비용을 지급하라.　라는 명령을 구합니다.

독촉절차비용　금 192,000원
내　　　역　인지대 금 52,000원, 송달료 금 28,000원, 서기료 금 112,000원

청구 원인

1. 당사자의 지위
채권자는 2010. 1. 3.에 법인을 설립하여 토목구조물공사업, 건축자재 제조 및 도소매업 등을 목적으로 하는 법인사업체이며, 채무자는 2005. 3. 2.에 법인을 설립하여 토목공사업, 건축자재 및 판매업 등을 목적으로 하는 법인사업체입니다.

2. 물품대금 채권의 발생경위
채권자는 채무자에게 2014년 9월부터 2015년 3월까지 철근, 시멘트, 목재 등과 안전모, 안전화 외 15건의 물품을 공급하였고, 채무자는 이를 구입한 후 동 물품 등을 채권자로부터 인도 받은 바가 있습니다.

3. 채무자의 채무불이행
위 물품대금의 결재를 현금으로 주기로 했지만, 채무자는 이를 변제하지 않아서 채권자 채권자는 2015. 9. 7.자 내용증명, 2015. 11. 11. 자 내용증명으로 채무변제를 독촉하였으나 채무자는 현재까지 금 123,456,000원에 대한 채무의 이행을 지체하고 있습니다.

4. 그래서 채권자는 채무자가 아무런 이유없이 이행하지 아니하므로 위 청구금액을 변제받고자 신청하게 되었습니다.

> **표 교수의**

"법원 경매정보 제공 쉽게 이해하기"

부동산경매 입찰예정자의 입장에서 보면 법원의 경매정보, 특히 인수권리에 대한 정보가 부족하거나 잘못됐다면 예상하지 못한 추가적인 비용이나 손실이 발생한다. 예로 전입일자는 빠르지만 가족이나 친지관계, 지인관계 등에게 무상으로 임차해 주는 경우 실제 권리관계가 없는 형식적인 선순위임차인에 불과하지만, 입찰예정자가 이를 증명하지 못하면 권리를 인수해야 하거나 경락자금 대출조차도 받지 못할 수 있다. 현재 법원에서는 권리관계와 관련하여 매각물건명세서, 현황조사서를 통해 간단히 알려주고 있다. 매각물건명세서는 법원에서 기재한 서면에 불과하며 매각조건이 결정되거나 실체법상의 권리관계에 영향을 미치지 않고 공신력도 인정되지 않는다. 매각물건명세서는 권리분석의 기초가 되어, 이를 바탕으로 경매물건에 대한 분석을 하기 때문에 문구 하나가 중요시되고 있는데, 중대한 하자의 경우에 불허가의 사유가 되기도 하고 손해배상 책임까지도 인정되기 때문에 법원에서는 민사집행법에서 기재된 법조문과 관련하여 일반적인 문구 외에 "성립여지 알 수 없음" 등과 같이 애매한 표현을 쓴다. 주민등록 초본, 등본이나 무상거주확인서 등을 미루어 확인이 가능함에도 불구하고 이에 대한 내용은 알려주지 않는다. 등기사항증명서, 전입세대열람내역도 본인이 직접 떼어 봐야 하는 불편함도 있다.

집행관의 현황조사는 책임감 없이 다소 형식적으로 하는 경우가 있다. 예로 문이 잠겨 확인이 불가한 경우, 이에 대해 제대로 된 확인 없이 정리하고 많다. 현황조사서상의 임차인 현황에 대한 내용을 보면 "폐문부재로 소유자 및 점유자들을 만나지 못하여 안내문을 투입하였으나, 아무 연락이 없어 점유자 확인 불능임", "2회 방문하였으나 폐문부재이고, 방문한 취지 및 연락처를 남겼으나 아무런 연락이 없으므로 주민등록 전입된 세대만 임차인으로 보고함", "본 건 현황조사를 위하여 현장을 방문, 입구에 공동현관호출기 시스템이 설치되어 있어 해당 호수를 호출하였으나 무반응하여 점유자 확인 불능임" 등이 그 예이다. 이렇듯 현황조사에 대해 '확인불가'라고 표시해도 별도의 규제도 없는 상황이 보니, 다소 책임의식 없이 단순하게 조사하는 경우도 적지 않다.

법원 경매에서 낙찰을 받게 되면 낙찰허가 결정 확정 후 1개월 이내에 대금 납부해야 하며, 이를 시중 은행에서는 경락자금 대출이라는 명목으로 저리로 대출하고 있다. 경매의 경우 특수한 경우가 아니면 모든 권리관계가 말소되고, 경매자금 대출한 은행 근저당이 새로이 최우선순위가 되기 때문에 일반대출보다 대출비율을 높게 적용한다. 선순위

임차인이나 인수권리가 예상될 때에는 대출을 꺼리는 경향이 있고 선순위 가등기, 가처분, 유치권, 법정지상권, 토지별도등기, 지분과 같은 권리관계가 다소 복잡한 물건도 대출을 해주지 않는다. 다만 경매사건 중 기존 채권은행에서 감정가액 100%의 상응하는 금액을 대출했다는 것은 선순위임차인에 대한 무상거주확인서 등이 작성되었고 이를 법원에 제출되었을 것으로 예상되지만, 법원은 중립의 의무를 강조한 나머지 입찰예정자들에게 이에 대한 언급을 하지 않는다. 결과적으로 입찰예정자들은 혹시나 하는 마음으로 유료 경매정보사이트에 의지할 수밖에 없게 된다.

    법원의 정보제공과 관련하여 전입세대열람내역과 관련된 내용을 살펴보면 2014년 1월1일 개정된 주민등록법 시행규칙 개정안에 따라 기존 해당 물건소재지에서만 발급이 가능했던 부분이 전국 어디서든 가능해졌고, 불필요한 개인정보 노출을 근거로 경매신청자에게는 성명 중 이름을 제외한 성만 표기하여 제공하고 있다. 2012년 기준으로 전국에 1,466만 건의 열람이 됐을 정도로 수요가 증가되고 있고 경매와 더불어 임대차계약, 대출, 근저당설정 등에도 필요한 전입세대열람내역의 주민등록이 되어있는 세대주의 성명과 전입일자 설정일은 이제는 중요한 기준을 판단하는 자료로 널리 쓰이는 있다는 것이다. 예전처럼 타 지역까지 안 가도 되어 불편함이 줄어들기는 했지만, 이미 다수의 경매 정보 사이트에서 제공하는 만큼 입찰과 관련된 정보들은 추가적인 제공이 필요하다. 이와 관련하여 대한민국 법원 사이트(https://www.scourt.go.kr) '법원에 바란다' 게시판에 이와 관련된 질의를 해본 결과 먼저 "등기사항증명서, 토지/건축물대장, 전입세대열람내역 등에 대해서는 비용 지불 없이 자료제공이 가능한지" 여부에 대해 "등기사항증명서는 원칙적으로 다른 법률에 수수료를 면제하는 규정이 없는 한 '등기사항증명서 등 수수료 규칙'에 따라 수수료를 납부하여야만 등·초본의 발급 또는 열람이 가능하다. 법원경매정보 홈페이지에서 비용을 지불하지 아니하고 등기사항증명서 자료 제공과 관련한 귀하의 건의는 관련 법률의 제·개정 등이 선행되어야 반영될 수 있으며, 토지·건축물대장, 전입세대열람내역 등에 대해서는 관련기관과 협의가 필요한 사항으로 법원이 독자적으로 해결하는데 어려움이 있다"고 답하였다. 또한 "대항력 없는 선순위임차인이 있는 경우 매각물건명세서에 이를 언급하거나 무상거주확인서 등의 자료 첨부가 가능한지" 여부에 대해서는 "경매절차에 있어서 매각물건명세서의 작성은 입찰대상 부동산의 현황을 되도록 정확히 파악하여 일반인에게 현황과 권리관계를 공시함으로써 매수 희망자가 입찰대상 물건에 필요한 정보를 쉽게 얻을 수 있게 하여 예측하지 못한 손해를 입는 것을 방지하고자 하는 데 그 취지가 있는데 판례는 만일 경매절차의 특성이나 집행법원이 가지는 기능의 한계 등으로 인하여 매각대상 부동산의 현황이나 관리관계를 정확히 파악하는 것이 곤란한 경우에는 그 부동산의 현황이나 권리관계가 불분명하다는 취지를 매각물건명세서에 그대로 기재함으로써 매수신청인 스스로의 판단과 책임 하에 매각대상 부동산의 매수신고가격이 결정될 수 있도록 하여야 한다고 판시(대법원 2008. 1. 31. 선고 2006다913 판결하고 있으며, 이에 대항력 유무 또한 매각물건명세서 등 공시된 입찰정보를 가지고 매수신청인 스스로의 판단과 책임 하에 그 여부를 판단하여야 할 것으로 보인다. 또한 무상거주확인서는 국가기관 등 공신력 있는 기관으로부터 받은 증명서도 아니고 단지 점유자로부터 받는 사문서에 불과하여, 이를 대항력 유무 판단자료로 활용하기 위한 판단자료로 첨부하는 것은 허위발급 등의 문제 등 경매절차에 더 많은 혼선을 불러 올 수도 있어 신중한 검토가 필요하다"고 답하였다.

　이렇듯 법원의 입장을 보면 등기사항과 관련된 정보제공에 대해서는 수수료에 대해 관련 법률의 제·개정이나 관련기관과의 협의가 필요하다고 한다. 그러나 현실적으로 경매를 접하는 다수가 유료경매정보를 활용하고 있고 이와 관련하여 무상으로 제공하고 있다는 점에서 매각물건명세서, 감정평가서 등의 제공과 더불어 부동산경매의 대중화를 고려하여 좀 더 많은 정보의 제공이 요구되기에, 공청회를 통해 의견을 취합하여 필요한 법률의 제·개정과 관련기관과의 협의가 필요해 보인다. 또한 무상거주확인서 등이 비록 공신력 있는 기관의 증명서는 아니지만, 선순위임차인의 정보가 부재한 상황에서 이에 대한 판단을 입찰자의 몫이라고 할지라도 현황조사서 상의 임차인이나 점유자가 언급한 내용을 공개한 것처럼 정보를 제공해준다면 최소한 정보조차도 얻지 못해 생기는 입찰보증금의 손실을 조금은 줄일 수 있을 것이다. 조금이라도 권리상의 문제가 보이면 대출을 못 받게 되고 잔금을 미납할 수밖에 없어지기 때문에 전입세대열람내역, 등기사항증명서 등은 정보제공 차원에서 열람이 가능하게 하고 채권자가 경매 신청할 때 등 임차인에 대한 정보가 있을시 매각물건명세서에 무상거주확인서 제출 등의 추가적인 정보가 제공해 줄 필요가 있다.

PART **1** 부동산 경매 바로알기

Chapter **5**

감정평가와 우량한 경매물건 선정방법

01 감정평가서
02 경매물건 선별요령
03 지목
04 용도지역 · 지구 · 구역
05 도시계획

01 감정평가서

　법원은 경매를 진행할 매각기일을 정하기 전에 감정평가사를 통해 진행할 경매물건에 대한 평가를 해달라고 요청을 한다. 감정평가사는 부동산의 시세와 위치 등을 감안하여 감정가를 제시하게 되고, 이를 감안하여 법원의 최저 매각가를 정하게 된다. 감정평가액은 시세와 다소 차이가 있기 때문에, 입찰예정자는 감정가액만 믿고 입찰하기보다는 전체적인 부동산 동향과 주변 시세 등을 감안하여 입찰해 참가해야 한다. 감정평가서의 내용을 보면 다음과 같은데, (토지 및 건물)의 감정평가표에는 감정평가서의 서명날인과 감정평가액, 의뢰인과 감정평가목적, 소유자 등이 기록되어 있고 부동산의 기준가치와 시점과 조사기간, 작성일, 부동산의 면적과 수량, 단가 등이 기재되어 있다. 감정평가액의 산출근거 및 결정의견에는 평가목적, 근거, 감정평가방법, 기준시점의 평가개요를 기준으로 평가대상 토지의 개요, 비교표준지의 선정, 지가변동률의 산정, 지역요인, 개별요인, 기타요인 등을 통해 토지 및 건물의 가격을 결정한다. 비교표준지 산정은 본건과 지리적으로 근접하고 이용상황도 유사한 표준지를 기준으로 삼게 된다.

　지가변동율 산정은 국토교통부에서 고시한 용도지역별 지가변동율을 시점수정치로 결정하는데 부동산이 급변하는 시장이 아니라면 큰 차이는 없어 보인다. 지요요인의 비교도 비교적 표준지와 유사하게 보기 때문에 대등하게 보고 큰 차이를 두지 않는다. 다만 개별요인과 기타요인 보정에는 감정평가사의 시각에 따라 큰 영향을 미칠 수 있다. 개별요인을 보면 가로조건(가로의 폭, 구조의 상태), 접근조건(교통시설과의 접근성, 편익시설과의 접근성), 환경조건(일조, 조망, 경관), 행정조건(행정상 규제정도, 용도지역, 용적률), 획지조건(면적, 접면노비, 형상), 기타조건(장래 동향, 이용상태) 등으로 구분되고, 기타요인은 평가에 있어 인근의 정상적인 거래사례 및 평가사례를 참작하여 보정하는 것으로 통상 다소 상향하여 감정평가액을 결정한다. 감정평가요항표에는 소재 부동산의 위치 및 주위환경, 교통상황, 형태 및 이용상태, 인접 도로상태, 토지이용계획 및 제한상태, 제시목록 외의 물건, 공부와의 차이, 기타참고사항 등의 내용이 기재되어 있다. 요항표 외에 감정가에 적용한 주변 표준지와 본건 부동산의 위치와 지적개황도, 현장사진 등이 평가서에 포함되어 있다. 이에 대한 감정평가에 대한 수수료청구 내용과 경매지연에 따른 부동산재평가신청도 참고로 알아두면 좋다.

(1) 토지, 건물 등의 감정평가표

감정평가서

건 명	주식회사 개구리 소유물건 (2016 타경 123456)
의 뢰 인	서울중부지방법원 사법보좌관 홍길동
감정평가서번호	PS16-07-0777

(토지 및 건물) 감정평가표

이 감정평가서는 감정평가에 관한 법규를 준수하고 감정평가이론에 따라 성실하고 공정하게 작성하였기에 서명날인합니다.

감 정 평 가 사   옥 중 화   (인)

감정평가액	一金 오십이억삼천사백만원 整 (₩ 5,234,000,000.-)					
의뢰인	서울중부지방법원 사법보좌관 홍길동		감정평가목적		법원경매	
채무자	주식회사 개구리		제출처		경매1계	
소유자 (대상업체명)	주식회사 개구리 (2016 타경 123456)		기준가치 감정평가조건		시장가치 -	
목록 표시근거	귀 제시목록		기준시점 2016.8.10	조사기간 2016.8.8~2016.8.10		작성일 2016.8.10
감정평가	공 부(의뢰)		사 정		감정평가액	
	종류	면적(㎡) 또는 수량	종류	면적(㎡) 또는 수량	단 가	금 액
	대 건물	234 707	대 건물	234(71평) 707(214평)	16,000,000 2,107,500	3,744,000,000 1,490,000,000
					합 계	5,234,000,000

(2) 감정평가액의 산출근거 및 결정의견(1)

감정평가액의 산출근거 및 결정의견(I)

I. 평가개요

1. 평가목적
본건은 서울특별시 강남구 강남대로 소재 "강남역" 북서측 인근에 위치하는 토지에 대한 서울중부지방법원의 경매목적(임의경매)을 위한 감정평가건임

2. 평가근거 및 기준가치
본건은 「부동산 가격공시 및 감정평가에 관한 법률」 「감정평가에 관한 규칙」 등 관련규정 및 감정평가 제이론에 의거 감정평가하였으며, 「감정평가에 관한 규칙」 제5조에 따라 "시장가치"를 기준으로 하되, 감정평가 목적 등을 고려하여 감정평가액을 결정하였음.

3. 감정평가방법
본건 토지는 「부동산 가격공시 및 감정평가에 관한 법률」 제21조 및 「감정평가에 관한 규칙」 제12조에 따라 감정평가의 대상이 된 토지와 가치형성요인이 같거나 비슷하여 유사한 이용가치를 지닌다고 인정되는 표준지의 공시지가를 기준으로 대상토지의 현황에 맞게 시점수정, 지역요인 및 개별요인 비교, 그 밖의 요인의 보정을 거쳐 대상 토지의 가액을 산정하는 공시지가기준법으로 감정평가하였음.

4. 기준시점
본 가격시점은 가격조사 완료일인 2016. 8. 10. 임

5. 기타사항

II. 토지의 평가

평가대상 토지와 용도 지목, 주변환경 등이 동일 또는 유사한 인근지역에 소재하는 표준지의 공시지가를 기준으로 시점수정, 지역, 개별요인 등을 종합적으로 참작하여 평가하였음.

1. 대상토지의 개요

2. 비교표준지의 선정(2016.01.01 기준)

구분	소재지	지목	면적(㎡)	이용상황	용도지역	도로상황	형상지세	공시지가(㎡)
#1	강남대로 1040	대	126.0	상업용	일반상업	소로각지	사다리평지	10,250,000
#2	강남대로 1311	대	185.8	상업용	일반상업	소로각지	사다리평지	9,580,000
#3	강남대로 1919	대	165	상업용	일반상업	세각(가)	사다리평지	10,890,000

기호 #1 - #3의 표준지는 모두 본건 토지의 인근지역에 위치하며 그 이용상황 등 제반 측면에서 유사성이 인정됨. 그 중에서도 기호 #3은 본건과 지리적으로 근접하여 있고 동일로변에 위치하며 이용상황 등도 유사하여 비교 표준지로 사용하기에 적합하다고 판단됨.

3. 지가변동률의 산정
한국은행에서 조사·발표하는 생산자물가지수상승율은 전국적인 물가변동 상황을 나타낸 자료로서 당해 지역의 지가변동추이를 적정하게 반영하지 못한다고 판단되어 국토교통부에서 고시한 용도지역별 지가변동율을 시점수정치로 결정하되 미고시기간은 직전월의 지가변동률을 연장적용하였음.

4. 지역요인의 비교
비교표준지와 대상지는 인근지역에 위치하는 바 지역요인 대등함(1.00)

(3) 감정평가액의 산출근거 및 결정의견(2)

감정평가액의 산출근거 및 결정의견(2)

5. 개별요인
1) 개별요인 비교

조건	개별 요인	격차율 표준지	격차율 본건	비고
가로조건	가로의 폭, 구조 등의 상태	1.00	1.00	대등함
접근조건	교통시설과의 접근성, 상가와의 접근성 등	1.00	1.00	대등함
환경조건	일조, 통풍, 조망, 경관, 지반, 지질 등	1.00	1.00	대등함
행정조건	행정상의 규제정도, 용도지역, 지구, 구역 등	1.00	1.94	일부도시계획 도로저촉
획지조건	면적, 접면너비, 깊이, 형상 등 방위고저 등	1.00	1.03	본건전면 상업지대로 형성
기타	장래의 동향, 이용상태 및 효용성 등	1.00	1.00	대등함
격차율		0.97		

6. 그 밖의 요인 보정
1) 개념 및 필요성
"그 밖의 요인 보정"이란 토지에 관한 평가를 함에 있어서 지가변동률, 지역요인 및 개별요인의 비교외에 인근의 정상적인 거래사례 및 평가사례를 참작하여 보정하는 것으로 국토해양부 유권해석(건설부토정 30241-36538, 1991.12.28) 및 대법원 판례 "01두3808, 2003.02.28. 00두10106, 2002.03.29" 등의 취지에 따라 시장가치 산정을 위해 필요함.

2) 인근 매매사례

3) 인근 평가 전례

4) 본건 토지가격 수준(인근공인중개사사무소)
유사상업용토지 15,000,000/㎡ 내외 수준

5) 그 밖의 요인 보정률의 결정
상기 유사부동산의 가격수준 및 매매수준, 평가전례 등을 고려할 때 평가의 적정성을 기하기 위하여 50%(1.50)를 상향 보정함.

7. 토지가격의 결정

기호	공시지가 (원/㎡)	지가변동율	지역 요인	개별 요인	그 밖의 요인	산출단가 (원/㎡)	결정단가 (원/㎡)
1	10,890,000	1.00006	1.00	0.97	1.50	15,844,950	16,000,000

Ⅲ. 감정평가액 결정의견

(4) 감정평가 요항표

감정평가요항표

(1) 위치 및 주위환경 (2) 교통상황 (3) 형태 및 이용상태
(4) 인접 도로상태 (5) 토지이용계획 및 제한상태 (6) 제시목록 외의 물건
(7) 공부와의 차이 (8) 기타 참고사항(임대관계 및 기타)

(1) 위치 및 주의환경
본건은 서울특별시 서초구 강남대로 소재 "강남역" 북서측 인근에 위치하며 인근 주변은 호텔, 모텔 등 유사 규모의 숙박시설, 유흥주점, 음식점 및 근린생활시설 등이 소재하는 후면의 성숙된 상가지대에 소개하는 바 제반 주위환경 양호시됨

(2) 교통상황
본건까지 차량출입 가능하고 본건 남측 인근에 버스정류장(일반, 좌석, 심야) 및 강남역(지하철 2호선, 신분당선)이 위치하는 바 제반대중교통여건은 양호함

(3) 형태 및 이용상태
본건은 모두 인접지번 및 도로와 등고평탄한 부정형의 토지로서, 모텔, 음식점 맥주바 등으로 이용중임.

(4) 인접 도로상태
본건 남측으로 폭 약 6미터, 서측 및 북측으로 폭 4미터, 3미터 내외의 포장도로와 각각 접함

(5) 토지이용계획 및 제한상태
도시지역, 일반상업지역, 제1종지구단위계획구역, 도로(저촉), 가축사육제한구역 등

(6) 제시목록 외의 물건별첨지적개황도 참조

(7) 공부와의 차이없음

(8) 기타참고사항(임대관계 및 기타)
임대미상이며기타 : 없음

(5) 수수료 청구서

수 수 료 청 구 서

감정평가서번호 : 160419-16-0007

서울중부지방법원 사법보좌관 홍길동 귀하

金 사백일십육만일천삼백원整 (₩ 4,161,300)

2016.4.19.일자 귀 제『2016타경123456』호를 의뢰하신 『주식회사 개구리』에 대한 감정평가가 완료되었으므로 상기 금액을 「감정료의 산정기준 등에 관한 예규」에 의거 청구하오니 정산하여 주시기 바랍니다.

-청구내역-

과 목		금 액	비 고
평 가 수 수 료		3,607,000	
실 비	여 비	169,000	●평가수수료● (5,234,000,000 × (7/10,000) + 845,000) × 0.8 ≒ 3,607,000
	토지조사비	-	
	물건조사비	3,000	
	공부발급비	2,500	
	기타 실비	2,000	
	특별용역비	-	
	소 계	176,500	
합 계		3,783,000	※ 1,000원 미만 절사
부 가 가 치 세		378,300	
총 계		4,161,300	
기납부 착수금		-	
정 산 청 구 액		4,161,300	

※ 위 금액을 아래 계좌로 송금하여 주시기 바랍니다.
  사업자등록번호 : 555-55-12345

계 좌 번 호	진한, 서초동 : 123-45-678900 (㈜코코감정평가) 동협, 논현동 : 123-456789-01234 (㈜코코감정평가)

㈜ 코코감정평가 법인 서울지사장 (도장)
(TEL : 02-0555-0505, FAX : 02-0555-0506)

(6) 부동산 재평가 신청

◆ 부동산 재평가신청서

부동산 재평가신청

채 권 자   공룡주식회사(대표자 다이노)
채 무 자   주식회사 개구리(대표자 구루기)

위 당사자간의 귀원 2016타경123456 신청사건은 이번에 집행정지가 해제되어 집행절차가 속행하게 되었는바 전 회 매각기일로부터 2년이 지나고 평가일로부터 3년여가 경과하여 토지의 가격이 상당히 상승하였으므로 재평가한 후에 매각기일을 지정하여 주시기 바랍니다..

2018. 9. 7.

채권자 공룡주식회사 대표자 다이노 (인)

서울중부지방법원 귀중

02 경매물건 선별요령

경매를 통해 부동산을 매입하는 목적은 크게 대부분 투자나 실수요자이다. 투자가 목적이라면 부동산 주변에 개발예정계획이 풍부한 지역이 좋다. 재개발이나 재건축, 도시재생 지역이나 역세권 개발, 도로확장 계획 등이 있는 좋다. 실수요자라면 교통편의시설을 기본으로 학교시설, 상업시설, 업무시설, 학원, 병원 등을 고려하여 입찰하는 게 좋다. 지역 선정이 어렵다면 우선 본인이 잘 아는 지역을 선정하여 투자대상으로 삼는 것이 유리하다. 기본적으로 권리분석을 할 줄 안다면 말소기준권리보다 빠른 인수사항은 없는지, 선순위임차인으로 추가적으로 부담해야 될 비용은 없는지, 후순위 권리자가 대위변제를 통해 선순위로 지위가 상승하지 않는지 등 다시금 검토해야 한다. 또한 법원경매정보 내용에 유치권이나 법정지상권, 그 밖에 인수사항 등에 추가적인 비용이나 시간이 소요되므로, 대출을 받을 계획이거나 실수요자라면 대출이 안 되거나 상당한 시일이 소요됨을 감안할 때 초보자라면 피하는 게 좋다.

초보자라면 오히려 임차인이 배당금에서 전액을 배당되거나 소액임차인만 있는 물건이 좋은데, 인도가 자연스럽게 해결될 수 있기 때문이다. 법원에서 배당받기 위해서 매수인의 인감이 첨부된 인도확인서가 필요한데, 이 과정에서 자연스럽게 이사에 대한 내용이 오가기 때문이다. 또한 선순위 임차인의 보증금을 부담하고 싸게 구입할 수 있는 물건으로, 최저가가 임차인의 보증금을 감안할 때까지 떨어지면 입찰하는 것이다. 최저가 저감에 따른 취득세 등의 세금절세 효과와 초기비용이 적을 수 있다. 다만 보증금에 대한 징확한 정보가 필요하고 추후 보증금과 관련하여 분쟁이 생길 수도 있다. 임차인 없이 소유자가 거주하는 물건의 경우, 소유자로써 집에 대한 애착이 있는 경우도 있지만 인도명령 등을 통해 1~2개월 후면 강제집행도 가능하므로 결과직으로 이사비용 성도로 수월하게 인도받을 수 있다. 경매로 부동산을 취득할 때에는 낙찰가 외에 이사비, 경락자금 대출시 법무비, 인테리어 등의 비용이 소요된다. 경락자금 대출을 포함하여 입찰하려는 경매물건에 대한 자금 전략을 잘 짜서 입찰해야 한다.

이제 주거시설을 중심으로 아파트, 다가구, 다세대, 오피스텔 등의 각 용도별로 어떻게 선별하는 게 좋은지를 검토해 보고자 한다.

아파트

우선 경매를 받기 위해 아파트 임장을 갈 때는 일조권, 조망권, 수리여부는 꼭 확인해 봐야 한다. 경매로 아파트를 구입할 때는 우선 부동산 전문사이트나 다음, 네이버 지도 등을 활용할 필요가 있다. 경매에 나온 지번과 아파트 동호수를 파악하여 지도상에서 검색해 보면 기본적인 위치나 일조권, 조망권 등은 확인이 가능하다. 지도에서 위쪽은 북쪽을 가리키므로, 아파트 방향이 남쪽으로 얼마나 접해 있는지를 보면 햇빛의 양을 가늠해 볼 수 있다. 일조권은 거실을 기준으로 햇볕이 어느 시간동안 들어오는지를 보는데, 남향을 기준으로 아침에 햇볕이 많이 뜨는 남동향, 저녁 무렵에 햇볕이 드는 남서향으로 보면 된다. 일조권과 더불어 조망권에 따라 한강변의 경우 억대까지 차이가 나는 경우도 있다. 예전 아파트의 경우 일자형으로 붙어 있는 판상형 아파트가 다수였지만, 기술의 발달과 다양한 변화의 요구에 따라 조망권, 디자인이 우수한 탑상형 아파트를 선호하였다. 최근에는 일조권, 환기, 공사비 등으로 인해 판상형 아파트도 많이 짓는다.

아파트는 기본적으로 단지정비가 잘 된 1,000세대 이상의 대단지나 지역을 대표하는 고층아파트가 좋다. 또한 대형 건설사의 유명브랜드 아파트나 역세권, 학교, 대학병원, 대형마트 부근의 아파트가 프리미엄이 있고, 매매도 쉬우므로 장래 개발 예정 부근의 아파트를 구입하는 게 좋다. 소규모일 경우에는 대단지와 가까우면 유리하나 1동짜리 아파트는 피하는 게 좋다. 재건축대상 아파트가 아니라면 새로 지은 것일수록 좋고 대지지분이 넓어야 용적률이 낮아 주거환경이 쾌적하다. 저층과 고층에 대한 가격차이도 있는데, 감정평가보다 실제가격은 더 차이가 나기 때문에 입찰가 산정시 고려해야 한다. 임장시 중개사무소를 방문하여 시세 및 동선, 단지별 특징 등을 파악하며 국토교통부 실거래가 사이트, kb시세 등을 통해 예상낙찰가를 산정해 봐야 한다.

  10년 이상 된 아파트의 경우 입주자의 성향에 따라 내부 인테리어를 바꾸기 때문에, 임장시 샷시나 거실 몰딩, 화장실, 부엌 등을 볼 수 있다면 꼼꼼히 체크해야 한다. 관리사무소에서 방문하여 관리비 체납여부를 확인하는 것도 좋다. 체납 관리비중 공용부분에 관한 비용은 낙찰 후에 추가로 드는 비용으로 초기 분양 후 한 번도 입주하지 않은 아파트의 경우 상당액의 관리비가 체납될 수 있다.

✣ 다가구(단독)

  다가구주택은 한 필지의 대지위에 여러 세대가 주거할 수 있는 주택으로 본인이 주거하면서 고정적인 수입이 보장되므로 노년층에서 선호하고 있다. 또한 건축업자나 개인투자자의 경우 오래되고 허름한 주택을 낙찰 받아 이를 철거하고 다세대 주택으로 전환하여 분양하는 투자가 늘고 있다. 상가에 비해 별도의 임대사업 신고를 하지 않아도 되고, 1주택의 경우 임대소득세나 재산세 등의 부담이 없거나 적기 때문에 경매에서도 각광을 받고 있다. 다가구주택의 경우 무엇보다도 대지 면적이 중요한데, 최소 50평~80평 정도는 되야 한다. 대지 형상은 정사각형이나 가로세로비가 1.5배 이내의 직사각형이 적당한데, 삼각형이나 마름모형은 대지활용도가 많이 떨어지기 때문이다. 또한 대지의 경사도가 있다면 별도의 축대나 옹벽 등의 설치가 필요하기 때문에 이를 감안할 필요가 있다. 재건축을 감안한다면 4m이상의 도로에 2m 이상이 접했는지 확인해야 하는데 주차 등을 감안할 때 최소 80평 이상은 되어야 무리가 없다. 건축시 일조권이나 이격거리 제한, 차량의 접근성 등을 감안하여 물건을 선별할 필요가 있다.

  경매에서는 다가구주택의 경우 낙찰가의 편차가 심한 편이다. 이는 감정평가에서 통상 낙찰까지 6개월에서 1년의 시차가 존재하며 각종 개발계획에 따른 지역적 편차, 개발행위 법적 규제가 풀리는 등 다양한 변수가 존재하는데 반해 감정평가는 주변 거래사례나 다양한 변수를 반영하지 못하고 있다. 이를 위해 여러

중개사무소를 방문하여 급매물을 비교하고, 여러 임차인에 대한 권리분석도 꼼꼼히 확인해야 한다. 특히 임차인이 많은 경우 법원의 현황조사와 더불어 등기사항증명서, 전입세대열람내역 등을 체크하여 추가적으로 인수해야 되는 권리나 인수금액은 없는지를 봐야 한다. 토지와 건물 각각의 권리가 존재한다면 배당의 순서나 배당비율에 차이가 있기 때문에 주의해야 한다.

　도심에 재개발을 추진하는 허름한 주택에도 관심가질 필요가 있다. 재개발구역 내의 경매물건을 낙찰 받는 이유는 입주자격을 얻을 수 있는 분양권 때문이다. 무조건 입주자격이 주어지는 게 아니기 때문에 조합에 문의는 필요하지만, 일반적으로 재개발 구역에 주택(토지+건물)을 낙찰 받았다면 면적에 상관없이 아파트 분양자격이 주어지게 되고, 토지만의 경우 면적이 90㎡ 이상 되어야 한다.

다세대

　다가구와 다세대 주택의 비교되는 차이 중 하나는 부동산등기가 건물 전체에 하나만 된 경우와 호수별로 각각 구분된 경우로 이해하면 된다. 다세대는 신축주택으로 단지를 형성하고 있는 것이 좋으며, 가구당 1대 이상 주차가 가능해야 좋다. 다세대의 경우 매매가 아파트에 비해 쉽지 않기 때문에, 매매되지 않을 시 감안하여 임대 수요가 많은 역세권 주변을 추천한다. 다세대 지하의 경우 감정가에 50%~60% 내외로 낙찰 받을 수도 있는데, 감정평가의 기준이 층수에 대한 고려보다는 대지지분과 건물에 집중되다 보니 거래되는 시세와는 감정평가액의 괴리감이 있다. 2~3회 유찰되고 낙찰되는 경우가 많은데 입지가 좋은 곳은 투자 대비 월세 수익률이 높아 실제 매도는 힘들지만 임대수익이 목적이라면 해볼 만하다. 도시형생활주택도 경매에 나오는데 2009년 건설경기 활성화 및 1~2인 가구의 주거안정을 위해 주차장 설치대수, 동간 간격 등을 완화되면서 수도권을 중심으로 많이 지어졌다.(전국 35만 가구 추산) 그러나 주차장이 문제가 되자 설치대수 규제를 강화하였지만 예전에 지어진 주택에서 문제가 되기도 하였다. 도시형생활주택도 엄연히 주택수로 인정되고 소음, 화재 등에도 취약한 편이다.

　여기서 전용률과 전용면적에 대해 살펴보면 전용률은 '전용/공급면적×100%'

로, 전용률이 높다는 것은 실사용면적이 높다는 의미이다. 상가는 전용률 산정시 '전용/계약면적×100%'로 통상적으로, 전용률이 더 낮은 이유이기도 하다. 아파트의 경우 75% 내외로, 주상복합은 65% 내외로 보고 있다. 상가는 50% 내외(예전 65%), 오피스텔의 경우 55% 내외로 보지만 개별마다 차이는 있다.

전용면적은 베란다를 제외한 집 내부의 실제 사용하고 있는 면적을 의미하는데 등기사항증명서에 표시되며 보상평가의 기준이 된다. 주거공용면적은 계단, 복도, 엘리베이터, 1층 현관 등으로 관리비 산정의 기준이 된다. 공급면적은 분양면적을 말하며, '전용면적+주거공용면적'이다. 평당가격의 기준이 되기도 하며, 'OO평형'의 표현을 쓴다. 계약면적은 '전용면적+주거공용면적+기타공용면적'으로, 기타공용면적은 관리사무소, 지하주차장, 노인정, 복지시설 등을 말한다. 서비스면적은 확장공사를 말하며 분양가에 일부 포함된다. 전용면적, 주거공용면적, 기타공용면적, 서비스면적을 합치면 총면적이 된다. 다세대분양시에는 사용면적이라고 표기도 하는데, 이는 '전용면적+서비스면적'만을 말하는 것이다.

오피스텔

오피스텔은 보통 역세권을 중심으로 교통이 편리하거나 편의시설이 잘 되어 있는 곳에 많다. 이에 직장을 다니면서 혼자 거주하거나 신혼부부 등이 이를 선호하는 경우가 많은데, 이를 반영하듯 냉장고, 세탁기 등의 풀옵션이 되어 있거나, 매입형 가구 등을 제공하는 경우도 많고 가변형 구조나 복층 구조를 통해 다양한 공간을 제공하는 등 주거기능을 강화시켜 분양 또는 임대하는 경우가 많다.

경매로 투자를 목적으로 오피스텔을 낙찰 받으려고 한다면 몇 가지를 확인해야 한다. 먼저 오피스텔은 철저하게 임대수요를 파악해야 한다. 일반 주택에 비해 오피스텔의 매매가격은 잘 오르지 않기 때문에 교통 편의와 주변 환경을 감안하여 임대가가 얼마나 되는지, 수익이 얼마나 되는지를 비교해 봐야 한다. 주거용으로 임대할지, 사무용으로 임대할지도 비교해 봐야 하는데, 사무용으로 임대시 추가적으로 임대사업자 등록도 필요하다. 오피스텔 투자는 무조건 싼 오피스텔보다는 주변 오피스텔의 가격과 비교하여 얼마나 상대적으로 우위에 있는지를 검토해야 한다. 또한 주변에 다른 오피스텔이 추가적으로 건축되거나 오피스텔을 대체할 업무시설이나 도시형생활주택 등이 있다면 이를 감안해야 한다. 오피스텔은 평당 관리비가 일반 업무시설과 거의 같기 때문에 주거용으로 입주하려는 임차인의 경우 동일한 조건의 아파트에 비해 2배 이상 높은 관리비를 내야 하므로 꺼릴 수 있다. 통설에 의하면 임대로 수익을 얻고자 한다면 강북지역을 선택하는 것이 좋고, 매매로 수익을 얻고자 한다면 강남지역이 수익성이 좋다는 얘기도 있다.

경매에 입찰시 연체되어 있는 일반관리비를 낙찰 받는 사람이 떠안게 될 수도 있기 때문에 관리비의 연체유무와 그 금액을 반드시 확인해야 한다. 임차인이 현재 주거용으로 쓰고 있다면 주택임대차보호법이 적용될 수 있기 때문에, 권리관계도 문제가 없는지 다시금 확인해 봐야 한다. 최근에는 일명 분양형호텔, 서비스드레지던스(오피스텔)들도 경매로 나오고 있다. 오피스텔을 분양형호텔로 홍보한 뒤, 별도의 건물관리 전문업체에게 위임하여 위탁경영하는 방법이다. 전 소유자의 계약은 승계되지 않고, 낙찰시 재개약하거나 개인의 별장처럼 사용도 가능하다고 하지만, 별도의 확인이 필요하다.

❖ 토지

토지는 투자목적을 정하고 장래계획이 있거나 주변의 변화가 많은 땅을 구입해야 한다. 또한 토지투자는 환금성이 떨어져 돈이 묶일 수 있기 때문에, 가급적 여유 돈으로 투자하는 게 좋다. 입지에 있어서는 고속도로 IC 부근 3km 부근의 8m 이상의 도로에 접해 있거나 역세권 예정지역으로 반경 1km 이내의 토지를 권한다. 투자목적이 주말영농을 위해 농지를 경매로 받을 것인지? 임대수익을 위해 근린주택을 올릴 것인지? 다세대 건물을 지어 분양을 해 볼 것인지? 근린상가를 지어 장사를 할 것인지? 등에 따라 건축허가와 업종허가 등이 추가로 필요하기 때문에 사전에 확인할 필요가 있다. 투자 목적이 시세차익용이라면 2~3년을 보는 게 좋고, 개발이 목적이라면 5~10년을 보는 게 좋다. 국책사업은 썩어도 준치라는 말이 있다. 시간이 다소 걸릴 수는 있으나, 결과적으로 보면 언젠가는 어떤 식으로든 투자가 되기 때문이다. 어떤 개발사업이든 그 사업 주체가 국가나 공기업인지, 지자체인지, 기업인지에 따라 개발 가능성에 무게가 다르기 때문이다. 지방의 토지를 살 때는 열심히 돌아 다녀야 한다. 매매사례가 많지 않기 때문에 옆집에 누가 얼마에 팔았다는 소문이 나면, 그 이하로는 안 파는 경향이 있고, 자꾸 찾아가서 막걸리 한두잔 먹다보면 생각보다 적은 금액에도 파는 경우도 있기 때문이다. 많이 찾아가고 발품을 많이 판다면 그 만큼의 가치는 한다고 생각된다. 토지공부상 내용과 사용현황이 일치하는지도 확인해야 한다. 공부에는 논으로 표시돼 있는데 실제로 대지용도로 사용하고 있는 경우도 있고, 그 반대인 경우도 있을 수 있다. 이를 확인하기 위해서 토지이용계획확인원 등을 활용하면 되는데, 지목보다는 용도지역을 우선하여 검토해야 한다.

도로 유무도 반드시 살펴봐야 한다. 토지의 가치는 도로가 결정하는 만큼 전원주택 등을 지으려면 통상적으로 최소 4m 이상의 도로에 2m 이상 접해야 건축 허가가 난다. JC나 자동차전용도로, 접도구역 등은 현실적으로 맹지나 다름없기 때문에, 국도도 고속화도로로 양 옆에 가드레일이 쳐 있고 그 주변은 접도구역을 지정되어 있기 때문에 이런 도로에 접한 토지는 피하는 게 좋다. 토지 투자에 할 때 피해야 할 대표적인 규제사항을 보면 군사시설보호구역, 문화재보호구역, 상수원보호구역 등을 둘 수 있다. 이 지역들은 건축허가를 받기가 상당히 힘들며, 협의조차도 힘들어 상당한 시일이 소요될 수 있다.

❖ 상가

최근 저금리 기조 속에 상가를 통한 임대수익에 관심이 많다. 시세차익과 임대료 상승을 기대하며 예전에 비해 경매입찰자 많아진 것을 볼 수 있다. 상가는 크게 용도지역으로 보면 중심·일반 상업지역내에 있는 상가나 유통상업시역이나 근린상업지역에 있는 상가로 구분된다. 이와는 별개로 지하철 역주변이나 주택지역에 근접하게 모여 있는 근린상가, 아파트 단지 내에 있는 상가, 두타나 밀레오레 같은 테마상가로 구분지어 말하기도 한다. 근린상가는 주택지 근처에 인접한 상가로 도로변 주변으로 형성되는 게 일반적으로 대로변 사거리 상가가 경쟁력이 높다. 또한 퇴근길에 고객 흡인력이 높은 지역의 상가가 매출이 좋기 때문에 입지여건이나 유효수요 등을 감안하되 개발계획이 많은 지역에 투자하는게 좋다. 단지내 상가는 거의 독점적으로 운영이 가능하기 때문에 고정적인 임대수익을 얻을 수 있어 안정적이지만, 단지 주변에 새로운 상가가 지어진다면 수익에 손실이 날 수 있다. 테마상가는 상권에 따라 거액의 프리미엄과 권리금을 얻을 수 있지만, 최근 인터넷이나 앱을 이용한 소비로 인한 상가 매출의 축소되고 있고 경쟁적으로 다양한 형태의 쇼핑몰이 많이 생기고 있기 때문에 특별한 전략이 없다면 전체가 공실로 가득할 수 있기 때문에, 투자에 주의가 필요하다.

좋은 상가에 대한 판단은 각자 다를 수 있다. 입지가 좋거나 노출이 많이 된다면 당연히 매매가나 임대가, 권리금이 높을 것이고, 반대라면 낮을 것이다. 여기서 적정선이 어디인지를 잘 찾는 게 중요하다. 무조건 임대료가 싸다고 좋은 상가도 아니고, 목이 좋다고 다 좋다고 말할 수 없다. 개인의 사업능력에 따라 의미는 다르겠지만, 사업하는 업종이나 자금력, 본인의 재질 등에 따라 다른 상가를 골라야 된다고 본다. 예로 초기 투자금은 별로 없지만, 정말 맛있는 음식을 만들 수 있고 먹어본 손님이 또 올수 있게끔 할 자신이 있다면 임대료가 저렴한 조금 후미진 곳도 좋다. 하지만 편의점, 기존 프랜차이즈 업종의 정해진 메뉴라면 조금 비싸도 눈에 잘 띄는 것이 중요하다. 상권분석을 잘하려면 유효수요와 상권의 동선을 잘 파악하는 일이 중요하다. 중심·일반상업지역이라면 유흥업소, 숙박업소가 잘되는지를 봐야 하고, 근린상업지라면 주변의 배후세력의 유효수요를 따져봐야 한다. 참고로 아파트 기준 500세대 당 상가 1동(바닥 100평 내외, 5~7층 기준)이 적합하며, 관공서나 업무단지, 오피스텔 등이 있으면 더 좋다.

공장

공장을 경매로 낙찰 받으면 시간과 비용 면에서 상당한 이익이 된다. 공장을 설립해서 짓고 인허가를 받으려면 최소 2년 이상 걸리는데 반해, 경매를 받고 적절한 비용으로 인도완료와 함께 공장허가권을 인계 받으면 좋다. 현실적으로 공장입지를 선정하고 토지를 구입한 후 신축하는 과정이 쉽지 않고, 그 과정에서 들어가는 여러 비용과 수고를 생각한다면, 공장을 새로 짓는 것보다 여러모로 이점이 있다. 어떤 업종이냐에 따라 공장에 대한 입지가 달라질 수 있겠지만, 경부고속도로와 서해선고속도로, 영동고속도로 등의 도로 주변에 있는 지역을 선호한다. 또한 수도권에 근접하고, IC에서 반경 3km 범위 내에 있고, 가급적 4차선 이상(최소 8m 이상)의 도로에 접해 있는 지역을 선호한다. 최근에는 NPL을 통해 경매에 많이 입찰하였으나, 대부업법 개정으로 인해 공장경매도 한 풀 꺾인 모습이다. 주택이나 상가에 비해 공장의 경우 초보가 접근하기에는 어려울 수 있는데, 장비와 기계가 있는 경우 추가비용이 발생할 수 있고 공사와 관련된 유치권 등으로 분쟁이 생길 수 있기 때문이다. 시세파악이 어렵고 경매감정가가 시세와 차이가 나기 때문에 전문가와의 상담을 통해 진행하는 것이 좋다.

최근에는 아파트형 공장, 일명 지식산업센터의 분양이 눈에 많이 띤다. 지식산업센터를 많이 분양하는 지역은 서울 성동구 성수동, 송파구 문정동을 비롯하여 구로, 영등포, 인덕원, 동탄, 광명, 하남 등으로, IT산업을 기반으로 하고 있다. 제조업 법인도 수도권 교통이 편리한 곳에 소규모 공장을 직접 매입하여 안정적으로 사업을 하려고 하는데, 다양한 지원과 저렴한 금리도 한 몫 하고 있다. 대출과 관련해서는 분양가의 최대 75%까지 3년 거치, 5년 균등분할상환이 기본 조건이며 금리는 3~3.5% 내외로 책정되고 있다. 또한 취등록세, 법인세, 부가가치세 등도 감면 또는 면제되므로 선별하여 투자하는 것도 하나의 방법이다. 지식산업센터 공장시설의 입주 업종은 제조업의 경우 음식료, 섬유의복, 목재, 출판, 기계, 전기, 전자, 운송장비 등(한국표준산업분류 10~33번)이 가능하며 지식산업의 경우 연구개발업, 건축기술 및 엔지니어링 서비스업, 광고물작성업, 영화 및 비디오 제작업, 출판업, 전문디자인업, 경영컨설팅업, 기업부설연구소 등이 가능하며, 정보통신산업의 경우 컴퓨터시스템 설계 및 자문업, 소프트웨어 자문·개발 및 공급업, 자료처리업, 온라인정보제공업, 전기통신업 등이 가능하다.

03 지목

    감정평가의 내용을 보다보면 표준지공시지가에 시점요인, 지역요인, 개별요인, 기타요인 등을 감안하여 그 금액을 산정한다. 여기서 시점요인과 지역요인은 표준지공시지가와 비교하여 큰 차이가 없지만, 개별요인은 가로조건, 접근조건, 환경조건, 획지조건, 행정조건, 기타조건 등을 이유로 차이가 있으며, 시세와 차이가 많이 날 경우 기타요인에서 이를 조정하여 감정평가를 정하고 있다.

    지목이란 토지의 주된 용도에 따라 토지의 종류를 구분하여 지적공부에 등록한 것을 말하는 것으로 이는 '공간정보의 구축 및 관리 등에 관한 법률'에서 규정하고 있다. 지목의 종류 및 구분에 대한 정의는 동법 제67조 및 시행령 제58조에서 전, 답, 과수원, 목장용지, 임야, 대, 공장용지 등 총 28개로 구분하여 규정하고 있다. 특정 부동산에 대한 지목을 보려면 등기사항증명서, 토지이용계획확인원 등에서 확인할 수 있다. 용도지역이 장래 토지의 쓰임새라고 말한다면, 지목은 토지의 현재 쓰임새이다. 필지마다 하나씩 설정되며 토지의 성격, 용도 등을 나타내는 것으로 국가가 정하며, 소유권자가 지목변경을 신청하여 바뀔 수도 있다. 지목변경을 신청하는 경우는 관계 법령에 따른 토지의 형질변경 등의 공사가 준공된 경우, 토지나 건축물의 용도가 변경된 경우, 도시개발사업 등의 원활한 추진을 위하여 사업시행자가 공사 준공 전에 토지의 합병을 신청하는 경우 등으로 그 사유가 발생한 날로부터 60일 이내에 지적소관청(지적공부를 관리하는 시장, 군수 또는 구청장)에 신청하면 된다.

    지목변경 하기 전에 매입한 토지에 어떤 건축물을 지을 수 있는지 확인해 봐야 한다. 농지라면 개발규제사항 등을 검토한 뒤 농지전용허가 신청을 통해 농지보전부담금을 납부하고 농지전용허가증을 받은 지을 수 있고, 산지의 경우도 마찬가지로 산지전용허가 신청 후, 허가를 득한 후 지을 수 있다. 지목변경 외에도 절토나 성토의 토지의 형태를 바꾸는 형질변경도 가능하다. 이렇듯 지목은 땅의

가치와 가격을 결정하는 중요한 요인으로, 대지, 잡종지, 공장용지 등과 같이 건물을 지을 수 있는 땅은 건축허가가 용이하고 활용도도 높기 때문에 토지의 가격이 높고, 반대로 전, 답, 과수원, 임야 등과 같이 규제가 많은 지목은 상대적으로 토지의 가격이 낮을 수밖에 없다.

지목의 종류

지목의 종류
(공간정보의 구축 및 관리 등에 관한 법률 제67조)

지목	부호	설명
전	전	물을 상시적으로 이용하지 않고 곡물·약초·관상수 등의 식물을 주로 재배하는 토지
답	답	물을 상시적으로 이용하여 벼·연·미나리·왕골 등의 식물을 주로 재배하는 토지
과수원	과	사과·배·밤 등 과수류를 집단적으로 지배하는 토지와 이에 접속된 저장고 등
목장용지	목	축산업 및 낙농업을 하기 위하여 초지를 조성한 토지, 가축을 사육하는 축사 등의 부지
임야	임	산림 및 원야를 이루고 있는 수림지·죽림지·암석지·자갈땅·모래땅 등
광천지	광	지하에서 온수·약수·석유류 등이 용출되는 용출구와 그 유지에 사용되는 부지
염전	염	바닷물을 끌어 들여 소금을 채취하기 위하여 조성된 토지와 이에 접속된 제염장 등
대	대	주거·사무실 등 영구적 건축물과 이에 접속된 부속시설물, 택지조성공사가 준공된 토지
공장용지	장	제조업을 하고 있는 공장시설물의 부지, 관계법령에 의하여 공장부지조성공사가 준공된 토지
학교용지	학	학교의 교사와 이에 접속된 체육장 등 부속시설물의 부지
주차장	차	주차에 필요한 독립적인 시설을 갖춘 부지와 주차전용 건축물 및 이에 접속된 부속시설물의 부지
주유소용지	주	석유 등의 판매를 위하여 일정한 설비를 갖춘 시설물의 부지, 저유소 및 원유저장소의 부지 등
창고용지	창	물건 등을 보관, 저장하기 위한 보관시설물의 부지와 이에 접속된 부속기설물의 부지
도로	도	교통운수를 위하여 보행 또는 차량운행에 이용되는 토지와 휴게소 부지 등
철도용지	철	교통운수를 위해 이용되는 토지와 이에 접속된 역사·차고·발전시설 등 부속시설물의 부지
제방	제	조수·자연유수·모래·바람 등을 막기 위해 설치된 방조제·방사제·방파제 등
하천	천	자연의 유수가 있거나 있을 것으로 예상되는 토지
구거	구	인공의 수로·둑 및 그 부속시설물의 부지와 자연의 유수가 발생되거나 예상되는 소규모 수로부지
유지	유	댐·저수지·소류지·연못 등의 토지와 연·왕골 등이 자생하는 배수가 잘안되는 토지
양어장	양	수산생물의 번식 또는 양식을 위한 인공시설을 갖춘 부지와 이에 속한 부속시설물의 부지
수도용지	수	물을 정수하여 공급하기 위한 취수·저수 및 배수시설의 부지와 이에 속한 부속시설물의 부지
공원	공	일반공중의 보건·휴양을 위한 시설을 갖춘 토지로서 공원 또는 녹지로 결정·고시된 토지
체육공원	체	국민의 건강증진을 위한 체육시설의 토지와 이에 속한 부속시설물의 부지
유원지	원	일반 공중의 위락·휴양 등에 적합한 시설의 토지와 이에 속한 부속시설물 부지
종교용지	종	일반 공중의 종교의식을 위한 교회·사찰 등 건축물의 부지와 이에 접속된 부속시설물의 부지
사적지	사	문화재로 지정된 역사적인 유적·고적·기념물 등을 보존하기 위하여 구획된 토지
묘지	묘	사람의 시체가매장되어 묘지공원으로 결정·고시된 토지 및 이에 속한 부속시설물의 부지
잡종지	잡	다른 지목에 속하지 않는 토지. 갈대밭, 변전소, 송유시설, 도축장, 쓰레기처리장 등

04 용도지역·지구·구역

　용도지역은 토지의 이용 및 건축물의 용도, 건폐율, 용적률, 높이 등을 제한함으로써 토지를 경제적, 효율적으로 이용하고 공공복리의 증진을 도모하기 위하여 서로 중복되지 않게 도시관리계획으로 결정하는 지역을 말한다. 용도지역의 분류와 같이 도시지역은 주거지역. 상업지역. 공업지역. 녹지지역으로 구분되며, 도시외지역은 관리지역, 농림지역, 자연환경보전지역으로 구분되어 관리되고 있다. 도시지역, 도시외지역을 떠나 주거, 상업, 공업, 농림 지역 등은 그 성격이 분명하고 국립공원과 같은 자연환경보전지역의 경우는 한번 지정되면 바뀌기가 힘든 상황이나, 녹지지역이나 관리지역의 경우 부동산경기나 정부 정책, 지역 현안 등에 따라 다양하게 활용될 수 있다. 녹지지역은 자연녹지지역. 생산녹지지역. 보전녹지지역으로, 관리지역은 계획관리지역. 보전관리지역. 생산관리지역으로 나뉜다. 개인적으로는 다른 규제 조건이 동일하다면 녹지지역에서는 자연녹지지역이나 생산녹지지역을 권한다. 자연녹지지역의 경우 100평 단위로 분할도 가능하고, 비교적 주거지역에 가깝게 위치하고 있기 때문이다. 생산녹지지역의 경우 자연녹지지역에 비해 1,000평 단위로 분할이 가능하고 조례에 따라 1,200평이 넘어야 하기 때문에 추가적인 확인이 필요하다. 보존녹지지역은 투자를 권하지 싶지 않다. 관리지역에서는 계획관리지역만을 투자대상 삼는 게 좋겠다. 생산관리지역이나 보존관리지역은 농림지역이나 자연환경보존지역과 유사하여 특별한 계획이 있지 않다면 투자를 권하고 싶지 않다.

　건폐율과 용적률은 한필지의 토지위에 건축할 수 있는 건축물의 면적을 의미하는 것으로 도시의 기반시설(도로, 학교, 상·하수도 등)에는 일정한 수용능력이 있습니다. 해당 지역에 무분별하게 건물을 지으면 이 기반시설 수용능력이 한계를 넘어서서 생활이 불편해 질 것이다. 이를 막기 위해 용적률과 건폐율을 두어

지역의 밀도를 관리하는 것인데 전국의 토지는 하나의 용도지역을 가지고 있는데 그 용도지역은 건폐율과 용적률이 국토의 계획 및 이용에 관한 법률에 의하여 이를 규정하고 있다. 실질적으로 건축행위를 하고자 할 경우에는 용도지구, 용도구역, 건축법, 도로법, 조례 등에 의해 최고요율에서 가·감해지기도 한다. 건폐율과 용적률만 놓고 본다면 요율이 높은 토지가 당연히 효용이 높기 때문에 토지가격이 높을 수밖에 없다. 건폐율이란 대지 안의 공지를 확보하여 채광·통풍·피난·소화 등을 위하여 비율로 제한한다. 한필지의 토지 위에 건축할 수 있는 건축물의 바닥면적이라고 생각하시면 되는데, 예로 100평의 토지가 건폐율 50%에 해당한다면 지을 수 있는 건축물의 바닥면적은 50평을 넘어서는 안 된다. 용적률이란 밀도를 제한하여 도시공간의 전체적 환경개선 및 주거환경 등을 위하여 비율로 제한한다. 한필지의 토지위에 건축할 수 있는 건축물의 연면적을 말하는데 예로 100평의 토지가 용적률 200%에 해당한다면 그 토지 위에 지을 수 있는 건축물 바닥면적의 합계가 200평을 넘어서는 안 된다. 연면적 바닥면적의 합계로 지하층, 지상주차장면적, 주민공동시설면적 등은 포함되지 않는다. EX) 건폐율 = 건축면적/대지면적×100 → 50% = X/100평×100 ∴ X=50평EX) 용적률 = 연면적/대지면적×100 → 200% = X/100평×100 ∴ X=200평

예를 들어 한필지의 100평의 토지가 제1종 일반주거지역(건폐율 50% 적용, 용적률 200%)에 해당된다면 일단 건폐율에 의해 1층에 바닥면적 50평으로 짓고 그 위로 용적률에 의해 200평을 올릴 수 있는데, 바닥면적 50평짜리를 4층 높이로 짓거나 1층에 바닥면적 40평으로 5층을 지어도 된다. 여기서 용적률 산정시에 지하층은 몇 층이 되더라도 용적률과 건폐율에 적용을 받지 않는데 대지면적에 대한 쌓을 수 있는 비율이므로 지하에서 쌓는 것이 아니기 때문이다.

용도지구는 토지의 이용 및 건축물의 용도, 건폐율, 용적률, 높이 등에 대한 용도지역의 제한을 강화 또는 완화하여 적용함으로써 용도지역의 기능을 증진시키고 미관, 경관, 안전 등을 도모하기 위하여 도시관리계획으로 결정하는 지역을 말한다. 예로 경관지구(자연. 수반. 시가지), 미관지구(중심지. 역사문화), 고도지구(최고. 최저) 등이 있다. 용도구역은 토지의 이용 및 건축물의 용도, 건폐율, 용적률, 높이 등에 관한 용도지역 및 용도지구의 제한을 강화, 완화하여 따로 정

함으로써 시가지의 무질서한 확산방지와 계획적, 단계적인 토지이용을 도모하고, 토지이용의 종합적인 관리를 위하여 도시관리계획으로 결정한다.

　용도구역은 용도지역 및 용도지구의 제한을 강화하거나 완화하여 시가지의 무질서한 확산을 방지하고 토지이용의 계획적이고 단계적인 이용을 위해 도시관리계획으로 결정하는 지역을 말한다. 국토의 계획 및 이용에 관한 법률에 용도구역은 크게 4가지로 구분한다. 먼저 개발제한구역으로, 흔히들 GB(그린벨트)라고 불리기도 한다. 이는 도시 주변의 자연환경을 보전하여 도시민의 건전한 생활환경을 확보하기 위한 것으로, 군사시설물의 보안상 지정하는 경우도 있다. 다음으로 도시자연공원구역으로, 도시의 자연환경 및 경관을 보호하고 도시민에게 휴식공간을 제공하기 위해 도시지역 안에서 식생이 양호한 산지의 개발을 제한하는 구역이다. 이는 도시지역 내에 공원법에 의한 공원을 지정하는 것과는 차이가 있으며, 도시 내에 임야를 보전하여 휴식공간을 확보해 주자는 것이다. 시가화조정구역은 도시지역과 그 주변지역의 무질서한 시가화를 방지하고 계획적이고 단계적인 개발을 도모하기 위하여 5년~20년 내에서 시가화를 유보할 필요가 있다고 인정되면 구역을 지정한다. 수자원보호구역은 수산자원을 보호·육성하기 위하여 공유수면이나 그에 인접한 토지를 보호하고자 구역을 지정하는 것으로, 3면이 바다인 우리나라 해안가 중심으로 난개발을 막고자 하였다.

　이외에도 여러 법률에 의해 토지이용을 규제하고 있는데 지구단위단계, 개발밀도관리구역, 기반시설부담구역 등이 있다. 지구단위계획은 도시계획수립 대상지역 안에 토지이용을 합리화하고 기능을 증진시키며 양호한 환경을 확보하기 해당 지역을 체계적, 계획적으로 관리하기 위하여 수립하는 도시관리계획을 말한다.
　개발밀도관리구역은 도로, 상·하수도, 학교 등 기반시설의 설치가 어려운 기존 시가지 등을 기반시설의 수용 범위 내에 개발되도록 당해 지역에서 허용되는 용적률의 최대 50%까지 강화하여 관리하는 도시관리계획을 말하며 구체적인 용적률의 강화 범위는 기반시설의 부족 정도를 감안하여 결정한다. 기반시설부담구역은 개발행위가 집중되어 기반시설 부족이 예상되는 지역을 지정하여 개발행위자가 도로·학교·상하수도 등 기반시설을 설치하도록 하는 제도이다.

(1) 용도지역의 분류

용도지역의 분류
(국토의 계획 및 이용에 관한 법률 제36조)

구분		용도지역	건폐율 (시행령)	용적률 (최대)	건폐율 (서울)	용적률 (서울)	지 정 목 적
도시지역	1	제1종 전용주거지역	50%	100%	50%	100%	단독주택 중심의 양호한 주거환경 보호
	2	제2종 전용주거지역	50%	150%	40%	120%	공동주택 중심의 양호한 주거환경 보호
	3	제1종 일반주거지역	60%	200%	60%	150%	저층주택을 중심으로 편리한 주거환경 보호
	4	제2종 일반주거지역	60%	250%	60%	200%	중층주택을 중심으로 편리한 주거환경 보호
	5	제3종 일반주거지역	50%	300%	50%	250%	중고층주택을 중심으로 편리한 주거환경 보호
	6	준주거지역	70%	500%	60%	400%	주거기능 위주로 일부 상업기능과 업무기능을 보완
	7	중심상업지역	90%	1,500%	60%	1000%	도심·부도심의 상업기능과 업무기능의 확충
	8	일반상업지역	80%	1,300%	60%	800%	일반적인 상업기능과 업무기능을 담당
	9	유통상업지역	80%	1,100%	60%	600%	도시 내, 지역간 유통기능의 증진
	10	근린상업지역	70%	900%	60%	600%	근린지역에서의 일용품과 서비스의 공급
	11	전용공업지역	70%	300%	60%	200%	주로 중화학공업, 공해성 공업 등을 수용
	12	일반공업지역	70%	350%	60%	200%	환경을 저해하지 아니하는 공업의 배치
	13	준공업지역	70%	400%	60%	400%	경공업을 수용하되, 주거·상업 업무 기능 보완
	14	보전녹지지역	20%	80%	20%	50%	도시의 자연환경·경관·산림·녹지공간을 보전
	15	생산녹지지역	20%	100%	20%	50%	주로 농업적 생산을 위하여 개발을 유보
	16	자연녹지지역	20%	100%	20%	50%	녹지공간확보, 도시확산방지, 도시용지공급 등
도시외지역	17	보전관리지역	20%	80%	-	-	자연환경보전지역으로 지정하여 관리하기 곤란
	18	생산관리지역	20%	80%	-	-	농림지역으로서 계획적·체계적인 관리가 필요
	19	계획관리지역	40%	100%	-	-	도시 편입이 예상되거나 자연을 고려한 제한적 이용
	20	농림지역	20%	80%	-	-	농업진흥지역·보전산지 등 농림업 진흥과 산림 보전
	21	자연환경보전지역	20%	80%	-	-	수자원·해안·생태계·상수원 및 문화재의 보전

(2) 용도지구의 분류

용도지구의 분류
(국토의 이용 및 계획에 관한 법률 제37조)

용도지구	지정목적
1. 경관지구	경관을 보호·형성하기 위하여 필요한 지구
자연경관지구	산지·구릉지 등 자연경관의 보호 또는 도시의 자연풍치를 유지하기 위하여 필요한 지구
수변경관지구	지역 내 주요 수계의 수변 자연경관을 보호·유지하기 위하여 필요한 지구
시가지경관지구	주거지역의 양호한 환경조성과 시가지의 도시경관을 보호하기 위하여 필요한 지구
2. 미관지구	미관을 유지하기 위하여 필요한 지구
중심지미관지구	토지의 이용도가 높은 지역의 미관을 유지·관리하기 위하여 필요한 지구
역사문화미관지구	문화재와 문화적으로 보존가치가 큰 건축물 등의 미관을 유지·관리하기 위하여 필요한 지구
일반미관지구	중심지미관지구 및 역사문화미관지구 외의 지역으로서 미관을 유지·관리하기 위하여 필요한 지구
3. 고도지구	건축물 높이의 최저·고 한도를 규제할 필요가 있는 지구
최고고도지구	환경과 경관을 보호하고 과밀을 방지하기 위하여 건축물 높이의 최고한도를 정할 필요가 있는 지구
최저고도지구	토지이용을 고도화하고 경관을 보호하기 위하여 건축물 높이의 최저한도를 정할 필요가 있는 지구
4. 방화지구	화재의 위험을 예방하기 위하여 필요한 지구
5. 방재지구	풍수해, 산사태, 지반의 붕괴, 그밖의 재해를 예방하기 위하여 필요한 지구
6. 보존지구	보존가치가 큰 지역의 보호와 보존을 위하여 필요한 지구
문화자원 보존지구	문화재·전통사찰 등 보존가치가 큰 시설 및 지역의 보호와 보존을 위하여 필요한 지구
중요시설물보존지구	국방상 또는 안보상 중요한 시설물의 보호와 보존을 위하여 필요한 지구
생태계보존지구	야생동식물 서식처 등 생태적으로 보존가치가 큰 지역의 보호와 보존을 위하여 필요한 지구
7. 시설보호지구	시설의 보호, 업무기능의 효율화 등을 위하여 필요한 지구
학교시설보호지구	학교의 교육환경을 보호·유지하기 위하여 필요한 지구
공용시설보호지구	공용시설을 보호하고 공공업무기능을 효율화하기 위하여 필요한 지구
항만시설보호지구	항만기능을 효율화하고 항만시설을 관리·운영하기 위하여 필요한 지구
공항시설보호지구	공항시설의 보호와 항공기의 안전운항을 위하여 필요한 지구
8. 취락지구	취락 정비를 위해 필요한 지구
자연취락지구	녹지지역·관리지역·농림지역 또는 자연환경보전지역 안의 취락을 정비하기 위하여 필요한 지구
집단취락지구	개발제한구역 안의 취락을 정비하기 위하여 필요한 지구
9. 개발진흥지구	주거·상업·공업·유통·관광 등을 개발·정비할 필요가 있는 지구
주거개발진흥지구	주거기능을 중심으로 개발·정비할 필요가 있는 지구
산업개발진흥지구	공업기능을 중심으로 개발·정비할 필요가 있는 지구
유통개발진흥지구	유통·물류 기능을 중심으로 개발·정비할 필요가 있는 지구
관광휴양개발진흥지구	관광·휴양 기능을 중심으로 개발·정비할 필요가 있는 지구
복합개발진흥지구	주거, 공업, 유통·물류 및 관광·휴양기능 중 2가지를 중심으로 개발·정비할 필요가 있는지구
10. 특정용도제한지구	주거기능 보호, 청소년 보호 등 유해시설 특정시설의 입지를 제한할 필요가 있는 지구
11. 위락지구	위락시설을 집단화하여 다른 지역의 환경을 보호하기 위하여 필요한 지구
12. 리모델링지구	노후된 건축물이 밀집된 지역, 개발보다 현재의 환경을 유지하면서 정비할 필요가 있는 지구

(3) 용도지역에서 건축할 수 있는 건축물

용도지역에서 건축할 수 있는 건축물(○○시 도시계획조례)

(○ : 가능 × : 불가능)

구 분	자연녹지	생산녹지	보전녹지	계획관리	생산관리	보전관리	농림지역	자연환경보전
숙박시설	×	×	×	○	×	×	×	×
공장(일반)	×	×	×	○	×	×	×	×
공장(첨단)	○	○	×	○	×	×	×	×
창고(일반)	○	○	×	○	×	×	×	×
창고(농림수)	○	○	○	○	○	○	○	○
주유소	○	○	×	○	○	○	○	×
충전소	○	○	○	○	○	○	○	×
골프연습장	○	○	×	○	×	×	×	×
승마장	○	○	×	○	×	×	×	×
유치원	○	○	○	○	○	×	×	×
일반음식점	○	○	×	○	×	×	×	×
휴게음식점	○	○	○	×	×	×	×	×
다세대	○	○	×	○	○	×	×	×
연립	○	○	×	○	○	×	×	×
지구단위계획	○	×	×	○	×	×	×	×

관리지역에서 건축할 수 있는 건축물

구분	계획관리지역	생산관리지역	보전관리지역

허용용도	• 단독주택
	• 공동주택(아파트는 제외한다)
	• 제1종 근린생활시설
	• 제2종 근린생활시설
	• 창고시설
	• 숙박시설(면적합계 660㎡ 이하, 3층 이하에 한함)
	• 공장 중 일부(부지면적이 10,000㎡ 이상인 것 등)
	• 위험물저장 및 처리시설
	• 그 외 다수
		• 단독주택
		• 공동주택(아파트는 제외한다)
		• 제1종 근린생활시설 중 일부
		• 제2종 근린생활시설 중 일부
		  (일반음식점 및 단란주점 제외)
		• 창고시설(농업·임업·축산업·수산업용에 한함)
		• 공장 중 일부(도정공장·식품공장과 읍·면지역에 건축하는 제재업의 공장 중 일부)
		• 위험물저장 및 처리시설
		• 그 외 다수
			• 단독주택
			• 제1종 근린생활시설
			  (휴게음식점 제외)
			• 제2종 근린생활시설 중 일부
			  (일반음식점 및 단란주점 제외)
			• 문화 및 집회시설 중 종교집회장
			• 의료시설
			• 창고시설(농업·임업·축산업·수산업용에 한함)
			• 위험물저장 및 처리시설
			• 동물 및 식물관련시설 중 일부
			• 그 외 다수

제2종 지구단위 계획	제안 가능	제안 불가능	제안 불가능

05 도시계획

　감정평가조사의 기본 내용을 보면 토지이용계획과 밀접한 관계가 있는데, 이를 알기 위해서는 국토의 계획과 이용에 관한 법률을 비롯한 각종 법에서 정한 규제사항이 주를 이룬다. 용도지역과 관련한 법의 내용과 토지를 어떻게 효율적으로 관리하여 개발할지를 결정하는 도시계획을 중심으로 내용을 이어가고자 한다. 도시계획이란 용도지역, 지구, 구역에 관한 계획, 도시기반시설에 관한 계획, 도시개발사업에 관한 계획, 지구단위계획 등을 일관된 체계로 종합화하여 단계적으로 집행할 수 있도록 물적으로 표현하는 계획을 말한다.

　도시계획도 단계별로 구분이 가능한데, 광역도시계획은 광역계획권의 장기 발전방향을 제시하는 도시기본계획의 상위계획이다. 수도권 광역도시 계획의 대상지역은 서울특별시, 인천광역시, 경기도의 전체 행정구역을 대상으로 하고 있으며, 광역도시계획의 수립을 위한 세부사항은 광역도시수립 지침에서 정하고 있다. 다음으로 도시기본계획은 관할구역에 대하여 20년을 단위로 하여 기본적인 공간구조와 장기 발전방향을 제시 하는 종합적인 계획으로서, 도시관리계획 수립에 지침이 되는 계획을 말하며 정책방향을 정하는 장기계획을 말한다. 도시관리계획은 토지의 개발, 정비 및 보전을 위하여 수립하는 토지이용, 교통, 환경, 경관, 안전, 산업, 정보통신, 안보, 문화 등에 관한 구체적인 계획을 말한다.

　물론 도시기본계획을 안다고 대단한 정보가 생기는 것은 아니지만, 지역선정에 있어 각종 개발계획을 보는 시야를 넓혀주는 교과서나 나침반 정도로 생각하면 좋을 듯하다. 기본적으로 도시기본계획 중 토지이용계획에 나와 있는 도시기본구상도, 시가화예정용지 배분도, 단계별 개발계획도 등을 살펴보며 지역을 선정하고, 여기에 도시계획, 부동산 포털 사이트와 다른 정보 등을 종합하여 지역을 선정하면 좋겠다. 유료경매사이트에서 재개발 관련 사건정보를 별도로 제공하는 곳도 있으나, 이는 제한적이기 때문에 결국 본인이 별도로 자기의 관심지역을 체크해 가며, 여러 노력을 통해 자신만의 지역을 선정하면 투자하는 것도 좋은 방법이다. 도시기본계획과 현지답사, 부동산중개소를 통해 대략적인 개발예정용지의 위치를 확인했다면 예정지 안쪽보다는 주변지역의 땅을 매입하는 게 좋다. 국가 정책사업 개발예정지는 계획이 확정되면 감정평가액에 따라 시가 이하의 가격에 수용될 위험요소를 안고 있기 때문이다. 개발예정지 주변이라고 해서 무턱대고 매입하는 것도 금물인데, 대규모 개발예정지의 경우, 주변 땅이 개발행위제한지역이나 완충녹지, 공원용지 등으로 묶일 가능성이 있기 때문이다. 이 경우 대개 개발예정지 경계선으로부터 1~2㎞ 안팎의 도로변 임야나 논밭을 노리는 게 좋다. 후광효과로 개발수요가 많아져 땅값이 오를 가능성이 비교적 큰 곳이기 때문이다. 이때 개발예정지 뒤편보다는 입구 쪽의 땅에 투자하는 게 좋은데, 이유는 입구 쪽이 주 동선이라서 향후 개발 수요가 두터운 편이기 때문이다.

현지 부동산중개소에서는 도시기본계획에 반영된 시가화예정용지의 위치를 비교적 정확하게 파악하고 있는 경우가 많다. 해당 지자체가 계획수립을 위한 사전절차로 측량 등을 실시하는데, 이때 대부분 위치가 비교적 정확하게 노출되게 마련이기 때문이다. 시가화예정용지와 함께 도로교통계획도 살펴봐야 한다. 도시기본계획은 지자체의 기본적인 공간구조와 장기발전방향을 제시하는 종합계획이며 도시관리계획 수립의 지침이 되는 자료로써 지도만 잘 살펴도 투자에 도움이 되는 고급정보일 가능성이 높다. 물론 지자체 개발 계획안 모두 100% 신뢰할 수 있는 정보는 아니다. 5년마다 개발계획을 수정하고 중앙정부 협의 절차와 자체예산 집행여부에 따라 개발계획이 무산되거나 연기되기도 하지만, 도시계획을 입안하기 전에 주민 공람공고나 지가조사를 하기 때문에 이 시점에서 발 빠른 정보를 얻는다면 첫차행 투자의 묘미를 얻을 수 있다. 임야가 주거지로 용도 변경되거나 주거지가 상업지로 바뀌면 땅의 가치가 치솟는 것은 당연지사로, 단기적인 시세차익만을 노리기보다는 중장기적 관점으로 투자 타이밍을 맞춘다면 부동산 투자에 성공할 가능성이 높다.

도시기본계획에는 해당 지자체가 자체적으로 추진하는 도시계획도로는 물론 광역교통계획도 담겨 있다. 이를 참고하면 향후 어디에 어떤 도로가 뚫릴지 미리 파악해 볼 수 있다. 도로 등 교통시설의 신설과 확장은 땅값 상승의 직접적인 재료가 된다. 지금은 이름 없는 논밭이라도 향후 도로가 뚫리면 가치가 달라진다는 말이다. 지자체 홈페이지 도시계획관련 자료에 PDF 파일로 저장돼 있고 일반인 누구나 열람할 수 있다. 시중의 일부 지도판매상은 전국의 도시기본계획도를 5만, 2만5천, 5천분의 1 지도에 지형도를 합성해 지도에 입혀 판매를 하는데, 향후 지자체의 개발계획을 한눈에 파악할 수 있어 도움이 되기도 한다.

(1) ○○시 도시기본계획 보고서

○○시 도시기본계획 보고서

제1부 계획의 기조

1. 계획의 개요 : 배경, 목적, 범위, 내용, 절차, 원칙
2. 도시의 현황 및 특성 : 연력, 세력권, 특성, 발전전망, 잠재력
3. 계획의 지표 : 도시개발 목표, 지표 설정

제2부 부문별 계획

1. 공간구조 및 생활권 설정
   - 생활권, 인구 배분

2. 토지이용계획
   1) 현황분석
      - 토지이용현황, 규제현황, 토지이용 특성, 개발가능 분석 등
   2) 토지이용의 지표 및 전망
      - 용도구분, 수요측정
   3) 토지이용계획의 기본방향
      - 원칙, 방향
   4) 용지의 구분 및 관리
      - 기준설정, 용도별 입지배분, 용지관리계획
      ※ 용도별 입지배분
      ① 용지배분 기준(시가화용지, 시가화예정용지, 보전용지)
      ② 용지배분 계획(용지별배분계획, 도시기본구상도, 용도별변경내역)
      ③ 단계별 계획(단계별 정비방향, 개발계획, 용지배분, 개발계획도)

3. 도심 및 주거환경정비 계획
   - 도심, 시가지, 역세권개발

4. 기반시설
   - 교통, 정보통신, 공공시설 계획

5. 환경 및 경관 계획
   - 환경, 경관, 미관, 공원, 녹지

6. 사회·문화
   - 경제, 교육, 문화, 체육, 복지, 방재, 안전

7. 재정 계획
   - 현황분석, 도시재정, 단계별 투자계획

(2) 도시계획으로 본 투자방법

 도시계획으로 본 경매투자물건 진행순서

1) 지역 선정하기
① 주거환경정비, 재개발, 역세권 등의 사업부지를 세부적으로 선정한다.
② 애매한 지역은 과감하게 정리하고, 여기다 싶은 곳을 구체적으로 선정한다!
2) 지역과 관련된 물건 검색하기 → 주기적으로 하되, 집중하여 잘 정리해 두기
3) 권리분석/물건분석/법적요건 검토하기 → 개발계획, 농취증발급, 자금대출 등
4) 현장조사 → 하루에 걸쳐 다양한 물건 동시에 보기, 지인과 함께 움직이기
5) 마무리 → 자료정리, 자금확보, 예상낙찰율 산정 등
6) 입찰하기 이후 경매절차대로 진행

〈참고〉도시계획, 재개발, 토지이용 등을 확인할 수 있는 주요 사이트
1) 국토교통부/사이버홍보관 http://www.mltm.go.kr http://cyber.mltm.go.kr
 - 국가정책, 도로, 철도, 토지, 건설 등 관련계획 고시 / 홍보관 전자책, 정책소식 등
2) 대법원 인터넷등기소 http://www.iros.go.kr
 - 등기부등본, 등기사항증명서, 등기 용어 및 법규, 등기비용, 민원 등
3) 정부민원포털 민원24 http://www.minwon.go.kr
 - 건축물대장, 토지(임야)대장, 주민등록표등본, 지적도, 지방세, 전입신고, 공시지가 등
4) 토지이용규제정보서비스 http://luris.mltm.go.kr
 - 토지이용계획열람, 지역지구별 행위제한, 개발을 위한 절차 및 관련 서류 등
5) 온나라지도 http://onnara.go.kr
 - 토지이용계획확인서, 개별공시지가, 실거래가, 부동산통계, 부동산정보, 분양 등
6) 서울시 도시계획 포털 http://urban.seoul.go.kr
 - 도시관리계획 현황, 지구단위계획, 도시개발사업, 재정비촉진사업, 정비사업 등
7) 경기도 부동산 포털 http://gris.gg.go.kr
 - 경기도 맞춤지도, 부동산조회, 부동산서비스, 공간분석, 개발정보, 각종 통계 등
8) 한국토지정보시스템 http://klis.seoul.go.kr
 - 서울시 토지이용계획, 개별공시지가, 주택가격, 토지정보, 토지이용 담당 연락처 등
9) 재개발 · 재건축 클린업시스템 http://cleanup.seoul.go.kr
 - 재개발, 재건축 정보공개, 재개발 추진위원회 진행상황, 사업비 및 분담금 추정 등
10) 건축행정시스템 세움터 http://www.eais.go.kr
 - 건축허가, 착공, 사용승인, 분양신고, 도로변경허가, 사전적법성검토, 건축 민원 등

나만의 경매스타일을 정한다면?
1) Step by Step 형 : 연천→동두천→양주→의정부→강북→강남 (1가구 양도세 비과세)
2) 다다익선 형 : 주택을 중심으로 좋은 물건은 가리지 않고 매입 (임대사업 절충형)
3) 리모델링 형 : 주택을 떠나 상가, 농지, 토지 등의 가치를 변화시켜 매도
4) 꿩먹고알먹고 형 : 본인이 직접 운영, 주말영농사업, 게스트하우스사업 등을 진행

참고 | 숙박시설

　숙박시설의 종류는 다양하다. 콘도와 리조트 등 휴양과 레저시설 등이 복합적으로 이루어진 곳은 제외하고 도심권의 호텔, 모텔 등의 숙박시설의 상권은 일반 상권과는 다소 차이가 있다. 일반상권의 경우 대로변에 있거나, 사거리 모서리 등 눈에 잘 띄는 곳이 좋은 상권이라고 부른다. 호텔과 모텔에는 다소 차이가 있지만, 모텔만 놓고 본다면 우리나라는 아직 정서상 숙박시설을 드나드는 것이 조심스럽기 때문에 출입이 노출되지 않는 곳이 매출에 있어 도움이 된다. 외진 곳을 말하는 것은 아니며, 유흥시설이나 놀거리가 많고 젊은 세대들이 즐비한 곳이 장사가 잘된다. 개발사업으로 인한 상업지역이 결정되어, 숙박시설로 영업하는 경우 지역에 따라서는 30% 이상 근생시설을 배치해야 허가를 내주었다. 그러다 보니 신도시에 가다보면 단독모텔보다는 복합시설로 이루어진 모텔이 눈에 많이 띈다. 1층에서 저녁 먹고, 2층에서 술 마시고, 3층에서 노래 부른 후, 4층에 잠자러 간다. 다만 단독모텔에 비하면 시선의 노출과 주차이용의 불편으로 인해 꺼리는 경향도 있다. 그래서 모텔을 운영하는 업주도 매매보다는 임대로 사업을 하는 경우가 많아 매매가는 단독모텔보다 떨어지기 마련이다.

　숙박시설은 최근의 트렌드도 중요하다. 최근에는 IT기술을 이용한 무인텔을 이용하거나 야놀자, 여기어때, 호텔나우 등의 인터넷이나 앱을 통해 먼 지역까지 직접 찾아가서 이용하는 고객들도 많다. 관광호텔, 비즈니스호텔, 특급모텔 등도 인터넷이나 앱을 통해 저렴한 가격에 숙소를 제공하기 때문에 젊은 커플 위주로 많이들 이용하고 있다. 또한 간통죄 폐지, 세대의 성의식 변화 등으로 인해 예전에 비해 당당하게 이용하기 때문에, 모텔의 홍보도 적극적으로 하는 시대가 왔다. 이에 맞게 시스템이 구축되고, 차별화된 영업 전략이 필요하게 되었다. 모텔투자시 투자규모를 잘 선택해야 한다. 모텔상권 분석과 차별화된 영업 전략이 준비되었다면 운영에 필요한 자금계획을 세워야 한다. 건물을 매입할 것인지, 임대로 수익을 올릴 것인지 투자액에 따라 판단해야 하고, 이후 리모델링, 주차공간 추가확보, 별도의 테마공간, 다양한 부대서비스 등을 감안하여 사업을 활성화해 본다면 권리금도 올릴 수 있다.

참고	관광농원

농어촌정비법에 의한 관광농원을 개발할 수 있는 조건은 현지에서 1년 이상 거주하고 있으며 자기 소유의 토지가 있어야 한다. 농업인 3인 이상의 공동참여가 원칙이고, 5인 이상의 농업인으로 구성된 영농조합법인 형태도 가능하다. 허가면적은 농장면적이 최소 4,000㎡ 이상으로 전체면적 중 40% 이상을 농장으로 이용해야 하기 때문에 최소 10,000㎡(3,000평) 이상 보유하고 있어야 한다. 최대 50,000㎡ 까지 가능하며, 도로 및 농작물 판매시설 등도 설치해야 한다. 숙박시설은 농장면적의 10% 범위 이내에, 식당시설은 5% 범위 이내에서 가능하기 때문에 캠핑장이나 체험농장, 전원카페, 팬션 등으로 많이 활용하고 있다.

관광농원으로 개발하고자 하는 경우 사업계획을 수립한 후, 관할 관청에 가서 서류를 접수하면 자체 검토 후 농어촌발전심의위원회의 심의를 거친 후 통보를 해준다. 이후 지구지정 및 사업계획 승인이 완료되면, 본격적으로 도로 및 토목, 건축 공사 등을 진행하고 공사가 완료되면 준공검사를 받으면 된다. 준공검사 후 운영계획서를 작성하여 사업자 지정신청을 하고 이후 운영하면 된다. 관광농원을 하기 위해서는 무리한 투자보다는 투자 대비 수익성을 고려하여 최소 3년을 내다보고 운영자금에 대한 준비가 있어야 한다. 대부분 사업 초기에는 수익성이 좋지 못하기 때문에, 이를 견딜 수 있는 자금력이 있어야 한다. 부지는 어느 정도 확보해 놓되, 진행을 봐가며 추가적으로 건물을 짓는다거나 별도의 프로그램을 개발하는 등 점진적으로 확대하는 것이 좋다.

관광농원을 하기 위한 철저한 입지분석이 필요하다. 서울 및 수도권 등의 대도시 지역에서의 접근성 및 산, 강, 바다 등의 자연적 특성의 연계성, 지역축제 및 주변 테마파크 등의 활용가능성이 필요하다. 자금력과 입지분석을 통해 특정 지역이 선정되었다면 외지인의 경계나 약간의 적대감도 있을 수 있기 때문에 사전에 분위기를 만들어 가야 한다. 관광농원은 관리지역, 농림지역에서도 허가가 가능하고 임야나 하천 등을 끼고서도 개발할 수 있으며 편의시설, 숙박시설, 식당 등의 시설 설치도 가능하기 때문에 관련법률 검토, 인허가 검토, 수익성 고려, 입지분석, 지역유대관계 등을 풀어내고, 적극적인 마케팅 전략과 홍보, 프로그램 운영, 서비스 전략 등이 더해진다면 좋은 사업이 될 수 있다.

표 교수의

"감정평가액 100% 믿지 말자!"

감정평가금액의 실거래가와의 상이한 문제와 경매기간의 다수 시일이 소요되는 문제로 인해 부동산 거래가격이 혼선되어 낙찰대금 미납의 주된 사유가 되고 있다. 경매관련 논문을 쓰면서 낙찰대금 미납사례를 분석해 본 결과 실거래가를 제대로 파악하지 못해 미납한 경우가 3건 중의 1건 정도 되었다. 이는 다른 입찰자보다 낙찰금액을 10% 이상 더 쓴 금액으로 급매가보다 높은 금액을 쓴 것으로 추정된다. 그 중 다세대의 경우는 44%나 된다는 점은 그 만큼 감정가액 문제가 있다는 점을 보여 주므로, 입찰예정자는 입찰가 산정에 신중해야 한다.

아파트를 보면 강북구 하계동 아파트(2013-○○○○사건)의 경우 2014년 1월 6일 최저가 212,800,000원(80%)에 감정가를 넘는 273,120,000원(102.7%) 입찰금액을 써내, 비록 17명이 응찰한 사건에서 최고가매수인이 되었음에도 불구하고 차순위가 247,457,000원(93.0%)에 입찰하여 2,560만원 차이가 나 보증금을 포기했을 것으로 추정된다. 이처럼 아파트의 경우 주상복합이나 세대수가 적은 아파트나 대형평수 아파트와 1~2층 저층부아파트 등이 감정평가액이 실제 거래되는 금액보다 높게 나오고 있다. 금천구 시흥동 다세대(2012-○○○○사건)의 경우 감정가 250,000,000원에서 1회 유찰 후, 215,000,000원(86.0%)에 되었지만 대금을 미납하였고, 결국 188,888,000원(75.5%)에 낙찰되었다. 최종 낙찰금액을 보면 감정가에 6,100만원 정도 싸게 구입한 것으로 보일 수는 있으나, 동일 평형의 물건이 2억원에 실거래가 신고가 있다는 점을 볼 때 싸게 매입했다고 보기도 어렵다. 비록 다세대의 경우 실거래가가 많이 없고 유사한 물건이 없기 때문에 감정가를 추정하기가 곤란할 수도 있겠지만, 과한 감정평가로 인해 피해자가 생길 수 있기 때문에 신중해야 한다.

다세대 지하의 경우는 더 심하다. 동작구 상도동 다세대 지하(2013-○○○○사건)의 경우 감정가 100,000,000원에서 68,099,000원(68.1%)에 입찰하였지만 결국 포기하였고, 다음 기일에 54,321,000(54.3%)에 낙찰되었다. 통상적으로 지하층의 경우 50%~60%대에서 낙찰되는 점을 미루어 볼 때, 감정평가액이 상당히 과함을 알 수 있는 대목이다. 예로 경매입찰자 10명 중 9명은 부동산에 대한 전반적인 이해나 경매 감정평가액 산정에 대한 이해, 주변지역 거주하여 시세파악에 대한 이해 등이 있어 이를 감안하여 금액을 적어내지만, 이에 대한 이해가 부족한 1명은 실수를 하고 있다는 것이다.

낙찰대금을 미납하게 되면, 매수인의 보증금은 전액 배당에 흡수되는데 이에 대한 이익은 배당받는 권리자(채권자, 임차인, 소유자 등)에게 그대로 돌아간다. 채권자의 입장에서 보면 채권회수에 다소 시일이 더 소요될 수 있으나, 추가적인 이익을 기대해 볼 때 미납하기를 바랄 수도 있다. 감정평가는 통상 관할법원에 등록된 감정평가사무소에 순환하여 진행하여 평가하고 있는데, 이에 대한 과한 평가부분에 대해서 주의해야 한다. 일반입찰자 중에는 부동산이나 경매에 대한 지식이 많질 않아 감정평가액이 실제 거래되는 일반적인 가격으로 오해하는 경우가 있다. 이런 오해가 없도록 법원에서도 신경을 기할 필요가 있는데 예로 대금을 미납한 매수인을 중심으로 그 사안을 연구하여, 이 중 실거래가를 감정평가액으로 오인하고 입찰을 했다가 보증금 손해 본 사건에 대한 검토가 필요하다. 채권자에 입장만 고려하여 높게 산정할 것이 아니라 기존 경매사례를 비교하여 현실성 있는 금액을 책정할 필요가 있다. 주상복합이나 세대수가 적은 아파트나 대형평수 아파트와 1~2층 저층부아파트, 다세대의 지하층 등의 감정평가에 있어서 신중을 기할 필요가 있다.

감정평가서 내용을 살펴보면 강서구 화곡동 다세대(2013-OOOO사건)의 경우 "본 건은 위치, 부근의 상황, 단지규모, 구조, 사용자제, 층별 및 향별 효용성, 인근 다세대 주택의 정상적인 가격수준, 인근 평가전례, 기타 가격형성 상의 제요인 등을 종합 고려하여 구분건물과 토지의 소유권 대지권을 일체로 한 거래사례비교법으로 평가하였음"으로 종합의견을 내리고 구분건물의 감정평가요항표와 현장사진만 제시하며 금액평가에 대한 유사 부동산의 사례조차 없다. 최소한 서초구 방배동 다세대(2013-OOOO사건)의 경우처럼 인근 부동산의 거래사례를 비교하여 가로조건, 접근조건, 환경조건 등의 외부요인과 건물의 노후도, 시공상태 등의 건물요인과 층별, 주차장의 유무 등의 개별요인 등을 고려하고 인근 평가전례 등을 감안한 감정평가액 산정이 필요하다. 부동산의 감정평가 방식에는 여러 가지 있지만, 최소한 주거시설의 경우에는 기준가치를 시장가치로 평가하여 입찰예정자에게 다양한 정보를 제공하여 최초 감정가 산정에 대한 신뢰를 높여야 할 것이다.

PART **1** 부동산 경매 바로알기

Chapter **6**

배당요구종기와 입찰하기 전에 알고 있어야 할 내용

01 배당요구 신청
02 임차권등기명령
03 권리분석 사례
04 권리분석 종합
05 입찰가 산정

01 배당요구 신청

　배당요구종기 결정은 집행법원이 압류의 효력이 생긴 때부터 1주일 이내에 절차에 필요한 기간을 고려하여 결정한다. 입찰자에게 배당은 채권의 종류와 배당요구 여부에 따라 인수해야 하는 권리가 생길 수 있기 때문에 채권자들이 어떠한 권리로 배당받는지를 알아야 한다. 채권자들이 배당을 받기 위해서는 배당요구종기까지 요구를 해야 하지만, 요구하지 않아도 배당받는 채권자도 있다. 자동으로 배당받는 채권자는 경매신청채권자와 배당요구종기 전까지 경매신청을 한 이중경매 채권자, 경매등기 전에 등기한 가압류권자, 등기 전의 체납처분의 의한 압류권자, 경매등기 전에 등기한 우선변제권자, 경매등기 전에 압류한 국세나 지방세의 교부권자 등이다. 채권자들은 낙찰로 인해 권리가 소멸하는 대신에 배당요구를 하지 않아도 자동으로 배당을 받을 수 있다. 배당요구를 해야 하는 채권자는 대항력 있는 최우선변제권자이나 근로기준법에 의한 임금채권자, 대항력 있는 우선변제권자나 임차인, 경매등기 이후 등기된 저당권, 전세권, 등기된 임차권, 담보가등기 등, 집행력 있는 정본(판결문, 지급명령결정 등)을 가진 채권자, 경매등기 후의 가압류권자와 압류권자, 국세나 지방세의 교부권자 등이다. 배당요구를 해야 하는 채권자는 반드시 배당요구종기 내에 해야 배당받을 수 있다.

　배당요구를 한 채권자가 배당요구를 철회할 경우에도 배당요구종기 내에 해야 한다. 민사집행법에서도 "배당요구에 따라 매수인이 인수하여야 할 부담이 바뀌는 경우 배당요구를 한 채권자는 배당요구의 종기가 지난 뒤에 이를 철회하지 못한다"라고 규정되어 있다. 선순위임차인이 배당요구를 한 사실만으로 판단할 것이 아니라, 배당요구종기 내에 배당요구를 했는지 확인해야 한다. 또한 채권계산서를 제출했거나 교부 청구한 경우에도 배당요구를 한 것으로 간주한다. 배당요구권자는 경매신청 등기 후의 가압류자의 경우 배당요구신청, 임차인의 경우 권리신고 겸 배당요구신청, 소액임차인의 경우 소액임차인 우선 배당요구신청, 국세 및 지방세의 경우 교부청구를 하면 된다. 만약 채권자, 채무자, 임차인의 주소 등이 변경되어 법원에서 보정명령이 내려오면 흠결사항을 정리하여 보정서를 제출하면 되고, 대리인이 사건을 위임하여 대리인 주소로 송달을 받고 싶으면 송달장소 및 송달영수인 신고를 하면 된다. 또한 채권자는 법원의 현황조사에서 나타나지 않는 임차인이 있을시 별도의 임대차 조사신청도 가능하다.

(1) 배당요구 신청서

배 당 요 구 신 청

사 건 번 호   2016타경123457
압 류 채 권 자   나갑부
채   무   자   노머니
배당요구채권자   나갑부(서울 서초구 중앙로1길 1004)
배 당 요 구 채 권

1. 금 300,000,000원정
   서울중부지방법원 13가단(합) 369호 대여금 청구사건의 집행력 있는 판결정본에 기한 채권 금원의 변제금
1. 위 원금에 대한 2016년 4월 13일 이후 완제일까지 연 15푼의 지연손해금

신청원인

위 채권자 채무자 간의 귀원 2016타경 123457호 부동산강제경매사건에 관하여 채권자는 채무자에 대하여 전기 집행력 있는 정본에 기한 채권을 가지고 있으므로 위 매각대금에 관하여 배당요구를 합니다.

소명서류

집행력 있는 판결 정본 1부

2016년 6월 27일

위 배당요구채권자   나갑부   (인)
연락처(☎) 010-0987-6543

서울중부지방법원 귀중

✔ 유의사항

실체법상 우선변제청구권이 있는 채권자, 집행력 있는 정본을 가진 채권자 및 경매신청의 등기 후 가압류한 채권자는 배당요구종기일까지 배당요구할 수 있으며, 배당요구는 채권의 원인과 수액을 기재한 서면으로 하여야 합니다.

(2) 권리신고 겸 배당요구 신청서

권리신고 겸 배당요구신청서

사 건 번 호 2016타경123457
신 청 인(채무자) 노머니
피신청인(채권자) 나갑부

본인은 이 사건 경매절차에서 임대보증금을 우선변제받기 위하여 아래와 같이 권리신고 겸 배당요구를 하오니 매각대금에서 우선배당을 하여 주시기 바랍니다.

아 래

1. 계 약 일 : 2013. 12. 25.
2. 계약당사자 : 임대인(소유자) 노머니
                 임 차 인 돈주랑
3. 임대차기간 : 2014. 1. 1.부터 2015. 12. 31.까지 (2년 간)
4. 임대보증금 : 보증금 5000만 원에 월세 1,000,000 원
5. 임차 부분 : 2층 전부(방 2칸), 일부(층 방 칸)
6. 주택인도일(입주한 날) : 2014. 1. 1.
7. 주민등록 전입 신고일 : 2014. 1. 3.
8. 확정일자 유무 : ☑유(2014. 1. 3.), ☐무
9. 전세권(주택임차권)등기 유무 : ☐ 유(. . .), ☑ 무

첨부서류

1. 임대차계약서 사본 1통
2. 주민등록등본 1통

2016년 6월 22일

권리신고 겸 배당요구자 돈주랑 (인)
연락처(☎) 010-0987-8282

서울중부지방법원 귀중

(3) 소액임차인 우선배당요구 신청서

소액임차인 우선배당 요구신청

사　　건　　2016타경123457
채 권 자　　나갑부
채 무 자　　노머니
배당요구채권자　　돈주랑
(소액임차인)

배당요구채권 금 5,000만원

　위 배당요구채권자(소액임차인)은 이 사건 매각목적부동산에 임대차계약 후 아래와 같이 입주하여 왔던 바 본건 매각부동산의 매득금 중 우선 배당하여 주시기 바랍니다.

　　전입신고일 2014. 1. 3.
　　입 주 일 2014. 1. 3.
　　임차보증금 5,000만원
　　우선배당요구액 2,000만원

첨부서류

1. 임대차계약서 사본　1통.
2. 주민등록등본　　　1통.

2016. 6. 22.

소액임차인　　돈주랑

서울중부지방법원 지원 귀중

(4) 교부 청구서

주　　소 : 서울시 서초구 서초대로 00700	전　　화 : 02-0999-1111
담 당 자 : 홍길동	전　　송 : 02-0999-1112
	사업자번호 : 123-45-09999

교 부 청 구 서

사 건 번 호	2016타경123457	문 서 번 호		세무과 - 1234
법 원 명	서울중부지방법원	배당일	배당종기일	2016. 6. 29.
체납자	성명	주식회사개구리	주민(법인)등록번호	001234-1234444
	상호			
	주소(거소)	서울시 강남구 강남대로 4321 (논현동, 중국빌딩5층)		
교부청구액	금액 일백이십삼만사천 원정		(₩1,234,000)	
경매물건	1. 강남구 강남대로 4321 (대지 234㎡) 2. 강남구 강남대로 4321 (건물 707㎡)			

년도	과세번호	법정기일	세목	세액	가산세	가산금	합계	비고
2016	000777	2016.9.7.	재산세(토지)	1,234,000	0	0	1,234,000	당해세
			과세대상	강남구 강남대로 4321 (면적 234㎡)				
		합 계		1,234,000	0	0	1,234,000	

당해세 합계 : 1,234,000원

배당액 입금 의뢰 계좌	개설은행	진한은행	예/적금 명칭	보통예금
	계좌번호	123-45-099999		
	예금명의인	서울시 강남구청장		

1. 국세징수법 제56조의 규정에 의하여 위 금액의 교부를 청구합니다.

서울특별시 강남구청장 (인)

서울중부지방법원장 귀하

※ 지방세기본법 제99조 제1항 제3호 및 같은 법 시행령 제86조에 의거 그 재산에 부과된 지방세와 가산금인 경우는 비고란에 "당해세"라고 기재함.
※ 교보청구일 이후 배당기일까지 발생할 100분의 3에 가산금과 1,000분의 12에 상당하는 중가산금을 포함한다.

(5) 보정서

보 정 서

사건번호 2016타경 123456
채 권 자 공룡 주식회사(대표자 : 다이노)
채 무 자 주식회사 개구리(대표자 : 구루기)

귀원의 보정명령에 대하여 다음과 같이 보정합니다.

흠 결 사 항

1. 주식회사 개구리 대표이사 구루기에 대한 변경된 주민등록표를 제출할 것.
   : 대표이사 구루기 주민등록 초본을 제출합니다.

2. 2007. 7. 7.에 설정된 근저당 채권의 원인증서 사본을 제출할 것.
   : 물품대금 미납에 의한 근저당권 설정 증서를 제출합니다.

첨부서류

1. 주민등록초본
2. 근저당권 원인증서 사본

2016년 6월 21일

신청인   공룡 주식회사 대표자 다이노 (인)
연락처(☎)   010-0123-4567

서울중부지방법원 귀중

✔ **유의사항**

보정명령이 송달되면 흠결사항을 보정기간내에 하셔야 합니다. 만약 그 기간을 어기면 불이익을 받을 수 있기 때문에 보정이 어려울 경우에는 기간연장을 받는 등 처리경과를 해당 경매계에 알려 주어야 합니다.

(6) 송달장소 및 송달영수인 신고서

송달장소 및 송달영수인 신고서

사　　건　　2016타경123456
신　청　인　　공룡 주식회사 (대표자 다이노)

- 다　음 -

신청인의 송달장소 및 송달영수인

송달 장소 : 서울시 서초구 서초대로 7373 (서초동, 아이비빌딩 13층)
송달 영수인 : 법무법인 니즈 (대표이사 양조위)

2016. 9. 7

위 신청인　공룡 주식회사 대표자 다이노

서울중부지방법원 귀중

(7) 임대차 조사 신청

임대차 조사신청

사 건   2016타경123457
채 권 자   나갑부
채 무 자   노머니

위 당사자간 귀 원 2016타경123457 신청사건에 관하여 아래 표시 부동산에 관한 임대차의 유무와 그 부동산이 임대차의 목적이 된 경우에는 임대기한과 차임, 차임의 선급 또는 보증금액의 제공여부와 건물에 대해 구조의 종류 및 면적, 임차인의 주민등록 전입신고가 여부를 조사하여 주시기 바랍니다.

-아　래-

1. 서울서초구 중앙로4길 444 단독주택 1층 우측부 출입문.
2. 출입문 옆 우편상자에 강○○ 명의의 우편물이 다수 발견 되었음.

2016. 6. 15.
채권자　나갑부

서울중부지방법원 귀중

02 임차권등기명령

　임차권등기는 임대차계약이 만료된 후 보증금을 돌려받지 못한 경우 임차인이 단독으로 등기 할 수 있도록 함으로써 거주이전의 자유를 보장하게 하기 위해주택임대차보호법으로 제정되었다. 임차인이 전세금을 돌려받지 못하고 이주할경우 법원에 임차권등기명령신청을 하면 임차된 주택에 살지 않고 주민등록을 옮기더라도 대항력을 유지할 수 있고 전세금을 우선하여 돌려받을 수 있게 된 것이다. 임차권등기는 임차인에게 대항력과 우선변제권을 유지해주는 담보적 기능을 하고 있기 때문에 부동산경매의 경우 경매개시결정등기 전에 임차권등기가 설정되기만 하면 된다. 등기사항증명서에 임차권등기를 설정하였던 행위 자체를 임대차계약의 종료와 배당요구의 의사표시로 보기 때문에 부동산경매에서 첫 경매개시결정등기 전까지 설정한 임차인은 배당요구를 하지 않았다하더라도 배당을 받을 수 있다.

　임차권등기 시점에 따라 배당요구를 해야 되는 경우도 있는데, 경매개시결정등기 전에 이뤄졌다면 배당요구를 할 필요는 없지만 경매개시결정등기 후에 된 경우에는 임차인은 배당신청을 해야 된다. 임차권의 대항력과 우선변제권은 임차권등기가 완료된 시점이기 때문에 등기사항증명서에 기록되기 전에 전입신고를 옮기거나 이사를 가서는 안 된다. 임차보증금 반환과 임차권등기 말소는 동시이행관계가 아닌 보증금 반환이 선행돼야 하는 점도 있다. 법원은 임차인이 임차권등기명령신청을 하면 서면심리방식에 의하여 임차권등기명령의 여부를 심리하여 이유 있다고 인정되면 임차권등기명령을 발령한다. 이어 임차주택의 소재지 등기소에 지체 없이 재판서 등본을 첨부하여 임차권등기명령을 촉탁하게 된다.

　등기사항증명서에 임차권등기명령이 등재된 주택이라면 임대차 계약시 주의해야 한다. 이미 대항력과 우선변제권이 있는 상태라면 보증금을 보장 받을 수 없기 때문으로, 소액임차인이라면 더욱 주의해야 한다. 주택임대차보호법에서는 임차권등기명령에 의하여 임차권등기를 마친 임차인을 보호하기 위하여 임차권등기가 된 주택에 대하여는 소액임차인의 최우선변제권을 인정하지 않기 때문이다. 전 임차인이 임차권등기명령 후 이사를 가게 되면 간혹 임대인이 채무관계가 상당하므로 얼마라도 받기 위해서 무리하게 임대차계약을 하는 경우가 있는데, 중개사무소보다는 개인 간의 직거래를 통해 계약을 하는 경우 종종 있기 때문에 조심해야 한다. 소액임차인은 최우선변제권을 행사할 수는 없고, 확정일자를 갖춘 경우 순위에 따른 우선변제권 행사만 가능할 뿐이다.

임차권등기명령은 임대기간이 종료되고 보증금을 받지 못하는 상황이면 전세권과 달리 임대인의 동의나 승낙을 요하지 않고 임차인 단독으로 신청이 가능하다. 임차권등기명령신청은 임차주택의 소재지를 관할하는 지방법원에 접수하면 된다. 임차권등기명령신청서에는 수입인지를 붙이고, 당사자 1인당 3회분의 송달료와 임차권등기에 필요한 등기촉탁수수료와 등록세, 교육세를 납부해야 한다. 이름, 주민등록번호, 주소 등의 인적사항을 기재 후 임대차계약서 사본, 등기사항증명서, 주민등록초본 등을 첨부서류로 제출하면 된다. 신청취지에는 "별지목록 기재 건물에 주택임차권등기를 명한다"라는 내용을 기재하되, 별지목록 부동산표시에는 건물의 표시만 작성하면 된다. 주택임차권은 건물에만 임차하는 것이므로 대지나 대지권을 따로 적지 않는 것이다.

주택임차권등기명령신청은 법원 접수 후 2주 정도 지나면 건물 등기사항증명서 을구에 기록되는 것을 볼 수 있다. 이후 임대인이 보증금을 계속 반환하지 않을 시 임대보증금 반환의 소를 신청하여 판결을 받아두었다가 부동산 강제경매를 신청할 수도 있다. 등기 이후 실제 변제시까지 법정이자를 청구할 수도 있으니 필요에 따라서는 적극적으로 활용해 볼 만하다.

03 권리분석 사례

❖ 확정일자의 이해

○○1계 2015-2*** **동 아파트

사건번호	2015-***** 임의	채권자	고**	건물용도	아파트
감정평가액	350,000,000원	채무자(소유자)	이**	개시결정일	2015.02.02
최저경매가	(33%) 114,688,000원	토지면적	49.94㎡(15.11평)	배당종기일	2015.04.14
입찰보증금	(20%) 22,937,600원	건물면적	134.8㎡(40.78평)	조회수	오늘1 전체2,125

소재지/감정서	면적(단위:㎡)	경매진행결과	임차관계/관리비	등기부상관리관계
서울노원구**동**** 그린101동 1층***호 [**로237마길 **] -**중학교북서측인근 -부근아파트,다세대 주택,연립주택,단독주 택,일부근린시설혼재 -차량출입가능 -인근버스(정)소재	물건번호: 단독물건 대지 49.94/853 (15.11평) ₩210,000,000 853(49.82/851) 건물 134.8 (40.78평) ₩140,000,000 방4,화장실2 공용:50.11 -총9층 -승인:1999.01.21 -보존:1999.02.09	감정가 350,000,000 대지 210,000,000 건물 140,000,000 ① 350,000,000 ②20%↓280,000,000 ③20%↓224,000,000 2015-10-05미납 ④20%↓179,200,000 ⑤20%↓143,360,000 ⑥20%↓114,688,000 2016-05-02매각 매각가 120,020,000	한** 전입 2011.12.23 확정 2014.11.17 배당 2015.03.27 (보) 180,000,000 주거/전부 방4 점유기간 2011.12.22- 2015.12.22.	소유권 2004.02.19 전소유자 : 이** 근저당 고** 2012.10.26 112,500,000 압류 서울시 **구 2012.12.04 임의 고** 2015.02.02 *청구액:88,857,500원

말소기준권리 : 12.10.26. 근저당 고**, 배당종기일 : 15.04.14.
임차인 : 한** 전입 11.12.23. / 확정 14.11.17. / 배당 15.03.27.
권리분석에서 임차인과 관련해서는 전입, 확정, 배당의 의미는 꼭 알아야 한다.
전입일자는 대항력의 유무를 결정하는 중요한 날이고,
확정일자는 우선변제권, 즉 배당을 먼저 받을 수 있는 순서를 의미하며,
배당요구종기는 배당신청을 법절차에 따라 제때에 제대로 했는지를 의미한다.
한** 은 말소기준권리보다 전입일자가 빠르기 때문에 대항력 있다.

※ 배당을 받지 못해도, 매수인이 보증금을 돌려줘야 한다. 그러나 확정일자가 늦기 때문에, 배당을 받을

수 있는 권리가 늦다는 것이다.
※ 배당순위 : 근저당 고**, 서울시 **구 압류, 임차인 한** 등의 순서로 배당
※ 임차인 한**의 배당받지 못한 보증금은 매수인이 인수해야 한다. 2015년 10월 입찰자는 이를 간과해서 혼자 입찰 후, 경매대금을 미납하게 된다. 이렇듯 권리분석의 시작은 전입, 확정, 배당의 의미를 알아가는 것이다.

❖ 배당요구종기 의미

○○7계 2013-2**** **동 아파트

사건번호	2013-***** 임의	채권자	**은행	건물용도	아파트
감정평가액	420,000,000원	채무자(소유자)	고**	개시결정일	2013.08.01
최저경매가	(51%) 215,040,000원	토지면적	28.52㎡(8.63평)	배당종기일	2013.10.07
입찰보증금	(20%) 43,008,000원	건물면적	49.2㎡(14.88평)	조회수	오늘2 전체1,702
참고사항	관련사건☞서울**지방법원 2014타가****(매각허가결정취소신청) 매수보증금은 최저가격의 20%임.				

소재지/감정서	면적(단위:㎡)	경매진행결과	임차관계/관리비	등기부상관리관계
서울 강남구 **동 ***** 401동 6층 ***호 [**로51길 **] -**고등학교남서측인근 -주변아파트단지,근린생활시설등혼재 -차량출입가능,대중교통사정 보통 -인근버스(정)및수서역 소재 -대체로사다리형토지 -열병합지역난방	물건번호:단독물건 대지 28.521/23969.4 (8.63평) 건물 [21평형] 49.2 (14.88평) -총15층 -보존 : 1992.12.26	감정가 420,000,000 대지 315,000,000 건물 105,000,000 ① 420,000,000 ②20%↓336,000,000 ③20%↓268,800,000 2014-01-16 미납 (대금미납) ④ 268,800,000 ⑤20%↓215,040,000 2014-07-10 매각 매각가 223,500,000	김** 전입 2007.06.20 배당 2013.11.29 (보) 200,000,000 주거 점유기간 미상 * 3회 방문하였으나 폐문 부재이고, 방문한 취지 및 연락처를 남겼으나 아무런 연락이 없으므로 주민등록 전입된 세대만 임차인으로 보고함 * 김** : 2013. 11. 29.자로 김**명의의권리신고 및 배당요구 신청서가 접수 되었으나 첨부서류가 없음	소유권 고** 2009.05.13 전소유자 : 김** 근저당 **은행 2009.05.27 169,000,000 임의 **은행 2013.08.01 *청구액:179,195,042원

말소기준권리 : 09.05.27. 근저당 **은행, 배당종기일 : 13.10.07.

임차인 : 김** 전입 07.06.20. / 확정 - / 배당 13.11.29.

권리분석에서 임차인과 관련해서는 전입, 확정, 배당의 의미는 꼭 알아야 한다.

전입일자는 대항력의 유무를 결정하는 중요한 날이고,

확정일자는 우선변제권, 즉 배당을 먼저 받을 수 있는 순서를 의미하며,

배당요구종기는 배당신청을 법절차에 따라 제때에 제대로 했는지를 의미한다.

김** 은 말소기준권리보다 전입일자가 빠르기 때문에 대항력 있다. 배당을 받

지 못해도 매수인에게 보증금을 받을 수 있지만, 확정일자가 없기 때문에 배당을 먼저 받을 수 있는 권리는 없다. 그럼에도 2014년 1월 입찰자는 272백만 원에 혼자 입찰하였다. 물론 아파트가격이 상승하여 보증금 2억원을 인수하는 것까지 고려하여 입찰할 수도 있겠으나, 최소 20%이상의 가격이 상승했을 때 얘기로 권리분석의 하자 또는 시세에 대한 착오로 인한 미납 사유가 추정된다. 만약 같은 전입일자에 확정일자를 받았다고 하더라도, 배당요구종기가 지나 배당신청을 했기 때문에 임차인이 배당을 받지 못하고, 매수인은 보증금을 인수해야 한다.

❖ 배당요구를 철회하는 경우

○○4계 2014-1**** **동 아파트

사건번호	2014-***** 강제	채권자	**보험	건물용도	아파트
감정평가액	550,000,000원	채무자(소유자)	최**	개시결정일	2014.09.26
최저경매가	(41%) 225,280,000원	토지면적	50.19㎡(15.18평)	배당종기일	2014.12.09
입찰보증금	(20%) 45,056,000원	건물면적	84.99㎡(25.71평)	조회수	오늘1 전체2,691
참고사항	임차인 김**는 2014.12.01.자로 권리신고및배당요구신청서를 제출하였으나, 2014.12.09자로임차보증금 권리신고및배당요구신청철회서를 제출함. 따라서 매수인이 임차보증금을 인수하게 됨(입찰시 주의요함)				

소재지/감정서	면적(단위:㎡)	경매진행결과	임차관계/관리비	등기부상관리관계
서울 은평구 **동 *** ***102동 12층***호 [**로267] -지하철3호선**역 북동측직선거리약700m지점위치 -주위아파트,상가,학교,다세대주택등혼재하는주거지대 -차량접근가능 -대중교통사정보통 -난방설비	물건번호:단독물건 대지 50.194/15013.5 (15.18평) ₩220,000,000 건물 [33평형] 84.9885 (25.71평) ₩330,000,000 -총15풍 -승인:2010.08.30 -보존:2011.09.15	감정가 550,000,000 대지 220,000,000 건물 330,000,000 ① 550,000,000 ②20%↓440,000,000 2015-11-17 불허 ③20%↓352,000,000 ④20%↓281,600,000 2016-03-08 미납 ⑤20%↓225,280,000 2016-07-26 매각 매각가 263,898,000	나** 전입 2013.03.14 주거/1205호 김**의자녀 조사서상 김** 전입 2013.11.20 확정 2012.12.24 배당 2014.12.08 철회 2014.12.09 (보)285,000,000 주거/1205호전부 점유기간 2012.08.31-	소유권 최** 2012.09.28 전소유자:최** 강 제 **보험 2014.09.26 **신용지원 *청구액:381,826,053원

말소기준권리 : 14.09.26. 강제경매 **보험, 배당종기일 : 14.12.09.

임차인 : 김** 전입 13.11.20. / 확정 12.12.24. / 배당 14.12.08. / 철회 14.12.09.

김**은 말소기준권리보다 전입일자가 빠르기 때문에 대항력 있다. 배당을 받지 못해도 매수인에게 보증금을 받을 수 있다. 이번사건은 **보증보험에서 채무자가 사업상의 이유 등으로 발생한 사고에 대해 3억8천만 원 가량의 비용을 지불하고, 구상권을 청구하여 채무자 소유의 부동산을 바로 경매에 넣은 듯하다.

 말소기준권리는 다른 권리가 없다면 강제경매결정등기가 기준이 된다. 임차인 김**의 대항력은 2013년 11월 21일 0시에 생긴다. 우선변제권은 확정일자가 비록 전입일자보다 빠르지만, 대항력을 수반해야 하기 때문에 대항력과 동시에 생기게 된다. 문제는 배당요구종기 전에 배당요구를 했다가, 배당요구종기 전에 배당철회를 했는데, 결과적으로 법원은 배당요구를 하지 않은 것으로 본다. 2016년 3월 입찰자는 김** 임차인의 보증금 2억8,500만원을 인수해야 한다는 사실을 알고, 보증금을 미납한 것으로 보인다. 다만 배당요구종기 후에 배당철회를 했다면 이때는 배당요구를 한 것으로 보기 때문에 주의가 필요하다.

❖ 소유자가 임차인이 되는 경우

○○14계 2016-1*** **동 아파트

사건번호	2016-***** 임의	채권자	**산업	건물용도	아파트
감정평가액	302,000,000원	채무자(소유자)	강**	개시결정일	2016.01.14
최저경매가	(70%) 211,400,000원	토지면적	100.14㎡(30.29평)	배당종기일	2016.03.28
입찰보증금	(10%) 21,140,000원	건물면적	140.13㎡(42.39평)	조회수	오늘1 전체234

소재지/감정서	면적(단위:㎡)	경매진행결과	임차관계/관리비	등기부상권리관계
경기 용인시 **구 **동 *** **** 207동 4층 ***호 -고림초등교동측인근 -주변아파트단지,소규모공장및창고,근린생활시설,농경지등소재 -차량출입용이 -인근버스(정),용인 I/C소재 -전반교통여건무난 -부정형광평수토지	물건번호: 단독물건 대지 100.1351/27627 (20.29평) 건물 [53평] 140.1265 (42.39평) 방4,화장실2,드레스룸 ·전용140.13㎡(42평) ·공용36.6445㎡(11평) -총15층 -승인:2011.04.20 -보존:2001.05.04 8개동516세대	감정가 302,000,000 대지 211,400,000 ① 302,000,000 2016-05-19 유찰 ②30%↓211,400,000 2016-06-22 매각 매각가 268,990,000	전** 전입 2003.08.14 주거 조사서상 서** 전입 2012.07.16 주거 조사서상	소유권 강** 2014.07.24 전소유자 : 전** 근저당 **보험 2014.07.24 230,400,000 근저당 **산업 2015.03.27 250,000,000 임 의 **산업 2016.01.14 *청구액:172,503,968원

 말소기준권리 : 14.07.24. 근저당 **보험, 배당종기일 : 16.03.28.

임차인 : 전** 전입 03.08.14. / 확정 - / 배당 -

이 사건의 임차인은 기존 소유자로써 자신을 주택을 매도함과 동시에 임대차계약을 맺은 듯하다. 기존 전입일자는 자신이 주택을 매수할 때 신고한 날짜로써, 주택 매도와 임대차 계약에도 불구하고 별도의 전입신고는 필요하지 않았기 때문에 전입일자가 임대차 계약 날짜가 아닌 기존 매매 날짜인 것이다. 전소유자가 임차인이 되는 경우 대법원 판례에서는 소유자가 주택을 매도하면서 임대차계약을 맺었다면 기존 소유자의 대항력은 새로운 매수인이 소유권이전등기가 완료된 다음날로 보는 게 타당하다고 보고 있다. 특히 이번 사건의 매각물건명세서를 보면 "전**은 신청채권자인 ****에 무상임차사실인서를 작성하여 공증하였고, 서**은 전**의 남편이다"라고 기록되어 있다. 참고로 대법원판례에 "무상임대차사실확인서 등을 작성해준 후에 경매 진행과정에서 진정한 임대차를 주장하는 것은 금반언의 원칙 또는 신의성실의 원칙에 위배된다"는 내용이 있다.

❖ 종전경매 선순위임차인이 있는 경우

○○4계 2015-2*** **동 다세대

사건번호	2015-***** 임의	채권자	**은행	건물용도	아파트
감정평가액	144,000,000원	채무자(소유자)	이**	개시결정일	2015.02.02
최저경매가	(26%) 37,749,000원	토지면적	17.35㎡(5.25평)	배당종기일	2015.04.14
입찰보증금	(20%) 7,549,800원	건물면적	59.24㎡(17.92평)	조회수	오늘9 전체2,783

소재지/감정서	면적(단위:㎡)	경매진행결과	임차관계/관리비	등기부상관리관계
서울 구로구 **동 ***-* 1층 ***호 [***로27가길 *-**] -철콘크리트평스라브지붕 -***초등교동측인접소재 -주위공동및단독주택, 근린생활시설,아파트형공장,학교등혼재 -차량출입가능	물건번호: 단독물건 대지 17.35/155 (5.25평) ₩50,400,000 건물 59.24 (17.92평) ₩93,600,000 -총4층 -승인:1973.09.02 -보존:2001.02.21 *2015.8 감정가조정	감정가 144,000,000 ① 144,000,000 ②20%↓115,200,000 2015-08-11 불허 ③20%↓92,160,000 ④20%↓73,728,000 ⑤20%↓58,982,000 2016-02-17 미납 ⑤20%↓58,982,000 2016-04-27 미납 ⑤20%↓58,982,000 2016-08-24 미납 ⑥20%↓47,186,000 ⑦20%↓37,749,000	신** 전입 2010.12.14 확정 2010.12.14 배당 2015.04.07 (보)100,000,000 주거 점유기간 2010.12.14-	소유권 이** 2014.07.21 전소유자:**건설 근저당 **은행 본점 2014.07.21 72,000,000원 임 의 **은행 2015.02.05 여신관리부 *청구액:72,000,000원 채권총액 72,000,000원

말소기준권리 : 14.07.21. 근저당 **은행, 배당종기일 : 15.04.14.
임차인 : 신** 전입 10.12.14. / 확정 10.12.14 / 배당 15.04.07

이 사건은 종전경매사건의 임차인이 새 소유자와 임대차 관계를 유지하던 중에 다시 경매가 진행된 경우이다. 임차인 신**은 기존 경매(2013타경224**)에서도 선순위 임차인으로써 배당요구를 하여 우선변제권을 행사하였는데, 다시 진행되는 경매에서도 배당요구를 하였다. 일반 입찰자의 경우 당연히 배당이 되리라고 예상하고 입찰에 참가하였는데, 2016년 2월, 4월, 8월 3차례 이상 잔금을 미납한 사건으로 주의가 필요하다. 대법원 판례에 따르면 "임차인이 우선변제권을 선택하여 종전경매에서 보증금에 대해서 배당요구를 하였으나 보증금 전액을 배당받을 수 없는 경우 경락인에게 반환받을 때까지 임대차관계의 존속을 주장할 수 있지만, 우선변제권은 경락으로 인하여 소멸하는 것이므로 배당을 받을 수 없다"고 판시하였다. 이렇듯 기존 경매에서 우선변제권 행사를 위해 배당요구를 한 경우 진행되는 경매에서 배당이 되지 않아 매수인이 보증금이 인수될 수 있다.

❖ 등기사항증명서와 건축물대장의 주소가 상이한 경우

○○11계 2010-7*** **동 다세대

사건번호	2010-***** 강제	채권자	김**	건물용도	아파트
감정평가액	650,000,000원	채무자(소유자)	유**	개시결정일	2010.03.15
최저경매가	(64%) 416,000,000원	토지면적	85.72㎡(25.93평)	배당종기일	2010.06.25
입찰보증금	(10%) 41,600,000원	건물면적	147.63㎡(44.66평)	조회수	오늘1 전체1,051
참고사항	공부상 3층 301호이나 현황 4층 401호로 출입문 및 호출벨에 표기됨					

소재지/감정서	면적(단위:㎡)	경매진행결과	임차관계/관리비	등기부상관리관계
서울 **구 반포동 ***-** ***빌 3층 301호 (통칭 : 4층 401호) -철콘조철콘평슬래브 지붕 -서래초등학교동측위치 -주위아파트,단독주택,다세대주택,열립주택 및 근린시설등혼재	물건번호:단독물건 대지 85.7248/332 (25.93평) ₩650,000,000 건물 147.63 (44.66평) -총4층 -보존:2006.05.30	감정가 650,000,000 대지 260,000,000 건물 390,000,000 ① 650,000,000 ②20%↓520,000,000 ③20%↓416,000,000 2010-12-08매각 매각가 488,000,000	김** 전입 2006.05.25 주거/조사서상 *2회 방문하였으나 폐문부재이고, 방문한 취지 및 연락처를 남겼으나 아무런 연락이 없으므로 주민등록 전입된 세대만 임차인으로 보고함	저당권 김** 2009.12.16 500,000,000 강 제 김** 2010.03.15 *청구액:427,000,000원 채권총액 500,000,000원 열람일자:2010.04.19

말소기준권리 : 09.12.16. 강제경매 김정*, 배당종기일 : 10.06.25.
임차인 : 김은* 전입 06.12.14. / 확정 - / 배당 -

이 사건의 임차인 김**은 2006년 12월 전입을 하면서 출입문과 호출 벨에 적혀 있는 ***빌 401호로 전입신고를 하였다. 이후 채무자 및 소유자 유**은 김**의 채무를 변제하지 않아, 강제경매가 진행되면서 문제가 되었다. 단순히 보기에는 김**은 선순위 임차인으로 별도로 배당요구를 하지 않았기 때문에 그 권리를 매수인이 인수해야 되는 것으로 보이나, 여기서 전입신고가 문제가 되었다.

실제 거주하고 있는 다세대 주택이 출입문에는 401호로 되어 있지만, 건축물대장 상에는 301호에 해당되는 것이었다. 임대차 계약 당시 등기사항증명서와 건축물대장 등을 꼼꼼히 검토하였다면 큰 문제가 없었겠지만 결과적으로 공시대상의 불일치로 인해 전입신고의 효력이 발생되지 않아 대항력이 발생하지 않게 된 것이다. 참고로 등기사항증명서와 건축물대장의 주소가 상이할 경우 소유권과 관련 있는 내용은 등기사항증명서가 우선시 되나, 주소나 현황, 면적 등에 대한 내용은 건축물대장이 우선시 될 수 있기 때문에 전입신고시 주의가 필요하다.

❖ 선순위전세권이 있는 경우

○○8계 2015-1**** **동 아파트

사건번호	2015-***** 강제	채권자	강**	건물용도	아파트
감정평가액	540,000,000원	채무자(소유자)	강**	개시결정일	2015.07.02
최저경매가	(26%) 141,558,000원	토지면적	30.77㎡(9.31평)	배당종기일	2015.09.24
입찰보증금	(20%) 28,311,600원	건물면적	84.84㎡(25.66평)	조회수	오늘14 전체1,864
참고사항	・관련사건☞서울**지방법원2014가소******(대여금) ・특별매각조건 매수보증금 20%				

소재지/감정서	면적(단위:㎡)	경매진행결과	임차관계/관리비	등기부상관리관계

100-450
서울중구 **동 ***-***
남산**스카이 ***호
[**로56]
 	
-****역 북동측인근
-주위아파트단지,공동
주택,공원및근린생활
시설등소재
-차량출입가능
-인근버스(정),지하철
역소재
-난방설비
-부정형등고평단지
	물건번호: 단독물건
	대지 30.766/5980
	(9.31평)
	₩162,000,000
	건물 [31평형]
	84.841
	(25.66평)
	₩378,000,000
	공용면적:57.731
	-총13층
	-승인:2005.12.20
	-보존:2006.01.16
		감정가 540,000,000
		  대지 162,000,000
		  건물 378,000,000
		
		① 540,000,000
		②20%↓432,000,000
		  2016-03-31 미납
		③20%↓345,600,000
		④20%↓276,480,000
		⑤20%↓221,184,000
		⑥20%↓176,947,000
		⑦20%↓141,558,000
		  2016-12-15진행
			우**
			전입 2014.07.25
			확정 2014.09.15
			(보) 420,000,000
			주거/전부
			점유기간
			2016.09.05까지
			전세권자
			등기부상
				소유권 강**
				  2006.01.27
				전소유자 :**건설
				전세권 우**
				  2014.09.15
				  420,000,000
				존속기간:2016.09.05
				가압류 강**
				  2014.12.22
				  50,000,000
				  2014카단57630
				강 제박**
				  2016.05.12
				  2016타경5444

말소기준권리 : 14.12.22. 가압류 강**, 배당종기일 : 15.09.24.
임차인 : 우** 전입 14.07.25. / 확정 14.09.15. / 배당 -

임차인 우**은 선순위 임차권자이자 전세권자이다. 전세권이 말소기준권리가 되기 위해서는 토지와 건물의 전체 또는 집합건물일 경우 전세권에 의한 경매를 신청하거나 배당요구 신청을 한 경우이다. 이번 사건처럼 경매를 신청하지 않거나 별도의 배당요구를 하지 않았다면 말소기준권리가 되지 않기 때문에, 다른 말소기준권리보다 권리일자가 빠르면 매수인은 인수해야 된다. 또한 임차인은 전입신고도 하였고 확정일자도 받았기에 임차인으로써 권리와 우선변제권도 있었지만 배당요구를 하지 않아 역시 매수인이 보증금을 부담했어야 한다. 그럼에도 불구하고 2016년 3월 감정가의 83.3%에 1명이 입찰하였고, 결국 매수인은 인수액 부담에 의해 잔금을 납부하지 않으면서 보증금을 손해 보게 되었다. 전세권과 임차권의 권리가 동시에 있다면 어떤 서류를 제출했는지 확인해야 하는데, 전세권자는 배당요구종기 전에 채권계산서를 제출(경매접수내역 확인 가능)해야 하고, 임차권자는 배당요구종기 전에 배당요구신청서를 제출해야 한다.

❖ 대지권없음, 선순위가등기의 경우

○○7계 2014-5*** **동 아파트

사건번호	2014-***** 강제	채권자	배**	건물용도	아파트
감정평가액	110,000,000원	채무자(소유자)	손**	개시결정일	2014.02.19
최저경매가	(17%) 18,455,000원	토지면적	0㎡(0평)	배당종기일	2014.04.30
입찰보증금	(20%) 3,691,000원	건물면적	59.92㎡(18.13평)	조회수	오늘5 전체2,665
참고사항	・관련사건☞서울**지방법원 2016타기*** ・특별매각조건 매수보증금 20% ・감정평가서에 의하면 본건부동산은 공부상 **아파트나 통칭 **아트빌이라 함 ・대지권없음(관련 대지지분 제3자 소유상태) ・2012.7.27. 소유권이전청구권 가등기는 매수인에게 부담이 인수될 수 있음				

소재지/감정서	면적(단위:㎡)	경매진행결과	임차관계/관리비	등기부상관리관계
서울 **구 **동 **** **아파트 *동 ***호 [**로**길**] -건물만입찰 -**백화점(**점)남서 측인근**119안전센터 남측인근 -소규모공동주택과단 독주택, 일부 노변 1 층근린생활시설혼재한 주거지대 -차량접근가능 -인근노선버스(정)위치 -교통사정보통	물건번호:단독물건 대지권없음 건물 59.92 (18.13평) ₩110,000,000 방3 -총5층 -승인:2000.10.26 -보존:2000.12.13	감정가 110,000,000 ① 110,000,000 ②20%↓88,000,000 ③20%↓70,400,000 ④20%↓56,320,000 ⑤20%↓45,056,000 2015-12-24미납 ⑥20%↓36,045,000 ⑦20%↓28,836,000 2016-05-19미납 ⑦20%↓28,836,000 2016-07-28미납 ⑧ 28,836,000 ⑧20%↓23,069,000 ⑨20%↓18,455,000 2016-12-22진행	김** 전입 2007.11.28 주거/A동401호 점유기간 미상 조사서상 *본건부동산에현재임차인이 점유사용하고있다고함.(본건 부동산임차인과면담)	소유권 손** 2007.11.01 전소유자 : 김** 가등기 이** 2012.07.27 소유권이전청구가등기 강 제 배** 2014.02.20 *청구액:14,376,000원

말소기준권리 : 14.02.20. 강제경매 배**, 임차인 : 김** 전입 07.11.28.

3차례 이상 미납한 사건으로, 집합건물이지만 대지권 없이 건물만 경매로 나온 경우로 선순위임차인, 소유권이전청구가등기 등의 권리도 있다. 집한건물법 제20조에 의하면 대지권은 건물과 분리하여 처분할 수 없다는 것이 원칙이지만, 보존등기시 부득이한 사정으로 미등기되는 경우가 종종 발생한다. 대지권 없이 건물만 나오는 사건의 경우 통상 토지에 대한 감정가격을 포함시키지 않기 때문에, 토지에 대한 평가액을 포함시키는 대지권미등기와는 구별이 된다. 낙찰을 받는다고 하여도 토지소유자가 건물철거를 요청하거나 매도청구나 지료청구를 요청할 수 있기 때문에 이해당사자가 아니면 각별한 주의가 필요하다. 소유권이전청구가등기는 매매예약을 하면서 설정된 등기로써 잔금납부나 기타 이유로 매매에 대한 본등기를 진행할 경우 소유권은 이전되게 된다. 이는 말소기준권리가 되는 소유권이전담보가등기와는 구별이 되기 때문에, 가등기가 말소기준권리보다 빠르게 설정되었다면 매수인은 선순위 권리로써 인수해야 한다.

❖ 토지별도등기가 있는 경우

○○4계 2015-5****[3] ***동 주상복합(상가)

사건번호	2015-***** 임의	채권자	**은행	건물용도	아파트
감정평가액	1,096,000,000원	채무자(소유자)	홍**	개시결정일	2015.03.19
최저경매가	(33%) 359,138,000원	토지면적	45.46㎡(13.75평)	배당종기일	2015.05.27
입찰보증금	(20%) 71,827,600원	건물면적	244.96㎡(74.1평)	조회수	오늘5 전체478
참고사항	· 관련사건☞서울남부지방법원2016타인*** · 공부상 용도는 제2종근린생활시설(운동시설)이나 각 호간 벽체 구분 없이 일괄하여 종래 호프집으로 사용된 것으로 조사됨. 현재 영업 및 임대여부는 미상임. · 지층비105호, 지층비106호, 지층비107호는 공용부분(복도)일부를 점용하는 것으로 확인되는 바정확한 사실관계는 재확인 요함.					

소재지/감정서	면적(단위:㎡)	경매진행결과	임차관계/관리비	등기부상관리관계
152-070 서울 구로구***동***-* -*, **동 ***-**, -** ****** 지층B105호 [**로 584] 감정평가액 토지:127,370,000 건물:143,630,000 -공용부분(복도)일부 점용 -일괄입찰 -벽체구분없이일괄하여사용중	물건번호: 3번 (총물건수 3건) 3)대지 11.47/2521 (3.47평) ₩127,370,000 건물 ·운동시설 61.81 (18.7평) ₩143,630,000 현:노래방 -승인:2006.10.09 -보존:2006.11.19	감정가 1,096,000,000 대지 515,120,000 건물 580,120,000 ① 1,096,000,000 ② 876,800,000 ③20%↓ 701,440,000 2016-06-01 미납 ③ 701,440,000 ④20%↓ 561,152,000 ⑤20%↓ 448,922,000 ⑥20%↓ 359,138,000 2016-12-13진행	*****대표 점포 조사서상 * 폐문 무재이나 건물출입문 등에 *****라는 상호가 있어 일응 임차인으로 등재함. 현장에 임한 바, 폐문 부재로 소유자 및 점유자 발견할 수 없어 출입문으로 안내문 투입. B105호 내지 B109호는 출입문 등에 표시된 상호를 임차인으로 등재함	소유권 홍** 2013.02.05 전소유자:이** 근저당 **전문 2013.02.05 1,820,000,000 근저당 양** 2013.09.30 100,000,000 임 의 **은행 2015.03.20 여신관리부 *청구액:1,642,356, 253원

말소기준권리 : 13.02.05. 근저당 **유동화, 배당종기일 : 15.05.27.

임차인 : ***비어 전입 − / 확정 − / 배당 − (폐문부재, 현황조사서상)

    토지별도등기는 집합건물에서만 볼 수 있는 것으로, 통상 집합건물의 경우 집합건물 등기사항증명서만 있지만, 여기에 별도로 토지등기사항증명서가 있는 경우이다. 토지에 대해 근저당권이나 가압류 등의 권리가 아직도 남아 있는 경우인데, 이는 건물을 신축하고 분양대금으로 대출금을 상환해야 하는데 이를 이행하지 못한 경우로 전체 호수 또는 특정 호수에 대한 권리가 존재하는 경우이다. 그러나 통상 토지별도등기 경매사건의 경우 경매 감정가에 토지지분에 대한 평가액을 포함하기 때문에, 낙찰을 받게 되면 토지 권리자가 배당을 받고 특정 호수에 대한 권리를 말소시키기 때문에 걱정하지 않아도 된다. 다만 법원에서 특별매각조건으로 권리를 인수해야 된다고 하면 주의해야 한다. 참고로 토지별도등기가 있지만, 지상권설정등기로써 공공에 사용을 위한 등기(지상권자 서울시 **구)이기 때문에 소유권을 취득하고 매각하는 과정에 문제가 되지 않는다.

❖ 제시외 건물이 있는 경우

○○2계 2015-8***　　**면 단독주택

사건번호	2015-***** 임의	채권자	민**	건물용도	단독주택
감정평가액	427,839,840원	채무자(소유자)	최**	개시결정일	2015.06.15
최저경매가	(70%) 299,488,000원	토지면적	1144㎡ (346.06평)	배당종기일	2015.09.16
입찰보증금	(10%) 29,948,800원	건물면적	전체 194.66㎡(58.88평) 제시외 27.5㎡(8.32평)	조회수	오늘1 전체412
참고사항	· 제시외건물포함, 목록3 농지취득자격증명 필요(매각허가결정시까지 미제출시 보증금 몰수)					

소재지/감정서	면적(단위:㎡)	경매진행결과	임차관계/관리비	등기부상관리관계
경기 이천시 **면 **리 ***1동 [**로101번길 ***-**] 감정평가액 토지 : 127,500,000 건물 : 88,833,360 제시 : 2,700,000 -경량철골구조샌드위 치판넬지붕 -장방형유사등고평탄지	물건번호: 단독물건 대지 425 (128.56평) ₩127,500,000 건물 · 주택 101.64 (30.75평) ₩88,833,360 -총1층 -승인:2014.01.22 -보존:2014.01.24 제시외 · 현관 다용도실 9 (2.72평) ₩2,700,000	감정가 427,839,840 대지 275,382,000 건물 146,097,840 ① 427,839,840 ②30%↓299,488,000 2016-01-13매각 매각가 341,879,000	이** 전입 2014.02.14 확정 2014.01.24 배당 2015.09.11 (보)110,000,000 주거/전부 점유기간 2014.02.07-2 016.02.07 * 소유자점유. 내부구조는 방3, 주방, 거실, 화장실로 이루어져 있으며 임차인 이**이 거주함. *이** : 4목록 이**, 최** 공동임차인 임대차계약 서를 이**이 제출함.	소유권 최** 2014.01.24 근저당 이** [공동]2014. 04.23 180,700,000 근저당 임** [공동]2014.10.13 30,000,000 임 의 민** [공동]2015.06.15 *청구액:71,000,000원

말소기준권리 : 14.04.23. 근저당 이******, 임차인 : 이** 전입 14.02.14.

본 사건에는 '제시외 건물 포함'이라고 나와 있다. 감정평가서에도 "입찰외 견사와 건축자재가 건축되어 있다"라는 의견이 있다. 등기사항증명서, 건축물대장 외에 다른 건물이 존재할 때 이런 문구들이 나오는데 통상적으로 감정가에 포함되는 경우 큰 문제가 되지 않는다. 견사의 경우 이동이 가능하기 때문에 법정지상권에도 문제되지 않는다. 다만 감정가에 포함되지 않고 토지에 정착된 물건이라면 법정지상권 소지가 있으므로 주의해야 한다. 민법에서는 물건의 소유자가 그 용도에 이바지하기 위해 주물에 부속된 물건을 종물이라고 하고, 부동산의 소유자는 부동산에 부합한 물건(부합물)의 소유권을 취득한다고 되어 있다. 이처럼 종물(정화조, 유류탱크, 창고 등)과 부합물은 대부분 그 소유권을 인정받게 된다.

참고사항을 보면 '농지취득자격증명 필요'라는 문구가 보인다. 매각결정허가일(매각일 1주일) 내에 증명서를 발급받아 제출하라는 것으로, 이를 위해서는 농지소재 시, 군, 구, 읍, 면장에게 신청서 및 농업경영계획서(농지면적 1,000㎡ 이상)를 작성하여 제출하면 2일~4일 이내에 발급되므로, 이를 제출하면 된다.

❖ 위반건축물이 있는 경우

○○1계 2013-2****		**동 근린주택			
사건번호	2014-***** 강제	채권자	김**	건물용도	근린주택
감정평가액	6,721,325,430원	채무자(소유자)	김**	개시결정일	2013.11.28
최저경매가	(64%) 4,301,648,000원	토지면적	351㎡(106.18평)	배당종기일	2014.02.19
입찰보증금	(10%) 430,164,800원	건물면적	전체 1302.1㎡(393.89평) 제시외 217㎡(65.64평)	조회수	오늘1 전체2,795
참고사항	본건은 1층 주차장부분(66.69㎡)이 현황 근린생활시설이며, 3층은 근린생활시설이나 일부(좌측부분)는 원룸으로 이용중이며, 본건 건물은 건축대장상 위반건축물로 등재되어 있음.(감정평가서 참조)				
소재지/감정서	면적(단위:㎡)	경매진행결과	임차관계/관리비	등기부상관리관계	
120-180 서울 서대문구 **동 *-* [**로12길 27]	물건번호: 단독물건 대지 351 　(106.18평) 　₩6,195,150,000 건물 ·1층 소매점 137.52 　(41.6평) 　₩180,390,150	감정가 6,721,325,430 대지 6,195,150,000 건물 497,630,430 ① 6,328,984,700 2014-11-11 변경 ① 6,328,984,700 ②20% ↓5,377,060,000 ③20% ↓4,301,648,000 2016-05-31 매각 매각가 4,800,000,000	강** 주거/303호 조사서상 김* (보)35,000,000 주거/501호 조사서상 김** (보)35,000,000 주거/502호 조사서상 **노래방 점포 조사서상	소유권 김** 　2002.09.17 근저당 [공동] **프라퍼티 　2012.09.24 　5,018,000,000 김**지분근저당 강 제김** [공동] 2013.11.28 *청구액:100,000,000원	

말소기준권리 : 12.09.24. 근저당 **프라퍼티, 임차인 : 김** 외 다수

본 사건은 일괄매각, 제시외건물 포함, 유치권신고, 위반건축물 등 다수의 권리가 얽혀있는 복잡한 사건으로 위반건축물의 내용만 보겠다. 통상 위반건축물로 등재되면 원상복구명령이 내려지고 이행하지 않으면 1년에 2회 이내로 이행강제금이 부과된다. 위반건축물은 옥상에 건물을 올리는 경우, 사용승인을 받은 후 테라스 상단을 덮는 경우, 주택을 나누어 원룸으로 개조하는 경우, 사무소로 허

가받은 후 부엌시설 등을 만드는 경우, 주차장설치 등의 법규제한이 덜한 고시원으로 등록 후 개조하는 경우 등으로 건축물대장에 빨간색으로 '위반건축물'이라고 표기되고, 대장 하단에는 위반일자, 위반내용, 시정명령내용이 기재된다.

위반건축물은 경매로 받을시 대출이 되지 않을 수 있다. 또한 상업용인 경우 인허가가 필요한 업종의 경우 등록이 되지 못할 수 있으며 영업허가증 양수도 계약이 안 될 수 있다. 또한 소유자 등이 인도의 불만을 가지고 계속적으로 민원을 넣을 수 있기 때문에 시/군/구청 관할 부서에 위반내용을 확인하여 원상복구 가능성과 현재 부과되고 있는 이행강제금이 얼마인지를 확인해 볼 필요가 있다.

❖ 기타

① 세대합가, 최초 전입자의 전입일자를 기준으로 대항력 판단

권리분석에 있어서 임차인의 전입일자는 상당히 중요하다. 전입세대열람내역에는 현재 세대주와 최초전입자로 구분되어 표기되어 있다. 대부분 동일하지만 결혼을 하는 과정이나 다른 이유로 세대원이 합가되는 경우에 세대주를 변경하게 되면 최초전입자와 구분되어 다르게 기록되게 된다. 이때 최초전입자의 전입일자를 기준으로 대항력의 유무를 판단하기 때문에 권리분석에 있어 주의가 필요하다. 즉 최초전입자의 전입일자 다음날 0시부터 대항력이 인정된다는 말이다.

② 근저당권과 전세권의 등기 접수번호가 같은 경우

등기소에서는 등기신청의 접순순위를 매길 때에는 담당공무원이 신청서를 받을 때를 기준으로 하되, 동일한 부동산에 수개의 신청서가 동시에 접수되는 경우에는 동일한 접수번호를 기재하여 동일한 효력이 발생토록 하고 있다. 경매에서 접수번호가 빠르면 동일한 날짜에 등기되었더라도 우선순위를 인정받지만, 예로 근저당권, 전세권 등이 동일한 접수번호로 기재되었다고 한다면 이는 금액에 따른 안분배당을 받게 되며, 선순위권리라면 둘 다 말소기준권리가 되게 된다.

③ 전세권자는 최우선변제 대상이 아님

　임차인의 경우 주택임대차보호법에 의해 대항력과 우선변제권을 인정받거나, 등기사항증명서에 전세권을 등기함으로써 민법에 의한 우선변제권을 인정받는다. 여기서 선순위권리라면 크게 문제될 것이 없겠지만, 후순위권리라면 경우라면 소액임차인에 대한 최우선변제가 배당받는데 있어 우선될 수 있기 때문에 이를 위한 요건을 갖추고 있는지가 중요하다. 만약 전세권만 등기하고 별도로 전입신고를 하지 않았다면 최우선변제를 받을 수 없다. 이는 법에 따른 요건이 다르기 때문으로 임차인의 보증금이 소액이고 배당요구를 했더라도 인정받기 힘들다.

④ 대위변제 가능성 염두

　후순위 임차인이 있는 경우 말소기준권리가 되는 근저당의 설정금액이 적다면 대위변제 가능성을 염두해야 한다. 대위변제는 경매가 진행되는 과정에서 해당 부동산의 이해관계인이 채무자를 대신해서 채무를 변제하고 순위를 말소시키는 것이다. 말소로 인해, 후순위임차인은 선순위임차인으로 지위로 상승되게 된다.

04 권리분석 종합

　경매를 지속적으로 하는 투자자들은 대부분 유료사이트에 나온 정보를 중심으로 각종 공적자료와 권리분석, 예상배당표, 토지이용계획 등을 검토하고 현장 임장을 통해 시세를 분석한 후 입찰에 응한다. 유료사이트 출력물을 기준으로 추가적인 법률검토나 혹시 잘못된 내용은 없는지를 검토하는데, 예로 선순위임차인의 경우 거의 대부분 '인수'라고 적어 놓는데 실제로는 해당되지 않는 경우도 많기 때문에 이러한 부분을 꼼꼼히 확인해 보는 게 중요한 작업이다. 경매사건에 주로 검토해야 하는 쟁점을 찾아, 하나씩 풀어보는 과정을 갖는 게 좋다. 유치권, 법정지상권, 가처분 등의 법률문제가 쟁점인지, NPL경매로 채권을 우선 매입하는 게 쟁점인지, 다수의 임차인의 인도가 쟁점인지, 상가건물이 영업이 되질 않아 활성화시키는 게 쟁점인지 등을 둘 수 있다. 전체적인 자료를 바탕으로 쟁점을 중심으로 사건을 정리할 필요가 있다. 입찰 전에 이 문제에 대한 해결책이나 비용이 어느 정도 산정이 되어야 입찰가 산정에 있어 합리적인 금액을 결정할 수 있고, 이후 과정도 순탄하게 진행될 수 있기 때문이다. 사건번호를 시작으로 입찰일, 입찰시간, 경매법정, 물건용도, 소재지, 채권자, 소유자, 채무자, 경매개시일, 배당요구일, 감정평가액, 최저경매가 등을 체크하여 두어야 한다.

사건개요가 정리되면 유료사이트에 나와 있는 기본 예상배당표를 바탕으로 다시금 검토해 봐야 한다. 예상매각가를 최저가로 시작한다거나 배당을 중복해서 책정하거나 법원에서 변경된 내용이 추후 반영되지 않는다거나 구청이나 세무서에 제출한 교부청구액을 알지 못하기 때문에 일반적인 배당표 정도 밖에 되지 않기 때문에, 추가적인 내용이 있다면 이를 근거로 다시금 조정하여 추가적인 인수금액이 있다면, 어느정도 될지를 다시금 추정해 봐야 한다. 또한 말소기준보다 빠른 선순위임차인이 있다면 대부분 '인수'라고 표현하기 때문에 이 부분도 잘 확인해 봐야 한다. 검증된 유료사이트에서 작성된 배당표를 그래도 어느정도 신뢰할 수 있기 때문에 믿어도 좋으나, 무료사이트 같은 경우 다소 다르게 나오는 경우도 많기 때문에 주의가 필요하다. 일반적으로 아파트나 다세대 같은 집합건물의 경우 배당이 단조로우나, 여러 임차인이 사는 다가구주택이나 상가 등은 담보설정일 기준에 따른 소액임차인의 배당이 달라질 수도 있고, 실제로 현황조사나 배당신고 금액이 상이하여 실제 배당결과와는 차이가 나는 경우도 많다.

오히려 투자자의 입장에서 보면 배당의 관계보다는 그래서 인수할 금액이 얼마인지가 중요한 경우가 많다. 이는 선순위 임차인과 선순위 권리관계만 주로 보면 되는데, 이를 위해 집요하게 파헤쳐 보는 습관이 중요하다. 무늬만 선순위 임차인도 많기 때문에 어떻게 갈라 낼 것인지를 파헤쳐 봐야 한다. 채권은행에 연락해보거나 다른 채권자 또는 이해관계인을 설득하여 사건 원본을 볼 수 있다면 좀 더 자세히 사건의 내용을 검토해 볼 수 있다. 또는 임장을 통해 옆집이나 같은 건물에 사는 이웃사람에게 물어 본다거나, 주변 공인중개소를 방문하여 혹시 예전에 계약을 체결한 사실이 있거나 들은 정보에 대해 묻는 것도 하나의 방법이 될 수 있다. 선순위임차인이 배당요구를 했는데 혹시라도 100% 돌려받지 못하면 매수인이 추가적으로 부담해야 하기 때문에, 경매비용과 소액임차인, 임금채권, 당해세, 법정기일이 빠른 조세채권 등으로 인해 배당에 어떠한 영향을 미치는 지도 함께 고려해야 될 것이다.

기본적인 권리분석과 예상배당표, 임장 등이 마무리 되면 종합적인 검토가 필요한데, 먼저 취하 가능성을 살펴봐야 한다. 부동산 감정평가액 대비 현재 총 부채총액으로 비교해 보면 된다. 감정평가액보다 부채 총액이 과도하게 많다면 채무자는 부동산에 큰 미련이 없겠지만, 그 금액이 비슷하다면 채무자가 채무를 변제하기 위해 다양한 방법을 고민할 것이다. 특히 부동산 경기가 호황국면에 접어들면 부동산가격 상승으로 인해 취하되는 사건이 적지 않게 나오기 때문에 부채액을 감안하여 입찰가능성을 미리 염두해 두어야 할 것이다. 또한 입찰 당일에도 법원게시판에 사건이 진행되는지도 확인할 필요가 있다.

다음으로 매각 불허가 가능성이다. 부동산경매는 후순위채권자가 경매를 신청하는 경우도 많기 때문에 이럴 경우 후순위채권자가 배당을 받을 수 있는 지가 관건이다. 경매신청자인 채권자가 10원이라도 받아야 매각허가가 결정되기 때문이다. 민사집행법 제102조의 잉여의 가망이 없는 경우 경매가 취소되거나 불허가 될 수도 있기 때문에 경매신청 채권자의 배당관계를 검토해 봐야 한다.

마지막으로 대위변제 가능성이다. 후순위 임차인은 대항력이 없기 때문에 선순위 근저당권의 채무를 대신 변제하여 자신의 권리를 보호받기 위해 근저당권의 채권액이 적은 경우 눈물을 머금고 이를 대신 변제하는 경우도 종종 있기 때문이다. 이 때는 임차인이 배당받지 못하는 금액을 매수인이 인수해야 된다.

05 입찰가 산정

경매 입찰예정자라면 금액을 얼마나 써야 하는지 고민인데, 많이 쓰면 이익을 없을 것 같고, 적게 쓰면 떨어질 것 같아 보통 신경 쓰이는 게 아니다. 이에 적정 매각가 산정에 필요한 사항이 무엇인지, 실제 수익률 분석은 어떻게 따져 보는 게 좋은지 검토해 보고자 한다. 입찰자 산정의 기본조건은 지금의 경매물건의 가치는 이미 주변 환경의 요소들이 반영된 금액이기 때문에, 이를 전제로 여러 요인들을 감안하여 입찰가를 산정하는 게 좋다. 먼저 해당 사건의 예상 매각가를 산정하기 위해 인근지역의 유사사건 평균매각가율을 살펴본다. 매각건수와 최근 개월 수 등을 고려하여 적용매각가율을 정한다. 다음으로 매각가율에 (+), (-) 요인이 될 만한 사항이 무엇인지를 정한다. 적용 매각가율은 평균적인 물건이라고 생각하고 고층인지, 인도가 쉬운지, 정보사이트의 조회수가 많은지, 아파트 세대수가 많은지, 시세가 올랐는지 등을 감안하여 입찰가를 올리면 된다. 반대로 저층인지, 인도가 어려운지, 아파트 평수가 넓은지, 체납관리비가 있는지, 급격히 시세가 떨어졌는지 등을 감안하여 내리면 된다. 조망권, 일조권 등이 상대적으로 우수하거나, 혐오시설이나 기피시설이 있어 상대적으로 열악하면 감안해줘도 좋다. 이는 다수의 입찰예정자에게도 판단의 대상이 될 수 있으므로, 실제로 매각이 되는 예상매각가율로 생각하면 된다. (경매입찰가 산정방식 참조)

여기에 투자목적에 따라 입찰가를 산정하면 된다. 투자를 목적으로 한다면 수익을 감안하여 −2%로 낮게 잡고, 임대수익을 목적으로 한다면 0%로, 실거주라면 +2% 정도로 보면 좋다. 이는 참고사항이므로, 본인이 여러 사안을 고려하여 자신만의 엑셀표를 만드는 것도 좋다. 유찰이 여러 번 되는 경매물건은 당초 최저가보다, 오히려 금액이 더 올라가는 경우가 많기 때문이다. 괜찮다 싶은 물건이고 현재 최저가 부근에서 과감하게 나홀로 입찰하는 것도 하나의 방법이다. 경매에 대한 수익성분석은 입찰가를 기준으로 취득세, 등록세, 등기수수료, 국민

채권매입비용 등을 감안하여 비용으로 산정한다. 여기에 이사비용이나 강제집행을 고려한 예상인도비와 법무비를 감안하고, 매도시점을 감안하여 양도소득세와 관련한 필요경비와 기본공제 등에 따른 산출세액을 추정하여 비용을 산정한다. 이 비용 감안되는 수익률을 계산하는 것이 좋으며, 대출을 받는다면 총비용에서 대출비용을 뺀 순수투자액에 대한 수익률을 계산해 보는 것도 좋다.

(1) 경매 입찰가 산정

경매 입찰가 산정 방식(예)

◆ 경매사건 개요

소재지	서울시 동대문구 용두동 100-100, 용용APT 1동 113호					
사건번호	2016-123455	감정가	100%	700,000,000	9/7	비고
면적/대지(평형)	84/40(32)	유찰1회	80%	560,000,000	10/7	
층/전체	13/18	유찰2회	64%	448,000,000	11/7	
세대수	1,000	유찰3회	51%	358,400,000	12/7	
전입세대	소유자	유찰4회	41%			
배당유무						
체납관리비	1,300,000	조회수		332회		3일전후

◆ 적용 낙찰율

평균 낙찰율	건수		시세	690,000,000	
1개월	2	90.13	실거래가	690,000,000	
3개월	5	92.55	급매	685,000,000	참고용
6개월	10	94.66			
12개월	15	95.77	적용낙찰율	92.55	3개월 적용

◆ (+), (-) 요인

항목	범위	적용	설명
(+)		2	
고층	1~3		20층 기준 : 15층+1, 20층+2, 스페셜÷3
명도Yes	1~3		임차인 (상당액 : 1, 전액 : 2, 전액+명도 : 3)
조회수	1~3	1	
세대수	1~2	1	1000세대 : 1, 2000세대 이상 : 2
기타	1~5		부동산 매물수, 급격한 시세 변동, 조망권, 일조권 등
(-)		-4	
저층	-1~-5		20층 기준 : 5층-1, 2, 3층-2, 1층-3
명도 No	-1~-5	-1	소유:-1, 노약자:-2, 불특정점유:-3, 미거주:-4, 소송:-5
넓은 평수	-1~-3		40평:-1, 50평:-2, 60평 이상:-3
체납관리비	-1~-2	-1	감정가 1%:-1, 감정가 2%:-2 ...
기타	-1~-5	-2	급격한 시세변동, 혐오시설 등
합계		-2	예상낙찰율 90.55

◆ 입찰가 산정

항목	범위	적용		
투자목적		1		
보유시	1~3	1		
임대시	0		입찰가율	91.55
투자시	-1~-3		입찰가	₩640,850,000

※ 입찰가 방식은 개인마다 고려요소가 다를 수 있으므로, 이를 참조하여 작성하시면 됩니다.

(2) 경매 수익성 분석

경매 수익성 분석

취득세 등	
취득세	14,098,700원 (취득가액×2.2%(교육세 포함))
말소등록세	36,000원 (3,600원×건수(교육세 포함))
등기수수료	50,000원 (14,000원+3,000×건수)
국민주택채권표	1,286,000원 (매각가의 약 0.2%)
합계	15,470,700원
예상 명도비	
강제집행접수비	100,000원
운반 및 보관료	1,200,000원(5ton 1대, 3개월 보관) ※ 짐이 많을 경우 2대 필요.
노무비용	1,350,000원 (1인 90,000원, 야간 20% 할증)
합계	2,650,000원
법무비(대출가정)	
공과금대납	450,000원(증명서 발급, 대행료 등)
보수액	300,000원(보수비, 여비 등)
은행비용	300,000원(인지대 등)
합계	1,050,000원

낙찰시 소요비용				
입찰가	640,850,000원	인수금액	0원
취득세 등	15,470,700원	예상명도비	2,650,000원
법무비	1,050,000원	총 비용	660,020,700원

양도소득세	
양도가액	690,000,000원 (양도시 실거래가격)
취득가액	640,850,000원 (취득시 실거래가격)
필요경비	16,520,700원 (취득세, 법무비 등 경비 인정, 명도비 제외)
기본공제	2,500,000원
양도차익	30,129,300원 (양도가액-취득가액-필요경비-기본공제)
산출세액	3,439,400원 (1년 보유후 매도, 세일 15%, 누진공제-108만원)
양도소득세	3,783,340원 (산출세액+지방소득세 10% 포함)

수익성 분석				
매도가	690,000,000원	매입가	660,020,700원
양도소득세	3,783,340원	순수익	26,195,960원
수익률	4%+α(임대수익)=6% 추정	(70%)대출시 수익률	약 14%

표 교수의

"경매의 대중화 쉽게 이해하기"

법원의 권위적인 태도와 폐쇄적인 시스템으로 부동산경매와 관련된 정보습득이 어렵고, 법원에서 이와 관련된 교육이나 홍보가 되질 않아 경매입찰자 중 일부는 원치 않는 손해를 입곤 한다. 경매입찰자 입장에서는 형식적인 선순위에 임차인의 정보나 배당과 관련되어 구청이나 세무서에서 제출한 교부자료 내역도 궁금하지만, 자료제공과 관련하여 법원의 입장은 규정상 어쩔 수 없다는 입장만 내세우고 있다. 예로 매각기일에 매각을 받아 최고가매수인이 되었다 하더라도 잔금 납부나 인도명령신청, 소유권이전촉탁신청 등에 대한 질의를 하게 되면 법원 주변에 변호사사무실이나 법무사사무실에서 문의하라는 식으로, 아직도 민원에 대한 대처는 미흡해 보인다. 대법원 법원경매정보에서 제공하는 기본적인 정보 외에도 경매정보업체들에서 다양한 정보를 제공하고 있고 인터넷의 발달로 상당수의 정보가 공개되고 있지만, 실제 경매사건과 관련하여 법원 민사집행과에 가서 입찰 관련 문의를 해도 원하는 답변을 듣기가 쉽지 않고 매각기일 1주일 전에 보고서의 비치 외에는 특별한 언급을 하지 않기 때문에 일반 입찰자들은 상당한 시간을 소비하거나 비싼 법무비용을 지불해야 하는 문제점이 생긴다. 이에 경매의 대중화를 위한 한국자산관리공사에 진행하는 공매와 같이 경매도 인터넷 입찰제에 대한 본격적인 논의가 필요하다. 또한 민간경매를 통해 신속한 진행과 더불어 채권자와 채무자의 좀 더 합리적인 가격 결정도 필요해 보인다.

먼저 공매는 국유재산 공매, 수탁재산 공매, 압류재산 공매와 한국자산관리공사의 소유자산을 매각하는 유입자산 공매 등이 있다. 경매와 유사한 점이 많지만, 가장 큰 차이점은 공매는 인터넷입찰제를 적용하고 있다. 공매에서의 인터넷입찰제는 기획재정부 장관이 지정정보처리장치로 고시한 온비드 사이트에서만 확인할 수 있는데, 공사 자체 콜센터를 운영하며 공매입찰 물건에 대한 전문상담도 진행하고 있다. 온비드에 회원가입 후 공인인증서를 등록해야 하며, 입찰시 희망매수가격의 10%를 가상입금계좌로 입금하면 된다. 인터넷입찰에 대한 편리함에도 불구하고 공매에서는 집행관이 현황조사를 하지 않고, 법원경매의 인도명령신청제도가 없기 때문에 인도가 어렵기 때문에 입찰을 꺼리고 있다. 법원은 전자입찰제에 대해서는 전자입찰제에 대한 체계적이고 심도 있는 연구를 거쳐 정책 결정을 해야 한다. 법령 개정과 더불어 시스템 구축이 필요하여 즉시 도입은 힘들다고 하여도 민사집행 전자소송 시행과 함께 전자입찰제의 장단점, 효과 등 여러 상황을 고려하여 전자입찰제 도입에 대해서 검토해야 한다. 전자입찰제 도입된다면 공매의 인터넷입찰제의 장점에서와 같이 시간적, 공간적 제약이 없어 경매에서의 입찰참여 비용이 절약될 것으로 보인다. 먼 지역까지 이동할 필요도 없기 때문에 직장생활에 큰 지장이 없고, 보증금을 찾기 위해 은행에 갈 필요도 없기 때문에 여러 손실을 막을 수 있다. 또한 모든 자료가 전산화 되어 매각기일 간격도 공매처럼 1주일 간격이나 유사하게 조정이 가능할 것으로 보인다. 그러나 온라인으로 하다 보니, 사건에 따라 과열양상을 미칠 우려가 있기 때문에 이에 대한 문제가 생길 것으로 보인다.

민간경매는 지지옥션 주관으로 2008년 3월 전국은행 연합회관에서 몇 년간 진행되다가 현재는 공개적으로 매각하는 민간경매는 없다. 당시 민간경매의 진행방식은 매도 당사자가 인터넷, 전화, 방문 접수를 통해 물건을 접수하면, 분쟁의 소지가 있거나 매각하자 물건은 제외하고 전속중개계약을 체결하게 된다. 이후 감정평가를 실시하여 법원경매와 유사한 경매정보수준으로 자료를 등록하여 정보지와 홈페이지, 일간신문에 공고를 통해 희망매수자를 모집한 후, 경매기일을 지정하여 공개입찰을 진행하였다. 그러나 간단한 절차와 짧은 소요시간에 불구하고 경매물건이 매각되더라도 매도자의 의사에 따라 실제 거래로 진행되지 않을 수도 있고, 강제 집행권이 없어 분쟁 발생이 법원경매에 비해 조정 능력이 떨어질 수밖에 없었으며, 일부 공인중개사들이 "공인중개사의 업무 및 부동산거래신고에 관한 법률'을 위반하고 무등록 중개행위 해당된다"며 법원에 영업금지 가처분 신청을 하는 등의 논란이 생기며 활성화 되지 못하였다. 민간경매는 법원경매와 달리 경매물건이 매각되어 매매계약이 체결된 경우에도 매도의뢰인 또는 매수희망자에 의한 계약해지가 가능하다는 점에서 거래의 신뢰성에 문제가 될 수 있다.

민간경매는 매도의뢰를 접수 받게 되면 심사를 통하여 분쟁의 소지가 있거나 매각하자 물건에 대해서는 접수가 거부된다는 점에서 민간경매의 대상이 될 수 있는 부동산은 제한적이다. 적정한 매매가를 보장받고 권리관계상의 문제 해결이 법원경매보다 용이하다는 장점은 있지만, 매도의뢰인의 감정평가 수수료 등 비용처리 문제부터 법적 강제성이 없기에 생기는 계약분쟁의 문제 등 단점도 많아 보인다. 최근 10년 동안 매년 20~30만 건의 부동산 경매물건을 법원에서 모두 다루기에는 다소 벅차 보인다. 이를 위해 법원경매 전에 채무관계 청산을 위한 민간경매에 대해 검토가 필요하다. 부동산경매가 법원경매로 제한되다 보니 부동산시장에 있어 일반 매매보다 탄력적으로 운영되지 못하고 경매절차의 신속화 부분에서도 떨어지고 있기 때문에, 최소한 담보권실행을 위한 임의경매로 진행될 가능성이 높은 물건의 경우 채권자와 채무자와의 저당권과 실행방법의 합의만 있다면 이를 위한 민간경매가 불필요한 절차와 신속화에 기여될 수 있도록 정책적인 측면에서도 도입될 필요가 있다.

PART **1** 부동산 경매 바로알기

Chapter **7**

매각기일(입찰)과 입찰표 작성, 제출 방법

01 매각기일 공고
02 우선매수 신고
03 입찰표 작성
04 공동입찰시 입찰표 작성
05 입찰 당일 주의사항
06 매수신청 대리

01 매각기일 공고

　부동산의 매각방법은 호가경매, 기일입찰, 기간입찰 등이 있으나, 현재는 대부분 기일입찰 하나로만 경매절차를 진행하고 있다. 매각조건은 민사집행법에서 말하는 일반적인 조건 외에도 매수신청보증금 증액, 일괄매각, 공유자우선매수신고 제한, 매수신청인의 자격제한 등의 특별매각조건을 두는 경우도 있다. 매각기일은 입찰하는 날이다. 민사집행법 제104조에 의해 법원은 직권으로 매각기일과 매각결정기일을 지정하여 공고하게 된다. 최초매각기일은 원칙으로 배당요구종기부터 1월 안에 해야 하지만 실제적으로 2달 정도 걸리는 경우가 많고, 최초매각기일은 공고일로부터 2~3주로 잡는 경우가 많다.

　매각기일 공고에는 매각기일, 매각장소, 집행관의 성명, 매각결정기일, 매수신청보증방법 등이 기재되며 법원게시판에 게시하게 된다. 법원은 매각기일을 지정하면 매각명령을 내리지만, 경매절차상 중대한 하자로 속행할 수 없는 사유가 생길시 매각기일을 취소하거나 변경할 수도 있다. 경매신청채권자가 매각기일 변경(연기) 신청하는 경우에는 실무적으로 2회(회당 2개월 안)까지 허용하지만, 채무자나 소유자가 신청하는 경우에는 채권자의 동의 없이는 허용하지 않는다. 일부 채권자들은 더 많은 고객(?)을 유치하기 위해 약간은 의도적으로 연기하는 경우도 종종 있다. 시간이 좀 더 길게 끌다보면 아무래도 관심을 갖는 사람이 많아지는 경향이 있기 때문으로 보인다.

　매각기일(입찰)에는 전국의 관할 경매법정에 집행관과 법원공무원들이 있는 가운데 경매를 진행한다. 집행관은 매각절차를 개시하기 전에 매각실시방법, 특별매각조건, 주의사항 등의 내용을 고지하고 벨을 울린 다음 입찰표를 제출하라고 말하며 이와 관련하여 입찰조서 내용을 기록해 둔다. 법원마다 경매를 진행하는 방식은 차이가 있으며, 집행관에 따라 분위기가 다를 수 있다. 입찰자는 우선 경매 서류를 작성하되, 신분증과 도장, 입찰보증금 등을 준비해 가야 한다. 신분증은 주민등록증, 운전면허증, 여권 등을 챙기면 되고, 도장은 본인이 직접 입찰할 예정이면 막도장(부득이한 경우 인장도 가능)도 무관하다. 입찰보증금은 본인의 입찰하려는 금액과 무관하게 최저매각가격의 10%(재매각의 경우 통상 20%)를 현금도 가능하지만, 대부분 자기앞수표 한 장으로 발급받아 준비해 간다.

(1) 매각기일 공고

서울중부지방법원
매 각 명 령

사　　건　　2016타경123456 부동산임의경매

별지 기재 부동산에 대하여 2016.09.07. 10:00 (매각결정기일 2016.09.14. 16:00)에 법원 안에서 기일입찰의 방법으로 매각할 것을 명한다.

2016. 8. 5.

사법보좌관　홍 길 동

(2) 매각 명령

서울중부지방법원
매각기일 공고

사 건	2016타경123456 부동산임의경매
채 권 자	공룡 주식회사
채 무 자	주식회사 개구리
소 유 자	채무자와 같음

다음 기재와 같이 별지 기재 부동산을 기일입찰의 방법으로 매각합니다.
등기부에 기입을 요하지 아니하는 부동산상에 권리있는 사람은 그 채권을 신고하고 또 이해관계인은 매각기일에 출석하시기 바랍니다. 매각물건명세서, 현황조사보고서, 평가서의 사본이 매각기일 1주일 전부터 법원에 비치되어 일반인의 열람에 제공됩니다.

2016. 8. 24.
서울중부지방법원

1. 매각기일 : 2016.09.07. 10:00
2. 매각장소 : 서울중부지방법원 제101호 법정
3. 매각담당 집행관의 성명 : 옥중화
4. 매각결정기일 : 2016.09.14. 16:00
5. 매각결정장소 : 서울중부지방법원 제101호 법정
6. 부동산의 점유자, 점유의 근원, 점유 사용할 수 있는 기간, 차임 또는 보증금의 약정 유무와 그 액수 및 최저 매각가격 기타 : 민사집행과 사무실에 비치되어 있는 매각물건 명세서와 같음
7. 매수신청보증방법 : 현금, 자기앞수표, 지급보증위탁체결문서

공고의 게시		
공고게시기간	2016. 8. 24	
장 소	법원게시판	(인)
게시자	법원주사보	손오공

(3) 매각기일 변경 신청서

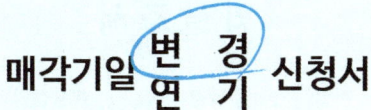

매각기일 변경 신청서

사건번호 2016 타경 123456
채 권 자 공룡 주식회사 (대표자 : 다이노)
채 무 자 주식회사 개구리 (대표자 : 꾸루기)

위 사건에 관하여 2016. 9. 7. 10:00로 매각기일이 지정되었음을 통지받았는바 사정으로 그 변경(연기)을 요청하오니 조치하여 주시기 바랍니다.

2016년 9월 5일

채권자 공룡주식회사 대표자 다이노 (인)
연락처(☎)   010-0123-4567

서울중부지방법원 경매1계 귀중

Chapter 7 매각기일(입찰)과 입찰표 작성, 제출 방법

(4) 입찰 조서

서울중부지방법원
입찰조서

사　　건　　2016 타경 123456 부동산임의경매
채 권 자　　공룡주식회사(대표자 : 다이노)
채 무 자　　주식회사 개구리(대표자 : 구루기)

부동산의 표시 별지목록 기재와 같다. (1 번 물건)
입찰기일 2016. 9. 7. 10:00 입찰 및 개찰장소 법원 제 1004호 법정
다음과 같이 입찰절차를 진행하였다.

1. 매각물건명세서, 현황조사보고서, 감정평가서의 사본을 볼 수 있게 하였다.
2. 특별매각조건을 고지하였다.
3. 최저경매가격의 1/10 (또는 2/10) 의 보증을 세우지 아니하면 입찰자가 될 수 없음을 고지하였다.
4. 농지일 경우 농지취득자격증명을 매각허가결정시까지 제출하라고 고지하였다.
5. 동일 10:20 에 입찰을 최고하고 입찰마감시각과 개찰시각을 고지하였다.
6. 동일 11:30 에 입찰을 마감하고 11:50에 입찰자 면전에서 입찰표를 개봉하고 낭독하였다.
7. 입찰자 작은손 외 (5) 명이 별첨 입찰표 기재와 같이 입찰하였다.
8. 최고가 입찰자 및 그 대리인(대표자)의 성명, 입찰가격, 보증금액은 별첨 입찰표 기재와 같고, 그 성명과 입찰가격을 호창하였다.
9. 최고가 입찰자로부터 위 보증금을 징수하고 영수증을 교부하였다.
10. 동일 12:00 에 입찰절차의 종결을 고지하였다.

첨부서류 : 입찰표 5 통

이 조서를 현장에서 작성하여 이해관계인에게 읽어 들려준(열람하게 한) 즉 승인하고 다음에 기명날인하였다.

2016. 9. 7
서울중부지방법원
집 행 관　옥중화　(옥중화 인)
최고가입찰자　작은손　(작은손 인)

(5) 입찰사항 입찰방법 및 주의사항 등의 고지

입찰사항 · 입찰방법 및 주의사항 등의 고지
(부동산등에 대한 경매절차 처리지침 제31조)

집행관은 매각기일에 입찰을 개시하기 전에 참가자들에게 다음 각 호의 사항을 고지하여야 한다.

1. 매각사건의 번호, 사건명, 당사자(채권자, 채무자, 소유자), 매각물건의 개요 및 최저매각가격
2. 일괄매각결정이 있는 사건의 경우에는 일괄매각한다는 취지와 각 물건의 합계액
3. 매각사건목록 및 매각물건명세서의 비치 또는 게시장소
4. 기일입찰표의 기재방법 및 기일입찰표는 입찰표 기재대, 그 밖에 다른 사람이 엿보지 못하는 장소에서 적으라는 것
5. 현금(또는 자기앞수표)에 의한 매수신청보증은 매수신청보증봉투(흰색 작은 봉투)에 넣어 1차로 봉하고 날인한 다음 필요사항을 적은 기일입찰표와 함께 기일입찰봉투(황색 큰 봉투)에 넣어 다시 봉하여 날인한 후 입찰자용 수취증 절취선상에 집행관의 날인을 받고 집행관의 면전에서 입찰자용 수취증을 떼어 내 따로 보관하고 기일입찰봉투를 입찰함에 투입하라는 것,
   보증서에 의한 매수신청보증은 보증서를 매수신청 보증봉투에 넣지 않고 기일입찰표와 함께 기일입찰봉투에 함께 넣어 봉하여 날인한 후 입찰자용 수취증 절취선상에 집행관의 날인을 받고 집행관의 면전에서 입찰자용 수취증을 떼어 내 따로 보관하고 기일입찰봉투를 입찰함에 투입하라는 것,
   매수신청보증은 법원이 달리 정하지 아니한 이상 최저매각가격의 1/10에 해당하는 금전, 은행법의 규정에 따른 금융기관이 발행한 자기앞수표로서 지급제시기간이 끝나는 날까지 5일 이상의 기간이 남아 있는 것,
   은행등이 매수신청을 하려는 사람을 위하여 일정액의 금전을 법원의 최고에 따라 지급한다는 취지의 기한의 정함이 없는 지급보증위탁계약이 매수신청을 하려는 사람과 은행등 사이에 맺어진 사실을 증명하는 문서이어야 한다는 것
6. 기일입찰표의 취소, 변경, 교환은 허용되지 아니한다는 것
7. 입찰자는 같은 물건에 관하여 동시에 다른 입찰자의 대리인이 될 수 없으며, 한 사람이 공동입찰자의 대리인이 되는 경우 외에는 두 사람 이상의 다른 입찰자의 대리인으로 될 수 없다는 것 및 이에 위반한 입찰은 무효라는 것
8. 공동입찰을 하는 때에는 기일입찰표에 각자의 지분을 분명하게 표시하여야 한다는 것
9. 입찰을 마감한 후에는 매수신청을 받지 않는다는 것
10. 개찰할 때에는 입찰자가 참석하여야 하며, 참석하지 아니한 경우에는 법원사무관등 상당하다고 인정되는 사람을 대신 참석하게 하고 개찰한다는 것
11. 제34조에 규정된 최고가매수신고인등의 결정절차의 요지
12. 공유자는 집행관이 매각기일을 종결한다는 고지를 하기 전까지 매수신청보증을 제공하고 우선매수신고를 할 수 있으며, 우선매수신고에 따라 차순위매수인으로 간주되는 최고가매수신고인은 매각기일이 종결되기 전까지 그 지위를 포기할 수 있다는 것
13. 최고가매수신고인 및 차순위매수신고인 외의 입찰자에게는 입찰절차의 종료 즉시 매수신청 보증을 반환하므로 입찰자용수취증과 주민등록증을 갖고 반환신청 하라는 것
14. 이상의 주의사항을 장내에 게재하여 놓았으므로 잘 읽고 부주의로 인한 불이익을 받지 말라는 것

02 우선매수 신고

　공유자우선매수청구권 제도는 민법과 민사집행법에 그 규정이 나와 있는데, 다른 공유자와의 유대관계를 유지하고 공유지분의 매각으로 인해 기존의 공유자에게 그 공유지분을 매수할 기회를 주는 것이다. 공유자우선매수신고는 민사집행법 제140조 제1항이 규정에 의하여 매각기일(집행관이 민사집행법 제115조에 따라 최고가매수신고인의 성명과 가격을 부르고 매각기일을 종결한다고 고지하기 전)까지 민사집행법 제113조에 따른 매수신청보증을 제공하고 최고매수신고가격과 같은 가격으로 채무자의 지분을 우선매수하겠다는 것으로, 부동산등기사항증명서와 주민등록표 초본 등을 첨부해야 한다.

　공유자가 우선매수권을 행사하여 신고하게 되면, 당초 최고가매수신고인은 차순위로 밀리게 된다. 공유자의 다수가 우선매수신고를 하는 경우 매수신청한 공유자의 지분 비율에 따라 정하게 되고, 별도의 협의로도 비율을 정할 수 있다. 공유자가 사전에 우선매수신고를 했으나 입찰자가 없는 경우, 최저매각가격을 기준으로 우선매수를 인정하고 있다. 여기서 우선매수신고서만 사전에 제출하여 일반 입찰을 꺼리게 만들고 보증금을 납부하지 않는 방법으로 경매를 방해하는 공유자들이 늘자, 법원에서는 매각물건명세서 비고란에 '공유자 우선매수는 1회로 제한' 등의 단서조항을 두어 이를 제어하고 있다.

　임대주택법 제22조 부도임대주택 등의 경매에 관한 특례에 의하면 "임대주택 임차인은 매각기일까지 보증을 제공하고 최고매수신고가격과 같은 가격으로 채무자인 임대사업자의 임대주택을 우선매수하겠다는 신고를 할 수 있다."고 규정하고 있다. 건설임대주택의 경우 우선 분양전환 받을 수 있는 임차인에 한하며, 그 외의 임대주택의 경우에는 임대차계약의 당사자에 한하여 우선매수 신고 자격이 주어진다. 임대주택법에 따른 임차인 우선매수신고는 우선매수신고서와 함께 임차인의 주민등록 등본과 기타(부동산 임대차 계약서 등) 서류 등을 첨부해야 한다.

부도공공건설임대주택 임차인 보호를 위한 특별법 제10조 제4항에 따라 주택매입사업시행자 이외의 자가 매각대상 부동산을 매각 받은 경우 매수인은 당해 부도임대주택의 임차인에게 3년의 범위 이내에서 대통령령이 정하는 기간 동안 종전에 임대사업자가 약정한 조건으로 임대할 의무가 있음을 유념해야 한다.

(1) 공유자 우선매수신고서

공유자 우선매수신고서

사 건 번 호   2016타경123456 부동산임의경매
채 권 자   공룡 주식회사(대표자 : 다이노)
채무자(소유자)   주식회사 개구리(대표자 : 구루기)
공 유 자   주식회사 두꺼비(대표자 : 두루기)

매 각 기 일 : 2016. 9. 7. 10:00
부동산의 표시 : 별지와 같음

공유자는 민사집행법 제140조 제1항의 규정에 의하여 매각기일까지(집행관이 민사집행법 제115조 제1항에 따라 최고가매수신고인의 성명과 가격을 부르고 매각기일을 종결한다고 고지하기 전까지) **민사집행법 제113조에 따른 매수신청보증을 제공하고** 최고매수신고가격과 같은 가격으로 채무자의 지분을 우선매수하겠다는 신고를 합니다.

첨부서류

1. 공유자의 주민등록표 초본   1통
2. 부동산등기부등본   1통

2016. 9. 7.

우선매수신고인(공유자) 주식회사 두꺼비
(연락처 : 010-0123-2222)

서울중부지방법원 경매1계 귀중

(2) 임대주택법에 따른 임차인 우선매수신고서

임대주택법에 따른 임차인 우선매수신고서

사　　　건	2016타경123457부동산임의경매
채　권　자	나갑부
채무자(소유자)	부도 임대주택조합
매 각 기 일	2016. 9. 7. 10:00
부동산의 표시	별지와 같음

임차인은 임대주택법 제15조의2 제1항의 규정에 의하여 매각기일까지(집행관이 민사집행법 제115조 제1항에 따라 최고가매수신고인의 성명과 가격을 부르고 매각기일을 종결한다고 고지하기 전까지) **민사집행법 제113조에 따른 매수신청보증을 제공하고** 최고매수신고가격과 같은 가격으로 채무자인 임대사업자의 임대주택을 우선매수하겠다는 신고를 합니다.

첨부서류

1. 임차인의 주민등록표 등본 또는 초본 1통
2. 기타 (부동산 임대차 계약서)

2016. 9. 7.

우선매수신고인　돈주랑 (임차인)
(연락처 :　010-0987-8282　)

서울중부지방법원 경매1계 귀중

03 입찰표 작성

　58개의 경매법원 중에서 거의 대부분이 기간입찰방식이 아닌 기일입찰방식으로 진행하고 있기 때문에, 부동산경매의 기일입찰표 작성을 알아보고자 한다. 경매법정에 가면 기일입찰표(위임장)와 입찰봉투, 매수신청보증금봉투 등이 진열된 것을 볼 수 있다. 이를 작성하여 집행관에게 본인(대리인)의 신분증을 제출하고, 입찰봉투 상단의 '입찰자용 수취증'을 받으면 된다. (예시는 대리인 기준 작성)

　미성년자의 경우도 법정대리인에 의하면 매수신청은 가능하다. 여기서 미성년자가 직접 법원에 가서 입찰하면 무효이고, 부모가 직접 참가하던지, 제3자가 대리할 시에는 부모 모두의 의사표시(미성년자 입찰 참가 동의서)가 있어야만 하고, 주민등록등본이나 가족관계증명서, 인감증명서 등을 첨부해야 한다.

❖ 기일입찰표와 위임장 등의 작성 방법

(1) 기일입찰표 작성하는 방법

- 입찰기일 : 매각기일(입찰하는 날짜)를 기재
- 사건번호 : 입찰한 경매사건 번호 기재 (예 : 2016타경123456호)
- 물건번호 : 단일사건의 경우 작성하지 않거나, '1' 기입, 물건번호가 여러 개 있는 경우 반드시 기재(미기재시 개찰에서 제외될 수 있음)
- 입찰자(본인) : 성명, 전화번호, 주민등록번호, 주소 등 기재하고, 법인인 경우 사업자등록번호와 법인등록번호, 사업장 주소 등 기재
- 입찰자(대리인) : 본인을 대리하여 대리인의 인적사항 기재
- 입찰가격 : 정자체로 기재(수정불가), 보증의 제공방법 현금자기앞수표 체크
- 보증금액 : 최저가의 10%의 금액 기재, 입찰자 이름(도장) 미리 기재

(앞면)

기 일 입 찰 표

서울중부지방법원 집행관 귀하   입찰기일 : 2016년 9월 7일

사건번호		2016타경 123457 호		물건번호		1 ※물건번호가 여러개 있는 경우에는 꼭 기재	
입찰자	본인	성명	작은손		전화번호	02-0123-1004	
		주민(사업자)등록번호	760907-1234567		법인등록번호		
		주소	서울시 성동구 둘레길 1004				
	대리인	성명	나영주		본인과의 관계	지인	
		주민등록번호	800311-1230909		전화번호	010-0123-0909	
		주소	서울시 성동구 둘레길 109				

입찰가격	천억	백억	십억	억	천만	백만	십만	만	천	백	십	일	원	보증금액	백억	십억	억	천만	백만	십만	만	천	백	십	일	원
			7	7	7	0	0	0	0	0	0	0						7	2	0	0	0	0	0	0	

보증의 제공방법 ☑ 현금자기앞수표 ☐ 보증서

보증을 반환 받았습니다.
입찰자 나영주 (도장)

✓ 주의사항

1. 입찰표는 물건마다 별도의 용지를 사용하십시오, 다만, 일괄입찰시에는 1매의 용지를 사용하십시오.
2. 한 사건에서 입찰물건이 여러개 있고 그 물건들이 개별적으로 입찰에 부쳐진 경우에는 사건번호외에 물건번호를 기재하십시오.
3. 입찰자가 법인인 경우에는 본인의 성명란에 법인의 명칭과 대표자의 지위 및 성명을, 주민등록란에는 입찰자가 개인인 경우에는 주민등록번호를, 법인인 경우에는 사업자등록번호를 기재하고, 대표자의 자격을 증명하는 서면 (법인의 등기부 등·초본)을 제출하여야 합니다.
4. 주소는 주민등록상의 주소를, 법인은 등기부상의 본점소재지를 기재하시고, 신분확인상 필요하오니 주민등록증을 꼭 지참하십시오.
5. 입찰가격은 수정할 수 없으므로, 수정을 요하는 때에는 새 용지를 사용하십시오.
6. 대리인이 입찰하는 때에는 입찰자란에 본인과 대리인의 인적사항 및 본인과의 관계 등을 모두 기재하는 외에 본인의 위임장(입찰표 뒷면을 사용)과 인감증명을 제출하십시오.
7. 위임장, 인감증명 및 자격증명서는 이 입찰표에 첨부하십시오.
8. 일단 제출된 입찰표는 취소, 변경이나 교환이 불가능합니다.
9. 공동으로 입찰하는 경우에는 공동입찰신고서를 입찰표와 함께 제출하되, 입찰표의 본인란에는 "별첨 공동입찰자목록 기재와 같음"이라고 기재한 다음, 입찰표와 공동입찰신고서 사이에는 공동입찰자 전원이 간인 하십시오.
10. 입찰자 본인 또는 대리인 누구나 보증을 반환 받을 수 있습니다.
11. 보증의 제공방법(현금·자기앞수표 또는 보증서)중 하나를 선택하여 ☑ 표를 기재하십시오.

(2) 위임장 작성 요령

(본인 : 부동산 명의소유자, 대리인 : 경매 입찰당일 참석자)
- 본인이 아닌 대리인이 입찰하러 간 경우 위임장 작성 (입찰표 뒷장)
- 위임장 작성시 본인의 인감증명서 반드시 첨부
- 본인이 법인인 경우 주민등록번호란에 사업자등록번호를 기재

(뒷면)

위 임 장

대리인	성명	나영주	직업	회사원
	주민등록번호	800311-1230909	전화번호	010-0123-0909
	주소	서울시 성동구 둘레길 109		

위 사람을 대리인으로 정하고 다음 사항을 위임함.

다 음

서울중부지방법원 2016타경 123457호 부동산

경매사건에 관한 입찰행위 일체

본인 1	성명	작은손 (인감인)	직업	회사원
	주민등록번호	760907-1234567	전화번호	010-0123-1004
	주소	서울시 성동구 둘레길 1004		
본인 2	성명	(인감인)	직업	
	주민등록번호	-	전화번호	
	주소			
본인 3	성명	(인감인)	직업	
	주민등록번호	-	전화번호	
	주소			

* 본인의 인감 증명서 첨부
* 본인이 법인인 경우에는 주민등록번호란에 사업자등록번호를 기재

서울중부지방법원 귀중

(3) 미성년자 입찰 참가 동의서

미성년자 입찰 참가 동의서

1. 입찰에 참가하고자 하는 사건
- 입 찰 사 건   2016타경1234459호 임의경매
- 물건소재지   서울시 성동구 둘레길 1009

2. 입찰 참가 신청인(미성년자)
- 성   명   작은발
- 주민등록번호   120128-1234567
- 주   소   서울시 성동구 둘레길 1004
- 전 화 번 호   02-0123-1004

위 미성년자가 서울중부지방법원 부동산경매입찰에 참가하는 일체의 행위에 대하야 동의함

2016년 9월 7일

법정대리인 부 성   명 : 작은손
　　　　　　　　주민등록번호 : 760907-1234567
　　　　　　　　주   소 : 서울시 성동구 둘레길 1004
　　　　　　　　전 화 번 호 : 010-0123-1004

　　　　　　모 성   명 : 노아문
　　　　　　　　주민등록번호 : 790803-2345678
　　　　　　　　주   소 : 서울시 성동구 둘레길 1004
　　　　　　　　전 화 번 호 : 010-0123-1005

(법정대리인이 부모가 아닐 경우 및 부모 중 어느 한쪽일 경우에는 법정대리인을 수정하여 제출 요망)

첨 부
1. 법정대리인 인감증명서 1부.
2. 주민등록등본   1부.

서울중부지방법원

❖ 입찰봉투 및 매수신청보증금봉투 작성 방법

- 제출자 성명 : 본인, 대리인 이름 기재, 도장 (접어서 호치키스 봉합)
- 사건번호, 물건번호 : 봉투 뒷면에 기재 (풀칠 불가)

기일입찰봉투 앞면

입찰자용 수취증
서울중부지방법원(연결번호   번)

집행관
            인
서울중부지방법원(연결번호   번)

주의 : 이 부분을 절취하여 보관하다가 매수신청보증을 반환받을 때 제출하십시오.
분실시에는 매수신청보증을 반환받지 못할 수가 있으니 주의하십시오.

◆ 접는선 뒷면의 사건번호와 물건번호를 반드시 기재하여 주시기바랍니다.

※ 타인이 사건번호를 볼 수 없도록 위 접는선을 접어서 지철기(호스키스)로 봉하여 제출하십시오.

입 찰 봉 투

제출자 성 명	본 인	작은손 외 (인)
	대리인	나영주 (인)

◆ 주의사항 ◆

1. 입찰대상이 아닌 경매사건에 응찰한 경우에는 즉시 매수보증금을 반환받을 수 없고 개찰이 모두 완료된 후에 매수보증금을 반환받을 수 있으므로 매각기일을 꼭 확인하여 주시기 바랍니다.
2. 매수신청정보증봉투와 입찰표를 넣고 사건번호를 타인이 볼 수 없도록 접어서 지철기(호치키스)로 봉하십시오.
3. 위 입찰자 성명란을 기재하고 입찰봉투를 제출시 신부증을 제시하십시오.
4. 입찰자용 수취증의 절취선에 집행관의 날인을 받으십시오.

기일입찰봉투 뒷면

이곳에는 절대로 풀칠을 하지 마십시오.

사건번호	2016 타경 123457호
물건번호	1

※ 물건번호가 2개 이상 있는 경우에는 물건번호를 꼭 기재해야 함

(인)

(인)

매수신청보증봉투

서울중부지방법원

매수신청보증봉투

사건번호	2016 타경 123457호
물건번호	1
제출자	작은손 (작은손)

04 공동입찰 시 입찰표를 작성하는 방법

　최근 부동산을 경매로 취득하는 분들 중에는 부부공동명의나 몇몇 지인들이나 경매학원 등에서 소액투자자들을 대상으로 다수의 사람이 함께 공동투자 형식으로 많이들 입찰하고 있다. 공동입찰이란 하나의 경매물건에 2명 이상이 각자의 지분을 정하여 입찰에 참여하는 것으로 기일 입찰표 작성과 더불어 공동입찰신고서와 공동입찰자 목록 등을 추가로 제출해야 한다.

　공동입찰의 경우 입찰표에는 입찰자 본인 성명란에는 '별첨 공동입찰자 목록 기재와 같음'이라고 적고, 공동입찰신고서 하단에는 'ㅇㅇㅇ 외 ㅇ인'이라고 적으면 된다. 공동입찰자 목록에는 공동입찰자의 성명, 주소, 주민등록번호, 전화번호 등을 기재하고 반드시 인감도장을 찍고 개인 간의 지분율을 기재해야 한다. 또한 기일입찰표와 공동입찰신고서 사이에 공동입찰자 전원의 간인을 해야 하는데, 기입입찰표를 접어서 공동입찰신고서에 겹쳐두고 도장을 찍으면 된다.

　경매법정에는 전원이 출석해도 되지만, 대리입찰이 가능해 공동입찰자 중 한 명이 다른 입찰자를 대리할 수도 있다. 대리입찰의 경우 별도의 위임장을 준비해 가거나, 기일입찰표 뒷면에 위임장을 활용해도 된다. 대리하는 경우에는 인감도장이 날인된 위임장과 최근 3개월 이내의 인감증명서를 반드시 첨부해야 한다. 혹시 경매법정에서 다른 여러 변수들이 있을 수 있기 때문에 신뢰만 된다면 가급적 공동입찰자의 인감도장을 챙기는 것도 필요하다.

　공동입찰의 장점은 고액의 경매물건을 매각 받고자 하거나 다수의 소액투자가 가능하다는 점, 공동명의로 인한 양도세와 보유세 등의 세금절약 등이 가능하다는 점, 배우자 한명만 경매로 넘어갔을 때 소유한 지분만 경매로 넘어간다는 점, 지분의 일부가 경매로 진행되었을 때 공유자 우선매수신고가 가능하다는 점 등을 둘 수 있다. 단점은 공동입찰자 중 한명이라도 참가자격 제한이나 불허가 사유에 해당되는 경우 문제가 생길 수 있다는 점, 다수의 이해관계로 인한 부동산 보유

과정이나 매도과정의 불협화음이 생길 수 있다는 점, 담보대출을 받을 경우 담보비율이 낮아진다는 점, 개인에 따라 건강보험 및 국민연금 등의 세금이 증가될 수 있다는 점 등을 둘 수 있다.

공 동 입 찰 신 고 서

서울중부지방법원 집행관 귀하

사 건 번 호   중부1계 2016타령123454호
물 건 번 호   1
공동입찰자   별지 목록과 같음

위 사건에 관하여 공동입찰을 신고합니다.

2016년 9월 7일

신청인 작은손 외 5인(별지목록 기재와 같음)

※ 1. 공동입찰을 하는 때에는 입찰표에 각자의 지분을 분명하게 표시하여야 합니다.
   2. 별지 공동입찰자 목록과 사이에 공동입찰자 전원이 간인하십시오.

공동입찰자목록

번호	성 명	주 소		지분
		주민등록번호	전화번호	
1	작은손 (인)	서울시 성동구 둘레길 1004		3 / 10
		760907-1234567	010-0123-1004	
2	이○○ (인)	서울시 광진구 자양로 0123		2 / 10
		761118-0123456	010-0123-1005	
3	장○○ (인)	경기도 남양주시 도농로 0123		2 / 10
		760104-0123456	010-0123-1006	
4	한○○ (인)	서울시 서초구 강남대로 0123		1 / 10
		760910-0123456	010-0123-1007	
5	김○○ (인)	서울시 강남구 선릉로 0123		1 / 10
		760810-0123456	010-0123-1008	
6	최○○ (인)	서울시 동작구 노량진로 0123		1 / 10
		760625-0123456	010-0123-1009	
	(인)			
	(인)			
	(인)			
	(인)			

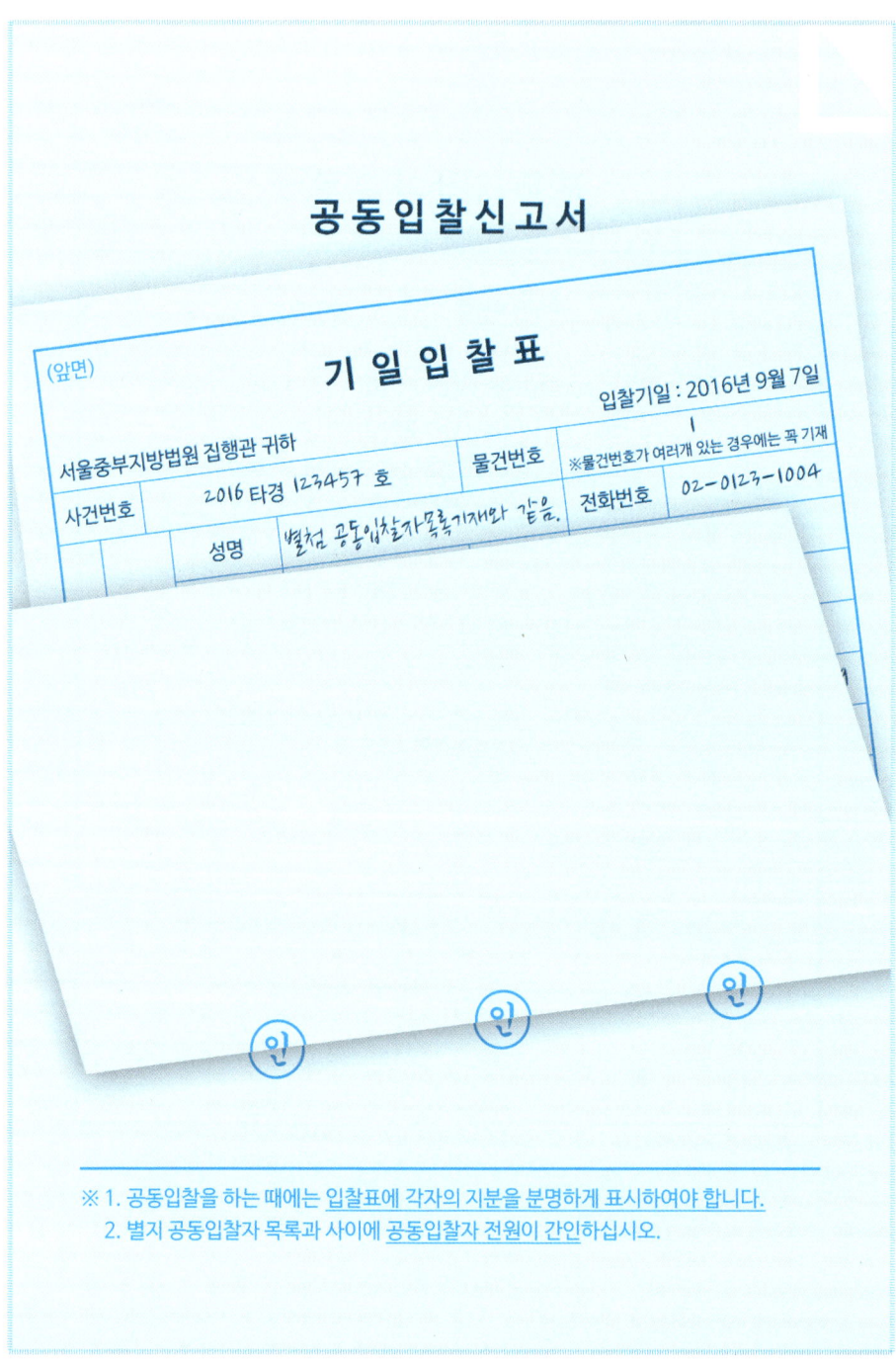

05 입찰 당일 주의사항

　입찰 당일에는 여러 변수와 그날 분위기를 보면서 입찰가액을 조정하는 입찰자들이 있기 때문에 다양한 느낌을 알고 있는 게 좋다. 경매는 이미 대중화된지 오래됐기 때문에 주거시설의 경우 일반인들도 상당수 입찰에 응하고 있다. 또한 다양한 경매학원과 대학교의 경매과정, 인터넷카페의 교육과정, 스터디 등이 활성화 되면서 법원에서 모의입찰과 다양한 설명들을 듣고자 오는 분들도 많다. 이러한 상황에서 제대로 된 교육을 받지 못하는 일부 입찰자들이 인수사항 등에 대한 기본적인 권리분석조차 실수하여 보증금을 날리는 경우가 적지 않다. 입찰 당일 해야 하는 일은 입찰하고자 하는 경매물건이 진행되는지를 알아보는 일이다. 경매는 입찰 당일 취하, 변경될 수 있기 때문에 대법원 경매정보사이트나 경매계를 통해 진행여부를 확인하고 가는 것이 좋다. 일단 경매법원에 가면 입찰법정 출입문 쪽 게시판에 공고된 사건목록을 확인하여 경매진행여부를 살펴봐야 한다. 게시판에는 당일 입찰에 부칠 예정이었던 경매물건의 사건번호가 나열돼있고 경매가 취하, 변경된 물건은 사건번호 옆에 그 내용이 표시된다.

　예정대로 경매가 진행된다면 일단 입찰표를 꼼꼼히 작성해야 한다. 입찰표 작성 전에 우선 준비물을 잘 챙겼는지 살펴보자. 먼저 본인이든 대리인이든 신분증 꼭 챙겨야 한다. 없으면 입찰 자체가 불가능하다. 다음으로 도장과 입찰보증금이다. 도장은 본인이라면 막도장도 상관없다. 혹시라도 안 가져 왔다면 지장도 가능하지만 가급적 챙겨가자. 입찰보증금은 가급적 수표 한 장으로 발급받는 것이 좋다. 서울 및 수도권 대부분의 법원은행에는 신한은행 많기 때문에 경매를 지속적으로 입찰할 투자자라면 신한은행 통장개설을 권하고 싶다. 입찰 전 조금 일찍 가서 은행에서 최저가 10%(재매각 20%)의 보증금을 수표로 발행 받고, 매각이 안 되면 다시 입금하면 좋다. 다만 주위에 같은 사건을 입찰하는 분들이 있을 수도 있기 때문에 금액 쓰는 과정은 조심할 필요가 있다. (다른 분이 같은 금액의 수표를 발

행 받는 다면 경쟁자가 더 있다는 정도는 눈치 채야 한다)

입찰표를 작성할 때에도 조심해야 할 사항이 있다. 입찰가는 절대 수정이 불가하기 때문에 되도록 정자로 써야 한다. 입찰표상의 입찰가액을 수정한 채 제출해서는 안 되기 때문에 입찰가액을 수정할 필요가 있다면 다시 입찰표를 교부받아 새롭게 작성해야 한다. 하나의 사건번호에 여러 개의 물건번호가 있는 경우 사건번호 외에 입찰하고자 하는 호수의 물건번호를 기재해야하는데 이를 빼먹고 입찰하는 경우 무효로 처리된다. 대금미납으로 다시 경매에나온 재경매사건의 경우 입찰보증금이 경매 최저가의 20%를 넣어야 하는데 보증금을 10%만 봉투에 넣고 입찰해 보증금 미달로 무효로 처리된다.

입찰서류 미비로 입찰이 무효 처리되는 경우도 많다. 특히 대리입찰의 경우 입찰표와 입찰보증금 외에 본인의 인감증명서와 인감도장이 날인된 위임장 등을 첨부하여 입찰해야 함에도 불구하고 인감증명서나 위임장이 빠진 경우도 있고, 인감증명서나 위임장이 첨부됐지만 본인의 인감도장이 날인이 누락된 채 입찰한 경우도 있는데, 이 또한 무효로 처리된다. 입찰시 유무효 처리기준과 첨부서류 등에 흠이 있는 경우의 처리기준을 잘 검토해 봐야 한다. 입찰마감시간은 서울 및 수도권의 경우 보통 11시10분에서 11시40분 사이이다. 너무 눈치를 보다가 마감시간내 입찰표를 제출하지 못하는 경우도 종종 있는데, 그 동안 준비한 시간을 생각해서라도 여유 있게 입찰을 하는 게 좋다. 마지막까지 눈치를 보다보면 입찰가액에 '0' 하나 더 쓰게 되어 신문기사에나 나올 수도 있다. 참고로 입찰가액에 '0' 하나 더 쓴다고 법원에서 봐주지는 않는다.

경매에 매각이 되었다고 좋아만 할 것이 아니라 이후 절차를 위해 준비할 것이 많다. 매각시 돌아가지 말고 우선 경매 관련 서식을 챙길 필요가 있다. 법원마다 취급하는 경매양식이 조금 다르기 때문에 이왕이면 그 법원에서 주로 쓰는 양식대로 작성해 주는게 좋다. 소유권이전촉탁신청의 경우도 그 경배법원에서 원하는데로 분철해 가지고 가야 두 번 고생하지 않는다. 다음으로 점심식사를 하고 오후 3시 전후로 담당경매계에 찾아가서 재판기록 열람복사 신청서를 작성하시고 중요사항을 복사해야 한다. 매각을 받게 되면 최고가매수인으로 이해관계인의 지위가 되기 때문에 사건의 원기록지를 열람, 복사할 수 있다. 그리고 농지를 경매로 받았다면 최고가매수확인서를 발급받아야 한다. 법원에 따라서는 경매법정에서 바로 주는 곳도 있고, 별도로 신청을 해서 받는 곳도 있기 때문에 농지를 매각 받았다면 반드시 챙겨야 한다. 끝으로 저녁 무렵 부동산 소재지에 가서 소유자 또는 임차인과 대면하는 게 좋다. 매각인이라는 사실을 주지시키고 내부시설을 보고 나오고, 부재시 메모지에 연락부탁 한다는 글을 남겨 놓으면 된다.

(1) 입찰시 유무효 처리기준

입찰시 유무효 처리기준
(기입입찰표의 유·무효 처리기준(재민2004-3))

번호	흠결사항	처리기준
1	입찰기일을 적지 아니하거나 잘못 적은 경우	입찰봉투의 기재에 의하여 그 매각기일의 것임을 특정할 수 있으면 개찰에 포함시킨다.
2	사건번호를 적지 아니한 경우	입찰봉투, 매수신청보증봉투, 위임장 등 첨부서류의 기재에 의하여 사건번호를 특정할 수 있으면 개찰에 포함시킨다.
3	매각물건이 여러개인데, 물건번호를 적지 아니한 경우	개찰에서 제외한다. 다만, 물건의 지번·건물의 호수 등을 적거나 입찰봉투에 기재가 있어 매수신청 목적물을 특정할 수 있으면 개찰에 포함시킨다.
4	입찰자 본인 또는 대리인의 이름을 적지 아니한 경우	개찰에서 제외한다. 다만, 고무인·인장 등이 선명하여 용이하게 판독할 수 있거나 대리인의 이름만 기재되어 있으나 위임장·인감증명서에 본인의 기재가 있는 경우에는 개찰에 포함시킨다.
5	입찰자 본인과 대리인의 주소, 이름이 함께 적혀 있지만(이름 아래 날인이 있는 경우 포함) 위임장이 붙어 있지 아니한 경우	개찰에서 제외한다.
6	입찰자 본인의 주소, 이름이 적혀 있고 위임장이 붙어 있지만 대리인의 주소, 이름이 적혀 있지 않은 경우	개찰에서 제외한다.
7	위임장이 붙어 있고 대리인의 주소, 이름이 적혀 있으나 입찰자 본인의 주소, 이름이 적혀 있지 않은 경우	개찰에서 제외한다.
8	한 사건에서 동일인이 입찰자 본인인 동시에 다른 사람의 대리인이거나 동일인이 2인 이상의 대리인을 겸하는 경우	쌍방의 입찰을 개찰에서 제외한다.
9	입찰자 본인 또는 대리인의 주소나 이름이 위임장 기대와 다른 경우	이름이 다른 경우에는 개찰에서 제외한다. 다만 이름이 같고 주소만 다른 경우에는 개찰에 포함시킨다.
10	입찰자가 법인인 경우 대표자의 이름을 적지 아니한 경우(날인만 있는 경우도 포함함)	개찰에서 제외한다. 다만 법인등기사항증명서로 그 자리에서 자격을 확인할 수 있거나 고무인·인장 등이 선명하여 용이하게 판독할 수 있는 경우에는 개찰에 포함시킨다.
11	입찰자 본인 또는 대리인의 이름 다음에 날인이 없는 경우	개찰에 포함시킨다.
12	입찰가격의 기재를 정정한 경우	정정인 날인 여부를 불문하고, 개찰에서 제외한다.
13	입찰가격의 기재가 불명확한 경우(예, 5와 8, 7과 9, 0과 6 등)	개찰에서 제외한다.
14	보증금액의 기재가 없거나 그 기재된 보증금액이 매수신청 보증과 다른 경우	매수신청보증봉투 또는 보증서에 의해 정해진 매수신청보증 이상의 보증제공이 확인되는 경우에는 개찰에 포함시킨다.
15	보증금액을 정정하고 정정인이 없는 경우	
16	하나의 물건에 대하여 같은 사람이 여러 장의 입찰표 또는 입찰봉투를 제출한 경우	입찰표 모두를 개찰에서 제외한다.
17	보증의 제공방법에 관한 기재가 없거나 기간입찰표를 작성·제출한 경우	개찰에 포함시킨다.
18	위임장은 붙어 있으나 위임장이 사문서로서 인감증명서가 붙어 있지 아니한 경우, 위임장과 인감증명서의 인명이 틀린 경우	개찰에서 제외한다.

(2) 첨부서류 등에 흠이 있는 경우

입찰시 유무효 처리기준
(기입입찰표의 유·무효 처리기준(재민2004-3))

번호	흠결사항	처리기준
1	입금증명서 또는 보증서, 법인등기사항증명서, 가족관계증명서, 공동입찰자목록이 같은 입찰봉투에 함께 봉함되지 않고 별도로 제출된 경우	1) 직접제출 : 접수하지 않는다. 2) 우편제출 : 접수는 하되, 개찰에는 포함시키지 않는다.
2	입금증명서 또는 보증서, 법인등기사항증명서, 가족관계증명서, 공동입찰목록이 누락된 경우	개찰에 포함시키지 않는다.
3	주민등록표 등 초본이 누락되거나 발행일이 입찰기간 만료인 전 6월을 초과하는 경우	개찰에 포함시키지 않는다.
4	대표자나 관리인의 자격 또는 대리인의 권한을 증명하는 서면으로서 관공서에서 작성하는 증명서, 대리위임장 및 인감증명서가 누락되거나 발행일이 입찰기간 만료일 전 6월을 초과하는 경우	개찰에 포함시키지 않는다.

※ 부동산 등에 대한 경매절차 처리지침(재민 2004-3) 일부개정예규(대법원재판예규 제1442호, 2013. 6. 4.)

성공적인 낙찰을 위해 꼭 기억해야 될 10가지

1. 법원문건 송달내역(변경/취하, 채권자변경 등)을 꼼꼼히 봐라!
2. 총 채권액이 적거나 경매신청 채권자가 배당받지 못할 경우(무잉여) 취소 가능성이 높다!
3. 감정평가액이 다소 높기 때문에, 나홀로아파트, 저층부, 다세대지하 등의 감정가를 조심해라!
4. 주택의 경우 선순위임차인 대항력 유무 및 배당액 부족으로 인한 추가 인수금액을 확인해라!
5. 위반건축물의 경우 불법의 내용과 이행강제금, 원상회복 비용은 사전에 검토해라!
6. 대지(농지)의 경우 접근성 및 용도지역, 도로 접합여부, 취득자격(농취증) 등을 확인해라!
7. 채권자가 유동화전문회사(NPL)인 경우 관리회사 담당자와 통화해 봐라!
8. 유치권, 법정지상권, 지분경매 등의 특수물건의 경우 대출이 어렵다!
9. 물건번호가 여러 개인 경매사건의 경우 동시배당을 감안하여 배당 및 명도과정을 고려해라!
10. 취득 및 양도, 임대 등을 고려하여 세금에 대한 충분히 검토해라!

(3) 재판기록 열람복사 신청서

			허	부
<td colspan="4" style="text-align:center">재판기록 열람복사 신청서</td>				

신청인	성 명	작은손	전화번호	010-0123-1004
			담당사무원	
	자 격	최고가 매수인	소명자료	
신청구분	☐ 열람 ☑ 복사			
대상기록	사건번호 2016 타경 123457			
복사할 부분	경매 기록 일부 (복사매수 30 매)			
복사방법	☐ 필사 ☐ 변호사단체 복사기 ☑ 법원 복사기			
신청수수료	☑ 500 원 ☐ 면 제	(수 입 인 지 첩 부 란)		
복사비용	1,500 원 (30매×50)			
비고				
영수일시	2016. 9. 7.	영 수 인		

※ 작성요령
1. 신청인 · 영수인란은 서명 또는 기명날인
2. 소송대리인 · 변호인의 사무원이 열람 · 복사하는 경우에는 담당사무원란에 그 사무원의 성명을 기재
3. 신청수수료는 1건당 500원(수입인지로 납부). 다만, 사건의 당사자 및 그 법정대리인 · 소송대리인 · 변호인(사무원 포함) · 보조인 등이 그 사건의 계속중에 열람 · 복사하는 때에는 신청수수료 면제
4. 법원복사기로 복사하는 경우에는 1장당 50원의 복사비용을 수입인지로 납부

06 매수신청 대리

　부동산경매에 있어서 매수신청 대리는 변호사와 법무사, 개업공인중개사와 중개법인 등이 가능하다. 여기서 개업공인중개사와 중개법인이 매수신청 대리를 하고자 할 때는 반드시 대법원규칙이 정하는 요건을 갖추어 법원에 등록하고 그 규정에 따라야 한다. 법원행정처장이 지정하는 교육기관에서 부동산경매에 관한 실무교육을 이수해야 하고 손해배상책임을 위해 보증보험 또는 협회의 공제가입을 해야 한다. 등록의 결격사유만 없다면 매수신청대리인 등록신청서를 작성하여 제출하면 된다.

※ 중개업자의 매수신청대리인 등록에 관한 규칙 제6조(등록의 결격사유)
　다음 각 호의 어느 하나에 해당되면 매수신청대리인 등록을 할 수 없다.
　① 매수신청대리인 등록이 취소된 후 3년이 지나지 아니한 자
　② 민사집행법 제108조 제4호에 해당하는 자
　- 민사집행절차에서의 매각에 관하여 형법 제136조(공무집행방해), 제137조(위계에 의한 공무집행방해), 제140조(공무상 비밀표시무효), 제142조(공무상보관물의 무효), 제315조(경매, 입찰의 방해) 및 제323조 내지 제327조(권리행사방해, 폭력에 의한 권리행사방해, 점유강취, 강제집행면탈 등)에 규정된 죄로 유죄판결을 받고 그 판결확정일로부터 2년을 경과하지 아니한 자
　③ 제1호 내지 제2호에 해당하는 자가 사원 또는 임원으로 있는 중개법인

　공인중개사가 매수신청 대리를 위임받은 경우 대리행위마다 대리권을 증명하는 증명서를 제출해야 하고, 의뢰인에게 매수신청대리 대상물의 권리관계, 등기사항 등을 설명해야 한다. 부동산경매 대리시 별도의 매수신청대리 사건카드와 매수신청대상물 확인설명서 등을 작성하여 의뢰인에게 교부해 주고 보존해야 한다.

매수신청대리 등 수수료는 다음과 같다.
- 상담 및 권리분석 수수료 : 50만원의 범위 안에서 당사자의 합의 결정
- 매각허가결정 확정된 매수인 : 감정가의 1% 이하 또는 최저매각가격의 1.5% 이하 범위 안에서 당사자의 합의 결정
- 최고가매수인이 되지 못한 경우 : 50만원의 범위 안에서 당사자의 합의 결정
- 실비 수수료 : 30만원의 범위 안에서 당사자의 합의 결정

(1) 매수신청대리인 등록신청서

매수신청대리인 등록신청서

※ 해당되는 □란에 ∨표를 하시기 바랍니다.

처리기간: 14일

신청인	①성명(법인명)		②주민등록번호(법인등록번호)	
	③대표자		④주민등록번호	
	⑤주소(대표자주소)			
	⑥중개업자 종별		□ 공인중개사　□ 중개법인	
사무소	⑦명 칭		⑧전화번호	
	⑨주사무소 소재지			
	⑩분사무소 소재지			

「공인중개사의 매수신청대리인 등록 등에 관한 규칙」 제4조 및 동 예규 제2조의 규정에 따라 위와 같이 매수신청대리인 등록을 신청합니다.

　　　　　　　　　　년　월　일
　　　　　　　　신청인　　　　　　(서명 또는 인)

서울중앙지방법원장 귀하

첨부서류
1. 공인중개사자격증 사본 1부(중개법인의 경우에는 대표자의 공인중개사자격증 사본을 말한다.)
2. 법인의 등기부등본 1부(중개법인인 경우에 한하며, 행정정보의 공동이용이 가능한 때에는 제출을 생략할 수 있다.)
3. 「중개업자의 매수신청대리인 등록 등에 관한 규칙」제10조의 규정에 따른 실무교육 이수증 사본 1부
4. 중개사무소등록증 사본 1부
5. 반명함판(3cm × 4cm) 사진 2매
6. 위 규칙 제11조제2항에 따라 보증을 제공하였음을 증명하는 보증보험증서 사본, 공제증서 사본 또는 공탁증서 사본 중 어느 하나

⑩신청인 확인란
신청인은 「중개업자의 매수신청대리인 등록 등에 관한 규칙」제6조에 규정된 등록결격사유(뒷면 기재사항 참조)가 없음을 확인합니다.
　　　　　　　　신청인　　　　　　(서명 또는 인)

※ 신청안내

신청하는 곳	서울중부지방법원	담당부서(전화번호)	매수신청대리인 담당부서 (　　　　　)
		수수료	공인중개사 20,000원 중개법인 30,000원

(2) 매수신청대리 사건카드

매수신청대리 사건카드

일련번호 2016	경매사건 번호 지방법원 지원 타경			물건번호	
부동산의 표시					
위임인에 관한 사항	성명		주민등록번호(앞자리 6자리만 기재)		
			주소		
	성명		주민등록번호(앞자리 6자리만 기재)		
			주소		
보수액	상담 및 권리분석 수수료	법규상 수수료표의 범위			
		결정된 수수료액			
	매수신청 대리 수수료	법규상 수수료표의 범위			
		결정된 수수료액			
	특별비용	사유			
		결정된 수수료액			
	⦿ 수수료에 관한 법규의 규정에 대하여 사전에 설명 받았음을 확인합니다. 200 . . . 위임인 (인)				
위임내용	상담 및 권리분석 [ ]				
	매수신청대리 [ ]				
위임일자					
특이사항					
결과	입찰에 참가하여 매수에 성공 [ ]				
	입찰에 참가하였으나 매수에 실패 [ ]				
	입찰에 참가하지 않음 [ ]				
첨부서면	확인 · 설명서 [ ]				
	수수료 영수증 [ ]				
	기타				
	년 월 일 공인중개사 (인) 공인중개법인 대표이사 (인)				

[주1] 일련번호는 '연도-누적번호'의 형식으로 부여함
[주2] 위임인이 다수일 경우 별지를 사용하여 기재하고 간인하여야 함

표 교수의 "공유자우선매수 쉽게 이해하기"

민사집행법 제140조에는 공유물의 관리와 보존에 관해 다른 공유자와의 협의를 진행하라는 민법 265조의 내용과 연관되며, 공유자와의 인적인 유대관계를 지닐 필요가 있기 때문에 새로운 사람이 공유자로 되는 것보다는 기존의 공유자에게 우선권을 부여하고 공유지분을 매수할 수 있는 기회를 주는 것이 타당하다고 보았다. 즉 공유자가 최저매각가격으로 매수하는 것이 경매의 당사자나 이해관계인에게 유리하며 법 취지에 부합된다는 것이다.

공유자우선매수를 하기 위해서는 미리 신고서를 제출하거나 입찰 당일 해당 경매 사건이 종결되기 전까지만 신고하면 되는데, 공유자의 매수가격은 입찰일에 입찰자가 써낸 최고 가격과 동일한 금액으로 결정된다. 만일 우선매수신고를 했으나 입찰자가 아무도 없었을 경우에는 최저매각가격이 매입가가 된다.

문제는 이러한 제도를 공유자가 악용해 저가 매각을 받는데 사용하고 있다는 것으로 공유자가 우선매수신청을 미리 해 놓고 매각기일 당일 보증금을 가지고 가서 입찰자가 있는지 없는지 확인한 후 입찰자가 없으면 유찰되기를 기다리고, 입찰자가 있으면 최고가매수신고인이 호칭되기 전에 보증금을 납부하여 우선매수를 하게 된다. 이러다 보니 입찰자입장에서는 공유자우선매수신고가 된 물건의 입찰을 꺼리게 된다. 그래서 최근 상당수 법원에서는 매각명세서에 "매각기일 전에 공유자우선매수신고를 한 뒤 보증금을 납부하지 않으면 그 다음 매각기일에는 공유자우선매수신고를 못한다"는 내용의 특별매각조건의 단서를 달고 있다. 이러한 단서 때문에 이제는 공유자들이 이러한 특별매각조건을 피하기 위해 우선매수신고서를 미리 제출하지 않고 보증금을 가지고 법원에 나와 경매입찰자가 있으면 우선매수신고를 하는 것이다.

2011년 대법원의 판결에 의하면 "공유자우선매수제도의 취지, 관련 규정 등에 비추어 보면, 공유자가 매각기일 전에 우선매수신고를 하였으나 다른 매수신고인이 없는 경우 공유자는 그 매각기일이 종결되기 전까지 보증을 제공하고 우선매수권행사의 효력을 발생시킬 수 있으나, 다른 한편 보증을 제공하지 아니하여 우선매수권 행사의 효력을 발생시키지 아니하는 것을 선택할 수도 있다고 봄이 상당하고, 다른 특별한 사정이 없는 한 공유자가 우선매수신고를 하고도 그 매각기일에 보증을 제공하지 아니한 것만으로 우선매수권 행사할 법적 지위를 포기하거나 상실하는 것으로 볼 수는 없다.

하지만 관계법령 및 민사집행법상의 공유자우선매수권 제도의 취지 또는 한계, 경매제도의 입법취지 등에 비추어 보면, 공유자가 민사집행법 140조의 우선매수권제도를 이용하여 채무자의 지분을 저가에 매수하기 위하여 수차례에 걸쳐 우선매수신고만 하여 일반인들이 매수신고를 꺼릴 만한 상황을 만들어 놓은 뒤, 다른 매수신고인이 없는 때에는 매수신청보증금을 납부하지 아니하는 방법으로 유찰이 되게 하였다가 최저매각가격이 수차례 저감된 매각기일에 다른 매수신고인이 나타나면 그 때 비로소 매수신청보증금을 납부하여 법원으로 하여금 공유자에게 매각을 허가하도록 하는 경우에는 민사집행법 121조, 108조 2호의 '최고가매수신고인이 매각의 적정한 실시를 방해한 사람'에 해당되어 매각불허가 사유가 된다."고 하였다. 이렇듯 법원에서도 공유자우선매수제도과 관련하여 우선매수권 행사제한과 매각불허가 하는 등의 대응을 하고 있지만, 아직 법률 개정까지는 되고 있지 않아 이를 악용하는 사례는 계속 나올 수 있다.

공유자매수신청과 더불어 아직도 입찰 당일 진행과정에서 편법을 동원하여 경매질서를 방해하는 경우를 종종 보게 된다. 물론 법원에서 경매입찰과 관련한 유·무효 처리기준을 통해 정리하고는 있지만, 이를 악용하는 사례가 있으니 입찰자의 입장에서는 주의가 필요하다.

공유자우선매수권 제도는 우리나라에 특유한 것으로서 공유자우선매수제도의 변경이 필요하다. 민사집행규칙 76조2힝의 "공유자의 우선매수권 행사는 신고한 첫 기일에만 유효하고 다음 기일부터는 행사할 수 없음"을 인용하여 상당수 법원에서는 적용하고 있지만, 이를 악용하는 사례가 계속 나오고 있기 때문에 우리나라와 법체계가 유사한 일본의 민사집행법에서도 공유자우선매수와 관련된 특별한 혜택을 주어지지 않고 독립된 부동산으로 취급하고 있는 것처럼 행사제한을 1회로 한정하거나 폐지해야 할 것이다.

PART **1** 부동산 경매 바로알기

Chapter

매각결정과 그 이후의 대응방법

8

01 매각결정기일
02 농지취득자격증명
03 상계(차액 지급)
04 매각불허가(매각허가에 대한 이의)
05 즉시항고
06 경매 취소

01 매각결정기일

　매각결정기일은 집행법원이 매각허부에 대하여 이해관계인의 진술을 듣고 직권으로 매각결정에 문제가 없는지를 조사한 후 매각의 허부를 결정하는 것이다. 법원은 매각허가에 대한 특별한 이의가 없고 매각불허가 사유에 해당 되지 않는다면 최고가매수인에게 매각을 허가하게 되는데 통상 매각기일에서 1주일 후에 매각을 결정하게 된다. 투자자의 입장에서 매각결정기일까지 해야 할 일은 우선 매각을 받은 후, 경매사건을 열람 후 권리분석을 재검토하거나, 매수인의 입장에서 다시 부동산 점유자를 만나러 가는 과정에서 예상하지 못했던 문제점이 생길 경우 매각불허가 신청, 또는 매각허가에 대한 이의 신청을 해야 한다. 일단 매각결정이 되면 이 후에는 즉시항고 밖에 방법이 없는데, 별도의 비용과 시간 소요를 감안한다면 불허가신청에 신중을 기해야 한다.

　불허가 신청은 민사집행법 제121조에 의하면 강제집행을 계속 진행할 수 없을 때, 최고가매수인이 부동산을 매수할 자격이 없을 때, 물건명세서의 작성에 중대한 하자가 있을 때, 천재지변 등으로 부동산이 현저하게 훼손되었을 때, 과잉경매나 무잉여경매 등의 절차상의 하자가 있을 때 등에만 국한해서 가능하다.

　다음으로 매각 받은 부동산이 농지를 취득한 경우라면 이 결정기일까지 농업취득증명서를 제출해야 한다. 증명서를 취득하는 데는 통상 2~4일 정도의 시간이 걸릴 수 있으므로, 가급적 매각 받고 당일이나 하루 이틀 사이에 접수하러 가는게 좋다. 일반 농지라면 큰 문제없이 발급이 가능하겠지만, 혹시라도 무허가건물, 컨테이너박스, 건설자재, 폐기물 등이 농지 안에 있다면 문제가 될 수 있으므로 사전에 확인하고 입찰하고, 이후에도 관할 담당 공무원과 상의하여 매각결정 전에 증명서를 제출해야 한다.

　끝으로 경매 채권자나 배당받는 임차인 등의 관계자라면 상계 신청을 해야 한다. 상계 신청이란 배당기일에 매각가에서 본인이 배당받을 금액을 뺀 나머지 차액에 대한 잔금을 납부하는 제도로 배당액에 따라서 별도의 경락자금대출을 받지 않아도 된다. 상계신청도 매각결정기일 전까지 신청해야 하고, 입찰 당일도 가능하므로 매각을 받게 되면 담당 경매계에 제출하면 된다.

02 농지취득자격증명

　농지란 지목이 전, 답, 과수원이거나 다른 지목이더라도 실제 3년 이상의 농작물이 키우면 인정된다. 이러한 농지를 경매로 받으려면 법원에서는 농업취득자격증명(이하 농취증)을 제출하라고 특별매각조건에 표기한다. 법원에서는 매각물건명세서 비고란에 "농지취득자격증명 필요(농지취득자격증명 미제출로 매각불허가 결정시 매수신청보증금 몰수)"라고 기재하고, 최고가매수인에게 매각결정기일까지 받아오라고 말한다. 이에 매수인은 매각일로부터 매각허가결정이 나기 전까지인 7일 이내에 법원경매계에 제출해야 한다.

　통상 농취증은 신청일로부터 4일(농업경영계획서를 작성하지 않는 경우에는 2일) 후 발급여부가 결정되는 것을 감안하면 농취증 발급에 문제가 생길 수도 있다. 최근에 농취증을 발급받는데 큰 어려움은 없고, 먼 지방의 경우 발급 신청 후 당일 오후에 발급해 주기도 한다. 농림부 예규에 의하면 해당 농지가 신청대상 토지가 농지에 해당하지 않는 경우, 농취증 없이 취득할 수 있는 농지인 경우에 해당되면 "농취증 대상인 토지가 아니므로 농취증 신청을 반려한다"라고 쓰여 있는 반려증을 주는 경우가 있는데, 이 경우에 법원경매계에 제출하면 인정해 주던가. 불허가 결정을 내리고 이를 보정하여 재매각으로 진행하면서 입찰보증금을 돌려준다. 신청대상 농지가 농지법을 위반하여 불법으로 형질이 변경된 경우(불법건축물, 포장도로 등)에는 농지가 아니므로 농취증 신청을 반려하게 되는데, "불법형질 변경에 대한 복구가 필요하며, 이에 농취증 신청을 반려한다"라고 쓰여 있는 반려증을 받게 되면 입찰보증금이 몰수될 수 있다.

　농취증 신청을 하려면 먼저 매각기일(입찰)에 최고가 매수신고인 증명을 발급받아야 한다. 이를 가지고 해당 농지소재 시·군·구·읍·면장으로부터 발급 신청을 하면 된다. 농지취득자격증명 신청서에는 매수인의 인적사항을 기재하고, 취득자의 구분에는 취득면적이 1,000㎡ 미만인 경우 '주말체험영농'에 체크하고, 그 이상의 경우에는 '신규영농'에 체크하면 된다. 취득농지의 표시는 소재에 관한 사항을 적고 농지구분은 토지이용계획 확인원에서 지역지구 등 지정여부를 확인하되 '농업진흥구역', '농업보호구역'이라는 언급이 있으면 체크하면 되고, 아무것도 없으면 '진흥지역 밖'에 체크하면 된다. 취득원인은 '부동산경매'로 적으면 되고, 취득목적은 취득자의 구분과 마찬가지로 취득면적이 1,000㎡ 미만인 경우 '주말체험영농'에, 그 이상의 경우에는 '농업경영'에 체크하면 된다.

농업경영계획서에서는 취득면적이 1,000㎡ 이상인 경우 꼭 작성해야 하는데, 취득대상농지에 관한 사항에는 소재지와 지번, 지목, 면적을 기입하면 된다. 영농거리는 현 주민등록 주소지에서 농지 소재지까지의 거리를 다음, 네이버 등의 인터넷지도를 확인하여 기록하면 되는데, 직선거리와 도로 이동거리의 중간쯤 적어도 무방하다. 주재배 예정 작목은 특별히 키우고자 하는 작물이 있다면 그 내용을 기록하고, 아직 특별히 정해지지 않았다면 전체적으로 봤을 때 키우기도 쉬운 콩, 옥수수 등이 무난할 듯하다. 영농 착수시기는 계절을 염두에 두어 두고 3~6개월 후 정도로 적으면 된다. 농업경영 노동력의 확보방안의 경우 면적을 고려하되, 면적이 아주 크지 않다면 가족 중심으로 적으면 된다. 취득농지의 농업경영에 필요한 노동력확보방안도 '자기노동력'란에 체크하면 된다. 농업기계장비의 확보방안의 경우 보유현황의 경우 낫, 호미, 삽, 제초기 등을 기입하고 보유계획에는 기계장비명에는 트랙터, 규격에는 소형, 보유계획에는 임대 정도로 기입하면 무난하다. 연고자에 관한 사항은 취득농지의 소재지에 거주하고 있는 연고자가 있다면 성명과 관계를 기입하고 없으면 빈칸으로 둔다. 소유농지의 이용현황은 현재 주민등록을 같이하고 있는 직계가족이 소유하고 있는 농지가 있다면 기입하면 된다. 임차농지현황은 별도로 기입하지 않아도 된다.

이렇게 작성하여 해당 농지소재 시·군·구·읍·면사무소 관할 공무원에게 제출하고 결재가 완료되면 전화를 요청하여, 연락이 오면 가서 해당 공문과 함께 농지취득자격증명서를 발급 받으면 된다. 이를 가지고 법원 담당계에 찾아가 농지취득자격증명 제출 신청서와 함께 농지취득자격증명서를 제출하면 된다. 농지를 취득시에는 그 만큼 책임도 따르기 때문에 그대로 방치해 두어서는 아니 된다. 정당한 사유없이 휴경하거나, 임대 또는 사용대, 위탁경영시에는 처분대상농지가 될 수 있으며, 이럴 경우 공지지가의 20%에 해당하는 이행강제금이 매년 부과될 수 있다. (※ 농지취득후 농업경영 불이행시 처분대상 참고) 용도지역이 도시지역(주거, 상업, 공업, 도시계획예정지역 등)의 경우 농취증을 제출하지 않아도 매각허가 결정을 받을 수 있다. 이 때는 '토지이용계획확인원'을 발급받아 제출하면 되는데, 담당 경매계에 확인하여 처리하면 된다.

(1) 최고가 매수신고인 증명신청

최고가 매수신고인 증명신청

2016타경123458호 1번 물건   부동산임의경매

부동산 표시
별지 기재와 같음

위 사건에 관하여 신청인이 최고가 매수신고인임을 증명하여 주시기 바랍니다.

2016. 9. 7.
신청인 작은손 (도장)
서울중부지방법원 집행관 귀중

최고가 매수신고인 증명

위 사실을 증명합니다.

2016. 9. 7.
서울중부지방법원 집행관 홍길동

※ 최고가 매수신고증명원을 별지부동산 소재기 관할 시청, 구(군)청 또는 읍(면)사무소에 제출하시고 농지취득자격 증명원을 발급 받아 경매1계로 5일 이내에 필히 제출하여 주시기 바랍니다.

(2) 농지취득자격증명신청서

농지취득자격증명신청서

접수번호		접수일자		처리기간	4일 (농업경영계획서를 작성하지 않는 경우에는 2일)			
농지취득자 (신청인)	①성명 (명칭)	작은손		②주민등록번호 (법인등록번호)	760907-1234567	⑤취득자의 구분		
	③주소	서울 성동구 둘레길 1004				농업인	신규영농 ○	법인등 / 주말체험영농
	④전화번호	010-0123-1004						
취득농지의 표시	⑥소 재 지							⑩농지구분
	시·군	구·읍·면	리·동	⑦지번	⑧지목	⑨면적 (㎡)	진흥구역 / 보호구역	진흥지역 밖
	화성시	수목면	금토리	123-456	전	1,004		○
⑪취득원인	부동산경매							
⑫취득목적	농업경영 ○		주말·체험영농		농지전용		시험·연구·실습용 등	

「농지법」 제8조제2항, 같은 법 시행령 제7조제1항 및 같은 법 시행규칙 제7조제1항제2호에 따라 위와 같이 농지취득자격증명의 발급을 신청합니다.

2016년 9월 8일

농지취득자(신청인) 작은손 (서명 또는 인)

시장·구청장·읍장·면장 귀하

첨부서류
1. 별지 제2호서식의 농지취득인정서(법 제6조제2항제2호에 해당하는 경우만 해당합니다)
2. 별지 제4호서식의 농업경영계획서(농지를 농업경영 목적으로 취득하는 경우만 해당합니다)
3. 농지임대차계약서 또는 농지사용대차계약서(농업경영을 하지 않는 자가 취득하려는 농지의 면적이 영 제7조제2항제5호 각 목의 어느 하나에 해당하지 않는 경우만 해당합니다)
4. 농지전용허가(다른 법률에 따라 농지전용허가가 의제되는 인가 또는 승인 등을 포함합니다)를 받거나 농지전용신고를 한 사실을 입증하는 서류(농지를 전용목적으로 취득하는 경우만 해당합니다)

담당공무원 확인 사항 법인 등기사항증명서(신청인이 법인인 경우만 해당합니다)

수수료: 「농지법 시행령」 제74조에 따름

(3) 농업경영계획서

[별지 제4호서식] (앞 쪽)

농업경영계획서

취득대상 농지에 관한 사항	①소재지			②지번	③지목	④면적 (㎡)	⑤영농 거리	⑥주재배 예정작목	⑦영농 착수 시기
	시·군	구·읍·면	리·동						
	화성시	수목면	금토리	123-456	전	1,004	55km	콩, 옥수수	2017년 3월
	계								

⑧취득자 및 세대원의 농업경영능력

취득자와 관계	성별	연령	직업	영농경력(년)	향후 영농여부
본인	남	40	회사원	없음	계획중

농업 경영 노동력의 확보 방안

⑨취득농지의 농업경영에 필요한 노동력확보방안

자기노동력	일부고용	일부위탁	전부위탁(임대)
○			

⑩농업기계·장비의 보유현황

기계·장비명	규격	보유현황	기계·장비명	규격	보유현황
낫, 호미, 삽		보유	제초기		보유

⑪농업기계장비의 보유 계획

기계·장비명	규격	보유계획	기계·장비명	규격	보유현황
트렉터	소형	임대			

⑫연고자에 관한 사항   연고자 성명   관계

「농지법」 제8조제2항에 따라 위와 같이 본인이 취득하려는 농지에 대한 농업경영 계획서를 작성·제출합니다.

2016년 9월 8일

제출자   작은손   (서명 또는 인)

(뒤 쪽)

⑬소유농지의 이용현황							
소재지				지번	지목	면적 (㎡)	주재배 작목	자경 여부
시·도	시·군	읍·면	리·동				

⑭임차(예정)농지현황							
소재지				지번	지목	면적 (㎡)	주재배 (예정) 작목	임차 (예정) 여부
시·도	시·군	읍·면	리·동				

⑮특기사항	

※ 기재상 주의사항
⑤란은 거주지로부터 농지소재지까지 일상적인 통행에 이용하는 도로에 따라 측정한 거리를 씁니다.
⑥란은 그 농지에 주로 재배·식재하려는 작목을 씁니다.
⑦란은 취득농지의 실제 경작예정시기를 씁니다.
⑧란은 같은 세대의 세대원 중 영농한 경력이 있는 세대원과 앞으로 영농하려는 세대원에 대하여 영농경력과 앞으로 영농 여부를 개인별로 씁니다.
⑨란은 취득하려는 농지의 농업경영에 필요한 노동력을 확보하는 방안을 다음 구분에 따라 해당되는 난에 표시합니다.
   가. 같은 세대의 세대원의 노동력만으로 영농하려는 경우에는 자기 노동력 란에 ○표
   나. 자기노동력만으로 부족하여 농작업의 일부를 고용인력에 의하려는 경우에는 일부고용란에 ○표
   다. 자기노동력만으로 부족하여 농작업의 일부를 남에게 위탁하려는 경우에는 일부 위탁 란에 위탁하려는 작업의 종류와 그 비율을 씁니다. [예 : 모내기(10%), 약제살포(20%) 등]
   라. 자기노동력에 의하지 아니하고 농작업의 전부를 남에게 맡기거나 임대하려는 경우에는 전부위탁(임대)란에 ○표
⑩란과 ⑪란은 농업경영에 필요한 농업기계와 장비의 보유현황과 앞으로의 보유계획을 씁니다.
⑫란은 취득농지의 소재지에 거주하고 있는 연고자의 성명 및 관계를 씁니다.
⑬란과 ⑭란은 현재 소유농지 또는 임차(예정)농지에서의 영농상황(계획)을 씁니다.
⑮란은 취득농지가 농지로의 복구가 필요한 경우 복구계획 등 특기사항을 씁니다.

(4) 농지취득자격증명서와 농지취득자격증명 제출신청서

제2016-0001234호

농지취득자격증명

농 지 취 득 자 (신청인)	성명(명칭)	작은손	주민등록번호 (법인등록번호)	760907-1234567
	주소	서울시 성동구 둘레길1004		
	연락처	010-0123-4567	전화번호	02-0123-4567

구분	소재지	지번	지목	면적(㎡)
취득 농지의 표시	경기도 화성시 수목면 금토리	123-456	전	1,004.0

취득목적	농업경영

귀하의 농지취득자격증명신청에 대하여 「농지법」 제8조 및 같은 법 시행령 제7조 제2항에 따라 위와 같이 농지취득자격 증명을 발급합니다.

2016년 9월 11일

경기도 화성시 수목면장

유의사항

○ 귀하께서 당해 농지의 취득과 관련하여 허위 기타 부정한 방법에 의하여 이 증명서를 발급받은 사실이 판명되면 「농지법」 제59조의 규정에 따라 3년 이하의 징역이나 3천만원 이하의 벌금에 처해질 수 있습니다.
○ 귀하께서 취득한 당해 농지를 취득 목적대로 이용하지 아니할 경우에는 「농지법」 제11조 제1항 및 제62조의 규정에 따라 당해 농지의 처분명령 및 이행강제금이 부과될 수 있습니다.

농지취득자격증명 제출 신청서

사 건 번 호   2016 타경 123458 부동산(임의, 강제) 경매
매 수 인   작은손 (010-0123-1004)

위 사건에 관하여 매수인 작은손 이 농지취득자격증명서를 발급받아 귀원에 제출하오니, 본 사건에 대한 매각허가결정을 하여 주시기 바랍니다.

첨부서류

1. 농지취득자격증명   1통

2016. 9. 12.

매수인   작은손

서울중부지방법원 경매1계 귀중

(5) 농지취득 후 농업경영 불이행 시 처분 대상

농지 관련 참고사항

농지취득후 농업경영 불이행시 처분대상

1. 처분대상 농지의 요건 (농지법 제10조 농업경영에 이용하지 아니하는 농지의 처분의무)
가. 농업경영 목적으로 취득한 농지로써 다음 중 1에 해당하는 농지
  1) 정당한 사유없이 휴경한 농지
  ※ 농지처분의무가 면제되는 정당한 사유 (농지법시행령 제9조)
    - 자연재해 등으로 인하여 영농이 불가능하게 되어 휴경하는 경우
    - 농지개량 또는 영농 준비를 위하여 휴경하는 경우
    - 병역법에 의하여 징집 또는 소집되어 휴경하는 경우
    - 질병 또는 취학으로 인하여 휴경하는 경우
    - 선거에 의한 공직 취임으로 휴경하는 경우
    - 농산물의 생산조성 또는 출하조절을 위하여 휴경하는 경우

  2) 정당한 사유없이 임대 또는 사용대한농지
  ※ 정당한 사유에 해당하는 경우
    - 농지용증진사업에 의하여 임대 또는 사용대한 경우
    - 질병, 징집, 취학, 선거에 의한 공직취임의 사유로 일시적으로 농업경영에 종사할 수 없는 경우
    - 부상으로 3월 이상의 치료가 필요한 경우, 교도소, 구치소, 보호감호소에 수용 중인 경우,
      6개월 이상 국외여행 중인 경우, 농업법인이 청산 중인 경우
    - 60세 이상의 고령으로 은퇴하는 자가 계속하여 5년 이상 농업경영에 이용한 농지로서 거주지
      시·군 또는 이에 연접한 시·군에 소재하는 농지를 임대 또는 사용대 하는 경우
    - 임대 중에 있는 농지를 취득한 경우로써 그 계약의 잔여기간 동안 계속하여 임대하는 경우

  3) 정당한 사유없이 위탁경영한 농지
  ※ 정당한 사유에 해당하는 경우
    - 농지이용증진사업에 의하여 위탁경영하는 경우
    - 질병, 징집, 취학, 선거에 의한 공직취임의 사유로 자격할 수 없는 경우
    - 부상으로 3월 이상의 치료가 필요한 경우, 교도소, 구치소, 보호감호소에 수용 중인 경우,
      6개월 이상 국외여행 중인 경우, 농업법인이 청산 중인 경우

2. 이행강제금 부과 (농지법 제62조)
  ※ 농지처분명령 이후 미처분시 공시지가 20/100에 상당하는 이행강제금을 매년 부과

3. 허위 및 부정한 방법으로 농지취득증명발급이 확인 된 경우
  ※농지법 제59조 규정에 의거 3년 이하의 징역 또는 1천만원 이하의 벌금에 처하게 됨을 알려드립니다.

03 채권 상계(차액 지급) 신청 방법

　일반적으로 매각허가결정이 되면 집행법원은 대금지급기한을 결정하고 매수인에게 통지하면, 매수인은 잔금을 납부해야 한다. 그러나 예외적으로 상계 신청 또는 차액지급 신고를 통해 배당받을 금액을 제외하고 납부하는 방법이 있다. 채권자 또는 임차인이 최고가매수인이 되면 배당받을 금액을 제외한 나머지 금액만 법원에 납부하는 것을 상계신청이라 하는데, 매각결정기일 전에 이를 신청해야 한다. 채권상계신청은 사건번호와 채권자, 채무자 등을 기입하고 민사집행법 제143조 제2항에 의한 채권자로써 배당받을 금액한도로 상계해 달라고 요청하는 것이다. 담당 경매계에 가서 채권상계신청서 양식에 맞춰 기입하고 제출하던시 우편으로 접수가 가능하다. 채권상계 신청과 마찬가지로 차액지급신고서로도 상계신청은 가능하다.

　법원 담당자가 상계신청이 제출되었다고 반드시 허가를 해주는 것이 아니고 신고서 상단에 '허부'란을 만들어 사법보좌관을 지시를 받는데, 특별한 사정이 있다고 판단되면 법원은 상계신청을 불허하고, 대금을 납부하라고 통지하게 된다. 이렇듯 불허를 대비해 미리 잔금납부 방안도 생각해 두어야 한다. 또한 상계신청이 받아들였다고 했더라도, 배당기일에 이해관계인이 배당과 관련하여 배당이의 신청을 하고 법원에서도 그 내용에 추가적인 검토가 필요하다고 판단되면, 법원에서는 우선적 잔금을 전액 납부하도록 요청하거나 배당이의 신청한 채권자의 배당이 매수인의 배당에 영향을 주는 경우 그 금액을 감안하여 추가적으로 납부하라고 지시할 수 있다. 이렇듯 상계신청을 했다고 무조건 처리되는 것이 아니므로, 담당 경매계장에게 신청을 허가해 달라고 정중히 요청하는 것도 방법이다. 예전에는 음료수나 간단한 화과자 정도를 사가곤 했는데, 김영란법 시행 이후 서로 곤란해질 수 있으니 간곡히 얘기해 보자.

　상계신청과는 별개로 부동산 관련된 채권자의 승낙을 통해 대금의 지급을 갈음하여 채무를 인수할 수도 있다. 이 신청을 하려면 매수인의 채무인수신청서를 작성하여 채권자의 동의를 받아 제출하면 된다. 다만 동의가 되어 신청하였지만 추후 협상과정에서 채무관계에 대한 문제가 생길시 채권자는 매수인의 채무인수신청에 대한 이의신청을 할 수도 있다.

(1) 채권상계신청서

채권상계 신청서

사 건 번 호   2016타경 123457
채 권 자   나갑부
채 무 자   노머니

위 사건에 관하여 매수인이 납부할 매각대금을 민사집행법 제143조 제2항에 의하여
매수인이 채권자로서 배당받을 금액한도로 상계하여 주시기 바랍니다.

2016년 9월 13일

매수인   나갑부 (인)
연락처(☎) 010-0987-6543

서울중부지방법원 귀중

✔ 유의사항
1) 채권자가 매수인인 경우에 그 채권의 배당액이 매입대금을 지급함에 충분한 때에는 매입대금의 상계로 채권이 소멸될 수 있습니다.
2) 이미 배당기일이 정해져 있는 경우에는 상계신청으로 인하여 배당기일은 새로 지정될 수 있습니다.

(2) 차액지급 신고서

서울중부지방법원
차액지급신고서

사　　건　2016타경 123457 부동산임의(강제)경매
채 권 자　나갑부
채 무 자　노머니
소 유 자　노머니

　　매수인은, 위 사건 부동산의 채권자(근저당권자)인바, 민사집행법 제143조 제2항의 규정에 따라 매수인이 배당기일에 실제로 배당받을 수 있는 금액을 제외한 나머지 매각대금을 배당기일에 낼 것을 신고합니다. 만일, 매수인이 배당받아야 할 금액에 대하여 이의가 제기된 때에는 매수인은 배당기일에 이에 해당하는 금액을 내겠습니다.

2016. 9. 13.

신고인(매수인) 나갑부 (날인 또는 서명)
전화번호 : 010-0987-6543

서울중부지방법원 귀중

※ 차액지급의 의사는 매각결정기일이 끝날 때까지 법원에 신고되어야 하므로(민집 143조 2항), 그 이후에 된 차액지급의 신고는 부적법합니다.

(3) 매수인의 채무인수 신청

매수인의 채무인수신청

사　건　　　　2016타경123457
신청인(매수인)　작은손
채권자　　　　나갑부
채무자　　　　노머니

위 부동산임의경매사건에 관하여 신청인은 본 건 부동산을 낙찰 받아 대금을 납부하고자 하는 바, 매각대금의 범위에서 선순위 저당권자 나갑부가 가지고 있는 채무자에 대한 다음의 채권을 채무자가 부담하고 있는 동일한 조건으로, 채권자의 동의를 받아 동 채무를 인수하고자 하오니 허가하여 주시기 바랍니다.

　　　　　　　　　　　다　　음

1. 제1번 근저당권
　　금 (300,000,000)원 및 2016. 1. 1.부터 2016. 10. 12.까지 년 할의 비율에 의한 지연손해금

2. 위 동의할 채권자
　　1번저당권자　　나갑부
　　주　　　소　　서울 서초구 중앙로1길 1004

　　　　　　　　　　　　　　　　　　2016. 9. 13.
　　　　　　　　　　　　　　위 신청인(매수인)　작은손

서울중부지방법원 경매1계 귀중

(4) 경락인의 채무인수신청에 대한 이의신청

매수인의 채무인수에 대한 이의신청

사 건 2016타경123457
매 수 인 작은손
채 권 자 나갑부
채 무 자 노머니

  귀 원 2016타경123457사건에 관하여 매수인 작은손은 배당실시에 있어, 매입대금의 한도에서 매입대금의 지급에 갈음하여 1번 근저당권자인 채권자의 채무를 인수한다는 신청을 하였으나, 1번 근저당채권자인 신청인과 매수인 간에 채권액에 대한 이자율의 적용에 의견의 차이가 있으므로, 위 매수인의 채무인수신청에 대하여 이의를 신청합니다.

2016. 9. 20.
위 신청인(1번 근저당권자) 나갑부

서울중부지방법원 경매1계 귀중

04 매각불허가(매각허가에 대한 이의)

　민사집행법에 따라 '매각허가에 대한 이의신청'으로 표현하는 게 옳지만, 실무적으로는 매각불허가 신청이라고 많이 쓰고 있다. 매각불허가 신청은 매각허가결정 전에 신청해야 하는데, 그 기한이 7일 밖에 되질 않는다. 다행히 매각불허가신청이 받아지면 입찰보증금을 되돌려 받을 수 있지만, 그렇지 않으면 입찰보증금을 손해 보게 된다. 민사집행법 제121조에 의해 다음의 경우 신청이 가능하다.

① 강제집행을 허가할 수 없거나 집행을 계속 진행할 수 없을 때
② 최고가매수신고인이 부동산을 매수할 능력이나 자격이 없는 때
③ 매수할 자격이 없는 사람이 최고가매수신고인을 내세워 매수신고를 한 때
④ 매수신청을 방해, 담합하거나 매각실시를 방해한 사람 등에 해당되는 때
⑤ 최저매각가격, 일괄매각의 결정, 매각물건명세서에 중대한 흠이 있는 때
⑥ 천재지변, 현저한 훼손, 중대한 권리관계가 변동된 사실 밝혀진 때
⑦ 경매절차에 그 밖의 중대한 잘못이 있는 때 등이다.

　이외에도 매각결정기일 전 대위변제시, 과잉매각에 따른 불허가, 채권신청자에게 무잉여가 되는 경우에는 법원에서 직권으로 불허 결정을 내린다. 또한 이해관계인의 합의 없이 매각조건을 변경한 경우, 특별매각조건을 지키지 않은 경우, 경매기일 공고가 법률규정에 위반된 경우 등에서도 불허될 수 있다. 예전에는 불허가신청을 작성하고 선처를 호소하면 받아주는 경우도 있었으나, 최근에는 확실한 불허가 사유가 아니고서는 인용되기 쉽지 않다. 조금 비용을 주더라도 법률사무소를 찾아가서 작성하는 게 현실적으로 가능성은 높다. 불허가신청은 잔금마련이 잘 안되어 시간적 여유가 필요하거나, 전입신고는 빠르지만 대항력 없는 임차인에게 인도명령을 받기 위한 방법으로도 쓸 수도 있다.
　매각불허가(매각허가에 대한 이의)신청에는 신청취지와 신청이유를 작성하고 첨부

서류를 제출하면 된다. 그 내용이 불허가신청 사유에 직접 해당된다면 간단히 그 내용만 적어도 인용이 가능하지만, 조금 애매모호한 경우에는 다양한 이유들을 관련 법률 및 대법원 판례 등을 근거로 하여 여러 가지로 어필해야 한다. 신청이유에도 중대한 하자에 대해 순번을 정하여 논리적으로 정리하고, 이에 대한 결론을 정리하면서 최대한 성의를 다한 모습을 보여주면 인용될 가능성이 있다.

(1) 매각불허가 신청서

매각불허가신청서

채 권 자   나갑부
채 무 자   노머니
소 유 자   노머니

위 당사자간 귀원 2016타경123457호 부동산 임의경매사건에 관하여 아래와 같은 사유로 인하여 불허가를 신청하나이다.

신청 취지

별지목록 기재 부동산에 대한 매각은 이를 불허 한다 라는 재판을 구합니다.

신청 이유

본건 임의경매 사건의 제1회 유찰 이후 제2회째 입찰에서 응찰하여 경락한 자로서 경매부동산에 대한 법률지식이 부족하고 경험이 없었던 탓으로 인하여,
2011년 9월 19일자로 전입한 차자바 선순위임차인이 살고 있는 사실을 알지 못하여, 이로 인해 매각허가 되어 매각잔대금을 완납하다 하더라도 대항력이 존재하는 임차인으로 인해 막대한 손실이 예상되는 바 매각 불허가 결정을 내려주시길 간곡히 청하옵니다.
법원에서 현황조사시 차자바 임차인에 대한 언급이 전혀 없었고 법원에서 조사한 사건내역, 현황조사내역, 전입세대열람 내역 등에도 차자바 임차인에 대한 언급이 전혀 없었으며 매각기일 당일에도 재확인 하였지만 전혀 없었습니다.
저로써는 주택임대차보호법 제3조에 의한 대항력을 주장하는 차자바 임차인(전입세대열람내역, 서울시 서초구 중앙로4길 444, 사건과 동일함)에 대한 사실을 알았더라면, 입찰하지 않았음이 분명하기에 차후 대출에 대한 어려움과 명도소송 등으로 인한 금전적인 피해가 불가피합니다.
부동산경매 제도를 건전하고 유익하게 활용하려 했으나, 부족한 지식으로 인해 이런 어려움을 겪게 되었고 부동산 절차상에서도 중대한 하자로 인한 문제인만큼, 다시금 헤아려 부디 매각불허가 결정을 해주시길 다시 한번 간곡히 청하옵니다.

※ 첨부서류 : 전입세대열람내역 1통

2016년 9월 12일

경락자   작은손

서울중부지방법원 경매1계 귀중

(2) 매각허가에 대한 이의신청서 작성 사례

매각허가에 대한 이의신청서

사건번호   2016타경 123455
채 권 자   나갑부
              서울 서초구 중앙로1길1004
채 무 자   문포크
              서울 동대문구 용두동 100-100(용용 APT 1동 113호)

위 사건에 관하여 다음과 같이 이의 신청합니다.

신청취지

별지목록 기재 부동산에 대한 매각은 이를 불허한다.
라는 재판을 구함.

신청이유

별지 표시.

첨부서류

1. 별지목록 1부.
2. 아파트 시세정보 및 실거래가 정보 1부.
3. 임대차 계약서 1부

2016년 9월 13일

최고가매수인   작은손 (인)
연락처(☎) 010-0123-1004

서울중부지방법원 귀중

✔ **유의사항**

신청서에는 인지를 붙일 필요가 없고, 채권자(상대방)는 특정하지 않을 수도 있으며, 법원은 이 신청에 대하여 결정을 하지 아니할 수도 있습니다.

신청취지

본 최고가매수인은 2016. 9. 7. 귀원 경매 제1계에서 진행된 입찰에서 별지 목록 기재 부동산을 낙찰을 받았고, 2016. 9. 14. 16:00 실시될 매각결정기일에서 이에 대해 결정을 기다리고 있습니다. 그러나 본 부동산을 낙찰 받았음에도 불구하고, 이번 매각에는 여러 가지로 중대한 하자가 있다고 생각하는 바, 신청인은 본 매각허가에 대한 이의신청을 하게 되었습니다.

1. 매각절차와 매각물건명세서에 대한 중대한 하자
2016타경123455 사건과 관련하여 2016. 9. 7. 매각기일의 실시와 관련하여 매각기일 공고 내용을 살펴보면, "임대차관계 : 물건명세서와 같음"이라고 기재되어 있었고, 매각물건명세서에는 "임대차기간과 보증금, 차임 등에 대해 미상"으로 기재되어 있었습니다. 그러나 본 신청인이 최고가매수인이 되어, 이해관계인의 지위에서 경매사건을 열람한 결과 2016. 8. 28.자 채권자의 보정서 제출에 따라 부동산에 대한 임차보증금과 관련된 자료가 제출되었던 바, 법원으로서는 해당 임차보증금액 내용을 매각기일 공고 내용에 기재해야 됨에도 불구하고 이를 누락한 것 점은 민사집행법 121조 제5항, 제6에 의거 매각물건명세서의 중대한 흠과 중대한 권리관계가 변동된 사실에 대해 밝혀진 때에 해당되어 매각을 불허해야 됩니다.

또한 매각물건 명세서에도 임대차 관계와 관련하여 추상적인 기재가 되어 있었고, 임차인이 채권자가 선순위로 전입신고 했음에도 불구하고 현장조사시 소유자와의 친인척 관계라고 말하는 등 애매하게 말을 전해 가장임차인이라 생각했습니다. 또한 ○○은행의 근저당권 채권최고액이 6억원이나 되어 있었기 때문에, 누가 봐도 선순위임차인이 있는 부동산에 이런 대출 자체가 거의 불가하기 때문에 더욱더 확신했습니다. 그러하기 때문에 신청인으로서는 채권자에 선행하는 선순위 임차인이라 하더라도 그 임차보증금이 2억원 까지는 생각할 수 없었습니다. ○○은행의 보정서의 내용에는 임차신고인에 대한 재공고요청이 분명히 있었음에도 불구하고 법원에서 제공하는 어떠한 자료에도 그 내용은 기재되지 않았습니다. 참고로 그 내용은 "대항력 있는 임차인이 권리신고를 하지 않아 제3자가 인수해야 할 임차금액을 알 수 없으므로, 대출취급시 받은 임대차(보증금 2억원) 계약서를 첨부하여 임차신고서를 제출하오니 다시 공고하여 주실 것을 정중히 부탁드립니다."라고 되어 있습니다.

신청취지

2. 감정평가 및 최저매각가격 결정에 있어서 중대한 하자
 ○○감정평가사 사무소에서 산정한 감정평가액은 실제 본 부동산의 거래 시세와도 상당한 차이를 보입니다. 국토교통부 실거래가 신고 사이트에서 2015. 2분기부터 2016. 1분기까지 동 아파트 동 평형(유사 층수)에 따른 아파트 실거래가를 비교해 본 결과, 6억 4000만원에 불과했습니다. 또한 KB은행의 아파트 시세에도 유사한 물건을 검색한 결과, 평균 6억 6000만원 정도에 불과했습니다. 그럼에도 불구하고 최초감정가를 7억원으로 책정했다는 것은 일반입찰자가 상당히 혼란을 일으킬 수 있는 내용입니다. 감정평가서의 유사물건의 비교한 내용은 2016년에 매매된 특정 아파트의 가격만을 책정한 것으로써, 최소 1년간의 시세자료를 분석하는 등의 여러 검토가 있었어야 했습니다. 현재 부동산 시세는 6억5천만에 불과하며, 주변 부동산중개업소의 상담결과도 7억원의 매매는 쉽지 않다는 게 대다수의 의견입니다.

 또한 감정평가서에는 내부조사를 진행하지 못했습니다. 물론 아파트의 경우 일반적인 시세가 있겠지만, 동 아파트의 경우 18년 이상 되어 개별아파트마다 관리에 따라 현저한 차이를 보이는 봐, 감정평가인은 이에 대해 좀 더 신중을 기해야 했습니다. 본 신청인이 최고가매수인이 되어, 아파트 임차인과 대면하는 과정에서 아파트 내부를 살펴본 봐, 아파트 내부 벽체와 베란다 벽체에 일부 갈라짐, 결로 등에 의해 물이 새는 등 이를 위한 하자비용이 상당히 발생할 것으로 예상되기 때문에 확인을 거치지 아니하고 한 감정은 재감정이 필요할 것으로 사료됩니다. 임차인의 말에 의하면 감정평가사가 방문한 적은 모른다고 하는 점과 감정평가서의 내용에 의하면 현장방문에서의 현장사진이 미비하고 그 내용을 보았을 때 1회만 간소하게 조사된 것으로 보이는 점 등을 감안했을 때 감정평가조사에 대한 신뢰에 의심이 갈 수 밖에 없습니다.

3. 결 론
 이러한 사정을 보았을 때, 본 부동산에 대하여는 2016. 9. 7. 매각이 되었음에도 불구하고 여러 가지 중대한 하자를 검토하여 최종적으로 매각을 불허하는 결정을 해주시길 다시금 부탁드립니다.

05 즉시항고

매각기일로부터 7일이 지나 매각허가결정이 나버리면 즉시항고를 신청해야 하는데 즉시항고를 하기 위해서도 매각허가에 대한 이의신청사유와 같은 사유가 있거나 그 결정에 중대한 잘못이 있는 경우에만 할 수 있고 매각대금의 10%에 해당되는 항고보증금이 필요하다. 항고를 제기할 수 있는 자는 매각허부결정에 따라 손해를 볼 수 있는 이해관계인으로, 최고가매수신고인도 즉시항고가 가능하며 이때는 본인에게 매각을 허가해 달라는 것으로 제한된다.

즉시항고는 매각허가 또는 매각불허가 결정을 선고한 날로부터 1주일 이내에 항고장을 집행법원에 제출해야 하는데 이 기간이 지나면 각하될 수 있다. 즉시항고는 신청했는데, 시간상 항고 이유 없이 항고장만 작성해서 제출했다면 10일안에 항고이유서도 제출해야 한다.

즉시항고가 받아들여지면 확정증명원을 발급받아 집행법원에 제출하면 항고보증금을 돌려받을 수 있지만, 소유자나 채무자의 항고가 받아들여지지 않으면 매각대금의 10%에 해당하는 항고보증금은 몰수되어 경매사건의 배당금으로 편입된다. 다만 다른 이해관계인들의 항고가 받아들여지지 않으면 매각대금에서 지연이자를 제외하고 돌려받을 수 있다. 또한 경매가 취하되거나 매각절차가 취소된 때에는 항고인은 반환받지 못한 항고보증금을 돌려받을 수 있다.

항고장 작성에는 민사집행법 제15조 제4항에 의거 그 사유가 법령위반인 경우 그 법령의 조항 또는 내용과 법령에 위반되는 사유를 적어야 하고, 사실의 오인인 경우 그 오인에 관계되는 사실을 구체적으로 밝혀야 한다. 항고 이유가 이 사유에 위반되거나, 항고가 부적합하고 보정할 수 없는 경우에는 즉시항고는 각하된다. 항고법원은 항고장에 적힌 이유에 대해서만 조사하는데 원심재판에 영향을 미칠 수 있는 내용이 있다면 직권으로 조사하게 된다. 항고심이 집행법원의 결정이 취소되면 매각허가에 대한 결정은 항고법원이 아닌 원심법원하게 되고,

항고인이 항고를 취하하거나 항고법원에서 기각된다면 집행법원의 원심대로 진행된다.

즉시항고장을 작성하는 방법

즉시 항고장

사　　건　　2016 타경123457 호 부동산임의경매
항고인(채무자)　　노머니 (서울 서초구 중앙로4길 444)

위 사건에 관하여 귀원이 2016년 9월 14일에 한 결정은 2016년 9월 20일에 그 송달을 받았으나, 전부 불복이므로 항고를 제기합니다.

원결정의 표시

매수인 : 작은손　　　매각가격 : 770,000,000원
별지 기재 부동산에 대해 최고가로 매수신고한 사람에게 매각을 허가한다.

항고취지

1. 원결정을 취소하고 다시 상당한 재판을 구함.
2. 부동산 임의경매 절차를 취소한다.

항고이유

1. 부동산 임의경매에서는 근저당권 원인무효에 의한 실체상의 사유가 경매취소의 원인으로 주장할 수 있다는 것이 판례이다.
2. 이 사건 경매신청의 기초가 된 근저당권 설정등기가 원인무효로 된 만큼 근저당 채무가 소멸되었기에 원심법원의 매각허가 결정의 취소와 더불어 경락의 불허 및 이 사건의 경매절차를 취소 해야한다.

첨부서류

1. 근저당권 설정등기 말소청구소송 판결문　　1부.
1. 송달증명서　　　　　　　　　　　　　　　1부.
1. 송달료 납부서　　　　　　　　　　　　　　1부.

2016년 9월 21일
위 항고인　노머니　(인)
연락처(☎)　010-0987-6543
서울중부지방법원 귀중

✔ 유의사항

1) 이해관계인은 매각허부여부의 결정에 따라 손해를 볼 경우에만 그 결정에 대하여 즉시항고를 할 수 있고 매각허가에 정당한 이유가 없거나 결정에 적은 것 외의 조건으로 허가하여야 한다고 주장하는 매수인 또는 매각허가를 주장하는 매수신고인도 즉시항고를 할 수 있습니다.
2) 매각허가결정에 대한 항고는 민사집행법에 규정한 매각허가에 대한 이의신청 사유가 있다거나, 그 결정절차에 중대한 잘못이 있다는 것을 이유로 드는 때에만 할 수 있습니다.
3) 매각허가결정에 대하여 항고를 하고자 하는 사람은 보증으로 매각대금의 10분의 1에 해당하는 금전 또는 법원이 인정한 유가증권을 공탁하여야 합니다.

06 경매 취소

　최고가매수인이 되었다 해도, 낙찰 후 소유권이전까지 여러 변수가 생길 수 있기 때문에 진행상황을 지켜봐야 한다. 예로 채무자가 채권자에게 채무의 변제의사를 확약한 후, 이를 변제하는 실행절차를 거치는 과정에서 경매 취하를 요청하는 경우가 있다. 물론 매수인이 있다면 매수인의 동의가 필요한데, 채무자의 입장에서 보면 동의가 없으면 결국 소송까지 가야되기 때문에 적절한 보상이 이루어진다면 동의를 해주어도 될 것이다. 또한 매수인의 동의여부와 상관없이 채무변제 후 청구이의의 소를 제기하여 경매 자체를 취소시키는 경우도 있다. 매수인이 입찰을 잘못하였을 때 불허가신청을 하다가 받아들이지 않는 경우, 취소를 통해 보증금을 돌려받는 경우도 있다.

　경매취소는 매수인이 잔대금을 납부하기 전까지 할 수 있다. 강제경매의 경우에도 임의경매의 경우와 마찬가지로 경락인은 경락대금을 완납한 때에 경매부동산에 대한 소유권을 취득하는 것이다. 경매절차에서 매각허가결정이 된 후라도 매수인이 매각대금을 납부하기 전까지는 경매법원은 경매절차의 일시정지를 명하는 결정정본이 제출된 경우 필요적으로 경매절차의 진행을 정지하여야 하고, 강제집행을 허가하지 아니한다는 취지의 집행력 있는 판결정본이 제출된 경우에는 이미 실시한 집행처분을 취소하고 경매개시결정도 취소하게 된다.

　채무의 변제 등의 실체상 사유는 강제경매의 경우 경매개시결정에 대한 이의사유가 되지 못하기 때문에 경매개시결정에 대한 이의로는 경매절차의 정지나 취소를 할 수 없다. 소제기증명원을 첨부하여 집행정지신청을 해야 하는데, 수소법원으로부터 강제집행정지결정문을 받아 경매법원에 결정문을 제출한 뒤 경매절차를 정지시킨다. 소를 제기했다는 사실만으론 경매정지의 사유가 되지 못하기 때문에 확정판결을 기다리는 동안 경매절차가 진행되는 것을 막기 위해서 반드시 강제집행정지결정문을 경매법원에 제출해야 한다. 청구 이의의 소를 맡은 법원과 경매법원은 재판부가 달라 청구이의의 소를 제기하고 소제기 후 경매법원에 별도로 집행정지신청을 해야 한다. 청구이의의 소송에서 승소판결을 받았다면 확정판결문을 경매법원에 제출한다. 법원이 직권으로 등기소에 경매개시결정기입등기의 말소를 촉탁하게 되고 등기가 말소됨으로서 경매는 취소가 된다.

(1) 경매 취하서

경매취하서

사건번호 2016타경123456호
채권자 공룡 주식회사(대표자 : 다이노)
채무자 주식회사 개구리(대표자 : 구루기)

위 사건의 채권자는 채무자로부터 채권전액을 변제(또는 합의가 되었으므로)받았으므로 별지목록기재 부동산에 대한 경매신청을 취하합니다.

첨부서류

1. 취하서부본(소유자와 같은 수) 1통
1. 등록세 영수필확인서(경매기입등기말소등기용) 1통

2016년 9월 13일
채권자   공룡 주식회사 (인)
연락처(☎) 010-0123-4567

서울중부지방법원 귀중

(최고가 매수신고인 또는 낙찰인의 동의를 표시하는 경우)
위 경매신청취하에 동의함.

2016년 9월 13일
동의자(최고가 매수신고인 또는 낙찰인) 작은손 (인)
연락처(☎) 010-0123-1004

서울중부지방법원 귀중

✔ **유의사항**

1) 경매신청은 매수인의 대금납부까지 취하할 수 있는 바, 경매신청취하로 압류효력은 소멸하나 매수신고 후 경매 신청을 취하하려면 최고가매수신고인(차순위매수신고인 포함)의 동의가 있어야 합니다.
2) 동의를 요하는 경우에는 동의서를 작성하여 취하서에 첨부하거나 또는 취하서 말미에 동의의 뜻을 표시하고 본인이 아닌 경우에는 인감증명을 첨부 하여야합니다.

(2) 경매취하 동의서

경 매 취 하 동 의 서

사건번호   2016타경123456
채 권 자   공룡 주식회사(대표자 : 다이노)
채 무 자   주식회사 개구리(대표자 : 구루기)
소 유 자   주식회사 개구리(대표자 : 구루기)

위 사건에 관하여 매수인은 채권자가 위 경매신청을 취하하는데 대하여 동의합니다.

첨부서류

1. 매수인 인감증명 1부

2016년 9월 13일

매수인   주식회사 개구리   (인)
연락처(☎)   010-0123-1004

서울중부지방법원 귀중

(3) 매각허가결정의 취소 신청

매각허가결정의 취소신청

매 수 인   작은손 (서울시 성동구 둘레길 1004)
채 권 자   나갑부 (서울 서초구 중앙로1길 1004)
채 무 자   노머니 (서울 서초구 중앙로4길 444)

위 당사자간의 귀원 2016타경 123458호 부동산 임의경매사건에 관하여, 매수인은 2016. 9. 7.매각기일에 있어서 별지목록 기재 부동산에 대하여 금 65,430,000원에 최고가매수신고를 하여 같은 해 2016. 9. 14. 매각허가결정이 선고 되었다.
그러나 본 매각부동산은 매수인이 입찰하기 전인 2016. 8. 28.에 이미 홍수(천재지변)로 인하여 토지의 일부가 유실되었지만 이를 간과하여 매각허가결정이 이루어져 이는 매각을 허가하지 아니할 사유에 해당한다 할 것이므로 이 건의 매각허가결정을 취소해 달라고자 본 신청을 하게 되었습니다.

첨부서류

1. 매각허가결정정본   1통
1. 토지유실증명서   1통
1. 사진   1통
1. 목록   1통

2016. 9. 13.

위 매수인   작은손

서울중부지방법원 귀중

(4) 매각결정취소 신청서

매각결정취소 신청서

사 건 번 호   2016타경 123457 호
매 수 인   작은손
부동산 표시   별지목록표시

매수인이 매수한 위 부동산에는 아래와 같은 사유가 있으므로 위 사건에 관한 매각허가결정을 취소하여 주시기 바랍니다.

아   래

서울중부지방법원 경매계에서 진행되었던 2016타경123457 사건과 관련하여 경매를 신청했던 채권자 나갑부의 근저당 설정액 금 3억원을 2016. 9. 11자로 전부 변제하고 이를 등기부등본에서 말소하였습니다.

첨부서류 : 등기부등본 말소내역

2016. 9. 13.

매수인 작은손 (인)

서울중부지방법원 귀중

(5) 부동산경매개시결정에 대한 이의신청

부동산경매개시결정에 대한 이의신청

사　건　번　호　　2016타경123457
신청인(채무자 겸 소유자)　　노머니(서울 서초구 중앙로4길444)
피 신 청 인 (채 권 자)　　작은손(서울 성동구 둘레길 1004)

신청취지

1. 서울중부지방법원 2016년 9월 14일자로 별지목록기재 부동산에 대한 매각허가결정을 취소하고, 이 사건 경매신청을 기각한다.
라는 재판을 구합니다.

신청이유

1. 신청인이 피신청인으로부터 2012년 3월 4일 채권 최고액 금 300,000,000원의 근저당권설정계약을 체결하여 피신청인 청구금액의 금원채무를 신청인이 부담하고 있는 사실 및 위 채무불이행으로 인하여 피신청인이 경매를 신청하여 2016년 4월 13일자 경매개시결정된 사실은 인정합니다.
2. 별지목록 부동산의 경매개시결정된 후 신청인은 변제를 위하여 최선을 다하였으나, 매각허가결정 후에야 피신청인에게 원금 250,000,000원에다 2015년 9월 16일 부터 2016년 9월 15일(완제일)까지 연 15%의 지연이자 37,500,000원 및 경매비용 5,500,000원 합계금 293,000,000원정을 변제하고 위 경매신청을 취하하였습니다.
3. 그러나 매수인은 위 경매신청 취하에 동의치 않으므로 부득이 본 이의신청으로 신청취지와 같은 재판을 구합니다.

첨부서류

1. 경매취하서　　1통
1. 변제증서　　　1통

2016년 9월 16일
위 신청인　　노머니　(인)
연락처(☎) 010-0987-4444

서울중부지방법원 귀중

✔ 유의사항

1) 경매개시결정후 매수인의 동의가 없을때 사용하는 양식입니다.
2) 신청서에는 1,000원의 인지를 붙여 1통을 집행법원에 제출하고, 이의재판정본 송달료를(2회분) 납부하여야 합니다.

PART **1** 부동산 경매 바로알기

Chapter **9**

소유권이전과 세금 절세 전략

01 경락자금 대출
02 소유권이전등기 촉탁
03 부동산 세금 계산
04 인테리어 공사

01 경락자금 대출

    법원 경매에서 낙찰을 받게 되면 매각허가결정 확정 후 1개월 이내에 대금 납부해야 하는데, 이때 금융기관에서 받는 대출을 '경락자금대출'이라고 표현을 한다. 경락자금대출은 1금융권인 시중 은행과 2금융권인 저축은행 등에서 받을 수 있다. 부동산경매의 경우 특수한 경우가 아니면 모든 권리관계가 말소되고 대출한 은행 근저당권이 새로이 최우선 순위가 되기 때문에 일반대출보다 대출비율을 높게 나오게 된다. 경락자금대출은 주택과 토지, 상가, 공장 등 대부분 가능하지만 특수한 권리(법정지상권, 유치권, 지분 등)가 있다거나 선순위임차인, 분쟁의 소지가 있은 물건에서는 대출이 안되기 때문에 사전에 확인해야 봐야 한다.

    신용도는 대출가능 여부와 대출시 금리결정에 큰 영향을 미치는데 1금융권은 신용등급 7등급이하 2금융권은 8등급이하이면 대출이 어렵고, 3금융권 대출은 고금리인데다 신용도에 상당한 영향을 미치므로 피해야 한다. 대출을 위한 신용조회 기록이 빈번히 발생하고 대출건수와 대출금액이 증가하면 신용도 하락 및 대출금리가 상승될 수 있기 때문에 주의해야 한다. 경락자금대출 금리는 매각대금의 40%~80%까지 가능하며 대출기간, 거치기간, 중도상환수수료, 부가설정 등은 다양하다. 경락자금대출 필요한 서류는 통상 입찰보증금 영수증, 대금납부기일통지서, 등기사항증명서, 주민등록등본/초본, 인감증명서, 신분증 사본, 지방세/국세 완납증명서, 재직증명서 등이다.

    일반적인 경락자금대출의 경우 현실적으로 일반 시중은행보다는 경락자금을 전문으로 취급하는 법인이나 법무사 등을 통해 받으시는 게 유리하다. 보통 법원에 가시면 딜러들이 많으신데 그분들께 연락처를 알려주시면 문자가 수십 통 이상 온다. 그중에 적은 이율이나 중도상환수수료, 설정비, 법무비용 등이 적은

2~3군데를 통화하여 협의하면 된다. 그때마다 취급하는 금액이 다르기 때문에 어디가 좋다라고 말하기보다는 그 상황에 따라 대출을 받는 게 유리하다.

금융기관의 대출한도의 결정은 금융권에 따라 조금씩 다르다. 동일한 금융권이라 하더라도 거래실적 등 개인마다 차이가 있기 때문에 대출한도가 다를 수 있다. 보통 1금융권(시중 일반은행)이나 2금융권(ㅇㅇ저축은행, ㅇㅇ금고 등)에 따라 대출금액과 저당권 설정금액 등이 다르게 나온다. 신용 대출의 한도 결정은 개인신용 평점 시스템을 이용하거나, 개인의 직업 및 재산상태 등으로 짜인 직업 분류표와 기여도 등을 종합 심사하는 방법으로 이루어진다. 개인신용 평점 시스템은 기본정보(개인과 가족의 나이, 결혼여부, 부양가족수 등)이 고려되고 주거정보(주택소유여부, 소유형태, 거주년수 등), 직장정보(직장명, 근무년수 등), 소득정보(년소득, 사업소득, 이자소득 등), 재산정보(재산세, 소유 부동산 형태 등), 기타정보(예금, 신탁, 보험, 급여이체, 타 금융기관 대출 등), 신용정보(연체현황, 금융기관 정보조회수 등) 등을 바탕으로 대출을 해주고 있다.

주택, APT, 상가, 공장, 토지 등은 해당 부동산의 담보 가치에 따라 대출한도 결정된다. 이때 APT를 제외한 대부분의 부동산은 감정평가기관에 의뢰하며, 산정된 평가금액에서 선순위 채권관계, 임차관계 등을 제외하고 금융기관에서 정한 대출 가능 비율을 곱하여 한도가 결정된다. 대출로 인한 피해를 면하기 위해서는 서류 작성시 본인이 직접 작성하는 것이 좋다. 대출 담당자로부터 여신거래 기본약관과 대출약정서의 주요내용을 설명 받고, 서류에 날인해야 하는 도장은 직접 찍고 사본을 요구하여 잘 보관하고 있어야 한다. 대출거래조건도 꼼꼼히 확인해야 한다. 대출금리가 변동금리인지, 고정금리인지의 여부와 이자율을 확인해야 하고, 지연이자와 연체이자를 봐야 한다. 상환방법도 원리금균등상환, 원금균등상환 등을 구분해서 비교해 보고, 대출기간도 거치기간이 얼마나 있는지를 봐야 한다. 또한 원금과 이자의 납입일자와, 납입방법, 납입형태를 확인하고, 취급수수료와 중도상환수수료 등을 확인해야 한다.

법무비용 청구서

사건명	2016-123450	낙찰자	작은손	낙찰금액	175,090,000
해당은행	새마을금고	진행일	9월 7일	대출금액	128,000,000
전화번호	010-0123-4567	매각지급일	10월 20일	채권최고액	166,400,000
물건주소	서울 강북구 강북대로 0123 초록빌라 101호			보증금액	14,720,000
				연체료	-
				잔금	160,370,000

					대출외준비금액	32,370,000
공과금	취등록면허세	1,951,190		9,000		
				1,800	공과금+보수액	2,986,204
					법원등기소 송달료(급행비)	210,000
					세대열람	50,000
	증,인지대	15,000		9,000	은행비용	209,500
	채권	0	96,770			
	제증명	60,000				
	원인증서	60,000			총계	35,825,704
	제출대행/납부	90,000				
보수액	기본료	300,000		60,000	원활한 진행을 위해 진행일 전날 오후4시까지 입금하시고 전화주세요. 세대열람은 대출실행 당일 오전 일찍 고객님께서 직접해 주시면 비용이 차감됩니다. 진한은행 예금주 : 법무법인니즈 123-45-67890	
	누진료	134,040				
	교통비및여비	150,000				
부가세		43,404		6,000	법무법인 니즈 대표변호사 양조위	
합계		2,803,634	96,770	85,800		
총계				2,986,204	T:02-0611-9000 F:02-0611-9001	

02 소유권이전등기 촉탁신청

경매가 매각되면 소유권이전등기를 촉탁 신청을 해야 한다. 촉탁은 등기소에 직접 서류를 내는 것이 아니라 법원이 대신하여 등기 업무를 해준다는 의미이다. 소유권이전 서류를 등기소에 제출하지 않고 법원에 제출하며, 단독행위로써 매도자의 서류가 없이 등기가 이루어지며 절차는 최고가매수인 선정(매각) - 잔금지급 - 소유권이전등기 촉탁 순으로 이루어진다. 만약 대출을 받아 잔금을 납부할 때에는 법무사에서 소유권 이전에 필요한 모든 진행을 대신하므로 크게 신경 쓰지않아도 되지만 직접 등기를 신청하려면 준비할 것도 많고, 잔금 납부일에 부지런히 움직여야 한다. 대출시 별도로 법무비용을 청구하게 되는데 일반적인 주택의경우 100~150만원 내외로 요구한다.

소유권이전등기 촉탁의 필요한 서류에는 매각대금완납증명서, 취득세 영수증, 말소등록세 영수증, 말소목록, 부동산의 표시, 국민주택채권 매입필증, 소유권이전 촉탁 신청서, 수입인지, 증지, 송달료, 우편료, 건축물대장, 토지대장, 부동산 등기사항증명서, 주민등록등본 등이다. 부동산의 표시에는 1동의 건물의 표시와 건물내역, 전유부분 건물의 표시, 대지권의 목적인 토지의 표시 등이 나타나야 한다. 소유권이전촉탁신청을 순서별로 보면 다음과 같다

⑴ 최고가매수인 매각 영수증을 잘 보관하고 있어야 한다. → 대금납부시 제출

⑵ 법원에서 대금지급기한 통지서가 발송되면 이를 수취하여 매각대금이 준비되면 법원 담당 경매계에 찾아가면 법원주사가 법원보관금 납부명령서를 주는데, 나머지 잔금을 법원에 있는 은행에 가서 납부하면 된다.

⑶ 납부하면 은행에서 법원보관금 영수증서를 주는데, 이를 가지고 법원주사에게 가서 주면 매각대금완납증명 신청서를 쓰라고 한다. 이 신청서를 작성하여

경매접수창구에 가면 매각대금완납증명원을 발행해 준다.
  ※ 매각대금완납증명원이 있어야 관할 시군구청에서 세금을 납부할 수 있다.
  ※ 부득이하게, 납부기일을 지나서 납입하게 될 때에는 별도로 매각대금 납입 신청서를 작성하여 잔대금과 지연이자까지 납부해야 한다.

부동산 소유권이전등기 촉탁신청서는 법원별로 상이하다. 법원에 따라 별도의 세액계산 목록 등의 자료를 요구하는 곳도 있다. 최고가매수인이 되면 사전에 법원에 있는 각종 양식을 챙겨두어 나중에 활용하는 게 편하다.

(4) 소유권이전등기 촉탁을 위해서는 먼저 세금(취득세, 말소등록세 등)을 내야 한다. 취등록세는 부동산소재 관할 시군구청에 가서 세무과나 등록세과로 찾아가 매각대금완납증명서를 보여주고 세금을 납부하러 왔다고 하면 부동산취득세 신고서와 등록면허세 신고서를 준다. 취득세는 낙찰 매각금액이 되고 말소등록세는 본인이 얼마짜리 또는 건수를 얘기하면 금액을 작성하여 납부통지서를 발행해 준다. 이를 시군구청에 있는 은행에 납부하면 되고, 영수증을 보관하여 촉탁 신청시 제출해야 한다.

(5) 여기에 등기신청수수료와 국민주택채권 매입비용도 납부해야 한다. 등기신청수수료는 소유권이전등기 15,000원(토지, 건물 각각)과 말소등기 건당 3,000원을 합산한 금액을 은행에 납부하면 영수증을 발행해 준다. 국민주택채권은 은행에 가서 주택의 시가에 맞게 요율대로 구입하면 되는데, 바로 할인하여 비율대로 공제하고 할인된 금액만 내면 된다. 국민주택채권매입대상 및 금액표를 참고하여 은행에 채권매입금액을 알려주면 된다.

(6) 말소목록에는 등기사항증명서에 기록된 말소할 권리들을 갑구, 을구로 구분하여 시간 순으로 기록하면 되는데 소유권 보존, 소유권 이전 등은 말소하는 권리가 아니다. 말소권리에 개수에 따라 등록면허세와 등기신청수수료에 차이가 나는데 등기명의인 표시 변경 등의 부기등기의 경우 주등기에 종속되므로 별도의 비용을 납부하지 않아도 된다.

(7) 이제 법원에서 요구하는 편철 순서대로 부동산목록, 등본, 영수증, 말소할 사항 등을 정리하여 제출하면 된다. 제출시 우편으로 등기필증을 받고 싶으면 우표 3회분을 같이 제출하고 요청하면 된다. 이후 수일이 지나면 우편 등기로 등기필정보 및 등기완료통지서를 받을 수 있게 된다.

(1) 입찰보증금 영수증

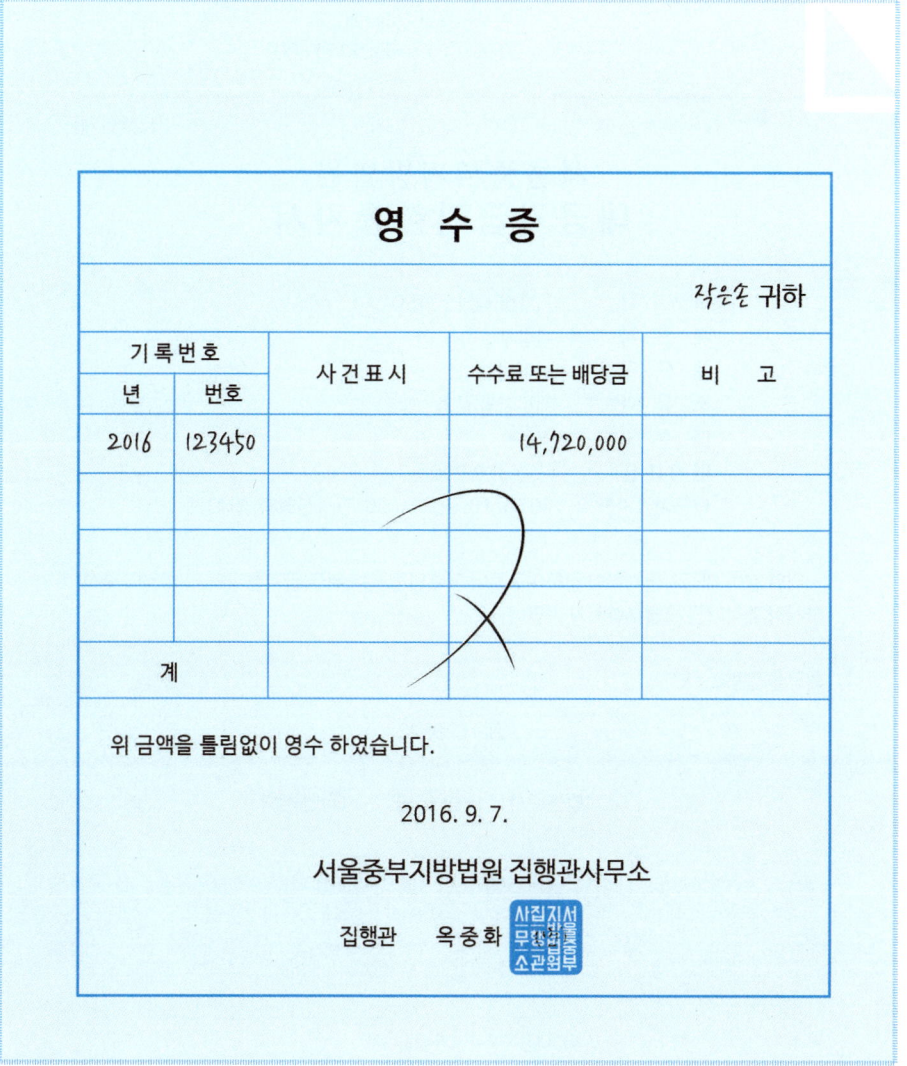

(2) 대금지급기한 통지서

서울중부지방법원 　　　서울시 성동구 둘레길 1004
　　　　　　　　　　　　작은손

||||||||| 06601
(민사신청과 경매1계)
2016-001-00001111-001

[경매1계]

서울중부지방법원
대금지급기한통지서

　　사　　　건　　2016타경123450
　　채 권 자　　나갑부
　　채 무 자　　노머니
　　소 유 자　　채무자와 같음
　　매 수 인　　작은손
　　매 각 대 금　　160,370,000원
　　대금지급기한　　2016. 10. 20. 16:00. 민사신청과 경매1계

위와 같이 대금지급기한이 정하여졌으니 매수인께서는 위 지급기한까지 이 법원에 출석하시어 매각대금을 납부하시기 바랍니다.

해당물건번호 : 1

2016. 9. 22.

법원주사　　손 오 공　　(직인 생략)

주의 1. 사건진행 ARS는 지역번호 없이 1588-9100 입니다. 바로 청취하기 위해서는 안내 음성에 관계없이 '1'+'9'+[열람번호 000213 **** 013 *****]+'*'를 누르세요.

법원 소재지	
전 화[장 소]	

⦿ 주차시설이 협소하오니 대중교통을 이용하여 주시기 바랍니다.

(3) 법원보관금 납부 명령서

법원보관급 납부명령서

법원코드	과코드	재판부번호
1234567		1004

사건번호	2016타경123450		물건번호	1
납부금액	금 160,370,000원			
보관금 종류	매각대금			
납부기한	2016. 10. 20.			
납부자	성 명	작은손	전화	02-0123-1004
	주민등록번호 (사업자등록번호)	760907-1234567	우편번호	-
	주 소	서울시 성동구 둘레길 1004		
대리인	성 명		전화	
	주민등록번호 (사업자등록번호)		우편번호	
	주 소			

위의 보관금을 납부하시기 바랍니다.

2016. 10. 19.

서울중부지방법원

사법보좌관   홍 길 동

※ 법원보관금 납부시 실명확인을 위하여 필요하오니 주민등록증을 지참하시기 바랍니다.

(4) 법원보관금 영수증

법원보관금 영수증서 (납부자용)

납부당사자 사용란	법원명	서울중부지방법원	전표취급자	
	사건번호	2016-123450	물건번호	
	납부금액		보관금 종류	매각대금
	납부당사자	작은손	주민등록번호 (사업자등록번호)	760907-1234567
	주소	서울시 성동구 둘레길 1004		
	잔액환급 계좌번호	은행	지점	예금주
		계좌번호 (납부당사자 계좌)		실명확인 (인)

위의 금액을 영수합니다.

2016. 10. 19.

진한은행 중부지점

(5) 매각대금완납증명 신청서

매각대금완납증명 신청서

인지 500원
(붙임)

사　　건　　2016타경123450
채 권 자　　나갑부(담당자 : 일만해)
채 무 자　　노머니
소 유 자　　채무자와 같음

위 사건에 관하여 다음 사항을 증명하여 주시기 바랍니다.

-다　　음-

매 수 인　　작은손
매 각 대 금　　175,090,000
매각대금 완납일　　2016년 10월 19일
매각물건의 표시　　별지기재 부동산표시와 같음

2016. 10. 19.

신청인 :　　작은손　(날인 또는 서명)
연락처 :　　010-0123-1004

(6) 매각대금완납 증명원

매각대금완납증명원

사 건   2016타경123450
채 권 자   나갑부
채 무 자   노머니
소 유 자   채무자와 같음

위 사건에 관하여 다음 사항을 증명합니다.

-다   음-

매 수 인   작은손
매 각 대 금   175,090,000
매각대금 완납일   2016년 10월 19일
매각물건의 표시   별지기재 부동산표시와 같음

2016. 10. 19.

서울중부지방법원

법원주사   손 오 공

(7) 매각대금 납입 신청서

매각 대금 납입 신청서

사건번호   2016타경 1234570호
채 권 자   나갑부
채 무 자   노머니
소 유 자   노머니
매 수 인   작은손

위 사건에 관하여 매수인은 2016년 10월 20일에 대금지급기일 지정을 받았으나 사정에 의하여 지정일에 납입하지 못하였으므로 다음과 같이 매수잔대금, 지연이자 및 진행된 경매절차의 비용을 합산하여 대급납입을 신청합니다.

매수금액 : ₩ 175,090,000원
보 증 금 : ₩ 14,720,000원
잔 대 금 : ₩ 160,370,000원
지연이자 : (잔금대금×경과일수(10일)/365×15%)

2016년 10월 30일

매수인   작은손 (인)
연락처(☎)   010-0123-1004

서울중부지방법원 귀중

(8) 소유권이전등기 신청서 작성과 제출서류, 그리고 소요되는 비용 계산

부동산소유권이전등기 촉탁신청서(1)

사건번호 　　　　타경　　　부동산강제(임의)경매
채 권 자
채 무 자(소유자)
매수인

위 사건에 관하여 매수인　　　는(은) 귀원으로부터 매각허가결정을 받고　　　년 월 일 대금전액을 완납하였으므로 별지목록기재 부동산에 대하여 소유권이전 및 말소등기를 촉탁하여 주시기 바랍니다.

첨부서류

1. 부동산목록　　　　　　　　　4통
1. 부동산등기사항전부증명서　　1통
1. 토지대장등본　　　　　　　　1통
1. 건축물대장등본　　　　　　　1통
1. 주민등록등본　　　　　　　　1통
1. 취득세 영수증(이전)
1. 등록면허세 영수증(말소)
1. 대법원수입증지-이전 15,000원, 말소 1건당 3,000원(토지, 건물 각각임)
1. 말소할 사항(말소할 각 등기를 특정할 수 있도록 접수일자와 접수번호) 4부

　　　　　　　　　　　　　년 월 일

　　　신청인(매수인)　　　　　　(인)
　　　연락처(☎)

　　　　　　　○○지방법원 귀중

✔ **유의사항**

1. 법인등기사항증명서, 주민등록등(초)본, 토지대장 및 건물대장등본은 발행일로부터 3월 이내의 것이어야 함
2. 등록세 영수필확인서 및 통지서에 기재된 토지의 시가표준액 및 건물의 과세표준액이 각 500만원 이상일 때에는 국민주택채권을 매입하고 그 주택채권발행번호를 기재하여야 함

소유권 이전 등기 촉탁신청서(2)

사 건 번 호   20   타경   부동산강제(임의)경매
채 권 자
채무자(소유자)
매 수 인

위 사건에 관하여 매수인 _____ 는 귀원으로부터 매각허가결정을 받고 _____년 _월 _일 대금전액을 납부하였으므로 별지목록기재 부동산에 대하여 소유권이전 및 말소등기를 촉탁하여 주시기 바랍니다.

첨부서류

1. 부동산등기부등본 1통 (▶청사내 등기계에서 발급)
1. 토지대장등본   1통 (▶물건소재지 시·군청에서 발급)
1. 건축물관리대장등본 1통 (▶물건소재지 시·군청에서 발급)
1. 매각허가결정정본 1통
1. 주민등록등본(법인인 경우 법인등기부등본) 1통
   (매각기일 후 주소변경이 있으면 초본제출요)
1. 이전등록세 영수증(▶물건소재지 시·군청에서 발급)
   말소등록세 영수증(▶물건소재지 시·군청에서 발급)
1. 등기신청수수료 : 이전 15,000원, 말소 1건당 3,000원(토지, 건물 각각임)
1. 국민주택권 :
   등록세 영수증에 나타난 시가표준액을 기준으로 매입
1. 말소할 목록 4부
1. 부동산 목록 4부
1. 우표 - 3회분(3,700원×3), ○○의 경우 1회분(3,700원)

            201 . . .

        위 신청인(매수인)   (인)
        (주소 :   )
        (전화 :   )

        ○○지방법원 ○○지원 경매계 귀중

세액계산 목록

구 분	금 액	비 고
1. 취득세	1,750,900원	
2. 농어촌 특별세	0원	
3. 지방교육세	175,090원	
소 계	1,925,990원	
4. 등록면허세	21,000원	
5. 지방교육세	4,200원	
소 계	25,200원	
합 계 (1~5)	1,951,190원	
6. 등기신청수수료	35,000원	
7. 국민채권매입금	1,670,000원	
채권번호	2692-10****	
※ 시가표준액 계산	88,000,000×19/1000=1,672,000원 (만원절삭, 1,670,000원)	

※ 국민주택채권매입대상
  주택 : (취득세 영수증 시가합계기준)
  서울 5천만원~1억원 미만 : 시가표준액 19/1,000 적용

부동산취득세 신고서

☐ 기한내 신고　☐ 기한후 신고

관리번호	접수일자	처리기간

납부의무자	구분	성명(법인명)	주민(법인)번호	전화번호	주소
	취득자(신고인)				
	전소유자				

취득물건내역

소재지	서울특별시　　구　　동　　번지　　호　　아파트(빌라)　　동　　호

취득물건	취득일자	면적(㎡)	종류(지목)	용도	취득원인	취득가액
토 지						
건 물						
계						

산출내역

세목	과세표준액	세율	산출세액①	감면세액②	기납부세액③	가산세			신고세액합계 (①-②-③+④)
						신고불성실	납부불성실	계④	
합계									
취득세등	취득세신고세액								
	지방교육세								
	농어촌특별세 부과분								
	농어촌특별세 감면분								

첨부서류	1. 취득가액 등 증명할 수 있는 서류(매매계약서, 잔금영수증, 법인장부 등) 사본 각 1부 2. 취득세 감면신청서 1부　3. 취득세 비과세 확인서 1부　4. 기납부세액 영수증 사본 1부 5. 위임장 1부(대리인만 해당됩니다.)

「지방세법」제20조제1항, 제20조의2, 제152조의1 및 같은 법 시행령 제33조제1항, 제33조제1항, 제33조의2「농어촌특별세법」제7조의 규정에 의하여 위와 같이 신고합니다.

　　　　　　　　　　　　년　　월　　일
　　　　　　신고인　　　　　　　(서명 또는 인)
　　　　　　대리인　　　　　　　(서명 또는 인)

서울특별시 ○○구청장 귀하

위 임 장

【위 신고인 본인은 위임받는 사람에게 부동산 취득세 신고에 관한 일체의 권리와 의무를 위임합니다】
　　　　　　　　　　　　위임자(신고인)　　　　　(서명 또는 인)

위임받는자	성명		위임자와의 관계	
	주민등록번호		전화번호	
	주소			

※ 위임장은 별도 서식 사용 가능합니다.

관리번호	

등록에 대한 등록면허세 신고서

신고인	성명 (법인명)	주민등록번호 (법인등록번호)	주 소(영업소)	전화번호

등기·등록 물건내역

과세물건 소 재 지 (기재요망)	

등기·등록종류	등기·등록가액	등기세율	산출세액			
			등록면허세	지방교육세	농어촌특별세	합 계

「지방세법」 제30조 및 같은 법 시행령 제48조제3항에 따라 위와 같이 신고합니다.

년 월 일

신고인   (서명 또는 인)
대리인   (서명 또는 인)

	지납담당	담 당	담당주사	과 장	결재
○○**구청장** 귀하					

위 임 장

위 신고인 본인은 위임받는 사람에게 등록에 대한 등록면허세 신고에 관한 모든 권리와 의무를 위임합니다.

위임자(신고인)   (서명 또는인)

위 임 받는사람	성명		주민등록번호		위임자와의 관계	
	주소			전화번호		

※ 위임장은 별도 서식을 사용할 수 있습니다.

취득세 부동산 영수필확인서 (전액)

등기소 보관용 ○○구 | 130

납세자주소						
물건원인						
납세번호	기관번호 1306105	세목 10101501	납세년월기 2016063	과세번호 0000038		
과세표준액	175,090,000	세율 10/1000		토지시가표준액 :	0	
세 목	납부세액	납부할 세액합계		건물시가표준액 :	0	
취 득 액				주택가격 :	88,000,000	
지방교육세	175,090	1,925,990				
농어촌특별세	0	신고납부기한		시가합계 :	88,000,000	
합계세액	1,925,990	2016. 12. 18 까지				

위 금액을 영수하였음을 통지합니다.

2016년 10월 19일 수납인

등록면허세(등록) 영수필확인서

등기소 보관용 ○○구 | 130

납세자주소						
물건원인						
납세번호	기관번호 1306105	세목 10101501	납세년월기 2016063	과세번호 0000038		
과세표준액	0	세율 3000(원)		토지시가표준액 :	0	
세 목	납부세액	납부할 세액합계		건물시가표준액 :	0	
취 득 액	21,000			주택가격 :	0	
지방교육세	4,200	25,200 원				
농어촌특별세	0	신고납부기한		시가합계 :	0	
합계세액	25,200	까지				

위 금액을 영수하였음을 통지합니다.

2016년 10월 19일 수납인

등기신청수수료의 현금영수증 (고객보관용)

등기소코드	기번	조직	수납일	수납점	수납액	법원별	수납번호
등기소명							

등기소명	○○등기소	관서계좌	
금 액	삼만오천원	숫자금액	₩ 35,000
납부의무자 성명(명칭)	작은손	주민등록번호 (사업자등록번호)	760907-1234567
납부의무자 주소(소재지)	서울시 성동구 둘레길 1004		
등기유형			

위와 같이 등기신청수수료를 현금으로 영수합니다.

2016년 10월 19일

납부자 작은손 (서명 또는 날인) 수납인

국민주택채권매입대상 및 금액표

공용 영수증	진한은행	

국민주택1종채권매출(매입확인서)

성 명		귀하	거래일시	
계좌번호			적 요	

채권발행번호 : 2692-10****		채권매입금액 :	1,670,000
구 분 : 즉시매도		개좌입고액 :	0
매 출 일 : 2016. 10. 19.		본인부담액 :	96,770
발 행 일 : 2016. 10. 19.		선급이자 :	3,700
매 입 용 도 : 부동산등기		이자소득세 :	510
청 구 기 관 : 법원등기소		지방소득세 :	50
주민사업자번호 : 760907-1234567		매도금액 :	1,574,810
등기용등록번호 : 760907-1234567		매도수수료 :	4,720
만 기 일 : 2021. 10. 18.		발행이율 :	3.00%
증 권 사 :			

◆ 상기 내용을 확인하여 주시기 바랍니다. 항상 저희 은행을 이용해주셔서 감사합니다.

진한은행　　지점(☎ 02-0111-1010)　담당자명 : _____

【국민주택채권매입대상 및 금액표】

매입대상	매입금액
1. 부동산등기 (등기하고자 하는 부동산이 공유물인 때에는 공유지분율에 따라 산정한 시가 표준액을, 공동주택인 경우에는 세대당 시가표준액을 각각 기준으로 하며, 이 경우 공유지분율에 따라 시가표준액을 산정함에 있어서 2이상의 필지가 모여서 하나의 대지를 형성하고 있는 때에는 그 필지들을 합하여 하나의 필지로 본다)	
가. 소유권의 보존(건축물의 경우를 제외한다) **또는 이전**(공유물을 공유지분율에 따라 분할하여 이전등기를 하는 경우와 신탁 또는 신탁종료에 따라 수탁자 또는 위탁자에게 소유권이전등기를 하는 경우를 제외한다.)	
(1)**주택** [시가표준액이 고시되지 아니한 신규분양 공동주택의 경우에는 「지방세법」 제111조 제5항제3호 및 동법 시행령 제82조의2제1항제2호의 규정에 의한 취득가격을 말한다.]	시가표준액의
(가) 2천만원 이상 5천만원 미만	13/1,000
(나) 5천만원 이상 1억원 미만 : 특별시 및 광역시(그 밖의 지역)	19(14)/1,000
(다) 1억원 이상 1억6천만원 미만 : 특별시 및 광역시(그 밖의 지역)	21(16)/1,000
(라) 1억6천만원 이상 2억6천만원 미만 : 특별시 및 광역시(그 밖의 지역)	23(18)/1,000
(마) 2억6천만원 이상 6억원 미만 : 특별시 및 광역시(그 밖의 지역)	26(21)/1,000
(바) 6억원 이상 : 특별시 및 광역시(그 밖의 지역)	31(26)/1,000
(2) **토지**	
(가) 5백만원 이상 5천만원 미만 : 특별시 및 광역시(그 밖의 지역)	25(20)/1,000
(나) 5천만원 이상 1억원 미만 : 특별시 및 광역시(그 밖의 지역)	40(35)/1,000
(다) 1억원 이상 : 특별시 및 광역시(그 밖의 지역)	50(45)/1,000
(3) **주택 및 토지 외의 부동산**	
(가) 1천만원 이상 1억3천만원 미만 : 특별시 및 광역시(그 밖의 지역)	10(8)/1,000
(나) 1억3천만원 이상 2억5천만원 미만 : 특별시 및 광역시(그 밖의 지역)	16(14)/1,000
(다) 2억5천만원 이상 : 특별시 및 광역시(그 밖의 지역)	20(18)/1,000

말소목록

번호	순위번호	등기목적	접수	권리자 및 기타사항
1	(갑구) 1	가압류	2002년4월7일 제4***호	청구금액 금 20,000,000원 채권자 이○○
2	1-3	1번등기명의인표시변경	2008년6월17일 제5***호	소유자 이○○
3	2	가압류	2009년3월3일 제4***호	청구금액 금 33,000,000원 채권자 ○○카드주식회사
4	3	압류	2012년2월16일 제2***호	권리자 ○○시
5	4	임의경매개시결정	2016년4월13일 제4***호	채권자 ○○농업협동조합
6	(을구) 1	근저당권설정	2012년8월28일 제13****호	채권최고액 금 83,000,000원 근저당권자 ○○농업협동조합
7	2	지상권설정	2012년8월28일 13100호	지상권자 ○○농업협동조합
8	3	근저당권설정	2014년7월7일 제9***호	채권최고액 금 25,000,000원 근저당권자 박○○
9				
10				
11				
12				
13				
14				
15				

등기필정보 및 등기완료통지서

촉탁관서 : 서울중부지방법원

권 리 자	작은손
(주민)등록번호	760907-1234567
주 소	서울시 성동구 둘레길 1004
부동산고유번호	1141-2010-00****
부 동 산 소 재	서울 강북구 강북대로 0123, 초록빌라 101호
접 수 일 자	2016. 10. 24.　　접수번호 : 1004
등 기 목 적	소유권 이전
등기원인및일자	2016년 9월 7일 임의경매로 인한 매각

부착기준선 ┌

등기필정보 보안스티커
―― 경 고 ――

권리자 본인의 허락없이 이 스티커를 떼어내거나
일련번호 또는 비밀번호를 알아낼 경우 관계 법령에
따라 민·형사상의 책임을 질 수 있습니다.

대법원

2016년 10월 26일
서울중부지방법원 강북등기소

※ 등기필정보 사용방법 및 주의사항
○ 보안스티커 안에는 다음 번 등기신청시에 필요한 일련번호와 50개의 비밀번호가 기재되어 있습니다.
○ 등기신청시 보안스티커를 떼어내고 일련번호와 비밀번호 1개를 임의로 선택하여 해당 순번과 함께 신청서에 기재하면 종래의 등기필증을 첨부한 것과 동일한 효력이 있으며, 등기필정보 및 등기완료 통지서면 자체를 첨부하는 것이 아님에 유의하시기 바랍니다.
○ 따라서 등기신청시 등기필정보 및 등기완료통지서면을 거래상대방이나 대리인에게 줄 필요가 없고, 대리인에게 위임한 경우에는 일련번호와 비밀번호 50개 중 1개와 해당 순번만 알려주시면 됩니다.
○ 만일 등기필정보의 비밀번호 등을 다른 사람이 안 경우에는 종래의 등기필증을 분실한 것과 마찬가지의 위험이 발생하므로 관리에 철저를 기하시기 바랍니다.

등기필정보 및 등기완료통지서에는 종래의 등기필증을 대신하여 발행된 것으로 분실시 재발급되지 아니하니 보관에 각별히 유의하시기 바랍니다.

03 부동산 세금 계산

　부동산을 경매로 낙찰 받은 매수인은 매각대금의 납부와 동시에 등기 없이도 소유권을 취득할 수 있지만, 소유권의 권리를 행사하려면 등기가 필요하다. 부동산을 경매로 받든, 매매로 사든 결과적으로 내는 세금은 동일하다. 부동산과 관련된 세금의 종류로는 취득과정에서 취득세와 등록세를 납부해야 하고, 보유하는 과정에서 재산세와 금액에 따라 종합부동산세를, 양도과정에서는 양도소득세를 납부해야 한다. 법인의 경우 종합소득세와 법인세, 부가가치세 등을 내야 한다.

　취득세의 경우 지방세법에서 취득세에 대한 과세대상 물건을 별도로 명문화하지는 않았으나, 취득세와 관련된 용어에 규정된 물건을 취득하는 자를 납세의무자로 규정하고 있다. 취득세의 과세표준은 매수인의 신고가액에 따르는데, 신고가액이 없거나 시가표준액에 미달하는 때에는 시가표준액을 기준으로 하고 있고, 경매의 경우는 매각가액을 취득가액으로 보고 있다. 취득세는 주택과 주택 이외로 구분되며, 금액과 면적에 따라 그 비율을 달리 정하고 있다. 취득세에는 교육세, 농어촌특별세 등이 추가로 더해지며, 취득한 날부터 60일 이내에 이를 신고하고, 과세표준액에 세율을 적용하여 납부하면 된다.

　양도세 실거래가 과세시 필요경비로 인정받으려면 우선 비용이 필요경비 대상이어야 하고 이를 입증하는 증빙 서류를 제시해야 한다. 필요경비를 공제받으면 양도차익을 줄여 양도세를 적게 내는데, 필요경비로는 취득가액, 자본적 지출, 설비비, 개량비, 양도비용으로 분류된다. 취득가액이란 양도자산을 취득할 때 소요된 실거래가액을 말하는데 취득 부대비용으로는 취득세, 등록세, 교육세, 농어촌특별세 등 취득관련 세금과 공인중개사, 법무사 수수료가 있다. 분양사업자에게 낸 부가가치세도 필요경비에 포함되며, 양도자산을 취득하면서 매도자의 양도세를 대신 내주기로 약정하고 실제로 이를 납부했다면 필요경비로 인정된다. 자본적 지출이란 양도자산의 내용연수를 연장시키거나 양도자산의 가치를 현실적으로 증가시키기 위해 지출한 수선비를 말한다. 본래의 용도를 변경하기 위한 개조, 엘리베이터 또는 냉난방장치 설치, 빌딩 등 피난시설 등 설치, 재해 등으로 인해 건물·기계·설비 등이 멸실, 훼손돼 자산 본래 용도로 이용가치가 없는 것의 복구 등이다. 대표적으로 발코니 확장 및 새시 공사비용, 바닥 공사비용, 건물의 난방시설을 교체한 공사비용 또는 보일러 교체비용 등이 있다. 양도자산의 이용편의를 위한 시설에 소요된 비용인 설비비나 양도자산의 가치를 증가시키기 위해 지출한 비용인 개량비도 필요경비로 인정받을 수 있는데 양도자산의 용도변경, 개량, 이용편의를 위해 지출한 비용이나 토지소유자가 부담한 수익자부담금과 개발부담금, 토지의 이용편의를 위해 지출한 장애철거비용, 도로를 신설하여 무상으로 공여한 경우의 토지가액 등이 있다.

대출금이자, 납부한 재산세, 종합부동산세 등 보유세는 필요경비로 인정받지 못한다. 수선비의 필요경비 인정여부는 관할 세무서에서 사실을 조사하고 최종 판단한다. 하지만 자산가치의 현저한 증가와 내용연수를 연장하거나 개량목적 등을 위한 자본적 지출이라는 요건을 충족시키지 못하면 필요경비로 인정받지 못한다. 정상적인 수선, 경미한 개량 또는 일반적인 수선은 자본적 지출이 아니므로 필요경비에 포함되지 않으며 도배, 욕조, 장판, 싱크대, 도색, 조명 등이 이에 해당된다. 정상 상태를 위한 유지비인 옥상방수 공사비, 하수도관 교체비, 오수정화조설비 교체비, 보일러 수리비, 전기공사, 건물 수리비도 필요경비로 인정받지 못하는데, 인테리어 비용은 샷시와 확장비용을 제외하곤 대부분 필요경비로 인정받을 수 없다. 필요경비로 공제받으려면 지출사실을 입증할 수 있는 계약서 및 영수증이 있어야 하고 영수증은 세금계산서, 영수증, 무통장입금증 등으로 공급자의 인적사항과 공급일자, 가액 등이 명시되어야 한다.

양도소득세 절세방법 중 양도차손 공제가 있다. 양도차손이란 양도가액이 취득가액에 기타 필요경비를 포함한 금액을 초과하는 경우 그 손실금액을 말한다. 소득세나 법인세는 결손금이 있을 경우 결손금과 이익에 대해 서로 상계처리하여 이익이난 자산의 세금을 감소시켜 준다. 양도소득세도 역시 자산을 양도할 경우 이익이 발생한 자산과 손실이 발생한 자산을 서로 합산하여 납부할 수 있다. 그렇게 되면 이익이 발생한 자산의 세금을 감소시켜 주는 효과가 있다. 따라서 양도차손이 발생한 자산을 미신고하는 경우 내야 할 세액이 없으니 가산세도 없는 것이 사실이나 차후 발생할 수 있는 양도소득세를 줄이기 위해 손실이 발생한 경우에도 신고하는 것이 유리하다. 양도차손은 소득세나 법인세처럼 이월 처리되어 항상 공제 받을 수 있는 것이 아니고 동일 과세기간 동안 발생한 양도차익에서 공제를 할 수 있다. 같은 연도에 발생한 양도차손과 양도차익을 상계처리 할 수 있다. 양도차손이 발생한 경우 같은 과세기간 내에 다른 양도사실이 없었는지 확인할 필요가 있다. 차손이 나중에 발생한 경우 이를 신고함으로써 기납부한 양도세와 해당 주민세를 환급 받을 수 있다. 양도차손을 공제할 때는 부동산 등과 주식 등으로 구분하여 그 범위 내에서 공제가 가능하다. 부동산과 특정시설물 이용권 등의 양도차익은 부동산의 양도차익에서 공제하고, 주식의 양도차손은 주식의 양도차익에서 공제한다. 소득세법에서의 과세기간은 1년 단위로서 같은 연도에 양도한 부동산의 경우 같은 기본세율(6%-35%)을 적용받을 경우 1년간의 양도차익을 합산하며, 양도차손 역시 같은 연도의 양도차익과 통산한다. 토지, 건물, 부동산에 관한 권리 및 기타자산 그룹과 특정한 주식 그룹으로 구분하고, 그룹별로 같은 그룹에 속하는 자산끼리만 양도차손을 합산한다.

양도소득세와 관련하여 비사업용 토지에 대한 중과세가 적용되는 것을 볼 수 있다. 비사업용 토지에 판정기준은 부동산 투기를 방지하기 위하여 비사업용토지 양도에 대해서는 중과세를 적용하며, 장기보유특별공제를 배제하고 있다. 토지의 지목별로 비사업용에 대한 기준으로 다른데, 농지의 경우 양도인이 농지소재지에 거주하면서 직접 경작(재촌자경)해야 하고, 임야의 경우 양도인이 임야소재지에 거주(재촌)해야 하며, 대지의 경우 주택 또는 기타 건축물의 부수토지이어야 한다. 토지 보유기간 중 일시적으로 사업용으로 사용하지 못하는 경우가 있는데, 이런 경우에는 사업용으로 사용한 기간이 충족해야 사업용 토지로 인정받을 수 있다. △5년 이상 보유 : 양도일 직전 5년간 3년 이상을 사업용으로 사용 or 양도일 직전 3년간 2년 이상을 사업용으로 사용 or 전체 토지 보유기간 중 80% 이상 사업용으로 사용 △3년~5년 보유 : 3년 이상 사업용으로 사용 or 양도일 직전 3년간 2년 이상을 사업용으로 사용 or 전체 토지 보유기간 중 80% 이상을 사업용으로 사용 △3년 미만 보유 : 2년 이상을 사업용으로 사용 or 전체 토지 보유기간 중 80% 이상을 사업용으로 사용한 경우이다.

(1) 양도소득세 납부 안내

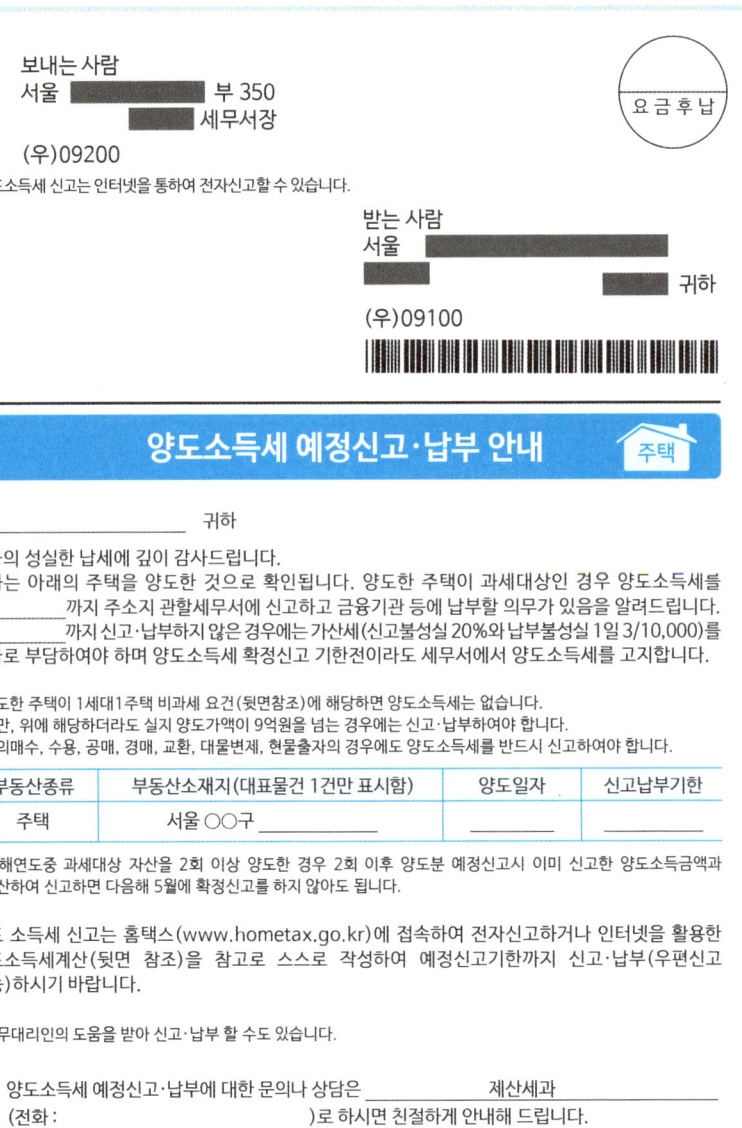

(2) 양도소득세 간편 신고서

※10.11.1 이후 양도분부터는 양도소득세 예정신고를 하지 않으면 가산세가 부과됩니다.

양도소득세 간편신고서(소명자료 제출서)
(□예정신고, □확정신고, □기한 후 신고, □소명자료 제출서)

관리번호 -

1. 신고인 (양도인)
- 성 명
- 주민등록번호
- 내·외국인: □내국인, □외국인
- 전자우편주소
- 전화번호
- 거주구분: □거주자, □비거주자
- 주 소
- 거주지국
- 거주지국코드

2. 양수인
- 성 명
- 주민등록번호
- 전화번호
- 지 분
- 양도자와의 관계

3. 양도자산 및 거래일 세율구분(코드) (-)
- 자산종류(코드)
- 자산소재지
- 양도일자(원인)
- 취득일자(원인)
- 양도면적(토지)
- 양도면적(건물)

4. 양도소득세 및 지방소득세 계산

①양도가액	②취득가액	③필요경비	④양도차익(①-②-③)	⑤장기보유 특별공제	⑥양도소득금액(④-⑤)

⑦양도소득 기본공제	⑧과세표준 (⑥-⑦)	⑨세율	⑩산출세액 (⑧×⑨)	⑪예정신고 납부세액공제	⑫가산세		
					신고불성실	납부불성실	계

⑬분납할세액(⑩-⑪+⑫)	⑭분납할 세액	⑮지방소득세율

5. 지방소득세 계산

⑯과세표준	⑰세율	⑱산출세액(⑯×⑰)	⑲가산세			⑳납부할 세액 (⑯+⑲)
			신고불성실	납부불성실	계	

6. 취득가액 상세명세서(②취득가액란 금액의 상세 명세를 적으며, 음영부분은 적지 않습니다)

구 분	구분카드	상 호	사업자등록번호	지급일자	지급금액	증빙종류(코드)
매입가액						
취득세·등록세						
매입부대비용						

7. 필요경비 계산 상세명세서(③필요경비란 금액의 상세 명세를 적습니다)

자본적지출액	
기타비용	
중개수수료 등	

8. 신고인 제출서류
① 매도 및 매입에 관한 매매계약서 사본, 수용확인서 등
② 자본적 지출액 · 양도비 기타필요경비 증명서류(세금계산서 등)

9. 담당공무원확인사항 ① 토지 및 건물등기부 등본 ② 토지 및 건축물관리대장

신고인은「소득세법」제105조(예정신고)·제110조(확정신고),·「국세기본법」제45조의3(기한 후 신고), 및「지방세법」제103조의5·제103조의7에 따라 신고하며, 위 내용을 충분히 검토하였고 신고인이 알고 있는 사실 그대로를 정확하게 적었음을 확인합니다.
년 월 일
신고인 (서명 또는 인)

10. 소명자료제출서로 활용하는 경우: 기본사항(양도인, 양수인, 양도자산 및 거래일)만 적고 소명자료(1세대1주택 비과세 증명서류 등)를 첨부하여 제출하시면 됩니다(세액계산 불필요).

소명자료 제출명세 (제출명세를 적음)	○		○		
세무대리인	성명(상호)		사업자번호		전화번호

(3) 필요경비와 양도소득세

양도소득세 계산 방법

필요경비 인정 항목	
양도가액	원
취득가액(-)	원
필요경비(-)	원
양도차익(=)	원
기본공제(-)	2,500,000원
장기보유(-)	원
과세표준(=)	원
세율(×)	%
누진공제	원
납부 양도세액(=)	원
지방소득세(+)	원
총 납부세액	원

◆ 장기보유특별공제

구분	보유	공제	보유	공제	보유	공제	보유	공제
1주택 (고가)	3년↑	24%	5년↑	40%	7년↑	56%	9년↑	72%
	4년↑	32%	6년↑	48%	8년↑	64%	10년↑	80%
주택 외	3년↑	6%	5년↑	10%	7년↑	14%	9년~ 15년까지	매년2%씩 최대30% 까지공제
	4년↑	8%	6년↑	12%	8년↑	16%		

◆ 양도소득세율

구분	과세표준	세율 일반	세율 비사업용토지	누진공제
1년미만 보유	주택, 조합원입주권	70%	50%	없음
	토지, 건물, 분양권	50%		없음
2년미만 보유	주택, 조합원입주권	60%	40%	적용
	토지, 건물, 분양권	40%		없음
2년이상 보유	1,200만원 이하	6%	16%	0원
	4,600만원 이하	15%	25%	-1,080,000원
	8,800만원 이하	24%	34%	-5,220,000원
	1억5천만원 이하	35%	45%	14,900,000원
	3억원 이하	38%	48%	-19,400,000원
	5억원 이하	40%	50%	-25,400,000원
	5억원 초과	42%	52%	-35,400,000원
	10억원 초과	45%	55%	-65,400,000원

양도소득세 필요경비 인정, 불인정 항목

필요경비 인정 항목	필요경비 불인정 항목
1. 취득세, 등록세 등	1. 임차인 퇴거 보상비용
2. 법무사 수수료, 중개수수료	2. 경매취득시 점유자 명도 비용
3. 경매 취득시 유치권 변제 금액	3. 금융기관 대출금 지급이자
4. 대항력 있는 임차인의 보증금	4. 씽크대, 주방기구 구입비
5. 샷시설치, 발코니, 방 확장공사비용	5. 페인트 및 방수공사비
6. 상, 하수도 배관공사	6. 벽지, 장판 교체 비용
7. 보일러 교체 비용	7. 보일러 수리비용
8. 소유권 확보 소송비용, 화해비용	8. 외벽 도색비용
9. 부동산 매각 광고료	9. 고가샹들리제 등 구입비용
10. 대신 지급한 매수인 등기비용	10. 오피스텔 비품 구입비
11. 취득 시 채권 매각차손금액	11. 은행대출시 감정비, 해지비
12. 건축허가취소의 행정소송비용	12. 장기할부조건 연체이자
13. 토지개량을 위한 철거비용	13. 경매 낙찰금 지연에 따른 이자
14. 불법건축물 철거비용	14. 매매계약 해약으로 인한 위약금
15. 묘지 이자비용(세금계산서)	15. 세입자에게 지출한 철거비용
	16. 취득세의 납부지연가산세, 연체료
	17. 토지의 하자를 이유로 지급한 비용

04 인테리어 공사

　인테리어 공사는 공사에 앞서 기존 재료를 철거해야 한다. 공사시 발생하는 폐기물과 용달비용이 발생하고 새시는 잘못하면 창밖으로 떨어질 수도 있기 때문에 업체에 맡기는 게 좋다. 철거 이후에는 설비, 전기, 새시, 중문, 목공사, 몰딩 공사 등으로 진행해야 한다. 보통 목공사가 끝나면 기본적인 공사를 끝난 것으로, 이후 도장, 도배, 타일, 바닥 순으로 진행하면 되고, 조명설치와 부엌시스템 공사, 욕실 공사를 진행하고, 새로 준비한 가구를 배치하면 된다. 인테리어 공사에 앞서 필요한 예산을 미리 책정하여, 금액에 따라 어디에 초점을 두고 공사를 할 것인지 고민하고, 기본으로 하는 도배, 장판 교체만 할 것인지, 화장실이나 부엌 등에 변화를 줄 것인지, 전체적으로 바꿀 것인지를 정하여 2~3곳의 인테리어 업체에서 견적을 받아봐야 본다. 견적을 받다 보면, 전문공정별로 재료에 따라 금액의 차이가 있는지가 확인이 된다. 공사에 대한 전체를 한 곳에 맡길 것인지, 개별적으로 접촉하여 본인이 직접 지시를 내릴 것인지 결정해야 한다. 전자는 신속하고 편하게 할 수 있으나 비용이 더 소요될 것이고, 후자는 비용을 아낄 수는 있으나, 공사별로 진행해야 하는 순서 등을 정확히 알지 못하면 비용이 더 들고, 시간도 많이 소요된다. 전문공사 업체들 간의 분쟁과 있을 수 있고, 자기 공사만 우선하기 때문에 큰 그림을 보지 못할 수 있다. 본인이 재능이 있거나 시간적 여유가 있고 좋아한다면 모르겠지만, 그렇지 않다면 업체에 맡기고 공사비를 조율해 보는 게 좋다. 나중에 양도소득세에서 필요경비로 인정받으려면 증거서류를 잘 챙겨야 하는데, 필요경비로 인정되는 공사와 그렇지 않는 공사를 구분하여 이왕이면 계약서에 경비로 인정되는 부분 위주로 받아두면 된다.

　경매로 받은 32평형 아파트를 위에 내용에 따라 검토하여 아파트 리모델링 공사개요를 작성해 보았다. 10년간 단독 거주에 따른 유지관리가 안되어 있었고, 바닥 및 벽체의 단열시공의 불량으로 인해 장기적인 결로와 곰팡이 발생, 천장

몰딩의 노후화와 도배장판의 들뜸 현상, 벽체 도장의 변색 등에 있어 전반적으로 문제가 많아 보였다. 이에 공사비 1,000만원의 예산으로 이를 해결하고자 현관, 거실, 주방, 욕실, 방, 발코니, 기타 등으로 구분하여 예산을 분배하였고, 주요 착안점을 정리하여 인테리어 공사관계자와 상의한 후 공사를 진행해 보았다. 간단히 공사전의 현황, 공사 진행별 주요내용, 인테리어 전후사진 비교, 인테리어 공사 예상비용 등으로 정리해 보았다.

(1) 아파트 리모델링 공사개요

아파트 리모델링 공사 개요

공 사 명   시흥시○○아파트 리모델링

· 개요 :
　1. 평형 : 85㎡이하 32평형 아파트 / 1층
　2. 현황 : 10연간 단독거주로 시설 유지관리가 안된 상태로 거주된 상태
　3. 주요 문제점
　　- 신축된 상태의 마감 구성으로 시대적 디자인 저하 및 자재의 노후화
　　- 작은방에 면한 발코니 확장 부분 중 외기에 면한 바닥 및 벽체의 단열시공의 불량으로 장기적인 결로에 의한 곰팡이 발생 및 동절기 피해 발생된 상태.
　　- 싱크대 노후화(싱크대 상판 및 후두의 기름때 제거 불능상태)로 문짝 뒤틀림으로 교체필요.
　　벽체 타일 파손 및 수전의 벽 부착형으로 구형방식임
　　- 천정 몰딩 노후화(도색마감제품) 도배장판의 들뜸 현상 발생.
　　- 창호재 유지보수 미비로 변색 발생
　　- 전후면 발코니 벽체 도장 부분의 변색
　　- 화장실 천정 구형 PVC루버 제품 및 벽체의 곰팡이 발생으로 불결한 상태.
　　- 전기기구 및 인터폰, 등기구등의 손 망실 및 각각 저가 등기구로 가치의 저하.

· 공사적용사항 :
　1. 적용관점
　　- 최소의 비용으로 공사효과의 극대화 시각적 조형미 및 시대적 마감품질 확보.
　　- 문제점 파악 기술적 해결 방안 발취 및 거주에 따른 장기적인 문제발생까지 해결.
　　- 현관입구에서 주는 첫 느낌 산듯함, 깨끗함, 편향적이지 않은 마감재 색상 및 질감.
　　- 다른 세대와 차별적인 인상을 줄 수 있는 밝은 느낌 적용(LED조명기구 일부적용)
　　※ 핵심 포인트 :
　　세입자 또는 매수자에게 기존의 일부 문제점들에 대한 보완강화를 실재 적용된 마감재 공사내용을 확인 시켜주며 자신감 있는 공사결과 설명을 통해 부동산 가치상승을 강조할 수 있음.

(2) 공사 진행별 주요 내용

공사 진행별 주요 내용

구분	공사 전 현황	공사추진 주요사항	공사완료사항
현관	바닥 : 200*200각 구형타일 신발장 : 구형방식 문짝 변색 및 일부파손 천정조명 : 변색된 기구 및 최저조도	방문자의 시선은 전면을 향하고 감성적 느낌 조명밝기와 색상 및 마감질감을 순간적 감각으로 인식한 인후 첫발의 바닥재를 보고 다시 한 번 전체적인 품질의 수준을 직 감할 수 있다는 기본적인 통념과 선입견 중요의 본질로 접근, 입구에 서보는 집안 이미지가 집안가치평가와 선호도를 좌우 할 수 있다.	바닥 : 인조석타일 적용 신발장 : 기본골구유지후 밝은 색 도색 및 하이그로시 문짝적용 조명 : 밝은조도의 LED 조명적용
거실	천정 : 형광등으로만 구성된 등박스 도배 장판 : 벽색 및 들뜬 벽체, 불균형의 포인트 벽지, 바닥재 손상 인터폰 및 박스 노후	천정 : 비용절감 및 깔끔함의 분위기를 위한 평천정 도배 장판: 백색과 약간의 펄 구성으로 조명과 조화를 이루는 벽지 현재계절에 적합한 산뜻한 바닥색상 모노륨 인터폰 및 박스주변 벽체와 조화를 고려 보수	천정 : 엠보판으로된 55W-5구 거실등적용으로 밝은 이미지 도배 장판 : 실크벽지, Z:in 모노륨 적용 컬러인터폰 교체
주방	씽크대 : 씽크대 문짝 뒤틀림 및 노후화 벽체타일 : 파손 및 노후화	Black & White의 신세대적이지만 중년층에도 새로운 느낌의 색상과 하이그로시의 고광택 문짝, 두께감있는 스텐씽크상판은 일반스텐과 다른 질감으로 새로움을 준다 벽체 타일 마감변경	씽크대 : 하이그로시씽크대 문짝, 변경없는 스텐강판 벽체타일 : 고광택 질감의 타일 적용
욕실	타일:곰팡이 발생 위생기구 : 연결부속 및 주변 곰팡이 발생 천정 : 구형 PVC루바 제품, 환기휀 불결 조명 : 어두운 조도	화장실 공사비용의 비중이 높은점을 감안 최소비용으로 곰팡이 제거 및 타일줄눈 재시공 천정마감 및 노후화된 수건장과 조명에 중점을두어 개선효과 극대화	타일:타일줄눈 재시공 위생기구 : 연결부속 교체 천정 : SMC 고광택 준불연 천정마감 환기휀 교체 조명 : LED 조명적용
방 1,2,3	몰딩 및 도배장판의 노후화 문짝의 변색 방3 확장부 결로 발생 및 곰팡이 발생	몰딩 및 도배장판의 변경과 엠보판으로 된 방등 적용으로 밝은 이미지 빙3 확장부 결로 발생 원인제거 중점	방3 발코니 확장부분은 바닥 철거 시 설비, 미장공사 등 비용과 시간의 문제를 외단열 공법을 적용 백령도등의 민간 대피호에도 적용한 준불연재 이며 단열성능이 우수하고 도장이 가능한 제품을 적(e-보드)외부발코니 하부에 부착 이음부는 우레탄 처리 등으로 기밀성 및 단열성 유지함
앞뒤 발코니	도장 부분 변색	기존 색상유지로 공사의 편리성 경제성 유지, 밝고 깨끗한 이미지	백색의 수성페인트
기타	조명 : 통일성없고 낮은 조도의 등기구 (형광등 및 일반 저가PL등) 현관문 부속철물의 노후화	마감재의 특징과 전체적인 조화를 부각 시킬 수 있는 조명을 선택함 입구에서의 리모텔링의 분위기를 소품에서도 느낄 수 있도록 신제품 적용	조명:통일성있는 형태의등기구 엠보판형식의고효율등적용 현관문 부속철물 모두 교체 깨끗함 유지

(3) 인테리어 전·후 사진 비교

인테리어 전·후사진 비교

(4) APT 평형별 · 공정별 인테리어 공사 예상 비용

아파트 평형별 · 공정별 인테리어 예상 비용 산정표

단위 : 만원

공 종	제조회사, 규격, 사양	25평형	33평형	40평형	50평형
도배	실크	120	160	200	240
	광폭 합지	80	100	120	140
장판	모노륨	90	120	150	180
마루	국산	180	220	320	400
	수입산	300	450	600	750
도장	유성, 수성 페인트	100	140	170	200
현관중문	여닫이, 미닫이	100	110	120	130
몰딩, 걸레받이	전체 교체	90	100	110	120
조명	전체등, 센서등, 콘센트, 샹데리아등	100	150	200	250
타일	벽 타일, 바닥 타일	40	50	60	70
욕실	20평 : 1개, 30평 이상 : 2개	300	400	450	500
주방가구	하이그로시, 인조대리석	200	300	350	400
거실확장	샷시, 중문, 단열, 바닥면 등	350	450	550	650
방 확장	20평 : 1개, 30평 이상 : 2개	200	300	400	450
신발장, 붙박이장	갤러리장	자당 : 15만원 부터			
거실 아트월	인조가죽, 실사 유리, 알루미늄몰딩	3.6m 기준 150~250만원			
방문 교체	멤브레인, 레핑도어, PVC 등	(도어 당) 30~50만원			
등박스	기성 제품	50~100만원			
디지털 키	게이트맨, 삼성도어락 등	10~30만원			

※ 본 비용은 일반적으로 쓰는 사양을 기준으로 인건비, 부가세 등을 감안한 전체비용으로 인테리어 예산입니다. 〈1자 : 약 30㎝〉

> **표 교수의**

"근저당권 등기 신청서와 근저당권설정 계약서 작성방법"

근저당권 등기에는 설정등기, 변경등기, 말소등기, 이전등기가 있다. 근저당권 설정등기는 계속적인 거래관계에서 발생하는 다수의 불특정 채권을 담보하기 위해서 저당권을 설정한 후 결산기에 채권최고액의 한도 내에서 우선 변제 받을 수 있는 권리로써, 이를 등기하는 것을 말한다. 변경등기는 근저당권 등기와 실체관계가 일치하지 않아 그 내용을 수정하는 것으로, 채권최고액, 근저당권의 목적, 채무자가 변경되는 경우에만 가능하다. 말소등기는 등기를 법률적으로 소멸시킬 목적으로 하는 등기이고, 이전등기는 근저당권의 주체인 근저당권자가 다른 사람에게 옮겨가는 등기를 말한다. 등기신청은 소유자와 근저당권자가 공동으로 신청하는 방법과 판결에 의한 단독 신청 방법, 등기권리자나 등기의무자의 대리인에 의한 신청 방법이 있다. 등기신청서에는 부동산의 표시, 등기원인과 그 연월일, 등기의 목적, 채권최고액, 채무자, 설정한 지분, 등기의무자, 등기권리자, 등록면허세, 세액합계, 등기신청수수료, 등기의무자의 등기필정보 등에 관한 내용을 기입하면 된다. 등기소나 인터넷등기소에 양식을 확인하여 근저당권설정등기신청서를 작성하면 되는데, 신청서외에도 이를 위한 등기원인의 증명을 위해 근저당권설정계약서도 작성해야 한다. 계약서에는 채무자와 채권자, 해당물건의 소재지와 채권최고액, 근저당권설정자의 의무 등을 기록하고, 자세한 내용을 기록에 남기고 싶으면 별도의 상세계약서를 작성하여 제출하면 된다. 등기신청서 작성 후, 필요한 서류를 첨부하여 신청서, 등록면허세영수필확인서, 등기신청수수료 영수필확인서, (위임장), 인감증명서, 주민등록표등본, 근저당권설정계약서, 등기필증의 순으로 편철해주면 된다. 필요한 첨부서류는 다음과 같다.

〈신청인〉 ※ 위임장 : 법무사 등 대리인에게 위임할 시 제출
① 근저당권설정계약서 : 등기원인을 증명하는 서류
② 등기필증 : 등기의무자의 소유권에 관한 등기필증

〈시·군·구청, 주민센터〉, 〈은행〉에서 발급
① 등록면허세영수필확인서 : 시군구 납부서 발급, 은행에 납부 후 확인서 제출
② 인감증명서 : 등기의무자의 인감증명서 또는 본인서명사실확인서 제출
③ 주민등록표등본 : 등기권리자의 주민등록표등본 제출
④ 등기신청수수료 : 수수료를 취급하는 은행에 납부 후, 영수필확인서 제출
※ 법인 : 법인등기사항전부명증명서 첨부

(1) 근저당권 설정 등기 신청

근저당권설정등기신청

접수	년 월 일 제 호	처리인	등기관 확인	각종 통지

① 부동산의 표시	
1. 충청남도 홍성군 홍성읍 고암리 ○○-○ 토지, 건물	
② 등기원인과 그 연월일	2016년 9월 21일 근저당권설정계약
③ 등기의 목적	근저당권 설정
④ 채권최고액	금 50,000,000원
⑤ 채무자	이○○ 서울특별시 광진구 자양로 ○길○○
⑥ 설정할 지분	

구분	성명(상호·명칭)	주민등록번호(등기용등록번호)	주소(소재지)
⑦ 등기의무자	이○○	XXXXXX-XXXXXXX	서울시 광진구 자양로 ○길○○
⑧ 등기권리자	연○○	XXXXXX-XXXXXXX	서울시 광진구 자양로 ○길○○

⑨ 등록면허세	금	○○○,○○○ 원
⑩ 지방교육세	금	○○○,○○○ 원
⑪ 농어촌특별세	금	○○○,○○○ 원
⑫ 세액합계	금	○○○,○○○ 원
⑬ 등기신청수수료	금	○○○,○○○ 원
	납부번호 : ○○-○○-○○○○○○○○-○	
	일괄납부 : 건 원	
⑭ 국민주택채권매입금액	금	○○○,○○○ 원
⑮ 국민주택채권발행번호	○○○	

⑯ 등기의무자의 등기필정보		
부동산고유번호	1102-2016-******	
성명(명칭)	일련번호	비밀번호
이대백	A55B-LOVE-****	40-****

⑰ 첨부서면	
· 근저당권설정계약서 1통 · 등록면허세영수필확인서 1통 · 등기신청수수료 영수필확인서 1통 · 인감증명서 또는 본인서명사실 확인서 1통 · 등기필증 1통	· 주민등록표등(초)본 1통 〈기타〉

2016년 9월 21일

위 신청인   이○○ (인) (전화 :   )
          연○○ (인) (전화 :   )
(또는) 위 대리인   (전화 :   )

대전지방법원 홍성등기국 귀중

-신청서 작성요령-
1. 부동산표시란에 2개 이상의 부동산을 기재하는 경우에는 그 부동산의 일련번호를 기재하여야 합니다.
2. 신청인란 등 해당란에 기재할 여백이 없을 경우에는 별지를 이용합니다.
3. 담당 등기관이 판단하여 위의 첨부서면 외에 추가적인 서면을 요구할 수 있습니다.

(2) 근저당권 설정 계약서

근저당권설정계약서

채무자(근저당권설정자) 이○○ (서울시 광진구 자양로○길 ○○)
채권자 (근저당권자) 연○○ (서울시 광진구 자양로○길 ○○-○)

해당물건의 소재지 주소 충청남도 홍성군 홍성읍 고암리 ○○-○
채무자의 소유 지분 홍성읍 고암리 ○○-○ 토지, 건물

제1조 [채권최고액] 채권 최고액은 금 오천만원정 (₩ 50,000,000)으로 한다.

제2조 [근저당권의 설정] 근저당권설정자는 본 계약에서 발생하는 모든 채무를 담보하기 위해 자신이 소유한 물건(지분)에 순위 제1번의 근저당권을 설정하여야 한다.

제3조 [근저당권 설정자의 의무]
1. 근저당권 설정자는 근저당 물건에 관해 현재 다른 물권이나 임차권 등 본 계약의 이행을 방해할 만한 다른 계약이 없으며, 국세 및 지방세 등의 체납에 따른 압류가 없음을 확인한다.
2. 근저당권 설정자는 본 계약 존속 중 다른 저당권 설정계약 등을 체결하지 않을 것이며, 저당권 행사에 손해를 끼칠 우려가 있는 행위를 하지 않는다.
3. 근저당권 설정자는 채권자의 승낙을 얻기 전에는 본 물건의 소유권을 이전하지 아니 한다.

제4조 [근저당물의 보충] 근저당 물건의 가격이 증가하거나 감소하였을 경우, 당사자의 협의에 따라 이에 대한 이익이나 손해를 부담하기로 한다.

제5조 [관할법원] 이 근저당권에 관한 소송은 채권자 주소지를 관할하는 법원으로 한다.

2016년 9월 21일

채무자(근저당권설정자) : 이○○ (인)   채권자(근저당권자) : 연○○ (인)

근저당권설정계약서 (상세)

채무자(근저당권설정자)　이○○ (서울시 광진구 자양로○길 ○○)
채 권 자 (근 저 당 권 자)　연○○ (서울시 광진구 자양로○길 ○○-○)
해당물건의 소재지 주소　충청남도 홍성군 홍성읍 고암리 ○○-○

채권최고액　금 오천만원정 (₩ 50,000,000)

위 당사자간에 다음과 같이 근저당권설정계약의 상세 내용은 다음과 같다.

- 다　　음 -

1. 본 근저당권 계약설정은 2016년 9월 7일 홍성○계 2016타경 ○○○○경매사건과 관련하여 해당 물건에 수인과 함께 공동투자로 입찰하여 낙찰된 바 있으며, 당시 이○○의 지분 가운데 50%를 채권자가 부담하였다.

2. 두 사람이 공동으로 똑같은 금액으로 지분 투자한 것을 근거로 남기기 위해 근저당 설정계약형식을 빌어 작성 서명한 것으로서 추후 본 물건이 매매가 되면 이익이 난든 손해가 난든 근저당설정 금액과는 무관하게 투자된 금액에서 동일하게 투자금을 나누기로 하였다.

3. 해당물건에 소요되는 모든 비용은 전적으로 공동으로 부담하기로 하며, 경매와 관련하여 공동투자 약정에 의한 내용에 따라 공유물의 관리 및 비용 등은 타 공유자의 합의된 내용을 준수하기로 하며 이의제기 하지 아니한다.

4. 채무자는 해당 물건과 관련하여 진행되는 중요 과정에 대해 채권자에게 알려줄 의무가 있다.

2016년 9월 21일

채무자(근저당권설정자) : 이○○ (인)　　　　　채권자(근저당권자) : 연○○ (인)
계약설정에 관한 증인 : 작은손 (인)

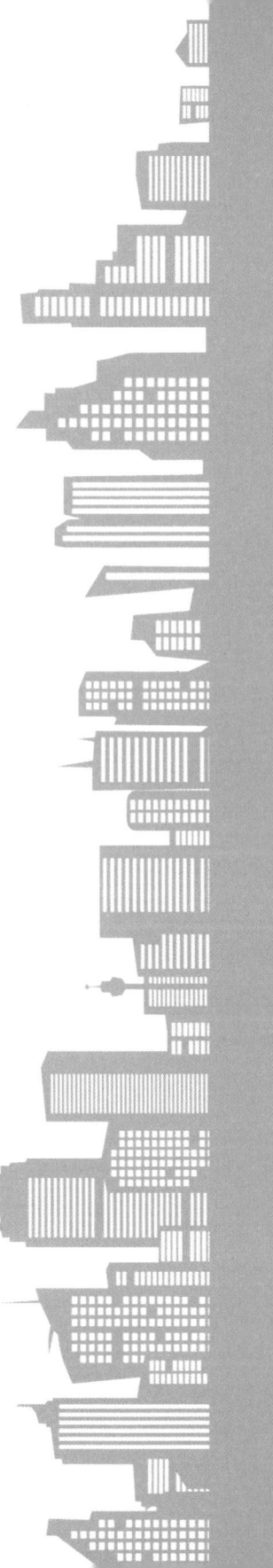

PART **1** 부동산 경매 바로알기

Chapter **10**

배당기일과 배당금 수령방법

01 배당의 원칙과 순서
02 배당 예시
03 배당기일 지정
04 배당금 수령 절차

01 배당의 원칙과 순서

배당이란 법원이 경매부동산의 채권자들에게 상호 법률관계에 의하여 매각금액을 나누어 주는 것으로, 법원에서 진행하는 것이기에 크게 신경 쓰지 않을 수도 있지만, 선순위임차인의 물건을 낙찰받기 위해서는 임차인의 배당유무에 따른 매수인의 추가적인 비용이 발생할 수도 있다. 만일 매각대금이 채권총액보다 많으면 큰 문제가 되지 않지만, 보통은 매각대금이 채권총액보다 작기 때문에 배당과 관련하여 알아두면 많은 도움이 된다. 배당순위의 원칙은 저당권, 전세권 등의 물권 상호간에는 등기 설정일에 따라 우선 배당되고, 채권상호간에는 채권자 평등의 원칙에 따라 안분 배당 된다. 물권과 채권이 동시에 있을 경우 압류권자나 가압류권자와 같은 채권이 선순위 권리자라면 총채권액에 대한 자기 채권비율만큼만 배당(안분배당) 받게 되고, 다음 순위인 물권의 경우는 물권우선주의 원칙에 따라 다른 채권의 금액과는 무관하게 우선적으로 전액 배당받게 된다. 달리 말하면 채권액 비율에 따른 안분배당을 우선하게 되지만, 후순위 배당을 흡수하는 형태로 채권액 전액을 보전 받을 수 있다는 것이다. 이는 물권인의 우선변제권은 후순위권리에게만 주장할 수 있는 것이어서 앞선 순위인 가압류에 우선변제를 주장할 수 없고, 가압류는 선순위이지만 채권이므로 평등주의에 의해 후순위에 대한 우선변제권이 없어 순위를 가릴 수 없기에 안분배당이 된다.

배당의 순서는 저당권, 담보가등기, 전세권 등의 담보물권의 등기와 확정일자가 있는 임차인, 임차권등기명령 권리자의 등기 설정일이 빠른 순서로 정하게 되고, 등기일자가 같은 날이면 접수번호 순으로 가리게 된다. 그러나 이보다 앞선 가칭 '0순위 배당'이라 부르고 있는 경매비용, 최우선변제, 임금채권, 당해세, 법정기일이 빠른 조세채권 등은 말소기준권리보다도 우선하여 배당된다. 이 배당 후에 근저당권, 가압류, 압류, 담보가등기 등 시간순서에 따라 상호 법률관계를 따져가며 배당순서를 결정한다. 배당순위표 참조

경매물건의 채권자들이 배당을 받기 위해서는 배당요구종기까지 배당요구 신청을 해야 하고, 배당요구를 한 채권자가 배당요구를 철회할 경우에도 배당요구종기 이내에 해야지만 인정된다. 배당요구를 하지 않아도 되는 채권자에는 경매신청인과 경매개시결정등기 전에 등기 설정한 저당권자, 전세권자, 가압류권자, 체납 압류권자, 임차권등기명령 신청자 등이 있다. 임차권등기를 했을 경우에는 해당 임차인이 배당요구에 관계없이 무조건 배당요구를 한 것으로 간주하여 배당에 참여하는데 대법원 판례에서는 임차권등기가 첫 경매개시결정등기 전에 등기된 경우, 민사집행법 제148조에 따라 임차인이 별도로 배당요구를 하지 않아도 당연히 배당받을 채권자에 속하는 것으로 보고 있다. 경매에서 배당되는 금액은 매수인의 매각대금과 그 금액에 대한 배당기일까지의 보관금 이자가 있는데, 이를 배당받을 관련자에게 나누어 주는 것이다. 그러나 경우에 따라서는 전 매수인의 매수보증금, 매각대금의 지연이자, 항고보증금 등이 추가로 편입된다.

배당순서와 관련하여 보면 먼저 경매비용과 관련해서 비용을 납부한 경매신청자에게 최우선적으로 준다. 여기에는 경매신청 인지대, 감정평가료, 집행수수료, 경매개시결정등기 촉탁비용, 송달비용 등이 포함된다. 다음은 최우선변제로 소액임차인의 보증금으로 지역에 따라 정해져 있는 보증금 중 일정액을 배당받게 된다. 최우선변제와 동일한 순위로 임금채권자가 있다. 보통은 근로복지공단의 압류를 통해 확인이 가능한 데, 근로복지공단이 직원들에게 급여를 미리 지급하고, 이에 대한 구상권을 채무자의 부동산을 통해 대신 압류하여 비용을 청구하는 것이다. 다음으로 당해세는 부동산 자체의 담세력을 인정하는 세금으로 당해 재산에 대하여 부과된 국세와 지방세이다. 우선변제권은 저당권, 담보가등기, 전세권 등 담보물권의 등기와 확정일자가 있는 임차인, 임차권등기 등이 이에 해당되며 이들의 권리는 그 설정일을 비교하여 배당의 우선순위가 결정되고, 등기일자가 같은 날이면 접수번호 순으로 순서를 가리게 된다. 다음으로 법정기일이 빠른 조세채권으로 원칙적으로 납세자의 다른 공과금 기타의 채권에 우선하여 징수하게 되어 있다. 법정기일이란 신고일이나 납세고지서 발송일로, 취득세의 경우 부동산을 매입하고 납세의무자가 과세표준과 세액을 정하여 신고하는 행위에 의하여 조세채무가 확정되는 날이고, 재산세 등 과세표준과 세액을 지방자치단체가 결정하는 경우 납세고지서를 발송한 날이다. 그런데 이런 조세가 체납되이 체납자의 부동산에 압류된 날짜는 최고절차를 거친 이후이기 때문에 기입되기 때문에 등기사항증명서상의 이런 압류가 있다면 임차인의 대항력에는 영향이 없지만 배당순위에 따른 우선변제권에는 영향을 줄 수 있다. 조세채권의 압류일자보다 임차인의 확정일자가 빠르더라도 전액 배당받지 못한다면, 매수인은 임차인의 미배당 보증금을 인수해야 한다.

배당순위표

담보권, 전세권에 의하여 담보되는 채권이 있는 경우

1	집행비용
2	필요비, 유익비 채권
3	주택(상가)의 소액보증금, 최종 3개월 임금과 최종 3년간의 퇴직금, 재해보상금 채권
4	당해세 : 국세(상속세, 증여세, 종합부동산세), 지방세(재산세)
5	저당권 등의 설정등기일자 보다 법정기일이 같거나 빠른 국세, 지방세 채권
6	저당권 등 보다 납부기한이 같거나 빠른 건강보험료, 국민연금보험료 등의 채권
7	저당권 등 채권
8	임금 기타 근로관계채권
9	저당권 등의 설정등기일자 보다 법정기일이 늦은 국세, 지방세 채권
10	저당권 등의 설정등기일자 보다 납부기한이 늦은 건강보험료, 국민연금보험료 등의 채권
11	일반채권자의 채권

담보권, 전세권에 의하여 담보되는 채권이 없는 경우

1	집행비용
2	필요비, 유익비 채권
3	주택(상가)의 소액보증금, 최종 3개월 임금과 최종 3년간의 퇴직금, 재해보상금 채권
4	임금 기타 근로관계채권
5	당해세 : 국세(상속세, 증여세, 종합부동산세), 지방세(재산세)
6	국세, 지방세 채권
7	고용보험료, 산업재해보상보험료, 건강보험료, 국민연급보험료 채권
8	일반채권자의 채권

※ 민사집행법 제 145조(매각대금의 배당) 배당에 참가하는 모든 채권자에게 만족할 수 없을 때에는 법원은 민법·상법 그 밖의 법률에 의한 우선 순위에 따라 배당해야 한다.
※ 배당참가채권이 일반채권이면 금액에 따라 평등하게 안분배당.
우선변제권이 있으면 순위가 낮은 권리의 배당을 흡수 배당.
당해세, 조세채권, 임금채권, 소액임차인은 별도로 우선 배당.

02 배당 예시

앞장의 배당순위표를 참고하여 실제 법원에서 배당되는 사례를 통해 실전에 가깝게 이해될 수 있도록 정리하였다. 이는 2장 경매개시결정 편의 권리분석과는 차이가 있는데, 실제 배당에 포함되는 교부권자나 당해세 등의 배당 경합 내용과 공동저당권과 같은 상황들에서 어떻게 배당순위가 결정되는지 보려고 한다.

① 갑 근저당권에 의한 임의경매, 배당액 80,000,000원

권리자	권리내용	권리일자	채권액	순서	배당액
갑	근저당권	15년1월2일	60,000,000원	1	60,000,000원
을	가압류	15년3월4일	80,000,000원	3	10,000,000원
병	교부권(부가세)	16년5월6일	10,000,000원	2	10,000,000원

※ 말소기준 권리 : 갑 근저당(근저당 > 조세채권(교부권) > 가압류 순으로 배당)

② 을 근저당권에 의한 임의경매, 배당액 100,000,000원

채권자	권리내용	권리일자	채권액	순위	안분	흡수	배당액
갑	가압류	16년1월2일	80,000,000원	1	4,000	-3,000	10,000,000원
을	근저당권	16년3월4일	50,000,000원	1	2,500	+2,500	50,000,000원
병	가압류	16년5월6일	10,000,000원	1	500	-500	0원
정	교부권(취득세)	16년7월8일	60,000,000원	1	3,000	-2,000 +3,000	40,000,000원

※ 말소기준권리 : 갑 가압류 (전체 안분배당)
  을 근저당 : 병 + 정 배당에서 부족한 채권액 흡수배당
  정 교부권 : 조세채권 > 가압류, 갑 배당에서 부족한 채권액 흡수배당

③ 갑 근저당권에 의한 임의경매, 배당액 80,000,000원

채권자	권리내용	권리일자	채권액	순위	안분	흡수	배당액
갑	근저당권	16년1월2일	70,000,000원	1	5,600	+1,400 −200	68,000,000원
을	임차인	16년3월4일 (확정 없음)	20,000,000원	1	1,600	−1,400 +400	6,000,000원
병	교부권자 (당해세)	16년5월6일	10,000,000원	1	800	−400 +200	6,000,000원

※ 순환배당 방식으로 적용 시에는 채권자의 채권액에 비례하여 안분배당 후 열위한 채권자의 배당액 중 최고한도로 1회에 한하여 흡수배당
※ 그러나 실제 배당은 소액임차인 – 당해세 – 저당권 순으로 진행됨

④ 갑 근저당권에 의한 임의경매, 배당액 100,000,000원일 경우 (채무자 A) 1번부동산(A소유) 배당액: 6,000만원, 2번부동산(A소유) 배당액: 4,000만원

채권자	권리내용	권리일자	채권액	1번부동산(A)		2번부동산(A)		배당액
				순위	배당액	순위	배당액	
갑	공동근저당 (1번, 2번)	16. 1. 11.	55,000,000	3	2,500	2	3,000	45,000,000원
을	근저당 (1번)	16. 2. 10.	20,000,000	4	500			5,000,000원
병	임차인 (1번)	전입:.2.15. 확정:.2.15.	22,000,000	1	2,200			22,000,000원
정	근저당 (2번)	16. 2. 15.	20,000,000			3	600	6,000,000원
무	당해세	16. 7. 11.	1번:8,000,000 2번:4,000,000	2	800	1	400	12,000,000원

※ 말소기준권리 : 갑 공동근저당권(1번, 2번 부동산)
 1번 부동산 : 최우선변제 1번 임차인 > 당해세 > 공동근저당 > 1번 근저당
 2번 부동산 : 당해세 > 공동근저당 > 2번 근저당
※ 공동근저당 순위시 남은 배당액 : 남은 금액에 비율에 따라 안분하여 배당
 1번=6,000−2,200−800=3,000만원, 2번=4,000−400=3,600만원 → 5:6 비율 배당
※ 공동근저당 배당 후, 남은 배당액으로 이후 순위에게 배당

⑤ 갑 근저당권에 의한 임의경매, 배당액 100,000,000원일 경우 (채무자 A)

1번부동산(A소유) 배당액: 6,000만원, 2번부동산(B소유) 배당액: 4,000만원

채권자	권리내용	권리일자	채권액	1번부동산 (A)		2번부동산 (B)		배당액
				순위	배당액	순위	배당액	
갑	공동근저당 (1번, 2번)	12. 1. 11.	55,000,000	3	3,000	2	2,500	45,000,000원
을	근저당 (1번)	12. 2. 10.	20,000,000					
병	임차인 (1번)	전입: .2.15. 확정: .2.15.	22,000,000	1	2,200			22,000,000원
정	근저당 (2번)	12. 2. 15.	20,000,000			3	1,100	11,000,000원
무	당해세	12. 7. 11.	1번:8,000,000 2번:4,000,000	2	800	1	400	12,000,000원

※ 말소기준권리 : 갑 공동근저당권(1번, 2번 부동산) ≒ 순위 위와 동일
※ 다만, 대법원 판례 2008다41475에 따라 부동산의 일부가 물상보증인(2번 부동산 B소유) 소유인 경우 채무자(A) 소유의 부동산에서 경매배당을 우선적으로 하고, 갑 근저당 부족분에 한하여(5,500만-3,000만=2,500만) 추가로 배당

다음은 실제 경매사건의 배당표를 통해 어떻게 배당되는지를 살펴보자.

① **** 금고 근저당권에 의한 임의경매, 배당액 748,105,092원

○○4계 2015-2**** **동 단독주택

사건번호	2015-***** 임의	채권자	****	건물용도	단독주택
감정평가액	818,226,000원	채무자(소유자)	임**	개시결정일	2015.10.16
최저경매가	(70%) 758,000원	토지면적	438㎡(132.5평)	배당종기일	2016.01.05
입찰보증금	(10%) 57,275,800원	건물면적	425.85㎡(128.82평)	조회수	오늘1 전체486

소재지/감정서	면적(단위:㎡)	경매진행결과	임차관계/관리비	등기부상관리관계
시 **동 *-**, 단독주택 [**길 172-2] 감정평가액 건물:417,333,000원 -철콘조철콘지붕 -가스보일러개별난방 -일괄입찰 -**공장북동측인근 -주위**시주변의소규모신흥주택	물건번호: 단독물건 건물 ·1층주택 12.15 (3.68평) ₩417,333,000 현:다가구주택 ·2층주택 137.2 (41.5평) 현:다가구주택 ·3층주택 138.25 (41.82평) 현:다가구주택 옥탑(계단실,창고)포함 -총4층 -승인:2014.01.24 -보존:2014.01.28	감정가 818,226,000 대지 400,893,000 건물 417,333,000 ① 818,226,000 2016-04-05 유찰 ②30%↓572,758,000 2016-05-10 변경 ② 572,758,000 2016-06-14 매각 매각가 748,030,000원	* 전체 폐문으로 해당 관청에 전입세대 확인한 바, 전입세대 없음. 점유 및 임대차관계미상으로 안내문 부착	소유권 임** 2014.01.28 근저당 ****금고 2014.01.28 455,000,000 근저당 조** 2014.09.04 390,000,000 임 의****금고 2015.10.16 *청구액:794,633,280원 채권총액845,000,000원 열람일자:2016.04.25

말소기준권리 : 14.01.28. 근저당 ****금고, 임차인 : 전입세대 없음

본 사건은 2016년 6월 매각되었는데, 매각가는 748,030,000원이다. 근저당권자의 임의경매 사건으로 임차인이 없는 채무자 겸 소유자가 직접 거주하는 형태의 일반적인 배당의 형태이다. 실제 매각가에 매각대금이자(잔금을 납부한 날부터 실제 배당기일까지의 이자)가 더해지고, 집행비용을 빼면 실제 배당할 금액이 나온다. 순위를 보면 교부권자(당해세), 신청채권자 겸 근저당권자, 가압류권자 순으로 결정되었다. 배당액은 원금과 이자로 구분이 되는데, 등기사항증명서 상에 기록되는 채권최고액이라고 모두 배당되는 것은 아니다. ****금고처럼 총 채권액은 8억4,500만원이지만, 원금과 이자의 금액이 적다. 연체기간에 길면 통상 최고액까지 받지만 그렇지 않다면 통상 원금의 120%(시중은행)~130%(저축은행, 새마을금고 등)로 최고액을 설정하므로, 연체율(17%~22%) 이자를 감안하면 된다.

○○지방법원 배당표

사 건   2015타경*****부동산임의경매

배당할금액		금	748,105,092	
명세	매각대금	금	748,030,000	
	지연이자 및 절차비용	금	0	
	전경매보증금	금	0	
	매각대금이자	금	75,092	
	항고보증금	금	0	
집행비용		금	7,052,669	
실제배당할 금액		금	741,052,423	
매각부동산		별지 기재와 같음		
채권자		**세무서	****금고	조**
채권금액	원 금	2,031,940	765,000,000	300,000,000
	이 자	0	45,501,560	22,918,032
	비 용	0	0	0
	계	2,031,940	810,501,560	322,918,032
배당순위		1	2	3
이유		교부권자(당해세)	신청채권자겸근저당권자	가압류권자
채권최고액		0	455,000,000	390,000,000
배당액		2,031,940	455,000,000	284,020,483
잔여액		739,020,483	284,020,483	0
배당비율		100%	100%	87.95%
공탁번호(공탁일)		금제 호(. . .)	금제 호(. . .)	금제 호(. . .)

2016. *. *.
사법보좌관 ○○○

1 - 1

2016-0075826***-B1***   위변조 방지용 바코드입니다.

② **자산관리 근저당권에 의한 임의경매, 배당액 266,143,584원

○○4계 2015-1**** **동 단독주택

사건번호	2015-***** 임의	채권자	**자산관리	건물용도	단독주택
감정평가액	317,214,560원	채무자(소유자)	강**	개시결정일	2015.06.25
최저경매가	(70%) 222,050,000원	토지면적	205㎡(62.01평)	배당종기일	2015.09.14
입찰보증금	(10%) 22,205,000원	건물면적	270.28㎡(28.01평) 제시외81.8㎡(24.74평)	조회수	오늘1 전체341
참고사항	제시외건물포함. 목록2. 공부상 지하층이 소재하는 것으로 등재되어 있으나 현황소재불명이며, 3층의 공부상 면적은 38.82㎡로 등재되어 있으나 현황은 약 91.82㎡로 실측되는 바 현황면적을 기준하여 평가하였음.					

소재지/감정서	면적(단위:㎡)	경매진행결과	임차관계/관리비	등기부상관리관계

시 **구 **동 *-** [**로 ***번길 **-**]
 	
-벽돌및시멘트벽돌조 슬래브지붕
-**초등학교남측인근
-부근단독주택및다세대주택, 아파트단지, 학교시설등형성
-차량접근가능
-인근시내버스(정)소재
-교통사정보통
-세장형완경사지
-서측폭4m도로이용중
-온수보일러난방
 	
-2종일반주거지역
-가축사육제한구역
-학교환경위생정화구역
	물건번호: 단독물건
	
	대지 205
	  (62.01평)
	  ₩220,375,000
	건축
	·1층주택 89.04
	  (26.93평)
	  ₩28,136,640
	·2층주택 89.42
	  (27.05평)
	  ₩29,776,860
	·3층주택 38.82
	  (11.74평)
	  ₩30,576,060
	실:91.82
	·지하실53(16.03평)
	-총 3층
	-승인:1984.11.29
	-보존:1985.02.06
		감정가 317,214,560
		  대지 220,375,000
		  건물 88,489,000
		① 317,214,560
		  2015-12-01 변경
		① 317,214,560
		  2016-02-29 변경
		① 317,214,560
		②30%↓222,050,000
		  2016-06-14 매각
		
		매각가 266,119,000
			**투자
			(보)30,000,000
			주거,점포/1층전부
			전세권자
			등기부상
			유**
			전입 2011.08.29
			확정 2014.06.27
			전입 2015.07.15
			(보)90,000,000
			김**
			전입 2014.05.20
			확정 2014.09.26
			배당 2015.07.24
			(보)8,000,000
			오**
			전입 2014.05.20
			확정 2014.08.18
			전입 2015.08.19
			(보)50,000,000
			박**
			전입 2014.05.20
			확정 2014.08.18
			배당 2015.08.07
			(보)5,000,000
				근저당 **자산관리
				[공동] 2007.08.03
				  221,000,000
				소유권 강**
				  2014.03.03
				전소유자:신**
				근저당 **투자
				[공동] 2014.03.20
				  30,000,000
				존속기간:
				  2015.03.20
				임차권 유**
				  2014.10.31
				  90,000,000
				전입:2011.08.29
				확정:2014.06.27
				보증금
				  90,000,000
				임 의 **자산관리
				[공동] 2015.07.02
				  2015타경14334

    말소기준권리 : 07.08.03. 근저당 **자산관리(공동저당), 임차인 : 사건참조

  단독주택으로 토지(부동산1)와 건물(부동산2)이 같이 경매에 나온 사건이다. 소액임차인 김**, 박** 에게는 해당 범위 내에서 본인의 보증금이 우선 배당된다.(미납한 월세 공제) 다음으로 본 부동산과 관련한 당해세가 배당된다.(토지와 건물 각각 공제) 다음으로 근저당권자인 **자산관리에게 우선 배당된다. 여기서 배당을 전액 받게 되면 소액임차인에 해당하는 기준일자와 보증금액이 달라지는데, 이를 적용받는 오** 임차인도 소액임차인에 해당되어 우선 배당된다. 이후 확정일자 임차인인 유** 에게 나머지 배당액이 돌아가게 된다.

○○지방법원배당표

사 건   2015타경*****부동산임의경매

명세	배당할금액		금	266,143,584	
	매각대금	금	266,119,000		
	지연이자 및 절차비용	금	0		
	전경매보증금	금	0		
	매각대금이자	금	24,584		
	항고보증금	금	0		
집행비용		금	3,806,124		
실제배당할 금액		금	262,337,460		
매각부동산		별지 기재와 같음			
채권자		김**	**시 **구	박**	
채권 금액	원 금	8,000,000	427,960	3,900,000	
	이 자	0	0	0	
	비 용	0	0	0	
	계	8,000,000	427,960	3,900,000	
배당순위		1	1(부동산2와 관련) 2(부동산1과 관련)	1	
이유		임차인(최우선소액 임차인)부동산 1과 관련	교부권자(당해세)	임차인(최우선소액 임차인-부동산 1과 관련)	
채권최고액		0	0	0	
배당액		8,000,000	427,960	3,900,000	
잔여액		254,337,460	253,909,500	250,009,500	
배당비율		100%	100%	100%	
공탁번호(공탁일)		금제 호(. . .)	금제 호(. . .)	금제 호(. . .)	

채권자		****자산관리	유**	오**
채권금액	원 금	151,702,284	90,000,000	19,000,000
	이 자	44,970,375	0	0
	비 용	0	0	0
	계	196,672,659	90,000,000	19,000,000
배당순위		2(부동산2와 관련) 3(부동산1과 관련)	3(부동산2와 관련) 5(부동산1과 관련)	4
이유		신청채권자겸근저당권자	임차인 (확정일자임차인)	임차인(최우선소액임차인) 부동산1과 관련
채권최고액		221,000,000	0	0
배당액		196,672,659	34,336,841	19,000,000
잔여액		53,336,841	19,000,000	0
배당비율		100%	38.15%	100%
공탁번호(공탁일)		금제 호(. . .)	금제 호(. . .)	금제 호(. . .)

2016. *. *.
사법보좌관 ○○○

2016-0075826***-B1***   위변조 방지용 바코드입니다.

③ **자산관리공사 근저당권에 의한 임의경매, 배당액 300,200,444원

○○4계 2014-2***[1] **동 아파트

사건번호	2015-***** 임의	채권자	**은행	건물용도	아파트
감정평가액	207,000,000원	채무자(소유자)	박** 외1 / 박**	개시결정일	2014.02.11
최저경매가	(70%) 144,900,000원	토지면적	26.5㎡(8.02평)	배당종기일	2014.04.30
입찰보증금	(10%) 14,490,000원	건물면적	84.87㎡(25.67평)	조회수	오늘1 전체486

소재지/감정서	면적(단위:㎡)	경매진행결과	임차관계/관리비	등기부상관리관계
305-308 **시 **구 **동 **-** ** 9층 ***호 [***로718번길 **] -****버스(터)북서측 인근 -주위아파트,단독주택 ,재래시장및근린생활 시설등현성권유성재래 시장주변상업지대 -소형차량출입가능 -버스(정)인근소재 -제반대중교통사정보통 -가장형토지 -남측4m도로접함	물건번호: 1번 (총물건수 3건) 1)대지 26.5/212 (8.02평) ₩49,680,000 건물 84.87 (25.67평) ₩157,320,000 -총9층 -보존:2005.10.04 승강기겸용계단통행식	감정가 207,000,000 대지 49,680,000 건물 157,320,000 ① 207,000,000 2014-08-26 유찰 ②30%↓144,900,000 2014-10-07 매각 매각가 173,789,000	여** 전입 2005.09.15 주거 조사서상 *소유자점유. 소유자박**의 딸 **에게 문의한바, 임대차 관계는 없다고 함. 해당 주민 센터에 전입세대 확인한 바, 여**세대 (2005.9.15) 전입. 임차인 통지를 하기 위해 작성된 것임. 임차인을 직접 조사하지는 못하였으 므로 점유관계 등은 별도 확인 요망. 이 사건호실들은 호실을 표시하는 인식표, 경계표시,바닥표시,경계벽 등이 없고 층도명도 게시되 어 있지 않아 건축물대장상 의 도면에 의해서만 호실구 분이 가능한 상태임.	소유권 박** 2015.10.04 근저당 **관리공사 **시 2005.10.04 90,000,000 근저당 **관리공사 **시 2012.05.14 120,000,000 임 의 **관리공사 2014.02.11 **시 *청구액:110,949,202원 채권총액 210,000,000원

[1] 말소기준권리 : 05.10.04. 근저당 **관리공사, 매각 14.10.07. 173,789,000원

[2] 말소기준권리 : 11.07.26. 근저당 **관리공사, 매각 16.05.10. 42,375,000원

[3] 말소기준권리 : 11.07.26. 근저당 **관리공사, 매각 16.02.29. 58,000,000원

2014년부터 진행된 총 물건수가 3건(대전4계 2014-2***[1][2][3])인 경매사건이다. 물건번호가 여러 개인 경매는 매각일자가 다르다고 하여도, 최종적으로 모두 매각이 종결될 때 비로소 배당을 실시한다.(이시배당 예외) 통상 공동저당을 설정하는 경우에 많이 발생하는데, 이는 배당과 관련하여 상호 우선순위가 달라서 배당에 영향을 미칠 수 있기 때문이다. 개별물건 매수인의 소유권 이전에는 큰 차이가 없으나, 배당과 관련해서는 임차인이 있는 경우 배당기일 이후에 인도명령결정이 나게 되고, 강제집행도 늦어지기 때문에 인도에 어려움이 생길 수 있다. 배당을 보면 1순위로 근저당권자와 최우선 소액임차인이 받았고, 2순위로 확정일자임차인과 근저당권자가 받았고 3, 4, 5순위로 교부권자와 확정일자임차인 등으로 받았다. 명세사항에 전경매보증금, 항고보증금 등도 배당에 포함되있다.

○○4계 2014-2***[2]　**동 상가

사건번호	2014-***** 임의	채권자	**은행	건물용도	상가
감정평가액	105,000,000원	채무자(소유자)	박**	개시결정일	2014.02.11
최저경매가	(34%) 36,015,000원	토지면적	25.08㎡(7.59평)	배당종기일	2014.04.30
입찰보증금	(10%) 3,601,500원	건물면적	62.65㎡(18.95평)	조회수	오늘1 전체253
참고사항	・3번 물건과 벽체없이 오픈상가로 운영중.				

소재지/감정서	면적(단위:㎡)	경매진행결과	임차관계/관리비	등기부상관리관계
시 **구 **동 * ***** 5층 ***호 [**대로317번길 **] -2015.10월감정 -철콘조철콘평슬래브 지붕 -판매및영업시설및2 종근린생활시설 -**초등학교동측인근 위치 -주위가급학교, 공원, 관공서, 아파트, 상가및 각종근린생활시설등소재	물건번호: 2번 (총물건수 3건) 2)대지 25.082/1455.9 (7.59평) ₩42,000,000 건물 ・어린이놀이방 62.645 (18.95평) ₩63,000,000 오픈상가 -총6층 -보존:2001.12.01	감정　105,000,000 대지　42,000,000 건물　63,000,000 ①　　105,000,000 　　2015-10-27 유찰 ②30%↓73,500,000 　　2015-12-01 유찰 ③30%↓51,450,000 　　2016-01-12 유찰 ④30%↓36,015,000 　　2016-02-29 매각 매각가 52,680,000	진** 사업 2014.03.11 확정 2014.03.11 배당 2014.04.22 (보)10,000,000 (월) 200,000 점포/전부 점유기간 2013.09.25- 2018.04.30 *임차인점유	소유권 박** 2011.07.26 전소유자:최** 근저당 **은행 여신관리부 2011.07.26 65,000,000 임　의 **관리공사 2014.02.11 **시 *청구액:110,949,202원 채권총액 65,000,000원

○○4계 2014-2***[3]　**동 상가

사건번호	2014-***** 임의	채권자	**은행	건물용도	상가
감정평가액	155,000,000원	채무자(소유자)	박**	개시결정일	2014.02.11
최저경매가	(34%) 56,165,000원	토지면적	37.08㎡(11.22평)	배당종기일	2014.04.30
입찰보증금	(10%) 5,316,500원	건물면적	92..61㎡(28.01평)	조회수	오늘1 전체141
참고사항	・2번 물건과 벽체없이 오픈상가로 운영중.				

소재지/감정서	면적(단위:㎡)	경매진행결과	임차관계/관리비	등기부상관리관계
시 **구 **동 * ***** 5층 ***호 [**대로317번길 **]] -2015.10월감정 -철콘조철콘평슬래브 지붕 -판매및영업시설및2 종근린생활시설 -**초등학교동측인근 위치	물건번호: 3번 (총물건수 3건) 2)대지 37.078/1455.9 (11.22평) ₩62,000,000 건물 ・어린이놀이방 92.606 (28.01평) ₩93,000,000 오픈상가 -총6층 -보존:2001.12.01	감정　155,000,000 대지　62,000,000 건물　93,000,000 ①　　155,000,000 　　2015-10-27 유찰 ②30%↓108,500,000 　　2015-12-01 유찰 ③30%↓75,950,000 　　2016-01-12 유찰 ④30%↓53,165,000 　　2016-02-29 매각 매각가 58,000,000	진** 사업 2014.03.11 확정 2014.03.11 배당 2014.04.22 (보)13,000,000 (월) 300,000 점포/전부 점유기간 2013.09.25- 2018.04.30 *임차인점유	소유권 박** 2011.07.26 전소유자:최** 근저당 **은행 ****지역 2011.07.26 65,000,000 임　의 **관리공사 2014.02.11 **시 *청구액:110,949,202원 채권총액 65,000,000원

○○지방법원배당표

사 건	2014타경*****부동산임의경매			
배당할금액		금	300,2000,444	
명세	매각대금	금	274,164,000	
	지연이자 및 절차비용	금	0	
	전경매보증금	금	3,601,500	
	매각대금이자	금	764,408	
	항고보증금	금	21,670,536	
집행비용		금	5,111,360	
실제배당할 금액		금	295,089,084	
매각부동산	별지 기재와 같음			
채권자		**은행	**은행	진**
채권 금액	원 금	28,977,165	61,000,000	9,000,000
	이 자	13,112,603	8,363,744	0
	비 용	0	0	0
	계	42,089,768	69,363,744	9,000,000
배당순위		1	1	1
이유		신청채권자겸근저당권자(부동산 2, 3과 관련)	신청채권자겸근저당권자(부동산 1과 관련)	임차인(최우선소액임차인-부동산 2와 관련)
채권최고액		65,000,000	90,000,000	0
배당액		42,089,768	69,363,744	9,000,000
잔여액		252,999,316	183,635,572	174,635,572
배당비율		100%	100%	100%
공탁번호(공탁일)		금제 호(. . .)	금제 호(. . .)	금제 호(. . .)

채권자		진**	**자산관리공사(****지역본부)	
채권금액	원금	5,800,500	12,966,019	1,504,600
	이자	0	0	0
	비용	0	0	0
	계	5,800,000	12,966,019	1,504,600
배당순위		2	2	3
이유		임차인(확정일자임차인-부동산 3과 관련)	근저당권자(부동산 1과 관련)	교부권자
채권최고액		0	120,000,000	0
배당액		5,800,500	12,966,019	1,504,600
잔여액		168,835,072	155,869,053	154,364,453
배당비율		100%	100%	100%
공탁번호(공탁일)		금제 호(. . .)	금제 호(. . .)	금제 호(. . .)
채권자		***세무서	***세무서	진**
채권금액	원금	71,360,360	140,832,920	1,000,000
	이자	0	0	0
	비용	0	0	0
	계	71,360,360	140,832,920	1,000,000
배당순위		3	3	3
이유		교부권자	교부권자	임차인(확정일자임차인-부동산 2와 관련)
채권최고액		65,000,000	90,000,000	0
배당액		42,089,768	69,363,744	9,000,000
잔여액		252,999,316	183,635,572	174,635,572
배당비율		100%	100%	100%
공탁번호(공탁일)		금제 호(. . .)	금제 호(. . .)	금제 호(. . .)

채권자	**보험 **지사	**시 *구	**시 *구
채권금액 원금	525,080	270,350	34,427,490
이자	0	0	0
비용	0	0	0
계	525,080	270,350	34,427,490
배당순위	4	5	5
이유	교부권자	교부권자	교부권자
채권최고액	0	0	0
배당액	525,080	264,695	33,707,405
잔여액	33,972,100	33,707,405	0
배당비율	100%	97.91%	97.91%
공탁번호(공탁일)	금제 호(. . .)	금제 호(. . .)	금제 호(. . .)

2016. *. *.
사법보좌관 ○○○

2016-0075826***-B1*** 위변조 방지용 바코드입니다.

03 배당기일 지정

　배당기일이란 강제집행절차에 있어 배당을 실행하는 경우 배당표에 의한 진술과 실제 배당을 집행하기 위해 법원이 지정한 기일을 말하며, 배당기일에 출석하지 않으면 채권자는 배당에 동의한 것으로 간주한다. 배당기일통지서는 지정된 배당일을 알리는 내용으로 채권자, 채무자, 임차인 등 배당과 관련된 모두에게 전달하기 위해 작성된 문서로써 배당기일 날짜와 시간, 장소의 안내와 배당과 관련된 주의사항이 적혀 있다. 배당기일은 매각대금 납부 후 2주 내로 잡아야 하지만, 송달기간을 고려하여 매각대금 납부 후 1개월 내외로 잡는다. 배당기일통지서의 주의사항을 보면 △임차인을 제외한 채권자는 채권계산서를 1주 안에 제출하되, 채권원인증서의 사본을 첨부할 것 △서기료를 집행비용을 인정받기 위해서는 법무사 영수증 등의 소명자료를 제출할 것 △임차인이 배당금 수령시 임대차계약서 원본, 주민등록초본, 인도확인서, 매수인의 인감증명서 등을 제출 할 것 △임금채권에 의한 우선변제의 경우 이를 입증할 법원의 확정판결이나 노동부의 체불임금확인서를 첨부할 것 △ 대리인의 경우 위임장, 위임장의 인감증명서 등을 제출할 것 △배당금 유무는 배당기일 3일 전에 집행계에 확인 가능 △배당이의는 배당장소에서 배당기일 당일에 한해 구술로 진술할 것(채무자는 배당기일 3일전부터 서면도 가능) △배당이의를 한 경우 7일 이내 집행계에 소 제기증명서를 제출할 것 등이 주요 내용이다.

　이 중 채권계산서를 제출할 때에는 경매계에서 지정한 양식을 활용하되, 계산서 안에는 채권원금, 이자, 비용, 기타 부대채권과 그 합계를 적어야 한다. 가압류권자의 경우 배당금교부신청서를 제출하면 되는데, 신청서 내용에는 본안 승소의 판결을 받아, 동 판결이 확정되었다는 내용과 이를 입증하는 첨부자료를 제출해야 배당기일에 이상 없이 배당 받을 수 있게 된다. 채권자가 최고가매수인자로 상계 신청을 한 경우에 경매계는 차액지급에 관한 허부를 결정하게 되는데,

허가가 나면 배당기일에 채권자의 배당금액을 제외한 나머지 대금을 납부하면 된다. 허가가 나면 법원에서의 통지서는 '대금지급기한 및 배당기일통지서'의 내용으로 발송되며, 나머지 내용은 배당기일 통지서와 동일하다. 다만 배당기일에 매수인이 배당받아야 할 금액에 대한 이의제기 있을 시에는 매수인은 배당이의가 제기된 금액만큼은 납부해야 하며, 내지 못하면 재매각을 명할 수도 있다.

(1) 채권자 배당기일 통지문

서울중부지방법원
배당기일통지서

채권자   서울 서초구 서초대로 1234 (서초동, 한국빌딩 5층)
          공룡 주식회사 대표이사 다이노

|||||||||| 06601

(민사집행과 경매1계)
2016-001-00001111-001

이 사건의 사건번호는 중부지방법원
2016타경123456 부동산임의경매

예정기일 : 2016. 10. 24. 14:00.
담당재판부 : 경매1계   법원주사보 손오공
직통전화 : 02-0777-1111   팩스 : 02-0777-1112

e-mail :
재판부 이메일 주소는 문의사항을 연락하기 위한 연락처이므로 재판부 이메일 주소로 전자문서를 전송하는 경우에는 서면을 제출한 효력이 발생하지 아니함을 유의하시기 바랍니다.
사건진행과 관련된 정보 (송달과 확정내역 포함)는 대한민국 법원 홈페이지 (http://www.scourt.go.kr) '나의사건검색' 란에서 편리하게 조회할 수 있습니다.
다만, 부동산등경매사건은 대한민국법원 경매정보홈페이지 (http://www.courtauction.go.kr) 경매사건검색에서 조회할 수 있습니다.

(2) 배당기일 통지서

서울중부지방법원
배당기일통지서

[경매1계]

사　　건　　2016타경123456 부동산임의경매
채 권 자　　공룡 주식회사
채 무 자　　주식회사 개구리
소 유 자　　채무자와 같음

배 당 기 일　　2016. 10. 26. 14:00 제106호 법정

위와 같이 배당기일이 지정되었으니 이 법원에 출석하시기 바랍니다.

2016. 10. 6.
법원주사보　손오공

1. 임차인을 제외한 채권자는 채권의 원금·배당기일까지의 이자, 그 밖의 부대채권 및 집행비용을 적은 계산서를 이 통지서를 받은 날로부터 1주 안에 법원에 제출하시기 바랍니다. 채권계산서 양식은 아래 1)과 같습니다. (임차인은 아래 3.의 서류만 제출하시면 됩니다) 채권자가 채무자로부터 전부 변제받은 경우에도 채권계산서를 제출하여 주시기 바랍니다. (이 경우 채권 원금, 이자, 비용, 합계를 각 "0원"으로 기재합니다.)

※ 경매신청서 작성 서기료를 집행비용으로 인정받기 위해서는 반드시 지출을 소명하는 해당 법무사 작성의 영수증 등 소명자료를 제출하여야 합니다. (경매신청서에 법무사제출 위임장이 첨부되어 있는 경우도 제출하여야 함.)

2. 계산서에는 채권원인증서의 사본을 첨부하고, 채권원인증서의 원본은 배당요구서에 첨부한 경우가 아니면 배당 당일에 제출하셔야 합니다.

3. 임차인이 배당금을 수령하려면 ①임대차계약서원본, ②주택임차인은 과거주소변동 사항이 포함된 주민등록등본 또는 초본, 상가건물임차인은 상가건물 임대차 현황서 등본, ③ 매수인의 인감이 날인된 임차목적물명도(퇴거) 확인서, ④매수인의 인감증명서를 각 1통씩 배당 당일에 제출하셔야 합니다. (단, 배당요구종기까지 배당요구한 임차인에 한하여 배당받을 수 있습니다.) 명도(퇴거)확인서 작성요령은 아래 2)에 있습니다.

4. 근로자가 집행법원에「근로기준법」제38조에서 정한 임금채권 및「근로자퇴직급여보장법」제11조에서 정한 퇴직금채권의 우선변제권에 기한 배당요구를 하는 경우에는, 판결 이유 중에 배당요구 채권이 우선변제권 있는 임금채권이라는 판단이 있는 법원의 확정판결이나 노동부 지방사무소에서 발급한 체불임금확인서 중 하나와 다음에서 열거한 서면 중 하나를 소명자료로 첨부하여야 합니다.
   가. 사용자가 교부한 국민연금보험료원천공제계산서(국민연금법 제77조 참조)
   나. 원천징수의무자인 사업자로부터 교부받은 근로소득에 대한 원천징수영수증(소득세법 제143조 참조)
   다. 국민연금관리공단이 발급한 국민연금보험료 납부사실 확인서(국민연금법 제75조 참조)
   라. 국민연금관리공단이 발급한 국민연금보험료 납부사실 확인서(국민연금법 제62조 참조)
   마. 노동부 고용지원센터가 발급한 고용보험 피보험자격취득확인통지서(고용보험법 제14조 참조)
   바. 위 가.항 내지 라.항 기재 서면을 제출할 수 없는 부득이한 사정이 있는 때에는 사용자가 작성한 근로자명부(근로기준법 제40조 참조) 또는 임금대장(근로기준법 제47조 참조)의 사본 (다만, 이 경우에는 사용자가 사업자등록을 하지 아니하는 등의 사유로 위 가.항 내지 라.항기재 서면을 발급받을 수 없다는 사실을 소명하는 자료도 함께 제출하여야 함)

5. 대리인이 배당금을 수령할 때에는 주민등록증 기타신분증을 지참하시고 위임장 2통, 위임자의 인감증명서 2통, 법인인 경우에는 법인 등(초)본 2통, 기타자격증명서면(재직증명서 등)을 제출하셔야 합니다. 위임장 작성 요령은 아래 3)에 있습니다.

6. 대리인이 배당기일에 출석하여 배당이의를 할 때에는 개인의 경우 배우자 또는 4촌 이내의 친족, 법인의 경우 피고용자로서 소송대리허가신청서와 관계 소명자료(주민드록등본, 호적등본, 재직증명서 등)를 작성, 제출하여 집행법원의 허가를 받아야 합니다.

7. 배당기일통지서를 받은 이해관계인일지라도 배당순위에 의하여 배당금이 없는 경우도 있습니다. 배당금 유무는 배당기일 3일 전부터 집행계에 확인하실 수 있습니다.

8. 채권자가 배당액을 입금할 예금계좌(예금통장사본 첨부) 및 채권자의 주민등록번호(법인의 경우 사업자등록번호)를 신고하면 그 예금계좌에 입금하여 드릴 수 있습니다. 이 경우 입금에 소요되는 수수료는 채권자 부담입니다.

9. 배당이의는 지정된 배당장소에서 배당기일 당일에 한하여 구술로만 가능합니다. (단, 채무자는 배당기일 3일전부터 서면으로도 가능)

10. 배당이의를 한 경우에는 배당기일로부터 7일 이내에 집행계에 배당이의의 소 제기증명서 및 그 소장 사본을 제출하거나 또는 청구이의의 소 제기증명서, 그 소장 사본 및 집행정지재판의 정본을 제출하여야 합니다.

11. 배당금이 공탁된 이후에는 본인이 직접 배당금을 수령하는 경우에도 인감도장을 지참하고, 인감증명서(발급일로부터 3월 이내의 것, 그러나 관공서인 경우와 배당금 1,000만원 이하를 청구하는 경우에는 제출할 필요 없음)를 공탁관에게 제출하여야 합니다.(주소변동이 있는 경우 주민등록초본 등도 필요)

12. 사건진행ARS는 지역번호 없이 1588-9100입니다. 바로 청취하기 위해서는 안내음성에 관계없이 '1' + '9' + [열람번호 000210 2016013 40112] + '*'를 누르시면 됩니다.

법원 소재지	
전화[장소]	

* 해당 장만 제출하세요.

1) 사건번호 2016타경123456

구 분	채권원금	이 자 (2017. . .부터 배당기일까지)	기 타 (비용, 부대채권)	합 계
채권계산서				

2016. . .

채권자   (날인 또는 서명) ☎ :

2) 문서제목을 명도(퇴거)확인서로 하여 배당기일통지서상의 『사건번호, 사건명, 채권자, 채무자의 표시와 퇴거대상 부동산의 표시』를 한 다음, 『임차인 OOO는 매수인 OOO에게 위 부동산을 O년 O월 O일 틀림없이 비워주었다』는 사실을 기재하시고 매수인의 인감날인을 받으면 됩니다. (임차인은 위 서류를 미리 준비해 두셨다가 배당기일 당일에 제출하시거나, 일단 본인의 배당금(배당표)을 최종 확인하신 후 이를 준비하여 배당기일로부터 가능한 한 1주일 내에 담당계에 들러 위 서류들을 제출하여 배당금출급명령을 수령하셔도 됩니다.)

3) 배당기일통시서상의 『사건번호, 사건명, 채권자, 채무자의 표시와 위임을 한 사람과 위임받은 사람을 기재하시고, 위임인 OOO는 O년 O월 O일 수임인 OOO에게 '배당금 출급 및 수령에 관한 권한 일체를 위임해 주었다』는 사실을 기재하고 인감도장을 날인한 위임장 2통을 작성하시면 됩니다.

(3) 대금지급기한 및 배당기일 통지서

(민사신청과 경매1계)
2016-013-14876-12-01-10-.

[경매1계]

서울중부지방법원
대금지급기한 및 배당기일통지서

사 건 2016타경123456 부동산임의경매
채 권 자 공룡 주식회사
채 무 자 주식회사 개구리
소 유 자 주식회사 개구리
매 수 인 공룡 주식회사

대금지급기한 및 배당기일 2016. 10. 26. 14:00 제106호 법정

위와 같이 대금지급기한 및 배당기일이 지정되었으니 이 법원에 출석하시기 바랍니다.

2016. 10. 6.

법원주사보 손오공 (직인생략)

(4) 채권 계산서

채 권 계 산 서

사건번호 2016타경123456
채 권 자 공룡 주식회사(서울시 서초구 서초대로 1234)
채 무 자 주식회사 개구리(서울시 강남구 강남대로 4321)

위 사건에 관하여 배당요구채권자 공룡 주식회사는 아래와 같이 채권계산서를 제출합니다.

아　래

1. 원금   591,000,000원정
   (2015년 9월 15일자 미수금)
1. 이자   39,573,000원정
   (2015년 9월 15일부터 2016년 10월 26일까지의 연 6푼의 이율에 의한 이자금)

2016년 10월 12일

채권자(배당요구채권자) 공룡 주식회사 (인)
연락처(☎) 010-0123-4657

서울중부지방법원 귀중

✔ **유의사항**

1) 집행법원의 제출최고에 의하여 제출하는 채권계산서에는 ①채권의 원금, ②이자, ③비용, ④기타 부대채권을 기재합니다.
2) 인지는 붙이지 않고 1통을 제출합니다.

채권 원리금 계산서

거래처 : 주식회사 개구리

기준일자 : 2016-10-12
(단위 : 원)

대출과목	미수금	합계
채권번호		
통화	KRW	KRW
원금(A)	591,000,000	591,000,000
미수이자(B)		
가지급금(C)		
이자계산 시작일	2015-09-15	
이자계산 종료일	2016-10-26	
일수	409	
이율	6.00	
이자금액(D)	39,573,000	39,573,000
이자합계 E=B+D	39,573,000	39,573,000
합계 F=A+C+E	630,573,000	630,573,000

(5) 배당금 교부 신청서

배당금교부신청서

채 권 자   공룡 주식회사
채 무 자   주식회사 개구리

위 당사자간의 귀원 2016타경123456배당사건에 관하여 채권자는 별지 판결정본과 같이 가압류사건의 본안 승소의 판결을 받아 동 판결이 확정되었으므로 배당금을 교부하여 주십시오.

첨부서류

1. 가압류결정정본(사본)   1부.
1. 집행력 있는 집행권원 정본   1부, 사본 1부.
1. 집행권원에 대한 송달·확정증명원 1부.
1. 가압류신청서사본   1부.

2016. 10. 12.

위 채권자   공룡주식회사
대표이사 다이노 (인)

서울중부지방법원 귀중

04 배당금 수령 방법

배당기일에 법정에 가면 배당표가 놓여 있다. 3일 전부터 경매계에 유선상으로 본인의 배당액 및 배당과 관련된 쟁점사항이 있다면 그 내용을 문의하면 된다. 배당금 수령과 관련하여 필요한 서류는 다음과 같다.

임차인(전세권자) : 신분증, 임대차계약서 원본, 주민등록초본, 인도확인서(매수인의 인감날인), 인감증명서(매수인)

※ 배당기일 경과 시 인감증명서(임차인) 2통

근저당권자 : 신분증, 근저당권 등기권리증(원본), 원인증서(약정서, 차용증 등)
가압류권자 : 신분증, 가압류결정문, 가압류신청서 사본

※ 대리인 : 대리인의 신분증 및 도장

위임장 2통, 위임자의 인감증명서 2통, 주민등록초본 2통
(법인의 경우) 법인인감증명서 2통, 법인등기사항증명서 2통

배당기일에는 필요서류를 준비 후, 배당기일에 시간에 맞게 법원에 가면 배당법정 앞에 배당절차에 관한 안내문이 보이는데 이를 확인 후, 법정 입구에 그 날 진행하는 배당관련 사건과 관련하여 준비된 배당표를 확인하면 한다. 배당절차는 통상 14시 경에 많이 진행하는데, 담당 사법보좌관은 당일 사건을 호명하고 관계인의 이름을 부른 후, 채권자, 채무자, 소유자, 근저당권자 등의 출석여부를 확인한다. 그리고 배당에 대한 이의제기 여부를 묻는데, 예로 채권자가 소액임차인에 대한 이의를 제기하면, 사법보좌관은 이의 있는 부분의 배당을 중지하고 이의 없는 부분에 관해서는 배당표에 의하여 배당을 실시하게 된다.

배당절차가 종료되고, 특별한 이상이 없으면 담당경매계로 찾아간다. 경매계에 가서 우선 법원보관금 출급(환급)명령서를 발급 받아 법원보관금 출납계로 간다. 법원보관금 출납계에 명령서와 신분증을 제출하고 서류에 서명 날인하면 법

원보관금 출금(환급)지시서를 주는데, 이를 발급 받아 은행에 가서 지급 받으면 된다. 법원보관금 출급(환급)명령서에는 경매 사건번호, 출급금액, 출급금 종류, 청구자, 입금내용과 관련된 내용이 기재되어 있다. 참고로 배당금과 관련해서는 별도의 원천징수세(소득세, 주민세)가 나오지 않는다.

경매를 신청한 당사자라면 담당경매계에 법원보관금 환급신청을 요청하면 경매관련 등록면허세, 송달료, 매각수수료, 감정평가수수료, 현황조사수수료 등이 기록된 집행비용계산서와 법원보관금 출급명령서를 발급해주는데, 이 또한 위와 같이 진행하여 경매예납 잔여금을 환급받으면 된다. 채권의 일부만 배당받는 채권자는 부기 및 환부신청서와 함께 집행력 있는 정본 또는 공정증서 등을 제출하여 정본에 배당액을 기입하여 반환받았음을 알리는 내용을 기록하고, 법원에는 배당액 영수증을 제출해야 한다.

만약 배당기일이 10일 이상 지난 상태라면 위 절차대로 진행 후, 공탁금출급회수신청서, 공탁금출급회수청구서를 추가로 발급 받아서 청구하면 된다. 배당기일에 참석하지 않거나 필요서류를 준비하지 못해 배당금을 수령하지 못한 경우, 배당금은 경매계에서 10일간 보관하다가 공탁계로 넘기게 된다.

교부받은 배당표에 이의가 있을 시에는 배당기일 꼭 참석하여, 구두로 이의제기해야 한다. 이의제기가 있을 시 배당을 전체적으로 진행시킨 후 마무리하고, 잠시 후 다시 모여 이의내용을 다시 재검토하여 배당을 중지하거나 이의제기한 내용에 따라 그 당사자의 배당액만 공탁시킨 후 다른 배당은 그대로 진행시킨다. 배당절차는 주로 사법보좌관이 진행하는데, 사건이 호명되면 우선 간략하게 이의제기 의사를 표시하면 되고 다시 법정에 가서 이의제기하는 상대방과 그 채권액의 범위 등을 구체적으로 명시해줘야 한다.

현장에서 보면 이의제기 신청시 대부분 기각되어 배당이의를 받아들이지 않는다. 배당표의 작성과정에 잘못된 계산이 있거나 소소한 금액의 누락 정도는 당일 확인하여 정정도 가능하지만 다툼이 예상되거나 채권자의 채권의 존부 등의 다툼이 예상될 시 집행법원은 이의제기 사유에 대한 실제 여부에 대해 판단하지 못하기 때문에 배당을 중지하고, 수소법원에 이에 대한 심리를 맡겨 결정하게 된다. 이의제기 당사자는 7일 이내에 소제기 증명원을 제출하고 그 내용을 자세히 적어 별도로 제출하면 된다. 소제기 증명원에는 배당표에 기재될 수 없는 채권의 문세나 배당액 산정과 관련하여 법률상의 문제, 가장임차인의 계약서, 입증자료에 대한 위법여부에 대한 문제, 다른 채권원인증서나 기타 입증자료에 대한 진위여부에 대한 문제 등을 다툴 수 있다.

(1) 배당절차에 관한 안내문

배당절차에 관한 안내문

- 경매사건의 배당채권자(대리인 포함)는 담당 경매계에서 「배당표」를 받으시고 그 배당금액 등 내용을 확인하신 후 이의가 있을 경우 담당 경매계장에게 배당 이의에 대한 의견을 미리 말씀해주시기 바랍니다.

- 배당이의 경매사건에 대하여 사법보좌관이 사건과 당사자를 호명하면 신분증을 준비하신 후 법대 앞으로 나와 배당이의의 진술을 하시고, 이의사건은 계속하여 담당판사가 최종적으로 같은 법정에서 재판을 진행하오니 자리를 떠나지 마시고 다시 한번 더 담당 판사에게 배당이의에 관한 진술을 하여야 합니다.

- 배당이의가 받아들여진 경우 배당이의 신청인은 7일 이내에 이법원 신관1층종합민원실에 배당이의의 소장(채무자인 경우에는 청구이의의 소장)을 접수하신 후 「소제기증명원」을 발급 받아 민사시청과 2번 접수창구에 접수하시기 바랍니다. 만약, 7일 이내에 「소제기증명원」을 제출하지 않을 경우 배당이의 신청을 취하한 것으로 간주하오니 유의하여 주시기 바랍니다.

- 배당절차에서 배당이의 없이 확정된 경매사건의 배당금을 수령하시는 분은 배당이의 절차를 마친 후 민사신청과 내 담당 경매계에서 「출급명령서」를 교부하여 드리오니 배당금 수령에 필요한 서류를 준비하여 민사신청과 내 담당 경매계에서 기다려 주시기 바랍니다.

- 「출급명령서」를 받으신 분은 신관1층 종합민원실 보관금담당창구로 가셔서 배당금을 수령하시기 바랍니다.

- 확정된 배당금을 배당기일 이후에 수령하시고자 하는 분의 배당금은 일단 공탁하게 되므로 출급절차를 다시 받으시기 바랍니다.
  배당금 수령을 위하여 「인감증명서 2부(공탁금출급용)」, 「인감도장」, 주소가 변경된 경우에는 「주민등록초본 2부」를 반드시 제출하여야 합니다.

서울중부지방법원 귀중

(2) 배당표

서울중부지방법원
배당표

사 건   2016타경*****부동산임의경매

배당할금액		금	38,898,342	
명세	매각대금	금	38,880,000	
	지연이자 및 절차비용	금	14,842	
	전경매보증금	금	0	
	매각대금이자	금	3,500	
	항고보증금	금	0	
집행비용		금	1,337,368	
실제배당할 금액		금	37,560,974	
매각부동산		별지 기재와 같음		
채권자		**광역시동구	**신용협동조합	**보증기금
채권금액	원 금	7,620	20,000,000	111,926,563
	이 자	0	6,319,111	0
	비 용	0	0	0
	계	7,620	26,319,111	111,926,563
배당순위		1	2	3
이유		교부권자(당해세)	신청채권자겸근저당권자	가압류권자
채권최고액		0	26,000,000	85,175,578
배당액		7,620	26,000,000	11,553,354
잔여액		37,553,354	11,553,354	0
배당비율		100%	100%	13.56%
공탁번호(공탁일)		금제 호(. . .)	금제 호(. . .)	금제 호(. . .)

2016. 10. 24.
사법보좌관 홍길동

1-1

2016-0075826253-B18F8   위변조 방지용 바코드입니다.

(3) 인도 확인서

인 도 확 인 서

사건번호   2016 타경 123457 호
이　　름   돈주랑
주　　소   서울 서초구 중앙로 4길 444(2층)

　위 사건에서 위 임차인은 임차보증금에 따른 배당금을 받기 위해 매수인에게 목적부동산을 인도 하였음을 확인합니다.

첨부서류

매수인 인도확인용 인감증명서 1통

2016년 10월 6일

매수인　　작은손 (인)
연락처(☎) 010-0123-1004

서울중부지방법원 귀중

✔ **유의사항**
1) 주소는 경매기록에 기재된 주소와 같아야 하며, 이는 주민등록상 주소이어야 합니다.
2) 임차인이 배당금을 찾기전에 이사를 하기 어려운 실정이므로, 매수인과 임차인간에 이사날짜를 미리 정하고 이를 신뢰할 수 있다면 임차인이 이사하기 전에 매수인은 인도확인서를 해줄 수도 있습니다.

(4) 법원보관금 출급명령서

법원보관금 출급(환급)명령서

법원코드	과코드	재판부번호
1234567		1004

사건번호	2016타경123453			
진행번호	출급금	원천징수세 금액		세금공제 후 지급액
		소득세	주민세	
2016-800811-[2]	65,000,000	0	0	65,000,000
출급금종류	배당금[36]			
출급청구일				

청구자	성 명	작은손	전 화	02-0123-4567
	주민등록번호 (사업자등록번호)	760907-1234567	우편번호	00123
	주 소	서울시 성동구 둘레길 1004		

대리인	성 명		전 화	
	주민등록번호 (사업자등록번호)		우편번호	
	주 소			

출급구분	원금만 지급	● 원금 및 이자 지급
	원금 및 전체이자 지급	원금만 지급

입금은행 및 계좌번호	해당 없음

위의 보관금을 출급(환급)하시기 바랍니다.

2016. 10. 26.
서울중부지방법원
법원주사보 손오공 (도장)

※ 법원보관금 출급(환급)시 실명 확인을 위하여 필요하오니 주민등록증과 인장을 지참하시기 바랍니다.
 1. 본인 : 주민등록증, 인장
 2. 대리인 : 위임장, 인감증명, 대리인의 주민등록증, 인장
 3. 법인 : 법인등기사항증명서, 위임장, 법인인감, 대리인의 주민등록증, 인장

(5) 법원보관금 출급지시서

법원보관금 출급(환급) 지시서 (은행제출용)

법원코드	과코드	재판부번호
1234567		1004

사건번호	진행번호	출급금	원천징수세 금액		세금공제 후 지급액
			소득세	주민세	
2016타경123453	2016-800811-[2]	65,000,000	0	0	65,000,000

출급금종류	(36)배당금	
출급청구일	2016. 10. 26.	

청구자	성 명	작은손	전 화	02-0123-4567
	주민등록번호 (사업자등록번호)	760907-1234567	우편번호	00123
	주 소	서울시 성동구 둘레길 1004		

대리인	성 명		전 화	
	주민등록번호 (사업자등록번호)		우편번호	
	주 소			

출급구분	(02) 원금 및 이자지급
입금은행 및 계좌번호	(000) 해당 없음
비 고	

위의 보관금(이자)을 ○○은행 ○○지점에서 출급(환급)할 것을 인가합니다.
2016. 10. 26.
서울중부지방법원
세입세출외 현금출납공무원 홍사부 (도장)

위와 같이 보관금(이자)을 수령하였습니다.
년 월 일
청구인 성명   (인)
대리인 성명   (인)   실명확인 (인)

※ 법원보관금 출급(환급)시 실명확인을 위하여 필요하오니 주민등록증과 인장을 지참하시기 바랍니다.

(6) 법원보관금 환급신청서

법원보관금 환급신청서

사건번호　2016 타경 123453 호
채 권 자　작은손
채 무 자　노머니

위 사건에 관하여 신청채권자가 납부한 경매예납잔여금의 환급을 신청합니다.

환급청구금액 : 7,252,000원
신청인 주소 : 서울시 성동구 둘레길 1004
신청인 주민등록번호 : 760907-1234567

2016년 10월 26일

채권자　　작은손　(인)
연락처(☎) 010-0123-1004

서울중부지방법원 귀중

✔ 유의사항

1) 환급청구금액을 정확히 알지 못하는 경우 공란으로 제출하시고 신청인은 주민등록증과 도장을 지참하십시오.
2) 대리인에게 위임시 위임장과 인감증명을 제출하여야 합니다.

(7) 집행비용 계산서

서울중부지방법원 집행비용계산서

사　건　　2016타경123453 부동산임의경매

1. 첩부인지대	5,000원	
2. 서기료	691,000원	
3. 등록면허세(교육세 포함)	1,921,000원	
4. 송달료	181,000원	
5. 등본수수료	9,000원	
6. 등기촉탁수수료	15,000원	
7. 매각수수료	3,518,000원	부족분　681,000원
8. 신문공고수수료	200,000원	
9. 감정평가수수료	1,262,000원	
10. 현황조사수수료	131,000원	
11. 기타(보관료 등)	0 원	
합　계	7,933,000원정	7,252,000원

집행기록에 의하여 위 계산을 하였습니다.

등 본 입 니 다.

2016. 10. 26.
서울중부지방법원

2016. 10. 26.

법원주사보 손오공

(8) 부기 및 환부 신청서

부기 및 환부신청서

사건번호　2016타경123453
채 권 자　작은손
채 무 자　노머니

위 당사자간의 위 사건에 관하여 귀원에서 배당을 실시하고 채권중 아직 나머지 잔액이 있으므로 후일을 위하여 채권원인 증서에 배당액을 부기하여 채권원인증서를 환부하여 주시기 바랍니다.

첨부서류

영수증

2016년 10월 26일

위 채권자　　작은손　
연락처(☎)　010-0123-1004

서울중부지방법원 귀중

✔ **유의사항**
채권원인증서 사본이 있을 경우에는 지참하시기 바랍니다.

(9) 배당금 영수증

배당액 영수증

사 건 번 호   2016타경 123453
채 권 자   작은손
채 무 자   노머니

위 사건에 관하여 집행력 있는 정본에 기한 집행채권액 90,000,000원 중 그 일부인 65,000,000원을 배당액으로서 정히 영수함.

2016년   10월   26일

위 영수인 채권자(배당요구채권자)   작은손 (인)
연락처(☎)   010-0123-1004

서울중부지방법원 귀중

✔ **유의사항**

채권전부의 배당을 받는 채권자는 배당액지급증을 수령하는 동시에 집행력 있는 정본 또는 공정증서(채권증서)등을 채무자에게 교부하여야 하고, 채권의 일부만 배당받는 채권자는 집행력 있는 정본 또는 공정증서(채권증서)등을 제출하여 배당액을 기입하여 반환받음과 동시에 배당액 영수증을 제출하셔야 합니다.

PART **1** 부동산 경매 바로알기

Chapter

건물인도와 강제집행 절차는 이렇게 해라!

11

01 합의서 작성
02 인도명령 신청
03 강제 집행
04 동산경매 신청

01 합의서 작성

　경매를 낙찰 받고, 법적으로 소유권을 이전 받았다고 해서 모든 것이 끝난 것이 아니다. 바로 실제 건물에 점유하고 있는 소유자 또는 임차인, 유치권자, 불법 점유자 등과의 다툼이 필요하다. 이를 위해서 매각이 되고 나면 우선적으로 찾아가서 매수인임을 인지시키고, 협의하는 과정을 가져야 한다. 입찰 전에 방문하는 것과는 다른 지위에 있기 때문에 특별한 상황이 아니라면 대화에 잘 응하는 편이다. 여기서 점유자와의 상황에 따라 인도과정이 얼마나 쉽게 풀릴지, 법적은 분쟁까지 이어지게 되는지를 사전에 어느 정도는 파악이 가능하다. 예로 배당을 전액 받는 임차인이나 큰 손해가 없는 소액임차인의 경우는 오히려 매수인의 인도확인서와 인감증명서가 필요하기 때문에 쉽게 인도가 가능하다. 하지만 배당을 아예 못 받거나 상당 부분 손해를 보는 임차인이나 연세든 소유자가 거주하는 경우 집에 대한 애착이 강할 수 있기 때문에 인도과정이 어려울 수 있다.

　일단 본인이 거주하는 집이 경매가 진행되면 인터넷이나 주변 분을 통해 많은 정보를 묻는다. 처음 당하는 일이라 어떻게 해야 할지 모르기 때문에, 경매절차적인 부분이나 법적인 부분 또는 언제 집을 빼줘야 하는지, 별도로 비용을 달라고 해야 하는지 등을 묻곤 한다. 그러다 보니 자연스럽게 경매가 진행되어 집을 비워줄 때에는 얼마나 주실 건지를 묻게 되고, 언제 이사를 갈 건지나 다른 비용의 처리문제 등에 대해 얘기가 오가게 된다. 매수인의 경우는 우선 빠른 시일 안에 집을 넘겨받고 싶고, 어차피 법적으로 가게 되면 복잡하고 많은 비용도 들기 때문에 어느 정도 선에서 비용을 주고 있는 게 현실이다. 물론 전액 배당받는 임차인에게는 별도로 주지 않아도 된다.

　이러한 과정에서 아무리 인상이 좋고, 좋게 말을 해도 나중에 문제가 생기기 마련이기에 간단하게라도 합의서, 각서, 증명서 등을 통한 서면을 작성해 두는 게 좋다. 합의서나 각서에는 개인마다 상황이 조금씩 다르겠지만, 이사날짜, 공과금 정산, 시설물 보존, 이사비용 등을 구체적으로 명시해 주는 게 좋다. 당초 구두로 한 약속이나 합의서에서 약조한 내용대로 잘 지켜지지 않을 때는 우체국에 가서 내용증명을 보내 재확인시키는 것도 심리적으로 좋은 방법이 될 수 있지만, 극단적인 내용은 가급적 피하는 게 좋고 각자 상황에 맞게 작성하면 된다.

(1) 이행각서와 건물인도 합의서 작성 방법

이 행 각 서

갑 : 작은손 (서울시 성동구 둘레길 1004)
을 : 돈주랑 (서울시 서초구 중앙로4길 444)

목적물의 표시 : 서울시 서초구 중앙로4길 444(2층 전부)
갑과 을은 위 표시 목적물에 대하여 다음과 같이 성실히 이행하기로 약속하며, 이 약속의 내용을 명확히 정리하기 위하여 이 증서를 각 1부씩 상호 보관키로 한다.

-다 음-

1. 을은 위 목적부동산을 타인에게 점유자를 변경하지 아니 한다.
2. 을은 2016년 11월 19일까지 위 부동산을 갑에게 인도한다.
3. 을은 2016년 11월 19일 명도일 까지의 가스, 전기, 수도비 등의 각종 공과금을 정산 한다.
4. 건물에 부착된 전등, 창호, 부착물과 시설물은 현 상태로 두고 이사 한다.
5. 이사시에는 깨끗이 정리하고, 잔존물이 없도록 한다. 인도일 이후에 남아 있는 물건은 폐기처분하여도 민, 형사상의 책임을 묻지 않기로 한다.
6. 약정한 날에 명도를 하지 않을 경우 을은 소유권 이전일인(2016년 10월 5일)부터이 사일까지 월세로 월 200만원을 갑에게 지급한다. 또한 강제집행 때 집행비용은 물론 집행에 소요되는 모든 비용을 갑이 청구하면 을은 지급한다.
7. 갑은 을의 위 1번에서 7번 항을 성실히 이행할 경우 이사비로 금 200만원을 을에게 지급한다.

2016년 10월 20일

갑 : 작
을 : 돈

건물인도 각서

각 서 인   돈주랑
주   소   서울시 서초구 중앙로4길 444(2층 전부)

위 각서인은 다음과 같이 약속하고 다음의 내용을 이행할 것을 각서로써 서약한다.

〈다 음〉

1. 각서인 돈주랑은 2016.11.19.일까지 각서인이 점유하여 사용하고 있는 서울시 서초구 중앙로4길 444(2층)을 부동산경매 최고가매수인 작은손에게 명도한다.

2. 각서인은 1항 부동산내에 있는 물건을 명도일까지 모두 반출하기로 하고, 명도일까지 반출하지 못하는 경우는 나머지 물건은 포기하기로 약조하며 임의로 처분해도 법적인 문제를 제기하지 아니 한다. 또한 건물에 부착된 시설물은 현상태로 보존하기로 한다.

3. 각서인이 제1항, 제2항에서 약속한 건물명도 약속을 이행하지 못할 시에는 작은손에게 위약금 및 월세 명목으로 매월 금 200만원을 지급하기로 한다.

4. 각서인은 명도일까지의 가스, 전기, 수도요금 등을 모두 정산하기로 하며, 모든 약속을 지킬 경우 이사비 명목으로 150만원을 지급하기로 한다.

5. 각서인이 약속을 지키지 않을시 각서인 돈주랑을 사기죄 등으로 고소할 것이며, 이에 대한 어떠한 처벌도 감수하기로 한다.

2016년 10월 20일

건물인도 합의서

사 건 번 호   2016타경123457
최고가매수인   작은손
임 차 인   돈주랑
주　　소   서울시 서초구 중앙로4길 444(2층 전부)

합의 내용

1. 임차인 돈주랑은 2016년 11월 19일까지 점유하고 있는 서울시 중앙로4길 444(2층 전부) 주택을 최고가 매수인에게 무조건 명도한다.
2. 최고가매수인은 임차인에게 인감증명과 명도확인서를 배당받기 위해 사전에 교부하기로 한다. 또한 돈주랑에게 임대보증금 계약금 명목으로 최고가 매수인은 일천만원을 돈주랑 명의의 통장으로 입금하기로 한다.
3. 배당기일(10월 26일)에 돈주랑은 최고가 매수인과 동행하여 배당 받는 즉시 일천만원을 바로 상환한다.
4. 임차인은 명도일까지 관리비, 공과금 등을 정산하기로 하고 모든 시설물은 보존하기로 한다.
5. 최고가매수인은 임차인에게 이사비용 명목으로 일금 2백만원을 명도시에 지불 하기로 한다.
6. 상기 약정일까지 약속을 이행하지 않을시 임차인은 민·형사상의 모든 책임을 지기로 한다.
7. 본 합의서는 먼저 지급한 일천만원에 대한 차용증으로 쓰기로 한다.

2016년 10월 20일

최고가매수인   작은손 (인)
임차인   돈주랑 (인)

(2) 명도이행에 대한 협조 안내와 내용증명 통지문

내용통지문

수신인(점유자)   차○○
주   소   서울시 동대문구 전농동 ○○, ○○빌라 ○○호

귀하가 2011년 9월 11일부터 현재까지 임차하여 거주하고 있는 서울시 동대문구 전농동 ○○, ○○빌라 ○○호는 서울중부지방법원에서 경매가 진행되어 본인이 2016년 9월 14일 서울중부지방법원으로부터 매각허가 결정을 받았으며 10월 5일 소유권 이전 등기를 마쳤습니다. 민사진행법에 의하면 잔금납부 이후에는 소유권이 이전되어 귀하가 거주하고 있는 집은 매수인의 소유가 되므로 다음과 같이 연락드리오니 협조하여 주시기 바랍니다.

귀하는 서울중부지방법원으로부터 임차보증금을 배당받아야 하나 임차보증금을 받으시려면 매수인으로부터 매수인의 인감증명서 첨부된 명도 확인서와 건물을 비워줬다는 확인서를 발부받아 서울중부지방법원에 제출하여야만 임차보증금을 배당 받을 수 있습니다.

이 점을 유의하여 귀하가 거주하고 있는 빌라의 시설물을 현 상태로 보전하시고 가스요금, 전기요금, 수도요금 등의 공과금을 지불하시고 이사하신 후 매수인의 명도확인서와 인감증명서를 발부 받아 서울중부지방법원에 제출하시고 배당을 받으시기 바랍니다.

만일 배당기일인 2016년 10월 26일까지도 이사를 거부할 시 배당일로부터 매월 부동산의 현시시세의 연 15% 법정이자에 해당하는 월 1,700,000만원을 임료로 월세로 계산하여 이를 근거로 가구류, 전자제품 등의 유체동산 가압류 및 경매 처분이 진행될 것이고 명도 소소을 통해 부득이 강제집행이 진행될 것임을 알려드립니다. 더불어 수차례 유선통화를 통해 말씀드린 이사비 지급도 이루어지지 않을 것임을 알려드립니다.

강제집행은 귀하 뿐만 아니라 저 역시 원치 않는 방법이지만 부득이 강제집행이 이뤄지게 되면 강제집행 비용 역시 귀하의 배당금 또는 유체동산 경매대금으로 실행된다는 점에 유의하시어 배당 기일 안에 건물을 명도하여 주시기 바랍니다.

발신인(소유자)   작은손
주   소   서울시 성동구 둘레길 1004

내용 증명

명도 이행에 대한 협조 안내

수 신 인   돈주랑
주   소   서울시 서초구 중앙로4길 444
발 신 인   작은손
주   소   서울시 서초구 둘레길 1004

본인은 서울시 서초구 중앙로4길 444 주택(사건번호 : 2016타경123457)을 낙찰 받은 낙찰자 입니다. 본인은 낙찰 후 수차례에 걸쳐 상기 부동산의 원만한 인도를 위해서 협의 하였으나 협의에 응할 의사를 보이지 않으시고 아무런 법적 책임이 없는 현 낙찰자에게 부당한 이사비 및 점유를 주장하시어 부득이 아래와 같이 최종 통보하여 드리오니 신중히 판단하시길 바랍니다.

-아　　래-

1. 점유자 돈주랑을 상대로 서울중부지방법원에 인도명령 및 강제집행을 신청하겠습니다.

2. 2016년 10월 5일 낙찰자 소유권 취득일 이후부터 본 부동산을 명도할 때 까지 임대료를 본 점유자는 불법 점유에 따른 부당이득을 취하였습니다.

3. 점유자 돈주랑에게 배상 될것으로 예상되는 배당금은 상기 건물의 명도 없이 낙찰자의 명도확인서 및 인감증명서를 수령할수 없으며, 소송을 하게 되면 소송비용과 더불어 월세청구비용, 강제집행비용 등을 점유자에게 청구할 것입니다. 또한 소송이 끝날때까지 배당금 수령을 하실수 없고 모든 비용을 공제하고 수령하게 될 것입니다.

4. 본 증명서 수신후 적법한 응답이 없을 경우 본 내용을 모두 동의하고 향후 법적 소송 진행시 상기 내용을 모두 인정한다고 받아 들이겠습니다.

5. 낙찰 이후 많은 시간이 경과 하였으므로 현명한 판단을 하시어 민·형사상 불이익이 없도록 각별히 유의하시기 바랍니다.

2016년 10월 21일

(3) 유치권 합의서 작성 방법

유치권 합의서

1. 소 유 자 : 권○○

2. 유치권자 : ○○○○○ 주식회사(00000-00000000)
   대표 이○○

3. 부동산의 표시
   가. 경기도 안성시 ○○면 ○○리 000-00
   나. 경기도 안성시 ○○면 ○○리 000-00

4. 유치권의 신고내역
   2016타경 00000 부동산 임의경매 사건과 관련하여 안성시 ○○면 ○○리 000-00 외 지상에 대한 토목 및 바닥콘크리트 타설공사 등을 시행하고 그 대금 80,000,000원을 지급받지 못해 유치권을 신고한바 있다.

5. 합의 금액
   가. 소유자는 유치권의 신고내역과 관련하여 유치권자가 합의 내용을 이행하고 부동산을 명도할 시 금 이천만원을 지불하기로 한다.
   나. 합의 금액은 유치권자의 계좌로 이체하는 것으로 한다.

6. 합의 내용
   가. 유치권자는 실제 공사와 관련된 증빙자료를 소유자에게 제공한다.
   나. 유치권자는 향후 유치권 및 본건 부동산에 대한 일체의 권리를 포기하며, 이와 관련한 민형사상의 이의제기를 하지 않기로 한다.
   다. 유치권자는 소유자에게 본 부동산을 2016년 11월 30일 전에 명도한다.
   라. 유치권자는 소유자에게 임대차 계약과 관련한 권리를 포기한다.
   마. 유치권자는 공장 등록사항을 소유자가 지정한 법인에 명도 전에 이전한다.

첨부

인감증명서, 사업자등록증, 임대차계약서

2016년 10월 20일

(4) 전세보증금 반환 영수증 작성 방법

영 수 증

일억오천만원 (₩150,000,000)

위 금액을 다음 부동산에 대한 임대차 계약 종료로 인해
☐ 전세보증금 중 선금으로 ₩15,000,000원을
☐ 전세보증금 중 잔금으로 ₩135,000,000원을
틀림없이 받았습니다.

부동산의 표시 : 서울시 성동구 성수동 00-00 ○○빌라 00호

2016년 10월 20일

임차인 이름 : _____오만원_____ (서명 또는 인)
전화번호 : 010-0555-0505

임대인 이름 : _____작은손_____ (서명 또는 인)
전화번호 : 010-0123-1004

02 인도명령 신청

　인도의 시작은 인도명령신청이라고 할 수 있다. 인도명령이란 매수인이 매각대금을 납부하고, 소유권을 취득했음에도 채무자나 점유자가 해당 부동산을 계속 점유하고 있어 사용수익을 얻지 못하게 됐을 경우 매수인(소유자)이 법원에 신청해 점유자로부터 그 부동산을 인도받을 수 있도록 하는 것을 말한다. 민사집행법이 제정되기 전까지만 해도 인도소송을 통해 인도받을 수 있던 것을 이제는 인도명령신청으로는 절차가 대폭 간소화된 것이다. 매각대금납부와 동시에 인도명령신청을 하는 경우가 많다.

　인도명령신청은 반드시 매각대금 납부일로부터 6개월 이내에 해야 하는데, 매수인에게 대항할 수 있는 자를 제외하고는 전부 인도명령 대상이 된다. 매수인에게 대항할 수 있는 점유자(선순위임차인, 선순위전세권자, 유치권자, 법정지상권자 등)는 인도소송을 통해 인도를 해야 한다. 인도명령결정이 내려져 점유자가 인도명령결정문을 받고도 점유를 이전해주지 않으면 매수인은 강제집행을 신청할 수 있으며, 인도소송 또한 승소를 하였는데 점유자가 점유를 이전해주지 않으면 강제집행을 할 수 있다. 강제집행을 하게 되면, 법원 집행관이 직접 가서 점유자의 집에 있는 모든 물건을 밖으로 내놓게 됩니다. 통상 실무에서는 매수인은 점유자에게 강제집행 비용을 대신하여 이사비 명목으로 주거용의 경우 200만원 내외로 주고 있다.

　인도명령 결정은 통상 1주일 이내 내려지게 되고, 법원은 인도명령대상자에게 인도명령결정문을 송달하게 된다. 그러면 신청인(매수인)은 본인에게 송달된 '인도명령결정문'과 상대방에게 송달되었다는 '송달증명원'을 가지고 관할 법원의 집행관 사무실에 가서 강제집행신청을 하면 된다. 강제집행신청이 접수되면 별도의 강제집행사건번호가 부여되게 되고 담당부서와 담당관이 배정된다. 대부분 임차인의 경우 인도명령 송달을 받게 되면 심리적으로 위축되기 때문에 이럴 때 이사비용 등의 문제를 다시 협상하면 보다 쉽게 합의를 끌어낼 수 있다. 이렇게 해서 합의가 이뤄지게 되면 강제집행취하 신청서를 작성해 제출하면 되고, 합의가 이뤄지지 않았을 경우에는 강제집행을 진행하면 된다. 집행날짜는 강제집행신청일로부터 15~30일 이내에 결정되고, 담당집행관과 만나 강제집행에 대한 절차에 대해 설명을 듣고, 더불어 강제집행비용(전용 85㎡ 중간층아파트가 150만원 정도)을 예납한다. 집행날짜가 되면 집행관사무실에 사건접수증을 가지고 집행부에 접수를 하고 대기한다. 그러면 집행관이 그날에 집행할 물건과 집행시간을 통보하게 되고, 그 시간에 맞춰 해당 부동산에 가서 대기해 있으면 집행관이 인부들을 데리고 강제집행을 실시하게 된다.

만일 집에 사람이 없는 경우에는 집행불능이 되어 집행은 다음 기일로 정하게 된다. 그러면 이미 납부한 집행비용 중 30%를 추가로 납부하고, 또 다음 집행기일을 잡는다. 이때에는 사람이 없을 것을 대비해서 법원에 등록된 열쇠공, 성인증인 2명, 이삿짐센터(보관비 통상 3개월에 90만원) 등이 함께 동행한다. 강제집행한 이삿짐은 물류센터 등으로 가게 되고, 해당 이삿짐 소유자에게 짐을 가져가라는 내용증명을 보낸다. 3개월 내에 이삿짐을 찾아가지 않으면 신청인(매수인)은 법원에 강제집행한 짐에 대한 매각명령을 신청하고 법원에서는 특별히 문제가 없는 한 매각결정명령을 내려준다. 이후에는 유체동산경매처럼 절차가 진행되고, 매각대금으로 보관비를 충당하면 된다.

인도명령 결정문이 송달 되었는데도 점유자가 인도를 거부하는 경우가 있는데, 타협에 의한 인도가 불가능한 경우 매수인은 강제집행을 할 수 밖에 없다. 매수인에게 인도명령 결정문이 도달하면 해당 법원에 가서 송달증명 및 집행문을 발급받은 후 집행관실에 가서 강제집행을 신청한다. 집행관실에서 강제집행비용을 일부 예납해야 하면 접수순서에 따라 집행을 위한 준비절차를 갖는다. 법원마다 다르지만 3~4주 내로 사전안내를 위한 현장조사를 진행하고 이 후 1~2달 안에 본 집행을 진행한다. 점유자가 협상에 여전히 응하지 않으면 집행날짜에 강제집행을 실시하면 된다. 집행일날 주택 안에 점유자가 있으면 집행관이 물건을 집 밖으로 들어내고 점유자에게 주택을 인도하여 주면서 강제집행은 끝난다. 그러나 점유자가 있음에도 불구하고 집행방해를 목적으로 문을 열지 않아서 집행불능이 되거나 부재중이어서 2회 이상 집행불능이 되면 증인(성인 2인 또는 국가공무원 1

인)입회 하에 강제집행 할 수 있다. 이때 문이 잠겨 있을 때는 열쇠공을 불러 문을 연다. 집행관은 물건 목록을 작성하여 매수인자 비용으로 인근의 물류창고에 보관시킨다. 만약 빈집인 경우 강제집행을 할 필요 없이 관리실에 신고하고 잠금장치를 해제한 후 이사해도 괜찮다.

(1) 부동산인도명령 신청서와 법원의 인도명령 결정문

부동산인도명령 신청

사 건 번 호	2016타경123457
신청인(매수인)	작은손(서울시 성동구 둘레길 1004)
피신청인(임차인)	노머니(서울시 서초구 중앙로4길 444)

위 사건에 관하여 매수인은 2016. 10. 5.에 낙찰대금을 완납한 후 채무자(소유자, 부동산점유자)에게 별지 매수부동산의 인도를 청구하였으나 채무자가 불응하고 있으므로, 귀원 소속 집행관으로 하여금 채무자의 위 부동산에 대한 점유를 풀고 이를 매수인에게 인도하도록 하는 명령을 발령하여 주시기 바랍니다.

2016년 10월 26일

매수인   작은손
연락처(☎) 010-0123-1004

서울중부지방법원 귀중

✔ 유의사항
1) 낙찰인은 대금완납 후 6개월내에 채무자, 소유자 또는 부동산 점유자에 대하여 부동산을 매수인에게 인도할 것을 법원에 신청할 수 있습니다.
2) 신청서에는 1,000원의 인지를 붙이고 1통을 집행법원에 제출하며 인도명령정본 송달료(2회분)를 납부하셔야 합니다.

서울시 성동구 둘레길 1004

작은손
신청인  0777
2060041-538247
(사무과 기타집행3계)
2016-001-00001111-002

이 사건의 사건번호는 서울중부지방법원

2016타인0123 부동산인도명령

예정기일 :
담당재판부 : 기타집행3계   법원주사보 손오공
직통전화 : (02)0777-1111   팩스 : (02)0777-1112

e-mail :
재판부 이메일 주소는 문의사항을 연락하기 위한 연락처이므로 재판부 이메일 주소로 전자문서를 전송하는 경우에는 서면을 제출한 효력이 발생하지 아니함을 유의하시기 바랍니다.
사건진행과 관련된 정보(송달과 확정내역 포함)는 대한민국 법원 홈페이지 (http://www.scourt.go.kr) '나의사건검색'란에서 편리하게 조회할 수 있습니다.
다만, 부동산등경매사건은 대한민국법원 경매정보홈페이지 (http://www.courtauction.go.kr) 경매사건검색에서 조회할 수 있습니다.

서울중부지방법원
결 정

정본입니다.
2016. 11. 2.
법원주사보 손오공

사 건	2016타인0123 부동산인도명령
신 청 인	작은손(760907-1234567)
	서울 성동구 둘레길 1004
피신청인	노머니(740404-1040888)
	서울 서초구 중앙로4길 444

주 문

피 신청인은 신청인에게 별지목록 기재 부동산을 인도하라.

이 유

이 법원 서울중부지방법원 2016타경123457 부동산임의경매에 관하여 신청인의 인도명령 신청이 이유있다고 인정되므로 주문과 같이 결정한다.

2016. 11. 2.

판 사   솔로몬

※ 각 법원 민원실에 설치된 사건검색 컴퓨터의 발급번호조회 메뉴를 이용하거나, 담당 재판부에 대한 문의를 통하여 이 문서 하단에 표시된 발급번호를 조회하시면, 문서의 위·변조 여부를 확인하실 수 있습니다.

(2) 집행관송달 신청과 채무자 등에 송달 신청 방법

집행관 송달신청서

사건번호   2016타경123457
채 권 자   작은손(소유자)
채 무 자   노머니

위 사건에 관하여 소유자는 경매신청서에 기재된 주소지에 거주하고 있으면서 고의로 송달을 불능시키고 있으니 귀원 집행관으로 하여금 송달토록 하여 주시기 바랍니다.

첨부서류

1. 주민등록등본   1통

2016년 11월 9일

채권자   작은손 (인)
연락처(☎) 010-0123-1004

서울중부지방법원 귀중

특별송달신청

채권자 겸 소유자 　 작은손
채　무　자　 　 노머니

위 당사자간 2016타경123457 부동산경매사건에 관하여, 채무자는 소장 기재주소에 거주하고 있으면서도 인도명령결정 수령을 거절하고 있으므로, 귀 원 소속 집행관으로 하여금 특별송달하여 주시기 바랍니다.

*첨부 : 채무자 주민등록초본　　1통.

2016년 11월 9일

채권자 겸 소유자 　 작은손

서울중부지방법원 귀중

야간(휴일)송달허가신청서

채 권 자 (소유자)   작은손

채 무 자   노머니

위 당사자간 2016타경123457 청구사건에 관하여 인도명령 결정문을 채무자에게 송달하였으나 폐문부재(전가족이 부재중)로 송달이 불능되었는 바, 피고는 주간에는(그 가족을 포함) 주소지에 있지 않으므로 야간(휴일)송달을 허가하여 주시기 바랍니다.

* 첨부 : 채무자 주민등록 초본   1통.

2016년 11월 16일

채권자 겸 소유자   작은손

서울중부지방법원 귀중

주소보정서(노머니) 제출

사　건　　2016타경123457
채 권 자　　작은손
채 무 자　　노머니
소 유 자　　작은손

위 사건에 관하여 아래와 같이 채무자 노머니의 주소를 보정합니다.

주소변동 유무	☐ 주소변동 없음	
	☑ **주소변동 있음**	서울시 서초구 중앙로4길 445
송달신청	☐ 재송달 신청	
	☑ **특별송달신청**	☐ 주간송달　☐ 야간송달　☑ **휴일송달**
		☐ 종전에 적어낸 주소로 송달　☑ **새로운 주소로 송달**
	☐ 공시송달신청	

첨부 : 주민등록표 초본 1통. 끝.

2016. 11. 16

채권자(소유자)　작은손
서울시 성동구 둘레길 1004

서울중부지방법원 경매1계 귀중

(3) 송달불능 시에 공시송달 방법

공시송달신청서

채 권 자   작은손
채 무 자   노머니

위 당사자간2016 타경 123457 부동산경매 신청사건에 관하여 채무자는 주민등록상의 주소에는 사실상 거주하지 아니하며 그 외에 거소, 그 밖의 송달해야 할 장소를 알지 못하므로 통상의 방법으로서는 소장 부본 그 밖의 소송서류의 송달이 되지 아니하므로 공시송달을 신청합니다.

첨부서류

1. 주민등록초본   1부.
1. 불거주확인서   1부.

2016년 11월 23일

채권자   작은손

서울중부지방법원 지원 귀중

불거주확인서

성 명 : 노머니
주 소 : 서울시 서초구 중앙로4길 444

위 자는 위 주소지에 주민등록신고를 하고 거주하던 자인 바 현재 그 본인은 위 주소지에 거주치 않고 그 행방을 알 수 없음을 확인함.

2016년 11월 21일

위 확인인   나통장

서울중부지방법원 귀중

(4) 주민등록 열람 신청서와 제출서류

주민등록표 열람 또는 등·초본 교부 신청서

신청인 (개인)	성명	(서명 또는 인)	주민등록번호	
	주소			
	대상자와의 관계		전화번호	
	수수료 면제 대상	[ ]국민기초생활수급자 [ ]국가보훈대상자 [ ]그 밖의 대상자( )		

신청인 (법인)	기관명		사업자등록번호	
	대표자	(서명 또는 인)	대표전화번호	
	소재지			
	방문자 성명	주민등록번호	직위	전화번호

열람또는 등·초본 교부대상자	성명		주민등록번호	
	주소		[행정기관명 :]	

신청내용	열람	[ ]등본사항 [ ]초본사항		

※ 개인정보 보호를 위하여 아래의 등·초본 사항 중 필요한 사항만 선택하여 신청할 수 있습니다.
선택사항을 표시하지 않는 경우에는 "포함"으로 굵게 표시된 사항만 포함하여 교부해 드립니다.

		등본교부 [ ]통	1. 과거의 주소변동 사항	[ ]전체 포함 [ ]최근 5년 포함 [ ]미포함
			2. 세대구성 사유	[ ]포함 [ ]미포함
			3. 세대원의 세대주와의 관계	[ ]포함 [ ]미포함
			4. 세대원의 전입일 / 변동일, 변동 사유	[ ]포함 [ ]미포함
			5. 교부대상자 외 다른 세대원의 이름	[ ]포함 [ ]미포함
			6. 교부대상자 외 다른 세대원의 주민등록번호 뒷자리	[ ]포함 [ ]미포함
			7. 동거인	[ ]포함 [ ]미포함
			8. 외국인 배우자 / 외국인 부모	[ ]포함 [ ]미포함
		초본교부 [ ]통	1. 개인 인적사항 변경 내용	[ ]포함 [ ]미포함
			2. 과거의 주소변동 사항	[ ]전체 포함 [ ]최근 5년 포함 [ ]미포함
			3. 과거의 주소변동 사항 중 세대주의 성명과 세대주와의 관계	[ ]포함 [ ]미포함
			4. 병역사항	[ ]포함 [ ]미포함
			5. 재외국민 국내거소신고번호	[ ]포함 [ ]미포함
			6. 외국인등록번호	[ ]포함 [ ]미포함

용도 및 목적		제출처	
증명자료			

「주민등록법 시행령」 제47조와 제48조에 따라 주민등록표의 열람 또는 등·초본 교부를 신청합니다.

년 월 일

시장·군수·구청장 또는 읍·면·동장 및 출장소장 귀하

주민등록열람 제출서류 등

대상자 및 항목		증명자료
1. 본인 또는 세대원이 신청하는 경우		
2. 본인 또는 세대원의 위임을 받아 신청하는 경우		위임한 사람의 주민등록증, 여권, 운전면허증 등 신분증(사본)
3. 법 제29조제2항 제1호 "국가나 지방 자치단체가 공무상 필요로 하는 경우"	국가 또는 지방자치단체가 문서로 신청 하는 경우	(근거법령과 사유를 명시한 관계기관장 명의의 문서)
	관계 공무원이 직접 신청하는 경우	수사상 필요성 등 공무상 필요함을 증명할 수 있는 내부문서 등
4. 법 제29조제2항제2호 "관계 법령에 따른 소송·비송사건·경매목적 수행상 필요한 경우"		다음의 서류 중 해당 자료 가. 주소보정명령서, 주소보정권고 등 사건관계인의 주소를 알기 위해 법원에서 발행한 문서 나. 법원 판결문 또는 공정증서 등과 강제집행 등의 신청서
5. 법 제29조제2항제3호 "다른 법령에 주민등록자료를 요청할 수 있는 근거가 있는 경우"		주민등록자료를 요청할 수 있는 법령 근거와 그 필요 사유를 명시한 해당 기관(보장시설·공단·조합 등)의 장의 명의로 된 문서
6. 법 제29조제2항제4호 "다른 법령에서 본인 또는 세대원이 아닌 자에게 등·초본의 제출을 의무화 하고 있는 경우"		등·초본의 제출을 의무화하고 있는 해당 법령의 규정에 따른 정당한 권한이 있는 자임을 확인할 수 있는 증명서
7. 법 제29조제2항제5호 "각 목의 어느 하나에 해당하는 자가 신청하는 경우"		담당 공무원이 제적등본 또는 가족관계기록사항에 관한 증명서를 통하여 동일 제적부 또는 가족관계등록부 내의 해당 가족임을 확인
8. 법 제29조 제2항제6호(영 별표 2) "채권·채무 관계 등 정당한 이해관계가 있는 자가 신청하는 경우"	가. 「민법」제22조에 따른 부재자의 재산관리인 또는 이해관계인	다음의 서류 중 해당 자료 가. 재산관리인: 그 자격을 증명하는 서류 나. 이해관계인: 부재자와의 매매계약서 등 그 이해관계를 밝혀 주는 자료와 반송된 내용증명
	나. 부동산 또는 이에 준하는 것에 관한 권리의 설정·변경·소멸에 관계되는 자	다음의 서류 중 해당 자료와 반송된 내용증명 가. 권리변동 관련 계약서 및 신청서, 또는 행정기관에서 발급한 각종 인허가증 및 신고필증 등 그 관계를 밝혀 주는 자료 나. 판결문이와 동일한 효력이 있는 것을 포함한다 또는 공탁서
	다. 영 별표 2 제3호에 규정된자 (캐피탈 등)	채권자와 채무자의 서명 또는 날인이 되어 있고 변제기일이 적혀 있는 계약서 등 채권·채무관계 또는 보증사실을 밝혀주는 자료와 반송된 내용증명 우편물 또는 금융회사 등이 발행한 송달불능확인서(송달불능확인서는 채무자 외의 자가 우편물을 수취하는 등의 사유로 반송된 우편물이 없는 경우로 한정한다)
		채무자의 인적사항과 이해관계 내용 등이 명시되고 해당 기관의 장(지점, 지사 및 지회 등의 장을 포함한다)이 등록된 인감을 찍어 발급한 이해관계 사실확인서와 반송된 우편물 또는 금융회사 등이 발행한 송달불능확인서(송달불능확인서를 제출할 수 있는 경우는 채무자 외의 자가 우편물을 수취하는 등의 사유로 반송된 우편물이 없는 경우로 한정한다)
	라. 영 별표 2 제4호에 규정된자	채권자와 채무자의 서명 또는 날인이 되어 있고 변제기일이 적혀 있는 계약서 등 채권·채무관계 또는 보증사실을 밝혀 주는 자료와 반송된 내용증명 우편물
		채권·채무자의 인적사항과 이해관계 내용 등을 명시한 변호사, 법무사, 행정사 또는 세무사의 이해관계 사실확인서와 반송된 내용증명
9. 법 제29조제2항제7호 "그 밖에 공익상 필요한 경우"		해당 시장·군수·구청장이 공익 목적을 위하여 특히 필요하다고 인정하여 해당 기관장의 명의로 발급한 공문

(5) 부동산점유이전금지가처분 신청서

부동산점유이전금지가처분신청

채권자(소유자)   작은손
채 무 자   돈주랑

목적물의 가액 금 50,000,000원정
목적물의 표시 별지 목록 기재와 같다.

신청취지

1. 채무자는 별지 기재 부동산 건물의 2층(전부)에 대한 점유를 풀고 채권자가 위임한 서울중부지방법원 소속 집행관에게 보관을 명한다.
2. 집행관은 현상을 변경하지 아니할 것을 조건으로 하여 채무자에게 그 사용을 허용하여야 한다.
3. 채무자는 그 점유를 타인에게 이전하거나 또는 점유명의를 변경하여서는 아니된다.
4. 집행관은 위 취지를 공시하기 위하여 적당한 방법을 취하여야 한다.
라는 재판을 구합니다.

신청이유

~생략~

입증방법

1. 등기부등본   1부
1. 임대계약서   1부
1. 별지도면   1부

2016. . .

채권자(소유자)   작은손

서울중부지방법원 귀중

(6) 가옥인도청구 소장 작성방법

소 장

원 고　작은손
피 고　노머니

가옥인도 청구의 소

청구취지

1. 피고는 원고에게 별지목록 기재 가옥을 인도하라.
2. 소송비용은 피고의 부담으로 한다.
3. 위 제1항은 가집행할 수 있다라는 재판을 구함.

청구원인

1. 원고는 별지목록 기재 가옥에 대하여 서울중부지방법원 2016타경123457부동산 경매사건에 응찰하여 낙찰허가 결정을 받고, 매각대금을 2016년 10월 5일 납부하고 매각대금 완납증명원을 교부받았습니다.
2. 그래서 원고는 피고에게 위와 같은 사유로 매수자임을 알리고 인도하여 줄 것을 요구하였으나, 이사비용, 인테리어 비용 등을 대가로 상당한 비용(2천만원)을 요구하여 소송에 이른 것입니다.

첨부서류

1. 부동산등기사항증명서　　　1부.
1. 매각대금완납증명원　　　　1부.

기타 수시로 입증하겠음

2016년 12월 28일
위 원고　작은손　(인)

서울중부지방법원 귀중

03 매수 부동산 강제 집행

　강제집행이란 집행권원이 표시된 사법상의 이행청구권에 대해 국가권력이 강제력을 동원하여 정당한 법적 절차를 진행하는 것이다. 아무리 건물에 아무도 없고 물건의 가치가 없다고 마음대로 물건을 정리하는 것은 법적으로 문제가 될 수 있다. 강제집행을 신청하게 되면 매수인이 비용을 부담해야 하고, 추후 상대방에게 청구는 가능하나 현실적으로 받기는 쉽지 않다. 전소유자의 인도불이행으로 인한 불법점유상태라면 부당이득에 대한 비용도 청구가 가능하나 역시 받기 어렵다. 혹시 낙찰 받은 장소에 창고가 있다면 집행관과 협의하여 현장 보관도 가능하다. 강제집행신청을 하기 전에 법원에 비치된 별도의 신청서를 작성하여 집행문과 송달증명원을 발급받아야 한다. 이는 인도명령 결정문과 상대방이 결정문을 송달받았다는 증명을 하는 서류이기 때문에, 채무자에게 결정문이 송달되지 않았다면 강제집행은 신청할 수 없다. 이 서류가 준비되었다면 법원에 비치된 강제집행신청서를 작성하면 된다. 대리인이라면 강제집행에 필요한 별도의 위임장을 작성해야 하는데, 경매입찰에 제출했던 위임장 형식은 안 되고 집행과 관련된 위임내용이 명시되어야 한다. 이 내용에는 집행신청 및 예납금 납부, 집행현장 안내, 송달 위임, 경매대금 수령, 증명서 신청 등이 담겨져 있다.
　강제집행 신청을 하면 신청이 완료되었다는 접수증과 법원 은행에 집행비용을 예납하라는 납부서를 주는데, 법원에 있는 은행에서 이를 납부하면 된다. 참고로 집행비용은 진행 도중에 계속 추가 납부할 수 있는데, 낙찰 받은 부동산의 소재지가 멀리 있거나 법원에 오가기가 힘들 경우 법원에 있는 법원보관금 수납하는 은행을 확인하여, 본인이 거주하는 인근의 동일한 은행에서 납부도 가능하다. (※ 전국 법원보관금 수납점) 또한 집행에 필요한 채무자의 주민등록초본 등을 다시 제출하라는 보정서가 우편으로 오는 경우, 가까운 주민센터에 보정서를 들고 가서 발급받아 등기우편으로 제출하면 시간을 줄일 수 있다. 강제집행에 앞서, 법원 집행관과 실무담당관은 사전에 집행에 필요한 현장 검증 및 집행절차를 알리는 내용을 인지시키기 위해 강제집행 예고를 진행하러 간다. 이때에는 신청인과 함께 증인 2인과 출입구가 잠겨 있다면 열쇠공이 같이 가야 한다. 열쇠를 열고 안으로 들어가면 집행관은 실제 채무자와 관련하여 증명할 만한 자료가 있는지를 찾아, 사진을 찍어 그 내용을 보관해 둔다.

(1) 부동산인도 집행절차와 강제집행 신청서 작성 및 제출 방법

부동산인도 집행절차

부동산인도 집행은 통상 1차로 일정한 유예기간을 지정하여 채무자가 스스로 인도할 것을 촉구하고 유예기간 내에 인도하지 않으면 2차로 기일을 지정하여 부동산인도집행을 실시하게 된다. 집행기일이 정해지면 노무(용역)업체는 아래 각 법원에 등록된 노무업체 중 순서대로 지정되는데 채권자가 순서와 다르게 사유를 기재하여 서면으로 신청하는 경우에는 달리 지정할 수 있으며, 특수한 경우 대표집행관의 승인을 얻어 다르게 지정할 수도 있다.

상호	대표자	주소	전화번호
○○익스프레스	홍○○	서울시 서초구 서초대로 ○○-○○	010-0000-0000
○○용역	강○○	서울시 서초구 서초대로 ○○-○○	010-0000-0000
○○용역	김○○	서울시 서초구 서초대로 ○○-○○	010-0000-0000
○○용역	이○○	서울시 강남구 강남대로 ○○-○○	010-0000-0000

채무자가 인수해 가지 않는 동산은 채권자의 책임으로 채권자가 보관하여야 한다. 보관장소는 법원에 등록된 보관업체 중 순서대로 지정되는데, 채권자가 신청하는 경우 달리 지정할 수 있으며, 사안에 따라 다르게 지정할 수도 있다.

상호	대표자	주소	전화번호
○○물류	양○○	서울시 강남구 강남대로 ○○-○○	010-0000-0000
○○컨테이너	이○○	서울시 서초구 서초대로 ○○-○○	010-0000-0000
○○물류	박○○	서울시 강남구 강남대로 ○○-○○	010-0000-0000
○○용역	신○○	서울시 강남구 강남대로 ○○-○○	010-0000-0000

집행비용에서 우선 노무비의 집행비용은 집행면적을 기준으로 예납하고, 노무비(1인당 90,000원) 등으로 지급되며 실제 집행현장에서 인도할 물건의 수량에 따라 집행비용이 증감될 수 있다. 인도집행일에는 노무자가 집행현장에 도착하였으나 채권자의 연기요청이나 기타 사정으로 인도집행을 실시하지 아니한 경우에는 규정된 노무비의 30%를 지급하여야 하고, 기타 대기시간에 따라 비용이 추가될 수 있다. 인도집행시 장비 등(사다리차, 지게차 등 중장비) 비용은 채권자가 별도로 부담해야 한다.
보관비용은 보관업체에 보관하는 경우 보관비용은 5ton 컨테이너 1대당 월 20만원 기준으로 나온다. 운반비는 상,하차비(장비) 포함 5ton 화물차 1대당 50만원이다. (2.5ton 30만원, 1ton 15만원)
보관동산의 처리는 채권자는 채무자의 주민등록상 최후 주소지로 보관동산을 인수하여 갈 것을 2회에 걸쳐 내용증명으로 통지하고, 1개월 내에 인수하지 않을 때에는 담당 집행관에게 매각허가신청을 하여야 한다. 인수해가지 않는 보관동산은 집행법원의 허가를 받아 매각절차를 거쳐 매각한 후 절차비용을 우선 변제하고 나머지는 채무자에게 지급된다.
기타 문의사항은 각 경매관할 지방법원 집행관사무소로 문의하면 된다.

서울중부지방법원

강제집행신청서

서울중부지방법원 집행관사무소 집행관 귀하

채권자	성 명	작은손	주민등록번호 (사업자등록번호)	760907- 1234567	전화번호	010-0123-1004
					우편번호	□□□-□□□
	주 소					
	대리인	성명( ) 주민등록번호( )			전화번호	010-0987-4444
채무자	성 명	어머니	주민등록번호 (사업자등록번호)	440404- 1040888	전화번호	
					우편번호	□□□-□□□
	주 소	서울시 서초구 중앙로4길 444				

집행목적물 소재지	채무자의 주소지와 같음 (※다른 경우는 아래에 기재함) 시 구 동(로) 가 번지 호(통 반) 아파트 동 호
집 행 권 원	서울중부지방법원 2016. 11. 2.일자 2016타인0123 부동산인도명령
집행의 목적물 및 집 행 방 법	동산압류, 동산가압류, 동산가처분, 부동산점유이전금지가처분, 건물명도, 철거, 부동산인도, 자동차인도, 기타( )
청 구 금 액	원(내역은 뒷면과 같음)

위 집행권원에 기한 집행을 하여 주시기 바랍니다.

※ 첨부서류
1. 집행권원   1통   2016. 12. 14.
2. 송달증명서 1통   채권자 작은손 (인)
3. 위임장   1통   대리인   (인)

※특약사항
1. 본인이 수령할 예납금잔액을 본인의 비용부담하에 오른쪽에 표시한 예금계좌에 입금하여 주실 것을 신청합니다.
   채권자 작은손 (인)

예금계좌	개설은행	
	예 금 주	
	계좌번호	

2. 집행관이 계산한 수수료 기타 비용의 예납통지 또는 강제집행 속행의사 유무 확인 촉구를 2회 이상받고도 채권자가 상당한 기간내에 그 예납 또는 속행의 의사표시를 하지 아니한 때에는 본건 강제 집행 위임을 취하한 것으로 보고 종결처분하여도 이의 없습니다.
   채권자 작은손 (인)

주 1. 굵은 선으로 표시된 부분은 반드시 기재하여야 합니다. (금전채권의 경우 청구금액 포함).
   2. 채권자가 개인인 경우에는 주민등록번호를, 법인인 경우에는 사업자등록번호를 기재합니다.

| **신 청 서** | (*해당사항을 기재하고 해당 번호란에 "○"표) |

사 건 번 호	2016 타인 0123	(단독 20. . . .선고, 기타)
원고(채권자)	작은손	집행문부여인지액 500원
피고(채무자)	노머니	송달증명인지액 500원
제 3 채 무 자		확정증명인지액 500원

1. 집행문부여신청 ⓞ

위 당사자간 사건의 (판결, ⓞ결정, 명령, 화해조서, 인낙조서, 조정조서) 정본에 집행문을 부여하여 주시기 바랍니다.

2. 송달증명원 ⓞ

위 사건의 (판결, ⓞ결정, 명령, 화해조서, 인낙조서, 조정조서) 정본이 2016.12. 7.자로 상대방에게 송달되었음을 증명하여 주시기 바랍니다.

3. 확정증명원

위 사건의 (판결, 결정, 명령,   )이 20 . . .자로 확정되었음을 증명하여 주시기 바랍니다.

                    2016. 12. 14.
위 ⓞ1항 ⓞ2항 3항) 신청인   원고(채권자) 작은손 (날인 또는 서명)
                                       서울중부지방법원 귀중

위 (송달, 확정) 사실을 증명합니다.
                    2016. . .
          서울중부지방법원 법원사무관(주사)   (인)

✔ **유의사항**

1. 사건번호는 법원으로부터 수령한 소송서류 등으로 확인하여 정확하게 기재하기 바랍니다.
2. 위 양식사항 중 '(단독 . . .선고, 기타)'란에는 담당재판부와 판결을 선고받은 일자(혹은 지급명령을 고지받은 일자, 화해·조정 등의 일자)를 기재합니다.
3. 위 양식사항 중 당사자를 표시하는 '원고(채권자)', '피고(채무자)'항은 지급명령신청사건의 경우에 '채권자', '채무자'란에 ○표를 하고, 그 외 소액 및 단독, 합의사건의 경우에는 '원고', '피고'란에 ○표를 하여야 합니다..
4. 위 양식사항 중 1 내지 3 신청의 '(판결 …… 조정조서)' 등의 란과 그 하단의 '(1항, 2항, 3항)', '(송달, 확정)'란에는 해당사항에 각 ○표를 하여야 합니다.

집 행 문

사　건　　서울중부지방법원 2016타인0123 부동산인도명령

이 정본은 피신청인 노머니(440404-1040888)에 대한 강제집행을 실시하기 위하여 신청인 작은손(760907- 1234567)에게 내어 준다.

2016. 12. 14.

서울중부지방법원

법원주사보　손오공　

유의사항

1. 이 집행문은 판결(결정)정본과 분리하여서는 사용할 수 없습니다.
2. 집행문을 분실하여 다시 집행문을 신청한 때에는 재판장(사법보좌관)의 명령이 있어야만 이를 내어줍니다(민사집행법 제35조 제1항, 법원조직법 제54조 제2항). 이 경우 분실사유의 소명이 필요하고 비용이 소요되니 유의하시기 바랍니다.
3. 집행문을 사용한 후 다시 집행문을 신청한 때에는 재판장(사법보좌관)의 명령이 있어야만 이를 내어줍니다(민사집행법 제35조 제1항, 법원조직법 제54조 제2항). 이 경우 집행권원에 대한 사용증명원이 필요하고 비용이 소요되니 유의하시기 바랍니다.
4. 집행권원에 채권자·채무자의 주민등록번호(주민등록번호가 없는 사람의 경우에는 여권번호 또는 등록번호, 법인 또는 법인 아닌 사단이나 재단의 경우에는 사업자등록번호·납세번호 또는 고유번호를 말함. 이하 '주민등록번호등'이라 함)가 적혀 있지 않는 경우에는 채권자·채무자의 주민등록번호등을 기재합니다.

2016-00598436526-D13CN　　　　　　　　　　위변조 방지용 바코드입니다.

송달증명원

사　　건	서울중부지방법원 2016타인0123 부동산인도명령
신 청 인	작은손
피신청인	노머니

위 사건에 관하여 아래와 같이 송달되었음을 증명합니다.

피신청인 은포크 2016. 12. 7. 결정정본 송달. 끝.

2016. 12. 14.
서울중앙지방법원

법원주사보　손 오 공　

본 증명(문서번호:기타집행 0123)에 관하여 문의할 사항이 있으시면 02-0777-1111로 문의하시기 바랍니다.

2016-00598436526-D13CN　　　　　　　　　위변조 방지용 바코드입니다.

위 임 장

채 권 자   작은손
주   소   서울시 성동구 둘레길 1004(성동구)

채 무 자   노머니
주   소   서울시 서초구 중앙로4길 444(서초동)

집행권원   2016타인0123 부동산인도명령

　채권자는 위 집행권원에 기하여 위 채무자에 대한 강제집행을 다음 사람에게 위임하고 아래 권한을 부여합니다.

- 다　　음 -

1. 수 임 자
   성　　　명 : 나영구
   주민등록번호 : 800311-1230909
   주　　　소 : 서울특별시 성동구 둘레길 109
   전 화 번 호 : 010-0123-0909

2. 위임사항   가. 집행신청 및 예납금 납부하는 일.
   　　　　　나. 집행현장 안내 및 입회하는 일.
   　　　　　다. 경매기일 지정 신청 및 촉구하는 일.
   　　　　　라. 환급금, 변제금, 경매대금을 수령하는 일.
   　　　　　마. 집행권원의 송달 및 특별송달을 위임하는 일.
   　　　　　바. 사건연기, 취하, 정본환부, 증명원, 조서등본 신청 및 발급받는 행위.
   　　　　　사. 기타 채권자로서 할 수 있는 일체의 권한.
   　　　　　아. 야간(휴일)집행 신청에 관한 일체의 행위.

위와 같이 위임합니다.

2016. 12. 14.
위 채권자 작은손 (인)
서울중부지방법원 집행관사무소 귀중

집행관사무소					

접수증(집행비용 예납 안내)

사건번호		2016본0188	사 건 명	부동산 인도
구 분		신규 예납	담 당 부	1부
채권자	성 명	작은손	주민등록번호 (사업자등록번호)	760907-*******
	주 소	서울특별시 성동구 둘레길 1004		
채무자	성 명	노머니	주민등록번호 (사업자등록번호)	440404-*******
	주 소	서울특별시 서초구 중앙로4길 444		
대리인	성 명	나영구	주민등록번호 (사업자등록번호)	800311-*******
	주 소	서울특별시 성동구 둘레길 109		
	사무원			
납부금액		137,000원		
납부항목	금 액		납부항목	금 액
수수료	15,000원		송달수수료	30,000원
여비	92,000원		우편료	원
숙박비	원			원
노무비	원		기타	원
감정료	원			
납부장소		○○은행 ○○지점		

위 당사자간 부동산인도 사건에 대해 당일 신규 예납접수 되었으므로
위 금액을 지정취급점에서 납부하시기 바랍니다.

2016년 12월 14일

서울중부지방법원 집행관사무소

집행관 옥중화

문의전화 : 집행관사무소 (02)0666-1111   팩스번호 (02)0666-1112
담 당 자 : 하○○   010-0666-0666

법원경매정보(www.courtauction.go.kr)에서 회원가입후 "나의경매 〉 나의동산집행정보"에서 비밀번호 0666를(을) 이용하여 추가하시면, 자세한 사건내용을 조회하실 수 있습니다.

※ 납부금액을 당일내에 납부하지 않을 경우, 접수된 사건은 취소될 수도 있습니다.
※ 예납금은 위 납부장소에서만 납부할 수 있습니다.
※ 채권자의 주소가 변동될 때에는 2주 이내에 반드시 신고하여야 합니다.
※ 집행권원 : 서울중부지방법원 2016타인0123

집행관사무소				

납부서 (은행제출용)

		실명확인	(인)

사건번호	서울중부지방법원	사건번호	2016본0188(1부)
납부금 종류	신규 예납(01)	은행관리번호	2016-1022
납부금액	금 137,000원		

납부자	성 명	작은손	주민등록번호 (사업자등록번호)	760907-1234567
	주 소	010-0123-1004	우편번호	04775
	성 명	서울특별시 성동구 둘레길 1004		
	주 소	농협은행 3040******* (예금주 : 작은손)		
대리인	성 명	나영구	주민등록번호 (사업자등록번호)	800311-1230909
	주 소	010-4547-7609	우편번호	04775
	성 명	서울특별시 성동구 둘레길 109		

위 금액을 납부합니다.

2016년 12월 14일

납부자 작은손 (인)
대리인 나영구 (인)

〈유의사항〉

1. 납부시 실명확인을 위하여 필요하오니 납부자만의 주민등록증(대리인 납부시에는 대리인의 주민등록증)을 지참하시기 바랍니다.
2. 집행관이 매각대금 및 매수신고보증금 납부시, 『납부자』란에는 매수인 또는 매수신고 보증금 납부자의 성명 등을 기재하고 『납부당사자 기명날인』한에는 대리인 집행관 ○○○라고 표시하며, 이래에 경매물건 소유자의 성명, 주민등록번호(법인의 경우 사업자등록번호), 주소를 기재하여야 합니다.
3. 납부는 법원별 지정 취급점 또는 은행 타취급점에 납부하시기 바랍니다.

성 명		주민등록번호 (사업자등록번호)	
주 소			

법원보관금 수납점

지방법원		법원코드	수납점	지방법원		법원코드	수납점
대법원		000100	신한은행 전국점포	대전 지방 법원	본원	000280	신한은행 전국점포
서울고등법원		000200	신한은행 전국점포		홍성지원	000281	제일 홍성지점
대전고등법원		000600	신한은행 전국점포		논산지원	000282	하나 논산지점
대구고등법원		000300	신한은행 전국점포		천안지원	000283	신한은행 전국점포
부산고등법원		000400	부산 법조타운		공주지원	000284	제일 공주지점
광주고등법원		000500	신한은행 전국점포		서산지원	000285	하나 서산지점
광주고등법원(제주부)		000501	제일 제주지점	대구 지방 법원	본원	000310	신한은행 전국점포
특허법원		000700	신한은행 전국점포		가정지원	000318	대구 선평지점
서울가정법원		000230	신한은행 전국점포		안동지원	000311	신한은행 전국점포
서울행정법원		000220	신한은행 전국점포		경주지원	000312	신한은행 전국점포
서울 지방 법원	중앙지방법원	000210	신한은행 전국점포		김천지원	000313	신한은행 전국점포
	동부지방법원	000211	신한은행 전국점포		상주지원	000314	제일 상주지점
	남부지방법원	000212	신한은행 전국점포		의성지원	000315	농협 의성군
	북부지방법원	000213	농협 북부법원출		영덕지원	000316	농협 영덕군
	서부지방법원	000215	신한은행 전국점포		포항지원	000317	신한은행 전국점포
의정부 지원	본원	000214	신한은행 전국점포	부산 지방 법원	본원	000410	부산 법조타운
	고양지원	214807	신한은행 전국점포		동부지원	000412	신한은행 전국점포
인천 지원	본원	000240	신한은행 전국점포		가정법원	000413	부산 법조타운
	부천지원	000241	신한은행 전국점포	울산지방법원		000411	신한은행 전국점포
수원 지방 법원	본원	000250	신한은행 전국점포	창원 지방 법원	본원	000420	제일 아산지점
	성남지원	000251	우리 성납법원		진주지원	000421	농협 동진주
	여주지원	000252	농협 여주지원		통영지원	000422	제일 통영지점
	평택지원	000253	신한은행 전국점포		밀양지원	000423	농협 삼문동
	안산지원	250826	신한은행 전국점포		거창지원	000424	농협 거창군
춘천 지방 법원	본원	000260	제일 춘천지점	광주 지방 법원	본원	000510	신한은행 전국점포
	강릉지원	000261	제일 강릉지점		가정지원	000515	신한은행 전국점포
	원주지원	000262	제일 원주지점		목포지원	000511	신한은행 전국점포
	속초지원	000263	우리 속초법원		장흥지원	000512	광주 장흥지점
	영월지원	000264	신한은행 전국점포		순천지원	000513	신한은행 전국점포
청주 지방 법원	본원	000270	신한은행 전국점포		해남지원	000514	광주 해남지원
	충주지원	000271	우리 충주법원	전주 지방 법원	본원	000520	제일 전주지점
	재천지원	000272	신한은행 전국점포		군산지원	000521	신한은행 전국점포
	영동지원	000273	농협 영동군		정읍지원	000522	제일 정읍지점
					남원지점	000523	제일 남원지점
				제주지방법원		000530	제일 제주지점

유의사항

1. 매수신청보증금 및 매각대금은 해당법원 보관금 취급점에서만 납부하실 수 있습니다.
2. 경매예납금의 경우 법원보관금영수필통지서를 반드시 법원에 제출하셔야 합니다.
   · 경매 예납금 : 법원보관금영수필통지서 및 법원보관금영수증서(1조 2매)교부
   · 기타 : 법원보관금영수증서 교부

서울시 서울 서초구 서초대로 00700
서울중부지방법원 집행관사무소
집행관 옥중화

　　　　　　　　　　　　　서울시 성동구 둘레길 1004
　　　　　　　　　　　　　(성동구)
　　　　　　　　　　　　　작은손 귀하
　　　　　　　　　　　　　　　　　　　　　　　00777

서울중부지방법원
보 정 서

사　　　건 : 2016본0188 (1부)
채 권 자 : 작은손
채 무 자 : 노머니
집행 권원 : 서울중부지방법원 2016타인013

　　위 사건에 대하여 채무자의 주민등록초본이 필요하오니 이 보정서를 송달 받은 날로부터 7일 이내에 제출하여 주시기 바랍니다.
　만일 위 기간 안에 위 보정이 이루어지지 아니한 때는 집행절차가 제대로 진행 되지 않을 수가 있습니다.

채무자 성명 : 노머니
주　　　소 : 서울 서초구 중앙로4길 444 (서초동)
주민등록번호 : 440404-1040888

　　　　　　　　　　2016. 12. 21.

　　　　　　　　　　　　　　　　　집행관 옥중화 (인)

(2) 강제집행 계고 알림과 예상인도 비용 계산

부동산인도 강제집행 예고

사　건　　2016본0188
채 권 자　　작은손
채 무 자　　노머니

위 당사자단 서울중부지방법원 2016타인0123호 집행력있는 판결(결정)에 기하여 채권자로부터 부동산인도 강제집행 신청이 있으니, 2017년 1월 18일까지 자진하여 이행하시기 바랍니다.

위 기일까지 자진하여 이행하지 않을 때에는 예고 없이 강제로 집행되고 그 비용을 부담하게 됩니다.

2016. 12. 28.

서울중부지방법원 집행관　홍길동

※ 문의사항은 서울중부지방법원 집행사무소((02)0666-1111, 팩스번호 (02)0666-1112)로 연락하시기 바랍니다.

(※해당사항을 기재하고 해당번호란에 날인하시오.)

강제집행신청 취하서 등

| 서울중부지방법원 | 집행관사무소 | 집행관 옥중화 귀하 |

사건번호 2016본, 0188호
채 권 자 작은손
채 무 자 노머니
집행권원 서울중부지방법원 2016타인0123

1. 강제집행신청취하서

위 집행권원에 의하여
2017. 1. 10.자로 한 강제집행신청을 취하합니다.

2. 정본회수신청서

위 집행권원 정본의 회수를 신청합니다.
위 집행권원 정본을 영수합니다.

영수인   ㊞

3. 신청취하접수증명원

위 강제집행신청 취하서가 접수되었음을 증명하여 주시기 바랍니다.

서울중부지방법원 집행관

2017. 1. 10.

위 (1항) 2항, 3항)   신청인   작은손

| 신청자 확인 | 주민등록번호 | 760907-1234567 | 확인자 | 위 본인의 무인임을 증명함.
200 . .
담당   ㊞ |

3-2

예상명도비용

명도비용 산출근거(예상)

접수비	약 100,000원 * 명도접수건수
운반비	5ton 60만원, 2.5ton 30만원, 1ton 15만원
보관비	5ton 컨테이너 기준1대당 월 20만원(3개월 보관)
노무비	노무자 1인당 90,000원 공휴일 또는 야간명도, 집행불능시 노무자 1인당 20~30% 추가 ※ 인원산정(전용면적기준) - 20평 미만 : 5평당 3명 - 25평 이상 : 12명+5평당 2명 - 50평 이상 : 20명+5평당 1명
기 타	사다리차, 포크레인 등 장비 및 특수인원 투입 (별도지급) ※ 사다리차 (1시간 / 반나절 / 하루) - 15층 미만 (10만원 / 30만원 / 45만원) - 15~20층 (15만원 / 40만원 / 55만원) - 21~23층 (25만원 / 50만원 / 70만원) - 24층 이상 (협의 / 협의 / 협의) ※ 포크레인·50만원(하루, 인건비 포함) (별도지급) - 열쇠공, 증인 2명 필요 (별도지급) ※ 열쇠집행 5만원, 열쇠교체 개당 3만원 ※ 증인 1명 3~5만원

전용면적	○○○.○○㎡ 또는 ○○평
층수	○층 □E/V 있음 □E/V 없음
컨테이너	○대 (전용면적 80㎡내의 기준 1대로 책정하면 무난함)

예) 32평(전용 25평) APT(10층) 예상 명도비

접수비	100,000원	
운반비	600,000원	5ton 1대
보관비	600,000원	20만원×3개월
노무비	1,080,000원	25평(90,000×12명)
기 타	200,000원	사다리차
총 비용	2,580,000원	

*본 비용은 해당지원 집행관사무실에 따라 차이가 있으므로 다소 실제와 다를 수 있습니다.

04 동산경매 신청

민사집행법 제53조에는 강제집행에 필요한 비용은 채무자가 부담해야 하며, 집행을 하게 되면 우선적으로 변상을 받는다고 규정되어 있다. 그러나 인도집행의 경우 집행절차에서 집행비용을 변상 받을 수 없으므로, 민사집행규칙 제24조에 의해 집행비용액을 집행법원으로부터 결정 받도록 정하고 있다. 그러기 때문에 인도집행을 마친 후, 일반 소송(전자소송 가능)에서 집행비용 확정결정 신청을 해야 한다. 그 집행비용을 확정 신청하기 위해서 예납금 출납내역서를 발급받아서 첨부자료로 제출하면 된다. 전소유자가 연락이 안 되는 경우 '보관료 청구의 소'를 상대방의 주민등록 주소지 관할 법원에다 제출하여 그 비용도 인정받을 수 있지만, 결과적으로 동산의 가치가 없고 전소유자의 다른 재산이 있지 않다면 현실적인 의미가 없을 수 있다.

우선 유체동산에 대한 경매를 신청하려면 우선 점유자에게 짐을 찾아가지 않으면 폐기처분한다는 내용으로 내용증명을 보내고, 이 후 집행관사무실에 가서 동산매각신청서에 내용증명한 것을 첨부하여 같이 제출하면 된다. 이 때도 강제집행 때 예납한 것과 마찬가지로 동산매각에 필요한 비용을 예납하면 집행관실에서 부동산경매절차와 마찬가지로 간단한 조서와 함께 별도의 동산감정을 통해 최저매각가를 책정하게 된다. 이후 동산경매기일이 잡히고, 이해관계인에게 동산경매기일통지서를 발송한다.

통지서가 발송되고 10일 정도 후에 물건이 보관된 장소에서 집행관이 직접 나와 매각진행에 대한 절차를 설명한 후, 최고가매수인이 나오면 경매를 종료하고 영수증을 발행해 준다. 만약 채무자가 참석하지 않을 경우, 별도로 증인 2명의 확인서명이 필요하기 때문에 염두해야 한다. 다행히 쓸모 있는 물건이면 상관없지만, 쓰레기 수준이라면 별도로 폐기물 비용도 발생할 수 있다. 5ton 용달차 한 대 분량으로 20~30만원 정도 소요된다. 유체동산의 경우 보통은 2~3회 이상 유찰이 된 후에 매수인 스스로 입찰하여 낙찰 받은 후, 낙찰대금 대신 집행비용 확정결정에 따른 채권 및 동산경매 신청비용 등으로 상계처리 하여 그 비용을 대신하게 된다. 물론 모든 비용에 대해 채무자에게 청구가 가능하지만, 현실적으로 다른 재산이 없기 때문에 이를 돌려받기는 거의 힘들다는 생각이다.

집행비용액확정결정신청

사건번호   2014본0188 부동산강제집행

신 청 인   작은손
주소 : 서울시 성동구 둘레길 1004
전화 : 010-0123-1004

피신청인   노머니
주소 : 서울시 서초구 중앙로4길 444
전화 : 010-0987-4444

신청취지

피신청인이 신청이에게 상환할 집행비용은 금 4,321,000원임을 확정한다.
라는 결정을 구합니다.

동산경매허가신청

채권자   작은손
　　　　　서울시 성동구 둘레길 1004

채무자   노머니
　　　　　서울시 서초구 중앙로4길 444

　위 당사자간 2016본0188 강제집행사건에 관하여, 2017년 1월 18일 10:00 집행현장에 임하여 집행을 개시한 바, 채무자가 출석치 아니하여 집행목적물에서 제거한 동산을 본 집달관이 보관하고, 채무자에게 이의 수취를 최고하였으나 채무자는 동수취를 태만하므로, 별지 목록 동산에 관하여 유제동산경매방법에 따라 매각하여 그 비용을 공제한 후 공탁하도록 민사소송법 제690조 제6항에 의하여 신청하오니 허가하여 주시기 바랍니다.

2017년 　월 　일

위 신청인 　서울중부지방법원 집행관 　작은손 　(인)

서울중부지방법원 귀하

서울중부지방법원
동산경매기일통지서

  사   건   2017본○○
  채 권 자   작은손
  채 무 자   노머니
  집행권원   2016본0188 강제집행

  위 집행권원에 의하여 2017년 ○월 ○일에 압류한 물건에 대하여 경매의 일시와 장소를 다음과 같이 정하였으므로 통지합니다.

매각일시 : 2017년 ○월 ○일 ○시 부터
매각장소 : 서울시 서초구 서초대로 ○○-○○. ○○물류보관창고
최저(일괄)매각가격 : 3,210,000원

            2017년   월   일

                    집행관   옥중화   (직인생략)

※ 매각시간은 같은 날 처리할 집행사건 수 등의 사정 때문에 고지된 지정시각보다 다소 늦어질 수 있음을 알려 드리오니 정확한 매각 시간은 아래 문의전화로 문의하시기 바랍니다.
※ 집행관은 집행을 위하여 필요한 경우에는 잠근 문을 여는 등 적절한 조치를 할 수 있고(민사집행법 제5조), 성년 두 사람이나 구, 동(또는 시, 읍, 면) 직원 또는 경찰공무원이 참여한 가운데 집행을 할 수도 있습니다(같은 법 제6조).
※ 동산경매시 매각대금은 현장에서 대금전액을 납부하여야 하므로(예외 : 민사집행규칙 제149조 제2항의 경우) 경매참가자는 충분한 대금(현금 또는 금융기관 발행 자기앞수표)를 지참하여 경매에 참가하여야 합니다(채무자는 참가할 수 없음).
※ 경매신청 채권자가 집행 연기를 신청하고자 할 경우에는 불필요한 집행이 개시되지 않도록 사전에 신청하여야 합니다.
※ 압류한 물건이 부부공유인 경우 채무자의 배우자는 매각기일에 출석하여 주민등록등본 또는 혼인관계증명서를 제출하고 신분들을 제시한 후, 우선 매수권을 행사하거나 자기 공유지분에 대한 매각대금을 지급하여 줄 것을 요구할 수도 있습니다.
※ 문의전화 : 집행관사무소 02-0666-0111

PART 2 부동산경매 Upgrade

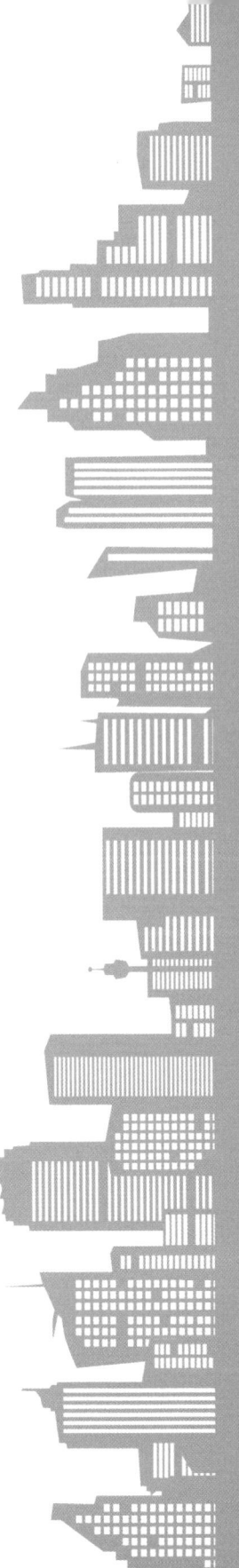

Chapter 1 내 집 마련과 10년 안에 10억 버는 실전투자 비법

Chapter 2 특수물건 경매

Chapter 3 역세권 경매

Chapter 4 토지보상 경매

Chapter 5 경·공매 동시진행

PART 2 부동산경매 Upgrade

Chapter 1

내 집 마련과 10년 안에 10억 버는 실전투자 비법

01 경매로 다세대 주택을 낙찰 받아 부족한 연봉을 채워라!
02 다가구주택에서 선순위임차인을 활용해 임대수익 올리기
03 토지만 낙찰받고 지상의 무허가 건물까지 소유권취득하기

01 경매로 다세대 주택을 낙찰 받아 부족한 연봉을 채워라!

❖ 경매 입찰대상 물건정보내역과 매각결과

❖ 다세대주택에 대한 물건분석은 이렇게 해라!

이 물건은 영등포구 신길동에 위치하고 있는 다세대주택이다.

주변에 1호선과 5호선의 신길 전철역이 도보로 7분 거리에 있고, 버스 등의 대중교통이 발달해 있는 지역이다.

그리고 신길 뉴타운의 재개발로 인해서 주택 등이 철거되면 주택수요가 상당히 부족할 것이 예상되고 이러한 요인은 주택가격과 전세가의 상승으로 이어질 전망이다.

주변 학군이 우수하고, 서울 중심권 어디든 30분 이내에 도달할 수 있는 훌륭한 교통여건으로 직장인이 선호하는 지역에 있는 주택이다.

이 물건은 감정가가 380,000,000원 인데 4명이 입찰에 참여해서 285,000,000원에 낙찰되었다.

주택시장은 과거 대형주택의 가치증가에서 중소형주택의 상승세로 이어지고 있는데 이러한 추세는 계속적으로 변함없이 이어질 전망이다.

왜냐하면 1인 또는 2인 가구의 증가가 계속되고 있고, 앞으로도 출생율의 저하로 인해서 노령인구는 증가되고 그에 따라 소득수준의 감소로 이어져 중소형의 가치가 증가될 수밖에 없기 때문이다.

그러므로 중소형 평형의 주택을 소비자가 선호하는 위치에 맞춰서 투자하게 된다면 새로운 소비자에게 매도해서 높은 투자수익을 올릴 수 있는 기회를 얻을 수 있다.

❖ 이 물건에 대한 권리의 하자 여부와 배당을 분석해 보자

이 경매사건에서 말소기준권리는 2010. 05. 12. 미래신협 근저당권이 된다.

대항력 있는 임차인 여부와 소멸되지 않는 권리 등이 있는가 등을 확인하기 위해서 점검해야 되는 서류가 현황조사보고서와 전입세대열람, 그리고 매각물건명세서가 있으므로 반드시 입찰 전에 확인해야 될 서류다.

사건	2013타경○○○○ 임의경매	매각물건번호	1	담임법관(사법보좌관)	최근묵
작성일자	2013. 03. 14.	최선순위 설정일자	2010.05.12. 근저당권		
부동산 및 감정평가액 최저매각가격의 표시	부동산표시목록 참조	배당요구종기	2011.05.26		

부동산의 점유자와 점유의 권원, 점유할 수 있는 기간, 차임 또는 보증금에 관한 관계인의 진술 및 임차인이 있는 경우 배당요구 여부와 그 일자, 전입신고일자 또는 사업자등록신청일자와 확정일자의 유무와 그 일자

점유자의 성명	점유부분	정보출처 구분	점유의 권원	임대차 기간 (점유기간)	보증금	차임	전입신고일자.사업자등록신청일자	확정일자	배당요구 여부 (배당요구일자)
최수철		현황조사	주거 임차인				2010.6.21.		
	일부 방2칸	권리신고	주거 임차인	2010.6.19.~2012.6.18.	7천5백만원		2010.6.21.	2010.6.21.	2011.05.25

〈 비고 〉

※ 최선순위 설정일자보다 대항요건을 먼저 갖춘 주택.상가건물 임차인의 임차보증금은 매수인에게 인수되는 경우가 발생할 수 있고, 대항력과 우선 변제권이 있는 주택.상가건물 임차인이 배당요구를 하였으나 보증금 전액에 관하여 배당을 받지 아니한 경우에는 배당받지 못한 잔액이 매수인에게 인수되게 됨을 주의하시기 바랍니다.

※ 등기된 부동산에 관한 권리 또는 가처분으로 매각허가에 의하여 그 효력이 소멸되지 아니하는 것

해당사항 없음

※ 매각허가에 의하여 설정된 것으로 보는 지상권의 개요

해당사항 없음

※ 비고란

매각물건명세서를 확인해 본 결과 최수철 임차인은 2010. 06. 21. 대항요건을 갖추어서 대항력이 없는 임차인으로 미배당금이 발생시 임차보증금의 손실이 예상된다.

임차인과 다른 채권자의 배당금을 계산하면 매각대금이 285,000,000원에 매각되고 경매비용이 4,550,000원으로 배당금액은 280,450,000원이 된다.

1순위에서 다음과 같이 순위가 순환관계가 발생되므로 순환흡수배당을 해야 한다.

① 영등포구청 재산세 550,000원(당해세)

② 영등포구청 취득세 10,380,000원(법정기일 2010. 05. 12)

③ 미래신협 300,137,912원(등기일 2010. 05. 12)

④ 최수철 32,000,000원(최우선변제금: 배당시점을 기준으로 소액임차보증금 중 일정액)
(9,500/3,200만원)

⑤ 최수철 43,000,000원(확정일자 효력발생 2010. 06. 22. 오전 0시)

> 임차인은 미래신협 근저당권에 대해서 소액임차인이 아니지만 배당시점으로 계산하며 소액임차인이 되므로 당해세와 일반세금에 대해서는 항상 최우선변제금이 우선한다.
> 조세의 법정기일과 근저당권의 등기일이 같으면 조세가 우선한다.

조세의 법정기일과 근저당권의 등기일이 같으면 조세가 우선한다.

따라서 우선순위를 보면 영등포구청(당해세와 취득세)〉미래신협 근저당권, 미래신협 근저당권〉최수철 최우선변제금, 최수철 최우선변제금〉영등포세무서(당해세와 취득세)인 관계에 있어서 서로 물고물리는 순환관계에 있어서 순환배당을 실시하면 다음과 같다.

1차 안분배당

① 영등포구청=2억8,045만원×10,930,000/386,067,912=7,939,843원

② 미래신협=2억8,045만원×300,137,912/386,067,912=218,028,162원

③ 최수철Ⅰ=2억8,045만원×32,000,000/386,067,912=23,245,651원

④ 최수철Ⅱ=2억8,045만원×43,000,000/386,067,912=31,236,344원

2차 흡수배당

①과 ②와 ③은 서로 물고 물리는 관계에 있어서 흡수할 수 있는 선순위가 없어서 ①과 ②와 ③중 누가 먼저 흡수해도 같은 결과가 된다. 그런데 흡수순서야 그렇다고 하더라도 흡수당하는 순서에서 가장 열후한 ④번을 누가 흡수해야 하는가의 문제가 남게 된다. ④번을 먼저 흡수할 수 있는 선순위가 없고 서로 물고 물리는 관계에 있을 때 흡수방법은 동순위로 자기 채권금액에 비례해서 다음과 같이 안분해서 흡수하면 된다.

> ① · ② · ③이 ④의 1차안분액 31,236,344원을 흡수하는 방법
> ① 영등포구청=31,236,344원×7,939,843/249,213,656=995,177원
> ② 미래신협=31,236,344원×218,028,162/249,213,656=27,327,566원
> ③ 최수철Ⅰ=31,236,344원×23,245,651/249,213,656=2,913,601원

∴ ④ 최수철Ⅱ=31,236,344원−①995,177원−②27,327,566원−

③2,913,601원=0원(종결)

따라서 ④번을 흡수한 다음 2차적인 순환흡수방법은 다음과 같이 하면 된다.

① 영등포구청=7,939,843원(1차안분액)+995,177원(④흡수)+

1,994,980원(②흡수)−5,840,748원(③에 흡수당함)=5,089,252원(종결)

② 미래신협=218,028,162원(1차안분액)+27,327,566원(④흡수)−

1,994,980원(①에 흡수당함)+23,245,651원(③흡수)=266,606,399원(종결)

③ 최수철Ⅰ=23,245,651원(1차안분액)+2,913,601원(④흡수)−

23,245,651원(②에 흡수당함)+5,840,748원(①흡수)=8,754,349원(종결)으로 배당이 종결된다.

❖ 현재 점유하고 임차인의 명도에 대해서 살펴보면

현재 점유자하고 있는 임차인 최수철의 임차보증금채권 75,000,000원에서 배당금 8,754,349원을 공제하면 66,245,651원의 손실이 발생된다.

이와 같이 임대차계약서를 작성할 때 사소한 부주의(선순위채권을 확인하고 그 채권을 포함해서 내 채권의 안전성을 분석하지 못한 경우)가 원인이 되서 임차보증금채권의 대부분을 손실을 볼 수 있다.

어쨌든 낙찰자는 이사비용을 지급하고 건물을 인도받기 위해서 협의하는 과정에서 임차인은 많은 비용을 요구할 것으로 판단돼 반드시 대금납부와 동시에 인도명령신청을 통한 강제집행절차를 할 수 있는 단계까지 갖추고 협상에 임해야 적은 이사비용을 주고 건물인도를 받을 수 있을 것으로 판단된다.

❖ 입찰에 참여하기 전 예상수익분석 후 입찰가를 결정해 보자

낙찰금액 2억8,500만원의 60%인 1억7,100만원을 연 5%로 은행에서 대출받아서 납부하고 보유하다가 2년 후에 4억3천원에 팔았다면

(1) 2년 보유하다 비과세로 3억9천원에 매각할 때 수익률을 계산

① 총 취득금액은 2억9,150만원[낙찰금액 2억8,500만원+소유권이전 제비용 400만원(취득세1.1% 포함)+명도비 250만원]이지만 취득시에 현금투자금액은 2억9,150만원 − 1억7,100만원=1억2,050만원이다.

② 2년후 비과세로 양도 후 예상수익을 계산하면 다음과 같다.

양도금액 3억9천만원 − 총 취득금액은 2억9,150만원 −매도시 중개수수료 215만원(0.5%) −양도소득세 및 주민세는 비과세로 0원 −대출이자 17,099,520원[1억7,100만원×5%×1년÷365일=23,424원×730일(2년)]으로 79,250,480원이 된다.

현금투자대비 수익률을 계산하면 79,250,480원/120,500,000원(총 현금투자금액)으로 65.76%의 예상수익율이 발생한다.

(2) 2년 보유하다 일반세율로 3억9천만원에 매각할 때 수익률을 계산

① 총 취득금액은 2억9,150만원[낙찰금액 2억8,500만원+소유권이전 제비용 400만원(취득세1.1% 포함)+명도비 250만원]이지만 취득시에 현금투자금액은 2억9,150만원 − 1억7,100만원=1억2,050만원이다.

② 2년후 일반세율로 양도 후 예상수익을 계산하면 다음과 같다.

양도금액 3억9천만원 - 총 취득금액은 2억9,150만원 -매도시 중개수수료 215만원(0.5%) -양도소득세 및 주민세는 19,742,250원 -대출이자 17,099,520원[1억7,100만원×5%×1년÷365일 = 23,424원×730일 (2년)]으로 59,508,230원이 된다.

양도세와 주민세 계산

A 양도가액 3억 9천만원-B 총 취득금액 2억9,150만원-C 매도시 중개수수료 215만원
= D 양도차익 9,635만원-E 장기보유특별공제 0원(3년 미만)
= F 양도소득금액 9,635만원-G 기본공제 250만원 = H 과표표준액 9,385만원 × 세율 35%(2년 후 매각)-1,490만원(누진공제) = I 양도소득세액 17,947,500원 따라서 양도소득세액 17,947,500원과 주민세 1,794,750원을 납부하면 된다.

현금투자대비 수익률을 계산하면 59,508,230원/120,500,000원(총 현금투자금액)으로 49.38%의 예상수익율이 발생한다.

(3) 입찰가결정방법

앞의 예상수익금액을 바탕으로 입찰가를 결정하고 입찰에 참여하면 된다.

02 다가구주택에서 선순위임차인을 활용해 임대수익 올리기

❖ 기존 주택에서 임차인을 활용해 임대수익과 투자수익을 높여라!

주택 또는 상가건물에 많은 임차인들이 거주하고 있다면 입찰을 꺼리는 경향이 있다. 그중에서 대항력 있는 임차인이 많은 주택 등은 더욱 그렇다. 이러한 임차인을 잘 활용만 하면 즉 선순위임차인이 배당요구해서 전액 배당받거나 미배당금이 소액이면, 배당요구를 하지 않더라도 인수금액을 정확하게 판단할 수만 있다면 그 만큼 낮은 금액으로 취득할 수 있는 기회가 될 수 있다.

어쨌든 임차인이 대항력이 있든 없든 간에 그러한 것이 중요한 것이 아니라 높은 임대수익이 발생할 수 있는 즉 임차인이 많이 거주하는 다가구주택이 경매로 매각되는 경우 임차인들은 몇 년 전의 임대차로 재 임대 또는 새로운 임차인으로 교체하는 방법만으로도, 내 투자금이 없이도 사서 임대수익을 높이거나 매매차익을 올릴 수 있는 틈새시장이다.

어차피 경매전쟁에서 살아남으려면 남들이 꺼리는 분야 또는 못하는 분야에서 철저히 싸움꾼이 돼야 한다. 임차인들이 많다는 것은 그만큼 기회의 땅이 될 수 있고, 그러한 다가구주택 등은 임차보증금이 3~4년 전의 보증금으로 낙찰받고 나서 약간의 집수리 과정을 거쳐서 보증금을 높여 재 임대하면 임대수익율이 높아지고 그에 따라 제3자에게 매각 시에 높은 시세차익을 올릴 수 있는 틈새시장이다.

❖ 경매 입찰대상 물건정보내역과 매각결과

2011타경 0000호 • 서울중앙지방법원 본원 • 매각기일 : 2011.12.01(木)(10:00) • 경매 7계(전화:02-530-1819)

소재지	서울특별시 동작구 노량진동 000 (도로명주소검색)						
물건종별	다가구(원룸등)	감정가	673,379,400원	오늘조회: 1 2주누적: 0 2주평균: 0 (조회동향)			
				구분	입찰기일	최저매각가격	결과
토지면적	142㎡(42.955평)	최저가	(80%) 538,704,000원	1차	2011-10-27	673,379,400원	유찰
				2차	2011-12-01	538,704,000원	
건물면적	210.7㎡(63.737평)	보증금	(10%) 53,880,000원	낙찰 : 619,508,600원 (92%)			
매각물건	토지·건물 일괄매각	소유자	김철중	(입찰3명, 낙찰: 김OO 2등입찰가 582,000,000원)			
개시결정	2011-02-18	채무자	김철중	매각결정기일 : 2011.12.08 - 매각허가결정 대금지급기한 : 2012.01.16			
사건명	임의경매	채권자	한국자산관리공사	대금납부 2011.12.28 / 배당기일 2012.02.09 배당종결 2012.02.09			

  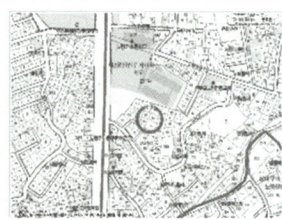

• 임차인현황 (말소기준권리 : 2008.05.29 / 배당요구종기일 : 2011.08.04)

임차인	점유부분	전입/확정/배당	보증금/차임	대항력	배당예상금액	기타
김기숙	주거용 지층(앞쪽)(방2)	전입일: 2008.05.19 확정일: 2008.05.19 배당요구일: 2011.03.14	보57,000,000원	있음	배당순위있음	현황서상 전:2009.8.13
박수민	주거용 1층(102)(방2)	전입일: 2008.04.10 확정일: 2008.04.10 배당요구일: 2011.07.29	보65,000,000원	있음	배당순위있음	임차권등기자
오정기	주거용 지층(뒷쪽)(방2)	전입일: 2008.03.25 확정일: 2008.03.25 배당요구일: 2011.05.04	보53,000,000원	있음	배당순위있음	
오기순	주거용 1층(101)(방2)	전입일: 2008.04.14 확정일: 2008.04.14 배당요구일: 2011.03.15	보55,000,000원	있음	배당순위있음	
최민기	주거용 옥상(방1)	전입일: 2004.06.05 확정일: 2008.03.11 배당요구일: 2011.04.27	보30,000,000원	있음	소액임차인	
허철민	주거용 2층(방3)	전입일: 2008.05.02 확정일: 2008.03.25 배당요구일: 2011.03.25	보90,000,000원	있음	배당순위있음	현황서상 보:1억원

• 건물등기부 (채권액합계 : 559,920,000원)

No	접수	권리종류	권리자	채권금액	비고	소멸여부
1	1993.01.08	소유권보존	김철중			
2	2008.05.29	근저당	한국자산관리공사	364,000,000원	말소기준등기	소멸
3	2009.09.23	근저당	김승기	19,990,000원		소멸
4	2010.09.03	근저당	김중수	25,000,000원		소멸
5	2010.10.13	가압류	김성민	14,400,000원		소멸
6	2010.10.18	가압류	서울신용보증재단	17,500,000원		소멸
7	2010.10.20	가압류	김연기	5,130,000원		소멸
8	2010.11.01	가압류	이연기	3,900,000원		소멸
9	2011.02.18	임의경매	한국자산관리공사 (금융구조조정지원1부)	청구금액: 294,371,012원		소멸
10	2011.03.31	주택임차권(1층 58.05평방미터중 동쪽 29.02평방미터)	박수민	65,000,000원	전입:2008.04.10 확정:2008.04.10	

❖ 경매물건에 대한 물건분석 및 권리분석

 이 물건은 동작구 노량진동에 위치하고 있는 다가구주택이다.
 주변에 1호선과 9호선의 노량진 전철역이 도보로 7~8분 거리에 있고, 버스 등의 대중교통이 발달해 있는 지역이다. 그리고 노량진뉴타운의 재개발구역 내에 위치하고 있어서 재개발이 진행되면 분양대상자에 해당되는 주택이다. 주변 학군이 우수하고, 서울 중심권 어디든 30분 이내에 도달할 수 있는 훌륭한 교통여건으로 직장인이 선호하는 지역에 있는 주택이다. 이 물건은 감정가가 673,379,400원 인데 3명이 입찰에 참여해서 619,508,600원에 낙찰되었다.
 이 물건에 대한 권리의 하자는 없을까
 이 경매사건에서 말소기준권리는 2008. 05. 29. 한국자산관리공사 근저당권이 된다.
 이 주택에는 임차인 6명이 거주하고 있는데 배당요구로 보면 모두 대항력이 있는 임차인 이므로 미배당금이 발생하면 매수인의 부담이 될 수 있다. 그러나 김기숙은 배당요구와 달리 전입일자가 2009. 08. 13. 이므로 대항력이 없고 확정일자가 2008. 05. 19. 로 되어 있으므로 확정일자우선변제권의 효력발생 일시는 2009. 08. 14. 오전 0시에 발생하게 된다. 따라서 예상배당표를 작성해서 인수금액 여부를 판단하면 된다.

매각대금이 619,508,600원이고 경매비용이 8,175,000원이면 배당금은 611,333,600원이 된다. 유의할 점은 동작구청에서 경매개시 이후에 2011. 06. 24. 토지만 압류등기가 이루어져 있지만 경매집행기관의 채권신고 최고를 받아서 교부청구(재산세 150만원)를 하였으므로 토지와 건물전체에 대해서 배당을 받을 수 있다.

1순위: 최민기 1,600만원(최우선변제금 1) - 소액임차인결정기준 : 한국자산관리공사 근저당권(4,000만원 이하/1,600만원)

2순위: 동작구청 150만원(당해세 우선변제금)

3순위: 최민기 1,400만원(확정일자 우선변제금)

4순위: 오정기 5,300만원(확정일자 우선변제금)

5순위: 박수민 6,500만원(확정일자 우선변제금)

6순위: 오기순 5,500만원(확정일자 우선변제금)

7순위: 허철민 9,000만원(확정일자 우선변제금)

8순위: 한국자산관리공사 294,371,012원(근저당권 우선변제금)

9순위: 김기숙 22,462,588원(확정일자 우선변제금)으로 배당이 종결된다.

따라서 대항력이 있는 임차인 모두가 배당받게 되므로 매수인이 인수할 임차보증금은 없으며 대항력 없는 임차인 김기숙 역시 22,462,588원을 배당받게 되므로 명도는 쉽게 정리할 수 있다.

❖ 투자대비 임대수익율은 어떻게 되겠는가?

낙찰금액이 619,508,600원이고 필요제경비 포함 취득비용이 18,585,000원이라면 총 취득가는 638,093,600원이 된다. 그리고 낙찰금액에서 70%(433,656,020원)을 연 3%의 이자로 대출받았다면 현금투자는 204,437,580원이 된다.

(1) 다가구주택을 10개 호수의 원룸으로 리모델링하여 재임대하면

다가구주택을 지층을 원룸 3개 호수, 1층을 원룸 3개 호수, 2층을 원룸 3개 호수, 옥탑을 원룸 1개로 총 10개 호수의 원룸으로 리모델링하여 임대를 할 수 있다면 높은 임대수익이 기대되는 주택이다. 이때 리모델링 공사비로 8,000만원이면 총 현금투자는 284,437,580원이 된다. 각 호수를 지층과 옥탑은 1,000만원에 월 40만원, 1~2층은 보증금 1,000만원에 월 50만원씩 임대하면 총 보증금 1억원에 매월 460만원의 임대소득이 예상된다. 이 금액을 가지고 현금투자대비 임대수익금액과 수익율을 계산하면 다음과 같이 된다. 연간 임대수익금액 = 55,200,000원 - 13,009,681원(433,656,020원×3%)(연 대출이자) = 42,190,319원이다. 총 현금투자 = 284,437,580원 - 1억원(보증금의 합계) = 184,437,580원이다. 따라서 총 현금투자대비 임대수익율은 42,190,319원/184,437,580원 = 22.87%이다. 내가 184,437,580원을 투자해서 매월 3,515,860원의 임대소득이 발생한다.

(2) 재개발구역이므로 2층만 리모델링하여 기존 주택을 재임대하면

기존 주택이 지층이 투룸으로 2개 호수, 1층은 투룸으로 2개 호수, 옥탑은 원룸으로 1개 호수이고, 2층만 3개호수로 리모델링하고 공사비로 3,000만원이 소요되었다면 총 현금투자는 234,437,580원이 된다. 이 금액을 가지고 현금투자대비 임대수익금액과 수익율을 계산하면, 지층은 1,000만원에 50만원(투룸 2개호수), 옥탑은 1,000만원에 40만원, 1층은 1,000만원에 60만원(투룸 2개호수), 2층은 1,000만원에 50만원(원룸 3개 호수)이므로 총 보증금은 8,000만원에 월세 410만원이 된다. 연간 임대수익금액 = 49,200,000원 - 13,009,681원(433,656,020원×3%)(연 대출이자) = 36,190,319원이다. 총 현금투자 = 234,437,580원 - 8,000만원(보증금의 합계) = 154,437,580원이다. 따라서 총 현금투자대비 임대수익율은 36,190,319원/154,437,580원 = 23.43%이다.

❖ 분양자격과 주택에 대한 리모델링 후 재임대 방법

이 주택은 재개발구역내에 위치하고 있어서 매수인은 분양자격을 취득할 수 있다. 따라서 재개발이 장기간 소요될 경우 리모델링하여 임대수익을 증가시키는 방향도 좋겠으나 2~3년 이내에 진행되는 재개발이라면 일부 호수만 리모델링하거나 기존 주택을 보수하는 차원에서 재 임대를 해도 높은 임대수익이 기대되는 주택이다.

03 토지만 낙찰받고 지상의 무허가 건물까지 소유권취득하기

❖ 정 수철이 계양농협 근저당권을 매입했다

계양농협은 주택을 담보로 대출을 실행하는 과정에서 아래 주택 사진과 같이 무허가건물이 있어서 대지만을 담보로 근저당권 설정했다.

그리고 채무가 상환되지 않자 부실채권으로 지정하고 매수자 정 수철에게 근저당권을 6,500만원에 양도했다. 정 수철은 양도 받은 근저당권으로 다음과 같이 경매를 신청했고 그 과정에서 매수자가 없어 50% 이하로 유찰되자 직접 낙찰 받고 대금은 상계처리해서 납부했다.

❖ 정 수철이 경매를 신청한 물건정보내역과 매각결과

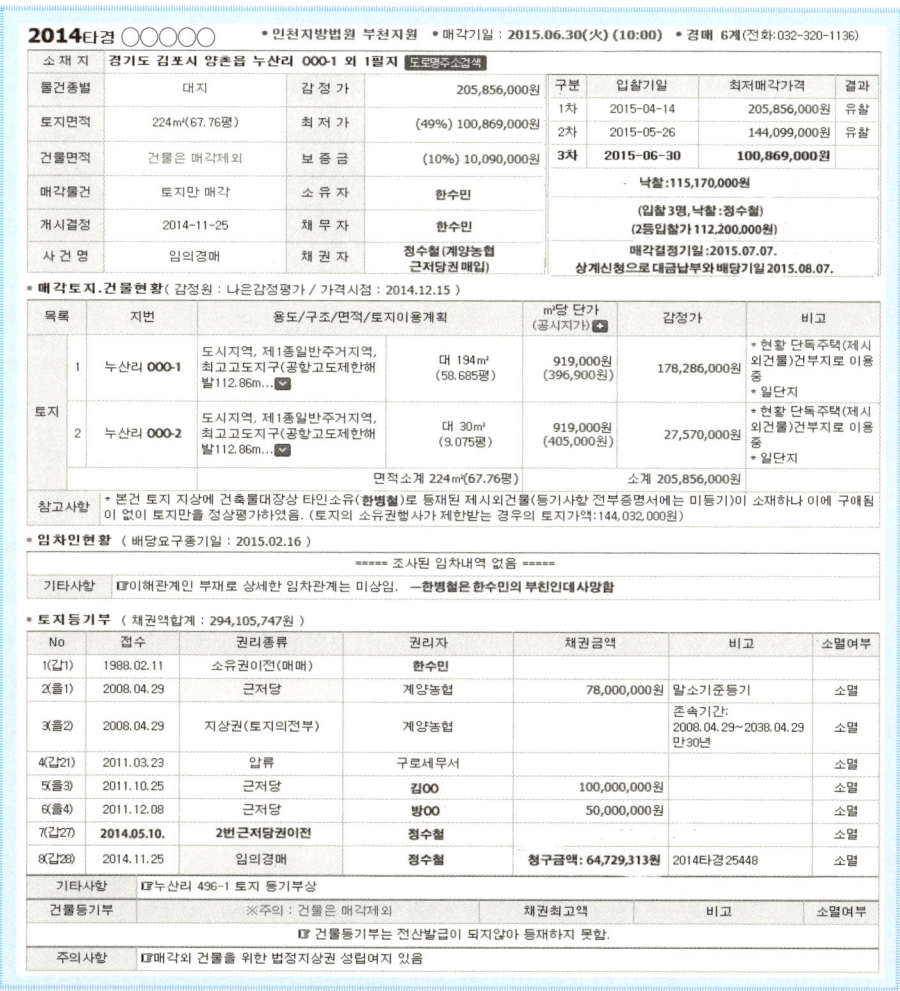

❖ 경매물건에 대한 물건분석과 권리분석

이 물건은 지상에 무허가건물이 있어서 대지만 근저당권이 설정되었기 때문에 근저당설정당시에 건물이 존재했었다. 이런 경우에 토지와 건물소유자가 동일인이었다가 달라졌다면 법정지상권이 성립한다. 그래서 폐쇄등기부를 확인한 결과 한수민의 부친인 한병철이 토지소유자로 그 지상에 무허가 건물을 신축했었다는 사실을 알 수 있었다.

그럼 동일소유자였다가 달라진 상황이 되는데 언제 어떻게 달라졌고 그 시기가 언제인가를 확인해야 하는데 토지등기부를 확인하면 알 수 있듯이 부친소유(한병철)에서 한수민(아들)으로 1988. 02. 11. 소유권이 이전되었다. 그러니 이때부터 법정지상권이 성립하게 된다. 그래도 다행인 것이 법정지상권은 묵시적 갱신을 인정하지 않기 때문에 30년만 지나면 소멸을 청구할 수 있다. 그래도 2년 이상을 기다려야 하는 문제가 남게 된다. 이러한 분석 하에 근저당권을 매입해서 경매를 신청한 정 수철이 50% 정도로 토지를 낙찰 받았다.

❖ 낙찰 받고 나서 다음과 같이 탈출하는 방법으로 성공할 수 있었다

앞에서와 같이 법정지상권 잔존기간이 2년이 남아 있어서 건물소유자들과 협의를 하게 되었는데 건물 가격으로 1억원을 요구하고 있었다.

그래서 협상을 중지하고 어떻게 대처할까를 고민하게 되었다. 그 과정에서 해결책을 찾게 되었는데 독자 분들에게도 좋은 길이라 생각해서 글로 남기게 된 것이다. 건물은 건축물대장을 확인한 결과 돌아가신 부친 명의로(15년 전에 사망한 것으로 예측) 있다는 사실을 확인할 수 있었다. 그래서 토지사용료를 원인으로 상속인들을 대상으로 채권가압류와 부당이득반환청구 소송을 다음과 같이 진행했고 그 과정에서 지상의 무허가건물을 상속인들을 대위로 해서 보존등기를 했고, 동시에 채권가압류를 할 수 있었다. 그 다음 부당이득반환청구소송에서 판결을 얻어 강제경매를 신청하면 그 무허가건물을 1,000만원 이하로 낙찰 받을 수 있을 것이라는 판단이 섰기 때문이다.

PART 2 부동산경매 Upgrade

Chapter 2

특수물건 경매

01 법정지상권 경매
02 유치권 경매
03 지분 경매
04 NPL 경매

01 법정지상권 경매

저당물의 경매로 인하여 토지와 그 지상건물이 다른 소유자에 속한 경우에 토지소유자는 건물소유자에 대하여 지상권을 설정한 것으로 본다. 법정지상권이 성립하려면 저당권 설정 당시 토지 위에 건물이 존재했는지, 존재했다면 동일인이었는지, 이후 경매 등으로 인해 소유자가 달라져야 한다. 토지에 대한 근저당권 설정 당시에 해당 건물이 반드시 존재해야 하는데, 미등기 무허가 건물이라 하더라도 요건을 갖춘다면 법정지상권이 적용된다. 기본적으로 성립 여부를 따질 때 확인할 조건은 근저당 당시 건물이 있었는지 건물의 소유자는 토지 소유자와 일치 하였는지를 확인하는데 등기사항증명서, 건축물대장, 건축허가일자, 재산세 과세 대장, 주변인 조사 등을 통해 검토해 보면 된다.

토지근저당권 설정 당시의 건물존재여부와 소유권의 동일성을 요하는 것이므로, 해당 건물에 대한 위 관련 정보가 전무한 상태에서는 응찰자 입장에서 토지근저당권 설정자인 금융기관 측에 적극적인 도움을 요청하여 파악해야 한다. 일반적으로 금융기관에서 토지를 담보로 대출을 해주는 경우 담보 제공된 토지에 대한 기본 조사는 필수적으로 진행하고 있기 때문이다. 법정지상권 성립했을 경우에도 건물에 대한 존속기간은 해당건물에 대한 구조성분에 따라 견고한 건물이나 수목의 소유를 목적으로 하는 때에는 30년, 기타의 건물은 15년, 건물 이외의 공작물인 경우에는 5년이기 때문에 이 기한이 지나면 철거요청을 할 수 있다.

법정지상권과 관련한 투자의 핵심은 크게 4가지로 본다. 건물주에게 토지를 재매각하는 방법, 건물을 저렴하게 매입하는 방법, 법정지상권 불인정 및 철거소송에 승소하여 철거하는 방법, 법정지상권이 인정된다면 토지지료를 청구하는 방법이다. 일단 법정지상권이 성립하지 않아야 키를 잡을 수 있다. 법정지상권이 성립하지 않는 경우 소송을 진행해 가며 철거를 요구하고 부당이득반환청구, 지료 청구 등으로 지속적으로 압박할 수 있다. 이 과정에서 협의가 되어 매도 또는 매수를 통해 수익을 얻을 수 있게 되다. 만약 1~2년간 재판 끝에 승소한다면 건물 철거를 위한 집행도 가능하기 때문에 상대방도 버티기가 힘들다. 협상을 진행하면서 지료청구를 이유로 가압류를 걸어두고 처분금지가처분 신청을 해야 한다. 건물철거 및 지료청구의 소를 제기하고 유리하게 협의를 끌고 가야 한다. 법정지상권이 성립한다면 지료만 청구할 수 있는데 당사자의 청구에 의하여 법원이 결정한다. 상호간의 협의로 해결하면 되지만, 협의 불가 시 지료청구소송을 하여야 결정을 받는다. 통상 나대지 상태의 감정가, 정기예금금리, 인근의 토지임대 시세를 감안하여 판결하는데 임대료가 낮은 농지 등은 2%, 주택은 5%, 상업용지는 7%까지도 결정이 난다. 만약 토지의 소유자가 2년분의 지료가 연체되면 지상권을 해지할 수 있다. 지료나 건물년한에 의한 법적지상권 소멸시효에 걸리면 처분금지가처분 신청을 하고 철거소송을 진행한 후 경매 신청도 가능하다. 경매 신청시 매각물건명세서에 건물철거소송 진행 중이라고 고지하여 유찰되도록 유도하여 저렴하게 낙찰 받고 지료와 상계 처리하는 것도 방법이다.

법정지상권 성립 여부에 대해 몇 가지를 보고자 한다.

- 토지와 건물에 공동담보 설정 후 건물을 멸실하고 새로이 신축하였다면 토지와 건물에 공동저당을 설정한 경우는 법정지상권이 성립하지 않지만, 토지에만 저당권이 설정된 상태로 새로이 지어진 건물에는 법정지상권이 성립된다.
- 집합건물의 법정지상권은 구분행위와 구분의사가 인정된 만큼, 토지를 건물의 부합물로 보아 법정지상권을 요구할 수 없을 뿐더러 지료 청구도 어렵다.
- 건물의 소유자가 토지임대차 계약을 맺은 후 건물을 신축하였다면, 민법의 차지권이 인정되어 법정지상권을 주장할 수 있다.
- 토지의 소유자가 지분권자라면 과반수 이상의 지분이 있어야 철거 소송이 가능하다. 또한 건물의 소유자가 토지의 일부분만 소유한 경우 건물에는 법정지상권이 성립되지 않는다.
- 근저당권 설정시 동시에 지상권이 설정되었고, 이 후 무허가 주택 및 건물이 건축되었다면 토지근저당권 설정 이후에 건물이 신축되었다면 법정지상권은

성립하지 않는다. 구 건물과 토지에 근저당권을 설정한 이후에 구건물을 철거하고, 신 건물을 신축한 경우에는 법정지상권이 성립하지 않는다.
- 아버지가 토지소유자이고 아들이 건물소유주일 경우 아버지가 아들에게 토지 사용을 허락하여서 건축한 경우 아들이 토지소유자인 아버지의 허락을 받아 건물을 건축한 경우에는 법정지상권이 성립하지 않는다.
- 토지에 관하여 저당권이 설정될 당시 그 지상에 토지소유자에 의한 건물의 건축이 개시되기 이전이었다면, 근저당권자가 토지소유자에 의한 건물의 건축에 동의하였다고 하더라도 법정지상권은 성립되지 않는다.

표 교수의 "법정지상권 판례"

대법원 2014. 9. 4. 선고 2011다13463 판결

동일한 소유자에 속하는 대지와 그 지상건물이 매매에 의하여 각기 그 소유자가 달라지게 된 경우에는 특히 그 건물을 철거한다는 조건이 없는 한 건물소유자는 그 대지 위에 그 건물을 위한 관습상의 법정지상권을 취득하는 것이고, 한편 건물 소유를 위하여 법정지상권을 취득한 자로부터 경매에 의하여 그 건물의 소유권을 이전받은 경락인은 경락 후 건물을 철거한다는 등의 매각조건하에서 경매되는 경우 등 특별한 사정이 없는 한 건물의 경락취득과 함께 위 지상권도 당연히 취득한다. 이러한 법리는 압류, 가압류나 체납처분압류 등 처분제한의 등기가 된 건물에 관하여 그에 저촉되는 소유권이전등기를 마친 사람이 건물의 소유자로서 관습상의 법정지상권을 취득한 후 경매 또는 공매절차에서 건물이 매각되는 경우에도 마찬가지로 적용된다.

대법원 2012.10.18. 선고 2010다52140 판결

원래 관습상 법정지상권이 성립하려면 토지와 그 지상 건물이 애초부터 원시적으로 동일인의 소유에 속하였을 필요는 없고, 그 소유권이 유효하게 변동될 당시에 동일인이 토지와 그 지상 건물을 소유하였던 것으로 족하다. 강제경매의 목적이 된 토지 또는 그 지상 건물의 소유권이 강제경매로 인하여 그 절차상의 매수인에게 이전된 경우에 건물의 소유를 위한 관습상 법정지상권이 성립하는가 하는 문제에 있어서는 그 매수인이 소유권을 취득하는 매각대금의 완납시가 아니라 그 압류의 효력이 발생하는 때를 기준으로 하여 토지와 그 지상 건물이 동일인에 속하였는지가 판단되어야 한다. 한편 강제경매개시결정 이전에 가압류가 있는 경우에는, 그 가압류가 강제경매개시결정으로 인하여 본압류로 이행되어 가압류집행이 본집행에 포섭됨으로써 당초부터 본집행이 있었던 것과 같은 효력이 있다. 따라서 경매의 목적이 된 부동산에 대하여 가압류가 있고 그것이 본압류로 이행되어 경매절차가 진행된 경우에는, 애초 가압류가 효력을 발생하는 때를 기준으로 토지와 그 지상 건물이 동일인에 속하였는지를 판단하여야 한다.

대법원 2008. 3. 13. 선고 2005다15048 판결

신축 당시부터 다세대주택의 각 세대 전부에 대하여 대지권등기를 하고 전유부분과 대지권이 같이 처분되어 옴으로써 각 전유부분과 해당 대지사용권이 상호대응관계를 유지하면서 일체불가분성을 갖고 있는 경우, 대지권의 성립 전에 대지에 관하여 별도등기로 설정되어 있던 근저당권이 실행됨에 따라 대지사용권이 전유부분으로부터 분리처분 되었더라도, 경매개시결정부터 경락허가결정에 이르기까지 경매목적물인 토지지분이 특정 전유부분의 대지권에 해당하는 공유지분임이 충분히 공시되었다면, 이로써 대지권을 가지고 있는 구분건물 소유자들과 대지의 공유지분권자 사이에 공유물의 사용에 관한 합의의 일종으로서 구분건물에서 분리된 위 공유지분을 분리되기 전의 전유부분을 위한 사용에 제공하여 상호관련성을 유지하기로 하는 묵시적 합의가 성립하였다고 보아야 한다.

대법원 2003. 9. 5. 선고 2003다26051 판결

토지에 관하여 저당권이 설정될 당시 그 지상에 토지소유자에 의한 건물의 건축이 개시되기 이전이었다면 건물이 없는 토지에 관하여 저당권이 설정될 당시 근저당권자가 토지소유자에 의한 건물의 건축에 동의하였다고 하더라도 그러한 사정은 주관적 사항이고 공시할 수도 없는 것이어서 토지를 낙찰 받는 제3자로서는 알 수 없는 것이므로 그와 같은 사정을 들어 법정지상권의 성립을 인정한다면 토지 소유권을 취득하려는 제3자의 법적 안정성을 해하는 등 법률관계가 매우 불명확하게 되므로 법정지상권이 성립되지 않는다.

대법원 2001. 3. 13. 선고 1999다17142 판결

법정지상권의 경우 당사자 사이에 지료에 관한 협의가 있었다거나 법원에 의하여 지료가 결정되었다는 아무런 입증이 없다면 법정지상권자가 지료를 지급하지 않았다고 하더라도 지료 지급을 지체한 것으로는 볼 수 없으므로 법정지상권자가 2년 이상의 지료를 지급하지 아니하였음을 이유로 하는 토지소유자의 지상권 소멸청구는 이유가 없고 지료액 또는 그 지급시기 등 지료에 관한 약정은 이를 등기하여야만 제3자에게 대항할 수 있는 것이고 법원에 의한 지료의 결정은 당사자의 지료결정 청구에 의하여 형식적 형성소송인 지료결정 판결로 이루어져야 제3자에게도 그 효력이 미친다.

　민법 제287조가 토지소유자에게 지상권소멸청구권을 부여하고 있는 이유는 지상권은 성질상 그 존속기간 동안은 당연히 존속하는 것을 원칙으로 하는 것이나 지상권자가 그 권리의 목적이 된 토지의 특정한 소유자에 대하여 2년분 이상의 지료를 지불하지 아니한 경우에 그 특정의 소유자는 선택에 따라 지상권의 소멸을 청구할 수 있으나 지상권자의 지료지급 연체가 토지소유권의 양도 전후에 걸쳐 이루어진 경우 토지양수인에 대한 연체기간이 2년이 되지 않는다면 양수인은 지상권소멸청구를 할 수 없다.

대법원 1995. 5. 23. 선고 1993다47318 판결
　법정지상권은 저당권 설정 당시 동일인의 소유에 속하던 토지와 건물이 경매로 인하여 소유자가 다르게 된 때에 건물의 소유자를 위하여 발생하는 것이므로 토지와 지상건물이 소유자를 달리하고 있던 중 토지 또는 건물만이 경매의 의하여 다른 사람에게 소유권이 이전된 경우에는 법정지상권이 발생할 여지가 없으며, 건물의 등기부상 소유명의를 타인에게 신탁한 경우에 신탁자는 제3자에게 건물이 자기의 소유임을 주장할 수 없고 따라서 그 건물과 부지인 토지가 동일인의 소유임을 전제로 한 법정지상권을 취득 할 수 없다.

02 유치권 경매

　유치권은 공사업자가 건물을 신축하는 과정에서 공사비를 받지 못하는 경우 공사비를 받을 때까지 그 건물을 반환하지 않을 수 있는 권리를 말한다. 법원경매

의 유치권의 대부분은 목적물에 대한 공사대금 미납과 관련이 있다. 예로 카센터에 차를 수리해 달라고 맡겨 놓고 찾으러 갈 때 수리비를 납부하지 않으면 카센터 사장이 키를 돌려주지 않으며 수리비 줄 때까지 돌려줄 수 없다고 주장하는 것으로 이해하면 된다. 과거 유치권은 그리 많지 않았다고 하는데, 유치권 신고를 통해 경매에서 좀 더 싸게 낙찰 받을 수 있다는 게 통용되면서 소유자 또는 채무자의 관계자나 제3자를 통해 허위 유치권을 신고하는 경우를 자주 볼 수 있게 된다. 유치고 신고서와 이런저런 서류들을 만들어 우편 접수를 하면 법원에서는 진위여부를 떠나 그 내용을 매각물건명세서에 기재하기 때문에 경매입찰자의 입장에서 보면 여간 신경 쓰이는 게 아니다.

또한 실제로 공사에 직간접적으로 관여한 것은 사실이나, 유치권 성립요건에 해당되지 않는 경우도 많기 때문에 결과적으로 주장을 철회하는 경우도 많다. 임차인의 시설비나 인테리어 비용 등은 해당되지 않고 점유를 지속하지 못했거나 경매개시결정등기 후 공사가 완료되는 경우, 유치권의 양도, 유치권자의 임대차계약 체결 후 점유 등과 관련해서는 유치권이 인정되지 못하고 있기 때문이다. 허위유치권자와 실제 성립요건에 해당되지 못하기 때문에 경매에서 나오는 물건의 80% 가량은 유치권에 해당되지 않는다. 그렇다고 입찰자의 입장는 허위유치권이라 할지라도 유치권 신고가 들어오면 금융권에서는 대출이 되지 않을 수 있기 때문에 피해를 볼 수 있기 때문에, 유치권 신고 사건은 꼭 대출가능 여부를 확인하고 입찰해야 한다. 법률사무소나 법무사에게 유치권과 관련된 법률검토를 받아 은행권에 제출하는 것도 대출에 있어서 도움이 될 수 있다.

유치권 성립요건은 크게 3가지로 구분되는데, 먼저 채권이 그 부동산으로부터 발생해야 한다. 그 부동산이 아닌 다른 부동산에 대해서는 유치권을 행사할 수 없는데, 이를 견련성이라고 부른다. 이에 유치권 신고 내용이 전 소유자에 의한 도급공사인지, 임차인의 영업행위를 위한 시설비인지 확인해 볼 필요가 있다. 전 소유자나 임차인과의 도급 계약을 한 유치권자가 유치권 행사를 하는 경우에는 인정 받을 수 있다. 하지만 그 행위가 임차인이 자신의 영업을 하기 위한 영업시설비에 준한다면 유치권으로 인정받기 어렵다. 유치권을 주장하려면 건물의 가치 상승을 가져 올 수 있는 필요비나 유익비에만 인정된다. 신고된 공사대금 내역이 임차인의 영업행위를 위한 시설비가 아닌지 봐야 한다. 유치권을 주장하려면 건물의 가치를 상승할 만한 필요비나 유익비의 경우 인정되는데, 단순히 내부 인테리어나 시설투자에 관한 공사라면 유치권으로 인정받기 어렵다.

다음으로 채권의 변제기가 도래해야 한다. 공사대금을 주기로 한 날짜가 도래하지 않았음에도 공사가 완공됐다고 해서 유치권을 행사할 수는 없다는 것이다. 예로 유치권 행위가 경매개시결정등기 이후인지 확인할 필요가 있다. 경매개시결정등기 이후에 된 유치권 신고는 인정되지만 유치권 행위 자체가 경매개시결정등기 이후에 이루어졌다면 인정되지 않는다. 이를 위해 유치권 행위가 경매개시결정등기 이후인지를 봐야 한다. 경매개시결정등기 이후에 유치권 신고는 가능하지만, 유치권과 관련한 행위자체가 개시결정이후에도 지속되고 있었고 이를 근거로 유치권 신고를 했다면 인정받지 못한다. 채권의 변제기 도래하지 않았다는 것이다. 공사대금 소멸시효는 3년으로 일반채권 10년, 상사채권 5년에 비해 짧기 때문에 소멸시효가 지나기 전에 채권 추심을 통해 받아야 한다. 다만 소멸시효를 중단하려면 법원에 지급명령, 가압류, 가처분, 강제집행 등을 통해 소멸시효를 중단해야 한다. 경매에서 이를 달리 말하면 경매개시결정등기일을 기준으로 공사완료일을 기점으로 3년이 넘은 공사한 내용을 가지고 유치권을 주장하지 못한다는 것이다. 소멸시효가 중단된 것이 없는지는 살펴봐야 한다.

끝으로 유치권자가 그 물건을 점유하고 있어야 한다. 민법에서는 일정한 권리를 주장하기 위해서는 그 권리가 있음을 공시하도록 규정하고 있는데 유치권은 전세권이나 저당권 등과 같이 등기할 수 있는 권리가 아니기 때문에 점유를 통해 공시를 할 수 밖에 없어 반드시 점유가 필요하다. 이를 위해 법원경매 자료 중 매각물건명세서 상의 점유자 파악과 현황조사서 상의 내용, 감정평가서 상의 사진에 유치권 관련 현수막이나 벽보문 등이 있는지 확인해 보면 된다. 유치권자가 권리신고만 해놓고 점유를 하지 않은 경우가 많기 때문에 이러한 자료를 바탕으로 유치권부존재 확인소송까지 이어질 경우 매수인에게 유리하게 작용될 수 있기 때문이다. 소유주의 승낙 없는 유치권자의 임대 행위는 유치권의 점유로 볼 수 없다.

이 외에 유치권을 배제한다는 특약도 없어야 한다. 임대차계약서의 원상복구 조항이 있거나, 공사도급계약서에 유치권배제특약 등이 있는지 봐야 한다. 건물 임차인이 임대차관계 종료시 임대인에게 건물을 당초 원상대로 복구하기로 약조한 것은 유익비, 필요비의 상환청구권을 미리 포기하기로 취지의 특약이라 볼 수 있기 때문이다. 또한 공사도급계약서 상에 유치권배제특약이나 소유권귀속특약이 있다면 이 또한 유치권으로 인정받지 못한다. 유치권 배제 특약은 유효하기 때문에 은행권에서 공사대금과 관련한 대출에 있어서 유치권배제특약서를 받기도 하기 때문에 확인해 볼 필요가 있다.

또한 임대차계약서 상에 '계약 만료시 원상 복구한다'는 규약이 있는지도 확인해야 한다. 건물의 임차인이 임대차관계 종료시에는 건물을 원상 복구하여 임대인에게 인도하기로 약정한 것은 유치권이 성립하기 어렵다. 토지 위의 정착물은 유치권으로 인정할 수 없고 토지나 산림을 개간하는 경우도 유치권으로 인정받지 못한다.

표 교수의 "유치권 판례 알아보기"

대법원 2016. 3. 10. 선고 2013다99409 판결

소극적 확인소송에 있어서는, 원고가 먼저 청구를 특정하여 채무발생원인 사실을 부정하는 주장을 하면 채권자인 피고는 그 권리관계의 요건사실에 관하여 주장·입증책임을 부담하므로 이 사건 유치권 부존재 확인소송에서 유치권의 요건사실인 유치권의 목적물과 견련관계 있는 채권의 존재에 대해서는 피고가 주장·입증하여야 한다.

대법원 2013. 2. 28. 선고 2010다57350 판결

상사유치권은 성립 당시 채무자가 목적물에 대하여 보유하고 있는 담보가치만을 대상으로 하는 제한물권이라는 의미를 담고 있다 할 것이고 따라서 유치권 성립당시에 이미 목적물에 대하여 제3자가 권리자인 제한물권이 설정되어 있다면 상사유치권은 그와 같이 제한된 채무자의 소유권에 기초하여 성립할 뿐이고 기존의 제한물권이 확보하고 있는 담보가치를 사후적으로 침탈하지는 못한다고 보아야 한다. 채무자 소유의 부동산에 관하여 이미 선행저당권이 설정되어 있는 상태에서 채권자의 상사유치권이 성립한 경우 상사유치권자는 채무자 및 그 이후 채무자로부터 부동산을 양수하거나 제한물권을 설정 받는 자에 대해서는 대항할 수 있지만 선행저당권자 또는 선행저당권에 기한 임의경매절차에서 부동산을 취득한 매수인에 대한 관계에서는 상사유치권으로 대항할 수 없다.

대법원 2012. 1. 26. 선고 2011다96208 판결

김ㅇㅇ는 건물신축공사의 수급인인 박ㅇㅇ와의 약정에 따라 그 공사현장에 시멘트와 모래 등의 건축자재를 공급하였을 뿐인바, 이러한 김ㅇㅇ의 건축자재대금채권은 그 건축자재를 공급받은 박ㅇㅇ와의 매매계약에 따른 매매대금채권에 불과한 것이고, 김ㅇㅇ가 공급한 건축자재가 박ㅇㅇ에 의해 위 건물의 신축공사에 사용됨으로써 결과적으로 위 건물에 부합되었다고 하여도 건축자재의 공급으로 인한 매매대금채권이 위 건물 자체에 관하여 생긴 채권이라고 할 수 없다."고 판단하여 김ㅇㅇ의 건축자재대금채권과 위 건물과의 견련성을 부인하여 김ㅇㅇ에게 위 건물에 대한 유치권이 인정될 수 없다.

대법원 2011. 12. 22. 선고 2011다 8429 판결

丙 회사와 甲 회사의 임대차계약 체결 경위와 내용 및 체결 후의 정황, 경매에 이르기까지의 사정 등을 종합하여 보면, 丙 회사는 선순위 근저당권자인 乙 은행의 신청에 의하여 건물 등에 관한 경매절차가 곧 개시되리라는 사정을 충분히 인식하면서 임대차계약을 체결하고 그에 따라 유치목적물을 이전받았다고 보이므로, 丙 회사가 선순위 근저당권자의 신청에 의하여 개시된 경매절차에서 유치권을 주장하는 것은 신의칙상 허용될 수 없다. 유치권제도와 관련하여서는 거래당사자가 유치권을 자신의 이익을 위하여 고의적으로 작출함으로써 앞서 본 유치권의 최우선순위담보권으로서의 부당하게 이용하고 전체 담보권질서에 관한 법의 구상을 왜곡할 위험이 내재한다. 이러한 위험에 대처하여, 개별 사안의 구체적인 사정을 종합적으로 고려할 때 신의성실의 원칙에 반한다고 평가되는 유치권제도 남용의 유치권 행사는 이를 허용하여서는 안 될 것이다.

대법원 2011. 10. 13. 선고 2011다55214 판결

유치권은 목적물에 관하여 생긴 채권이 변제기에 있는 경우에 비로소 성립하고 한편 채무자 소유의 부동산에 경매개시결정의 기입등기가 마쳐져 압류의 효력이 발생한 후에 유치권을 취득한 경우에는 부동산에 관한 경매절차의 매수인에게 대항할 수 없는데, 채무자 소유의 건물에 관하여 증·개축 등 공사를 도급받은 수급인이 경매개시결정의 등기가 마쳐지기 전에 채무자에게서 건물의 점유를 이전받았다 하더라도 경매개시결정의 등기가 마쳐져 압류의 효력이 발생한 후에 공사를 완공하여 공사대금채권을 취득함으로써 유치권이 성립한 경우에는 수급인은 유치권을 내세워 경매절차의 매수인에게 대항할 수 없다.

대법원 2009.9.24. 선고 2009다39530 판결

민사소송법 제474조, 민법 제165조 제2항에 의하면, 지급명령에서 확정된 채권은 단기의 소멸시효에 해당하는 것이라도 소멸시효기간이 10년으로 연장된다. 유치권이 성립된 부동산의 매수인은 피담보채권의 소멸시효가 완성되면 시효로 인하여 채무가 소멸되는 결과 직접적인 이익을 받는 자에 해당하므로 소멸시효의 완성을 원용할 수 있는 지위에 있다고 할 것이나, 매수인은 유치권자에게 채무자의 채무와는 별개의 독립된 채무를 부담하는 것이 아니라 단지 채무자의 채무를 변제할 책임을 부담하는 점 등에 비추어 보면, 유치권의 소멸시효기간이 확정판결 등에 의하여 10년으로 연장된 경우 매수인은 채권의 소멸시효기간이 연장된 효과를 부정하고 종전의 단기소멸시효기간을 원용할 수는 없다.

대법원 2008.5.30. 자 2007마98 결정

유치권의 성립을 주장하는 재항고이유에 대하여 건물의 신축공사를 한 수급인이 그 건물을 점유하고 있고 또 그 건물에 관하여 생긴 공사금 채권이 있다면, 수급인은 그 채권을 변제받을 때까지 건물을 유치할 권리가 있는 것이지만(대법원 1995. 9. 15. 선고 95다16202, 16219 판결 등 참조), 건물의 신축공사를 도급받은 수급인이 사회통념상 독립한 건물이라고 볼 수 없는 정착물을 토지에 설치한 상태에서 공사가 중단된 경우에 위 정착물은 토지의 부합물에 불과하여 이러한 정착물에 대하여 유치권을 행사할 수 없는 것이고, 또한 공사중단시까지 발생한 공사금 채권은 토지에 관하여 생긴 것이 아니므로 위 공사금 채권에 기하여 토지에 대하여 유치권을 행사할 수도 없는 것이다.

03 공유물의 지분경매

지분 입찰은 그 나름대로의 특성 때문에 일반물건과는 다르게 취급된다. 즉,

여러 사람의 이름으로 소유권 이전 등기된 부동산을 공유자 한명이 사용 또는 처분하기란 쉽지가 않다. 또한 다른 공유자가 입찰기일 전까지 최고 매수신고가격과 동일한 가격으로 채무자의 지분을 우선 매수 할 것을 신고하게 되면, 법원은 최고가 매수신고에도 불구하고 공유자에게 경락을 허가한다. 이러한 이유로 일반 입찰자들은 지분경매를 기피하고 있다. 공유자의 우선매수신청은 있었지만 다른 매수신고인이 없는 경우에는 최저매각가격으로 우선매수를 인정 한다. 개별매각의 경우 공유자우선매수권이 허용되나, 일괄매각의 경우 매각대상 부동산 중 일부에 대한 공유자는 매각대상 부동산 전체에 대하여 공유자의 우선매수권을 행사할 수 없다. 여러 개의 부동산을 일괄매각하기로 결정한 경우에 일부 부동산에 대한 공유자는 전체에 대하여 공유자의 우선매수권을 행사할 수 없다.

공유자가 우선매수신고를 한 경우에는 최고가매수신고인은 차순위 매수신고인의 지위를 갖는다. 지분경매의 경우 다른 공유자의 우선매수신청권이 있기 때문에, 입찰을 위해 많은 노력과 비용을 들여 어렵사리 낙찰을 받았어도 우선매수청구권 행사로 인해 일반적으로 공유지분에 대한 투자를 기피하게 된다. 그렇다고 모든 공유자들이 공유자우선매수청구권을 행하는 것은 아니고, 공유자가 자금여력이 없거나 법에 무지하여 우선매수청구권 제도가 있는지 조차 모르는 경우도 있고, 공유자간의 도의적인 문제 때문에 섣불리 입찰에 참가하지 못한 경우도 있기 때문에 투자가치만 있다면 적극적으로 입찰해야 한다. 현장조사시 내부 사정을 알게 된다면 큰 도움이 되기에 다양하게 접근하는 것도 좋은 방법이다.

지분경매에는 전략이 필요한데, 예로 싼 가격에 지분을 낙찰 받으면 이를 다른 공유자에게 높게 매각 하거나, 다른 공유자지분을 저렴하게 매입하거나 혹시 경매가 나올 경우 우선매수권 행사를 행사하여 받는 방법이다. 이를 위해 협의를 진행하거나 필요하면 공유물분할청구소송을 통해 경매로 진행하는 전략이 필요하다. 공유물 분할방법은 협의분할이나 현물분할이 원칙이지만 법원에 공유물분할 청구소송을 내면 결과적으로 공유물분할을 위한 경매로 진행될 가능성이 높다. 법원에서는 통상적으로 형식적 경매를 통한 현금으로 환가하여, 지분만큼 현금으로 청산하기 때문에 기존 공유자에게는 손실로 이어지게 돼서 공유자간의 협의가 될 수 있고 경매로 진행되더라도 지분 모두가 나오기 때문에 지분경매 낙찰로 취득한 금액보다 높은 금액으로 배당받을 수 있게 된다.

공유자는 다른 공유자의 동의 없이 공유물을 처분하거나 변경하지 못하는데, 개발을 하려해도 소수지분권자가 동의를 하지 않으면 힘들다는 것이다. 공유물은 지분 처분은 자유롭지만 관리행위를 하려면 과반수 이상의 지분이 있어야만 하므로, 과반수 미만의 지분이 경매에 나오면 관리권한이 없으므로 가격이 더 떨어지는 것이다. 나아가 과반수 미만 지분권자는 관리행위에는 관여할 수가 없고, 단지 자기 지분에 해당하는 차임을 청구할 수가 있다. 참고로 자기 지분에 해당하는 임료를 법원 판결을 통해 받으면 과세소득에 해당되지 않는다.

과반수의 동의를 갖추지 못한 임대차는 적법한 임대차의 효력을 가지지 못하게 되어 경매에서 주택임대차보호법의 적용을 받지 못한다. 매수지분이 과반수 이상이고 대항력이 없는 임차인이 점유 중이라면 인도명령 신청이 가능하지만, 매수지분이 과반수 미만이면 인도명령 신청이 불가하여 임차인 인도가 힘들다. 공유지분 과반수 소유자의 공유물인도청구는 관리행위이므로 상대방은 이를 거부할 수 없다. 지분경매에서 종전공유자였던 채무자가 점유하고 있는 경우 매수인은 보존행위로서 채무자를 상대로 인도명령 신청이 가능하다. 공유물의 보존행위는 각자가 할 수 있고, 공유물 관리는 과반수 지분으로 결정한다.

토지의 경우 투기 방지를 위해 지자체가 분할을 제한하고 있기 때문에 용도지역이 녹지지역이나 관리지역, 농림지역, 자연환경보전지역 안에서 너비 5미터 이하로 분할하는 경우 제한될 수 있다. 구체적인 분할 목적을 담은 서류를 제출하여 심사를 받아야 하는데 실수요가 아닌 투자 목적이 의심되면 관할 지자체는 분할 허가를 내주지 않는다. 토지지분을 취득하여 현물 분할을 하고자 한다면 관계법규에 따른 제한사항을 잘 살펴서 분할이 가능한지를 확인하고 투자해야 한다. 참고로 컨설팅에 의해 여러명이 공동으로 투자하는 경우 가분할도를 만들어 특정하여 매수를 한다고 해도 다른 공유자와의 분쟁이 생길 수 있기 때문에 계약시 특약으로 명확히 구분해야 한다.

표 교수의
"지분 판례 알아보기"

대법원 2015. 3. 26. 선고 2014다233428 판결

　법원은 각 공유자의 지분비율에 따라 공유물을 현물 그대로 수 개의 물건으로 분할하고 분할된 물건에 대하여 각 공유자의 단독소유권을 인정하는 판결을 하여야 하는 것이고 분할방법은 당사자가 구하는 방법에 구애받지 아니하고 법원재량에 따라 공유관계나 그 객체인 물건의 제반 상황에 따라 공유자의 지분에 따른 합리적 분할을 하면 되는 것이다.

대법원 2014. 1. 29. 선고 2013다78556 판결

　공유물분할청구의 소는 분할을 청구하는 공유자가 원고가 되어 다른 공유자 전부를 공동피고로 하는 고유필수적 공동소송이기 때문에, 다른 공유자를 빠뜨리지 말아야 한다. 공유물분할에 관한 소송계속 중 변론종결일 전에 공유자 중 1인인 갑의 공유지분의 일부가 을 및 병 주식회사로 이전된 사안에서, 변론종결시까지 승계참가나 소송인수 등 일부 지분권을 이전받은 자가 당사자가 되었어야 함에도 그렇지 못하면 소송 전부가 부적법하다.

대법원 2011.8.18. 선고 2011다24104 판결

　토지를 분할하는 경우에는 원칙적으로는 공유자가 취득하는 토지의 면적이 공유지분의 비율과 같아야 할 것이나 반드시 그렇게 해야만 하는 것은 아니고, 토지의 형상이나 위치, 이용 상황이나 경제적 가치가 균등하지 아니할 때에는 제반 사정을 고려하여 경제적가치가 지분비율에 상응하도록 분할하는 것도 허용된다.

대법원 2001. 3. 9. 선고 1998다51169 판결

　공유물을 대금분할하기 위한 요건인 '현물분할로 인하여 현저히 가격이 감손된다.'라고 함은 공유물전체의 교환가치가 현물분할로 인하여 현저하게 감손될 경우뿐만 아니라, 공유자들에게 공정한 분할이 이루어지지 아니하여 그 중의 한 사람이라도 현물분할에 의하여 단독으로 소유하게 될 부분의 가액이 공유물분할전의 소유지분가액보다 현저하게 감손될 경우도 이에 포함 된다.

대법원 2009. 09. 10. 선고 2009다40219 판결

　'현물로 분할할 수 없다'는 요건은 물리적으로 엄격하게 해석할 것은 아니고, 공유물의 성질, 위치나 면적, 이용상황, 분할 후 사용가치 등에 현물분할을 하는 것이 곤란하거나 부적당한 경우를 포함한다 할 것이고, '현물로 분할을 하게 되면 현저히 가액이 감손될 염려가 있는 경우'라는 것은 공유자 한 사람이라도 분할에 의하여 단독으로 소유하게 될 부분의 가액이 분할 전의 지분 가액보다 현저하게 감손될 염려가 있는 경우도 포함된다.

04 NPL 경매

NPL(Non Performing Loan) 부실채권 나오는 일반적인 용어는 다음과 같다.
SPC(Special Purpose Company) : 부실채권 매각을 위해 일시적 특수목적회사
AMC(Asset Management Company) : 유동화된 자산을 관리 추심하는 회사
AM(Asset Manager) : AMC에 소속된 직원으로, SPC의 부실자산을 관리
IB(Investment Bank) : NPL Pool을 도매로 낙찰 받아오는 회사
OPB(Outstanding Principle Balance) : 매각 대상자산의 미상환 원금잔액

NPL경매란 부실채권으로 인해 경매로 나온 물건을 말한다. 부실채권은 크게 담보부실채권과 무담보부실채권으로 나뉘는데, 담보부실채권은 금융기관 매각 대상 중 특별채권에 해당되지 않는 채권으로 유효담보가액에 해당되는 채권을 말한다. 담보란 대출의 대한 변제가 이루어지지 않으면 대출금을 회수할 수 있는 물건을 말하는데 저당권 등의 물적담보와 연대채무 등의 인적담보로 구분한다. 무담보부실채권은 금융기관이 신용을 담보로 대출해주거나 저당권의 담보물건을

처분했음에도 불구하고 잔존채권이 있는 경우이다. 대표적인 IB회사는 유암코, 대신F&I, 파인트리, 파인스트리트 등이 있으며, AMC로는 유암코, 파인스트리트, 마이에셋자산운용, 대신AMC, 농협자산관리, 제이원자산관리, MG신용정보 등이 있다. SPC회사의 경우 채권자가 유에이치제00차유동화전문회사, 우리에프앤아이제00차유동화전문회사, 유더블유제00차유동화전문회사 등으로 구분이 된다. 여기서 앞글자의 '유'는 유암코를, 두 번째의 '에이치'는 하나은행을, '더블유'는 우리은행을 말하며 '00차'는 SPC설립순서를 말한다.

NPL을 통해 경매를 진행 받을 때는 크게 두 가지로 나뉜다. 배당금 수령을 목적으로 단기간에 이익을 볼 것인지, 아니면 직접 낙찰을 받아 세금감면 등을 위해 이용할 것인지 이다. 배당금 수령이 목적이면 AMC로부터 NPL 매입한 후 근저당권의 명의를 변경하여 제3자가 낙찰을 받으면 매각대금에서 배당 받는 것이다. 저가 낙찰시 손해를 볼 수 있기 때문에 정확한 권리분석만 된다면 간단하고 투자금 회수가 빠른 편이지만, 안전하게 높은 배당을 받을 수 있는 물건은 많지 않다. 직접 낙찰 받는 방법으로는 론세일, 채무인수, 입찰이행 등의 계약을 AMC를 통해 작성하게 된다. 론세일 방법은 채권양수도 계약을 통해 근저당권을 이전 받고, 법원에 채권양도 통지를 하는 것이다. 장점은 매수인 마음대로 배당금 수령도 가능하고 직접 낙찰 받는 것도 가능하지만, 초기자금이 많이 들어간다. 질권대출의 경우도 론세일 방식의 경우에만 근저당권을 담보로 대출을 해주는 것으로, 2금융권에서 주로 취급하고 있다. 론세일의 경우 채권최고액을 한도로 잔금은 상계처리하여 대금납부하고 소유권 이전하면 된다. 배당금수령에 비해 수익률은 높은 편이나 다시 매각할 때까지 시간이 소요되지만, 매각시 양도세와 관련하여 비용을 절감할 수 있다. 채무인수 방법은 채무를 인수하고 잔금은 낙찰 받은 후 지급하는 것이다. 초기자금에 부담이 적은 장점이 있으나, 다른 이해관계인이 배당이의를 하는 경우 문제가 될 수 있다.

NPL을 통해 경매를 입찰하게 되는 장점으로는 우월적인 낙찰이 가능하고, 경매입찰시 선순위 임차인이 있다면 이에 대한 권리정보를 입수할 수 있기 때문에 일반 입찰자보다 다른 접근이 가능하다. 또한 안전성과 환금성에 있다. 일반적으로 1순위 담보부 부실채권을 그대로 인수하기 때문에 권리분석에만 잘한다면 크게 무리 없이 배당을 받든, 낙찰을 받는 가능하다. 또한 배당 또는 유입 후 매각을 통해 빠른 시일 안에 투자금을 회수할 수 있다. 개인에게는 배당소득에 대한 비과세를 적용받았으나, 대부업법 개정으로 개인 자격으로는 원칙적으로 NPL을 인수할 수 없기 때문에 약간의 변칙을 동원하여 계약을 하고 있다. 그러나 세금 부담이 남아있기 때문에, 예전 같은 장점은 누리기 힘들게 되었다. 배당투자 또는 유입 후 양도소득세 감면 받으려면 현재 시세와 급매가를 파악해야 하고 예상 배당액을 산정하여 비교해 봐야 한다. 선순위 인수금액이나 추가 인수금액이 많이 있는 경우 배당에도 큰 영향을 미치기 때문에 꼼꼼하게 검토해야 한다.

NPL채권이라면 AMC에 전화하여 매각 유무를 확인한 후, 담당 AM과 우선 전화로 협의하여 수익성이 있거나 절충이 가능하다면 방문하여 조절하되, 매수의향서를 사전에 준비하여 제출해야 한다. 내부적인 결재가 필요하기 때문에 적어도 3일에서 1주일 정도는 소요되는데, 입찰날짜가 얼마 남지 않았다면 매각기일을 연기해달라고 요청하는 것도 방법이다. 이후 가격이 결정되면 론세일, 입찰이행, 채무인수 등의 방법으로 진행하겠다는 계약서를 작성하고 10%정도의 계약금을 납부해야 한다. 론세일 계약이라면 2주~4주 내에 잔금을 납부해야 하고 근저당권을 이전받으면 되고 입찰이행계약이면 낙찰 받고 대금을 납부하면 된다.

(1) NPL 경매 이해

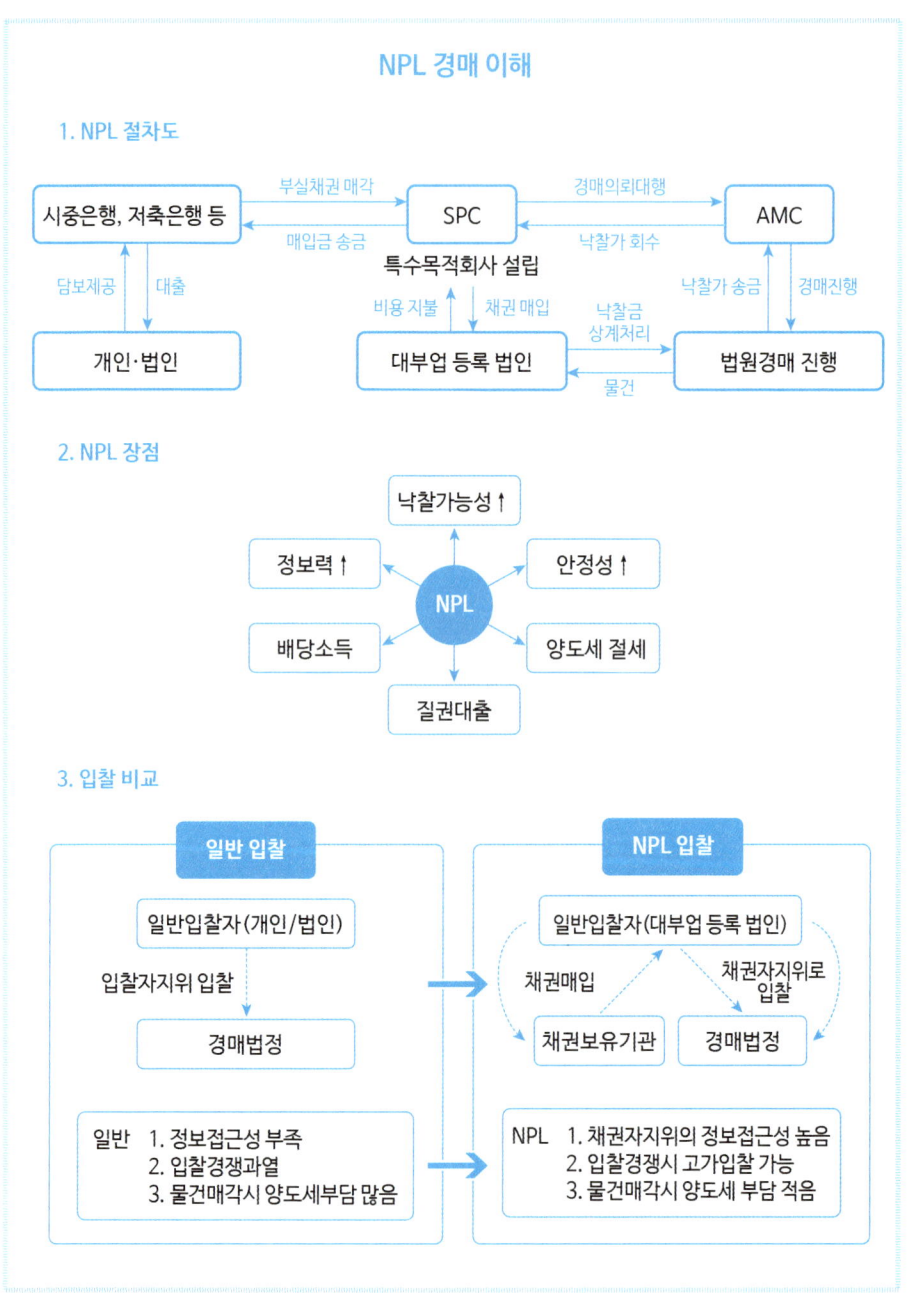

(2) NPL 경매사건 정보내역

NPL 경매사건 정보내역(1)

경매기본정보				경매예상정보			회사수입정보	
관할법원	사건번호	경매개시일	배당요구 종기일	최초법사가	예상 낙찰율	예상낙찰금액	예상회수액	마켓가격
○○서부	2014타경○○○○○	2014-○○-○○	2014	420,000,000	85%	357,000,000	350,000,000	308,000,000
○○지법	2015타경○○○○○	2015-○○-○○	2015	270,000,000	77%	213,000,000	217,000,000	206,000,000
○○지법	2015타경○○○○○	2015-○○-○○	2015	237,000,000	77%	195,000,000	198,000,000	186,000,000
○○동부	2016타경○○○○○	2016-○○-○○	2016	340,000,000	77%	263,000,000	267,000,000	254,000,000
○○지법	2016타경○○○○○	2016-○○-○○	2016	100,000,000	82%	82,000,000	84,000,000	78,000,000
○○지법	2016타경○○○○○	2016-○○-○○	2016	450,000,000	86%	387,000,000	392,000,000	341,000,000
○○북부	2016타경○○○○○	2016-○○-○○	2016	337,000,000	76%	269,000,000	273,000,000	260,000,000
○○지원	2016타경○○○○○	2016-○○-○○	2016	247,000,000	78%	198,000,000	202,000,000	192,000,000

NPL 경매사건 정보내역(2)

경매관할법원	경매사건번호	최초법사가	최종경매일의 최저입찰금액	최종경매 결과	차기경매일의 최저입찰금액	T/P	말소기준권리
○○지방법원	2015타경○○○○	450,000,000	450,000,000	유찰	360,000,000	411	(근저당권) 2013-○○-○○ (○○은행)
○○지방법원	2015타경○○○○	777,000,000	777,000,000	진행	-	700	(근저당권) 2014-○○-○○ (○○은행)
○○지원	2016타경○○○○	365,000	365,000,000	유찰	292,000,000	320	(근저당권) 2015-○○-○○ (○○은행)
○○지방법원	2016타경○○○○	390,000,000	390,000,000	진행	-	340	(근저당권) 2015-○○-○○ (○○은행)
○○지방법원	2016타경○○○○	276,000,000	276,000,000	유찰	220,800,000	230	(근저당권) 2016-○○-○○ (○○은행)
○○지원	2016타경○○○○	555,000,000	555,000,000	진행	-	490	(근저당권) 2016-○○-○○ (○○은행)

NPL 경매사건 정보내역(3)

일련 번호	지주명	관할법원	사건번호	물건주소			선순위	AMP
				시·도	시·군·구	기타지번		
R-012	김○○	서울 남부	2015-타경○○○○	서울	관악구	서울시 관악구 관악로○○, ○○APT ○○동 ○○호	122,198,030	223,000,000
R-028	이○○	서울 중앙	2016-타경○○○○	서울	서초구	서울시 서초구 방배로길○○, ○○빌라트 ○○호	214,417,120	270,440,000
R-055	노○○	서울 북부	2016-타경○○○○	서울	강북구	서울시 강북구 미아동 ○○○-○○ 단독주택	55,215,520	95,000,000
R-066	박○○	서울 동부	2016-타경○○○○	서울	성동구	서울시 성동구 성수2가 ○○○-○ 단독주택	80,000,000	120,000,000

(3) 매수 제안서

매수제안서

수 신   ○○○제○○차유동화전문유한회사
참 조   ○○○ 팀장

귀사의 아래 자산에 대하여 아래와 같은 조건으로 매수하고자 하오니 검토하여 주시기 바랍니다.

-아 래-

1. 사건 : ○○지방법원 2014 타경 0000호 부동산임의경매
2. 소재지 : 경기도 시흥시 ○○동 000-00 대지, 000-00 전
3. 매수조건
   1) 매수금액 : 금 370,000,000원
   2) 매수방법 : 론세일방식 (채권양수도계약방식)
   3) 대금지급조건 : 계약금 40,000,000원 (계약시 지급)
                    잔금 330,000,000원(계약일로부터 14일 이내 지급)

2015년 7월 00일

매수제안자 : 노○○ (인)
경기도 성남시 분당구 ○○동 000 ○○아파트 00동 000호

첨부서류 : 신분증 사본

〈2014-0000 사건(시흥시 임야) 검토서〉
1. 유치권 신고 : 토목공사 공사대금 일부→인도소송 가능
2. 제시외건물과 컨테이너 등에 관해 법정지상권 성립 여지 있음
3. 일부 맹지, 전 면적이 2,110㎡으로 별도의 농업경영계획서 제출을 요함
   전 상황을 보면 부정형남동하향단계식으로 조성된 급경사지로 농취증 발급이 곤란함
4. 진입로 폭이 3m로 협소하며 도로 일부는 깨져 있어 진입하기 곤란함

작성자 : 법무법인○○ 경매팀장 ○○○

매수제안서(입찰이행)

1. 경매진행현황
   - 수원지방법원 ○○지원 2015타경0000호 부동산임의경매
   - 매각기일 : 2016. 00. 00
   - 최저매각가격 : 288,800,000원

2. 부동산 표시
   경기도 ○○시 ○○동 000-00
   임야 8029㎡ (2,433평)

3. 계약금액 : 금 삼억삼천만원정 (₩ 330,000,000원)
   입찰가격 : 금 오억오천만원정 (₩ 550,000,000원)

4. 입찰이행 계약조건
   · 입찰이행계약금 28,880,000원 (동 금액은 입찰보증금으로 대체함)
   · 입찰기일 5영업일 전까지 입찰표 및 위임장 제출함
   · 최고가 매수인으로 낙찰 후, 잔금 납부하여 배당이 실시되면 배당금 수령일 5영업일까지 금 220,000,000원을 지정하는 계좌로 반환하여, 별도로 채권 일부 양수도계약으로 대체함.
   · 차순위 ₩330,000,000원 이상 입찰자 있으면 ₩360,000,000원까지 차액보전하기로 함.

   본인은 상기의 부동산에 대하여 위와 같은 조건으로 입찰이행계약을 체결하고자 신청서를 제출합니다.

                    2016년 3월 00일

신 청 인 : 작은손 (인)
주   소 : 서울시 성동기 둘레길 1004
주 민 번 호 : 760907-1234567
전 화 번 호 : 02-0123-1004

(4) 채권 및 근저당권 양수도 계약서

채권 및 근저당권 양수도계약서

유아이제00차유동화전문 유한회사(주소 : 서울특별시 ○○구 ○○○로 000, 이하 "양도인"이라고 한다)와 원○○(주소 : 서울특별시 ○○구 ○○○로 000, 이하 "양수인"이라고 한다)은 다음과 같은 조건으로 채권양수도계약(이하 "본건 계약"이라고 한다)을 체결한다.

제1조 (용어의 정의)
① "양도대상채권"이라 함은 양도인이 채무자에 대하여 가지는 별지목록에 기재된 채권의 원금과 그 이자 및 연체 이자를 말한다.
② "채무자"라 함은 양도대상채권의 채무자인 "○○○○"을 말한다.
③ "담보권"이라 함은 양도대상채권을 담보하기 위하여 채무자 소유의 별지목록에 기재된 담보권을 말한다.
④ "양도대상채권 및 담보권 관련 서류"라 함은 여신거래약정서, 지급보증거래약정서, 근저당설정계약서 등 양도대상채권 및 담보권의 발생과 관련된 서류를 말한다.

제2조 (채권의 양수도)
① 양도인은 양도대상채권 및 담보권과 이에 부수하는 모든 권리, 권한, 이자와 이익을 양수인에게 매도하고, 이전하고, 전달하며, 양수인은 이를 양도인으로부터 매수하고, 취득하고, 인수한다. 또한 양수인은 양수인이 양도대상채권 및 담보권과 관련된 모든 의무를 부담하며 양도대상채권 및 담보권의 모든 조건들을 따를 것을 동의한다.
② 양수인이 본건 계약의 체결 후 양도대상 채권 및 담보권의 양도에 대한 대금(이하 "양도대금"이라 한다) 전부를 양도인에게 지급하는 경우에 양도인은 지체 없이 양도대상채권 및 담보권 관련 서류의 원본을 양수인에게 교부하며, 양도대상채권 및 담보권의 양도 사실을 채무자에게 지체 없이 내용 증명 우편 기타 확정일자 있는 증서에 의하여 통지한다.
③ 양수인이 양도대금을 전부 지급한 후 담보권의 양도에 갈음하여 담보권 해지를 요구할 경우에, 양도인은 담보권 해지에 필요한 서류를 양수인에게 교부한다. 이 경우에 담보권의 양도 또는 해지와 관련하여 발생되는 모든 책임은 양수인이 부담한다.
④ 양수인이 양도인에게 양도 대금 전부를 여하한 유보 없이 상계 기타 이와 유사한 것에 의하지 않고 지급하고, 양도인이 양수인에게 본 계약에 의한 의무를 이행하는 때에 본건 계약에 기한 거래를 종결되는 것으로 한다.

제3조 (양도대금, 대금지급기일의 연장)
    양도 대금은 총 육억구천만원_(금690,000,000원)으로 한다.
① 양수인은 양도인에게 양도계약 체결일 2015.09.24.에 계약금 금 칠천만원(금 70,000,000원)을 지급한다.
② 잔금 금 육억이천만원(금620,000,000원)은 2015. 10. 08.일에 지급하여 채권양도 계약을 이행하기로 한다.

③ 양수인은 양도 대금을 양도인이 지정하는 은행 계좌에 현금으로 입금하거나 양도인이 별도로 지정하는 방식으로 지급한다. (○○은행 000-000000-000000, 예금주 : 유아이제00차유동화전문유한회사)

제4조 (승인 및 권리포기)
① 양수인은 자신이 직접 채무자, 양도대상채권, 담보권, 양도대상채권 및 담보권 관련 서류에 대하여 실사를 한 후 본 계약을 체결한다.
② 본 계약조항과 상치되는 여하한 것에도 불구하고, 양도인은 채무자의 재무 상태 및 변제 자력 또는 양도대상채권 및 담보권과 관련된 조건, 양도가능성, 집행가능성, 완전함, 대항요건, 양도대상채권 및 담보권 관련 문서의 정확성 및 그 양도가능성을 포함하여 양도대상채권에 대한 여하한 진술 및 보장도 하지 아니한다.
③ 양수인은 양도인이 현재의 형식과 상태대로 양도대상채권 및 담보권을 양도함을 확인한다.
④ 양도인은 양도대상채권 및 담보권의 양도와 관련하여 어떠한 보증 또는 담보 책임을 지지 아니한다.

제5조 (양도인의 면책)
양수인은 본건 계약체결과 동시에 양도대상채권 및 담보권의 양수 및 보유와 관련하여 양도인에게 발생하는 모든 조치, 소송, 채무, 청구, 약정, 손해 또는 기타 청구로부터 양도인을 영구하게 면책시킨다.

제6조 (계약의 해제, 손해배상의 예정)
① 본 계약조항과 상치되는 여하한 것에도 불구하고, 양수인이 제3조 제1항 또는 제2항에서 정한 양도대금 지급기일에 양도대금의 지급을 15영업일 이상 지체하는 경우에 양도인은 양수인에 대한 별도의 통지 없이 본건 계약을 해제 한다. (단, 양수인이 계약유지를 요청 했을 때 양도인의 선택으로 상환 지체로 인해 발생되는 지연손해금(연 11%)을 청구하여 계약해제를 하지 아니할 수 있다.)

(본 계약 해제 조항을 잘 읽었습니다. _잘 읽었습니다._____)

② 제1항의 사유로 본건 계약이 해제되는 경우에는 양도인은 양수인으로부터 지급받은 모든 금액(계약금 포함)을 약정 배상금으로 몰취하고, 그 지급받은 금액을 양수인에게 반환할 의무를 부담하지 아니하며, 추가로 손해가 발생한 경우에는 그 배상을 구할 수 있다.
③ 양도인이 본건 계약을 중대하게 위반함으로써 본건 계약이 해제되는 경우에 양도인은 본건 계약에 의하여 양수인으로부터 지급 받은 금액을 양수인에게 반환하여야 한다.

제7조 (비용의 부담)
각 당사자는 본건 계약의 협상을 위하여 지출한 변호사보수 기타 일체의 비용은 각자 부담한다. 그 외에 양수인은 양도대상채권 및 담보권의 실사에 소요된 변호사보수 기타 일체의 비용, 양도대상채권 및 담보권을 양도인으로 이전 받는 것과 관련된 모든 비용 일체를 부담하며, 어떠한 경우에도 양수인은 양도인에 대하여 그 비용의 부담 또는 상환을 청구하지 못한다.

제8조 (계약 당사자 변경 등)
① 양도인의 사전 서면 동의를 얻어 본건 계약에 의한 양수인의 권리와 의무를 제3자에게 양도할 수 있다. 다만 이 경우에 그 계약 당사자 변경과 관련하여 지출되는 모든 비용은 양수인이 부담하며, 제3자로의 계약 당사자 변경으로 인해 양도인에게 발생하는 모든 불이익은 양수인의 책임으로 한다.
② 제1항의 규정에 따라 양수인의 지위를 승계하는 자(아래에서 "계약 인수인"이라고 한다)가 다수인 경우에 양도대상채권 및 담보권의 양도는 양수인과 계약 인수인이 상호 협의하여 양도인에게 요청하는 방법으로 이루어진다.

제9조 (관할법원)
본건 계약과 관련하여 발생하는 분쟁에 관한 소송의 제1심 관할은 양도인의 주소를 관할하는 법원으로 정한다.

※ 특약사항

본건 계약의 체결을 증명하기 위하여 당사자들은 계약서 2통을 작성한다.

2016년 3월 24일

양도인   유아이제00차유동화전문유한회사
         서울특별시 ○○구 ○○○로 000
         이사 ○ ○ ○ (인)

양수인   원 ○ ○ (인)
         서울특별시 ○○구 ○○○로 000

PART **2** 부동산경매 Upgrade

Chapter **3**

역세권 경매

01 철도 및 역세권에 대한 이해
02 역세권 투자 핵심사항
03 역세권 경매 검색
04 역세권 투자 유망노선 Best 5

01 철도 및 역세권에 대한 이해

철도 및 역세권에 대한 이해를 위해 몇 가지 질문을 해보면

① 철도계획 발표 후, 실제 운행가능 년도는?
② 단선철도와 복선철도의 차이는?
③ 전기열차와 디젤열차의 차이는?
④ KTX열차와 일반 전동차의 속도차이는?
⑤ 경전철은 무엇이며, 무인운전은 무엇인지?
⑥ 열차 운전시격의 의미는?
⑦ 역세권의 범위를 정해 본다면?
⑧ 도로 사거리에서, 지하철의 출입구의 개수는 몇 개인지?
⑨ 철도 정거장에서 고상홈과 저상홈의 차이를 아시는지?
⑩ 철도보호지구의 행위제한사항과 지하철이 통과할 때 규제사항은?

답변수〉 8개 이상 → 매우 우수 | 5~7개 → 우수 | 4개 이하 → 일반적

간단하게 질문에 대한 답을 알아보면

① 철도구상계획, 타당성조사, 기본계획, 기본설계 등에 따라 다르지만, 타당성조사를 마치고 사업성이 있다고 판단되어, 기본계획을 하겠다고 발표되는 시점을 기준으로 본다면, 기본계획 1년, 기본 및 실시설계 2년, 시공 5년 등으로 최소 8년 이상 걸린다. 다만 경전철 사업의 경우 노선 연장이 짧기 때문에, 정부나 지자체가 정책적으로 진행시킨다면 2~3년 정도는 단축도 가능하다. 그러나 일반철도나 광역철도 사업의 경우 국가 재정이 60%~100%가 들어가기 때문에 진행되는 과정에 큰 문제가 없는 반면, 도시철도사업이나 민간제안사업의 경우 공사과정에서 여러 마찰이 생길 수 있기 때문에 공사기간이 더 소요될 수 있다.

② 단선과 복선과 문구 그대로 하선과 상선의 개념으로 상하선을 같이 쓴다면 단선철도로, 하선과 상선이 각각 있다면 복선철도로 이해하면 된다. 예전에는 수도권을 제외하고 전국적으로 대부분 단선철도로 되어 있었으나 국가철도망 구축계획에 따라 2015년 말 기준으로 복선화율은 60%까지 올라섰다. 최근 10년간

40%에서 60%까지 급상승한 모습을 볼 수 있다. 단선과 복선의 차이는 무척 크다. 일단 단선으로 열차가 운행된다는 것은 열차가 서로 충돌하지 않기 위해서는 정거장 구간에서 한 열차가 멈추고 있어야 된다거나, 아니면 중간에 별도의 측선을 두어 상대 열차가 지나가길 기다려야 한다. 이는 현재도 열차를 이용하려는 승객이 많지 않다는 의미이며, 장래 예측도 크게 늘어난다고 보지 않는다는 얘기이다. 대표적인 노선으로 이천~충주선, 춘천~속초선, 7호선 장암~덕정선 등이 해당되며 열차운행 간격이 길어질 수 밖에 없기 때문에 승객의 입장에서 보면 다소 불편할 수밖에 없고, 그 만큼 노선의 가치도 떨어지게 된다.

③ 2015년 말 기준으로 열차의 70%는 전기를 이용하여 운행하고 있는데, 이는 전기열차이다. 이와는 달리 새마을호, 무궁화호, 통일호 등의 열차는 앞에서 객차를 끌고 가는 별도의 디젤 연료로 운행했던 디젤열차가 현재도 다니고 있다. 눈에 보이는 큰 차이는 전기열차의 경우 일정한 간격으로 전철주가 배치되어 열차의 팬터그래프를 통해 전기를 공급받아 움직이게 해주기 때문에 철도노반 위로 전철주가 눈에 뜨인다. 그에 비해 디젤열차가 다니는 구간에는 별도의 전철주가 없으며, 기관차에서 나오는 연기를 볼 수 있다.

④ KTX 열차속도는 최고 350km/h는 가능하나, 평상시에는 300km/h 내외로 이동한다. 그러나 정거장 정차시간 등에 따라 실제로 서울에서 부산까지 가는 표정속도의 경우 160km/h에 불과하다. 보통의 열차의 속도는 표정속도와 평균속도로 구분하는데, 표정속도의 경우 정거장에서 정차한 시간까지 포함하여 시간당 이동거리이고, 평균속도는 정거장에서 정차한 시간을 제외하고 순수 노선을 운행한 거리를 시간으로 나눈 속도를 말한다. 예로 지하철 1호선(서울역~청량리) 구간의 표정속도는 30km/h, 2호선, 8호선 구간의 경우는 34km/h, 4호선 구간의 경우는 36km/h, 9호선 급행의 경우는 47km/h 정도에 불과하다. 새로이 개통된 경강선(성남~여주)의 경우는 62km/h로 다른 전동차에 비해 빠른 편이다. 이렇듯 열차가 최고속도를 내려면 열차의 성능도 중요하겠지만 평면상의 곡선반경, 종단상의 기울기 구배, 정거장간 거리 및 정차여부 등에 따라 차이가 난다.

⑤ 경전철이란 철도의 차량은 크기와 성능에 따라 크게 중량전철, 중형전철, 경량전철 등으로 구분한다. 이 중에서 경전철(경량전철)은 상대적으로 건설비와 수송용량이 낮은 궤도 구간에 6량~10량씩 이동하는 중량전철에 비해 2~3량으로

움직이는 차량이나 시스템을 의미한다. 예로 용인, 의정부, 김해 경전철이 대표적이고, 2017년 7월 개통예정인 서울 북부를 연결하는 우이~신설 노선을 말할 수 있다. 무인운전이란 말 그대로 별도의 기관사가 없이 시스템적으로 열차를 운행하는 것을 일컫는다. 신분당선 노선은 국내에서 중전철로는 최초로 운행을 시작했다. 무인운전은 대부분 경전철에서 적용하지만, 기술의 발달과 최첨단 시스템이 구축되면서 이제는 중전철로 옮겨가는 추세이다. 운행 및 차량상황은 무선통신 열차제어 방식으로 종합관제센터에서 원격으로 자동 조정하고 있다.

⑥ 열차 운전시격이란 열차와 열차 사이의 시간적 간격을 의미하는데, 철도에서는 첨두(출퇴근시), 비첨두(평상시)라고 표현하기도 한다. 예로 2, 4호선의 경우 출퇴근시 3분 간격, 평상시 5분 간격으로 운행되며, 3호선의 경우 출퇴근시 5분 간격, 평상시 7분 간격(시간대별로 다시 차이는 있음)으로 운행된다. 수인선의 경우 출퇴근시 10분, 평상시 15분 간격으로 운행되고, 경의중앙선의 경우 출퇴근시 10분, 평상시 20분 간격으로 운행되며, 경춘선의 경우 출퇴근시 15분, 평상시 25분 간격으로 운행된다. 노선별로 운행간격이 달라 승객의 편의 면에서 고려해 본다면 열차간격이 길 경우, 피로감을 느끼게 된다. 이에 열차의 표정속도와 더불어 운전시격은 노선의 가치를 평가하는 데 중요한 요소이다.

⑦ 역세권의 범위는 다양한 의견이 존재하지만, 통상의 범위로 해석해 본다면 1차 역세권은 정거장 출입구를 중심으로 반경 250m, 2차 역세권은 반경 500m로 보는 것이 무난해 보인다. 이는 역세권 개발 관련 법률에 의해 서울시에서 마련한 '역세권 장기전세주택 건립 관련 지구단위계획 수립 및 운영 기준'에도 언급되어 있다. 이 기준상에서 역세권 범위와 관련해서는 역 출입구 기준이 아닌 승강장을 중심을 기준으로 하고 있다는 점은 다소 차이가 있지만, 필자는 역 출입구를 기준으로 보는 게 좋다는 생각이다.

⑧ 철도설계기준 및 철도설계편람 등을 보면 정거장별 외부출입구는 최소 2개 이상, 출입구 폭은 최소 3m 이상 되도록 규정하고 있다. 여기에 첨두시 통행량, 도로형태별 가중치를 고려하여 출입구 개소를 산정하게 되어 있다. 지상도로의 형태가 일자형인 경우와 삼거리형, 사거리형에 따라 입구수가 늘어나게 되며, 출퇴근시 수요인원을 고려하고 있다. 예전에는 도로 사거리에서 출입구는 동서남북 8개는 생겼지만, 최근에 계획 중인 대부분의 노선에서는 사거리의 경우라도 4

개의 외부출입구만 생기고 있기 때문에 어느 한쪽으로만 출입구가 생길 수밖에 없어 출입구 방향에 따라 동선의 변화가 생길 수밖에 없다.

⑨ 철도 정거장에서 고상홈과 저상홈의 차이는 고상홈의 경우 일반적으로 지하철을 타는 경우를 생각하면 된다. 승강장에서 지하철을 탈 때 바닥이 바로 연결되어 노약자나 장애인의 휠체어 이동 등이 편하게 들어올 수 있다. 하지만 저상홈은 무궁화열차, 새마을열차, KTX열차 등을 타려면 승강장에서 차량 안에 설치된 계단을 밟고 올라가는 경우를 생각하면 된다. 이는 승강장의 높이가 고상홈이 높다는 얘기로 고상홈의 경우 레일 위를 기준으로 승강장 높이가 1.1m인 반면, 저상홈의 경우 레일 위를 기준으로 높이가 0.5m이다. 이는 열차의 종류에 따라 높이차로 인해 동일한 승강장을 쓰지 못한다는 것이다. 또한 열차는 차량의 길이가 20m 내외(중전철과 경전철은 차이가 있음)이기 때문에 6량을 한편성으로 이동한다면 최소 120m 이상의 승강장 길이가 필요하게 되고, 서울시 지하철의 경우 10량을 기본 1편성으로 보기 때문에 최소 200m 이상이 확보되어야 한다. 결과적으로 승강장의 높이차와 길이차이로 인해 열차의 종류에 따라서 별도의 승강장이 여러 개 필요하게 된다. 우리나라의 철도는 표준궤(레일간격 1.435m)를 적용하여 설계, 시공되기 때문에 레일의 간격이 동일하여 레일 위에는 어떠한 열차든 태울 수 있다. 하지만 정거장의 규모와 형태에 따라 다른 종류의 열차가 정차할 수 있거나 급행열차의 정차하게 되는 것을 볼 수 있다.

⑩ 철도보호지구안에서의 행위제한은 철도안전법 제45조에서 "철도경계선으로부터 30미터 이내의 지역에서 해당하는 행위를 하고자 하는 자는 국토교통부 장관에게 신고하여야 한다. 1.토지의 형질변경 및 굴착 2.토석·자갈 채취 3.건축물의 신축·개축·증축 등. 국토교통부장관은 철도차량의 안전운행 및 철도보호를 위하여 필요하다고 인정하는 때에는 행위의 금지 또는 제한을 명할 수 있다." (일부생략) 로 규정되어 있다. 철도시설에 근접한 토지라면 철도보호법에 따라 규제될 수 있기 때문에 정거장 부근이 아니라면 가급적 피해야 한다. 토지 밑으로 지하철이 통과하는 경우 사업의 시행자가 구분지상권을 설정하여 토지 이용에 제한을 두고 있다. 터널구조물 상단을 기준으로 지하 깊이별로 차이가 있는데 지표면에 근접하면 토지를 수용하게 되고 깊이에 따라 구분지상권를 설정하게 된다.

02 역세권 투자 핵심사항

노선이 서울(강남)으로 진입하는가?

왜 다들 역세권, 역세권 하는가? 먼저 빠른 이동성, 경제성, 편리한 접근성 때문이다. 역세권 주변에 기반시설이 양호하여 고밀개발에 따른 부담이 적고, 직장과 주거지역이 근접하여 서민주택공급 가능하며 주거지원의 기능을 확보할 수 있다. 또한 거점 개발 및 지역균형 발전을 통한 공간구조 다핵화와 역세권에서의 고밀개발로 주변 지역에 대한 개발압력을 수용할 수밖에 없기 때문이기도 하다.

철도 노선은 서울로 직접 연결되는 노선, 특히 강남3구로 진행하는 노선이 가치가 높다. 서울, 인천을 포함한 수도권 일대에 거주하는 인구는 전체 인구의 반수에 가깝다. 국토 면적상으로 10%가 약간 넘지만, 국민의 상당수가 직장생활과 주거생활을 하고 있다는 것이다. 서울시나 수도권에서 집과 직장을 오가는 교통수단과 관련하여 여론조사를 해보면 제일 먼저 나오는 방법이 지하철이다. 다음으로 자가용, 버스, 택시, 자전거 등의 순으로 나온다. 매매든 임대든 주거지 선정하는 과정을 묻는 조사에도 대중교통 이용 편리한 곳(특히 지하철)이 늘 우선하여 나오는 것을 볼 수 있다. 이렇듯 생활에 밀접한 지하철은 이제는 집을 고르는 데 있어서 기본 조건이 되었다. 주택을 매입할 때는 누구든지 생활의 편의와 더불어 경제적 이득을 보고자 한다. 당연히 주택가격 상승 예상지역을 선호하기 때문에 교통의 편리성, 특히 역세권 안에 있는 주택의 경우는 상당액의 프리미엄이 붙기 마련이라 더욱 좋아하게 된다.

철도노선의 가치는 수요가 많은 서울을 중심으로 그 노선이 계획되어야 한다. 서울 중에서도 업무와 상업시설이 발달한 강남3구(서초구, 강남구, 송파구) 부근으로 정차하는 노선이 가치가 높다. 강남3구는 우리나라의 부를 대표하는 지역으로 각종 편의시설과 학군, 병원시설 등이 발달되어 있고 지역에 대한 인지도 프리미엄도 있다. 업무시설과 더불어 백화점, 고급식당, 문화시설, 놀이시설 등의 다양한 상업시설도 즐비하기 때문에 많은 수요가 이 곳을 찾게 되기 때문에 노선의 가치가 있다.

최근 건설되고 있는 GTX-A노선을 통해 이미 A노선에 정차하는 대부분의 역에 사업개발과 다양한 투자들이 이어지면서 부동산가격이 대폭 상승하였다. 이렇듯 대한민국 수도, 서울은 행정기관의 세종시 이전, 공기업의 지방 이전, 수도권 중심의 업무 배치 등에도 불구하고 일자리, 교통, 교육, 문화 등의 상징성 때문에 결국 다시 서울의 가치를 인정받은 셈이다. 여기에 잠실역 주변의 제2롯데 개발을 비롯하여 삼성역 주변의 한전사옥을 매입한 현대사업 부지개발와 수서역세권 개발 등 굵직한 사업들이 줄줄이 진행되고 있기 때문에 이 구간을 지나는 철도의 가치는 더 높아지고 있다. 투자하기 좋은 지역은 이 곳과 더불어 이 곳으로 이어지는 같은 노선의 다른 지역이다. 지하철을 통해 한 번에 갈 수 있다는 것은 큰 메리트이기 때문이다.

한 예로 신분당선 광교중앙역에 위치한 광교자연앤힐스테이트의 경우 32평형을 기준으로 2012년 4억원 초반대에 매매되었다가 2020년 12억원 중반대에서 거래되었다. 동기간 주변의 다른 아파트들의 상승폭보다 많이 올랐다. 힐스테이트의 경우 1,800가구의 대단지, 아파트브랜드 가치와 경기도청 이전 예정, 인근 법조단지 건설 등 여러 호재를 감안하더라도 상승폭이 컸던 이유 중에 하나는 광교중앙역을 이용한 강남권 진입이 용이했기 때문이다. 주거용의 가치는 올라갔지만 교통의 편의로 인해 오히려 상권의 가치는 떨어질 수 있기 때문에 이는 달리봐야 한다.

앞으로 10년 동안 지켜봐야 할 계획과 노선이 있다.
1) GTX A, B, C, D(예정) 노선
2) 3기 신도시와 연관된 노선 (지하철 9호선, 하남도시철도 등)
3) 4차 국가철도망 구축계획 예상 노선
4) 지하철 차량기지 이전과 연계된 노선
5) 신안산선, 경강선(월곶~판교선), 인덕원~동탄선(신수원선) 등

국가 예산이 얼마나 들어가는가?

철도사업의 성격이 일반철도, 광역철도 사업으로 인정되어 진행되어야, 도시철도사업이나 민자사업에 비해 공사 진행과정이 순탄하게 진행되는 것을 볼 수 있다. 일반철도사업의 경우 국가예산이 100% 재정 사업으로 진행되고, 광역철도사업의 경우 최대 75% 지원이 가능하다. 이에 비하면 도시철도사업의 경우 최대 60%(서울의 경우 40%)만 지원되며, 민자 제안으로 인해 사업이 진행되는 경우 협의조건에 따라 다르나, 민간사업자의 경우 BTO, BTL 사업으로 진행하되 최소 수입을 보장받는 MRG 조건을 내세우면서도 지자체와 마찰을 빚는 경우가 적지 않다. 이를 감안하면 일반철도사업으로 구분되는 인덕원~수원, 서해선, 중앙선, 월곶~판교선 등에 관심을 가져야 한다.

사업의 진행단계가 어디까지 왔는가?

예비타당성, 기본계획, 기본설계, 실시설계, 시공, 준공 등의 진행단계를 알아야 한다. 이 중 예비타당성은 과연 이 사업을 해도 경제성이 있는지를 검토해 보는 중요한 단계이다. 여기서 B/C가 1이상이 나와야 사업성이 있다고 보는데, 원주~강릉의 경우처럼 2018년 동계올림픽이라는 국가 주요 행사로 인해 사업성이 부족해도 진행되는 경우도 있다. 기본계획은 국토교통부에서 진행하는 사업으로 전체적인 노선을 잡는 단계로 예비타당성 노선을 바탕으로 실제 현황을 바탕으로 구체적인 노선을 잡게 된다.

각 지역의 인구와 교통의 편의성, 각종 계획들을 고려하여 노선을 정하고, 정거장의 위치를 선정하게 된다. 기본계획이 완료되면, 국토교통부에서는 이를 고시하며 SOC 철도예산을 감안하여 우선적으로 실제 공사에 필요한 기본설계, 실시설계 등의 본 설계를 진행시킨다. 기본설계는 기본계획을 바탕으로 전체노선에 대한 계획단계에서 철도에 필요한 각종 지표 자료 검토와 토공, 터널, 교량 등의 표준단면의 결정, 노선의 구체적인 결정 등이 진행된다. 실시설계에서는 각 공구별로 세부적인 도면을 하나씩 작업하게 되는데, 최근에는 기본 및 실시설계사업을 같이 발주하여 일원화하기도 한다.

국토교통부에서 철도사업과 관련하여 기본계획 고시를 하게 되면, 노선에 따른 정거장 예정지역을 중심으로 부동산 가격에 호재로 작용되어 상승하는 것을 볼 수 있다. 다만 기본계획이 고시되었다고 바로 본설계가 진행되는 것이 아니므로 철도노선의 사업성에 따라 본설계와 시공이 지체 없이 진행되는 것을 알고 있어야 한다. 실시설계에서는 특히 정거장과 관련된 구체적인 내용이 나오는데 철도 구조물과 정거장 건축과의 인터페이스와 관련하여 여러 협의가 진행된다. 정거장 승강장과 지하구조물, 출입구 등과 같은 내용이 구체적으로 나오게 되기 때문에 내용을 미리 알 수 있다면 중요한 자료 가치가 있다고 본다.

철도 예정역 부근을 노려라!

노선과 철도역 위치는 사업과정에서 언제든 바뀔 수 있기 때문에, 진행과정을 분명히 이해하고 있어야 한다. 또한 철도노선에는 변하기 힘든 주 축대가 있기 때문에 그 축대를 찾아 조정 가능한 범위를 산정해 두면, 계획단계 초기에도 투자지역을 어느 정도 선정해 둘 수 있다. 철도와 관련해서 핵심은 역시 정거장의 위치와 출입구를 아는 것인데, 우선 정거장의 위치는 가능하면 250m 이내, 적어도 500m 이내가 좋고, 차량 진입 등을 고려하여 투자하는 것이 좋다. 용도별로 보면 출입구를 기준으로 상업시설의 경우 100m, 업무시설의 경우 250m, 주거시설의 경우 500m, 토지의 경우 1km를 넘지 말기를 권해 본다.

철도 예정역 관련하여 주출입구와 동선을 찾아라!

지역인구와 밀집지역, 개발계획 등을 고려하여 출입구 개수에 관한 규정이 있기 때문에 위치만 파악하여 무작정 투자하는 것보다는 출입구를 고려한 투자가 필요하다. 예로 사거리라고 해서 출입구가 무조건 8개가 나는 것은 아니기 때문에 출입구의 위치에 따라 상권에 변화가 있을 수도 있다. 무엇보다 상가투자에 있어서는 출입구에 의한 동선의 변화를 고려해 두어야 한다.

용지보상을 위한 투자시 적절하게 대응이 필요하다!

역세권 주변에 토지가 있다면 보상에 편입되는 것보다 그대로 보유하고 있는 것이 좋지만 철도가 부동산에 관통하거나 근접하게 지나간다면 오히려 편입되는 것이 좋다. 철도안전법상 노상의 경우 철도노반 끝단에서 30m 이내에는 건축 인허가 과정에서 협의가 필요하고 고성토 구간이나 방음벽이 설치되는 과정에서 마을이 단절되거나 시야확보가 곤란하게 되며 열차의 운행마다 소음과 진동이 발생하기 때문이다. 지하철의 경우 밑으로 지나가기 때문에 구분지상권이 설정되면 건축에 제한을 받게 되거나 지상권 설정으로 인해 부동산 가격은 하락될 가능성이 있다. 지하철을 제외하고 일반철도의 경우 편입용지는 정거장 전후 부분과 터널 갱구 부분이 가장 많다. 정거장의 시설 규모에 따라 선의 개수와 승강장 홈의 개수가 정해지면서 부지 규모도 커지게 된다. 또한 터널의 경우 대부분 산악지역에서 발생되기 때문에 진출입 부근에는 큰 절토사면이 형성되며 큰 부지가 필요하다. 어떠한 이유로든 철도사업과 관련하여 편입이 예상된다면 설계에서부터 대처가 필요하다. 노선의 우회를 요청하거나 전체적인 보상이 가능한 설계가 진행될 수 있도록 요구해야 한다.

역세권의 개발 및 이용에 관한 법률

역세권의 개발 및 이용에 관한 법률에서는 역세권이란 역(철도기본법에 근거, 일반철도, 지하철 등)을 중심으로 다양한 상업 및 업무활동이 이루어지는 세력권을 의미한다고 정의하고 있다. 이 법률에 의한 역세권은 철도역과 그 주변지역을 말하며, 역세권의 범위에 대해서는 구체적으로 정의되어 있지 않다. 서울시는 역세권 시프트 사업을 역세권 장기전세주택 건립관련 지구단위계획(정비계획) 수립 및 운영기준, 역세권 정비사업에서의 민간시프트 공급 확대 방안, 재정비촉진지구 역세권 건축물 밀도계획 조정기준 등을 통해 진행하려 하고 있다. 역세권시프트 사업은 재개발 등 정비사업을 추진할 때 지하철역이 포함돼 있을 경우 시프트(장기전세주택)을 짓는 조건으로 해당 용지 용적률을 올려주는 방식을 말하는데 1차와 2차 역세권으로 구분하여 용적률 상향이 가능하다.

- 1차 역세권 : 0~250m (최대 용적률 500% 허용)
- 2차 역세권 : 251~500m (최대 용적률 300% 허용)

역세권이 답이다! — 역세권 배경지식

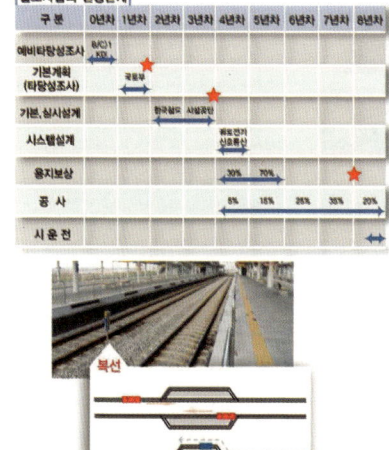

철도구상계획, 타당성조사, 기본계획, 기본설계 등에 따라 다르지만, 타당성조사를 마치고 사업성이 있다고 판단되어 기본계획을 하셨다고 발표되는 시점을 기준으로 본다면, 기본계획 1년, 기본 및 실시설계 2년, 시공 5년 등으로 최소 8년 이상 걸린다. 다만 광전철 사업의 경우 노선 연장이 짧기 때문에, 정부나 지자체가 정책적으로 진행시킨다면 2~3년 정도는 단축도 가능하다. 그러나 일반철도나 광역철도 사업의 경우 국가 재정이 60%~100%가 들어가기 때문에 진행되는 과정에 큰 문제가 없는 반면, 도시철도사업이나 민간제안사업의 경우 공시과정에서 여러 마찰이 생길 수 있기 때문에 공시기간이 더 소요될 수 있다.

단선과 복선은 문구 그대로 하선과 상선의 개념으로 상하선을 같이 쓴다면 단선철도로, 하선과 상선이 각각 있다면 복선철도로 이해하면 된다. 예전에는 수도권을 제외하고, 전국적으로 대부분 단선철도로 되어 있었으나 국가철도망 구축계획에 따라 2015년 말 기준으로 복선화율은 60%까지 올라섰다. 최근 10년간 40%에서 60%까지 급상승한 모습을 볼 수 있다. 단선과 복선의 차이는 무척 크다. 일단 단선으로 열차가 운행된다는 것은 열차가 서로 충돌하지 않기 위해서는 정거장 구간에서 한 열차가 멈추고 있어야 된다거나, 아니면 중간에 별도의 측선을 두어 상대 열차가 지나가길 기다려야 한다. 이는 한편으로 열차를 이용하려는 승객이 많지 않다는 의미이며, 장래 예측도 크게 늘어난다고 보지 않는다는 얘기다. 대표적인 노선으로 이천~충주선, 춘천~속초선, 7호선 장암~의정부선 등이 해당되며 열차운행 간격이 길어질 수 밖에 없기 때문에 승객의 입장에서 보면 다소 불편할 수밖에 없고, 그 만큼 노선의 가치도 떨어지게 된다.

역세권이 답이다! — 역세권 배경지식

2015년 말 기준으로 열차의 70%는 전기를 이용하여 운행하고 있는데, 이는 전기열차이다. 이와는 달리 새마을호, 무궁화호, 통일호 등의 열차는 앞에서 객차를 끌고 가는 별도의 디젤 연료로 운행했던 디젤열차가 현재도 다니고 있다. 눈에 보이는 큰 차이는 전기열차의 경우 일정한 간격으로 전철주가 배치되어 열차의 팬터그래프를 통해 전기를 공급받아 움직이게 해주기 때문에 철도노반 위로 전철주가 눈에 뜨인다. 그에 비해 디젤열차가 다니는 구간에는 별도의 전철주가 없으며, 기관차에서 나오는 연기를 볼 수 있다.

KTX 열차속도는 최고 350km/h는 가능하나, 평상시에는 300km/h 내외로 이동한다. 그러나 정거장 정차시간 등에 따라 실제로 서울에서 부산까지 가는 표정속도의 경우 160km/h에 불과하다. 보통의 열차의 속도는 표정속도와 평균속도로 구분하는데, 표정속도의 경우 정거장에서 정차한 시간까지 포함하여 시간당 이동거리이고, 평균속도는 정거장에서 정차한 시간을 제외하고 순수 노선을 운행한 거리를 시간으로 나눈 속도를 말한다. 새로이 개통된 경강선(성남~여주)의 경우는 62km/h로 다른 전동차에 비해 빠른 편이다. 이렇듯 열차가 최고속도를 내려면 열차의 성능도 중요하겠지만 평면상의 곡선반경, 종단상의 기울기 구배, 정거장간 거리 및 정차여부 등에 따라 차이가 난다.

역세권이 답이다! — 역세권 배경지식

경전철이란 철도의 차량은 크기와 성능에 따라 크게 중량전철, 중형전철, 경량전철 등으로 구분한다. 이 중에서 경전철(경량전철)은 상대적으로 건설비와 수송용량이 낮은 궤도 구간에 6량~10량씩 이동하는 중량전철에 비해 2~3량으로 움직이는 차량이나 시스템을 의미한다. 예로 용인, 의정부, 김해 경진철이 대표적이고, 2017년 7월 개통예정인 서울 북부를 연결하는 우이~신설 노선을 말할 수 있다. 무인운전이란 말 그대로 별도의 기관사가 없이 시스템적으로 열차를 운행하는 것을 일컫는다. 신분당선 노선은 국내에서 중전철로는 최초로 운행을 시작했다. 무인운전은 대부분 경전철에서 적용하지만, 기술의 발달과 회현닫 시스템이 구축되면서 이제는 중전철로 옮겨가는 추세이다. 운행 및 차량상황은 무선통신 열차제어 방식으로 종합관제센터에서 원격으로 자동 조정하고 있다.

2호선 강남(222)		신분당선 광교중앙(아주대)		경춘선 별내(P124)	

열차 운전시격이란 열차와 열차 사이의 시간적 간격을 의미하는데, 철도에서는 첨두(출퇴근시), 비첨두(평상시)라고 표현하기도 한다. 예로 2, 4호선의 경우 출퇴근시 3분 간격, 평상시 5분 간격으로 운행되며, 3호선의 경우 출퇴근시 5분 간격, 평상시 7분 간격시간대별로 다시 차이는 있음)으로 운행된다. 수인선의 경우 출퇴근시 10분, 평상시 15분 간격으로 운행되고, 경의중앙선의 경우 출퇴근시 10분, 평상시 20분 간격으로 운행되며, 경춘선의 경우 출퇴근시 15분, 평상시 25분 간격으로 운행된다. 노선별로 운행간격이 달라 승객의 편의 면에서 고려해 본다면 열차간격이 길 경우, 피로감을 느끼게 된다. 아래 열차의 표정속도와 더불어 운전시격은 노선의 가치를 평가하는 데 중요한 요소이다.

역세권이 답이다! — 역세권 배경지식

역세권의 범위는 다양한 의견이 존재하지만, 통상의 범위로 해석해 본다면 1차 역세권은 정거장 출입구를 중심으로 반경 250m, 2차 역세권은 반경 500m로 보는 것이 무난해 보인다. 이는 역세권 개발 관련 법률에 의해 서울시에서 마련한 '역세권 장기전세주택 건립 관련 지구단위계획 수립 및 운영 기준'에도 언급되어 있다. 이 기준상에서 역세권 범위와 관련해서는 역 출입구 기준이 아닌 승강장을 중심을 기준으로 하고 있다는 점은 다소 차이가 있지만, 필자는 역 출입구를 기준으로 보는 게 좋다는 생각이다.

철도설계기준 및 철도설계편람 등을 보면 정거장별 외부출입구는 최소 2개 이상, 출입구 폭은 최소 3m 이상 되도록 규정하고 있다. 여기에 첨두시 통행량, 도로형태별 가중치를 고려하여 출입구 개수를 산정하게 되어 있다. 지상도로의 형태가 일자형인 경우와 삼거리형, 사거리형에 따라 입구수가 늘어나게 되며, 출퇴근시 수요인원을 고려하고 있다. 예전에는 도로 사거리에서 출입구는 동서남북 8개는 생겼지만, 최근에 계획 중인 대부분의 노선에서는 사거리의 경우라도 4개의 외부출입구만 생기고 있기 때문에 어느 한쪽으로만 출입구가 생길 수밖에 없어 출입구 방향에 따라 동선의 변화가 생길 수밖에 없다.

🚉 역세권이 답이다! ───────────── 역세권 배경지식

※ 역세권 적정 범위와 출입구 기준 (예시)

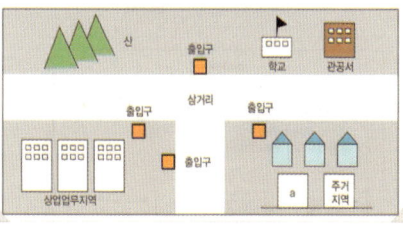
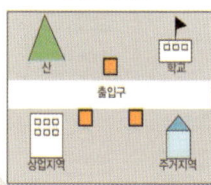

🚉 역세권이 답이다! ───────────── 역세권 배경지식

철도 정거장에서 고상홈과 저상홈의 차이는 고상홈의 경우 일반적으로 지하철을 타는 경우를 생각하면 된다. 승강장에서 지하철을 탈 때 바닥이 바로 연결되어 노약자나 장애인의 휠체어 이동 등이 편하게 들어 올 수 있다. 하지만 저상홈은 무궁화열차, 새마을열차, KTX열차 등을 타려면 승강장에서 차량 안에 설치된 계단을 밟고 올라가는 경우를 생각하면 된다. 이는 승강장의 높이가 고상홈이 높다는 얘기로 고상홈의 경우 레일 위를 기준으로 승강장 높이가 1.1m인 반면, 저상홈의 경우 레일 위를 기준으로 높이가 0.5m이다. 이는 열차의 종류에 따라 높이차로 인해 동일한 승강장을 쓰지 못한다는 것이다. 또한 열차는 차량의 길이가 20m 내외(중전철과 경전철은 차이가 있음)이기 때문에 6량을 한편성으로 이동한다면 최소 120m 이상의 승강장 길이가 필요하게 되고, 서울시 지하철의 경우 10량을 기본 1편성으로 보기 때문에 최소 200m 이상이 확보되어야 한다. 결과적으로 승강장의 높이차와 길이차로 인해 열차의 종류에 따라서 별도의 승강장이 여러 개 필요하게 된다.

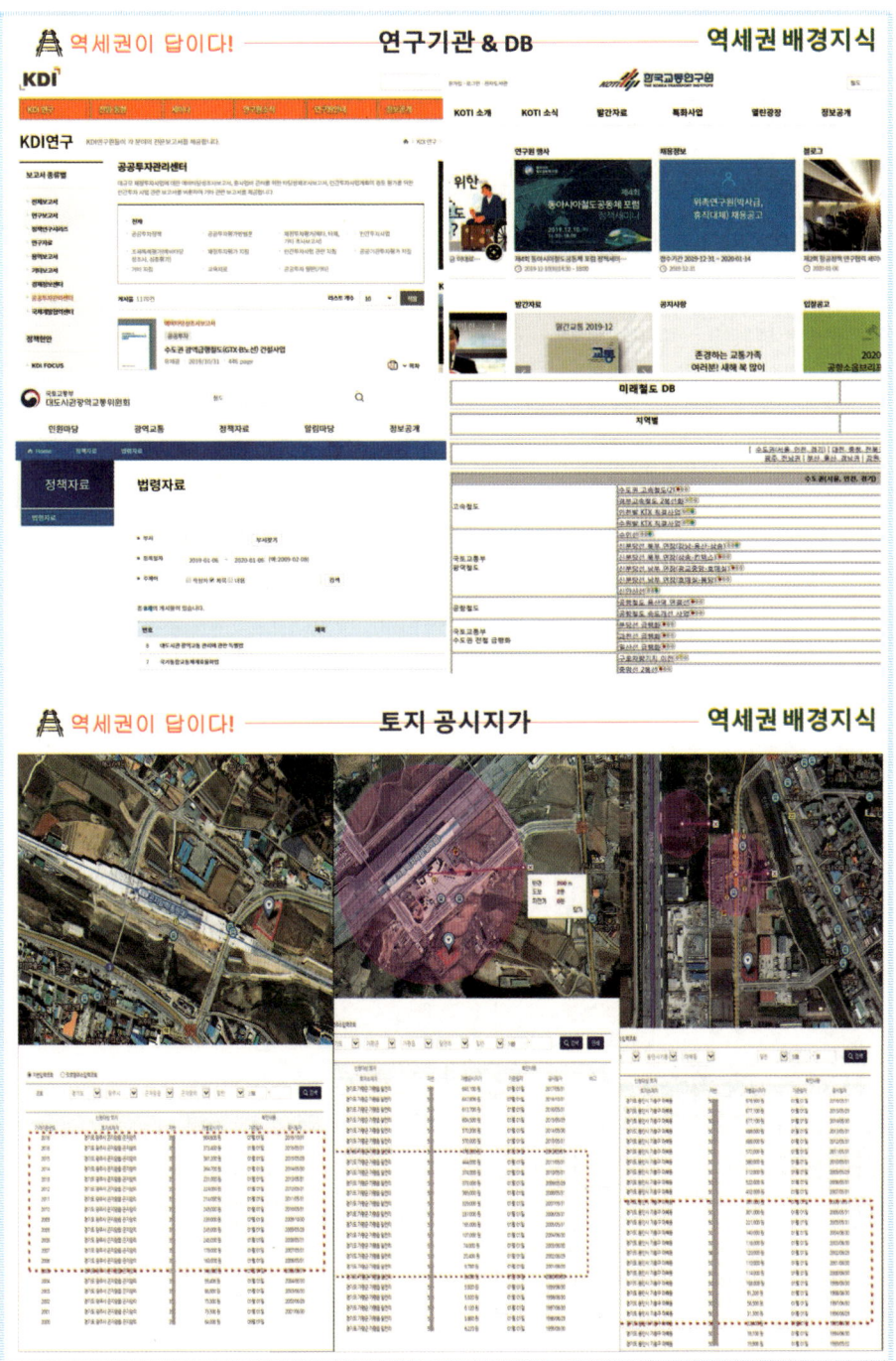

Chapter 3 역세권 경매

🚆 역세권이 답이다!
2020철도예산

2020 철도예산

<고속철도 건설>
1. 호남고속철도건설(광주-목포) 900억
2. 평택-오송 2복선화(지제-오송) 80억
3. 경부고속철도 2단계(대전, 대구 도심통과구간) 76억
4. 인천발KTX(어천역-경부고속선) 20억
5. 수원발KTX(서정리역-수도권고속선) 10억

<일반철도 건설>
1. 보성임성리철도건설(보성~임성리) 4,000억
2. 포항삼척철도건설(포항-삼척) 3,185억
3. 원주제천복선전철화(원주-제천) 260억
4. 부전마산복선전철(부전-마산) 153억 2900만
5. 익산대야복선전철(익산-대야) 360억
6. 대구선복선전철(동대구-영천) 166억 6,600만
7. 포승평택철도건설(평택-포승) 259억
8. 울산포항복선전철(태화강-포항) 979억
9. 군장산단인입철도건설(대야-군장산단) 320억
10. 울산항인입철도(망양-울산신항) 109억 100만
11. 부산울산복선전철(부전-일광-태화강) 801억
12. 서해선복선전철(송산-홍성) 7103억
13. 이천문경철도건설(부발-충주-문경) 3800억
14. 장항선개량2단계(신창-대야) 354억 8000만
15. 동두천연천전철화(동두천-연천) 200억
16. 도담영천복선전철(도담-영천) 5,460억
17. 영천신경주복선전철(영천-신경주) 836억
18. 문산도라산전철화(문산-도라산) 177억 8200만
19. 장항선(신창-대야) 350억
20. 진주광양전철화(경전선 진주-광양) 259억
21. 포항동해전철화(동해중부선 포항-동해) 225억

<일반철도 조사설계>
2. 춘천속초단선전철(동서고속화철도 춘천-속초) 100억
3. 월곶판교복선전철(월곶-인덕원-판교) 10억
5. 인덕원동탄복선전철(인덕원-서동탄-동탄) 80억
6. 여주원주단선전철(경강선 여주-원주) 12억
7. 남부내륙철도(김천-거제) 150억
8. 수서광주복선전철(수서-경기광주) 80억

<도시철도 건설>
1. 인천지하철1호선송도연장(국제업무지구-인천타워) 240억 6200만
2. 부산사상-하단도시철도건설(사상하단선) 230억
3. 광주도시철도2호선건설(순환선) 830억
4. 서울지하철7호선석남연장(부평구청-석남) 405억 5100만
5. 대전도시철도2호선건설(순환선) 70억
6. 서울지하철7호선청라연장(석남-청라국제도시) 220억
9. 서울도시철도9호선4차연장(오륜-샘터공원) 60억

<경전철 건설>
1. 신림선경전철건설(샛강-서울대입구) 377억 3300만
2. 동북선경전철건설(왕십리-상계) 162억 9700만

<광역철도건설>
1. 신안산선복선전철(여의도-한양대/송산) 958억
2. 별내선복선전철(암사-별내) 1,200억
3. 신분당선(용산-강남) 467억
4. 수도권광역급행철도(A선 운정3지구-삼성) 1,400억
5. 진접선복선전철(당고개-진접) 1,100억
6. 삼성동탄광역급행철도(A선 삼성-동탄) 550억
7. 충청권광역철도1단계(신탄진-계룡) 20억
8. 도봉산옥정복선전철(도봉산-옥정) 200억
9. 대구권광역철도(구미-경산) 20억
10. 안심하양복선전철(1호선 안심-하양) 300억
11. 수도권광역급행철도C노선(덕정-수원) 10억
12. 옥정포천철도건설사업(옥정-포천) 49억 2000만

🚆 역세권이 답이다!
광역교통, 2030

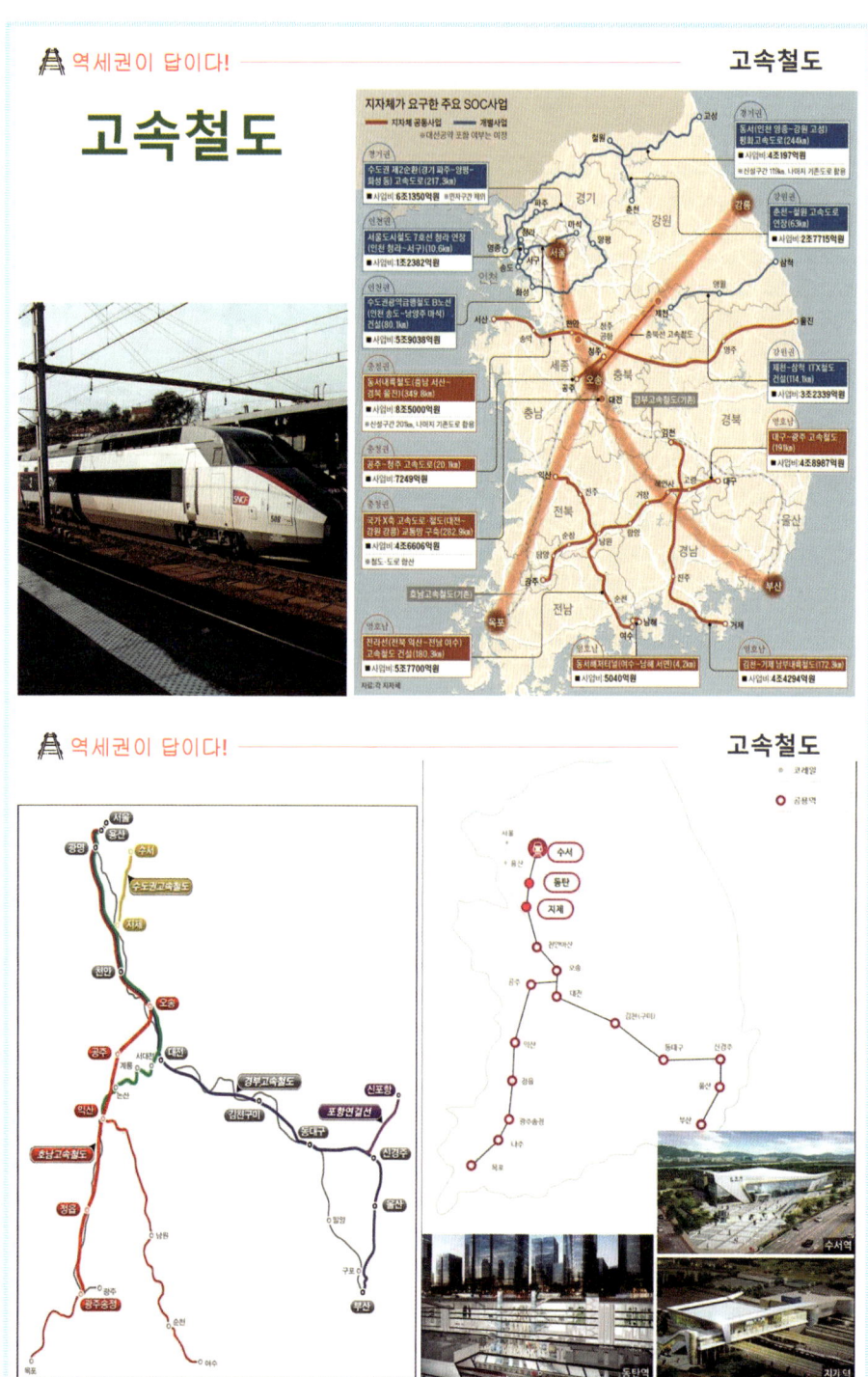

🚊 역세권이 답이다!

일반철도

🚊 역세권이 답이다!

서해선

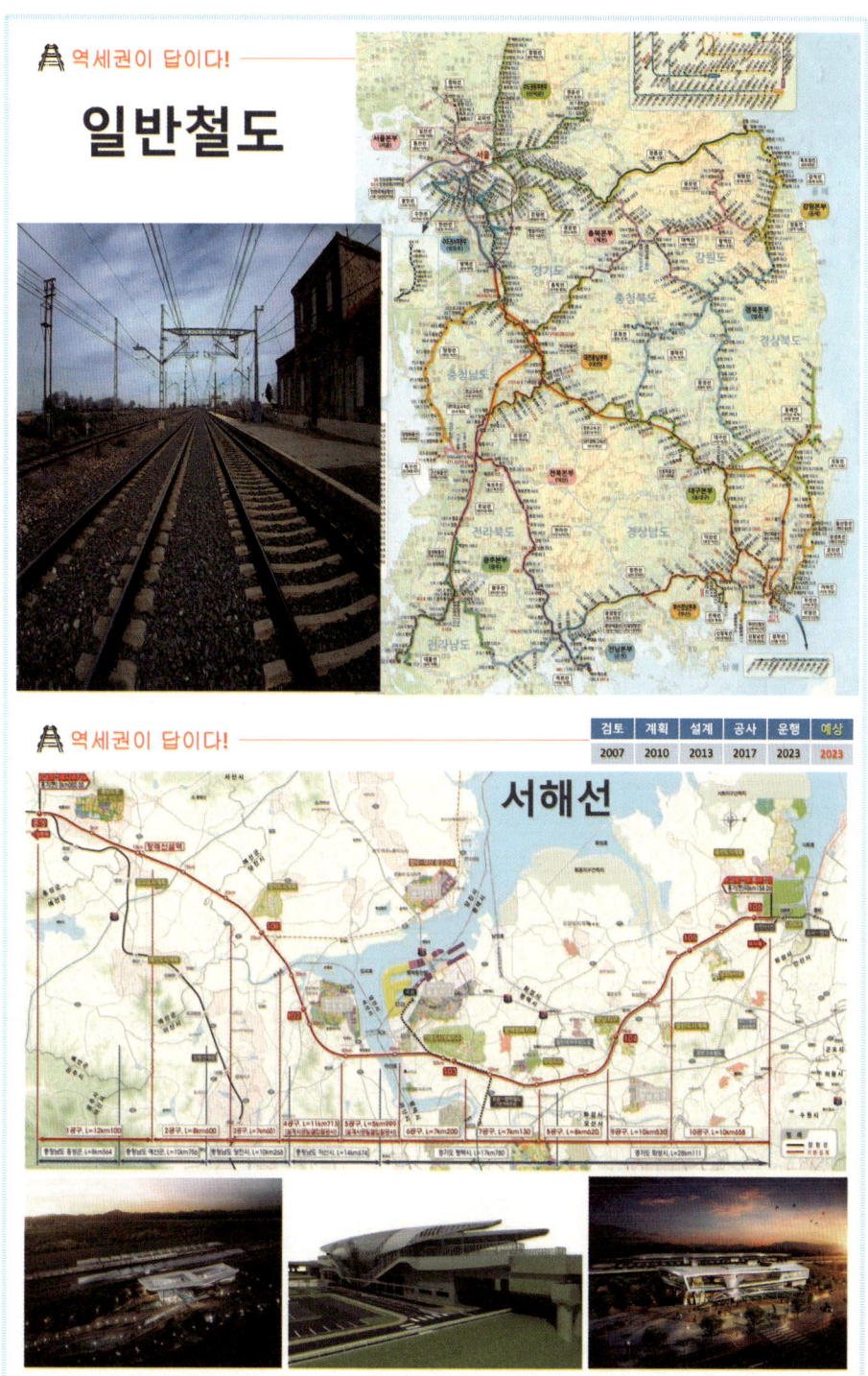

Chapter 3 역세권 경매

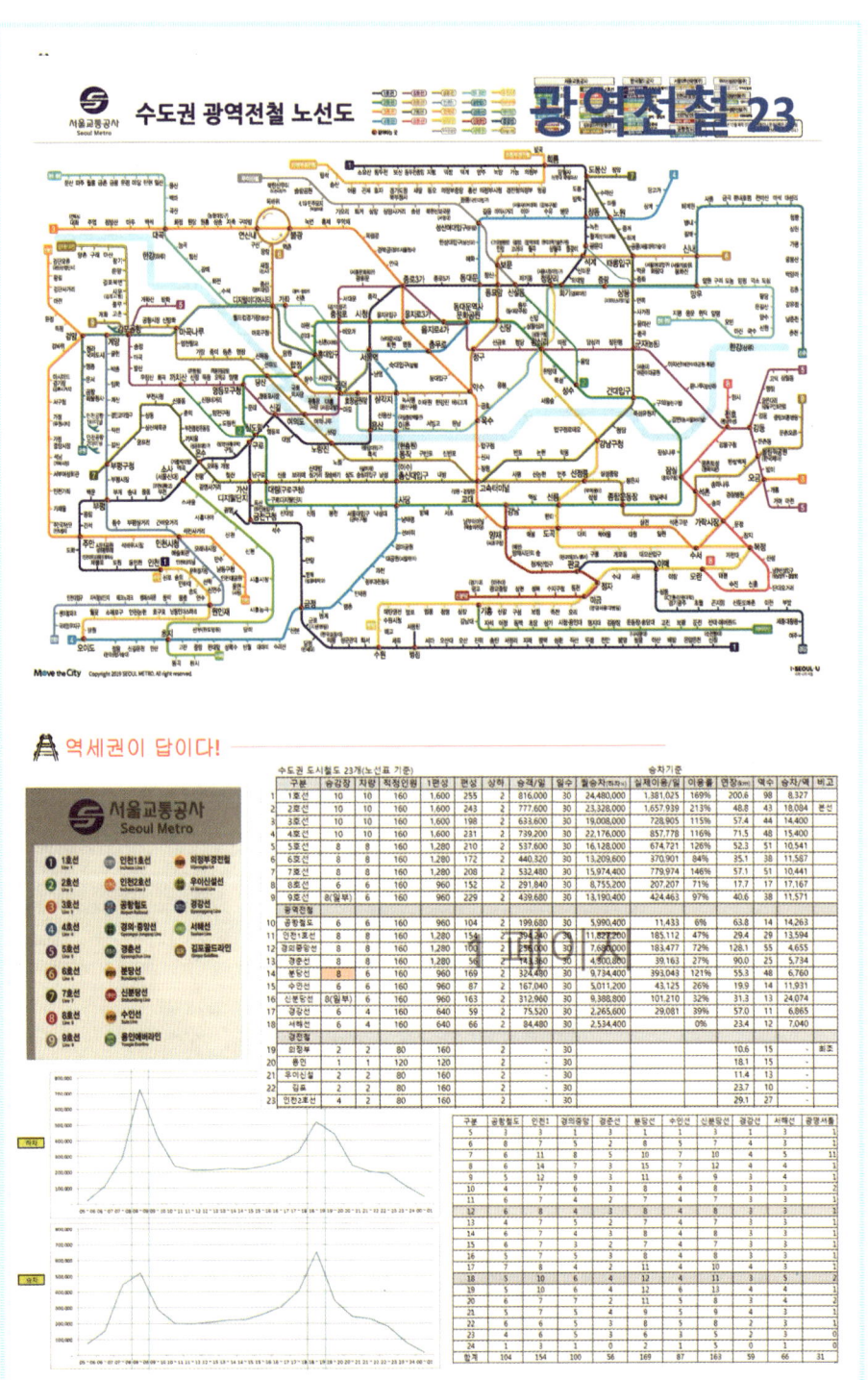

03 역세권 경매 검색

역세권경매 검색은 의외로 쉬운데, 우선 기본적으로 현재 운행되고 있는 역인지, 장래 신설역인지에 따라 다를 수 있다. 운행되고 있는 역이라면 대부분의 유료·무료사이트에서 역세권경매 게시판을 만들어 정보를 제공해 주고 있다. 예로 지역과 노선별, 역명 등으로 구분되며 반경100m, 반경500m, 반경1km 등으로도 구분하여 검색이 가능하다. 다만 기존 역세권에서는 역세권에 관한 프리미엄이 부동산 가격에 이미 반영되었기 때문에 가격상승에는 제한적이다. 그러나 예정역에 대한 정보는 사이트에서 별도로 제공하고 있지 않기 때문에 무엇보다도 정확한 위치를 알아내는 것이 중요하다. 또한 타당성조사, 기본계획, 기본설계, 실시설계, 착공 등의 현재 진행되고 상황도 알아야 한다. 역 예정부지 위치와 진행되는 과정만 알아낸다면 유료·무료 사이트에서 지도검색하거나 법원경매정보 사이트에서 지도검색을 통하여 쉽게 경매물건을 찾을 수 있다. 장래 신설역에 대한 정보가 궁금하다면 저자가 직접 운영하고 있는 역세권 관련 네이버 카페(https://cafe.naver.com/sainst)에서 다양하게 접할 수 있는데, 사업별로 최근에 나온 각종 뉴스를 비롯하여 예정역에 대한 정보와 역세권 현장답사 사진 등도 볼 수 있다.

기존역이든, 신설역이든 역세권은 부동산 경기 침체기에도 수요적인 측면에서 인기가 많은 편이다. 매일 출퇴근하는 젊은 세대의 경우 다른 요인보다도 지하철의 편익측면을 중요하게 보기 때문이다. 단순히 철도가 지나간다고 부동산가격에 전적인 영향을 미치는 것은 아니지만, 실수요든지 임대차관계든지 관심의 우선대상이 되기 때문이다. 그렇다면 앞으로 5년~10년을 내다본다면 우선적으로 신안선선 노선, 월곶~판교 노선, 인덕원~수원 노선을 추천해 본다. 또한 GTX A노선(삼성~동탄), 9호선 4단계, 신분당선 연장, 지하철8호선(별내선) 연장 등도 관심의 대상이다. 일반철도의 경우 서해선 전구간과 중앙선 원주~영천 구간도 눈 여겨 봐야 한다. 신설역세권에 관한 투자의 경우 소위 핫한 지역과 투자하기 좋은 지역은 다소 다르다. 서울 및 수도권 중심의 경우 많은 발전과 변화가 예상되지만 개인이 투자하기에는 금액이 크기 때문에 투자로 이어지기도 쉽지 않을 뿐더러 가격상승률도 다소 제한적이다.(예 평당 5천만원 → 8천만원) 그러나 수도권 외곽이나 수도권과 접한 지방의 경우 역 하나만 들어서도 가격상승률이 10배, 20배(예 평당 20만원 → 200~400만원)에 달하는 경우도 많다.

(1) 역세권검색 사이트

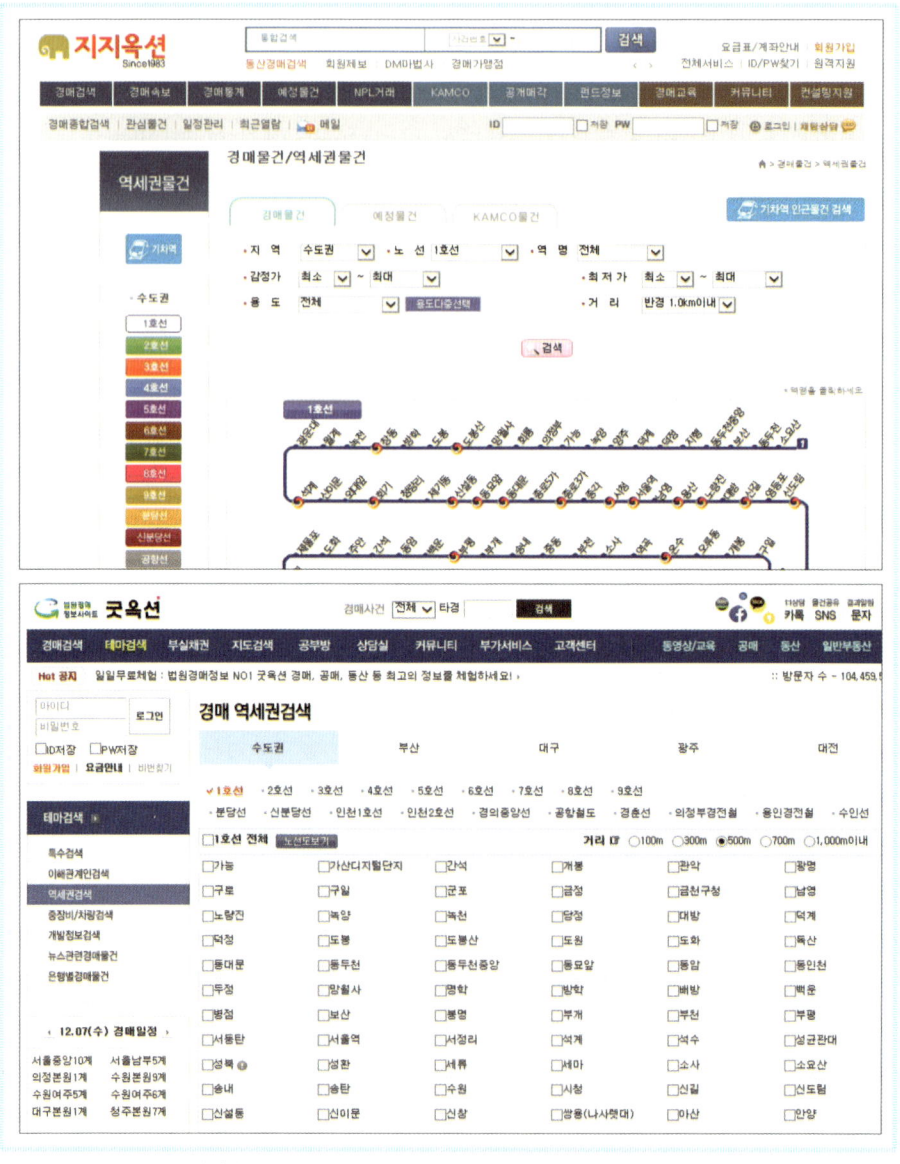

(2) 역세권검색 지도

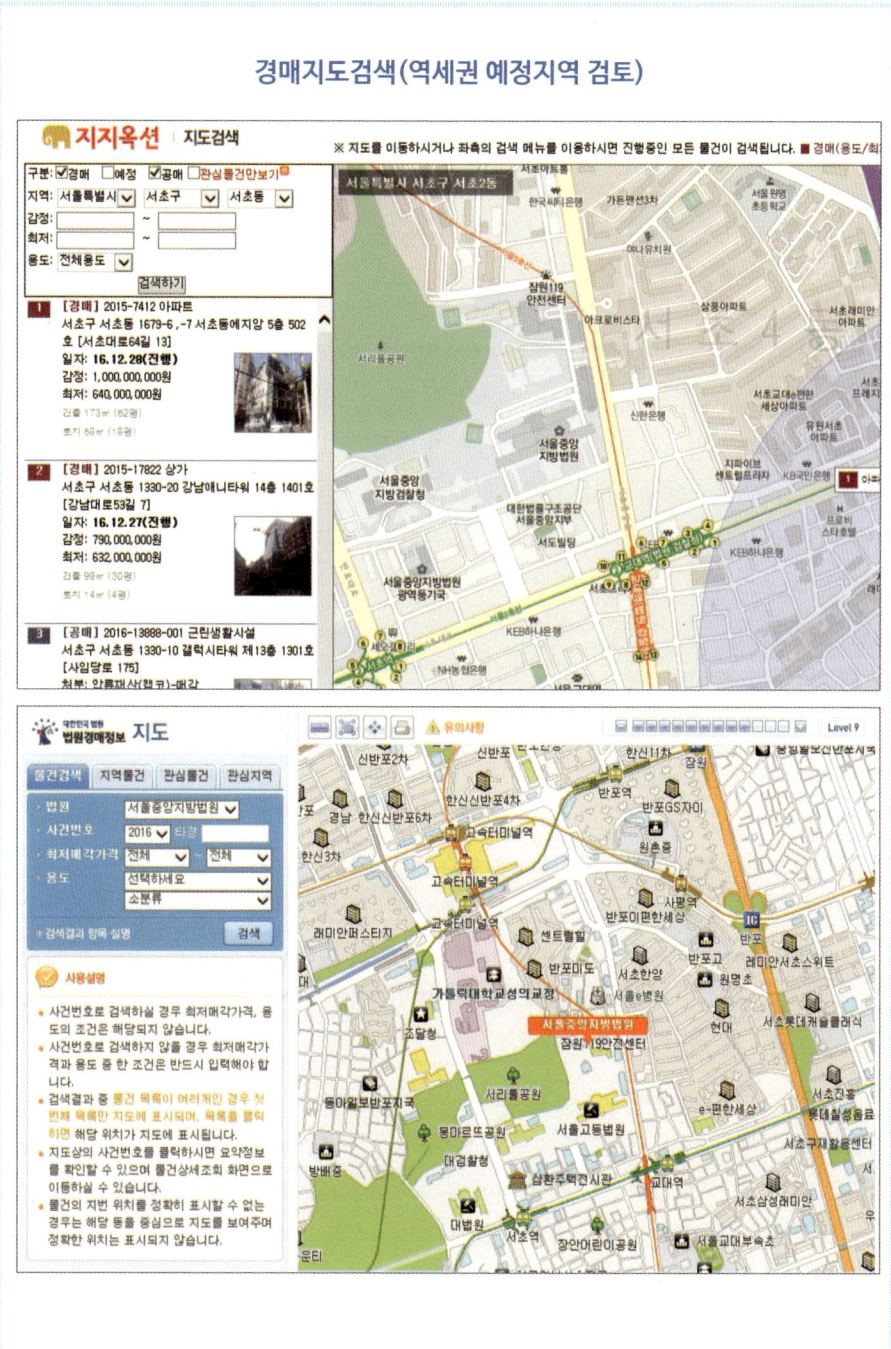

Chapter 3 역세권 경매   483

04
역세권 투자 유망노선 Best 5

❖ 수도권 서남부의 등불, 신안산선 돛을 달다!

앞으로 6~7년 간 3조 4천억원 가량 사업비가 투자된다. 노선만 놓고 보면 1단계 종착역은 여의도이다. 강남권은 아니지만 업무지역과 서부의 핵을 통과하는 노선으로, 향후 서울역까지 이어질 계획이다. 영등포와 여의도 라인을 지나는 게 핵심이다. 구로디지털, 석수역 등에서 환승이 가능하고, KTX 거점역인 광명역에 정차한다. 정부 철도건설 예산이 부족하기 때문에 민간개발로 추진하게 되었는데, 'BTO-rs'라는 우리나라 첫 번째 리스크 쉐어용 민간투자사업을 진행하게 된다. 이 사업에 포스코와 국민은행이 사업을 주도하게 되었고, 별도의 자회사 넥스트레인을 설립했다.

신안산선은 광명역에서 갈지로 나눠지는데, 지하철 5호선 마천, 상일동행처럼 철도의 기능도 반으로 나눠진다. 시흥으로 가보자. 트리플 역세권인 시흥시청역 보인다. 또한 KTX 탑승이 가능한 초지역을 볼 수 있다. 광명역에서 시흥시청역 구간이 길고 광명시와 시흥시가 추진하는 학온역, 매화역도 눈여겨 봐야 한다. 안산으로 가보자. 원래 시행사는 시흥보다는 안산에 관심이 많았다. 아파트 밀집 지역으로 어느 정도 수요를 예측되었기 때문이다. 하지만 시흥시에서 가만있을 리 없었고 당초 부터 계획했던 터라 노선 계획은 그대로 진행하게 되었다. 안산방면으로는 당초 중앙역까지 계획하였다가 아파트가 밀집한 호수역, 한양대에리카역까지 연장하는 것으로 결정되었다.

신안산선은 당초 국가재정사업으로 설계비만 5백억 원 이상 들어갔다. 그래서 큰 틀에서 설계를 바꾸지는 않았다. 다만 정거장은 공사비와 유지비 등의 경제적인 이유로 손을 조금 보았다. 노선 자체에 심도가 깊다보니 정거장 깊이가 깊은 곳은 수직 대형 엘리베이터를 많이 두어 많은 인원을 이동시키겠다고 한다. 기본적으로 역의 출입구는 2개만 놓겠다는 방침으로 대심도 정거장에 따라 수직 고속 엘리베이트를 이용하게 된다. 이제는 출입구 개념이 아닌 엘리베이터가 여러 개 있는 대합실 개념으로 이해하면 된다. 열차운행은 안산방면 출퇴근시 7.5분, 평상시 10분,

시흥방면 출퇴근시 10분, 평상시 20분으로 계획되어 있다. 차량은 6량(1량 20m)을 기본으로 두지만 지하철 9호선 처럼 초기에는 4량으로 운행할 가능성이 있다.

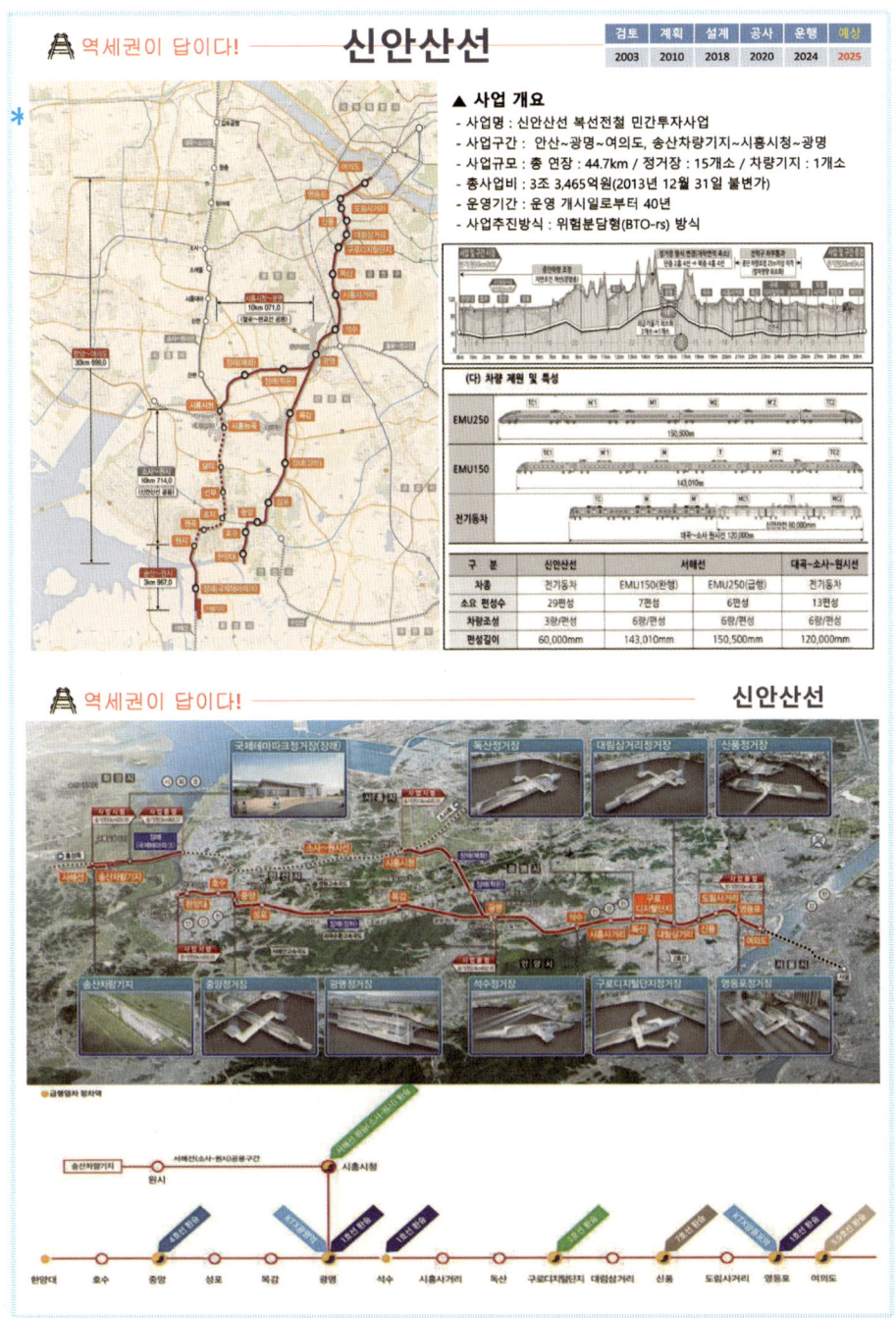

* 경기와 강원을 잇는 최초의 동서철도, 경강선(월곶~판교)

경강선의 목적은 송도~강릉 간 동서축 철도 네트워크의 단절구간을 연결하여 수도권과 지역경제거점간 연계성 제고, 수도권과 강원권 간 직접 연계를 통해 지역 주민들에게 철도교통 편의 제공, 지역개발 촉진 도모, 노선 신설로 통행시간 단축 및 환경비용 절감에 기여, 수도권 남부 지역 활성화 및 강원지역 균형발전에 있다.

이중 월곶~판교 구간은 약 34km 복선전철 신설이다. 총 정거장 11개소(신설 8, 기존개량 3)에 총사업비 2조 1천억 원을 투입한다. 사업기간은 2025년을 목표로 하였지만, 2030년까지 봐야 한다.

송도~월곶 구간은 수인선을 활용하게 된다. 수인선 송도역과 연수역만 정차할 계획이다. 기존선 활용과 전용선은 열차 운행 횟수가 다르다. 얼만큼 혼용될지는 좀 더 지켜봐야 하겠지만, 모든 열차가 지나가지 않는다는 얘기이다. 송도 발 출발을 중심으로 보는 게 좋다. 특히 송도역은 인천발 KTX에 다니고, 역세권개발을 진행 중에 있기 때문에 향후 가치가 더 올라갈 것이다.

경강선 월곶~판교 구간은 ITX열차가 정차하는 거점역 중심으로 봐야 한다. 다소 비싸도 시간이 지날수록 가치를 높게 평가받기 때문이다. 송도, 시흥시청, 인덕원, 판교 등을 중심으로 봐야 한다. 참고로 경강선 전동차는 송도~월곶~판교~여주~서원주~남원주 까지만 운행될 예정이고, ITX열차는 송도~월곶~판교~서원주~강릉까지 이어질 예정이다.

열차운행은 월곶역을 기준으로 현재 출퇴근시 7~9분, 평상시 15분 간격임을 확인할 수 있다. 열차는 전동차, ITX(EMU250) 2가지 형태가 다닌다. 차량은 6량으로 EMU 일반열차는 최고속도가 250km/hr에 달한다. 열차운행은 전동차 58회/일, EMU250 36회/일(왕복 기준) 다닐 예정이다.

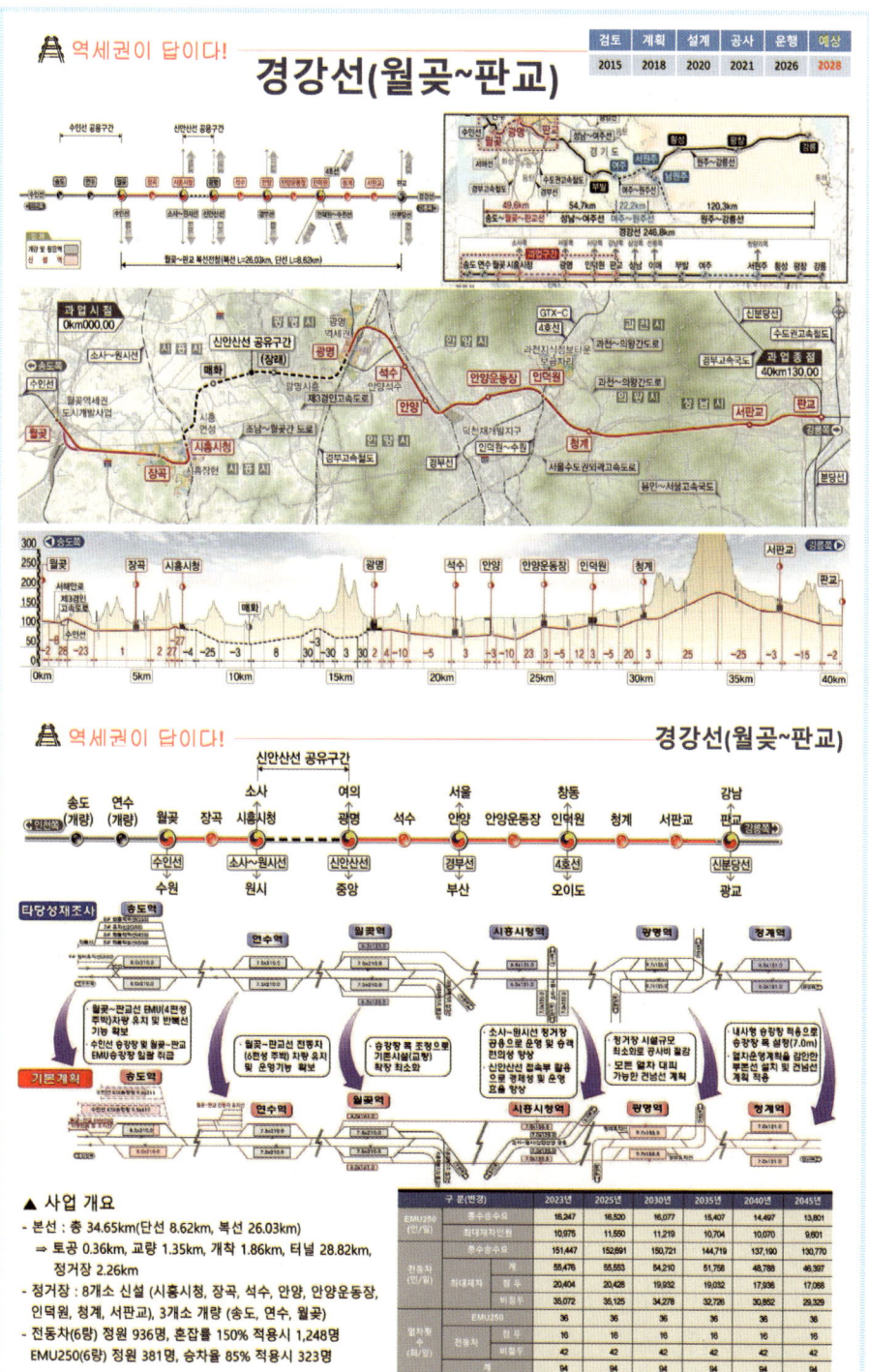

* GTX-A노선만 삼성역 가지 않는다. 이제는 GTX-C 봐야한다!

　GTX-C노선은 2011년 처음으로 얘기가 시작되었다. 그 당시 예비타당성(의정부~금정) 결과는 B/C 0.66에 불과하여 일단 첫 고배를 마셨다. 그러나 2018년 3기 신도시 및 광역철도망에 대한 사회적 논의가 이뤄진다. 정부는 경제성장을 위해 다양한 분야에서 뉴딜 사업을 진행하기로 했고, 2020년 코로나 사태로 인한 경기부양에 힘을 쏟는 모양새이다. 국가의 철도 건설 예산은 한정되어 있기에, 민간사업이 유력해 보이지만 민간의 계산기(?)는 정부와 다소 다르다. 얼마나 잘 진행될지 지켜봐야 한다는 얘기이다.

　일단 노선 연장은 74.8km이다. 이 중 37.7km 구간만 신설(50%)이고, 기존선 이용이 50%나 된다. 사업성을 맞추기 위해 노선연장을 길게 잡고, 공사비를 줄이는 방법으로 사업성을 확보하였지만, 앞으로 진행되는 길이 순탄치만은 않을 듯 하고, 실제 운행도 지켜봐야 한다.

　노선에는 신설역 6개(창동, 광운대, 청량리, 삼성, 양재, 과천)와 기존역 4개(덕정, 의정부, 금정, 수원)가 들어설 예정이다. 도심지 구간은 대심도 터널로 연결하고 차량기지는 덕정역 인근으로 배치할 계획이다.

　아직도 갈길이 멀기에 몇가지 이슈를 보면 정리해 보면 다음과 같다.

　인덕원역 정차 여부 관련해서이다. 과천역과 인접하게 역이 위치하다 보니, 인덕원역의 환승교통 측면에서 유리함에도 불구하고 예타 때 과천역으로 결정되었다. 과천역, 인덕원역 정거장 모두 정차가 가능할지, 혼용 운행이 가능할지(금정-과천-양재 행, 금정-인덕원-양재 행), 과천역을 인덕원역 부근으로 좀 더 내려오는 방법까지(환승이 가능한 거리까지) 다양하게 검토 중에 있지만, 모두 쉽지 않아 보인다.

　의왕역 정차 여부는 선택적 요소이다. 의왕시, 인근 사업시행자, 현대모비스 등의 적극적인 노력을 해 본다면 열차운행에 큰 무리는 없어 보인다. 결국 지역의 의지만 강하면 가능성에 무게를 두고 싶다.

　안산행 연계 여부도 논의가 되었다. 그러나 과천행(4호선) 선로용량이 아주 넉넉하지 않고, 안산까지 가려면 수인선, 4호선 혼행 구간과 병합해야 하기 때문에 어려운 문제이다. 또한 GTX 승강장을 놓일 만한, 위치가 적당하지 않다. 중앙역, 초지역 등은 고가 정거장으로 별도의 구조물 설치가 필요해 보인다.

🚉 역세권이 답이다! — GTX-C(덕정~수원)

검토	계획	설계	공사	운행	예상
2018	2020	-	-	2027	2030

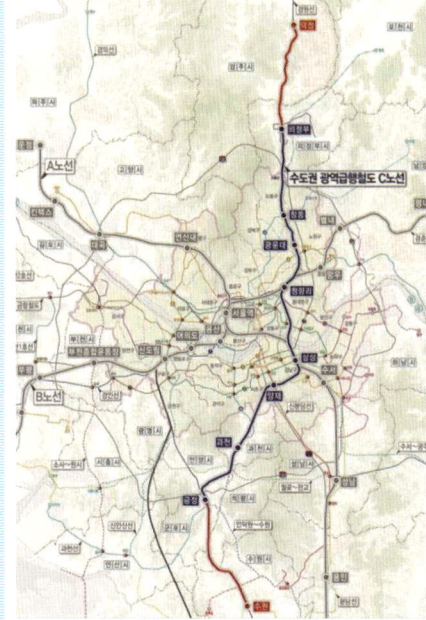

[그림 Ⅲ-1] 경원선 덕정~의정부~도봉산 구간 배선약도

삼성역 배선약도

<표 Ⅲ-65> C노선(덕정~수원) 열차운행(안)

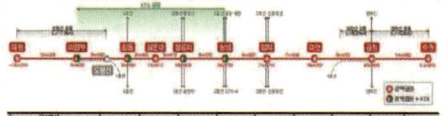

역명 운행차종	덕정 (기존역)	의정부 (기존역)	창동 (신설역)	광운대 (신설역)	청량리 (신설역)	삼성 (신설역)	양재 (신설역)	과천 (신설역)	금정 (기존역)	수원 (기존역)
광역급행	O	O	O	O	O	O	O	O	O	O
KTX	×	O	×	O	O	O	O	O	미운행 노선	
전동차	O	O	광역급행 신설노선 구간으로 전동차 미운행					O	-	

🚉 역세권이 답이다! — GTX-C(덕정~수원)

<표 Ⅲ-5> 의정부정거장 입지분석

- 상업시설 및 주거밀집지역
- 지하철 1호선 환승
- 의정부 경전철 근접 (약 300m 이격)
- 의정부 금의뉴타운과 연계 하여 개발 가능
- 지하철1호선 지상 의정부 정거장 고려한 공동계획

<표 Ⅲ-6> 창동정거장 입지분석

- 상업시설 및 아파트단지 밀집지역, 동부간선도로와 근접
- 지하철 1, 4호선 환승
- 창동민자역사 재추진 기대
- 지하철1호선 지상 창동 정거장 이용계획

<표 Ⅲ-7> 광운대정거장 입지분석

- 아파트단지 밀집 및 하물 물류 집결시설, 광운대학교 근접
- 지하철 1호선 환승
- 기존 대합실 부지 하부 기능실 계획 및 대심도 터널계획

<표 Ⅲ-10> 양재정거장 입지분석

- 중심업무시설 및 상업시설 밀집지역, 서초구청 인근 위치
- 지하철3호선, 신분당선 환승, 경부고속도로 서초IC 인근
- 역세권발시 현재 주변 상권과 연로로 시너지효과 개발
- 서초구청, 지하철 하부 통과, 기능실 계획 및 대심도 터널계획

<표 Ⅲ-11> 과천정거장 입지분석

- 중심업무시설 및 아파트 단지 밀집지역
- 지하철 4호선 약 200m 이격, 버스노선 정류장수 환승연계
- 지식정보타운개발계획 연계 개발로 수요창출 효과 기대
- 4호선 과천청사역 환승 거리 고려, 기능실 계획 및 대심도 터널계획

<표 Ⅲ-12> 금정정거장 입지분석

- 중심상업시설 및 주거 밀집지역, 지하철 1, 4호선 연계
- 지하철 1호선, 4호선, 경부선외 환승 광역교통 결절망부
- '군포도시관리계획(2015)' 따라 역 일대 복합역세권 개발
- 지하철 1호선 지상 금정역 시설이용 계획

* 강일, 미사, 다산, 왕숙까지 이어지는 지하철 9호선

9호선 4단계 구간의 연장은 약 4.1km로 정거장 4개소가 예정되어 있다. 현재 계획이라면 2027년 개통을 목표로 하고 있지만, 최근에 이슈가 많이 생겨, 앞으로 어떻게 전개될지 지켜봐야 한다. 하남시의 입장에서 보면 5호선보다는 9호선을 잘 활용해야 한다. 9호선은 서울시가 추진하고 관리하는 사업으로 현재 보훈병원역에서 고덕강일 1지구까지 이어지는 사업이다. 지하철5호선이 941정거장 고덕역에 환승된다.

4단계 구간 인근에는 공공주택지구 조성사업이 한창이다. 고덕강일지구와 하남미사지구, 하남강일지구가 있다. 9호선 4단계 계획노선과 동일한 축으로 세종~포천선 고속도로도 공사 중에 있다. 강동에서 경부축 접근성이 수월해진다. 최근 서울 강동구에서 인구가 많이 유출되어있지만, 둔촌주공, 고덕강일 등이 입주하면 다시 증가될 것이다. 지하철 9호선은 당초 4량으로 운행하다가, 최근 전 구간 6량으로 운행되고 있다. 4단계 연장에 따라 48편성으로 늘어나게 된다. 9호선 계획단계 시부터 급행과 완행을 고려하여 정거장의 승강장 배치를 계획했기 때문에, 다른 노선에 비해 급행의 의미가 상당하다.

최근 3기신도시 왕숙지구와 관련하여 지하철9호선을 연장하겠다는 보도들이 나왔다. 이에 따라 9호선의 사업구간이 15km 이상 연장될 예정이다. 서울시 9-4단계 구간, 하남미사지구, 남양주다산지구, 왕숙지구 등 여러 구간에 다양한 의견이 나올 수 있기 때문에 10년 이상 길어질 수 밖에 없다. 여러 쟁점들로 인해, 사업이 길어진다고 해도 노선 역세권 주변은 큰 호재임은 분명하다.

지하철9호선은 수도권 철도노선 중에 유일하게 일반과 급행열차를 1:1 비율로 운행하는 노선이다. 그 만큼 급행역 정차에 대한 관심과 비중이 높아질 수 밖에 없다. 오히려 출근시 급행을 타려는 승객들로 혼잡도에 큰 차이가 나타난다. 급행열차는 손을 쓸 수 없을 정도로 매이는 반면, 일반 열차는 한가롭게 느껴진다.

이 노선의 특징을 잘 이해하고, 3기신도시 왕숙지구를 감안하여 투자처를 찾는 것도 방법이다.

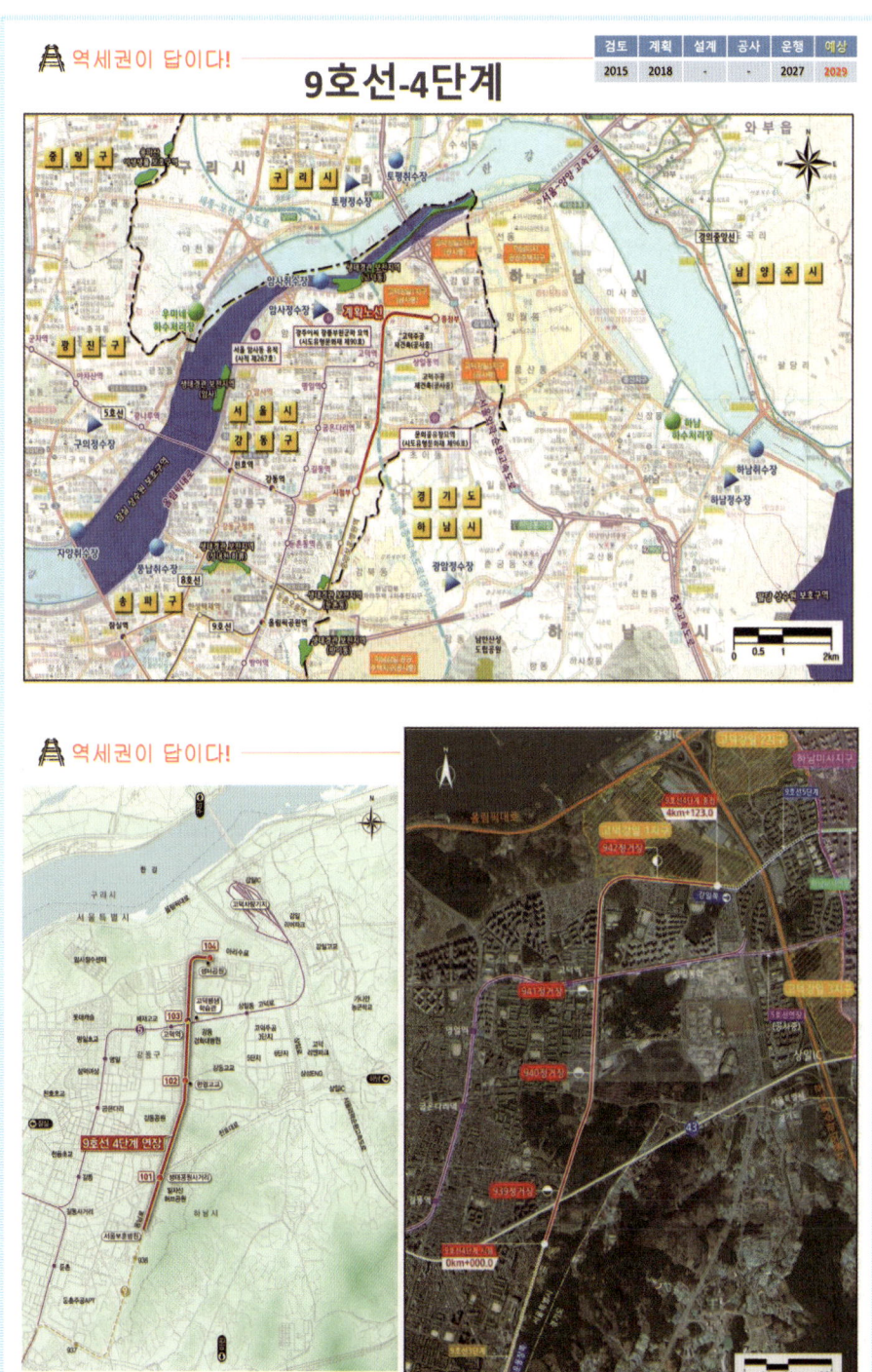

✽ 부산, 강릉, 거제 가는 서울역 대항마, 수서~광주선

수서에서 경기도 광주까지 이어진다. 이후 이어지는 노선이 핵심이다. 원주~강릉선(경강선), 중앙선(원주~부산), 중부내륙선(부발~문경)으로 연결될 예정이다. 수서~광주선은 3개의 노선을 보다 쉽게 연결하기 위한 핵심 노선이 된다. 수서역에서 경기광주역을 지나 강릉역, 부산 부전역, 거제역까지도 갈 수 있게 된다. 물론 수서~광주 구간 외에도 여러 과제가 남아 있다. 특히 여주~원주 간 단선사업 계획에서 복선화사업으로 전환되어야 하고, 공사도 빨리 진행되어야 한다. 그래야 수서~광주 노선이 의미가 있다.

수서~광주 노선에서 지켜봐야 할 역은 수서역, 모란역, 경기광주역이다. 강남역 또는 삼성역에 1시간 이내 도달할 수 있고, 자주 다닌다면 매력이 큰 노선이다. 주변 개발 여건 등을 감안하면 경기광주역의 미래가치가 높다고 볼 수 있다. 수서역을 보자. 지하철3호선, 분당선 수서역이 연결된다. 수서역세권 개발은 무궁무진하다. 아마 10년 후에는 서울역에 버금가는 핵심 역으로 성장할 수 있다.

모란역이 모락모락 싹 트고 있다. 잠실역으로 가는 지하철 8호선과 선릉역으로 가는 분당선이 이미 지나고 있는 역이다. 본 사업의 어부지리역으로 탄생될 수 있지만, 결과는 역세권의 인지도를 확실히 높여줄 것이다.

수서~광주 노선에 삼동은 고려되지 않고 있다. 그냥 접속하여 지나만 간다.

경기광주역은 자연에 파묻힌 도시이다. 그러나 자연 + 교통을 품은 도시로 성장할 것이다. 본 사업이 추진된다면 역세권을 바탕으로 압축도시로써 쏠림현상이 생겨 더욱 성장할 것으로 예상해 본다.

참고로 일반철도와 전동차(지하철)은 서로 환승되지 않는다. 수서~광주는 일반철도이다. 인덕원~동탄선, 월곶~판교선(경강선)은 전동차(지하철)이다. 예로 노인(만65세)들의 경우 일반철도는 돈을 내야 하지만(경로우대), 전동차는 무료이다.

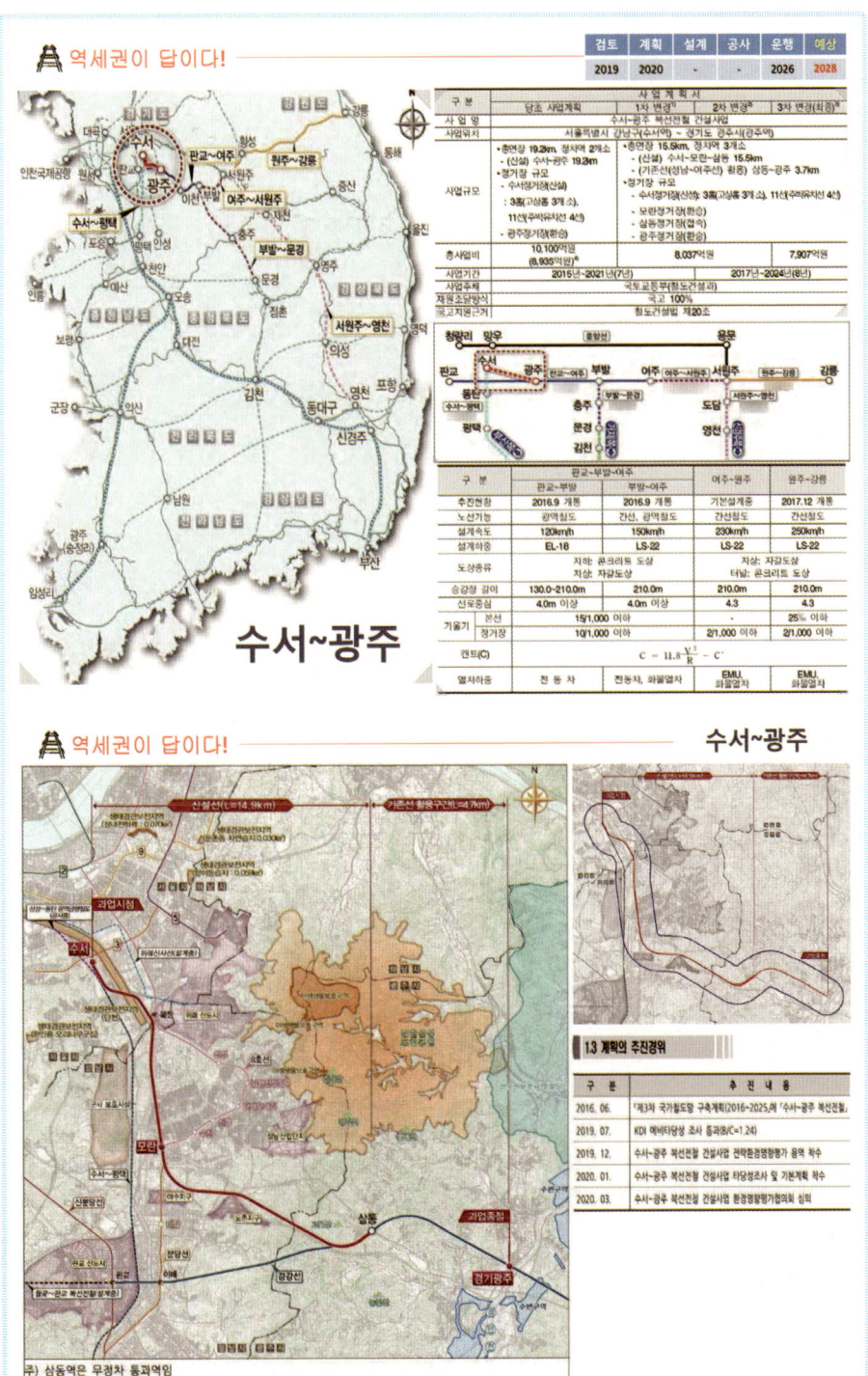

PART 2 부동산경매 Upgrade

Chapter 4

토지보상 경매

01 토지의 종류
02 토지보상 절차
03 토지보상 경매
04 재개발 사업

01 토지의 종류

❖ 대지

　대지란 각 필지로 구획된 토지를 말하는 것으로, 하나의 건축물을 그 필지 이상에 걸쳐 건축할 때는 그 건축물이 건축되는 모든 필지의 최외곽선으로 구획된 토지를 일컫는다. 공간정보의 구축 및 관리 등에 관한 법률에 따라 각 필지로 나눈 토지로써 둘 이상의 필지를 하나의 대지로 하거나 하나 이상의 필지의 일부를 하나의 대지로 할 수 있다. 결과적으로 대지란 건물을 지을 수 있는 땅으로, 건물을 새로 짓기 위해서는 땅이 일정한 요건을 갖추어야 한다.

　대지는 도로와의 관계를 중요한데, 주요 도로와 얼마나 떨어져 있는지, 진입로가 확보되어 있는지, 도로와 접해 있는지 등을 봐야 한다. 아무리 좋은 형상의 땅이고 배산임수라고 하여도 도로가 확보되지 못하면 추가적인 비용이 발생한다. 건물을 짓기 위해서는 2미터 이상이 도로에 접하여야 하고, 건축물의 대지가 접하는 도로의 너비, 대지가 도로에 접하는 부분의 길이, 그 밖에 대지와 도로의 관계에 관하여 필요한 사항에 따라야 한다. 대지에 적합한 건물을 짓을 때는 경관이 좋아야 하지만 강변이나 계곡, 골짜기 주변, 고지대나 저지대, 성토지나 절토지 등은 피해야 하는데, 안전상의 이유나 추가적인 비용이 들기 때문이다. 끝으로 군사시설, 문화재보호시설, 비행시설, 묘지시설 등의 주변은 피해야 하며철도나 도로가 바로 접해 있는 대지도 권하지 않는다.

　대지면적이란 건축법상 대지면적 안에 건물이 들어서는 수평 투영 면적을 말하는데, 대지에 건축선이 정해진 경우 건축선과 도로 사이의 대지 면적이나 대지에 도시계획시설인 도로 등이 있는 경우 도시계획시설에 포함되는 대지면적은 대지면적에서 제외한다. 집합건물의 경우 대지지분이라는 표현을 쓰는데, 아파트(다세대) 전체단지에 대지면적을 가구수로 나누어 등기부에 표시되는 면적을 말하는 것으로, 대지지분이 많다는 것은 용적률이 낮아서 더 많은 아파트를 신축할 수 있다는 의미이다. 일반적으로 건설사의 입장에서는 대지지분이 확보된 아파트의 경우 재건축사업에 사업성이 있다고 판단한다. 대지지분만 넓다면 추가 분담금을 내는 것이 아니라 추가 보상을 받는 경우도 생긴다.

농지

전, 답, 과수원 등의 농지는 통상 농지취득자격증명원을 필요로 한다. 농지취득자격증명을 필요로 하는 경우 낙찰 후 매각결정기일 내에 해당 경매법원에 제출해야 낙찰허가를 받을 수 있다. 농업인이 아닌 개인이 여가활동으로 농작물의 경작을 하고자 하는 경우는 동일 세대에 한해 1,000㎡ 미만의 농지를 소유할 수 있다. 또한 2003년 1월 농지법 개정에 따라 농업회사법인의 경우도 농지를 소유할 수 있다. 정책적으로 이용가능성이 낮은 농업진흥지역을 해제하려는 등 농지에 대한 규제를 푸는 추세이고, 임야에 대한 규제는 강화하고 있는 실정이다.

최근 몇 년 동안 정부에서는 농촌지역 경제활성화를 위해 일명 '절대농지'라고 불리는 농업진흥지역을 해제하여 개발이 가능하도록 정책 규제를 완화하고 있다.

도로, 철도, 하천 등으로 분리된 산간지 농지와 주차장, 주유소용지의 비농지, 자투리 토지 등이 해당 대상이었다. 변경 또는 해제된 지역은 산업화 시설, 농어촌 승마시설, 농수산업 산업시설 등의 설치를 추진 중에 있다. 자세히 보면 부지면적이 3ha 이하의 단독 부지, 도시지역 중 녹지지역 내 경지정리가 되지 않은 부지, 자연취락지구로 중복 지정된 부지 등이 앞으로 해제가 될 것으로 보인다.

농지투자는 적은 비용으로 주변 개발계획에 따라 큰 지가상승을 기대할 수 있는데, 농업진흥지역 해제되는 지역을 비롯하여 역세권 예정 부지를 비롯하여 도시계획이나 도시개발, 산업단지 부근의 농지 등의 매입은 큰 기대가치가 있어 보인다. 가족농원을 만들어 직접 농작물을 재배하여 건강을 챙기는 것도 좋은 의미가 있어 보인다. 농지투자는 대도시 인근 40km 이내가 좋으며, 분할이 가능하고

도로의 접근성 등을 고려해야 한다. 농지를 경작하기 힘들다면 농지은행(https://www.fbo.or.kr)을 통해 임차인을 물색하는 것도 방법인데, 이에 대한 내용은 사이트 검색을 통해 자세히 알아볼 수 있다. 농지은행은 효율적인 농지이용과 농업구조 개선을 통해 경쟁력을 확보하고 농지시장의 불안정에 대응하기 위한 농지임대수탁사업을 비롯하여 다양한 사업과 지원을 하고 있다. 한국농어촌공사는 농지은행 사업 외에도 농지연금제도를 시행하고 있다. 만 65세 이상 고령농업인이 소유한 농지를 담보로 노후생활 안정자금을 매월연금으로 지급받는 제도로, 농지자산을 유동화하여 생활자금이 부족한 고령농업인의 생활안정 지원하는데 그 목적이 있다. 최대 월 300만원까지 지급이 가능한데, 이는 개별공시지가 100%나 감정평가액의 90% 중 가입자가 선택할 수 있다.

농지 위에 수목이 식재되어 있는 경우를 볼 수 있는데, 수목은 토지의 부합로 인정되기 때문에 토지 소유권과 함께 수목 소유권도 이전되는 것이 원칙이다. 다만 입목등기를 하거나 별도의 명인방법으로 이를 알렸다면 적법한 권원에 의해 식재가된 것인지를 확인하여 그 소유를 정하게 된다. 감정평가액에 수목이 평가되는경우 나무의 종류와 수량이 표기되기도 하고, 자연목인 경우 평가되지 않기도 하고 통상 '제시외 물건'이라고 표기하기도 한다. 낙찰 이후 수목소유자와 분쟁이 있을 수 있지만 다량의 수목이 식재되어 있다면 부가적인 수익을 얻을 수도 있다.

농지를 활용하기 위해 주변에 농가주택을 알아보는 경우도 있다. 이를 위해 우선 인터넷 지도, 지적도 등을 통해 토지의 형상과 건물의 형태를 살펴보고 현장을 방문하여 집 상태를 둘러보는 것이 좋다. 도시에서 살다가 시골에서 생활을 하려면 약간의 현대화를 위한 작업이 필요하다. 이를 위해 주택을 개조할 것인지, 멸실 후 새로 신축할 것인지 결정하되, 어느 정도의 불편함을 감수하겠다는 생각이면 지붕과 벽면, 문, 창, 바닥의 상태를 보고 안전여부를 판단한 후 결정하면 된다. 우선 지붕상태와 주춧돌을 확인하고 전체적으로 단열과 방수상태를 점검하여 하나씩 공사하면 된다. 필요에 따라 지붕이나 벽면의 일부를 개조하면 집의 인상을 변화시킬 수 있고, 창문의 경우 홑창이 많으므로 이중창으로 바꾸면 단열과 보안에도 도움이 된다. 기존의 바닥은 구들장이 많으므로 난방방식을 결정한 후 적합한 보일러로 시공해야 한다. 이 외에도 욕실, 화장실, 주방 등도 약간의 비용을 들이면 편리한 생활이 가능하다. 별도로 원하는 위치에 창고를 세워주면 농가보다 쉽게 활용이 가능한데 별도의 시설을 배제하고 최대한 비용을 줄여서 공간 활용이 좋게 만들면 된다.

임야

임야는 기본적으로 경사도와 임목도를 알아야 한다. 거기에 연접개발제한이나 분묘기지권 등의 권리도 알아야 한다. 이를 위해 산지정보시스템을 적극 활용할 필요가 있다. 임야는 임야의 경계를 정확하게 특정하기가 어렵기 때문에 해당 지자체에서 임야도와 지형도를 확인하여 주변의 건축물 등을 참고로 비교하면 된다. 임야는 거래가 잘 되지 않으므로 정확한 시세 판단이 어렵다. 인근에는 중개업소도 많지 않기 때문에 비교가 어려워 꼼꼼히 확인해야 하는데 지역의 개발사항에 관한 내용은 해당 지자체에 방문해서 담당자에게 문의해 보는 것도 좋다. 나무가 울창하거나 과수 등이 식재된 임야의 경우 해당 수목의 소유자가 누구인지도 확인해야 한다. 입목에 관한 법률에 의해 별도 등기되어 있거나 명인방법에 의한 소유권 명시가 되어 있다면 분쟁의 소지가 있다. 임야를 다른 용도로 전용할 것을 고려한다면 경사가 급한 것보다 완만한 것이 비용이나 전용허가를 받는데 유리하다. 임야에도 진입도로가 있어야 하는데, 도로가 없으면 통행로 확보에 많은 비용이 소요되고, 마을에서 외진 곳에 있거나 경사가 심하면 매입비용은 싸지만 개발비가 많이 들 수 있다. 도로를 내고 경사지를 평탄지로 만들고 축대와 옹벽을 쌓는 등 토목공사를 하는 비용을 계산해 봐야 한다.

임야에도 주택을 지을 수 있는데, 농지와 마찬가지로 준보전임지의 경우 외부인도 전용허가와 형질변경을 통해 지을 수 있다. 다만 보전임지의 경우 농업이나 임업에 종사해야 하는데, 재촌자경 임업인, 농업인이라면 벌목을 하거나 농가주택을 짓거나 버섯재배사나 과수원 등을 만들 수 있다. 보전임지는 생산임지와 공익임지로 나누는데, 생산임지는 산림자원의 조성과 산림업을 촉진시키기 위해 국유림 등에 적합한 산림을 뜻하고 공익임지는 자연환경의 보전, 휴양림, 생태계 보전지역 등으로 전용이 제한되는 산림을 말한다. 농지전용을 할 경우 대체농지조성비를 납부해야 하는 것처럼 임야도 대체조림비를 납부해야 하는데 산림이 다른 용도로 전용됨에 따라 감소되는 산림자원을 대체 조성하는 비용을 말한다.

분묘기지권은 분묘를 수호하고 봉제사하는 목적을 달성하는 데 필요한 범위 내에서 타인의 토지를 사용할 수 있는 권리를 의미하는 것으로서, 분묘의 수호 및 제사에 필요한 범위 내에서 분묘의 기지 주위의 공지를 포함한 지역에 미치는 것이고, 필요한 최소의 면적으로 제한된다. 분묘기지권은 봉분 같이 외부에서 분묘의 존재를 알 수 있는 형태를 갖추고 있는 경우에 인정되며 평장, 암장, 사장된 경우에는 인정되기 힘들다. 분묘기지권이 발생하는 경우는 먼저 분묘설치 후 자기소유 토지에 분묘를 설치하고 이를 타인에 양도한 경우이다. 또한 타인의 토지에 합법적으로 분묘를 설치하거나 타인의 토지에 그 승낙을 얻지 않고 분묘를 설치한 자일지라도 20년간 평온, 공연하게 분묘의 기지를 점유한 때에는 인정되지만, 기존의 분묘 외에 새로운 분묘를 신설한 권능은 포함되지 않는다.

장사 등에 관한 법률에 의하면 공동, 종중, 법인 묘지 안의 분묘 1기에는 상석·비석 등의 시설물을 포함하여 10㎡(합장은 15㎡)까지 가능하며, 개인 묘지의 경우 30㎡까지 가능하다. 경매의 경우 매수인은 분묘기지권 때문에 이장을 요구할 수 없어 토지사용에 제한을 받게 되는데, 토지소유자는 지료를 청구할 수 있으나 분묘기지권이 성립하는 경우 지료 청구가 불가능하다. 다만 자기 토지 내에 분묘를 가지고 있던 자가 토지를 처분하여 분묘기지권을 취득한 경우에는 지료청구는 가능하기도 한다. 매각 물건 명세서상에 '분묘수기 있음'이라고 표기돼 있을 때 임야 전체에 분묘기지권이 성립하는 것은 아니다. 문제는 임야의 어느 부분에 몇 기의 분묘가 존재하느냐가 관건이다. 즉 경매 목적물의 한가운데에 묘지가 있느냐 구석에 있느냐에 따라 임야의 가치가 달라질 수 있다.

분묘의 처리 방법으로는 연고자를 알 수 있는 유연고 묘지의 경우 토지 소유자 등은 개장을 하고자 할 때에는 3개월 이상의 기간을 정해 연고자에게 통보해야 한다. 분묘기지권 여부 등을 확인하고 해당되면 이장 및 기타 비용과 협상을 하고, 임야 소유자의 승낙 없이 분묘를 쓴 경우에는 분묘기지권을 주장할 수 없기 때문에 연고자 스스로 분묘를 개장하도록 유도하면 된다. 연고자를 알 수 없는 무연고 묘지의 경우 묘지 주변과 산 입구 등에 주인을 찾는 게시판을 설치하고 사진촬영 후 증거자료로 보관해 두어야 한다. 노력에도 불구하고 확인할 수 없을 때에는 분묘개장 신문 공고를 내야 한다. 중앙 일간신문을 포함한 2개 이상의 신문에 분묘의 위치 및 장소, 개장 사유, 개장 후 안치 장소 등에 필요한 사항의 내용을 2회 이상 공고해야 한다. 관련 증빙서류 등을 구비하여 관할 지자체장에게 개장허가 신청을 내고 동 개장허가증을 받아 납골당에의 안치 등 개장절차를 밟게 된다. (이장 비용은 분묘 1기지당 250만원 내외로 잡으면 된다.)

❖ 잡종지

잡종지는 28개에 달하는 각종 지목에 해당하지 아니할 경우 설정하는 지목이다.

공간정보의 구축 및 관리 등에 관한 법률상 잡종지는 갈대밭, 야외시장, 비행장, 공동우물과 영구적 건축물 중 변전소, 송신소, 수신소, 주차시설, 납골당, 유류저장시설, 송유시설, 주유소, 도축장, 자동차운전학원 등의 부지와 다른 지목에 속하지 않는 토지를 말한다. 잡종지는 특별히 정해진 용도가 없는 땅이므로 어떤 용도로도 지목변경이 쉽고, 여러 가지 종류의 용도로 사용할 수 있는 토지이다. 잡종지는 언제나 건축허가를 받아서 건축이 가능하기 때문에 주택을 지으면 대지, 공장을 지으면 공장용지로 지목변경이 가능하다. 대지로 만들려면 먼저 건축허가를 받아서 건축을 완료하여 관계서류를 가지고 시군구청 지적계에 지목변경 신고서를 제출하면 변경이 가능하다. 다만 토지의 형질변경이 되어야 하는 것으로, 전용부담금은 내야 한다. 잡종지이면 농지보다는 전용부담금의 부담이 적으며, 허가청을 방문하여 납부금액을 확인하고 납부해야 건축허가를 받을 수 있다. 부담금의 금액을 줄이려고 하면 토지의 전체면적을 형질을 변경을 할 필요가 없고 건축에 필요한 면적에 대해서 전용부담금을 납부하면 된다. 인허가 문제는 시군구청 앞에 있는 토목측량설계사무실에 상담하여 맡기면 된다.

개발을 하기 위해 경우에 따라 토지의 형질변경이 필요하다. 성토절토 허가를 받아 매립하는 것으로 매립비용 외에 별다른 비용이 들지는 않는다. 단순하게 가 정한다면 가로, 세로 길이와 성토, 절토할 높이를 감안하여 10m(가로)×

10m(세로×1m(높이 = 100㎥, 100㎥(루베당 15ton 트럭 10대가 필요하다. 매립할 토사의 차량 대수가 감안하여 토취장을 확보할 수 있으면, 덤프트럭 및 포크레인을 일당으로 얻어서 직접공사 하면 비용을 아낄 수 있다. 잡종지는 농지와 달리 면적의 크기와 상관없이 매매가 자유로운데, 지목이 전이지만 사실상 잡종지로 사용하고 있을 경우 읍면동장의 농지이용확인서를 발급 받아 농지취득 자격증명을 대신할 수 있다. 토지를 개발하여 건축을 하면 부가가치가 올라가지만 용도가 제한되는 문제도 있다. 일반적으로 땅값에 비해 건축비용이 많이 들어가기 때문에 창고의 수요가 얼마나 되는지 확인하여 매립만 하거나, 개발행위허가까지만 받아놓고 땅을 매도하는 방법도 있다. 창고 수요자에게 매도하거나, 공장으로 용도변경해서 매도하면 건축비용을 투자하지 않고 수익을 올릴 수 있다.

도로

도로 보상평가는 크게 4가지로 구분이 가능한데 ①도로법상의 도로 ②사도법상의 사도 ③사실상의 사도 ④그 밖의 도로 등으로 구분할 수 있다. 공도란 도로법상의 도로, 국토계획법상 설치된 도로, 농어촌도로정비법상 설치된 농어촌도로를 말한다. 사실상의 사도는 자신의 편익을 위해 개설한 도로로 이로 인해 주변 토지가 이익을 누렸음으로 1/3 이내로 평가하는 것과 달리 공도의 경우 소유권만 갖고 있을 뿐 사권을 행사할 수 없기 때문에 표준적인 이용 상황의 표준지공시지가를 기준으로 정상 평가하고 있다. 사도법상의 사도란 도로법에 따른 도로, 도로법에 준용받는 도로, 농어촌도로 정비법에 따른 도로 등을 말하는 것으로, 인근토지에 대한 평가금액의 1/5 이내로 평가하고 있다. 사실상의 사도란 사도법상의 사도 외의 도로로써 사도와 유사한 용도적 기능을 갖는 경우로, 토지보상법시행규칙 제26조에 의해 도로 개설 당시의 토지소유자가 자기 토지의 편익을 위해 스스로 설치한 도로와 토지소유자가 그 의사에 의하여 타인의 통행을 제한할 수 없는 도로를 말하며 인근토지에 대한 평가액의 1/3 이내로 평가하고 있다. 그 밖의 도로의 경우 택지개발사업, 농지개량사업, 농어촌정비사업 등으로 인해 설치된 도로로 토지보상평가지침 제37조에 의하면 공도 등의 부지의 평가를 준용하되, 도로로 이용되고 있지 않은 경우 표준지 공시지가를 기준으로 평가하고 있다. 다만 개발사업에서 도로의 가치로 인해 토지의 평가가 상향되었다면 인근토지의 평가액의 1/3 이내로 평가하도록 되어 있다.

미불용지(미지급용지)는 대부분 도로개설과정에서 발생하는 것으로 현재시점에서 도로부지로 평가되는 경우 보상액이 적을 수 있다. 다행히 공익사업법시행규칙 제25조에 의거 미불용지에 대한 가격시점 현재의 이용 상황에 따른 평가가 아니라, 종전의 공익사업에 편입될 당시 이용 상황을 기준으로 평가가 가능하기 때문에 이에 보상도 투자의 대안이 될 수 있다. 보상금 지금에 있어서 가격시점은 현재 계약체결 당시를 기준으로 하되, 이용 상황만 편입될 당시 이용 상황을 고려하면 된다. 용도지역 또한 현재 시점이나, 개발제한구역 내에서 택지개발사업으로 인해 용도지역이 상향되었다면, 이는 이전 평가로 보는 것이 적당하다. 미불용지가 되는 경우는 공공기관이 공익사업을 시행하기 위해 민간 토지를 강제로 수용하고 도로를 건설하는 과정에서 토지소유자가 이를 알지 못하여 정상적으로 보상금이 지급되지 못한 경우이다. 또한 1960년~1970년대 산업화 과정에서 국가나 지자체가 도로를 포장하여 다수의 통행을 위해 제공하거나, 마을 소로를 새마을 사업이라는 명분하에 관습적으로 사용하던 길을 포장한 경우, 수해로 인한 파손 도로를 건설하는 과정에서 다시 재건하는 과정에서 생기는 경우, 정부가 하천을 국유화 하면서 별도의 보상규정을 두지 않은 상태에서 민간 토지가 미불용지가 되는 경우로 하천법 개정에 따른 매수청구권이 인정되고 있다.

어떤 도로가 미불용지라고 특정되었다고 하는 것보다는 이를 지자체에서 법적 절차에 따라 미불용지에 대한 보상을 요청하고, 이에 대한 증명을 해야 한다. 증명은 기존의 이용 상황을 확인할 수 있는 내용을 파악하여 정보공개요청을 통해 공식적으로 자료를 받아, 이에 대한 내용을 정리하고 입증자료를 첨부하여 보상을 청구하면 된다. 일반적으로는 개인이 주택신축 인허가를 받기 위한 사실상의 사도의 경우 보상이 어려우며, 중앙선이 존재하는 2차선 이상의 도로이거나 소로 2류(폭 8m) 이상의 경우 보상이 될 수 있다. 미불용지라면 도로관리청을 대상으로 소송을 통해 최근 5년간의 부당이득반환청구도 가능하며, 필지 중의 도로 외에 애매하게 자투리 토지가 남게 되면 잔여지매수청구도 가능하다. 통상 민원으로 미불용지에 대한 보상 가능여부를 요청하면 확장계획이 잡히지 않으면 보상이 어려우며, 장래 계획도 알 수 없다고 답하곤 한다. 그렇기 때문에 통상 미불용지 보상과 관련해서는 소송으로 진행해야 어느 정도 가능성을 알 수 있기 때문에, 개인이 무작정 투자하기에는 무리가 있을 수 있다.

도로보상과 관련하여 경매를 통해 투자를 해 본다면 우선 도로를 기준으로 검색해 보면 상당수의 도로와 관련된 사건이 나온다. 경매에서 도로에 입찰하는 경우는 미불용지로 인한 보상을 받는 경우와 재개발 등의 사업으로 인한 분양권을 목적으로 받는 경우이다. 재개발 분양권에 관심이 있다면 재개발 구역 안에 최소 90㎡ 이상의 면적을 확보해야 한다. 현금 보상의 기준은 표준지 공시지가에 상황을 고려 통상 1/3~1/5 정도의 평가가 예상되는데, 사실상의 사도로 보는 1/3의 평가가 많다. 여기서 경매 감정가도 1/3을 감안하여 평가한다. 그런데 일반적인 도로는 1/2~1/3 수준에서 낙찰이 되고 있기에, 보상만 빨리 이루어진다면 충분한 투자매력은 있어 보인다. 다만 경매감정가가 보상감정가보다는 높다는 점은 감안해야 한다.

02 토지보상 절차

토지보상이란 공익사업(국가 및 지방자치단체 등에서 공공복리의 증진을 목적으로 관계법에 따라 사업의 시행에 필요한 토지를 사용하는 사업)으로 인해 토지가 수용을 당해 그 대가로 현금, 채권, 권리 등을 받는 것을 말한다. 주요 공익사업으로는 택지개발, 도시정비, 도시개발, 도시계획시설, 산업단지조성 등으로 주택건설을 비롯한 군사시설, 철도, 도로, 학교, 공원, 문화시설 등 광범위하게 적용되고 있다.

보상평가의 산정기준 중 토지의 경우는 그 토지와 인근 유사토지의 가격 등을 참고하여 평가하게 되고, 잔여지가 생기는 경우 그 사용이 현저히 곤란할 때에는 매수청구를 통해 전부를 청구할 수도 있다. 건물의 경우 건물의 구조, 이용상태, 내구연한 등을 감안하여 건축물 평가기준을 준용하여 종합적으로 평가하게 된다. 또한 건물의 철거로 인해 영업손실이 발생하는 경우 사업인정고시 전부터 영리를 목적으로 영업을 하고 있었다면 2년간 영업이익 외에 매각손실액까지도 보상을 받을 수 있다.

영농보상의 경우 영농손실에 의한 보상이나 실제소득에 의한 보상이 가능하며 임차농지의 경우도 일정부분 보상을 받게 되고, 축산보상의 경우 닭, 오리, 돼지, 소 등 가축별 기준마리 수에 따라 손실비용이 보상된다. 그 밖에 과수, 농작물, 분묘, 휴직 보상 등에 대한 기준이 있으며 이와는 별개로 이주정착금, 주거이전비, 이사비 등에 대한 보상도 가능하다. 보상평가 가격기준은 표준지공시지가를 기준으로 시점, 지역, 개별, 기타 등의 요인에 따라 가감된 할증을 곱하고 있으며, 이 중 개별요인은 가로, 접근, 환경, 획지 등의 조건에 따라 가감된 할증을 곱하여 가격을 결정한다. 공익사업에 의한 보상의 기준은 지장물보상, 영농보상, 휴업보상 등에 따라 세분화하여 기준이 정해져 있으며, 별도로 이주대책대상자 선정하는 방법도 정해져 있다. 또한 보상평가와 관련한 감정평가사 선정에 있어 일정요건을 갖추면 소유자의 추천도 가능하다. 보상평가 권리구제 절차는 협의감정평가, 손실보상협의, 수용재결신청, 이의재결신청, 행정소송 등의 순으로 진행되는데, 개인이 대응하기에는 한계가 있어 통상은 법무법인에 위임하여 진행하고 있다. 법무법인에서는 보상에 대한 정보공개를 청구하고 감정평가서를 분석하여 저평가된 원인을 파악하여 재감정을 위한 현장조사 때 동행하여 의견서를 제출하기 때문에 개인이 요청하는 것보다 보상금 증액에 유리한 편이다. 토지보상경매는 공익사업으로 인한 보상이 예정되는 지역을 경매 또는 공매 등을 활용해서 미리 매수하여 사업시행자에게 수용되어 보상을 받거나 이주자택지, 상가용지 등을 받기 위해 투자하는 것으로 이해하면 된다. 보상예정지역의 경우 실제로 보상까지 이어지지 않더라도 중간에 매각이 가능하고, 투자의 대상범위를 전국으로 확대해도 보상만 가능하다면 투자해 볼 만하다.

(1) 보상평가가격 기준

보상평가가격기준

평가가격 = 표준지의 공시지가 × 시점요인 × 지역요인 × 개별요인 × 그 밖의 요인

※ 개별요인 : 가로조건, 접근조건, 환경조건, 획지조건, 행정적 조건, 기타조건
※ 비교표준지의 선정 : 지역요인 및 개별요인의 비교, 기타요인의 보정, 보상선례의 참작

지장물 보상
이전비 보장의 원칙
이전비는 물건의 해체비, 적정거리까지의 운반비 및 복원에 소요되는 비용을 합한 금액으로 함(다만, 이전비가 취득가격을 초과하거나 이전이 현저히 곤란한 때, 이전하여도 종래의 목적에 사용하는 것이 곤란한 때에는 취득가격으로 보상)

영업손실보상
사업인정고시일 전부터 적법한 장소에서 인적 물적 시설을 갖추고 계속적으로 행하고 있는 영업 휴업기간 3개월에 해당하는 영업이익에 고정비용 등을 합한 금액을 보상함

영농보상
영농손실보상액=편입농지 면적×도별 연간 가능 평균 단위경작면적당 농작물 총수입 직전 3년간 평균×2년
※ 실제 소득 입증 가능시 : 편입농지 면적×연간 단위 경락면적당 실제 소득×2년

휴업보상
영업권 보상대상중 사업구역 밖으로 영업장을 이전하여 영업할 수 있는 경우에는 휴업보상을 하게 되고, 이 때 손실보상액은 3개월(특별한 경우에는 2년 이내의 실제 휴업기간)의 영업이익과 영업시설물을 이전에 소요되는 비용을 더한 금액으로 보상함

이주대책대상자
관계법령에 의한 고시일 이전부터 보상계약 체결일 또는 수용 재결일까지 당해사업지구 내에 허가가옥(89.1.24 이전 무허가 건물 포함)을 소유하면서 계속 거주한 자

소유자 감정평가업자 추천
보상 대상 토지 면적의 1/2 이상에 해당하는 토지 소유자와 당해 토지 소유자 총수의 과반수의 동의를 얻어야 하며, 보상계획 열람기간 만료일부터 30일 이내에 사업시행자에게 요청해야 함

(2) 보상평가 권리구제 절차

권리구제절차에 임하게 되면 수용재결(1차 감정), 이의 재결(2차 감정), 행정소송(3차 감정) 각 과정에서 총 3번의 추가 감정을 받을수 있고 이를 통해 보상금을 증액할 수 있습니다.

· 행정소송이 종료될 때까지 보상금을 수령하지 못하는 것이 아니라 수용재결(1차 감정)이 나면 보상금액을 전액수령한 후 추가로 이의재결, 행정소송절차를 진행할 수 있습니다.
· 소유자가 수 개의 필지를 소유하고 있는 경우, 일부 필지에 대하여만 협의를 하고, 나머지 필지에 대하여는 보상금 증액을 위한 권리구제 절차에 임할 수 있습니다.
· 다만, 손실보상 협의에 응한 경우에는 이 후 보상금증액을 위한 권리구제절차에서 더 이상 다툴 수 없습니다.

보상금 통지 이후 과정에서의 대응방안

정보공개청구	사업시행자에게 정보공개청구를 하여 대상토지 등에 대한 협의감정 평가서와 측량성과도를 확보
감정평가서의 분석	정보공개청구를 통해 확보된 감정평가서를 분석하여 보상금이 저평가된 원인을 파악
현장조사담당	직접 대상토지의 현장을 방문하여 필요한 증거자료 등을 수집하고, 협의 감정평가의 문제점을 확인
의견서 작성 및 제출	감정평가서의 분석 및 현장조사를 통해 확인된 사항들을 근거로 하여 각 필지별로 구체적인 내용을 담은 의견서를 작성 및 제출
수용재결 감정평가	수용재결을 위한 감정평가시 평가 현장에 직접 참석하여 감정평가사를 상대로 의뢰인을 위한 적극적인 의견 개진을 수행
수용재결 정본 수령	수용재결이 되면 보상금 전액을 수령할 수 있음
이의재결	수용재결서 정본을 수령한 날로부터 30일 이내에 중앙토지수용위원회에 이의재결 신청서를 접수
행정소송	이의재결서 정본을 수령한 날로부터 30일 이내에 법원에 소장을 접수

03 토지보상 경매

　토지보상경매는 공익사업으로 인한 보상이 예정되는 지역을 경매 또는 공매 등을 활용해서 미리 매수하여 사업시행자에게 수용되어 보상을 받거나 이주자택지, 상가용지 등을 받기 위해 투자하는 것으로 이해하면 된다. 보상예정지역의 경우 실제로 보상까지 이어지지 않더라도 중간에 매각이 가능하고, 투자의 대상범위를 전국으로 확대해도 보상만 가능하다면 투자해 볼 만하다. 이를 위해서는 무엇보다도 보상지역과 그 타이밍을 잘 잡아야 하는데, 필요한 경우 별도의 사이트에 가입하여 정보이용료를 내더라도 그 비용을 아까워해서는 안된다.

　토지보상과 관련하여 정보를 제공하는 업체들도 다수 있다. 그 중에 전국개발정보 지존(www.gzonei.com) 사이트의 경우 전국개발정보, 보상판례, 보상사례 등이 있다. 정보이용요금이 비싸지만, 유료회원의 경우 전국개발정보의 상세내역 열람이 가능하고 보상계획공고 열람, 커뮤니티 게시판 열람 등이 가능하다. 토지보상닷컴(www.landbosang.com)의 경우 프리미엄회원 제도로 운영되고 보상경매정보와 자산관리 등 다양한 정보를 제공하고 있다. 물론 유료사이트가 아니더라도 도시계획이나 정비사업에 관한 일반적인 정보는 다양한 사이트에서 얻을 수 있다. 법무법인하우(www.howlaws.com)의 경우 3기 신도시와 관련한 토지보상 자문업체로써 전국 각지의 다양한 사업에 대한 토지보상 자문 및 컨설팅을 주도하는대표 법률기관으로써 최근 토지보상증액센터를 오픈하기도 하였다. 이러한 정보를 바탕으로 지역을 선정한 후, 그 지역에 나온 경매물건을 검색하여 입찰하면 된다. 경매에 대한 이해와 더불어 토지보상에 대한 절차도 이해가 필요하며, 필요한경우 수용재결, 이의재결, 소송 등을 통해 보상금을 증액하는 것도 하나의 방법이다. 또한 토지보상금 외에 이주대책으로 인한 이주자택지, 생활대책용지, 입주권등을 얻을 수 있으면 추가적인 수익도 가능하다. 여기에 양도세와 취득세 감면 사항도 사전에 검토하여 연계투자 방안도 수립하면 좋다.

씨:리얼(구 온나라부동산포털)(https://seereal.lh.or.kr)
토지이용규제정보서비스(https://www.luris.kr)
서울 도시계획 포털(https://urban.seoul.go.kr)
경기도부동산포털(https://gris.gg.go.kr)
한국토지주택공사(https://www.lh.or.kr)
국토교통부(https://www.molit.go.kr) ※ 정보마당 참조
경기도청(https://www.gg.go.kr) ※ 소통 – 행정정보 – 경기도보 참조

토지보상 사이트

04 재개발 사업

　정비사업에는 주거환경개선사업, 재개발사업, 재건축사업, 가로주택정비사업 등이 있다. 재개발사업만 놓고 보면 이 지역의 주택을 매입하게 되면 일반분양가 이하의 가격으로 로얄층을 배정받을 수 있다는 것이다. 별도의 분양권을 매입하는 것이 아니기 매매에 문제가 없고, 청약통장과는 무관하기 때문에 별도의 준비도 필요 없다. 다만 재개발지역의 투자와 관련해서는 사업기간이 예상했던 것보다 길어질 수 있고, 사업자체가 취소되는 경우도 있기 때문에 무리하게 대출을 받아 투자하는 것은 곤란하다. 재개발사업 투자는 기본적으로 대규모로 건설되는 아파트단지가 유리하고, 공시지가를 기준으로 가로조건, 접근조건 등을 비교하여 감정평가액이 높게 평가될 것으로 보이는 주택을 매수하면 좋다. 또한 비례율이 높게 나와야 하는데, 국·공유지 비율이나 세입자, 조합원수 등이 적어야 좋다. 재개발사업의 경우 구역 내에 주택(토지+건물)만 소유하고 있으면 그 면적과 무관하게 분양권이 주어지지만, 토지만 소유한 경우 면적이 20㎡ 미만인 경우 현금청산 대상자이고, 20㎡이상~90㎡미만인 경우 무주택세대주에 한해서 분양권이 주어지며, 90㎡이상인 경우에는 분양권이 주어진다. 건물이 무허가인 경우 무허가건축물 관리대장에 등재되지 않으면 건물로써 인정받지 못한다.

　재개발기간은 조합설립인가, 관리처분인가, 공사 등의 단계를 거치면 정비사업이 지정되더라도 실제 입주까지는 10년 이상 걸린다. 물론 투자자라면 중간에 매도할 수 있겠지만 리스크 관리측면에서 진행되는 과정을 체크해야 한다. 이를 위해 추진위원회, 조합과의 원만한 관계를 유지하는 것이 좋지만, 전적으로 믿어서는 곤란하다. 재개발사업 계획은 보수적으로 해석하는 게 좋고, 분양자격은 조합장의 권한이 아니기 때문에 지자체 조례를 알아야 한다. 주택재개발사업 절차에서와 같이 지자체에서 정비구역이 지정되면 구역 내 소유자를 중심으로 추진위원회가 구성된다. 해당되는 조합원을 모집하고 정비사업관리업자 등을 지정한 후, 창립총회를 연다. 이후 지자체에 조합설립인가를 득한 후, 시공자 선정과 외부 평가를 받아 사업시행인가를 신청한다. 감정평가업체 선정과 조합원 분양 신청을 받고 관리처분계획인가를 득하게 되면 이주와 철거가 시작된다. 공사를 시작하면 일반분양자를 모집하게 되고 공사가 마무리 되면 준공검사를 받은 후, 본격적인 입주가 시작되어 입주가 완료되면 조합은 해산하게 된다.

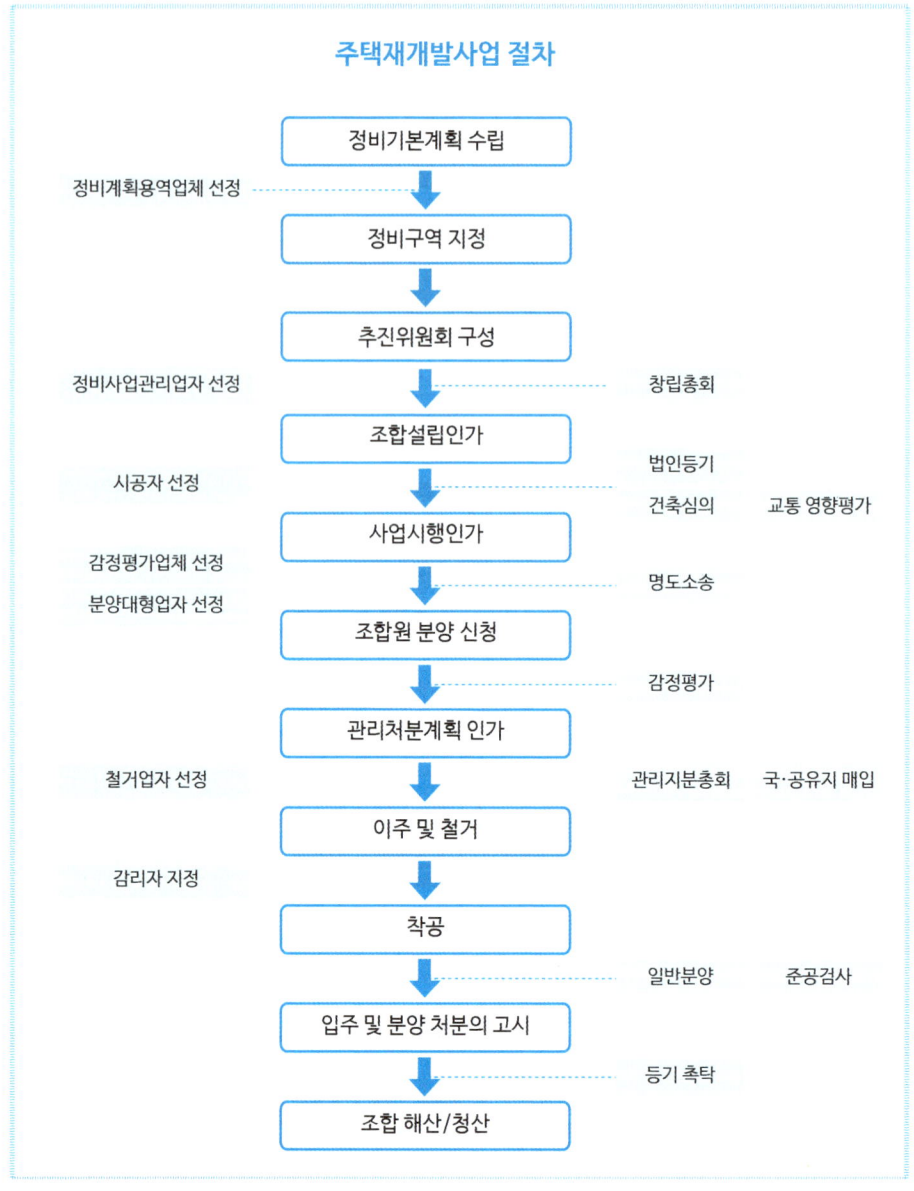

PART 2 부동산경매 Upgrade

Chapter

경매와 공매가 동시에 진행되는 경우

01 공매의 이해
02 경매와 공매의 차이점은?
03 법원경매와 압류재산 공매가 동시에 진행되는 경우
04 농지가 경매와 공매로 동시에 매각되는 사례에서 대응 방법

01 공매의 이해

　공매는 국제징수법에 의한 압류재산을 환가하거나 형사소송법에 있어서 압수물 중 보관하기 곤란한 물건을 매각하는 것을 말하는 것으로 국가기관이 강제권한을 가지고 행하는 매매를 말한다. 경매는 민사집행법을 근거로 일반 사적인 채무관계를 해결하고자 하는 것이고, 공매는 국세징수법을 근거로 공적인 관계 채무관계를 해결하고자 하는 것으로 부동산이나 동산의 매각을 통해 서로의 관계를 풀고자 하는 것이다. 경매와 공매는 진행하는 방법과 각 진행별 절차, 인도의 과정이 다르기 때문에 투자자의 입장에서는 명확히 알아야 손해 보는 일이 없다. 공매는 한국자산관리공사(캠코)를 통해서 진행되는데, 경매와 달리 인터넷 입찰로 진행하고 있다. 별도의 공매포털시스템 온비드를 운영하고 있는데, 국유재산, 압류재산, 수탁재산이나 국가나 지자체, 공공기관 등의 공공자산 등을 공개경쟁 입찰방식을 통해 진행하고 있다. 인터넷으로 진행하다 보니, 입찰을 위해 먼지역으로 이동할 필요가 없기 때문에 직장인도 손쉽게 참여가 가능하다. 그럼에도 불구하고 경매에 있는 인도명령제도가 없기 때문에 별도의 인도소송을 진행해야 하고 경매의 현황조사, 매각물건명세서에서 제공하는 권리정보나 임차인정보가 적다는 점과 경매에 비해 많은 물건이 없다는 점은 다소 아쉽다.

　공매를 참가하기 위해서는 온비드에서 제공하는 공매 입찰참가 절차에 나와 있는데로 온비드사이트 회원 가입과 공인인증서 등록을 해야 한다. 등록이 되면 통합검색, 지도검색, 상세조건검색 등을 통해 물건을 확인하여 입찰대상을 정하고, 입찰물건을 상세히 검토하여 입찰기일 안에 입찰하면 된다. 이때 인터넷입찰서를 작성하고 [입찰서제출] 버튼을 누르면 제출이 완료되고 온비드에서 지정한 보증금납부계좌에 입찰보증금을 입금하면 된다.(입찰참가 상세 안내) 이 후 공고기관이 공지된 날에 매수인 발표를 확인하면 된다. 낙찰을 받게 되면 온비드에서 안내하는 압류재산 소유권이전 준비서류 및 절차에 따라 매각결정통지서, 잔대금납부영수증, 등기청구서, 토지대장, 건축물대장, 취득세 영수증, 주민등록등본, 국민주택채권 매입영수증, 등기신청수수료, 우편요금 등을 작성 또는 구비하여 한국자산관리공사에 제출하면 된다. 그 밖에 입찰 및 배분요구, 소유권이전 등과 관련하여 대리입찰 신청서, 공동입찰 참가신청서, 채권신고 및 배분요구서, 채권신고 및 배분요구제출서류 등의 안내, 확약서 등을 참고하여 작성하면 된다.

(1) 공매 입찰참가 절차

공매 입찰 참가 절차(1)	
STEP. 01 온비드 회원가입	· 온비드내 회원가입 코너를 통해 [회원가입]을 합니다. · 개인회원, 법인회원, 단체회원, 이용기관회원 등으로 가입 할 수 있습니다. · 반드시 유의사항을 읽어 본 후 가입하셔야 합니다. 이용기관회원도 인터넷입찰 참여가 가능하며 이 경우 개인명의가 아니라 기관명으로 입찰하셔야 합니다.
STEP. 02 공인인증서 등록	**공인인증서가 없는 경우**: [입찰/이용안내 〉 공인인증서 등록안내 〉 인증서안내/신청] 코너를 이용하여 온비드전용인증서 또는 전자거래범용인증서를 저렴하게 발급받으실 수 있습니다. **공인인증서가 있는 경우**: 공인인증서가 있는 경우 : 보유한 공인인증서는 [나의온비드 〉 공인인증서 관리]에서 등록합니다. 공인인증서는 온라인상 인감과 같으며, 공인인증서가 없으면 인터넷입찰에 참여할 수 없습니다.
STEP. 03 입찰대상	· 물건검색 [통합검색], [지도검색], [상세조건검색] 등 검색기능을 통해 인터넷입찰이 가능한 물건을 검색합니다. 아파트 등 물건을 조회하실 경우 부동산페이지에서, 동산을 검색하실 경우 동산/기타자산 페이지에서 검색하실 수 있습니다. · 공고와 물건정보를 [관심리스트]로 등록해 두시면 [나의온비드 〉 나의 관심 리스트] 메뉴를 통해 해당건에 대한 입찰진행 정보를 쉽게 파악할 수 있습니다. → 통상 인터넷 입찰은 일정기간 동안 입찰할 수 있는 기간입찰로 진행됩니다. · 공고정보 및 물건정보를 반드시 확인하시기 바랍니다.
STEP. 04 입찰정보 확인 및 준수규칙 동의	· 입찰에 희망하시는 물건의 입찰버튼을 클릭하시고, 입찰에 참가하시기 전에 반드시 공매공고문 등에 명시되어 있는 유의사항 및 준수사항을 숙지하시기 바랍니다. [인터넷입찰참가자 준수규칙]을 확인 후 동의를 선택하셔야 합니다.
STEP. 05 인터넷입찰서 작성	· 인터넷입찰이 시작된 물건의 물건정보화면 하단의 입찰정보 목록에서 [입찰참가]버튼을 누르면 [인터넷입찰서 작성]화면으로 이동합니다. · 입찰에 참여할 물건의 정보 및 입찰정보를 확인합니다. 본인입찰, 대리입찰, 공동입찰의 입찰방법을 선택합니다. · 작성하시는 전자입찰서에는 원하시는 입금금액과 유찰시 납부한 보증금을 환불받을 계좌번호를 입력하시기 바랍니다. · 보증금납부계좌는 신한은행, 하나은행, 우리은행, 기업은행, 부산은행 중 선택하여 발급받으실 수 있습니다. 전자보증서를 입찰보증금으로 납부할 수 있는 물건의 입찰안내

공매 입찰 참가 절차(2)

STEP. 05 인터넷입찰서 작성	• 인터넷입찰이 시작된 물건의 물건정보화면 하단의 입찰정보 목록에서 [입찰참가] 버튼을 누르면 [인터넷입찰서 작성] 화면으로 이동합니다. • 입찰에 참여할 물건의 정보 및 입찰정보를 확인합니다. 본인입찰, 대리입찰, 공동입찰의 입찰방법을 선택합니다. • 작성하시는 전자입찰서에서는 원하시는 입금금액과 유찰시 납부한 보증금을 환불받을 계좌번호를 입력하시기 바랍니다. • 보증금납부계좌는 신한은행, 하나은행, 우리은행, 기업은행, 부산은행 중 선택하여 발급받으실 수 있습니다. **전자보증서를 입찰보증금으로 납부할 수 있는 물건의 입찰안내** 　• '전자보증서발급신청'을 누르면 '전자보증서발급용번호신청' 화면으로 이동합니다. 　• 전자보증서를 이용하실 경우 각각의 화면에서 안내하는 내용을 참조하시어 절차를 진행하시면 됩니다. 　• 전자보증서란 입찰보증금을 현금에 대신하여 납부하는 보증보험증권입니다
STEP.06 입찰서 제출완료	• [입찰서제출] 버튼을 누르시면 입찰서 제출이 완료됩니다. • [입찰서제출]이라는 안내화면이 나옵니다. • 입찰보증금 납부계좌 등 관련정보를 확인합니다. 　− 공동입찰, 대리입찰 및 미성년자입찰(민법상 만19세 미만)의 경우에는 정해진 기한까지 관련서류를 공고기관의 담당자 앞으로 제출하여야 유효한 입찰로 처리됩니다. 한국자산관리공사 입찰 — 입찰기간 중 이용기관입찰 — 입찰기간 중 (단, 공고기관별로 허용 여부가 다를 수 있으며, 별도로 정하는 방법과 절차가 있는 경우에는 이를 따르므로 공고문을 참고하고, 자세한 사항은 공고기관 담당자에게 문의) • 공고기관이 허용한 경우에는 공동입찰참가신청서를 전자서명 방식을 이용하여 전자적으로 제출할 수 있습니다.
STEP.07 보증금납부	• 해당 입찰건의 인터넷 입찰마감시간까지 보증금을 납부하시면 입찰이 완료됩니다. • 납부할 입찰보증금액이 1,000만원 이하인 경우에는 반드시 한번에 입금하여야 하고, 1,000만원 초과하는 경우에만 분할납부가 가능한 점 유의하시기 바랍니다. • 보증금을 현금으로 납부하는 경우 인터넷뱅킹, 폰뱅킹, ATM, 은행창구입금 등 일반적인 은행거래 방식을 모두 사용할 수 있으나 금융기관별 서비스 이용 가능시간과 거래방법별 이체한도 등의 제한이 있으므로 주의하시기 바랍니다. • 보증금 입금상태는 [나의 온비드 〉 입찰관리 〉 입찰진행내역]에서 확인하실 수 있습니다.
STEP.08 낙찰자선정 및 결과확인	• 해당 입찰건의 공고기관이 공지된 날에 낙찰자를 선정합니다. • 입찰결과는 [나의 온비드 〉 입찰관리 〉 입찰결과내역]에서 확인할 수 있습니다. • 서비스를 신청한 회원에게는 입찰결과를 이메일이나 휴대폰문자메시지(SMS)로 보내드립니다.

(2) 입찰참가 상세 안내

입찰참가 상세 안내(1)

① 입찰에 희망하는 물건의 상세 페이지에서 〈입찰〉 버튼을 클릭합니다.

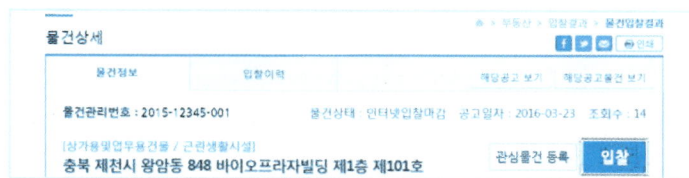

② 입찰에 참가하기 전 반드시 공매공고문 등에 명시되어 있는 유의사항 및 준수사항을 숙지하고 [인터넷입찰참가자 준수규칙]을 확인 후 동의를 선택합니다.

③ 인터넷 입찰서 작성화면에서 입찰방법, 입찰금액, 보증금 납부방식, 보증금 납부 계좌 발급은행, 유찰시 보증금 환불 계좌번호를 입력합니다.

입찰참가 상세 안내(2)

④ 입찰서 최종 제출에 동의하고 공인인증서를 통한 전자서명시 입찰서 제출이 완료됩니다.

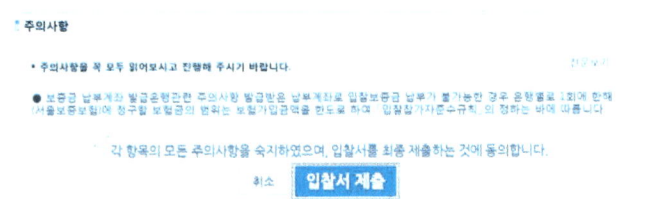

⑤ 입찰보증금 납부계좌 등 관련정보를 확인하고, 입찰마감일시까지 해당 보증금을 납부해야 유효한 입찰이 성립됩니다.
　※ 공인인증서는 공동입찰, 대리입찰 및 미성년자입찰(민법상 19세 미만)의 경우에는 정해진 기한까지 관련 서류를 공고기관의 담당자 앞으로 제출하여야 유효한 입찰로 처리됩니다.

⑥ 보증금 납부 후 입찰보증금이 '완납'으로 변경되었는지 최종 확인합니다.

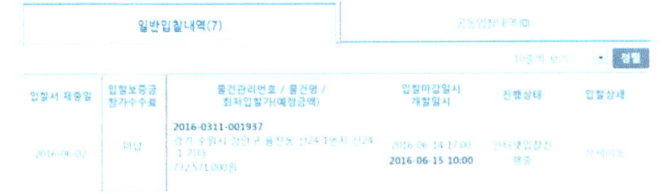

- 납부할 입찰보증금액이 1,000만원 이하인 경우에는 반드시 한번에 입금하여야 하고, 1,000만원 초과하는 경우에만 분할납부가 가능한 점 유의하시기 바랍니다.
- 보증금을 현금으로 납부하는 경우 인터넷뱅킹, 폰뱅킹, ATM, 은행창구입금 등 일반적인 은행거래 방식을 모두 사용할 수 있으나 금융기관별 서비스 이용 가능시간과 거래방법별 이체한도 등의 제한이 있으므로 주의하시기 바랍니다.
- 보증금 입금상태는 [나의 온비드 → 입찰관리 → 입찰진행내역]에서 확인하실 수 있습니다.

(3) 압류재산 소유권이전 준비서류 및 절차

압류재산 소유권이전 준비서류 및 절차(부동산)

발급처	구비서류	방법
한국자산관리공사 온비드	■ 매각결정통지서 및 보증금 납부영수증 ■ 잔대금 납부영수증	- 공사 내방 수령 - 온비드 출력(온비드)나의 온비드
	■ 등기청구서 및 등기필증 수령요청서	- 온비드 출력(입찰/이용안내)자료실)서식자료실)압류재산) - 등기청구서 및 등기필증 수령요청서 직인(도장) 날인
등기소	■ 압류재산의 등기사항증명서(부동산등기부등본)	- 인터넷등기소(www.iros.go.kr) 발급 가능 ☞ 인터넷등기소 발급시 발급용으로 출력
관할 시·군·구청 (세무과 및 재무과)	■ 토지(임야)대장, (일반/집합)건축물대장 - 집합건물인 경우 토지대장에 대지권등록부 포함하여 발급 - 지분매수인 경우 공유자연명부 포함	- 민원24(www.minwon.go.kr) 발급 가능

	■ 취득세 및 말소등록면허세 영수증
	- 공사 제출시 등기소보관용 제출
		- 지참서류 : 매각결정통지서 보증금/잔대금 납부영수증 사본
		- 등록면허세 산정 기준 :
		  등기사항증명서상 말소할 건수×7,200원
		- 취득세 납부 고지서상에 과세시가표준액을 기재받을 것
		  (국민주택채권 매입액 계산시 필요)

시·구·읍(면) 사무소 주민센터	■ 매수자 주민등록등본 또는 초본(법인등기사항증명서)	- 민원24 발급 가능 (주민등록초본) - 인터넷등기소 발급 가능 (법인등기사항증명서)
	■ 농지원부(농민이 농지를 매수한 경우)	- 민원24 발급 가능
소재지 시·구·읍(면) (지목이 농지 (전, 답, 과수원) 인 경우만 해당)	■ 농지취득자격증명서 - 소재지 시·구·읍(면)사무소에서 확인 후 농지취득증명이 필요없는 경우에는 농지취득자격증명반려문 (반려사유확인필) 또는 토지이계획확인서 제출	- 지참서류 : 농업경영계획서 - 농지원부가 있는 농민이 농지를 매수한 경우에도 농지취득자격증명은 필요함
금융기관 (우리/하나/기업/신한/국민/농협중앙회)	■ 국민주택채권 매입영수증	-취득세 납부 고지서상의 과세시가표준액을 기준으로 매입 -시가표준액이 토지 500만원, 기타부동산 1,000원, 주택 2,000만원 이상인 경우에만 매입 -농지원부가 있는 농민이 농지를 매수한 경우에는 면제
	■ 등기신청수수료	-등기신청수수료 산정 기준 : (소유권이전 필지×15,000원)+(말소대상건수×3,000원) ☞ 예시) 토지등기부 2, 건물등기부 1, 말소대상건수 5건인 경우(15,000원×3)+(3,000원×5)=60,000원
우체국	■ 우편요금(해당금액만큼 우표 구매) - 촉탁서 등기소 송부용 등기우편(2,500원) - 공매수의 경우(2,700원) - 등기완료통지서 매수자 앞 발송용 배송증명우편(3,800원) - 공매수의 경우(4,000원) - 종별, 중량, 지역에 따라 우편료는 다소 차이가 있음	- 등기완료통지서를 공사에 내방하여 수령시에는 배당증명 우편료(3,800) 불필요

- ■ 소유권이전에 필요한 구비서류의 발급비용은 매수자 부담입니다.
- ■ 상기 서류가 모두 구비되면 공사에 방문 또는 우편으로 접수하시고, 공사는 촉탁서를 작성하여 등기소로 송부합니다.
  - 본인 접수시에는 신분증 및 도장 지참, 대리인 접수시에는 위임장(인감 날인)과 인감증명서 지참
- ■ 발급서류는 1개월 안에 발급 받은 원본서류로 준비하여야 합니다. (사본, 팩스본, 양면인쇄본 접수 불가)
- ■ 법무사에게 위임하고자 하는 경우에는 대한법무사협회(www.kjaa.or.kr) 참고
- ■ 소유권 이전 접수 후 촉탁등기 진행절차 및 소요기간
  구비서류 확인 및 촉탁서 작성 → 촉탁서 발송(구비서류 접수일로부터 7일 이내) → 등기소 등기절차 진행 및 등기완료통지서 발송(촉탁서 접수일로부터 14일이내) → 등기완료통지서 접수(공사) → 등기완료통지서 발송(직접수령 가능)
- ■ 압류재산의 원리이전절차(소유권이전)은 공사의 등기촉탁으로만 가능한 업무로서, 매수자가 직접 등기소를 방문하여 촉탁서 접수 및 등기완료통지서 수령이 불가하오니 이점 양지하시기 바랍니다.

확약서

귀사명의로 작성된 소유권이전등기촉탁서를 당 변호사/법무사가 직접 관할등기소에 제출코자 하오니 아래의 소속직원에게 소유권이전등기촉탁서류 일체를 교부하여 주시기 바라오며, 소유권이전과 관련된 제반 문제 발생 시는 당 변호사/법무사가 일체의 책임을 부담하겠음을 확약합니다.

○ 소유권 이전 등기 대상

관리번호	매수인	물건소재지

○ 소유권 이전 대리인

	변호사/법무사 사무실 명칭	대표자	사업자등록번호	사업장소재지	전화번호
대리인					
	서류수령자 (소속직원)	주민등록번호 (앞자리만)	주소		전화번호
보완대상서류					

*미비된 서류는 본인 책임 하에 서류보완 완료하여 관할등기소에 제출하겠음.

위 확약자(변호사/법무사)　　　　　(인)
한국자산관리공사 (　　　　) 귀중

본 확약서와 관련된 소유권이전등기촉탁서류 일체를 수령함.

2015.　.　. 수령인　　(인)

(4) 대리입찰서와 공동입찰서 제출 방법

대리입찰 신청서

1. 입찰에 참가하고자 하는 재산

○ 공고기관 :
○ 공고일자/공고번호 :
○ 물건관리번호 :
○ 물건명 :
○ 입찰정보
    입찰번호 :   입찰회차 :   입찰차수 :

2. 대리입찰자

○ 성   명 :
○ 주민등록번호 :
○ 주   소 :
○ 전 화 번 호 :

본인은 전자자산처분시스템 온비드에 의해 실시하는 귀 기관의 공매물건 입찰에 위 사람을 대리입찰자로 지정하여 참가하고자 본 신청서를 제출합니다.

년   월   일

대리입찰 신청인(위임인)   성   명 :   (인)
주민등록번호 :
주   소 :
전 화 번 호 :

첨부 : 대리입찰 신청인(위임인)의 인감증명서 및 위임장 각1부. 끝.

귀중

공동입찰 참가신청서

1. 입찰에 참가하려는 재산

○ 입찰번호 :
○ 재산소재지 :

2. 공동입찰 참가 신청인

성 명	주민등록번호	주 소	전화번호	날인

    우리공동입찰 참가신청인 일동은 위 신청인 중　　　　을(를) 표 입찰자로 선정하여 입찰에 관한 제반사항을 위임하오며, 동 대표자가 귀 공사에서 실시하는 입찰에 입찰서를 제출하고자 합니다.

년　월　일

첨부 : 인감증명서 및 위임장 1부. 끝.

한국자산관리공사 귀중

(5) 채권신고 및 배분요구서

채권신고 및 배분요구서

관리번호			
처분청(위임기관)		체납자	
배분기일		배분요구종기	
공매재산			

1. 채권 현황

채권의 종류	설정(가압류)일자	설정(청구)금액	실채권액			
			원금	이자	가지급금	계

2. 임대차 현황

용도	전입(사업자등록)일	확정일자	계약일자	보증금	비고(월세)

3. 배분금 수령 계좌번호 신고

은행명	예금주	계좌번호	비고

4. 배분기일 통지 송달 신고 (전자송달 요청시 e-mail 주소 기재)

송달방법	송달장소	비고
우편송달, 전자송달		

국세징수법 제68조의2에 따라 채권신고 및 배분요구하여, 배분기일통지에 관한 송달장소를 신고합니다.

년 월 일

배분요구채권자
성명: (인)
주민(법인)번호: 사업자등록번호:
주소:
전화번호:(자택)   (휴대폰)

한국자산관리공사 귀중

채권신고및배분요구서접수증(접수번호호)

첨부서류 : 채권원인입증서류사본1부.	채권자	
	접수일자	
	접수자	

채권신고 및 배분요구제출서류 등의 안내

1. 권리자별 제출 서류
☐ 담보채권자 : 설정계약서, 채권원인서류사본
☐ 임대차 관계
○ 주택 : 임대차계약서사본(또는전세권설정계약서사본), 주민등록등본(전입일자확인용)
○ 상가 : 임대차계약서사본(또는전세권설정계약서사본), 관할세무서의임대차관계사실확인서, 사업자등록증명원, 사업자등록증사본
　※ 주택의 경우 세대원의 주민등록신고일이 빠른경우세대원의주민등록초본을 첨부하여야 하며, 확정일자가 있는 경우 확정일자가 있는 임대차계약서 사본 제출
☐ 임금채권자
① 지방노동사무소에서 발급한 체불임금확인서(또는 우선변제임금채권임을 판단할 수 있는 법원의 확정판결문)
② 다음 서류 중 하나를 소명자료로 첨부
- 사용자가 교부한 국민연금보험료원천공제계산서
- 원천징수 의무자인 사업자로부터 교부 받은 근로소득에 대한 원천징수영수증
- 국민연금관리공단이 발급한 국민연금보험료 납부사실확인서
- 국민건강보험공단이 발급한 국민건강보험료 납부사실확인서
- 위 4가지 서류 중 하나를 제출할 수 없는 경우에는 사용자가 작성한 근로자명부 또는 임금대장사본
☐ 일반채권자
- 가압류신청서및결정문사본(가압류채권자인경우만해당)
- 소장사본및집행력있는집행권원정본사본(집행권원이있는경우만해당)

2. 제출기한 : 배분요구종기

3. 유의사항
① 채권의 종류는 근저당, 임금채권, 일반채권 등으로 구분해서 기재하여야 합니다.
② 임대차현황의 용도는 주택 또는 상가건물로 구분하여 기재하여야 합니다.
③ 배분요구에 따라 매수인의 인수부담이 바뀌게 되는 권리자는 배분요구종기가 지난 후에는 배분요구를 철회할 수 없습니다.
④ 배분요구의 종기가 지난 후에 배분요구 하는 경우 배분에 참여할 수 없습니다.
⑤ 신고된 송달장소로 배분기일을 통지하므로 송달장소가 변경되는 경우에는 즉시 새로운 송달장소를 신고하여 불이익을 받지 않도록 하여야 합니다.
⑥ 대리인이 서류를 제출하는 경우에는 위임자의 인감증명서가 첨부된 위임장 1통을 추가로 제출하셔야 합니다. (법인인 경우 사용인감확인서, 법인인감증명서, 법인등기부등본 또는 초본제출)
⑦ 최선순위의 전세권은 전세권자의 배분요구에 따라 그 전세권은 소멸되며, 배분요구를 하지 않는 경우에는 전세권은 매각으로 소멸 되지 않습니다.

경매와 공매의 차이점은?

❖ 경매와 공매는 이런 차이가 있다!

① 경매는 개인채권자(담보물권자, 일반채권자)가 민사집행법상의 매각절차로 진행되고, 그 매각기관은 부동산 소재지 관할 법원에서 매각절차를 진행하게 된다.

② 공매는 공공기관 등의 공공목적을 가진 채권(조세채권, 공과금채권 등)과 비업무용 재산을 국세징수법 등의 매각절차로 진행되고 그 집행기관도 법원에서 매각하는 것이 아니라 공공기관에서 매각하게 되는데 대부분 진행되는 공매는 KAMCO(한국자산관리공사)가 진행하고 있다.

그러니 개인채권에 의해 법원에서 매각하는 것을 경매로 이해하면 되고, 공채권 등으로 KAMCO 등의 공공기관에서 매각하는 것을 공매로 이해하면 된다.

❖ 경매물건을 낙찰 받고 잔금납부 및 배당까지 마무리되는 과정

(1) 경매물건 낙찰 받고 잔금납부 및 배당까지 마무리되는 과정

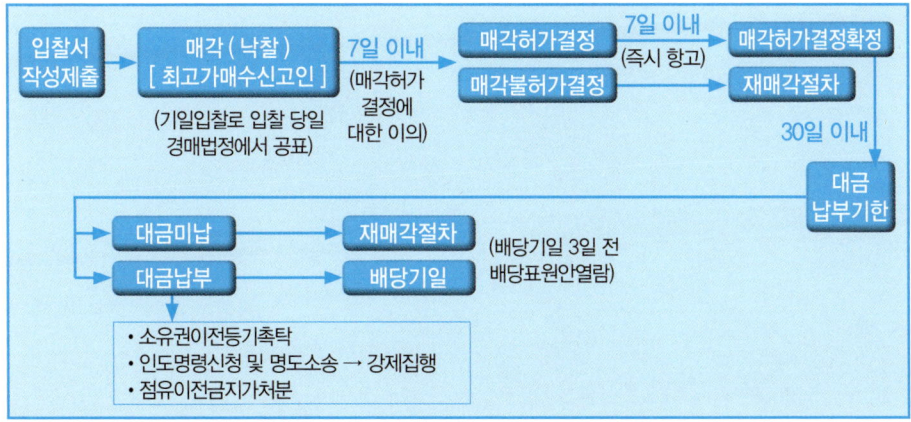

❖ 공매물건 낙찰 받고 경매와 같이 배분까지 마무리되는 과정

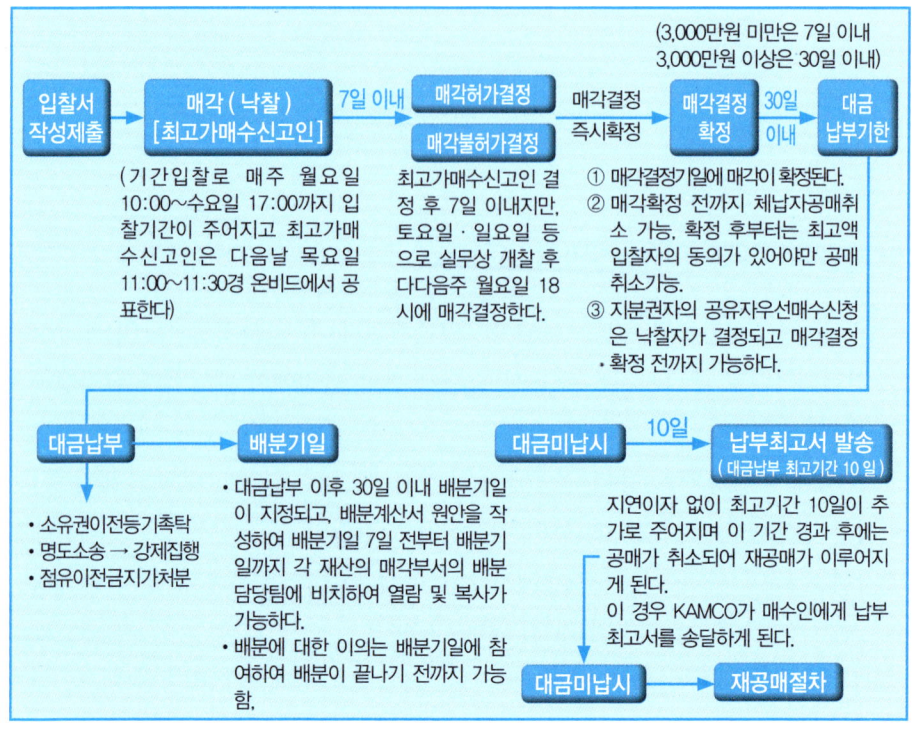

03 압류재산 공매와 법원경매가 동시에 진행되는 경우 대응방법

❖ 압류재산 공매와 법원경매가 동시에 경합 시 우선권은?

공매와 경매는 법률이 다르고 존재목적이 다르기 때문에 양 제도는 상호불간섭에 의해 동시에 진행될 수 있고 먼저 종료된 절차가 우선하게 된다. 따라서 공매와 경매에서 낙찰된 경우 양쪽 낙찰자 중 먼저 대금 납부한 낙찰자가 우선하여 소유권을 취득한다.

❖ 국세징수법상 공매절차와 민사집행법상 경매절차가 동시에 진행되면?

국세징수법상 진행되는 공매절차와 민사집행법상 진행되는 경매절차는 별개의 절차로서 그 절차 상호간의 관계를 조정하는 법률의 규정이 없으므로 어느 한 쪽이 다른 한 쪽의 진행절차에 관여할 수가 없다. 따라서 국세징수법상 공매절차가 진행되는 과정에도 법원은 그 부동산에 대하여 강제경매나 임의경매절차를 진행할 수 있고, 이와 반대로 경매절차가 진행되는 과정에서도 국세징수법상 공매절차가 진행될 수도 있다. 이러한 경우 각 채권자 등은 서로 다른 절차에서 정한 매각방법이나 배당요구 등의 기준에 따라 참여할 수밖에 없고 동시에 진행되는 절차라면 두 절차 모두에 대하여 그 절차에서 규정한 기준에 따라 이해관계인으로서 권리주장 및 배당요구를 각각 하여야 한다.

❖ 경매기입등기 ⇨ 임차인 전입 ⇨ 공매공고등기 순에서 소액임차인 판단기준은?

소액임차인은 경매개시결정기입등기 또는 공매공고 기입등기 이전에 주임법 제3조 제1항의 요건(대항력)을 갖추고 있어야 한다. 그러나 경매와 공매가 중복해서 진행되는 경우에는 어떻게 해야 하나?

공매와 경매가 경합한 상태에서 공매로 매각된 경우에도 소액임차인은 경매기입등기 전에 대항요건을 구비해야 하고(대법원 2003다65940 판결), 경매기입등기 후에 주택임대차보호법 제3조 제1항의 요건(대항력)을 갖춘 임차인은 최우선변제금 대상이 아니다. 경매사건이 경매로 매각된 것이 아니라 공매로 매각된 경우에도 경매기입등기 후에 제3조 제1항의 요건(대항력)을 갖춘 자는 대상에서 배제된다.

번호	등기목적	접수일	채권자	금액(만원)
1	근저당권	2012. 01. 30	국민은행	3억6,000
2	압류	2013. 03. 13.	마포세무서	
3	임차인(전입/확정일자)	2014. 02. 12.	홍성수	7,500
4	임의경매개시결정등기	2015. 05. 15.	국민은행	청구: 3억6,000
5	임차인(전입/확정일자)	2015. 07. 10.	이정민	7,000
3-1	공매공고 기입등기	2015. 10. 20.	마포세무서	청구 5,350
6	공매로 낙찰받음	2016. 04. 13.	박영수	금액: 0,000

이 도표에서 소액임차인을 판단하기 위해서 예상배분표를 작성해 보기로 하자!

주택은 서울에 소재하면서 배분할 금액은 5억원, 그리고 마포세무서 조세채권은 당해세가 500만원이고 나머지는 부가세로 법정기일이 2012. 04. 25. 이다.

배분순서는 1순위 : 홍성수 2,500만원(최우선변제금 1), 2순위 : 마포세무서 500만원(당해세 우선변제금), 3순위 : 국민은행 근저당권 3억6,000만원, 4순위 : 홍성수 900만원(최우선변제금 2) - 배분시점으로 소액임차인(1억원 이하/3,400만원), 5순위 : 마포세무서 4,850만원(조세채권 우선변제금), 6순위 : 홍성수 4,100만원(확정일자부 우선변제금), 7순위 : 이정민 1,150만원(확정일자부 우선변제금)으로 배분절차가 종결하게 된다. 이러한 이유는 이정민이 국민은행 설정당시에 해당하는 소액임차인이더라도 대항요건을 경매기입등기 이후에 갖추었기 때문이다. 이렇게 경매로 매각된 것이 아니라 공매로 매각된 경우에도 선순위 경매나 공매개시결정기입등기가 있으면 그 선순위 기입등기를 기준으로 해야 한다는 것이 대법원 판단이다.

❖ 공매와 경매가 동시에 진행될 때 배당요구 방법과 누가 소유권을 취득하나?

공매와 경매가 동시에 진행되는 경우에 권리신고 및 배당요구를 각각 해야 모든 배당절차에 참여가 가능하다. 그리고 공매나 경매 어떤 집행기관의 매각절차에서도 낙찰자가 발생할 수 있으나 이들의 소유권취득은 대금을 먼저 납부한 낙찰자가 소유권을 취득하게 된다. 이때 그 상대방이 경매인 경우는 공매집행기관에서 경매법원에 경매중지요청서를 보내게 되고, 이로 인해서 임의경매개시결정을 기각처리하면서 경매절차가 종결되고 임의경매개시결정기입등기는 공매절차에서 촉탁으로 말소되게 된다. 그러나 그 상대방이 공매인 경우 또한 경매절차와 같은 절차가 진행되는데 공매절차에서는 공매가 해제된 것으로 표시되고 공매절차가 종결된다.

04 농지가 경매와 공매로 동시에 매각되는 사례에서 대응방법

❖ 농지의 의의와 농지취득자격증명이란?

(1) 농지의 의의와 농지취득자격증명 대상면적

매매나 경매로 농지 즉 논·밭·과수원 등을 취득하고자 하는 도시인 또는 비영농인은 농지취득자격증명을 받아야 한다. 단 주말체험, 영농용도일 경우는 1,000㎡ 미만인 경우에도 농지취득자격증명을 취득할 수 있는데 이때 1,000㎡는 세대원 모두를 합산한 면적을 말한다.

(2) 농지취득자격증명 신청방법

농지취득자격증명을 발급 받으려는 자는 취득대상 농지의 면적, 취득대상 농지에서 농업경영을 하는 데에 필요한 노동력 및 농업 기계·장비·시설의 확보

방안, 소유 농지의 이용 실태 등이 포함된 농업경영계획서를 작성하여 농지 소재지를 관할하는 시·구·읍·면장에게 발급신청을 하여야 한다.

농업경영 이외의 목적으로 취득하는 경우 즉 시험, 연구, 실습용, 농지전용, 주말체험영농 등으로 이용하고자 하는 경우에는 농지취득자격증명발급 신청 시 농업경영계획서 제출의무가 면제된다.

첫째. 농업경영계획 서식 개편과 주말/체험영농장 서식 신설(2022년 8월 18일부터 시행).

① 지자체가 농지취득 자격증명원을 취득하려는 자의 농업 경영 의지와 실현 가능성을 확인해서 발급을 해준다.

② 농업경영계획서/주말체험영농계획서 작성 시 직업과 영농경력, 영농거리 등을 기재와 함께 입증자료를 의무적으로 제출해야 한다. 이때 영농거리에 특별한 제한을 두지 않았기 때문에 주거지와 먼 거리의 농지도 취득할 수 있다. 다만 합당한 목적과 실현 가능성에 대해서 뒷받침할 수 있는 서류를 제출해야 한다. 이렇게 세밀하게 검사할 수 있게 농업경영계획서 양식이 변경됨. 만약 거짓으로 작성한다면 250만원에서 최대 500만원까지 과태료를 내야 한다.

③ 공유 취득자의 농지 취득자격 심사 강화!

1필지의 농지를 공유로 가지려고 할 때 공유된 농지의 각 지분 비율과 공유자 각각 취득하려는 농지의 장소를 정확하게 기입하여야 하고 이를 보증할 수 있는 서류로 된 약정서나 도면자료를 제출해야 한다.

④ 농지취득자격증명서 발급처리기간

농업경영 목적과 주말영농 목적인 경우 7일 이내, 농지전용 목적인 경우 4일 이내, 농지위원회의 심의를 거쳐야하는 경우에는 14일 이내

둘째. 농지를 취득하려면 소유권 등기 시 농지취득자격증명서를 첨부해야 한다.

① 법원경매에서는 매각허가결정 전(낙찰받고 7일 이내)까지 농지취득자격증명서를 법원에 제출해야 한다. 제출하지 못할 경우에 매각불허가결성으로 입찰보증금이 몰수되니 입찰하기 전부터 농취증 발급 가능 여부를 확인하여 신속히 발급 받을 수 있도록 준비해야 한다.

② 경매 이외에 일반 매매나 공매절차에서는 농지취득자격증명은 소유권이전시에 첨부하면 된다. 그렇다고 하더라도 소유권이전등기 시에 농취증을 첨부하지 아니하면 소유권이전등기를 할 수 없다는 점에 주의해야 된다.

(3) 관할 발급관청과 경매집행법원의 농지에 대한 해석 차이

농지는 그 법적지목 여하에도 불구하고 실제의 토지현상이 농작물의 경작 또는 다년생식물재배지로 이용되는 토지를 말한다. 그런데 법원과 농지취득 발급대상 시·군청의 농지에 대한 해석이 다소 차이가 있다. 관할허가관청은 위와 같은 경우 발급하고 있으나 지목이 농지이더라도 현황이 주거지거나 공장용지를 사용할 경우 발급대상이 아니다. 그러나 경매법원은 지적법상 농지이면 농지취득자격증명을 요청한다. 이때 농취증 발급기관에 농취증발급을 신청하게 되면 이 토지는 발급대상이 아님을 증명하는 서류를 발급해 준다. 이 서류를 제출해서 소명하면 된다.

 표선생 한마디

농지자격증명을 발급받지 않고 농지를 취득할 수 있는 경우

상속에 의하여 농지를 취득하거나 또는 담보농지 취득 그리고 농지법 제36조제2항 및 제37조의 규정에 의하여 농지의 전용에 관한 허가 협의 신고를 거친 농지를 취득하는 경우로서 도시계획법 제2조제1항제2호의 규정에 의한 도시계획구역 안에 주거, 상업, 공업지역 또는 도시계획시설 예정지로 지정 또는 결정된 농지, 도시계획구역안의 녹지지역, 개발제한구역 및 도시개발예정지구 안의 농지로서 도시계획법 제4조의 규정에 의한 토지형질변경허가를 받은 농지 등이다.

❖ 농지 공매절차에서 대응하는 방법은?

(1) 농지 공매물건의 위치와 주변 현황도

(2) 농지의 온비드공매 물건정보 내역

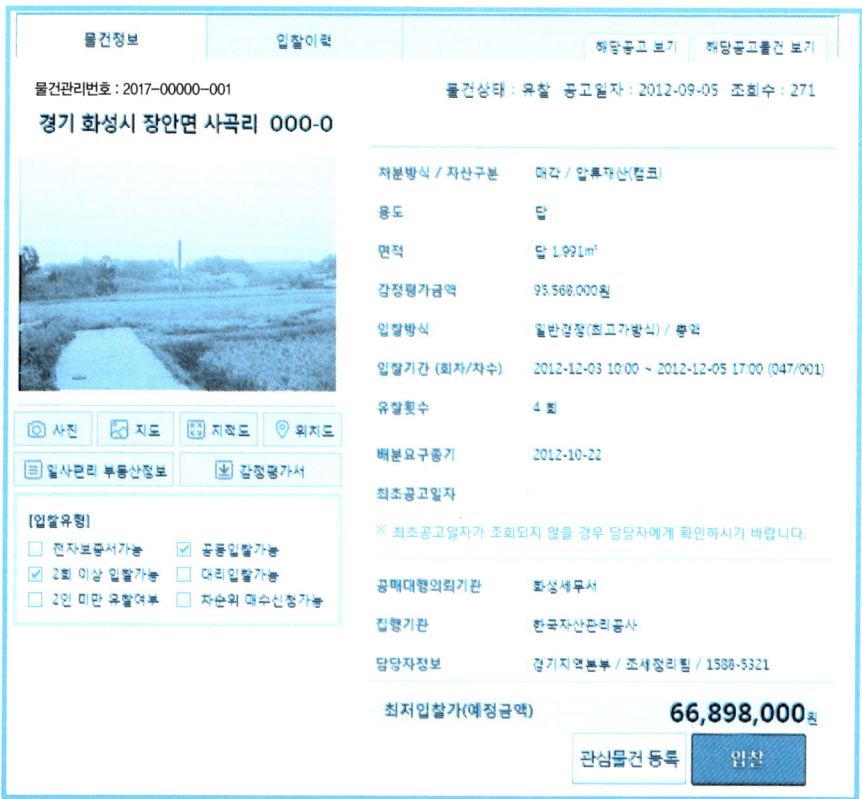

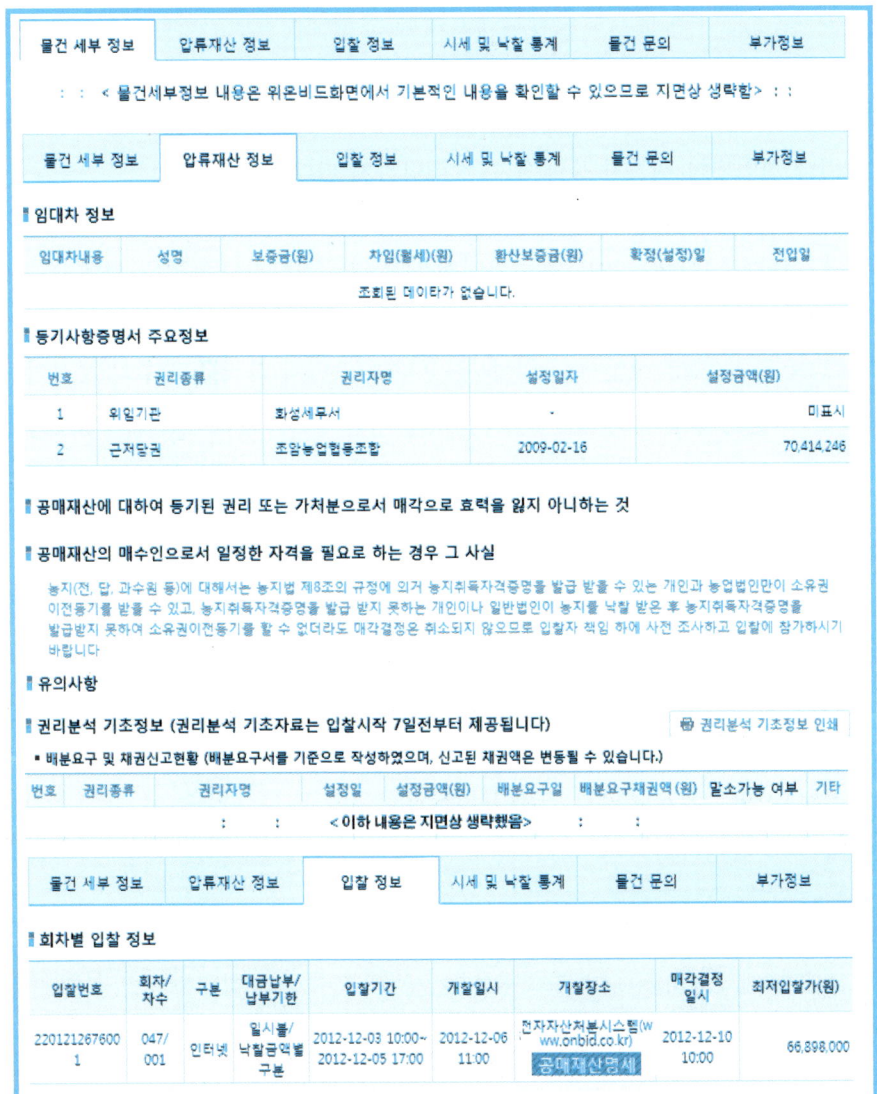

(3) 이 농지를 공매로 낙찰 받아 소유권을 취득하려면

공매와 경매가 경합할 때 <u>잔금을 먼저 납부한 사람이 소유권</u>을 취득한다. 따라서 공매절차에서 낙찰 받고 경매 낙찰자보다 먼저 잔금을 납부했다면 공매낙찰자가 소유권을 취득하게 된다.

농지를 취득할 때 유의할 점이 농지취득자격증명서를 발급받는 문제이다!

① 법원 경매에서는 매각허가결정 전까지 농지취득자격증명서를 제출해야 하고, 미제출 시에는 매각불허가결정을 하고, 입찰찰보증금은 몰수되어 배당재단에 편입되어 채권자 등에게 순차 배당하게 된다.

② 압류 공매에서도 매각허가결정 전까지 농지취득자격증명서를 제출해야 하고, 미제출 시에는 매각불허가결정을 한다. 입찰찰보증금은 경매와 다르게 몰수되지 않고 매수신청인에게 반환된다.

<u>그럴더라도 유의할 점은 매각결정기일 이후</u> 매수인의 자격을 갖추지 못하여(농지취득자격증명 발급 불가 등) 소유권이전등기를 할 수 없더라도 매각결정은 취소되지 않는다(이때 공매보증 반환 불가, 몰수되어 1순위 강제징수비, 2순위 압류와 관계되는 국세의 순으로 충당한 후 남은 금액은 3순위 체납자에게 지급한다).

<u>다음 〈김선생 한마디〉 대법원 판례는</u> 법이 개정되기 전인 2022년 12월 31일까지 최초 공고한 공매물건에 대해서 적용되었던 사례이다. 이 당시에는 공매 대금을 납부하고 소유권이전등기를 신청할 때 농지취득자격증명서를 첨부해야만 소유권이전등기를 할 수 있고, 첨부하지 못하면 대법원 2000다65147 판결처럼 등기를 하지 못해서 손해를 보던 시기이다.

 표선생 한마디

잔금을 납부하고 농취증을 발급받지 못한 상태에서 체납자의 매매행위

공매절차에서 농지를 매수하고 대금을 완납한 매수인이 농지취득자격증명을 발급받지 못한 이상 여전히 소유권을 취득하지 못한 상태에 있었다고 봐야 하므로, 공매대상 농지의 원소유자가 그 농지에 관한 소유권자였다고 할 것이어서 원소유자가 체납액을 납부한 후 제3자에게 그 농지를 매도함으로써 그로부터 제3자 앞으로 경료된 소유권이전등기는 무권리자로부터 경료받은 무효의 등기라고 볼 수 없다(대법 2000다65147).

공매물건의 최고가매수신고인은 낙찰 받고 7일 이내에 매각허가결정이 확정되고 ⇨ 30일 이내 잔금을 납부하면서 소유권이전등기를 하면 된다.

<u>공매로 농지를 취득하는 경우에는</u> 농지취득자격증명서를 제출해야 하는데, 법 개

정 전에는 소유권이전등기 시 첨부사항으로 등기할 때까지만 제출하면 되었지만, 2023년 1월부터는 매각허가결정 전(공매 실무상 개찰 후 다다음주 월요일 18:00에 매각허가결정과 동시에 확정됨) 제출해야 된다. 그래서 입찰하기 전에 내가 농지를 공매로 낙찰 받으면 농지취득자격증명서를 발급 받을 수 있는가를 관할 읍·면사무소 등에서 확인해야 한다.

> **농지취득자격증명서 어떻게 제출하면 되나?**
>
> **01 압류재산 공매 최고가매수신고인**
>
> 농지를 압류재산 공매로 낙찰 받아 최고가매수신고인으로 정해지면 한국자산관리공사에서 최고가매수신청인 증명서를 발급받아 그 증명서를 가지고 농지 소재지를 관할하는 시장, 구청장, 읍장 또는 면장에게 농지취득자격증명을 발급 받아 매각결정 전까지 한국자산관리공사에 제출해야 한다.
>
> **02 법원 경매 최고가매수신고인**
>
> 농지를 법원 경매로 낙찰 받아 최고가매수신고인으로 정해지면 법원에서 최고가매수신고인 증명서를 발급받아 그 증명서를 가지고 농지 소재지를 관할하는 시장, 구청장, 읍장 또는 면장에게 농지취득자격증명을 발급 받아 매각허가결정 전까지 법원에 제출해야 한다.

❖ 농지 경매절차에서 대응 방법은?

(1) 농지의 경매 물건정보 내역

2013타경767 (4)	● 수원지방법원 본원 ● 매각기일 : 2013.11.22(금) (10:30) ● 경매 8계 (전화:031-210-1268)				
소재지	경기도 화성시 장안면 사곡리 000-0외 1필지 [도로명주소검색]				
물건종별	농지	감정가	119,021,000원	오늘조회: 1 2주누적: 0 2주평균: 0 [조회동향]	
				구분 / 입찰기일 / 최저매각가격 / 결과	
토지면적	2429㎡(734.772평)	최저가	(49%) 58,321,000원	1차 2013-09-25 119,021,000원 유찰	
				2차 2013-10-25 83,315,000원 유찰	
건물면적		보증금	(10%) 5,840,000원	3차 2013-11-22 58,321,000원	
매각물건	토지 매각	소유자	문○○	낙찰: 81,000,000원 (68.06%)	
				(입찰1명,낙찰:문소령)	
개시결정	2013-01-07	채무자	문○○	매각결정기일 : 2013.11.29 - 매각허가결정	
				대금지급기한 : 2014.01.09	
사건명	강제경매	채권자	대성개발에스비(주)	대금납부 2013.12.18 / 배당기일 2014.05.12	
				배당종결 2014.05.12	

목록	지번	용도/구조/면적/토지이용계획		m²당 단가	감정가	비고
토지	1	사곡리 000-1	농림지역, 농림진흥구역<농지법>, 성장관리권역<수도권정비계획법>, <...>	답 1991m² (602.278평)	49,000원	97,559,000원	표준지공시지가: (m²당)33,000원
	2	사곡리 000-2	위와같음	답 438m² (132.495평)	49,000원	21,462,000원	
			면적소계 2429m²(734.772평)		소계 119,021,000원	
감정가		토지:2429m²(734.772평)			합계 119,021,000원	토지 매각

• 임차인현황 (배당요구종기일 : 2013.08.20)
===== 조사된 임차내역 없음 =====

• 토지등기부 (채권액합계 : 448,550,698원)

No	접수	권리종류	권리자	채권금액	비고	소멸여부
1	2007.11.29	소유권이전(상속)	윤OO		협의분할에 의한 상속	
2	2009.02.16	근저당	조암농협	70,000,000원	말소기준등기	소멸
3	2012.05.21	압류	화성세무서			소멸
4	2012.09.05	공매공고	화성세무서		한국자산관리공사2012-12676-001	소멸
5	2012.11.27	가압류	대성개발에스비(주)	64,839,894원		소멸
6	2012.11.30	가압류	김OO	156,855,402원		소멸
7	2012.11.30	가압류	대성개발에스비(주)	156,855,402원		소멸
8	2013.01.07	강제경매	대성개발에스비(주)	청구금액: 188,490,932원	2013타경767	소멸
9	2013.06.27	압류	화성시			소멸

(2) 이 농지를 경매로 낙찰 받아 소유권을 취득하려면

이 농지는 일반 매매가 아니라 경매(또는 공매)로 매각되므로 토지거래허가구역 내에 있는 농지라도 허가가 면제되므로 전매제한도 없다. 전매제한은 토지거래허가를 받는 농지만 해당된다. 그렇다고 하더라도 농지이므로 농지취득자격증명을 받아야 한다. 경매에서 농지취득자격증명은 낙찰 받고 매각허가 전까지 제출해야 되므로 입찰하기 전에 화성시 장안면 사무소를 방문해서 확인해 본 결과 가능하다는 통보를 받을 수 있었다.

이때 함께 확인해야 되는 사항이 농지 임차인 여부다.

2013. 01. 01.부터 농지법 제24조의2 개정으로 농지 임차인 보호제도가 생겼기 때문이다. 농지 임차인이 대항요건(농지소재 시 · 구 · 읍 · 면의 장의 확인

과 농지인도)을 갖추면 다음날 오전 0시부터 대항력이 있어서 인수할 수도 있다. 물론 말소기준 이후의 임차인이면 소멸되는 것은 주택임차인과 같지만 주택임차인 처럼 배당요구해 우선해서 변제받을 권리는 없고 대항력만 있다. 그래서 일반 매매로 매매되면 또는 경매(공매)절차에서 말소기준권리 전에 대항요건을 갖춘 경우 새로운 소유자에게 대항력을 주장할 수 있게 되었다.

이 농지는 채무자가 농사를 짓고 있어서 임차인이 없었다.

이 농지를 낙찰 받더라도 유의할 점이 농지취득자격증명과 임차인 이외에도 또 한 가지가 있다.

공매와 경합해서 매각절차가 진행되고 있기 때문이다.

이때 잔금을 먼저 잔금을 납부한 사람이 소유권을 취득하게 되는데, 이 농지는 시세가 1억2천만원 정도에 형성되어 있어서 8,100만원에 낙찰 받았고, 입찰보증금 영수증 수령과 동시에 최고가매수신고인을 증명하는 서류를 받아 장안면 사무소에 농지취득자격증명서를 신청해서 적법하게 소유권을 취득할 수 있었던 물건이다.

그리고 공매절차는 앞에서와 같이 2012. 12. 06. 까지 진행되다가 남을 가망이 없어서 중지 되었는데, 공매는 중지되었다가 다시 처음부터 공고하고 입찰절차가 진행되므로 유의해서 살펴봤지만 공매절차가 진행되지 않아 경매로 낙찰 받았던 사례이다. 왜 이렇게 공매가 진행되는 것에 관심을 가지고 있었냐 하면 그 이유는 공매 낙찰자가 잔금을 먼저 납부하면 소유권을 취득하지 못하게 될 상황과 공매로 사면 더 싸게 살 수 있다는 판단 때문이었다. 경매로 낙찰 받은 사람이 공매로 낙찰 받았다면 경매가 취소되기 때문에 입찰보증금을 반환 받을 수 있어서, 공매와 경매가 중복해서 진행되면 이러한 틈새를 잘 활용만 할 수 있으면 돈을 벌 수 있는 기회로 만들 수 있다.

"사는 데로 생각하지 말고, 생각하는 데로 살아가라!"

　부동산과 관련하여 다양한 사건을 경험하고 법무법인과 여러 모임에서 나름의 역할을 맡아 그 자리를 지켜나가면서 개인적으로 늘 새로움에 도전하고 있다. 모임에서 리더의 역할을 할 때마다 자주 하는 말 중에 하나가 "변화를 읽자"라는 말이다. 세상은 끊임없이 변화하고 있는데, 자꾸 현재 일에만 충실하면 조금씩 뒤로 밀리기 때문이다. 현재도 늘 변화되는 시장을 고민하면서 작지만 하나씩 실천하려고 부단히 노력하고 있다. "사는 데로 생각하지 말고, 생각하는 데로 살아가라!"는 말이 있는 것처럼 배우고 느낀 많은 경험을 토대로 긍정적인 마인드로 모든 일을 준비하고 새로운 계획을 세우고 있다. 세상에 작지만 도움이 되고 싶고 나로 인해 주위에 있는 모든 분들이 즐겁고 행복해질 수 있다면 나름의 의미는 있지 않나 생각하고 있기에, 오늘 하루도 열심히 살아갈 계획이다.

　끝으로 이 책을 정독하신 독자분들에게 감사드리며, 독자분들이 부동산재테크로 성공하시기 바랍니다.